Manual de
TERAPIA FAMILIAR

M489 Manual de terapia familiar / Luiz Carlos Osorio e Maria
           Elizabeth Pascual do Valle (org). – Porto Alegre : Artmed,
       2009.
           488 p. ; 25 cm.

       ISBN 978-85-363-1464-8

       1. Terapia familiar - Manual I. Osorio, Luiz Carlos. II. Valle,
       Maria Elizabeth Pascual do.

                                                   CDU 615.85(035)

Catalogação na publicação: Mônica Ballejo Canto – CRB 10/1023

Manual de
TERAPIA FAMILIAR

Luiz Carlos Osorio
Maria Elizabeth Pascual do Valle
e colaboradores

Reimpressão

2009

© Artmed Editora S.A., 2009.

Capa
Alan Heinen, finalizada por Henrique C. Caravantes

Preparação do original
Márcia da Silveira Santos

Leitura final
Carlos Henrique Lucas Lima

Supervisão editorial
Mônica Ballejo Canto

Projeto e editoração
Armazém Digital Editoração Eletrônica – Roberto Vieira

Reservados todos os direitos de publicação, em língua portuguesa, à
ARTMED® EDITORA S.A.
Av. Jerônimo de Ornelas, 670 – Santana
90040-340 – Porto Alegre, RS
Fone: (51) 3027-7000 Fax: (51) 3027-7070

É proibida a duplicação ou reprodução deste volume, no todo ou em parte, sob quaisquer formas ou por quaisquer meios (eletrônico, mecânico, gravação, fotocópia, distribuição na Web e outros), sem permissão expressa da Editora.

SÃO PAULO
Av. Angélica, 1091 – Higienópolis
01227-100 – São Paulo, SP
Fone: (11) 3665-1100 Fax: (11) 3667-1333

SAC 0800 703-3444

IMPRESSO NO BRASIL
PRINTED IN BRAZIL
Impresso sob demanda na Meta Brasil a pedido de Grupo A Educação.

À Mathilde Neder
Pioneira da Terapia Familiar no Brasil

    A meus pais
        Alcindo e Branquinha
    A meus irmãos
        Eneida e Gilberto
    A meus filhos
        Desirée, Pierre e Marcel
    A ti Osorio
        Minha família

            A meus pais
                Carlos e Ruth
            A minhas irmãs
                Maria Helena e Marta
            A meus irmãos do coração
                Vera Regina e Marcos
            A meu filho, nora e netos
                Fernando, Denise, Felipe e Rafael
            A minha amada
                Beth

Por meio dos quais homenageamos as famílias dos demais autores deste livro.

Autores

Luiz Carlos Osorio (org.).
Médico, com especialização em psiquiatria UFRGS, psicanalista titulado pela IPA, grupoterapeuta com formação em psicodrama (com Olga Garcia, Argentina) e em terapia familiar (com Maurizio Andolfi, Itália), consultor de sistemas humanos, fundador e diretor técnico da GRUPPOS, entidade formadora de grupoterapeutas e terapeutas de famílias (Florianópolis, SC).

Maria Elizabeth Pascual do Valle (org.).
Médica, psiquiatra, terapeuta de família, mestre em administração (UFRGS), sócia-fundadora e presidente da Associação Catarinense de Terapia familiar (ACATEF), gestão 2006-2008. Curso em terapia familiar pela Universidade de Santa Bárbara, Califórnia, EUA. Coordenadora do curso de pós-graduação em terapia familiar – GRUPPOS (reconhecido pelo MEC).

Adriana Mattos Fráguas
Psicóloga. Terapeuta de família, casal e individual. Sócia-fundadora e formadora no Sistemas Humanos. Membro APTF.

Adriana Selene Zanonato
Psicóloga. Terapeuta familiar e de casais. Especialista em terapia cognitivo-comportamental. Professora e supervisora do Instituto da família de Porto Alegre – INFAPA.

Alexandre Coimbra Amaral
Psicólogo. Mestre em psicologia clínica pela Pontifícia Universidade Católica do Chile. Terapeuta familiar, de casal e individual. Diretor e supervisor clínico do Instituto Humanitas, centro formador de terapeutas familiares em Salvador, BA. Professor de Pós-graduação em Psicologia conjugal e familiar da Faculdade Ruy Barbosa (Salvador-BA).

Ana Margarida Tischler Rodrigues da Cunha
Psicóloga. Psicoterapeuta individual, família, casal e de grupo/IPAG(SP). Membro efetivo do Núcleo de Estudos em Saúde Mental e Psicanálise das Configurações Vinculares/NESME. Coordenadora da área de Família e Casal/NESME. Cordenadora e docente do curso de especialização/NESME.

Ceneide Maria de Oliveira Cerveny
Professor Doutor do programa de Pós-Graduação em Psicologia Clínica da PUC-SP. Pesquisador. Psicólogo. Terapeuta de família. Docente e supervisor de cursos de formação em terapia familiar e de casal – PUC – FAMERP – UNIFESP.

Cristiana Mercadante Esper Berthoud
Psicóloga, pesquisadora e consultora em avaliação. Pós-doutora pela University of Minnesota. Doutora pela PUC-SP. Docente na Universidade de Taubaté.

Cristina Maria de Souza Brito Dias
Doutora e mestre em Psicologia pela Universidade de Brasília. Especialista em terapia Familiar e de casal. Professora e pesquisadora da Universidade Católica de Pernambuco. Bolsista de Produtividade em pesquisa CNPq.

Autores

Cynthia Ladvocat
Mestre em Psicologia de família e de casal na PUC-Rio. Especialista em geriatria e gerontologia na UFF. Formação na Sociedade de Psicoterapia de Grupo do Rio de Janeiro. Membro docente da Sociedade Psicanalítica do Rio de Janeiro. Direção do Instituto Mosaico. Membro da European Family Therapy Association. Coordenadora da Comissão de formação da ABRATEF – 2006/2008.

Daniela Reis e Silva
Psicóloga clínica e hospitalar. Especialista em medicina psicossomática e terapia familiar. Mestranda em psicologia clínica – PUC/SP. Sócia-fundadora e titular da ATEFES-Associação de Terapia Familiar do Espírito Santo. Coordenadora do grupo API/ES – Apoio a perdas irreparáveis

Dilson Cesar Marum Gusmão
Educador. Psicodramatista. Terapeuta familiar. Arte-Terapeuta.

Doralice Oliveira Gomes
Psicóloga. Terapeuta comunitária.

Eliete Teixeira Belfort Mattos
Terapeuta de família e casal. Assistente Social. Co-fundadora, didata, supervisora do Sistemas Humanos.

Elizabeth Polity
Psicopedagoga. Terapeuta de casal e família. Doutora em psicologia. Mestre em educação.

Flávio Lôbo Guimarães
Psicólogo, terapeuta de famílias e casais. Mestre em psicologia clínica pela Universidade de Brasília, tendo pesquisado, publicado artigos científicos e ministrado palestras sobre os temas da adolescência, família e justiça. Supervisor do estágio em psicologia jurídica e professor na UNIP. Presidente da Associação Regional de Terapia Familiar do Centro-Oeste

Gilzacarla Alcântara dos Santos
Bacharel em Psicologia e aluna concluinte da formação em psicologia clínica pela Universidade Católica de Pernambuco.

Helena Centeno Hintz
Psicóloga. Psicoterapeuta individual, de casal e família. Coordenadora do Domus – centro de terapia e família. Presidente da Associação Gaúcha de Terapia Familiar 2002-2004 e 2006-2008. Vice-presidente da Associação Brasileira de Terapia Familiar 2006-2008.

Helena Maffei Cruz
Mestre em Psicologia clínica e terapeuta familiar. Psicóloga. Socióloga.

José Ovidio Copstein Waldemar
Psiquiatra de adultos, adolescentes, famílias e casais pela Universidade do Estado de Nova York e Instituto Ackerman, EUA. Mestre em terapia familiar pela Accademia di Terapia Familiare – Roma, Itália.

Laurice Levy
Mestre em psicologia clínica PUC/RJ. Psicóloga. Psicanalista (IPA/Associação Internacional de Psicanálise). Terapeuta de família, casais, crianças e adolescentes e grupos. Supervisora pela Núcleo-pesquisas RJ. Didata e docente de psicodrama pela FEBRAP (Federação Brasileira de Psicodrama) e Delphos Espaço Psico-Social. Professora-supervisora de família. Especialista em psicologia clínica pelo CFP. Diretora-adjunta da ATF/Rio (Associação de Terapia de Família do Rio de Janeiro) biênio 2006-2008.

Liana Fortunato Costa
Doutora em psicologia clínica pela USP. Psicóloga. Terapeuta conjugal e familiar. Psicodramatista.

Luciana Monteiro Pessina
Psicóloga. Psicoterapeuta. Terapeuta de famílias e casais em formação.

Luiz Carlos Prado
Médico psiquiatra. Terapeuta de casais e famílias. Professor e supervisor do Instituto da Família de Porto Alegre – INFAPA. Presidente da Associação Brasileira de Terapia-Familiar – ABRATEF (gestão 2006/08).

Marcos Naime Pontes
Médico Psiquiatra. Professor . Formador do Sistemas Humanos. Terapeuta de família e casal.

Maria Beatriz Rios Ricci

Doutora e Mestre em Serviço Social e Pós-doutora pela UnB. Especialista em terapia familiar, em violência doméstica contra a criança e o adolescente e em ciência política. Professora-titular da PUC Minas. Sócia-titular da AMITEF.

Maria Cecilia Veluk Dias Baptista

Psicóloga. Pós-graduada em psicologia social. Psicodramatista – FEBRAP. Professora-supervisora de psicodrama – FEBRAP. Terapeuta de família. Diretora-presidente do Delphos Espaço Psico-social/RJ. Coordenadora do curso de especialização de terapia de casal e família do Delphos. Membro do conselho deliberativo e científico da ABRATEF (2006/2008).

Maria Cecilia Rocha da Silva

Psicóloga. Psicoterapeuta individual e de grupo (família e casal). Formação em grupo no Núcleo de Estudos em Saúde Mental e Psicanálise das Configurações Vinculares (NESME) e no curso Intervenção no campo da família (PUC-SP). Membro efetivo do NESME onde é docente e membro da área da família.

Maria Cristina Lopes de Almeida Amazonas

Doutora em psicologia: área de concentração: família e saúde, pela universidade de Deusto, Espanha.

Maria Cristina Milanez Werner

Psicóloga. Sexóloga. Terapeuta de casal e família. Presidente do IPHEM (Instituto de Pesquisas Heloisa Marinho). Mestre em psicologia clínica pela PUCRJ. Doutoranda em Saúde Mental (estágio probatório) no IPUB/UFRJ. Vice-Presidente da ATF-Rio (Associação de Terapia de Família do Rio de Janeiro) nas gestões 2004-2006 e 2006-2008. Coordenadora do ambulatório de terapia familiar e sexualidade do GEAL/UFF (em parceria com o IPHEM). Membro do CEMEVISCA (Comitê Municipal de Enfrentamento à Violência Sexual e Comercial contra Crianças e Adolescentes na Cidade do Rio de Janeiro).

Maria Fátima Olivier Sudbrack

Professora titular do Departamento de Psicologia Clínica, Instituto de Psicologia, UnB. Coordenadora do Programa de Estudos e Atenção às Dependências Químicas (PRODEQUI/PCL/IP/UnB). Pesquisadora do CNPq em temas como Adolescência, Drogadição, Adolescentes em Conflito com a Lei e Psicologia Jurídica. Doutora em Psicologia pela Universidade de Paris XIII. Pós-doutora em Psicossociologia pela Universidade Paris VII. Terapeuta de famílias e adolescentes.

Maria Gabriela Mantaut Leifert

Psicóloga. Mestre em Psicologia Social (USP). Terapeuta de casal e família.

Maria Henriqueta Camarotti

Neurologista. Psiquiatra. Mestre em psicologia. Psicoterapeuta da Gestalt Terapia. Terapeuta comunitária. Formadora da terapia comunitária no Brasil e no exterior. Diretora de cursos do MismecDF e Diretora de comunicação da Abratecom.

Maria José Esteves de Vasconcellos

Mestre em psicologia pela UFMG. Terapeuta, formadora e pesquisadora da EquipSIS – Equipe Sistêmica, Belo Horizonte. Coordenadora e Professora do curso de Pós-Graduação, Especialização em Atendimento Sistêmico de Famílias e Redes Sociais, da PUC-Minas.

Marilda Goldfeder

Psicóloga clínica. Psicoterapeuta individual, de casal e família pela PUCSP. Membro efetivo do NESME. Coordenadora da clínica do NESME. Docente e membro da área de família.

Marilene A. Grandesso

Doutora em Psicologia clínica. Especialista em terapia familiar e de casal. Terapeuta comunitária.

Marilza Terezinha Soares de Souza

Psicóloga. Doutora em psicologia clínica pela PUC/SP. Mestre em saúde mental pela Unicamp. Terapeuta familiar com especialização pelo Chicago Center for Family Health – USA.

Marli Olina de Souza

Assistente Social. Psicóloga. Sexóloga. Mestre em Teologia.

Nina Vasconcelos de Oliveira Guimarães

Psicóloga. Terapeuta Sistêmica (família, casal, indivíduo). Mestre em família na sociedade contemporânea (Vesal-BA). Professora e supervisora de graduação e pós-graduação da Faculdade Ruy Barbosa (BA). Co-diretora do Instituto Humanitas de Pesquisa e Intervenção em Sistemas Humanos (BA).

Olga Garcia Falceto

Psiquiatra da Infância e adolescência – Philadelphia Child Guidance, Universidade da Pennsylvania, EUA. Mestre em terapia familiar – Accademia di Terapia Familiare – Roma, Itália. Doutora em clínica médica – programa de pós-graduação em clínica médica da Faculdade de Medicina da UFRGS. Professora-adjunta do departamento de psiquiatria e medicina legal da Faculdade de Medicina da UFRGS. Professora do Instituto da Família de Porto Alegre.

Reges Chagas Gomes

Terapeuta familiar e de casal. Coordenador e supervisor da Clínica Holon Espaço Dinâmico – Belo Horizonte/MG. Sócio-fundador e titular da AMITEF.

Rosa Maria Stefanini Macedo

Doutora em Psicologia Clínica. Pós-doutora em Terapia Familiar. Professora titular do Programa de Pós-graduação em Psicologia Clínica, PUC-SP. Coordenadora do Núcleo Família e Comunidade, PUC-SP. Coordenadora do Curso de Formação em terapia Familiar e de Casais (Cogeae), PUC-SP. Terapeuta de Família e de Casais.

Rosana Galina

Terapeuta de casal e família. Mestre em psicologia. Psicodramatista. Membro da Associação Paulista de Terapia Familiar.

Roseli Righetti

Psicóloga. Terapeuta familiar. Sócia-fundadora e docente do Instituto Familiae.

Ruth Blay Levisky

Psicóloga. Terapeuta de casal e família. Grupo-analista. Doutora em genética humana (USP). Membro efetivo do NESME, da Sociedade Internacional de Psicanálise de Casal e Família e da Associação Paulista de Terapia Familiar.

Sandra Fedullo Colombo

Especialista em terapia familiar e de casal. Professora e formadora no Instituto Sistemas Humanos – Núcleo de estudos e prática sistêmica.

Solange Maria Rosset

Psicóloga. Especialista em terapia psicodramática, terapia corporal e em terapia sistêmica. Psicoterapeuta relacional sistêmica, individual, de família, de casal e de grupos. Professora e supervisora de cursos de especialização e formação profissional para terapeutas, em terapia relacional sistêmica.

Sumário

Apresentação: o porquê deste livro 15
Luiz Carlos Osorio e Maria Elizabeth Pascual do Valle

Prefácio 17
Luiz Carlos Prado

parte I
A família: origem e destino das terapias familiares

1. Ciclo vital da família brasileira 25
   Ceneide Maria de Oliveira Cerveny e Cristiana Mercadante Esper Berthoud

2. Comunidade e família 38
   Dilson Cesar Marum Gusmão

3. Os impactos da migração para a família: uma temática contemporânea 47
   Maria Gabriela Mantaut Leifert

4. Questões de gênero na terapia de família e casal 58
   Rosa Maria Stefanini Macedo

5. Conjugalidades interculturais e relações de gênero 74
   Maria Cristina Lopes de Almeida Amazonas,
   Cristina Maria de Souza Brito Dias e Gilzacarla Alcântara dos Santos

parte II
Marcos referenciais teórico-práticos das terapias familiares

6. A terapia familiar no Brasil 91
   Helena Centeno Hintz e Marli Olina de Souza

7. Desenvolvimentos em terapia familiar: das teorias
   às práticas e das práticas às teorias 104
   Marilene A. Grandesso

8. A psicanálise das configurações vinculares e a terapia familiar 119
Ana Margarida Tischler Rodrigues da Cunha, Maria Cecilia Rocha da Silva,
Marilda Goldfeder e Ruth Blay Levisky

9. O psicodrama e a terapia familiar 139
Maria Cecilia Veluk Dias Baptista

10. Cibernética e terapia familiar: que relação distinguimos hoje? 150
Maria José Esteves de Vasconcellos

11. Terapia de casais com enfoque cognitivo-comportamental 164
Adriana Selene Zanonato e Luiz Carlos Prado

12. Neurociências e terapia familiar 184
Maria Elizabeth Pascual do Valle

13. Terapia familiar e resiliência 193
Marilza Terezinha Soares de Souza

14. Terapia familiar e educação: conversações que ampliam 208
Elizabeth Polity

15. Terapia comunitária: a circularidade nas relações sociais 218
Maria Henriqueta Camarotti e Doralice Oliveira Gomes

parte III
Terapias de famílias em distintas configurações familiares

16. Famílias com bebês 235
Olga Garcia Falceto e José Ovidio Copstein Waldemar

17. Terapia de famílias com crianças pequenas 247
Helena Maffei Cruz e Roseli Righetti

18. Famílias com adolescentes 263
Solange Maria Rosset

19. Famílias com filhos de casamentos anteriores 273
Nina Vasconcelos de Oliveira Guimarães e Alexandre Coimbra Amaral

20. Famílias com filhos adotivos 286
Cynthia Ladvocat

21. Famílias com idosos 313
Eliete Teixeira Belfort Mattos

parte IV
Terapias de famílias com problemas específicos

22. Disfunções familiares 323
Luiz Carlos Osorio

23. Famílias e transtornos alimentares 334
    Adriana Mattos Fráguas

24. Famílias e psicoses 343
    Marcos Naime Pontes

25. Famílias, adolescência e drogadição 350
    *Flávio Lôbo Guimarães, Liana Fortunato Costa, Luciana Monteiro Pessina
    e Maria Fátima Olivier Sudbrack*

26. Famílias e situações de ofensa sexual 366
    Maria Cristina Milanez Werner

27. Famílias e situações de luto 376
    Daniela Reis e Silva

parte V
Peculiaridades das terapias de casais

28. O casamento e as relações extraconjugais 401
    Luiz Carlos Prado

29. Separação como resultado da difícil arte de negociar 416
    Rosana Galina

30. Casais recasados 423
    Luiz Carlos Osorio e Maria Elizabeth Pascual do Valle

31. Casais homossexuais 431
    Reges Chagas Gomes

parte VI
A formação do terapeuta de famílias

32. O papel do terapeuta em terapia familiar 443
    Sandra Fedullo Colombo

33. A formação do terapeuta de famílias 462
    Cynthia Ladvocat e Maria Beatriz Rios Ricci

34. As questões éticas em terapia familiar 470
    Laurice Levy

Índice 484

Apresentação

O PORQUÊ DESTE LIVRO

A terapia familiar no Brasil alcançou sua maioridade. Há mais de 25 anos, profissionais oriundos de outras vertentes teórico-técnicas, como a psicanálise e o psicodrama, ou egressos há pouco de cursos de graduação, atraídos pelo paradigma sistêmico-cibernético então emergente e sua face clínica – a terapia familiar sistêmica –, foram buscar no exterior capacitação para exercê-la.

Desde então, a terapia familiar expandiu-se muito, não só no Brasil como também nos demais países ocidentais, ultrapassando qualquer expectativa dos pioneiros na área.

Seja na prática clínica, seja na pesquisa acadêmica a evolução da terapia familiar no Brasil já a situa na vanguarda da especialidade no mundo. Esse reconhecimento tem sido expressado nos encontros internacionais e nos intercâmbios com profissionais de diferentes procedências.

Embora estejam surgindo cada vez mais publicações nacionais sobre terapia familiar (artigos em revistas especializadas ou livros sobre o tema), elas ainda estão aquém da demanda dos estudiosos da área. Por outro lado, está evidente a falta de uma obra abrangente, na qual uma parcela significativa dos mais representativos autores sobre terapia familiar no país pudesse compor um painel com suas principais contribuições. É esta a proposta básica deste livro.

Junto com a Artmed, que se destaca no mercado editorial brasileiro pela publicação de obras fundamentais na área das ciências da saúde, nos propusemos a publicar este *Manual* com o intuito de torná-lo uma referência na bibliografia no Brasil sobre terapia familiar.

Para usufruto dos leitores, em suas mãos, uma obra ímpar do pensamento dos terapeutas familiares brasileiros nesta primeira década do século XXI.

Luiz Carlos Osorio
Maria Elizabeth Pascual do Valle
Organizadores

Prefácio

Prefaciar o primeiro *Manual de terapia familiar* organizado no Brasil é uma grande honra, mas também um grande desafio. Aceitei-o consciente de minha responsabilidade diante da difícil tarefa de sintetizar um livro dessa relevância, que percorre as principais questões da terapia familiar, pensadas por alguns dos nomes mais representativos de nossa área. Voltado para a formação de terapeutas, este *Manual de terapia familiar* apresenta textos que podem ser de grande valia para todos que trabalham com famílias e casais, dentro dos mais variados enfoques. A maioria de seus autores são formadores ou pesquisadores em terapia familiar – como tal, são especialistas em lançar sementes de conhecimento que, no terreno fértil de todos que buscam algum aprendizado ou informação, possam brotar e crescer como plantas que alimentam e enriquecem.

A primeira parte deste *Manual* está dedicada à origem e ao destino das terapias familiares. No primeiro capítulo, Ceneide Cerveny e Cristiana Berthoud abordam o *ciclo vital da família brasileira*, traçando um retrato da família contemporânea em nosso país e questionando se existe uma "outra família" nesse início de século. Contando histórias muito ricas, Dilson Gusmão examina algumas relações entre *comunidade e família*, ilustrando-as com interessantes vinhetas clínicas. Maria Gabriela Leifert reflete sobre *o impacto da migração para as famílias*, tomando um caso clínico como exemplo e concluindo que se deve "ampliar o conhecimento sobre as explicações psicossociais que os deslocamentos provocam nos indivíduos". Ainda nessa parte inicial, Rosa Macedo reflete sobre as implicações das *questões de gênero nas famílias e na terapia familiar*. O capítulo intitulado *Conjugalidades interculturais e relações de gênero*, escrito por Maria Cristina Amazonas, Cristina Maria Dias e Gilzacarla Alcântara dos Santos, completa essa primeira parte do livro, abordando as complexidades dos casamentos entre mulheres brasileiras e homens estrangeiros. Relatam uma pesquisa sobre o tema em que são examinados, entre outras questões, os aspectos negativos e positivos desses casamentos.

A segunda parte dedica-se aos marcos referenciais teórico-práticos das terapias familiares. No primeiro capítulo dessa divisão, Helena Hintz e Marli Olina de Souza fazem um passeio pela história da terapia familiar, desde os seus pioneiros até nossos dias, incluindo um relato dos caminhos percorridos pelos terapeutas, instituições formadoras e associações de terapia familiar no Brasil. Em seguida, Marilene Grandesso aborda *os desenvolvimentos em terapia familiar, das teorias às práticas e das práticas às teorias*. Revendo a terapia familiar desde sua origem, chega às terapias narrativas e às abordagens críticas pós-modernas. Segundo a autora, "a prática das terapias ditas pós-modernas envolve um trânsito do terapeuta entre teorias e práticas de modo epistemologicamente coerente, de acordo com os meios que se lhe apresentem mais úteis e despertem seu entusiasmo e sua criatividade".

Na sequência, colegas da equipe do *Núcleo de Estudos em Saúde Mental e Psicanálise das Configurações Vinculares – NESME –* expõem e refletem sobre o seu modelo de trabalho com casais e famílias. Esse grupo sugere a substituição do enfoque no indivíduo pelo "olhar dirigido para o sistema de interação", integrando o trabalho com um "enfoque grupal que se estende para incluir a escola, as famílias de origem, as instituições, a cultura". A psicanálise das configurações vinculares, segundo os autores, integra a intra, a inter e a transsubjetividade e "lança mão das teorias sistêmicas e de técnicas psicodramáticas".

Maria Cecília Baptista aborda as intersecções entre *o psicodrama e a terapia familiar,* examinando a prática do sociograma de casais e famílias – definido como uma "categoria à parte da terapia individual e da terapia de grupo", que trabalha com a profundidade dos laços familiares e de casal. As relações entre a *cibernética e a terapia familiar* são examinadas por Maria José Vasconcelos, num capítulo que revisa com muita precisão todos os conceitos relacionados ao tema. Em sua profunda análise, a autora sugere o termo "novo-paradigmático" como a melhor forma de definir o pensamento sistêmico, no qual distingue, "além do pressuposto construtivista, os pressupostos da complexidade e da instabilidade do mundo".

No capítulo seguinte, Adriana Zanonato e Luiz Prado abordam *o enfoque cognitivo-comportamental com casais* sob um ponto de vista que integra essa abordagem com a sistêmico-familiar. Postulam que as diferentes abordagens são como culturas diversas e que o terapeuta familiar deve munir-se do maior número possível delas, desde que possam ser integradas, para melhor instrumentar-se em seu trabalho clínico com famílias. Na sequência, Maria Elisabeth do Valle aborda as *contribuições das neurociências para a terapia familiar.* Segundo essa autora, "as novas descobertas sobre a plasticidade cerebral, neogênese, conectividade neuronal e sobre outros aportes das neurociências nos abrem novas perspectivas e novas esperanças" a respeito de como lidar com situações de violência ou de estresse físico e mental.

No capítulo seguinte, Marilza de Souza reflete sobre *terapia familiar e resiliência,* enfatizando as estratégias preventivas no atendimento familiar. Afirma que as várias escolas de terapia familiar têm evoluído no sentido de entender as adversidades enfrentadas pelas famílias, como eventos novos da vida. Trabalhando com base na resiliência e de modo multidisciplinar, o terapeuta pode, na visão da autora, eliciar os melhores recursos de cada família. Em *Terapia familiar e educação, conversas que ampliam,* Elisabeth Polity examina a história da interação entre escola e família, definindo ambas como "sistemas de vínculos afetivos" que têm em comum o trabalho com a aprendizagem do ser humano. Nesse capítulo, aborda os desafios da educação em nosso tempo e o lugar do terapeuta nesse contexto: na escola de hoje, "não podemos mais nos limitar a exigir que o aluno aprenda a matéria sem levar em conta as questões afetivas e relacionais". Finalmente, o capítulo escrito por Maria Henriqueta Camarotti e Doralice Gomes, enfoca os enriquecedores aportes *da terapia comunitária* para a *terapia familiar.* Segundo as autoras, a terapia comunitária permite que as famílias sejam cuidadas sem perder de vista sua identidade e suas raízes culturais. Concluem enfatizando que "a terapia comunitária e a terapia familiar contribuem mutuamente com a saúde social", ampliando a visão e as alternativas de solução.

A terceira parte trata da *terapia familiar em distintas configurações familiares,* iniciando-se com as *famílias com bebês*, enfocadas por Olga Falceto e José Ovídio Waldemar através do relato de uma importante pesquisa realizada em um bairro da cidade de Porto Alegre. Ilustram o trabalho com exemplos clínicos e enfatizam alguns resultados relevantes para os serviços públicos de saúde, como a grande incidência de padrões disfuncionais pais/bebês e de ausência paterna nessas famílias. Propõem, a partir disso, sugestões úteis para que essas distorções possam ser corrigidas, diminuam-se gastos desnecessários e se previnam problemas no desenvolvimento psicossocial das crianças. Na sequência, Helena Maffei Cruz e Roseli Righetti nos trazem seu criativo trabalho sobre famílias com crianças pequenas. Lançando mão da metáfora da "brinquedoteca", fazem um passeio por alguns enfoques importantes para o trabalho nessa etapa da família e ilustram com exemplos suas "conversas terapêuticas" com crianças pequenas e seus pais.

Solange Rosset aborda as questões relativas às *famílias com adolescentes*, trazendo seu enfoque "relacional-sistêmico" para abordá-las. Sugere que os pais e filhos adolescentes devem ser fortalecidos para lidarem com as dificuldades reais, "sem ficarem presos nos jogos de culpas, desculpas, punições e retaliações". O capítulo seguinte, escrito por Nina Guimarães e Alexandre Amaral, trata das *famílias com filhos de casamentos anteriores*. Fazendo uma revisão do tema desde a viuvez ao processo de separação, chegam às vicissitudes das famílias reconstituídas, sobre as quais tecem importantes reflexões clínicas. Segundo os autores, "a possibilidade de refazer a vida afetiva familiar surge como uma redenção da impermanência da escolha conjugal", e o recasamento pode recuperar forças da família, possibilitando ao novo casal trilhar novos caminhos relacionais, com a ajuda de terapeutas flexíveis e criativos.

Cynthia Ladvocat nos traz um denso trabalho sobre *famílias com filhos adotivos*. Iniciando pela história da adoção, aborda as questões da infertilidade, das crianças abandonadas e do vínculo de apego, examinando vários aspectos da prática da terapia familiar com essas famílias. Conclui com uma afirmação muito otimista: "crianças e adolescentes que por uma fatalidade foram afastadas de sua família de origem têm o direito de se sentirem verdadeiramente adotadas e amadas". O importante trabalho de Eliete Belford de Mattos sobre *as famílias com idoso* encerra essa parte da obra. Nesse capítulo, a autora ressalta a importância do tema em função do crescente número de idosos e examina aspectos do atendimento familiar nessa etapa do ciclo vital. Enfatiza como, nos dias de hoje, "o indivíduo considerado idoso não está mais no fim da vida, tem ainda uma longa caminhada pela frente".

A quarta parte desse livro trata *da terapia de famílias com problemas específicos*, iniciando-se com Luiz Carlos Osorio, um dos organizadores deste livro, que traz um capítulo sobre as *disfunções familiares*. Nesse trabalho, destaca alguns temas como o divórcio, as rupturas familiares, as disfunções dos vínculos nas famílias rígidas, demasiado flexíveis, aglutinadas e dispersas, e a difícil condição daquelas com violência, abuso sexual e abandono. Conclui com a corajosa afirmação de que "é nos lares que se origina a violência nossa de cada dia". Em seguida, Adriana Fráguas aborda o tema das *famílias com transtornos alimentares*, examinando os conceitos de anorexia e bulimia, com ênfase na análise de seus contextos familiares. Para trabalhar com essas famílias, sugere que se construam contextos colaborativos, espaços relacionais em que "o novo possa emergir e transformar as narrativas, impregnadas de culpabilidade, em novas narrativas, que signifiquem crescimento".

Marcos Naime Pontes escreve sobre *famílias com psicoses*, enfocando a história dessas famílias e os esforços terapêuticos para abordá-las. Reflete sobre as crenças familiares que engessam tais famílias, instando o terapeuta a trabalhar "aberto para o desconhecido", com criatividade e esperança, em busca de novos caminhos para essas famílias tão carregadas de dores, as quais deverão ser suportadas pelo terapeuta. Em seguida, o difícil tema *famílias, adolescência e drogadição* é abordado pelo grupo de Brasília – Flávio Guimarães, Liana Fortunato Costa, Luciana Pessina e Maria Fátima Sudbrack. Num trabalho denso, examinam o tema com muita profundidade, enfocando os processos de individuação e pseudo-individuação na adolescência, os conceitos de margem, desvio e função paterna e a rotulação e construção de significados. Abordam o trabalho com essas famílias a partir de um exemplo clínico, propondo que enfrentemos "os desafios (e os perigos) de navegar com a família nas ondas da complexidade e da incerteza", na busca de novas e mais eficazes formas de relacionamentos.

Maria Cristina Werner examina as *famílias em situações de ofensa sexual*, redefinindo sua nomenclatura e conceitos. Aborda a transgeracionalidade e a horizontalidade das ofensas sexuais, ilustrando com casos clínicos. Sugere que, nesses casos, trabalhe-se por meio de uma rede de especialistas da saúde, Justiça e escola, todos alicerçados em uma política adequada para o enfrentamento desse problema tão lesivo a crianças e adolescentes. No capítulo seguinte, Daniela Reis e Silva traz seu trabalho sobre *famílias e situações de luto*, examinando as dolorosas questões da perda de filhos e de pais, as sofridas doenças prolongadas e o impacto das mortes acidentais nas famílias. Sugere diretrizes para os terapeutas que ajudam famílias no processo de luto, assinalando a importância de uma mudança de paradigma que possibilite trazer para nossa realidade "a educação para a morte, incluindo as crianças e os adolescentes de uma maneira mais natural na trama do luto familiar".

A quinta parte do *Manual* trata das peculiaridades das terapias de casais, iniciando-se por um capítulo de Luiz Carlos Prado sobre o *casamento e as relações extraconjugais*, em que aborda o impacto dessas relações sobre o casamento, ilustrando o tema através do filme *Infiel*, de Ingmar Bergman. O autor propõe que, nesses casos, seja realizada uma "radiografia das relações extraconjugais", que verifica, através de dez itens, a qualidade desses relacionamentos – sua funcionalidade ou destrutividade. Conclui afirmando que os terapeutas, para melhor trabalharem com os cônjuges envolvidos em relacionamentos extraconjugais, necessitam deixar de lado alguns preconceitos e crenças para trabalhar com isenção e competência a fim de ajudá-los a tomarem a decisão mais adequada sobre os complexos desafios que essas relações trazem em si.

Em *A separação como resultado da difícil arte de renegociar*, capítulo escrito por Rosana Galina, são examinadas situações de casais que querem se separar, mas não desejam desgastar-se no processo e outros que, já desgastados, evitam a separação para não sofrerem perdas materiais. Conclui propondo uma parceria com o psicodrama para trabalhar essas situações: o psicodrama entra "como um instrumento que permite concretizar o *sentido* e o *vivido*, auxiliando os casais a perceberem as distorções entre o real e o idealizado de cada um". Na sequência, o casal Luiz Carlos Osorio e Elizabeth Valle, idealizadores e organizadores deste *Manual*, abordam um tema que conhecem muito bem, seja como indivíduos seja como terapeutas: os *casais recasados*. Para trabalhar com essas relações, os autores relatam sua experiência nos "laboratórios de relações humanas na família", que se propõem a buscar "ativar a criatividade dos participantes para que encontrem novos paradigmas de convívio familiar". No final, refletem sobre as peculiaridades do atendimento desses casais através da co-terapia do casal de terapeutas.

No capítulo sobre *casais homossexuais,* Reges Chagas Gomes propõe que sejam superados alguns pré-conceitos sobre o tema. Aborda a questão da falta de modelos para os casais homossexuais, a importância dos projetos comuns, as questões da visibilidade, dos padrões compulsivos, dos filhos e da família de origem. O autor ressalva que se deve passar da restrita visão sexual da homossexualidade para uma "ótica da (des)construção e (re)construção de relações afetivas".

Não poderia faltar em um *Manual* dessa magnitude, uma parte sobre a *formação do terapeuta familiar.* Para começar, Sandra Fedullo Colombo aborda *o papel do terapeuta em terapia familiar,* enfocando os contos como instrumento de construção de histórias alternativas. Relata sua experiência em oficinas sobre o tema das separações, as chegadas e partidas, as dores, os vôos e recomeços, tudo isso enriquecido por manifestações auto-referentes muito tocantes. Segundo a autora, o desafio humano é "existir com o outro, construir-se dentro de uma relação humana e ser um, singular, indivisível", o que é fundamental, especialmente para os terapeutas.

Cynthia Ladvocat e Maria Beatriz Ricci trazem reflexões sobre a formação do terapeuta familiar a partir de perguntas que foram respondidas por diversos experientes formadores da área. Diferentes enfoques são examinados a partir da questão "o que é um terapeuta de família?". As autoras revisam a formação autônoma do terapeuta e os cursos organizados, sua programação teórica e suas práticas. Finalizando este livro, Laurice Levy enfrenta o complexo tema das *questões éticas em terapia familiar.* Nesse trabalho discute algumas situações éticas que desafiam o terapeuta familiar e propõe a busca de ajuda no Código de Ética dos Psicólogos para a solução de alguns impasses mais difíceis. Numa afirmação corajosa, propõe que "independentemente de normas, regras, moral ou religião, deveríamos indignar-nos todas as vezes que presenciamos ou somos informados de injustiças... e agir quando estiver ao nosso alcance".

Como vemos, este *Manual de terapia familiar* faz uma revisão dos mais relevantes temas de nossa área, sendo uma contribuição valiosa para uma formação sólida de terapeutas familiares em nosso país. Claro que, para alcançar-se a condição de terapeuta familiar, é necessário mais do que informação séria e consistente, pois ser terapeuta é, antes de tudo, uma arte. Requer capacidades pessoais presentes mais em umas do que em outras pessoas: sensibilidade, para poder deixar-se tocar por toda experiência humana; capacidade empática, para permitir colocar-se no lugar do outro e compreender sua perspectiva; serenidade acompanhada de firmeza, quando necessário; capacidade de ouvir com o coração e de se expressar com clareza; inteligência, em especial a emocional, para ter compreensão e manter o equilíbrio quando todos ao redor já tenham perdido o seu; flexibilidade para que possa encantar-se com a diversidade das pessoas e de suas diferentes formas de se relacionar e de viver a vida.

Parabéns a todos os autores, em especial aos organizadores Luiz Carlos Osorio e Elizabeth Valle, e à Artmed, que viabilizou esta magnífica edição. Aproveitemos esta obra preciosa que agora está em nossas mãos.

Luiz Carlos Prado

parte I

A família: origem e destino das terapias familiares

Ciclo vital da família brasileira

Ceneide Maria de Oliveira Cerveny
Cristiana Mercadante Esper Berthoud

O CONCEITO DE CICLO VITAL

Ciclo vital familiar envolve as várias etapas definidas sob alguns critérios pelas quais as famílias passam, da sua constituição em uma geração até a morte dos indivíduos que a iniciaram (Cerveny, 1997). Esses critérios podem ser a idade (de pais ou filhos), o tempo de união e a entrada e saída de membros, considerando-se que famílias são constituídas sob diferentes configurações. Assim, há o casal tradicional heterossexual, o casal homossexual, o casal reconstituído, todos eles passando por etapas com desafios e tarefas específicos no ciclo de vida familiar.

É certo que existem diversos ângulos sob os quais definimos a instituição *família*, e a lente escolhida – o ciclo vital – permite simultaneamente uma visão panorâmica e focal, porquanto não é um conceito rígido; ao contrário, permite sobreposições e reconstituições. Esta é uma forma de olhar que tem sido útil não só na orientação prática – por exemplo, nas diferentes modalidades de terapia familiar –, mas também na interpretação teórica de dados de pesquisas e no subsídio de políticas públicas.

UM POUCO DE HISTÓRIA

No início da década de 1990, uma das autoras deste capítulo apresentou no I Encontro de Psicanálise das Configurações Vinculares e no II Encontro Luso-Brasileiro de Saúde Mental um trabalho no qual mostrava quatro fases do ciclo de vida familiar, cada um com suas características específicas. Alguns casais propuseram-se a contar suas vivências. Era o início de uma longa jornada de pesquisas sobre o ciclo vital em nossa realidade.

Em 1995, a autora ministrava no Programa de Estudos Pós-Graduados em Psicologia da PUCSP uma disciplina na área de Família sobre o Ciclo Vital Familiar. Entre os autores estudados estavam Monica McGoldrick e Betty Carter, cuja obra "*As mudanças no ciclo da vida: uma estrutura para a terapia familiar*" abordava o ciclo vital familiar da classe média americana, no final do século XX e propunha seis estágios:

1. o lançamento do jovem adulto solteiro;
2. o novo casal;
3. tornar-se pais;
4. o sistema familiar na adolescência;
5. lançando os filhos e seguindo em frente;
6. a família no estágio tardio da vida.

A fase em que a família ficava novamente reduzida ao casal era denominada "ninho vazio".

No curso da disciplina, questionava-se a existência do chamado ninho vazio, e um grupo de alunos decidiu ir a campo para entrevistar pessoas nessa fase. Um dos campos de pesquisa estava no 3º andar da PUC, onde funcionava a Universidade da Terceira Idade. Entrevistados desse grupo e de uma amostra de conveniência nos trouxeram uma surpresa: eles não viviam o ninho vazio, pois seus filhos ainda participavam ativamente de suas vidas por meio de vínculos emocionais, econômicos, familiares (como cuidadores dos netos), e assim por diante.

Isso levou a autora a questionar a vivência de outras fases do ciclo cital de nossa realidade e a redefinir sua classificação de ciclo vital que estava muito ligada à sua prática clínica no atendimento de famílias. Essa classificação pressupunha quatro estágios pelos quais a família passava, não rigidamente determinados: fase de aquisição, fase adolescente, fase madura e fase última.

A **fase de aquisição** engloba o período da união do casal até a entrada dos filhos na adolescência. O eixo propulsor dessa fase são as definições de um modelo próprio de família, a aquisição da parentalidade e dos objetivos comuns. Há 10 anos, na primeira pesquisa realizada, a conquista de segurança, traduzida na aquisição da casa própria, em planos de saúde e em poupança para estudo dos filhos, era o que os casais nessa fase mais desejavam. Na segunda pesquisa, há seis anos, a qualidade de vida era o sonho mais comum. Rede de relações, complementação de estudos com vistas ao crescimento profissional, empregos com benefícios que incluam a família também eram desejos presentes, os quais são de diversas ordens: emocionais, econômicas, e assim por diante. Não se quer dizer que em outras fases do ciclo vital a família não se preocupe com isso, já que faz parte de nossa vida, mas compreendemos que o maior número de aquisições está nessa primeira fase.

A segunda fase denomina-se **família adolescente**, nome dado devido ao fato de na maioria das famílias haver uma tendência de todos adolescerem. Os pais revivem a própria adolescência, estão na faixa dos 40 anos, preocupam-se com o aspecto físico; a hierarquia na família fica dissolvida entre pais e filhos, e as regras da primeira fase já não dão conta do bom funcionamento da família. Muitas vezes, acontece de só um dos pais adolescer, e, quando isso acontece, o comum é o cônjuge que não adolesceu ficar com a carga de mais um filho. Nas duas pesquisas, confirmaram-se os principais valores e as tarefas da família nessa fase e algumas mudanças importantes, como maior abertura ao diálogo entre pais e filhos e a flexibilização de valores e normas de conduta.

A **fase madura** é a mais longa do ciclo vital. Ela compreende a saída dos filhos de casa, a entrada de agregados e netos, o início de perdas e de cuidados com a geração anterior, o preparo para a aposentadoria e o cuidado com o corpo tendo em vista o envelhecimento. Esta é a fase da casa cheia, ao contrário do ninho vazio americano. Isso poderá mudar daqui uma ou duas gerações, pois as famílias estão cada vez menores; além disso, a chamada "década perdida na economia brasileira" teve como reflexo grandes dificuldades econômicas para a classe média, mas isso já se faz distante, e os adultos jovens estão tendo maior facilidade para obter independência econômica e, por conseguinte, independência familiar.

A **fase última**, ampliada pela longevidade, inicia-se quando o casal volta a ficar sozinho. A qualidade e as características dessa fase são quase uma consequência de como foram vividas as anteriores. Se o casal tiver a chance de manter um bom padrão de vida, ter cuidados, lazer, entre outros, esta será uma fase de colheita. Por outro lado, a viuvez talvez seja o fenômeno mais esperado e difícil da fase última.

A HISTÓRIA CONTINUA

Cerveny e um grupo de alunos decidiram verificar através de uma pesquisa ampla como era a estrutura e a dinâmica das famílias paulistas, tendo por base as fases do ciclo vital descritas. Foram pesquisadas 1500 famílias paulistas de classe média, de 69 cidades do Estado, com o auxilio de 500 pesquisadores e com o envolvimento de cinco Universidades. Muitos dados revelados em relação à família na pesquisa anteciparam os do Censo e os de outros Institutos de Pesquisa no que tange ao tipo de estruturação, dinâmicas, valores, mitos, entre outros.

Os dados da pesquisa indicavam que as famílias ainda eram as mesmas quanto à estrutura familiar, com predomínio da religião católica, do casamento como forte instituição familiar, do marido como provedor da família e da mulher sendo responsável pelas tarefas domésticas. As diferenças surgiam quanto ao alto nível de escolarização e profissionalização da mulher, e à sua efetiva participação no mercado de trabalho e no orçamento familiar, acarretando mudanças adaptativas do homem que acompanha as transformações do papel da mulher.

As características que parecem ter se mantido mais estáveis quanto à dinâmica familiar são amor e dinheiro como ideal; estudo e profissionalização dos filhos como meta familiar; figura materna com a função de organizar a casa e dar suporte emocional à família; figura paterna com a função de sustentar economicamente a família; função dos filhos como sendo a de trabalhar e estudar, além da realização afetiva por meio do casamento. Porém, a dinâmica familiar, sem dúvida, é considerada como a que mais mudanças sofreu: marido e mulher compartilhando as tarefas domésticas e os cuidados com os filhos; mulher compartilhando com o marido a direção da casa; filhos com maior participação nas decisões familiares; grande valorização do diálogo como propulsor das boas relações familiares; diálogo, respeito e afeto permeando as relações entre pais e filhos.

Natal, a "grande festa" a ser comemorada, é um dos valores familiares que mais podem ser considerados como conservadores, assim como troca de presentes e refeições com todos reunidos como rituais familiares, além de reunião com parentes aos domingos, morte como tabu e importância dos estudos como principal valor a ser passado à próxima geração. Maior destaque ao lazer, tanto individual como familiar, foi uma das mudanças significativas encontradas nos dados; em contrapartida, menor valor a manter a virgindade antes do casamento, a ostentar o sobrenome da família e seguir a profissão do pai.

A nova etapa era a de consolidar tal classificação, com as características de cada fase em uma Teoria de Ciclo Vital que foi possível com uma nova pesquisa, agora qualitativa, na qual foi analisada a família paulista em profundidade. Foi usada a Metodologia da Teoria Fundamentada nos Dados (Grounded Theory Metodology) na elaboração em profundidade de conceitos teóricos que explicassem os fenômenos vivenciados pela família em cada uma das fases do ciclo, com suas categoria e subcategorias, chegando a um retrato detalhado dela (Cerveny e Berthoud, 2002).

A partir de 2004, surgiu no Grupo Família e Comunidade da ANPEPP (Associação Nacional de Pesquisa e Pós-Graduação em Psicologia) a proposta de um levantamento do ciclo vital familiar no Brasil, agora com o questionário de 1997 ampliado e modificado, em 14 capitais brasileiras. A pesquisa, ainda em andamento, é coordenada por Rosa S. Macedo.

Como parte dessa pesquisa, novamente foi retratada a família em São Paulo. Estão sendo investigadas 600 famílias, sendo 200 da Capital, 200 do ABCD e 200 do Vale do Paraíba, praticamente a metade da população entrevistada em 1996, porém, mais concentrada territorialmente. Das 600 famílias previstas, foram investigadas até o momento 416, distribuídas da seguinte maneira: 25,1% na Fase de Aquisição,

25,4% na Fase Adolescente, 36,5% na Fase Madura e 13% na Fase Última. Esses dados virão a público ainda em 2008, a fim de serem comparados com os de 1997 e de ser feita sua leitura qualitativa. É válido ressaltar que as análises até então realizadas demonstram tanto mudanças significativas na dinâmica e no funcionamento da família como a conservação de padrões observados há 10 anos, indicando que o sistema familiar é dinâmico, em constante readequação, com imensa capacidade de transformação.

A maioria dos entrevistados está vivendo em primeira união (aproximadamente 70% dos pesquisados), e entre eles aproximadamente 20% não formalizaram o casamento; 79% vivem em casa própria, mais da metade tem entre 2 e 3 filhos, e 60% se apresentam como católicos. Embora com índices ligeiramente inferiores aos da pesquisa anterior, muitas das famílias possuem noras, genros, sogros ou sogras vivendo na mesma casa. Mais de 80% dos casais estão satisfeitos com a relação, pois a consideram amorosa e amigável. A vida sexual e a comunicação na família também são satisfatórias.

Em relação a desafios e tarefas em cada uma das fases do ciclo vital, constatou-se que as famílias nitidamente continuam a enfrentar várias demandas ao longo da vida e a buscar recursos e formas de resolução das dificuldades em suas redes pessoais e sociais. As maiores preocupações dos casais nas Fases de Aquisição e Adolescente, sejam recém-formados em primeira união ou recasamentos, são a constituição da família e a união do casal. Companheirismo e amor são muito valorizados. Já para as famílias em Fase Madura e em Fase Última, as prioridades são o cuidado mútuo, a amizade e o companheirismo. As maiores dificuldades são conciliar vida matrimonial e profissional no início do ciclo vital, dinheiro e manutenção do status familiar ao longo do ciclo e cuidados com a saúde na Fase Última. O lazer aparece como um investimento altamente valorizado e procurado.

As metas da família pouco mudaram: garantir um patrimônio no início do ciclo vital, educar e formar solidamente os filhos para a vida profissional e cuidar de filhos e netos ao longo dos anos. Os casamentos acontecem um pouco mais tarde em função de opções profissionais, a mulher ainda é sobrecarregada com dupla jornada de trabalho, e os filhos são em menor número e, na maioria das vezes, planejados.

HÁ UMA "OUTRA FAMÍLIA" NESSE INÍCIO DE SÉCULO?

Na última década, assistimos a uma grande revolução em termos de comunicação motivada pela internet, a mudanças profundas no padrão de comportamento sexual e de escolha de parceiros entre jovens e adultos jovens, à inserção da mulher em funções e cargos antes ocupados apenas por homens, à ampliação das exigências de formação profissional para ingresso no mercado de trabalho e à reorganização da forma como a família se autodefine e como é vista pelo Estado. Ao contrário de previsões alarmistas e pessimistas de alguns cientistas sociais ao final do século XX, em vez de se deteriorar ou de se enfraquecer, a família, com sua imensa capacidade de adaptação, vem se transformando sem deixar de cumprir as funções consideradas estruturadas e definidoras da própria instituição *família*: sua função biológica de garantir a proteção e o cuidado das novas gerações e sua função social de transmissão de padrões e normas da cultura.

Ou seja, não há e nunca haverá uma "nova versão da família brasileira", já que certamente teremos sempre uma família brasileira "mutante", aquela que se reorganiza e se reinventa, produzindo e reproduzindo valores, modelos de comportamento e formas de organização.

Apesar de existir muito menos estudos socioantropológicos e psicológicos do que o necessário para acompanhar de perto as mudanças gradativas na estrutura e na dinâmica de funcionamento das famílias de diferentes níveis sociais e regiões do país, é importante analisar de forma geral a organização familiar à medida que novas pesquisas censitárias nos mostram o cenário brasileiro em toda sua complexidade e diversidade.

UM RETRATO DO BRASIL RECENTE

Há dados gerais sobre a população brasileira que ajudam a compreender as mudanças ocorridas nas famílias. A seguir, são apontados alguns índices interessantes obtidos nas últimas pesquisas do IBGE, salientando-se ainda que para esse órgão família é um grupo cuja definição está limitada pela condição de residência em um mesmo domicílio. Igualmente, arranjos familiares onde existam laços de consanguinidade, dependência econômica e/ou residência em um mesmo domicílio além de grupos distintos de pessoas que habitam o mesmo local. Assim, "famílias" são pessoas que moram sós – "famílias unipessoais" –, os grupos com até cinco pessoas que vivem sob o mesmo teto – mesmo sem vínculos de parentesco, ou seja, "famílias sem parentesco" –, e os grupos que abrangem as famílias com parentesco.

- *A família*: O padrão de família apresentou três principais mudanças nas últimas décadas:
    1. queda substancial em seu tamanho;
    2. aumento no número de mulheres sem cônjuge com filhos; e
    3. aumento no número daquelas cuja referência são mulheres.
- *Casamentos e separações*: Dados do registro civil organizados pelo IBGE mostram um crescimento no número de casamentos entre 2002 e 2005 (de 716 mil aproximadamente para 836 mil) e menor crescimento no número de separações judiciais no mesmo período (de aproximadamente 100 mil em para 103 mil).

Dados da Pesquisa Nacional por Amostra de Domicílios (PNAD) de 2006:

- Famílias com filhos predominam na sociedade brasileira: 67,6%.
- Crescimento da proporção de pessoas que vivem sozinhas, dos casais sem filhos, das mulheres sem cônjuge – mas com filhos – na chefia das famílias, além de uma redução da proporção dos casais com filhos.
- Número de mulheres que são indicadas como referência da família aumentou consideravelmente entre 1996 e 2006, com uma variação de 79%, enquanto, no mesmo período, o número de homens "chefes" de família aumentou 25%.
- A família monoparental feminino tem expressão significativa nas áreas urbanas, principalmente no contexto metropolitano.
- Tendência de redução do tamanho da família, que passou de 3,6 pessoas em 1996 para 3,2 em 2006.
- Arranjos unipessoais representaram 10,7% do total no País.
- Cerca de 40% dos domicílios, em 2006, estavam ocupados por pessoas com mais de 60 anos.
- Preponderância de casamentos entre indivíduos solteiros. Em 2005, 85,9% dos casamentos tiveram esse arranjo.
- A proporção de casamentos entre indivíduos divorciados com cônjuges solteiros é crescente. Os percentuais mais elevados são observados entre homens divorciados que se casaram com mulheres solteiras,
- A média de idade masculina para o primeiro casamento foi de 28 anos, enquanto a das mulheres foi de 25 anos em 2005 (no Brasil como um todo).

- A responsabilidade pelos filhos foi concedida às mulheres em 89,5% dos divórcios concedidos no Brasil.
- A análise da maternidade por idade revelou um leve aumento da proporção das adolescentes de 15 a 17 anos com filhos: 1% nos últimos dez anos.
- Idosos ocupam significativamente a posição de chefia quando moram com familiares, e o mais comum é morarem com seus filhos: 44,5%.
- O número de domicílios denominados "ninhos vazios" – casais sem filhos – cresceu nos últimos 10 anos. Em 1996, correspondia a 20,1% dos arranjos, passando a 22,3% em 2006.
- O nível de ocupação das mulheres aumentou quase 5%, ao passo que para os homens ocorreu uma redução de cerca de 1% entre 1996 e 2006.

As pesquisas deixam claro algumas tendências importantes:

- A instituição familiar é a forma de organização básica de nossa vida social: está menor, organizada por uma mais de um tipo de laço (consanguíneo, afetivo e afinidade). Há mudanças, mas continua forte como sempre foi.
- A figura feminina tem um papel central nas mudanças principais: inserção no mercado de trabalho, chefia de um número expressivo de famílias, sendo ainda as principais responsáveis pela guarda dos filhos em casos de separação. Embora mais tardiamente do que há uma década, em sua maioria, tornam-se mães.

Estas são mudanças significativas do ponto de vista da organização familiar ao longo do ciclo vital familiar que notadamente se refletem nas fases de Aquisição e Última. Como tendência, observa-se uma dilatação dessas duas fases: no início, tanto a união como a decisão de ter filhos ocorrem atualmente em uma faixa de tempo alguns anos maior do que há uma década; por outro lado, a longevidade permite maior flexibilidade da Fase Última, o que, sem dúvida, exige das famílias reorganizações em sua dinâmica.

Ainda como tendência, embora metas, tarefas e desafios principais em cada fase do ciclo vital familiar continuem basicamente os mesmos, há uma maior sobreposição entre as fases, tendência que se mostra agora bastante acentuada, mas que já havia sido detectado na pesquisa de 1997. Na ocasião, denominamos como "famílias em transição" aquelas que viviam simultaneamente mais de uma fase do ciclo vital em função de recasamentos, filhos com diferentes parceiros, rearranjos na organização da vida familiar em função de entrada, saída ou retorno de alguns membros.

COMO A FAMÍLIA SE VÊ E É VISTA NO BRASIL

A família segundo o Estado

A partir da Constituição Federal de 1988, teve início uma crescente transformação na forma pela qual o Estado conceitua e compreende a família. A conceituação básica compreende que a família está em evolução, transformando-se continuamente e organizando-se muito mais por laços de afeição do que por hierarquias tradicionais. Em decorrência disso, assistimos a mudanças fundamentais, por exemplo, nas políticas públicas de promoção e assistência, na legislação sobre adoção e guarda de filhos. Em termos subjetivos, a sociedade em geral demonstra também ter flexibilizado a compreensão do que é, como se estrutura e como funciona a família contemporânea. Configurações familiares nem imaginadas há poucas décadas hoje são cada vez mais aceitas com maior naturalidade. Sem dúvida, em pouco mais de duas décadas, o Brasil e o brasileiro comum mudaram suas expectativas em relação à família, mas sem deixarem de ser uma sociedade fundamentalmente familista.

> A família patriarcal, que nossa legislação civil tomou como modelo, ao longo do século XX entrou em crise, culminando com sua derrocada, no plano jurídico, pelos valores introduzidos na Constituição de 1988. A família atual está matrizada em um fundamento que explica sua função atual: a afetividade. Assim, enquanto houver *affectio* haverá família, unida por laços de liberdade e responsabilidade, desde que consolidada na simetria, na colaboração, na comunhão de vida não-hierarquizada. A família é o núcleo natural e fundamental da sociedade e tem direito à proteção da sociedade e do Estado. (Lobo, 1989)

Assim, a partir de 1988, a instituição *família* no Brasil não apenas ganha um significado totalmente novo, em especial pela sua independência de modelos preestabelecidos e idealizados de uma "família-padrão", como também recebe, por força de lei, prioridade na garantia de proteção. A instituição, reconhecidamente base estrutural de nossa sociedade, precisa, a partir de então, não só ser respeitada em seu movimento de transformação e flexibilidade constituinte, como também protegida, o que é, sem dúvida, uma verdadeira "revolução" para nossa sociedade.

As atuais políticas públicas elaboradas pelos últimos governos no país denotam claramente a adoção da noção de que a família é, sem dúvida, tanto o lócus para a promoção de programas de atenção, promoção e cuidados com os cidadãos, como a depositária de expectativas e responsabilidades para prover muitas das necessidades de seus membros – em especial os que demandam maiores cuidados, como as crianças e idosos, cujas demandas o governo não consegue atender integralmente. Por força de lei, a família tem que ser protegida; por força da conjuntura econômica e pela profunda desigualdade social predominante, a família se vê forçada a ser, ela mesma, fonte de proteção social de seus membros.

A família como lócus de proteção social

Não só o Estado, como, evidentemente, também a forma como foi se organizando ao longo do tempo a vida social no Brasil, dependem da família para exercer as funções mais fundamentais na constituição do indivíduo e do cidadão: prover, cuidar, proteger, transmitir valores e normas.

> A centralidade das famílias como fator de proteção social implica ter presente seu caráter ativo e participante nos processos de mudança em curso e, ao mesmo tempo, suas transformações internas, sobretudo em suas dimensões de sexualidade, procriação e convivência. (Goldani, 2002, p. 33)

A família contemporânea brasileira, notadamente o imenso contingente de famílias que vivem em situações de pobreza ou com poucos recursos econômicos, é vista como a instituição que deve cuidar seus membros. Como bem assinalam Carvalho e Almeida (2003), "(...) importância (da família) cresce entre as pessoas mais frágeis... É a família, sobretudo, que pode transmitir-lhes, entre outros aspectos, um patrimônio de 'defesas internas'." (Carvalho e Almeida, 2003, p. 109).

Há um movimento no ocidente, relativo ao crescimento e à sofisticação do chamado "bem-estar social": muitos países desenvolvidos têm aperfeiçoado seus programas e suas políticas sociais, no sentido de empoderamento cada vez maior do cidadão e da família, garantindo que sejam capazes de atuar como "amortecedores sociais", como dizem os cientistas sociais.

No Brasil, embora ainda não tenhamos políticas públicas consolidadas, todas as versões de ações sociais dos últimos governos federais têm deixado claro que o país caminha no sentido de tentar fortalecer sua instituição mais básica – a família – acreditando que, quanto mais protegida a família estiver, mais protegido estará o cidadão e menos demandas sociais ficarão – como vêm sendo há décadas – à mercê de soluções que o Estado não pode e não consegue prover.

Na verdade, estamos longe de ter políticas públicas eficientes para nossas famílias. Porém, algumas iniciativas têm demonstrado bom potencial; por exemplo, o Programa de Saúde da Família, modelo em vários Estados do país. Sem dúvida, particularmente em nossa área de atuação, muitos atalhos desse caminho já foram abertos e não há mais volta, como, por exemplo, o movimento antimanicomial.

Como profissionais da área de família, acompanhamos com muita atenção esses movimentos, visto que, se por um lado foram constituídos sobre princípios com os quais comungamos – a família tem que ser protegida para poder proteger – por outro, depositam na família, já totalmente sobrecarregada de papéis, funções e indefinições, novas e pesadas atribuições.

A família como lócus de promoção de saúde

Desde 1994, com a criação do programa de Saúde da Família, o Ministério da Saúde faz da família uma parceira para otimizar e dinamizar os serviços de promoção e manutenção da saúde da população. Segundo o próprio Ministério, este é um projeto dinamizador do SUS, que está na base conceitual e operacional das diretrizes de ação no país. Desde sua implantação, inúmeras pesquisas têm demonstrado seus efeitos positivos, destacando a diminuição da mortalidade infantil (Ministério da Saúde, 2008).

A família "no avesso": lócus de agressão e destruição

Também é necessário ressaltar que a família é, paradoxalmente, aquela que pode formar ou destruir, dar identidade ou desintegrar o indivíduo em formação. Por inúmeros fatores que não cabem ser aqui discutidos em profundidade, mas que gostaríamos de citar, como a miséria humana instalada em todas as classes sociais pela falta de vínculos humanos e pelo excesso de individualismo, a situação de favelização e de miséria total em que vivem milhares de famílias no país, a ineficiência ou inexistência de programas governamentais, a inexistência de uma cultura de prevenção e promoção da saúde integral do indivíduo, que assola os profissionais de saúde em geral, muitas famílias não conseguem cumprir nem minimamente suas funções; ao contrário, desempenham o papel de desumanizar as novas gerações. Só para citar um sério problema, inúmeras pesquisas retratam as estatísticas assombrosas de violência doméstica em todas as suas formas (física, moral e psicológica).

Para a sociedade brasileira, a família é, formalmente, considerada a instituição formadora do indivíduo/cidadão por excelência. Tem de ser protegida socialmente e, ao mesmo tempo, proteger aos seus. É conceituada de forma flexível, já que novas formas de arranjos familiares pouco a pouco vêm recebendo maior aceitação social e reconhecimento de seus direitos legais. Por outro lado, é também responsabilizada por inúmeras mazelas na formação de seus membros e lamentavelmente ainda pouco amparada efetivamente por mecanismos e políticas públicas.

A FAMÍLIA POR ELA MESMA

Os brasileiros, de modo geral, conceituam de forma muito positiva a família. Ela é a instituição mais importante – para o brasileiro, a família está acima da Igreja e do Estado. É valorizada, desejada e, sem dúvida, também cobrada e responsabilizada por sucessos e fracassos em suas funções principais de formar novas gerações de indivíduos/cidadãos.

À família são atribuídas duas qualidades essenciais como instituição: espaço de amor incondicional e união, mostrando a idealização e a alta expectativa a ela atribuída, além de ser considerada o espaço natural de referência pessoal e constituição de identidade.

Os brasileiros sabem que a família está mudando e aceitam suas mudanças com relativa tranquilidade. Não é, na verdade, a "sociedade" nem a tecnologia que trazem mudanças à família; ao contrário, é a família que vem se transformando adaptativamente e, apesar da nostalgia ainda existente, novas configurações e novas dinâmicas são consideradas muito mais como ganhos do que como perdas de um "padrão de família ideal".

Provavelmente, de modo muito mais intenso do que em qualquer outra época histórica, o *afeto e o diálogo* são as *referências da família em todas as fases do ciclo vital*: o afeto como base de constituição/reconstituição dos arranjos familiares e o diálogo como a qualidade mais desejável para a manutenção/reorganização das relações familiares entre todos os subsistemas (conjugal, parental e intergeracional).

Desde 1996, temos analisado o significado da família para os brasileiros em inúmeras pesquisas realizadas no NUFAC (Núcleo de Família e Comunidade – PUCSP) e no NPF (Núcleo de Pesquisa da Família – UNITAU), os quais trabalham em estreita cooperação na tentativa de compreensão da família em São Paulo.

A meta tem sido "dar voz à família", retratá-la em suas vicissitudes e mostrá-la em uma perspectiva sistêmica, considerando-a como uma instituição pulsante, sempre em mutação. Apesar das profundas transformações sociais, muitas delas originadas nas e pelas famílias, em especial as da "classe média brasileira", algumas características têm se mostrado perenes: o brasileiro zela por, deseja e trabalha para a manutenção da instituição que mais valoriza: a família!

Em 1996, uma pesquisa pioneira realizada pela internet contou com a participação de 480 adolescentes, jovens e adultos de 11 Estados do país que espontaneamente acessaram o questionário *on-line* e expressaram sua opinião sobre o que é família, sua importância e suas funções básicas (Berthoud, C.M.E. et al., trabalho não publicado). Independentemente de gênero e faixa etária, a maioria dos pesquisados considerou a família como a principal instituição da nossa sociedade, atribuindo a ela características de lugar de proteção e troca de afeto, espaço de aprendizagem e formação pessoal. Mais de 80%, apesar de constatarem defeitos e problemas nas relações entre familiares, não trocariam de família e, ainda, pretendiam constituir/já haviam constituído famílias próprias, baseando-se nas suas experiências nas famílias de origem. Os resultados permitiram concluir a grande importância atribuída à família e a necessidade demonstrada de que ela possa continuar cumprindo seus papéis de formar, cuidar e proteger as novas gerações, dando-lhes base de moral individual e cidadania.

Em 1997, publicamos os resultados de uma ampla pesquisa sobre ciclo vital da família paulista (já citada), a qual foi pioneira em mostrar o quanto a família, independentemente da fase do ciclo vital que esteja atravessando, é considerada como o lugar de suporte e proteção para a maioria das pessoas.

Em 1998, realizamos uma ampla pesquisa no interior de São Paulo, com 1.500 participantes – crianças, adolescentes, adultos e idosos (Berthoud e Oliveira, 1999). Os resultados mostraram que a família é definida por duas características principais – amor e união – e é considerada a mais importante das instituições para a maioria dos pesquisados. De modo geral, crianças e idosos consideravam como membros da família indivíduos com vínculos consanguíneos, enquanto jovens e adultos incluíam pessoas por afinidade. A maior dificuldade atribuída à família foi a falta de diálogo, e a maior qualidade, a união entre seus membros.

Em 2000, foram publicados os resultados de uma pesquisa qualitativa realizada para a compreensão em profundidade da vida em família em casa, fase do ciclo vital. A pesquisa, também já citada anteriormente, além de descrever e explicar as características da família, possibilitou mais uma vez confirmar que, para a maioria absoluta dos pesquisados, nenhuma outra instituição em nossa sociedade substitui a família em suas funções constituidora e formadora de indivíduos.

Nesta última década, também foi muito expressivo o número de dissertações e teses produzidas pelas universidades, as quais muito contribuíram para a compreensão da família em nossa realidade.

Nesses mais de 10 anos de estudos, foi consolidada a convicção de que a família brasileira se vê de uma forma bastante positiva, possui clareza sobre sua importância e sobre suas funções e luta para garantir que elas sejam cumpridas, apesar de todas as dificuldades que a vida em família traz, em especial aos pais e, muito em especial, às mulheres, sobrecarregadas com novos papéis decorrentes de todas as transformações de gênero e de comportamentos sociais ocorridas nos últimos anos.

Outros institutos renomados no país que estudam a família também têm sido capazes de demonstrar em suas pesquisas que ela é a instituição sobre a qual se depositam as maiores expectativas: das pessoas, da sociedade e do Estado, de forma geral.

Uma pesquisa recente realizada pelo Datafolha (2007) analisa as principais mudanças na forma de pensar e de se organizar da família brasileira, por meio da comparação com pesquisa semelhante realizada pelo mesmo instituto há 10 anos. As mudanças mais significativas observadas no período foram a maior tolerância das famílias para a vida sexual dos jovens (sobretudo em relação à perda de virgindade, à gravidez fora do casamento e ao namoro em casa) e em relação à homossexualidade. Em contrapartida, observou-se que o aborto e o uso de drogas são menos tolerados do que há 10 anos. E a maior qualidade atribuída ao relacionamento de um casal foi a fidelidade. Na análise dos valores familiares, constatou-se uma maior valorização da família e da religião. Estudo, trabalho e lazer também foram aspectos bastante valorizados, enquanto o casamento e o dinheiro são importantes apenas para um terço dos pesquisados.

COMO COMPREENDEMOS A FAMÍLIA CONTEMPORÂNEA

Os meios de comunicação, o governo e a igreja voltaram sua atenção para a família nessa última década. Programas de TV, reportagens e pesquisas estão constantemente aparecendo na mídia trazendo à tona, tais mudanças. Muitos pesquisadores estão trabalhando para mostrar o perfil, as necessidades e os desejos da família.

No entanto, acreditamos que qualquer pesquisa sobre a família tem que levar em consideração a etapa do Ciclo de Vida pela qual está passando. Um exemplo disso é o dado a seguir, compilado em uma recente pesquisa do IBGE:

Somente metade dos homens realizam afazeres domésticos (51,4%), enquanto 9 em cada 10 mulheres tinham essa atribuição. Para as mulheres, a saída para o mercado de trabalho não implica deixar o serviço de casa. Pelo contrário, a participação das mulheres ocupadas nesses afazeres é de 92%. (IBGE, 2007)

Quem são esses homens e essas mulheres? Seu comportamento é o mesmo em diferentes etapas da vida? Em que momento do ciclo vital da família esse comportamento tem maior ou menor significado na organização e na constituição da relação afetiva e familiar? Encontramos em nossa pesquisa há 10 anos que, no início da vida conjugal, ou seja, na Fase de Aquisição, os homens ajudam as mulheres nas tarefas domésticas. Nas fases Adolescente e Madura, não importando o padrão econômico ou o fato de a mulher ser ou não assalariada, esse mesmo homem afasta-se das atividades domésticas e só retornará a ajudar na Fase Última. Então, os 51,4% dos homens que realizam as tarefas são aqueles que estão no início da vida a dois e os que chegaram à Fase Última. Os 92% das mulheres retratam a situação feminina em qualquer uma das fases do ciclo vital.

Outro ponto importante nas pesquisas com famílias é a grande diferença existente entre as realidades brasileiras. Por um lado, temos as capitais e os grandes centros que são mais atingidos pelas mudanças; por outro, temos também as pequenas cidades, onde, apesar dos meios de comunicação, a estrutura e a dinâmica familiares não mudaram tanto e onde a incidência de divórcios, separações, número de filhos, entre outros, ainda seguem padrões mais antigos.

Em fevereiro de 2008, a revista Veja mostrou que a família de classe média estava priorizando a educação dos filhos, o plano de saúde e uma previdência privada. São os mesmos dados apresentados na pesquisa do Datafolha, já citada anteriormente. A educação dos filhos, sem dúvida, aparece em todas as pesquisas como a primeira preocupação das famílias no Brasil, nas fases de Aquisição e Adolescente. Arriscaríamos afirmar que este é o maior ideal da família brasileira desde seus primórdios e unanimidade em todo território nacional. Acreditamos também que a redução do número de filhos por casal tem relação com esse ideal de educação, além das mudanças que atingiram o gênero feminino.

É preciso ficar atento também ao fato de que só a graduação na universidade não garante ao jovem o emprego imediato, e muitos necessitam maior especialização para poder concorrer no mercado de trabalho. Isso significa atualmente um ônus maior para os pais na Fase Madura, os quais subsidiam por mais tempo a educação dos filhos.

Uma ocorrência que está crescendo na classe média é a permanência dos filhos na casa dos pais, mesmo tendo eles condições de viver com independência. É a "geração canguru", que começa a ser objeto de pesquisas. Figueiredo (2008), em sua pesquisa de mestrado, encontrou que existe uma acomodação do filho que vai ao encontro do desejo dos pais em tê-lo mais tempo.

Uma outra categoria que está aparecendo é a dos *filhos bumerangues*: aqueles que saem da casa dos pais ou em função do casamento ou em função do trabalho e retornam. Os que se separam, muitas vezes, retornam com os filhos, tornando o ninho mais cheio.

A migração interna é também um outro fator que influencia atualmente na dinâmica familiar. Muitas vezes, em função de estudo ou trabalho, famílias ou parte delas migram para outras cidades. Temos então as famílias que se reúnem só nos finais de semana ou até em intervalos maiores.

A preocupação com a saúde aumenta à medida que aparecem os filhos na Fase de Aquisição e fica bastante acentuada nas Fases Madura e última do ciclo vital. A saúde pública não consegue estabelecer um patamar que atenda regular e eficientemente toda a população. Desse modo é necessário recorrer à previdência privada. Da mesma forma, as aposentadorias não conseguem dar à família a tranquilidade de poder continuar vivendo sob o mesmo patamar. A longevidade do brasileiro aumenta as despesas com saúde, e o indivíduo precisa ter um pecúlio maior para poder pelo menos ter uma vida digna.

A longevidade, a permanência dos filhos por mais tempo na casa dos pais, o maior nível de escolaridade, entre outros fatores, formam um panorama que traz mudanças para a formação das famílias. O casamento entre pessoas muito jovens está diminuindo, com exceção das situações em que uma gravidez precoce leva o casal à união.

A maioria dos casamentos ocorre com os parceiros na faixa dos 30 anos, após a conclusão dos estudos e a estabilização da vida profissional. A liberação dos costumes e a mudança de alguns valores estão permitindo aos jovens namorar, e, assim, existe a possibilidade de postergar a união formal. Nesse caso, há uma implicação maior para o início da parentalidade, que também fica postergada. Provavelmente a diminuição do número de filhos por casal tenha também relação com esse dado. Apesar dos avanços da reprodução assistida, muitas mulheres não querem arriscar-se a serem mães com idade avançada.

Existe um crescimento expressivo na classe média de famílias com filho único. As investigações feitas sobre essas famílias mostram a influência da rede social para esses jovens. A internet funciona como grande facilitadora dessa rede, mas a família extensa, os amigos, o trabalho e os estudos, e a comunidade também trazem a oportunidade de trocas qualitativas para esse filho único. (Salomoni, 2006).

Em relação ao trabalho, atualmente os casais jovens de classe média, na Fase de Aquisição, são de dupla carreira. Algumas pesquisas já estão sendo feitas para averiguar como o dinheiro é administrado quando ambos trabalham (Guimarães, 2006) e também como é ensinado aos filhos o valor do dinheiro (Manfredini, 2007). Em ambas as situações, os casais têm muita influência do modelo adotado em suas próprias famílias de origem, seja para repeti-lo quando ele funcionou, seja para fazer o oposto daquilo que os pais fizeram.

As mudanças ocorridas nas últimas décadas que incidiram sobre a estrutura das famílias tiveram, sem dúvida, uma influência grande dos meios de comunicação. Internet, celulares, televisão, entre outros, alteraram valores, criaram novos rituais, novas formas de relacionamento e também novos conflitos familiares. Os dados de pesquisa mostram que um ideal da família é o bom diálogo entre seus membros. No entanto, esses mesmos dados dizem que o maior lazer da família reunida é assistir à TV. Entretanto, como diálogo e TV podem ser conciliados? Como o enorme tempo dedicado à internet, por exemplo, não só pelos filhos adolescentes, como também pelos pais, pode interferir na Fase Adolescente? São estes os novos desafios que a família enfrenta, os quais tem provocado a elaboração de formas criativas de convivência.

REFERÊNCIAS

BERTHOUD, C. M. E.; OLIVEIRA, A. L. What does the family mean to children, adolescents, adults and the elderly at the end of the century? A Brazilian Study. In: THE SECOND International Conference in Advances in Qualitative Method. Edmonton: University of Alberta, 1999.

CARVALHO, I. M. M.; ALMEIDA, P. H. Família e proteção social. *São Paulo Perspec.*, São Paulo, v. 17, n.2, Apr./June 2003.

CARTER, B. et al. *As mudanças no ciclo de vida familiar:* uma estrutura para a terapia familiar. 2. ed. Porto Alegre: Artmed, 1995. p. 40-50.

CERVENY, C. M. O. (Org.). *Família em movimento.* 1. ed. São Paulo: Casa do Psicólogo, 2007. p. 226.

CERVENY, C. M. O.; BERTHOUD, C. M. E. *Visitando a família ao longo do ciclo vital*. 1. ed. São Paulo: Casa do Psicólogo, 2002. p. 200.

CERVENY, C. M. O. et al. *Família e ciclo vital:* nossa realidade em pesquisa. São Paulo: Casa do Psicólogo, 1997. p. 287.

FIGUEIREDO, M. G. de. *Ninho cheio, Geração Canguru*: o impacto da permanência do filho adulto em casa segundo a perspectiva dos pais. 2007. Dissertação a ser apresentada em abril de 2007. (Mestrado em Psicologia Clínica) – Pontifícia Universidade Católica de São Paulo, São Paulo, 2008.

GOLDANI, A. M. Família, gênero e políticas: famílias brasileiras nos anos 90 e seus desafios como fator de proteção. *Revista Brasileira de Estudos de População*, v.19, n.1, jan./jun. 2002.

GUIMARÃES, C. M. B. *O meu, o seu e o nosso:* o processo de construção conjunta do "compromisso financeiro" do casal de dupla carreira na fase de aquisição do ciclo vital. 2007. 230 f. Dissertação (Mestrado em Psicologia Clínica) – Pontifícia Universidade Católica de São Paulo, São Paulo, 2007.

INSTITUTO BRASILEIRO DE GEOGRAFIA E ESTATÍSTICA (IBGE). Síntese dos indicadores sociais: uma análise das condições de vida da população brasileira. *Estudos e Pesquisas: Informação Demográfica e Sócio Econômica*, Rio de Janeiro, n. 21, 2007.

LOBO, P. L. N. A repersonalização das relações de família. In: BITTAR, C. A. *O direito de família e a Constituição de 1988*. São Paulo: Saraiva,1989.

MANFREDINI, A. M. N. *Pais e filhos:* um estudo da educação financeira em famílias na fase de aquisição. 2007. 200 f. Dissertação (Mestrado em Psicologia Clínica) – Pontifícia Universidade Católica de São Paulo, São Paulo, 2007.

SALOMONI, S. R. *Do singular ao plural e do plural ao singular:* a rede de relacionamentos do filho único adulto jovem. 2006. 180 f. Dissertação (Mestrado em Psicologia Clínica) – Pontifícia Universidade Católica de São Paulo, São Paulo, 2006.

URANI, A. *Brasil em números,* Rio de Janeiro. IBGE, v. 5, 1997.

SITES

BRASIL. Ministério da Saúde. Departamento de Atenção Básica. *Atenção básica e a saúde da família*. Disponível em: <http://dtr2004.saude.gov.br/dab/atencaobasica.php>. Acesso em: 14 jan. 2008.

DATAFOLHA. *Família fica ainda mais importante para brasileiros*. Disponível em: <http://www.cegente.com.br/upload/materialpesquisa/arq_159.-pdf>. Acesso em: 07 out. 2007.

INSTITUTO BRASILEIRO DE GEOGRAFIA E ESTATÍSTICA (IBGE). *IBGE divulga indicadores sociais dos últimos dez anos*. Disponível em: < http://www.ibge.gov.br/home/presidencia/noticias/noticia_impressao.php?id_noticia=987>. Acesso em: 28 jul. 2007. Comunicação social de 28 set. 2007.

VEJA. São Paulo: Abril, ed. 1739, 20 fev. 2002. p. 98-105.

2

Comunidade e família

Dilson Cesar Marum Gusmão

INTRODUÇÃO

> Se no berço experimentei esta fome humana, ela continua a me acompanhar pela vida afora, como se fosse um destino. A ponto de meu coração se contrair de inveja e desejo quando vejo uma freira: ela pertence a Deus.
>
> Clarice Lispector (2004)

O trabalho desenvolvido com grupos de famílias possibilita aos participantes identificar, nomear e compartilhar suas emoções. Nesses momentos, há troca de experiências, com histórias compartilhadas que despertam no indivíduo a percepção de que existem outras formas de ver o mundo. Tal processo é vivido pela equipe técnica como um aprendizado que traz muita satisfação.

Muitos aspectos teóricos foram pensados a partir de encontros com as famílias, e a questão mais citada nas sessões, girou em torno do pertencimento.

Nos relatos, surgiu a denúncia de que coabitar o mesmo espaço físico e conviver nele não é suficiente para que as pessoas se conheçam ou para que haja intimidade entre elas. As queixas apontam que elas não conversam entre si, não brincam, não contam histórias. As fronteiras interpessoais são difusas, o que gera sentimentos de desordem, angústia e solidão. O que predomina na relação é o desejo individual e, como decorrência, a luta pelo poder.

Após muitas reflexões sobre o tema, re-visitando cada história contada, cada palavra pronunciada, perguntamo-nos: o que é pertencer?

Pertencimento é o lócus que une indivíduos que pensam em si como membros de uma coletividade em que crenças são partilhadas, em uma origem comum, além de destino comum. Engloba valores éticos, morais, costumes, memória, dando ao indivíduo a possibilidade de sentir-se pertencente àquele lugar, àquela raça. É também mais que um lugar físico: é a construção do espaço simbólico onde o indivíduo busca sua identidade. Marc Augé (1994) assinala que o pertencimento é considerado um Lugar Antropológico, porque é, ao mesmo tempo, identitário, relacional e histórico.

Não identificamos nas relações interpessoais das famílias atendidas nenhum lugar identitário, relacional ou histórico. Ao contrário, encontramos um lugar diametralmente oposto. De acordo com Augé, o espaço que não se define como identitário, nem como relacional e histórico, será como um "não-lugar", o qual delineia um mundo provisório, transitório, superficial, comprometido com a solidão.

Diante dessa constatação, o "não-lugar" defendido por Marc Augé tornou-se nosso tema principal e despertou na equipe muitas inquietações e muitos questionamentos em relação ao futuro das relações humanas, da família, da escola, entre tantos outros. Não temos respostas, apenas perguntas.

EU, O CONTADOR DE HISTÓRIAS

Das lembranças que tenho de minha infância, uma é especial, muito distante no tempo e já um tanto difusa na memória. Em um dia de inverno, na calçada em frente à minha casa, minha mãe e outras pessoas juntavam-se para aquecer-se ao sol e aproveitavam a oportunidade para colocar em dia as novidades. O sol enfraquecido da estação, os dedos dos pés gelados, as pessoas conversando, as crianças brincando: foi assim, em meio a essas conversas, que aprendi a conhecer a alegria da vida, o choro da dor, o sofrimento identificado com o outro, a confiar, a compartilhar. Quase tudo o que sei sobre a família de meu pai escutei nessas situações, depois do almoço, sob o sol do meio-dia. Tudo o que sei sobre a família da minha mãe aprendi com minha avó e com minhas tias.

Tornei-me contador de histórias ouvindo-as. As pessoas juntam-se e contam umas para outras histórias que aguçam o imaginário, desafiam o tempo, despertam lembranças guardadas na memória.

Tornei-me um contador de causos, influenciado pelas pessoas com quem convivi na infância. Mais tarde, como terapeuta de família, dessa competência fiz minha maior ferramenta.

Descobrindo histórias

Como contador de histórias, ultrapassei as divisas da minha terra e, como os bandeirantes, desci o rio Tietê visando a conhecer as histórias das cidades ribeirinhas e das famílias que lá vivem. São cidades ricas em contos e lendas, lendas de mães d'água encantadas, que levantavam grandes ondas e atraíam os navegantes ao fundo do rio; da mãe do ouro, um mito ligado ao período do ciclo do ouro que conta a história de uma mulher que vive debaixo da terra e que tem a seu encargo guardar as minas, e onde ela está é prova evidente de que há ouro. Persegue homens, e os preferidos acabam deixando a família, seduzidos por seu encanto. Passeia luminosa pelos ares e pelo céu como uma bola de fogo.

Há lendas de cobras gigantescas (como a sucuri), de almas penadas de sertanistas mortos por doença, por flechas, estraçalhados por onças e comidos por urubu; de homens que, nas noites de bruma, subiam e desciam o rio em embarcações misteriosas; de anhumas, aves que habitavam a região desde o início do povoamento e que eram procuradas pelos caboclos – eles, com cada parte, faziam remédios para todos os males: os esporões e os ossos da perna esquerda eram transformados em amuletos contra estupor, mau-olhado, envenenamento e mordedura de animais.

Descobri que as histórias escritas em cada vilarejo têm características próprias e, entre elas, muitas semelhanças. Todos possuem, além das lendas, os tipos populares, personagens que vivem na cidade e destacam-se pela popularidade.

Os mitos urbanos

Encontrei Maria Quitéria, mulher de estatura baixa, vestido rodado, com rendas tal qual boneca –, cheia de bijuterias, protegendo-se do sol com uma "sombrinha", muito maquiada. Não molestava ninguém. Gregório Mudo, negro muito alto, para caminhar, segurava as mãos nas costas; arcado, arrastava os pés. Diziam que fora escravo e haviam-lhe arrancado a língua. Estrelinha era homem que só saía à noite e caminhava contando estrelas. Ditinho foieiro,[1] nas noites de sexta-feira virava lobisomem ("muita gente viu"). Alzira

---
[1] Foieiro: termo empregado na fala caipira, para a palavra "folha". Quem trabalha com folhas de zinco.

Sucuri, chamada assim porque não tinha os dentes da frente e porque seus enormes caninos saíam para fora da boca, gritava pelas ruas, dizendo que ia casar-se com um rico e conhecido personagem da cidade.

Essas cidades pequenas, muitas vezes desconhecidas, serviram de berço a grandes personalidades que ajudaram a fazer a história do Brasil. Permitiam que todos se conhecessem, as grandes personalidades, os tipos populares e a gente do povo. Porém, as cidades cresceram – o desenvolvimento econômico e industrial modifica, amplia, e, em muitos lugares, a zona rural foi sendo substituída pela urbana.

A população foi modificando-se não apenas pelas mortes e pelos nascimentos de seus habitantes, mas também pelos movimentos de entrada e saída, ou seja, o fluxo migratório rural-urbano. Antigos costumes da cidade pequena foram sendo substituídos por hábitos que caracterizam uma cidade grande.

Sua população sentiu-se esmagada por problemas de transportes, poluição, falta de segurança, drogas, moradia, segregação e pelos efeitos da globalização. O desenho das relações interpessoais urbanas passa a ser delineado por novos e diferentes espaços, impostos pela economia mundial, o que traz efeitos sobre o padrão de sociabilidade dos indivíduos e propicia o surgimento de uma nova formação de vínculos sociais e familiares.

Foi, em meio a esse universo de lendas e fatos que ouvimos as famílias contar suas histórias.

O CONTEXTO

Como saltimbancos, levamos nossos talentos a diversas localidades, geralmente populosas, com casas simples e com as mesmas condições sociais. Atrás de cada porta, ouvimos histórias de vida, muitas vezes tristes, comoventes, histórias que mostram força, garra e luta.

Os moradores pouco se conhecem e criam uma cultura de vida solitária.

A equipe de profissionais, especialistas em assuntos de família e encarregada de organizar as reuniões, é apaixonada por histórias de vida. De maneira carinhosa, acolhe o sistema familiar e cada indivíduo que o compõe; atenta, ouve o que as pessoas têm a dizer e com elas vai tecendo novas histórias.

ENCONTRO DE HISTÓRIAS

Somos contadores de histórias especializados em terapia familiar e centramos nossa atenção na trama das relações familiares. Portanto, nosso olhar desloca-se para a compreensão da estrutura familiar, para a comunicação existente entre os membros desse sistema, para os legados transgeracionais, para os mitos familiares e, sobretudo, para a cultura e para as crenças peculiares a cada família.

O projeto *Refletindo com as Famílias*, desenvolvido no *Sistemas Humanos*, foi inspirado e adaptado do modelo criado por H. Peter Laqueur e tem como finalidade a criação de espaços para diálogos que possibilitem o crescimento e que tornem possíveis as transformações das relações familiares.

Os grupos multifamiliares ampliam a rede de pertencimento e apoio. Nesses encontros, as ressonâncias[2] (conforme definição de Mony Elkaïm [1988]) entre terapeutas e famílias criam um espaço afetivo

---

[2] "[...] Denomino ressonâncias esses agrupamentos particulares, constituídos pelas interseções dos elementos comuns a diferentes indivíduos ou diferentes sistemas humanos, que suscitam as mútuas construções do real dos membros do sistema terapêutico. Esses elementos parecem ressoar sob o efeito de um fator comum, um pouco como um corpo que vibra sob efeito de uma dada frequência sonora." (Elkaïm, 1988, p. 320)

de respeito e acolhimento, no qual histórias despertam histórias.

A clínica social do "Sistemas Humanos" desde 2001 realiza atendimento gratuito às famílias com dificuldades de relacionamento que não dispõem de recursos financeiros.

Nos encontros, incentivam-se os participantes a:

- identificar e compartilhar suas emoções;
- facilitar a comunicação entre o grupo familiar;
- estimular suas potencialidades;
- compartilhar dificuldades;
- descobrir alternativas e comemorar conquistas.

Desse modo, são estabelecidas novas redes sociais e afetivas de significação e convivência.

Com o objetivo de identificar as necessidades das famílias, os terapeutas acolhem cada uma delas para posterior encaminhamento ao grupo multifamiliar, de acordo com as dificuldades, atendimento esse que poderá ser unifamiliar.

Os grupos são compostos de 7 a 10 famílias, e o atendimento (semanal) é realizado por dois terapeutas e por um interlocutor.

Procuramos durante os encontros uma aproximação cautelosa, tendo o cuidado de não invadir a privacidade das pessoas. Nosso trabalho multifamiliar não elege um protagonista para trabalhar, mas a metáfora trazida pelo grupo durante as sessões.

O primeiro momento da sessão, denominado Acolhimento, tem como objetivo integrar os componentes entre si e com a equipe. No acolhimento, geralmente trabalhamos com jogos, brincadeiras, cantos e desenhos.

O segundo momento, o Desenvolvimento, tem como função coletar, selecionar e escolher os assuntos emergentes do grupo, com os mesmos recursos do Acolhimento.

No final dessas duas etapas, os participantes comentam como se sentiram nas atividades. Em seguida, com o grupo já disponível para o trabalho, perguntamos os motivos que os trouxeram à terapia.

Normalmente, surge uma metáfora que o terapeuta atento deverá "fisgar" e fazer circular entre os presentes, visando a confirmar ou desconfirmar se é o tema que o grupo gostaria de debater e de desenvolver durante a sessão.

Exemplo 1: "Cuidar para o leite não derramar."

Essa metáfora foi trazida por uma mãe que, acompanhada pelo marido e pela filha, ao ser indagada, respondeu: "Viemos para cuidar para que o leite não derrame."

Algumas pessoas explicaram como entendiam "o leite derramado". Para uns, é um filho presidiário que se droga, que assalta, que mata e que morre; para outros, são filhas que engravidam precocemente, que abortam, que desaparecem; filhos jurados de morte; mães que perdem o pátrio poder e que desconhecem o paradeiro do filho.

Exemplo 2: "Quem tem a chave da casa?"

Esta metáfora foi trazida por uma criança cujos pais são separados. Mesmo tendo constituído outra família, o pai ainda mantinha em seu poder a chave da casa. Para a mãe, essa era uma situação constrangedora, uma vez que os filhos, um de 8 anos e o mais velho de 12 anos, defendiam o direito de ele estar com a chave.

O tema da sessão foi definir em cada família "quem tem a chave da casa".

Trabalhamos com jogos dramáticos, envolvendo fadas, duendes, bruxas e muitos super-heróis.

De acordo com o número de sessões estabelecido pela equipe, este modelo de trabalho repete-se ante as necessidades de cada grupo, e, em algumas situações específicas, além de trabalhar com a família, é desenvolvido o trabalho em outros segmentos da comunidade. Como exemplo, cita-se a maneira como procedemos diante da constante queixa de aproveitamento e comportamento escolar.

Tentamos rever com os pais a importância dos vínculos afetivos nos primeiros anos de vida, o valor de sua presença na escola e o relacionamento que devem ter com a instituição que cuida de seus filhos, tornando-os co-responsáveis pelo próprio desenvolvimento.

Foi enfatizada a importância do envolvimento da família nas ações da escola, contribuindo-se com os educadores no sentido de reconhecer os resultados do trabalho e de continuar a construção de novas propostas educacionais mais adequadas a cada criança.

Com os professores, realizamos palestras, cujos temas abordavam a aprendizagem por meio da convivência social:

- vínculos afetivos;
- identificação de sentimentos;
- amor;
- respeito;
- tolerância;
- perdão;
- convívio com a diferença;
- valorização do saber social;
- noções básicas de trabalho com grupo;
- comunicação.

À medida que as histórias entram em interação com outras pessoas, elas adquirem novos significados, estando-se acrescidas novas ideias ou subtraindo-se elementos não mais necessários para o grupo no momento.

A COMUNIDADE E AS REDES SOCIAIS

Participar da dor de quem vive socialmente excluído faz-nos pensar que o sofrimento das pessoas menos favorecidas aumenta, tornando-as pouco espontâneas e criativas, ainda mais a partir da descrença nas possibilidades de mudanças.

Entendemos que o sofrimento manifesta-se em um ou mais membros da família como mensagem de dor ⁻ é o que chamamos *sintoma*, ou seja, o ponto de partida para a compreensão do drama familiar. Por circunstâncias da própria vida, constantemente enfrentamos problemas de ordem emocional, e o preconceito em relação às inquietudes e aos sofrimentos dessa ordem é ainda motivo de vergonha e ocultação.

Em uma comunidade visitada, a conversa com os professores trouxe histórias interessantes relativas à vida das crianças nas famílias. Contam que os alunos levam para a escola a necessidade de falar sobre os conflitos enfrentados em suas casas, mostrando a solidão e a vulnerabilidade social a que estão expostas as famílias pobres e desassistidas.

Em nossa experiência, percebeu-se que as crianças sentem-se desprotegidas, e, em alguns casos, o lar representa um espaço de privação: filhos que presenciam cenas de violência entre os pais ou entre vizinhos; crianças que não vão à escola para proteger a mãe do perigo real ou imaginário; filhos que precisam de – e não possuem – um canto para guardar seus brinquedos, para marcar seu pertencimento; irmãos mais velhos que cuidam de bebês para que suas mães durmam durante o dia depois de uma longa jornada noturna de trabalho. A encoprese é um grito antigo de denúncias não-ouvidas.

Conhecemos crianças que não sabem de onde vêm e que se sentem ameaçadas a não ir a lugar nenhum. São histórias que se referem à instabilidade financeira e emocional, e revelam o afrouxamento dos laços afetivos. Essas narrativas que denunciam o drama familiar apontam para um lugar onde não é permitido sonhar, brincar com o imaginário, correr no tempo. Tamanha é a solidão em que vivem que essa situação tem propiciado o embrutecimento das relações familiares.

Enxergar a dor do outro é estar comprometido com sua própria dor; é a renúncia de seus interesses e a necessidade de ampliar o olhar para além de seus limites. A ferida emocional só pode ser percebida por pessoas que enxergam com o coração. Elas percebem a tristeza de um olhar, um soluço perdido.

A mãe, o bebê, a creche

A mãe ou quem cuida é a pessoa por meio da qual a criança inicia seu contato físico e emocional com o mundo. Ela comunica ao bebê seu afeto quando interpreta suas necessidades e seus desejos, demonstrando sua capacidade de perceber as necessidades, conter os sentimentos do filho com tranquilidade, dando importância e sentido. A relação que a criança vai estabelecer com essas pessoas é muito importante, porque servirá de alicerce para todas as outras relações que ela desenvolverá durante a sua vida.

O nascimento da vida afetiva do bebê começa na relação que vai ser estabelecida com a mãe. Aproximadamente dos 6 meses aos 2 anos de idade, a criança entra em um processo conhecido por individuação e começa a se reconhecer como pessoa e a identificar os outros. A relação que a criança estabelece com a mãe ou cuidadora define a afetividade relacional entre elas: pode ser alegre, triste, tranquila, ansiosa, agitada, instável, estável, e assim por diante.

O vínculo afetivo entre mãe/bebê vem modificando-se em função das contingências socioeconômicas da atualidade – a necessidade de os pais trabalharem o dia todo.

Função materna e função paterna

O homem e a mulher contêm, em si, as funções materna/paterna, porque ambos puderam internalizá-las por terem sido filhos de um casal, embora, em cada um deles, uma função talvez seja mais evidente que a outra.

A creche/pré-escola também desempenha as funções materna/paterna, desde que os profissionais que nela atuam sejam bem formados, tenham clareza da importância de suas funções e organizem um ambiente acolhedor e seguro para o desenvolvimento da criança. Da mesma maneira como se procede no lar, a creche/pré-escola deve acolher e lidar com os sentimentos de amor, ódio, separações e perdas que constantemente são vividos pelas crianças.

São muitos os exemplos de situações em que a creche/pré-escola reconhece e valoriza os sentimentos de seus alunos:

> Mauro é um menino que está na pré-escola e que constantemente é mandado à diretoria porque briga muito com os colegas e é irrequieto. Sempre foi uma criança agitada, mas seu comportamento piorou a partir da prisão do pai. Até o dia de nosso atendimento, a família não havia conversado com ele sobre o assunto.
>
> A professora denunciou ao Conselho Tutelar que Mauro, 6 anos, chegou à escola com vários hematomas, contando que fora agredido pelo irmão. O Conselho encaminhou a nosso serviço a mãe, o irmão mais velho e a criança.

Ao perguntarmos de que maneira seria possível ajudá-los, o filho mais velho, Maurício, respondeu:

> Sou fruto de um final de baile, tenho 20 anos. Não conheço meu pai, não sei quem é, nem o nome dele eu sei. Minha mãe foi ao baile e, na volta, calados, ela se entregou a esse homem. Engravidou. E assim como veio, partiu e não se sabe pra onde. Dá samba, não dá?
>
> Enfim, nasci e, como todo filho de mãe solteira, que necessita trabalhar

para se sustentar e sustentar o filho, fui entregue à minha avó, que foi minha mãe. Sinto muita saudade dela. Faleceu há uns 4 anos.

A mãe, Mariana, disse:

O Mauro tem 6 anos e é filho do meu ex-companheiro. Vivi com ele muitos anos. Ele não vê o pai desde os 4 anos de idade, quando foi preso. Ele mexia com drogas, essas coisas.
   Se eu gostava dele? Gostava, era um homem bom.

Maurício:

Fora o mau exemplo, era legal. Minha mãe contou ao Mauro que seu pai tinha ido trabalhar bem longe para ganhar dinheiro e comprar coisas para ele, mas mentiu. Um dos motivos da prisão é que mexia com drogas, e foi isso que a minha tia, irmã da minha mãe, falou ao Mauro.

Mauro:

Não foi só isso que ela falou. Não quero falar. Só falo no ouvido da minha mãe e ela conta, tenho vergonha.

Foi até a mãe e cochichou em seu ouvido, observando-nos.

Mariana (assustada):

Ele disse que a tia (a irmã) contou que o pai mexia com drogas e passava a mão na bunda das crianças. Eu não sabia que ela tinha falado isso e que ele já sabia disso!.

Mauro vai para a escola de manhã e, à tarde, participa de projeto socioeducativo, tendo pouco contato com sua mãe.

Maurício:

Hoje tenho 20 anos, e minha mãe quer que eu eduque meu irmão. Desde a prisão, as pessoas me falam que agora sou o pai dele e me cobram essa postura. E o senhor não sabe o preconceito que vivemos aqui por isso. Na rua, até hoje eu escuto: "Olha o *gayzão*". Todo mundo pensa que ele também se aproveitou de mim. Mas nunca me tocou. Saio à rua e vejo muitos olhos em cima de mim.

Terapeuta:

Por falar em olho, você tem uma mancha branca no olho. O que foi isso?

Maurício:

Lutando caratê, descolou a retina e desse olho estou cego. Gostaria de falar que bati nele algumas vezes (referindo-se ao irmão), mas não vou mais bater. Reconheço que não sou o pai dele, nem marido de minha mãe. Vou embora daqui e tocar minha vida. Pela vida da minha mãe passaram quatro homens: meu pai, o pai do Mauro, eu e o Mauro, e ela não tem nenhum. Todos chegam e partem, e alguns nem se sabe pra onde.

Maurício, neste relato, conta-nos que desde seu nascimento é só, sem ninguém. Não tem amigos. Vive com a mãe e com o irmão, tem muito carinho por ambos, mas não se sente pertencendo a esse núcleo.

Mariana observa calada, nem triste nem alegre, a partida do filho. Parece estar acostumada com as idas e vindas dos homens em sua vida.

A ideia de criar Mauro sem alguém para protegê-la é desesperadora.

Mauro não encontra nem na mãe nem em lugar nenhum a continência necessária para suas angústias e dúvidas. Todos desejam pertencer, mas não encontram onde nem como.

A primeira visão que se tem de Mauro é de uma criança agressiva, desobediente, com problemas na escola; todavia, à medida que nos aproximamos de sua história e da história de sua família, percebemos uma mãe angustiada e sofrida e filhos que também sofrem, sem saber o que fazer com esse sofrimento. Maurício vai embora, e Mauro bate em quem aparecer na frente.

Nesse caso, a professora pôde ver seu aluno não só como uma criança perturbadora, mas como alguém que precisa de ajuda, ou seja, ela pôde enxergar além do que era visível e, com isso, permitiu a ele e a sua família um trabalho capaz de modificar esse sofrimento.

> Tenho certeza de que, no berço, minha primeira vontade foi a de pertencer. Por motivos que aqui não importam, eu, de algum modo, devia estar sentindo que não pertencia a nada e a ninguém. Nasci de graça.
>
> Clarice Lispector (2004)

A história de Jonas

> Eu sou sua avó, ele sabe, mas me chama de mãe. Ele mora comigo e moramos só nós dois e a filha mais nova. Sou separada. Estamos aqui porque gostaria que o senhor conversasse um pouco com ele, para saber por que não quer mais ficar na escola. Preciso que ele fique o dia inteiro, tenho que trabalhar para nos sustentar... Você vai ficar, né *fio*... Quantos filhos tenho?... As duas primeiras são casadas e tenho netos grandes já. Depois vem o pai deste aqui e mais duas depois... Como ele ficou comigo?... É que, quando sua mãe ficou grávida, no exame acusou que o filho era menino, e ela disse que não queria menino, queria menina. Depois que ele nasceu, saíram do hospital e ficaram em casa por causa da dieta... Aí quando foram embora para casa deles deixaram o menino comigo e aí ele ficou... Eu conto a verdade, sempre contei, a mãe não quis ele mesmo. Hoje meu filho e minha nora moram em outra cidade, tiveram mais filhos, têm meninas e têm filho homem... O Jonas nunca vê o pai nem a mãe. Não recebo ajuda nenhuma dos dois. Moram em sítio e é difícil saber deles. Saio de manhã para trabalhar e levo o Jonas até a casa de minha filha para que ela o leve para a escola. Na saída, a outra filha pega ele e leva para a casa da outra filha. Aí, essa outra filha tem que sair para trabalhar, e o Jonas fica lá até a noite, brincando, vendo televisão, depois faz o mesmo caminho de volta.

Jonas:

> Minha mãe não queria homem quando eu nasci, mas eu tenho irmão que mora com ela. Se não gosta de homem, então porque ela ficou com ele? Eu não gosto dela. Só gosto do meu pai.

A vó tem muitas filhas, todas responsáveis, mães dedicadas, filhas zelosas. Ajudam a mãe sempre que podem. Separada, D. Maria, 56 anos, trabalha como doméstica, ganha salário mínimo para pagar aluguel e as despesas da casa, além de roupas e material para o Jonas. Não esconde o carinho especial pelo pai do Jonas e a repulsa pela nora. Em todos os encontros que realizamos, Dona Maria confessava que gostaria que Jonas saísse dali convencido da necessidade de permanecer na escola.

Um dia, propus brincarmos de caça ao tesouro. A brincadeira tem por objetivo propiciar a cada participante o contato com suas qualidades e com os recursos internos.

Quais os tesouros que possuo?
Onde estão guardados?

Dona Maria tinha muitos, mas Jonas tinha um, que era a vovó e que estava guardado no coração. A avó não poderia sair de lá, porque, senão, morreria, e ele não queria que ela morresse.

Dona Maria, dos muitos tesouros que tinha, escolheu o filho distante e o neto.

D. Maria:

> O filho casou-se muito cedo, a moça ficou grávida. Como diz o ditado: "Quem casa, quer casa" e ele foi embora.

Fala muito sobre a tristeza que sente pelo fato de o filho ter ido para tão longe. Descobrimos juntos que a criança era a compensação da avó, pela ausência do filho. Por alguma razão, a escola era vista por ela como uma ameaça que poderia também tirar seu neto. Por esse motivo, Jonas não queria ficar na escola, não por preguiça ou má criação, como poderia ser interpretada sua atitude, mas era uma forma de Jonas tranquilizar a avó de que ele não a abandonaria, não a trocaria pela escola.

Nesse caso, também foi possível perceber que o comportamento da criança respondia a situações emocionais familiares e que ela não sabia como agir de outra maneira. A instituição foi sensível em não acreditar nessa primeira impressão e buscou ajuda para ambos, avó e neto.

CONSIDERAÇÕES FINAIS

Em virtude das mudanças que ocorrem no mundo globalizado, no qual todos os povos estão interligados por uma vasta teia de comunicação e vivem em dependência mútua pela necessidade econômica, presenciamos o surgimento de uma sociedade de perfil consumista e individualista, marcada por uma economia que atinge todas as camadas sociais, modificando o comportamento humano e afetando as relações interpessoais, seja na comunidade, seja na família.

Procuramos também mostrar que o pertencimento é um processo de construção coletiva em que seus membros partilham crenças, valores éticos, o que possibilita aos indivíduos sentirem-se identificados com determinado grupo.

O pertencimento, do ponto de vista da cultura, cria códigos, estilos, linguagens, rituais que diferenciam os membros dos não-membros.

Diante desse jogo de forças antagônicas – a necessidade de pertencer e o individualismo – as famílias buscam encontrar um equilíbrio que lhes permita manter os laços afetivos nessa nova ordem econômica, necessitando utilizar-se das instituições existentes para que seus filhos sejam assistidos. Como terapeutas de famílias, é necessária atenção a essas mudanças, além de auxílio às instituições que cuidam de crianças a considerar que o ponto fundamental para a transformação das creches e Escolas municipais de educação infantil é a formação de professores. A educação infantil não é uma atividade destinada apenas a compensar a ausência da família nos cuidados básicos dos filhos, mas também deve propiciar o desenvolvimento físico, cognitivo e psicológico da criança, tendo por base conhecimentos científicos e metodológicos.

É necessário que os professores e cuidadores adotem uma nova concepção da infância, para que possam desempenhar suas funções como uma extensão da família de cada criança.

REFERÊNCIAS

AUGÉ, M. *Não-lugares:* introdução a uma antropologia da supermodernidade. Campinas: Papirus, 1994. (Coleção Travessia do Século).

ELKAÏM, M. *Panorama das terapias familiares.* São Paulo: Summus, 1998.

LAQUEUR, P. H. *The father of multiple family therapy: the first model.* Disponível em: <http://www.multiplefamilygrouptherapy.com/H%20Peter%20Laqueur%20Model%20Of%20MFGT.htm>. Acesso em: 05 maio 2001.

LISPECTOR, C. *Aprendendo a viver.* Rio de Janeiro: Rocco, 2004.

3

Os impactos da migração para a família: uma temática contemporânea

Maria Gabriela Mantaut Leifert

A economia, a técnica, as comunicações de massa convertidas em *instâncias planetárias*. A transformação internacional da natureza em *artifício uniforme*. O homem contemporâneo vive *sem raízes*, foi desterrado de si mesmo. A "pátria universal" do presente é a *homogeneidade* imposta às distintas formas de experiência. Nem os indivíduos nem as culturas humanas podem viver sem traumas um processo similar. O homem é *um* ser de *diferenças*. E sua auto-afirmação reclama o particularismo, o acento próprio. Por isso, o sentir-se *estrangeiro*, uma nova e radical condição de *nomadismo* profundo e generalizado, define a situação da cultura contemporânea. (José Jiménez, 1994)

Vivemos em um mundo de mudanças constantes, o acelerado desenvolvimento tecnológico, a crescente internacionalização dos mercados, a rapidez da transmissão de informações e transporte aproxima pessoas de diferentes nacionalidades e etnias. Compreender esse mundo globalizado e intercultural e interagir com ele representa um dos grandes "desafios" da atualidade tanto para os indivíduos como para as famílias.

A imigração não é um fenômeno novo, mas a rapidez em que ocorrem as trocas dos espaços culturais é algo nunca visto. Sabemos que o encontro com uma cultura diferente tem fortes implicações na vida do indivíduo, tornando o cotidiano difícil e complicado.

Este capítulo abordará as questões relativas ao processo de imigração e seu impacto na família. Por meio da apresentação de um caso clínico, tem-se a intenção de compartilhar algumas considerações sobre o tema, cada vez mais presente no cotidiano dos atendimentos clínicos, seja em consultórios particulares, seja em instituições públicas. Ao se pensar na temática *família* e *imigração*, alguns questionamentos surgem:

- Por que as pessoas imigram e em que condições?
- Quais as fases deste processo e que dificuldades podem surgir?
- Qual é a função da rede social no destino e no sucesso do deslocamento?
- Ocorrem mudanças nas relações de gênero em virtude da inserção em outra cultura?

Tais questionamentos surgem como um fio condutor para a imersão na complexidade da temática do encontro intercultural e das suas consequências para a família. O aporte teórico adotado na análise dessas questões é uma interlocução entre a psicologia intercultural e a teoria sistêmica.

O encontro com outra cultura acarreta esforços tanto do ponto de vista individual quanto familiar. Portanto, ao estudarmos esse fenômeno, não podemos nos furtar de explicitar o processo de aculturação psicológica.

A aculturação psicológica é definida por Berry e colaboradores (1992) como o processo que os indivíduos sofrem em resposta às mudanças de contexto cultural. O fenômeno provoca mudanças na cultura de origem de ambos os grupos, ou seja, na sociedade receptora e no grupo em aculturação. Segundo Berry, em termos psicológicos, as pessoas, em uma circunstância de contato intercultural, demonstram atitudes tanto de contato intercultural quanto de manutenção de sua cultura. Esses aspectos são conhecidos como atitudes de aculturação, isto é, até que ponto as pessoas estão dispostas a entrar em contato (ou evitar) a cultura do país hospedeiro; até que ponto as pessoas desejam manter (ou desistir) de suas identidades culturais. Essas atitudes de aculturação vão delinear as estratégias de aculturação, entre elas, integração, assimilação, separação e marginalização.

A integração é a estratégia de aculturação mais desejada, na medida em que a pessoa consegue "unir o melhor dos dois mundos", pois mantém características da sociedade receptora e conserva parte de sua identidade cultural. A estratégia menos desejada é a marginalização, pois o indivíduo não tem interesse em manter contato com a sociedade local, bem como rejeita sua cultura de origem.

No que se refere à família, também se adota este modelo de compreensão, tendo o cuidado de perceber que em um mesmo grupo familiar é possível observar diferentes atitudes de aculturação, dependendo da idade, do gênero e do tipo de inserção do indivíduo na sociedade ampliada.

No que se refere à motivação, para Orozco e Orozco (2003), as famílias que imigram espontaneamente o fazem com a perspectiva de melhorar de vida, seja do ponto de vista econômico, seja do profissional. Contudo, o que elas não preveem é que a experiência de imigração pressupõe um alto custo afetivo e emocional que promove transformações profundas. Os autores apontam, sobretudo para o sofrimento das crianças, que, na maioria das vezes no processo de imigração, ocorre a separação dos pais, e a reunificação familiar talvez leve mais tempo que o previsto. Também corroboram com a ideia de que a rede social desempenha um papel importante no destino do deslocamento, já que muitos imigram com a intenção de reunir-se a membros da família que obtiveram sucesso, como veremos mais adiante no estudo de caso apresentado.

A família, ao imigrar, passa por diversas fases. A seguir, será apresentado um modelo desenvolvido por Sluzki em 1979 que nos parece muito útil, no qual descreve as diversas etapas pelos quais a família passa. Ele as denomina estágio do processo de imigração, concluindo que cada estágio tem características específicas e exige da família respostas diferentes. São eles: preparação, ato de imigrar, período de supercompensação ou moratória, período de descompensação ou crise e fenômeno transgeracional.

- Preparação: este estágio se refere aos primeiros movimentos concretos feitos pela família em relação à imigração, que envolvem a troca de cartas, requisição de visto ou outras licenças necessárias. Nessa etapa, a família vive períodos de euforia e tensão.
- Ato de imigrar: O modo de imigrar varia consideravelmente, já que algumas famílias rompem com elos e a imigração passa a ter um caráter definitivo ou

irrevogável. Outras imigram por "um tempo", deixando a possibilidade de retorno presente. Algumas famílias imigram em bloco ou às cegas, sem um conhecimento prévio; outras ainda mandam um membro da família antes para explorar o campo e verificar as possibilidades de emprego e moradia.

Há também famílias que imigram legalmente e mantêm contato com as instituições do "novo" país, enquanto há outras que o fazem de forma ilegal, ficando à margem das instituições da sociedade ampliada. Por fim, algumas decidem imigrar e outras são obrigadas a fazê-lo, o que modifica consideravelmente o modo de adaptação.

- Período de supercompensação ou moratória: O estresse da imigração não é pesado nas primeiras semanas ou no primeiro mês da chegada. Nesse período, se percebem as dissonâncias culturais, mas elas não são levadas em conta em favor da adaptação familiar. Esta é uma fase de moratória, na qual a prioridade da família é compartilhar a sobrevivência e satisfazer as necessidades básicas.
- Período de descompensação ou crise: Período de tormenta, repleto de conflitos, sintomas e dificuldades. As famílias que procuram terapia, de modo geral, estão nessa fase de descompensação, na qual as regras que funcionavam no país de origem já não são efetivas na cultura do novo país. A dissociação feita pelo casal no estágio anterior (homem centrado nas situações presentes e futuras, e a mulher mais centrada no presente e no passado relacionado ao país de origem) transforma-se em uma situação catastrófica após seis meses de imigração, pois o casal passa a vivenciar de forma diferente seus papéis. A mulher permanece mais ligada ao passado e o homem ao futuro, polarizando os papéis e provocando crise no casal. Nesse período, podem ocorrer sintomas como depressão e abuso de álcool.
- Fenômeno transgeracional: Os esforços de adaptação da família vão ser percebidos pela segunda geração, ocorrendo um choque entre gerações. Por exemplo, as famílias chinesas cujos filhos foram socializados na cultura americana apresentam comportamentos e modos de pensar diferentes de seus pais. Ocorre então um choque entre gerações, e negociações precisam ser feitas entre a cultura paterna e a nova cultura adotada pelos filhos no país de imigração.

O caso apresentado a seguir refere-se a uma família em busca de aprimoramento profissional. Na atualidade, com a demanda por crescentes níveis de desenvolvimento tecnológico, faz-se necessário que profissionais procurem buscar pólos educacionais mais desenvolvidos. No quadro da América Latina, o Brasil, pela qualidade de suas instituições de ensino, torna-se um país atraente e acessível para desenvolvimento intelectual, sendo procurado tanto por estudantes latino-americanos quanto por estudantes africanos. A família aqui apresentada é latino-americana e chegou à cidade de São Paulo à procura de desenvolvimento profissional por meio de aprimoramento de sua formação acadêmica.

CONTEXTUALIZANDO O ATENDIMENTO

O caso foi atendido por mim no Serviço de Orientação Intercultural, o qual está vinculado a um programa de Pesquisa em Psicologia Social oferecido no Instituto de Psicologia da Universidade de São Paulo. O projeto é coordenado e supervisionado pela professora Sylvia Dantas DeBiaggi.

Trata-se de um atendimento em psicoterapia breve para estrangeiros, descendentes de estrangeiros, brasileiros que retornaram do exterior e pessoas que desejam emigrar. Os atendimentos aconteceram nas instalações da Universidade, em um total de

12 encontros, iniciados em dezembro de 2006 e finalizados em agosto de 2007. No início do atendimento, os participantes leram e assinaram um consentimento informado que os conscientizava do fato de o atendimento ser para fins de ensino e pesquisa. Os nomes e as profissões dos participantes são fictícios a fim de preservar a sua identidade.

QUEIXA

Ernesto entra em contato com o serviço de Orientação Intercultural através de e-mail, pedindo atendimento familiar. Afirma estar passando por problemas de relacionamento com a esposa e, por isso, encontra-se muito preocupado com as filhas, principalmente a mais velha. Ele é hispano-americano da região andina e está cursando pós-graduação na Universidade de São Paulo. Sua esposa também é universitária e ambos têm duas filhas pequenas.

O ATENDIMENTO

O primeiro contato ocorreu no final do ano, mas somente Ernesto compareceu, declarando que sua esposa saiu de casa e que no momento ele está muito confuso com toda a situação. Sente-se sobrecarregado em relação aos cuidados com suas filhas e com a conclusão do pós-graduação. No final do primeiro encontro combinamos que o próximo ocorreria somente com a presença de sua esposa para decidirmos o caminho da terapia familiar, uma vez que, pelo relato de Ernesto, sua esposa também está preocupada com as crianças e passou por um processo depressivo, chegando a fazer uso de medicação. Pelo fato de estarmos em dezembro, marcamos o próximo encontro para fevereiro de 2007.

Ao fazer a consulta com Neide no início de fevereiro, ela relata que voltou para casa no Natal. Além disso, diz que conversaram e acharam melhor que ela voltasse; no entanto, comenta:

> Vivo uma situação difícil no casamento, mas, como mãe, eu queria regressar, pois poderia perder legalmente minhas filhas...

Ao longo do encontro, relata que não se sente satisfeita no casamento e que gostaria de ter um companheiro mais amigo. Afirma ser constantemente desqualificada pelo marido, e as brigas são motivadas principalmente pelo modo como Ernesto lida com as dificuldades econômicas. O retorno ao Brasil tem por objetivo ficar perto das filhas.

Atualmente não toma medicação, e sua depressão melhorou após tratamento. Tem problemas relativos à organização da agenda, chega atrasada aos encontros com seus alunos, fato que a prejudica bastante em seu trabalho. No momento, sua renda com as aulas são praticamente a única fonte financeira da família, uma vez que a bolsa de estudos de Ernesto foi praticamente cortada. Ela também está bastante preocupada em como as filhas estão lidando com as constantes brigas do casal. Combinamos, então, que o atendimento seguinte seria familiar.

UM POUCO DO HISTÓRICO

Ernesto tem 44 anos, é hispano-americano, chegou ao Brasil em 2000 para fazer um curso de pós-graduação em sua área de atuação. Conseguiu a vaga, pois sua irmã que mora em São Paulo apresentou seu currículo na Universidade. Em seu país de origem, trabalhava em uma empresa de médio porte, mas as chances de progredir sem uma titulação eram pequenas. Como vemos nesse caso, a rede social foi um dos fatores decisivos na escolha do país de imigração e no sucesso da aceitação dos requerimentos para bolsa de estudos.

A rede social tem uma importância fundamental no campo de estudos de migração para explicar os deslocamentos de indivíduos, as distâncias que percorrem e seus destinos específicos. As redes favorecem e incentivam esse fenômeno, na medida em que há o enaltecimento dos atrativos e das qualidades do país de imigração, oferecendo suporte logístico, social e emocional ao imigrante recém-chegado (Portes e Rumbaut, 1990).

Em 2001, conseguiu trazer sua esposa Neide, de 34 anos, para o Brasil, e ela também inicia um curso de pós-graduação. Ambos sobrevivem com bolsa de estudos. Ao vir para o Brasil, ela deixa as filhas sob os cuidados de sua mãe, modelo que não se mostrou eficaz, pois, além de separar a família, os pais dela estavam em dificuldades financeiras, e o casal tinha que mandar todo o dinheiro para o país de origem. Aqui começaram a frequentar uma igreja que os ajudou no inicio da adaptação, e por intermédio dela receberam ajuda financeira e conseguiram trazer as meninas. Desse modo, tal processo de imigração teve três etapas, e demorou dois anos até a família voltar a se encontrar. Para Orozco e Orozco (2003), as crianças imigrantes respondem de diferentes maneiras à separação de seus pais: para algumas pode ser um processo traumático; para outras pode ser estressante, mas não traumático. O modo de experimentar a separação, as condições sociais do lugar de origem e a percepção daquilo que pode ocorrer influenciam na posterior adaptação da criança à nova realidade. No caso apresentado, as restrições econômicas e a grande dependência das instituições públicas tornaram a vivência da experiência migratória muito mais complicada para a família, aprofundando as rupturas e as incertezas que naturalmente esse processo acarreta.

Ernesto concluiu um de seus cursos em 2002 e na época do atendimento estava concluindo sua segunda titulação. Neide concluiu seu curso em 2005 e hoje dá aulas de espanhol. Suas filhas têm bolsa de estudos em uma escola particular onde ela trabalha. Como foi dito anteriormente, a família tem dificuldades financeiras para se manter e utiliza fundamentalmente os serviços e a infra-estrutura da Universidade.

Ernesto é o segundo filho de vários irmãos e afirma que desde pequeno sempre se sentiu muito responsável pela família de origem. Sua família tem uma origem humilde, e poucos conseguiram se desenvolver profissionalmente. Casou-se aos 34 anos. Durante a juventude, teve uma atuação política intensa como dirigente estudantil por muitos anos. Naquela época, diz que não procurava parceira, pois achava que iria morrer jovem. Essa declaração de Ernesto nos remete a uma visão romântica da militância e deixa transparecer o quanto naquele momento ele estava comprometido com o partido. Com o passar do tempo, diz que a política foi mudando e parte de seus amigos foram presos. Então saiu do partido aos 34 anos, conheceu Neide e se casou.

Neide, ao falar sobre a infância, refere ser a caçula de uma família de quatro irmãos homens, cresceu em um ambiente humilde, com poucos recursos materiais, no interior do país. Dependente e muito ligada à sua família de origem, comenta que tinha medo de seu pai pelo seu temperamento forte e autoritário.

Em relação ao casamento, Neide faz uma comparação entre Ernesto e seu pai:

> Meu pai bebia e arranjava confusão. Ernesto negociava, encontrava formas de dialogar... mais que amor, eu tinha admiração. Fugi de minha família. Tinha tanto medo de meu pai, tudo foi muito rápido, ele foi conhecer Ernesto dois anos depois. Meu pai não queria que os filhos se casassem. Ele impunha medo e, quando brigava com alguém, brigava com todos...

Neide diz que ao vir para o Brasil percebeu que mudou muito:

> Fiquei mais agressiva. Hoje posso dizer o que quero e, após a separação aprendi a me posicionar na hora certa e sinto-me mais ouvida.

QUESTÕES DE GÊNERO E IMIGRAÇÃO

A percepção de Neide denota uma mudança na relação de gênero do casal, a qual foi acentuada pela mudança de país e de cultura. Ao longo do processo terapêutico, seu marido se "queixa" da autonomia e da independência adquirida pela esposa. Trabalhamos essas questões enfatizando que a mudança para uma sociedade onde as relações de gênero são mais igualitárias e a mulher passa a trabalhar pressupõe uma mudança no relacionamento conjugal no sentido de maior simetria nas relações. Ernesto conta que recentemente foram a uma festa de colegas da Universidade e perceberam que todos os homens eram sustentados pelas mulheres:

> Todos os homens presentes dependiam de suas esposas: era uma festa de um colega boliviano casado com brasileira. Nós dizíamos que éramos o grupo de maridos sustentados.

Ao fazer este comentário, sorri diante de sua situação e da do grupo. Refere que são todos homens talentosos que têm problemas em resolver questões financeiras:

> Eu não sou o único caso em que a mulher consegue ganhar mais...

Pergunto como sente isto:

> Todos comentaram que, quando elas se estressam, trazem à baila o tema como conflito. Nós brincamos que somos *Superman-Supermantenidos*.

Esta mudança de *status* da mulher acarreta novas negociações no casal. Apesar de o fato ser trazido de forma tranquila e com certo humor, é fonte de estresse e de desentendimentos, mesmo com a relação do casal já ter sido bastante trabalhada e com maior satisfação conjugal.

Este aspecto foi demonstrado por DeBiaggi (2002) em seu estudo sobre a relação dos papéis de gênero e a aculturação de casais brasileiros vivendo nos Estados Unidos, ao analisar a relação desses fatores com a satisfação conjugal. O contato com uma sociedade onde os padrões de gênero são mais igualitários, além do ingresso da mulher no mercado de trabalho com ganhos expressivos, são fontes de desequilíbrio e promovem mudanças nas relações de gênero. DeBiaggi (2004), em estudo posterior, ao pesquisar os casais que retornaram ao Brasil, aponta que as mudanças nas relações de gênero podem cruzar fronteiras e se manter no retorno. Já a maior simetria nas tarefas domésticas e nas atribuições familiares é fonte de maior satisfação conjugal, conforme o relato das famílias pesquisadas.

Ao longo do processo terapêutico, fica evidente a mudança de Neide no que se refere à sua auto-estima. A cada encontro, mostra-se mais confiante e organizada. À medida que se apropria de seus recursos, vai se tornando mais segura e tendo mais sucesso no trabalho. No final do processo terapêutico, ela era a principal provedora da família, o que gerou uma mudança nas relações conjugais do casal. Antes criticada e desvalorizada pelo marido, hoje, ao "trazer dinheiro" para casa, passa a ter mais condições de opinar sobre o destino da família.

O ATENDIMENTO FAMILIAR

Como o pedido inicial de Ernesto e Neide relacionava-se à preocupação com o bem-estar das filhas, o terceiro atendimento contemplou a família. Embora ficasse clara a dificuldade no relacionamento conjugal, trabalhamos inicialmente com a demanda do cliente. É importante ressaltar que os encontros acontecem em espanhol. Observamos o quanto falar na língua materna favorece o vínculo com o terapeuta e a emergência de conteúdos afetivos.

Ernesto chega pontualmente à consulta com as filhas. Fala que Neide não poderá comparecer, pois tem que dar uma aula. Uma das queixas recorrentes de Ernesto é que Neide não se ocupa com as crianças como deveria. Ele se mostra muito tenso no início da sessão; no entanto, para sua surpresa, Neide consegue chegar ao encontro a tempo.

Inês tem 9 anos e está cursando a terceira série. Muito inteligente, reponde sem inibições às minhas perguntas. Viviane, 7 anos e meio, cursa a segunda série. Elas chegaram ao Brasil com 3 e 2 anos de idade, respectivamente. O aspecto das crianças é ótimo. Seus materiais escolares estão impecáveis. Embora a família passe por problemas financeiros graves, as crianças mostram-se muito bem cuidadas. Ambas falam em espanhol e português com desenvoltura e de maneira descontraída.

Comento com as meninas que o pai e a mãe já vieram conversar comigo e que ambos tinham me falado que as duas eram muito inteligentes. Depois digo que gostaria de pedir a elas que fizessem dois desenhos: o primeiro sobre o país de origem e o outro sobre o Brasil.

O desenho sobre o país de origem e o país de imigração tem como objetivo trazer à tona como cada membro da família elaborou e elabora a vivência de deslocamento. Ao lançar mão de uma técnica projetiva, cria-se um espaço de interação não-verbal na tentativa de ampliar as possibilidades de compreensão daquilo que desejamos investigar e de favorecer a emergência de conteúdos afetivos. Para Fedullo (2000), na terapia de família com crianças pequenas, é preciso desenvolver uma linguagem comum a todos os membros da família, para que as crianças teçam, com seus próprios recursos evolutivos, juntamente com os adultos, uma ampliação da história familiar.

Algumas perguntas são lançadas durante a execução do desenho a título de *input*:

- Do que ou de quem mais sentem saudade no país de origem?
- Como se lembra de seu país de origem (imagem, clima)?
- O que lhe marcou na saída e como vê a sua realidade atual?
- Que coisas valorizam e rejeitam no país de imigração?

Acreditamos que para estas famílias tal procedimento tenha um grande impacto, pois revela como cada um processa a mesma experiência diante de seus próprios recursos. Observamos que a atividade compartilhada aproxima pais e filhos, pois, às vezes, pela primeira vez, eles têm um espaço para demonstrar do que sentem falta e como percebem seu cotidiano atual.

Ao iniciar a execução do desenho, Viviane conta que vão retornar para seu país; pergunto como é isto, e o pai comenta que o visto dele termina no final do ano e que toda a família é sua dependente. Caso Ernesto encontre um trabalho remunerado, eles têm intenção de ficar aqui no Brasil. Do contrário, voltarão para seu país. Viviane acha que eles voltarão no final do mês...O interessante das sessões familiares é justamente o contraste entre as perspectivas temporais dos adultos e das crianças: para o pai, o retorno é uma possibilidade, mas para a filha é uma certeza que vai se realizar em um curto espaço de tempo. Ao tomar conhecimento dessas fantasias infantis, os pais ganham recursos para esclarecer e tranquilizar as crianças trazendo-as para a realidade, embora saibamos que, nesse caso, a criança era porta-voz do desejo materno de voltar rapidamente para seu país de origem e para perto de sua própria mãe (avó materna). Isso será analisado mais adiante, ao comentar os trabalhos.

Proponho que coloquemos os desenhos no chão, por pares, e peço para que cada um fale sobre eles. Neide inicia comentando o desenho sobre o país de origem:

> Lá eu era professora. Este é o caminho para a minha casa: havia uma subida montanhas, a árvore de Álamo, eu sempre subia por aquela rua. *Era a casa de meus pais.*

Eu pergunto se em seu país tiveram uma casa somente deles (família nuclear). Declara que não: ao se casarem, moraram na casa dos sogros; depois, em um quarto que era do Ernesto e, por fim, com um irmão dele. Relata:

> *Na realidade eu sinto saudade da casa de meus pais, tudo representa a minha família.*

Sobre o Brasil comenta:

> No desenho do Brasil, coloquei a vegetação, as árvores, *a rotina do cuidado das crianças, os horários... coloquei a praça do relógio,* pois gosto muito do verde das árvores.

Interessante notar como no desenho do Brasil Neide expressa seu papel de mãe, representando a rotina do cuidado com as filhas. Ao mesmo tempo em que desenha a praça do relógio como sendo o lugar de que mais gosta, afirma como sendo um dos seus principais problemas a pontualidade e a organização de suas tarefas e de seus compromissos familiares e profissionais.

Inês começa a falar sobre seu desenho:

> A lhama, a coruja e os cerros. Gosto de ver neve, as cavernas. Está nublado, vai cair neve.

Ela explica sobre o clima em sua cidade, que no inverno é frio e no verão faz calor. Ela gosta de frio e neve.

Sobre o Brasil, diz que fez

> alguém segurando uma bandeira verde representa grama, vegetação. Acho que têm estrelas, mas não sei o que significam.

Pergunto de que sente saudade, e ela se refere ao clima.

Ao refletir sobre a resposta, podemos pensar que Inês sente saudade do clima afetivo de sua terra natal, na medida em que sua avó foi muito importante no início de seu desenvolvimento, como vai salientar sua irmã caçula.

Viviane começa falando muito baixinho, de forma infantilizada, sobre seu desenho. Quase não dá para entendê-la. Fala sobre o cavalo da avó (materna) e começa a choramingar...

Neste momento, aponto sua tristeza/saudade ao falar sobre o país de origem, e a mãe a pega no colo e afaga. Menciono que a Viviane expressa uma tristeza que provavelmente é de todos. Pergunto como eles costumam lidar com a tristeza. Neide diz que tem muita dificuldade em fazer a filha se acalmar e que vão voltar logo, que é para ela esquecer. Entretanto, às vezes, também perde a paciência. Inês diz:

> Quando minha irmã está assim, mamãe faz a comidinha da vovó Nina, o que acalma Vivi.

Fica muito evidente que parte da tristeza que Viviane expressa também se refere à própria tristeza materna de estar longe de sua própria mãe. Por outro lado, Neide não encontra apoio em seu cônjuge, que é muito racional e tem dificuldade em compreender e acolher a saudade de suas filhas e de sua esposa da terra natal. Para Sluzki (1997), isso acorre porque a família extensa (pais, avós, tios, primos) é continente de grande parte das tensões vivenciadas, e, ao abandonar seu país de origem, o casal experimenta fortes tensões, uma vez que eles passam a ter somente um ao outro como fonte de satisfação de necessidades.

Por exemplo, uma das queixas recorrentes de Ernesto era o fato de sua esposa dedicar horas para falar na internet com seus familiares, o que foi motivo de muitas discussões entre o casal. Sluzki também refere que no novo ambiente a necessidade insatisfeita pode ser sentida como incompetência, traição ou abandono pelo outro parceiro. Fato constatado pela vivência desse casal, Neide sentia-se incompetente como esposa e mãe, e Ernesto sentia-se traído e abandonado por ela. Ou seja, percebe-se como a experiência de deslocamento acarreta uma forte tensão e uma cobrança mútua no casal, levando a um intenso sofrimento.

Ernesto fala sobre seu desenho:

> Desenhei a rua em que eu moro, no pé da montanha, onde é tudo bastante desorganizado, muito habitado e com poucas plantas, eu amo plantas. Eu vivia em uma zona pobre, as pessoas são simpáticas, mas não dão valor às casas. *A minha casa era uma das mais bonitas. É tudo muito desorganizado, falta bom gosto. Eu e meus irmão derrubamos a casa e fizemos uma nova.* As pessoas querem ser umas melhores que as outras, fazem "sacadas" para aparecer.

Sobre o Brasil diz:

> Há mais ordem, respeito às leis de trânsito. A cidade é moderna, as mulheres cuidam da estética. As pessoas são simples, mas as casas são bonitas. No meu país, as pessoas somente querem aparecer.

Como notamos, a tristeza trazida por Viviane expressa a dor que toda a família sente por estar longe de casa, pois tanto Neide quanto Ernesto evidenciam saudade de suas respectivas famílias de origem e apontam esses espaços de interação como sendo "sua casa". O processo de imigração traz à tona questões familiares em relação tanto às negociações conjugais quanto ao sustento e aos cuidados com as crianças. A terapia breve proporcionou um espaço de acolhimento afetivo e de interlocução desse sofrimento.

A CONTINUIDADE DO ATENDIMENTO

O atendimento segue contemplando o casal, já que ambos percebem a necessidade de ter um espaço para colocar suas diferenças e ampliar a comunicação de seus interesses e objetivos tanto pessoais quanto familiares. Enfatizar as competências de ambos foi decisivo para ampliar a auto-estima e estabelecer novos patamares de realizações.

Ao se sentirem valorizados como pessoas e competentes em seus recursos, puderam começar a traçar tanto do ponto de vista pessoal como familiar um panorama mais estruturado e claro em relação a seus interesses e a suas potencialidades. Ampliou-se o diálogo, e o casal passou a negociar de forma mais equilibrada.

Conseguir perceber que talvez o que dificultava o desenvolvimento em relação à sua família nuclear era a lealdade em relação às suas respectivas famílias de origem ajudou no processo de diferenciação. Segundo Bowen (1991), pessoas com maior grau de diferenciação conseguem separar sentimento de pensamento e são capazes de emoções fortes e de espontaneidade, mas também de contenção e objetividade, que vem junto com a capacidade de resistir aos impulsos. No entanto, quanto mais baixo é o nível de diferenciação, mais forte é o apego emocional não-resolvido em relação aos próprios pais e mais intensos são os mecanismos de defesa para controlar a indiferenciação. Eles eram tão "bons filhos" que isso os estava impedindo em seu crescimento pessoal, material e, de alguma forma, os estava impedindo de serem bons cônjuges e de se valorizarem como bons pais.

Viviam em dois mundos, um pertencente a suas origens e outro referente às suas próprias ambições intelectuais e pessoais. Parece que não se davam o direito de ser diferentes de suas famílias de origem, de ter mais ambições intelectuais, conquistar recursos materiais e, por conseguinte, ascender socialmente. Estabelecer o elo entre mundos é umas das premissas da terapia intercultural, e, nesse caso, essa família teve que literalmente sair de seu país de origem para ter acesso à dicotomia interna de lealdades que os impedia de sentir-se competentes e realizados.

No oitavo encontro, como tarefa, peço que reflitam sobre e escrevam individualmente seus projetos de futuro – a curto e longo prazo: em que lugar eles se imaginam morando e criando suas filhas, que tipo de casa gostariam de ter; enfim, que tipo de vida gostariam de levar. Em princípio, comunico que a tarefa é individual, mas seria saudável se conversassem a respeito disso a fim de checar se os objetivos individuais têm pontos de convergência.

A tarefa mostrou-se muito eficiente, pois ambos puderam refletir sobre si mesmos e sobre seus desejos. Desse modo, fizeram tudo individualmente e apenas compartilharam suas respostas na sessão. O interessante é que tinham muitos pontos de convergência em suas perspectivas de futuro. Segue o comentário de ambos sobre o exercício, como sendo uma experiência muito importante no processo como um todo.

Ernesto diz:

> O que mais me ajudou foi que falamos sobre os problemas e encaminhamos as soluções. Outra coisa importante. *Planejar e ter estratégias me serviu bastante, aquela tarefa de pensar no que queríamos para o futuro foi muito boa, eu não costumava pensar, ia fazendo...* A Neide tinha razão: eu não estava lhe dando nenhuma esperança, somente apresentava os problemas. As suas palavras de valorização me ajudaram muito e passei a me sentir melhor comigo mesmo e a me valorizar..."

Neide prossegue:

> Também achei a tarefa de pensar o que queríamos para o futuro importante. *As pessoas sem um plano de ação estão cheias de conflitos, pois não se avança sem um plano de ação e sem um objetivo claro. Com um plano, cada um assume sua responsabilidade.* Podemos olhar para nós mesmos sem ter que ficar olhando para o outro. Antes *eu me sentia sozinha*, achava que o Ernesto colocava muita carga sobre mim. Agora estou mais tranquila, mais positiva e com mais confiança. Assumi melhor o meu papel de mãe e de provedora dando aula de espanhol.

Ao proporcionar um espaço de diálogo sobre seus projetos de futuro e pedir que imaginem o que esperam para si mesmos e para sua família, possibilitamos trabalhar a legitimação do desejo de superação pessoal, abrindo espaço para o surgimento de ideias de futuro em que o bem-estar material é também contemplado. Nesse sentido, auxiliamos o casal a ampliar o grau de diferenciação em relação a seus próprios pais, a fim de fortalecer a construção e a valorização da família nuclear.

CONSIDERAÇÕES FINAIS

A perspectiva deste trabalho é auxiliar as famílias e os indivíduos a estabelecer elos com seu contexto social atual, sem perder de vista as aquisições conquistadas, na tentativa de construir novas narrativas que lhes permitam integrar as vivências. O indivíduo ao imigrar ou emigrar entra em contato com uma multiplicidade de versões da realidade e percebe que existem várias formas de fazer as mesmas coisas, de um simples cumprimento até as normas de relacionamento social adequado. Ele compreende que as comunicações travadas e as formas de relacionamento têm uma profunda ligação com o contexto social e cultural na qual ocorrem.

A necessidade em ampliar o conhecimento sobre as implicações psicossociais que os deslocamentos provocam nos indivíduos nos parece fundamental, e compreender o aspecto psicológico desse fenômeno entra na pauta dos profissionais de saúde. Em um país como o nosso, de dimensões continentais, com um intenso fluxo migratório, a habilidade do terapeuta em ter uma escuta voltada para a cultura do paciente se faz necessária.

Portanto, ao oferecer atendimento clínico para famílias que passam por uma experiência intercultural, fortalecemos a ideia da formação de terapeutas culturalmente competentes. A contribuição da psicologia intercultural, aliada ao atendimento sistêmico, instrumentaliza o profissional de forma mais abrangente na compreensão dos conflitos daqueles que sofrem deslocamentos e potencializa a psicoterapia na busca por melhores condições de saúde mental.

REFERÊNCIAS

BERRY, J. et al. Acculturation and culture contact. In: _____. *Cross-cultural psychology*: research and applications. Cambridge: Cambridge University, 1992.

BOWEN, M. *De la familia al individuo*: la diferenciación del sí mismo en el sistema familiar. Barcelona: Paidós, 1991.

COLOMBO, S. F. Em busca do sagrado. In: CRUZ, H. M. (Org.). *Papai, mamãe, você...e eu? Conversações terapêuticas em famílias com crianças pequenas*. São Paulo: Casa do Psicólogo, 2000.

DEBIAGGI, S. D. *Changing gender roles*: Brazilian immigrant families in the U.S. New York: LFB, 2002.

DEBIAGGI, S. D.; PAIVA, G. J. (Org.). *Psicologia e/imigração e cultura*. São Paulo: Casa do Psicólogo, 2004.

OROZCO, C. S.; OROZCO, M. M. *La infancia de la inmigración*. Madrid Morata, 2003.

PORTES, A.; RUMBAUT, R. G. *Immigrant in America*: a portrait. Berkley: University of California, 1990.

SLUZKI, C. E. *A rede social na prática sistêmica*. São Paulo: Casa do Psicólogo, 1997.

_____. Migration and family conflict. *Family Process*, v.18, n.4, p. 379-390, 1979.

4

Questões de gênero na terapia de família e casal

Rosa Maria Stefanini Macedo

As questões de gênero têm uma importância fundamental na terapia de família e casal por serem um aspecto da identidade do homem e da mulher que qualifica seus comportamentos marcados por expectativas transformadas em estereótipos frequentemente reguladores das relações sociais que se tornam, em consequência, envolvidas de preconceitos.

De acordo com Maturana (1995), conhecer é fazer distinções; portanto, é justificável a preocupação com a diferença entre homens e mulheres existentes nas ciências biológicas, humanas e sociais, pela necessidade de conhecer e melhor descrever seu objeto de estudo.

Às ciências biológicas interessam as diferenças do ponto de vista anatômico e fisiológico, e suas descrições são em termos de diferenças entre os sexos quanto à forma e ao funcionamento dos organismos de homens e mulheres, ou seja, funções específicas do organismo feminino ou masculino relacionados à evolução e à genética.

Às ciências sociais interessam as diferenças sobretudo relacionadas à divisão de tarefas e participação social no sistema de produção, tanto material como cultural, além de bens materiais e usos, costumes, tradições, poder (hierarquia e autoridade).

Nas ciências humanas, nas quais se incluem a psicologia, o interesse recai no comportamento humano – sua compreensão e explicação. A questão apresenta uma grande complexidade em virtude da perspectiva que cada teoria assume para explicar seu objetivo de estudo, porque o comportamento de um homem ou de uma mulher pode ser estudado tanto do ponto de vista anatômico, fisiológico, social, como das leis que regem seu comportamento e sua dinâmica afetivo-emocional.

Entretanto, todas essas visões são parciais ou dicotômicas quando consideram as diferenças entre os sexos, pelo fato de basearem seus estudos em uma visão paradigmática positivista, própria das ciências na modernidade (Vasconcelos, 2002; Capra 1995).

Esta posição favoreceu a abordagem psicológica pautada em conceituações que ressaltam as diferenças, como, por exemplo, o sexo masculino como modelo do qual o feminino se distinguiria pela inveja do pênis (Freud, 1976) ou pelas diferenças anatômicas (Erikson, 1972), para citar as mais lembradas.

Do ponto de vista das teorias do desenvolvimento também vigorou durante muitos anos uma visão normativa baseada na tipificação sexual, ou seja, como o comportamento desde a infância reflete características da personalidade do homem ou da mulher.

Somente a partir dos anos 1970 chegou ao campo de psicologia os questionamentos que começaram a ser feitos pelos movimentos feministas, denunciando as implicações decorrentes dessa concepção que tradicionalmente definem, na cultura ocidental, o lugar de homens e mulheres.

Os protestos começaram justamente por apontar que teorizar sobre personalidade e comportamento de homens e mulheres adotando essa visão tradicional era não considerar a inserção das pessoas na vida, na sociedade e, por conseguinte, não considerar o caráter dinâmico que as sociedades possuem e suas mudanças de ponto de vista econômico, político, cultural, organizacional e das relações sociais (Macedo, 2002, 2004, 2006, 2007).

FEMINISMO E GÊNERO

As mudanças sobre a posição de homens e mulheres tomou maior impulso a partir dos anos 1960 no exterior e dos anos 1970 no Brasil.

A hierarquia tradicional entre os sexos vinha sofrendo mudanças com a modernização dos países e torna-se evidente entre nós com a participação no "movimento de mulheres" contra a ditadura militar.

A princípio, o feminismo lutava por maior igualdade em termos de leis, nas relações trabalhistas, em uma série de reivindicações no setor público; no entanto, muito rapidamente essas reivindicações chegaram ao setor privado, no que tange às relações interpessoais, subjetivas, tendo reflexos não só nas relações sociais e políticas da mulher, como também nos costumes e hábitos cotidianos, em seu lugar na família, nas relações com o sexo oposto.

A partir dos anos 1990, foi se formando uma ideologia feminista que tinha como proposta a construção de uma nova subjetividade feminina e masculina, a qual se defrontava com conflitos e tensões nas relações que não se resolviam tão facilmente como se desejava.

A diferença entre os sexos é um princípio classificatório de todas as sociedades humanas, mas a identidade de gênero introduz a questão social dessa diferença, em uma instância que lhe é anterior: a pessoa, tal como é concebida em um esquema simbólico particular. Assim, contextualizar significa escutar a respeito do outro sobre o mundo social do qual faz parte. É adentrar no espaço alheio, confrontar-se com seu ponto de vista.

Este determinismo, muitas vezes, serviu para explicar as desigualdades entre ambos, a partir de diferenças físicas. Da perspectiva das relações de gênero, o que importa é discutir os processos de formação ou construção histórica, linguística e social, instituídas nas formações de homens e mulheres.

A categoria gênero vem passando por diversas transformações, o que lhe possibilita um caráter mais dinâmico. Antes vinculada a uma variável binária arbitrária, passou a ser compreendida como categoria relacional e contextual, na tentativa de contemplar as complexidades e os conflitos existentes na formação dos sujeitos, incluindo necessariamente o outro lado, os homens, cujas mudanças são pouco consideradas (Souza, 1999).

Com tantas exigências e modificações por parte das mulheres, os homens não poderiam sair ilesos. Se em outros tempos os papéis eram tão bem definidos e as expectativas com relação a cada sexo eram claras, atualmente poderíamos dizer que estamos em um período social de transição no que diz respeito ao gênero, e, como em toda transição, há instabilidade e confusão ao desempenhar papéis. As próprias mulheres encontram-se confusas com relação ao lugar que devem ocupar, mas têm a seu favor de terem iniciado, elas mesmas, uma luta contra as determinações sociais relativas a seu papel. No que diz respeito aos homens, as mudanças efetuadas pelas mulheres deixaram marcas e dúvidas quanto ao futuro deles.

Segundo Nolasco (1993), com o feminismo, o homem foi associado a uma figura opressora e tirânica que impediu a ascensão profissional da mulher e limitou sua saída da cena doméstica. Segundo ele,

> essa imagem de carrasco de um gênero sobre outro vem gradativamente perdendo espaço e sendo substituída por uma reflexão sobre a condição de vida dos homens (p. 132).

É neste sentido que Kaufman (1994) trabalha, tentando refletir sobre a condição do homem. Ele se refere às experiências contraditórias que o poder traz aos homens, questionando suas implicações. Segundo ele, existe na vida dos homens uma estranha combinação de poder e privilégios, dor e carência de poder. Pelo fato de serem homens, gozam de poder social e de muitos privilégios, mas segundo pesquisas (Nolasco, 1993) a maneira como têm vivido esse mundo de poder causa dor, isolamento e alienação, seja para ele, seja para as mulheres.

Com isso, o panorama atual da discussão sobre gênero está caracterizado por um processo de mudança decorrente de reflexões, por parte de mulheres e de homens, sobre suas condições.

Enfim, com tantas mudanças em ambos os gêneros, é de se esperar que os casais de hoje passem por diversas dificuldades para se entenderem no que diz respeito aos papéis sociais dentro do relacionamento.

Esses movimentos sociais no mundo a partir dos anos 1960 evidenciaram uma mudança que vinha se dando no campo do pensamento científico: apontaram que as diferenças de sexo foram, em decorrência das mudanças socioculturais, transformadas em desigualdade. Surge então o conceito de gênero, de acordo com uma visão paradigmática pós-moderna que admite a construção da realidade pelo observador como parte do observado.

Desse ponto de vista, gênero é um conceito de sexo social, e não biológico. Ele permite categorizar os comportamentos de homens e mulheres independentemente das características específicas do sexo anatômico, considerando as qualidades ditas masculinas ou femininas como estereótipos comportamentais assumidos por homens ou mulheres, mas que, em contrapartida, não indicam posição de superioridade ou inferioridade na escala social.

Entre as definições de gênero surgidas destacam-se pela sua propriedade as seguintes:

> Conjunto de disposições pelas quais uma sociedade transforma a sexualidade de biológica em produtos da atividade humana nas quais se satisfazem essas necessidades transformadas. (Rubin em Barbieri, 1990, p.18)

As necessidades transformadas a que se refere a autora são as características de masculinidade e feminilidade resultantes de como a sociedade rotula os comportamentos considerados típicos de homens ou mulheres. Todavia, nessa definição, não há vínculos ao sexo biológico, admitindo-se que pode haver homens mais femininos ou mulheres mais masculinas, usando tais características não como próprias da natureza de cada um, mas como simples adjetivação de comportamentos:

> Gênero é uma categoria social imposta sobre um corpo sexuado. O gênero é um elemento constitutivo de relações sociais fundadas sobre as diferenças percebidas entre os sexos(...), é um primeiro modo de dar significado às relações de poder. (Scott, 1990, p.14)

Nesta definição, os sistemas de gênero e sexo compreendem os conjuntos de práticas, símbolos, representações, normas, valores sociais que as sociedades elaboram a partir das diferenças sexuais anatômicas e fisiológicas e que dão sentido aos comportamentos de homens e mulheres.

Percebe-se claramente nessas definições uma substituição do objetivo, do concreto (sexo), por modos de agir, pelo subjetivo (gênero) como resultado da constituição social efetuada ao longo das transformações da sociedade pelas pessoas e pelos grupos que, constituídos como tais nas relações, atribuíram significados comuns às suas experiências pela linguagem.

Portanto, gênero é usado em contraste com os termos sexo e diferença sexual com o propósito explícito de criar um espaço no qual as diferenças de comportamento entre homens e mulheres, mediadas socialmente, possam ser exploradas independentemente das diferenças biológicas (Macedo, 2006).

Masculinidade e feminilidade são modos de agir, desatrelados do sexo, masculino ou feminino; são uma categoria da realidade social chamada gênero.

Desse modo, quando se usa a categoria gênero para falar sobre relações homem e mulher, está se fazendo referência à ampla gama relacional que varia em função dos contextos em que ocorrem e que implica a ordem social, econômica, política do trabalho e da família.

GÊNERO E FAMÍLIA

Da mesma forma que as concepções sobre as diferenças entre homens e mulheres transformaram-se, dando origem à concepção de gênero, o conceito de família, seu significado, sua estrutura e suas funções também mudaram.

Atualmente se considera família não só a estrutura pai, mãe, filhos, mas qualquer outro arranjo formado não somente por consanguinidade e função reprodutora e heterossexualidade. Também se considera família uma série de outros arranjos definidos por seus membros como tal: afeto, amizade, afinidade, responsabilidades compartilhadas, contratos de união civil ou religiosa independentemente do sexo dos parceiros, de filhos consanguíneos, de formação de um casal (família monoparental), entre outros.

Da concepção tradicional de família, matriz de identidade, deriva o seguinte modelo familiar:

- uma estrutura hierarquizada, no interior da qual o marido/pai exerce autoridade e poder sobre a esposa e os filhos;
- a divisão sexual do trabalho bastante rígida, que separa tarefas e atribuições masculinas e femininas;
- o tipo de vínculo afetivo existente entre os cônjuges e entre eles e a prole, sendo que neste último caso há maior proximidade entre mãe e filhos;
- o controle da sexualidade e a dupla moral sexual. (Romanelli, 2002)

Esse tipo de família, também conhecida como patriarcal, legitima:

Para o Homem	Para Mulher
Exercício do poder	Submissão
Objetividade	Subjetividade
Racionalidade	Emotividade
Dificuldade de envolvimento emocional e intimidade	Afetividade, intimidade
Domínio do espaço público	Domínio do espaço privado, domesticidade
Agressividade, conquista	Docilidade, cuidado
Paternidade provedora	Maternidade amorosa e cuidadosa
Aventuras extraconjugais	Fidelidade

Esse é, em termos de padrões de comportamento, a expressão de um modelo hegemônico resultante de normas culturais condicionais e condicionantes construídas através de gerações que produz duas estruturas psíquicas pré-fixadas desde o nascimento, de maneira que a do homem se presta às generalizações, à racionalidade, ao espaço público, e a da mulher, ao domínio da corporalidade, do amor, da relação com o outro e ao serviço e à submissão (Muraro, 1996).

Esse estado de coisas é historicamente explicado pelas origens da família atual como instituição político, econômica e social baseada na linhagem e proteção do patrimônio, transmitido aos homens, e não às mulheres. Assim, foram criadas as leis que definiam o casamento, em que a sexualidade da mulher era vigiada para garantir a legitimidade dos herdeiros.

Essa estrutura permaneceu com o advento do capitalismo porque era adequada à sua lógica, isto é, a reprodução que se dá no seio da família é uma garantia da reposição de membros no mercado de trabalho, não interrompendo a lógica da produção (Romanelli, 2002).

GÊNERO E TERAPIA DE FAMÍLIA E CASAL

Uma vez estabelecidas as bases epistemológicas e paradigmáticas relativas ao caráter de construção social dos fenômenos vivenciados por homens e mulheres incluindo gênero e família, há uma contribuição rica e muito útil para o terapeuta de famílias e casais: trata-se de trabalhar com a evolução do conceito de gênero de acordo com as posições assumidas pelo casal em relação a ele.

Segundo Breunlin, Schwartz e Mac Kune-Karre (2000), pode-se observar cinco posições ao longo da evolução do equilíbrio em relação ao conceito de gênero no casal: *tradicional, consciente de gênero, polarizada, em transição e equilibrada*.

Conforme a posição em que o casal se encontra, a organização da família e as relações entre seus membros apresentam características específicas, levando-se em conta que a partir delas se definem valores e crenças que motivam e orientam o comportamento de cada um.

Na posição tradicional de gênero, a família apresenta os papéis complementares conhecidos: homem provedor, mulher cuidadora e dona de casa; mesmo trabalhando fora de casa, a responsabilidade pelo andamento do lar é dela.

É a organização típica da família há séculos ocupando nosso imaginário.

Mesmo com as transformações sofridas, incluindo a da inserção das mulheres no mercado de trabalho, essa organização ainda é justificada pelas expectativas sociais, apesar de, na grande maioria, abrigar insatisfação, sobretudo das mulheres, pela sua sobrecarga.

É comum nessas famílias, quando em terapia, aparecerem problemas colocados em tom queixoso com sensações vagas, sugerindo opressão e atitudes que supõem raiva, enquanto nos homens aparecem frequentemente culpas que tentam aliviar por meio de considerações sobre a pressão do trabalho, as exigências de sucesso profissional e outras mazelas do contexto.

São frequentes sentimentos de desigualdade em que as mulheres se sentem desvalorizadas e com menos oportunidades de realizar atividades na base de suas escolhas para satisfazê-las pessoalmente.

O trabalho terapêutico nesses casos deve ser pensado em termos de conscientizar o casal sobre as questões de gênero.

Há muitas maneiras de fazer isso, dependendo do contexto, da situação específica do casal, da maneira como apresentam as queixas e como tentam justificar os problemas. Genericamente o que se pode fazer é questionar as explicações que fortalecem o patriarcado e que indicam tendência ao conformismo, como, por exemplo: " Fazer o que, o mundo é dos homens mesmo!", ou "Todo mundo que eu conheço é assim, mas está muito difícil, muito pesado, tudo eu". São expressões comuns de mulheres, enquanto os homens se queixam da pressão do trabalho, do estresse, da falta de tempo para os filhos, para si, para o esporte, para a academia, entre outros.

É importante também discutir as mudanças históricas e culturais. Um bom instrumento para isso é o genograma, que permite a comparação dos padrões de relação na família desde as gerações passadas, as mudanças ocorridas e o inevitável impacto nas relações internas, nos hábitos, na convivência, no lazer.

É preciso trabalhar com os impactos emocionais: do sentimento de desvalorização e sobrecarga, buscando com o cliente redefini-los em função de circunstâncias, intenções, para que não fiquem mudos e cristalizem-se como mágoas.

Pode-se questionar a rigidez e as estreitezas com que são distribuídos os papéis de gênero ou das expectativas sobre eles e a realização das tarefas. Todas essas possibilidades têm como fim expandir a conscientização das questões de gênero como algo que foi construído, que não são da "natureza" do homem e da mulher ou do casamento e que, assim, podem ser mudadas.

A segunda posição se refere à ocorrência no casal da *consciência de gênero*.

Nessa posição, é frequente o casal se apresentar questionando a distribuição de papéis, com clara percepção de que sua vivência é opressora. Em geral, há nesse casal muita oscilação entre questionamento e conformismo, dependendo das situações ou da época. Não se sentem confortáveis na situação, mas não sabem como resolvê-la.

Mais do que oprimidas, as mulheres nesta posição apresentam-se zangadas e, muitas vezes, agem de forma a compensar as injustiças de que se sentem vítimas, sendo comuns a restrição de afeto e negação de relações sexuais, causando certo temor de perda afetiva nos homens. Socialmente estão sempre aproveitando oportunidades para questionar os papéis de gênero entre casais amigos.

O trabalho terapêutico pode ajudá-los a ampliar as experiências de desequilíbrio entre os gêneros, discutindo a exploração e as oportunidades de novos papéis, exploração de possibilidades para novos arranjos, contratos, verbalização das mágoas, das queixas.

Além disso, é importante analisar as mudanças intergeracionais por meio do genograma, os padrões familiares; enfim, os modelos e as heranças.

Na posição *polarizada*, observa-se um constante e aberto desafio quanto aos papéis de gênero. São claras as divisões na família, as alianças de gênero (mulheres unidas, por exemplo) ou coalizões (pai e filho contra mãe, por exemplo).

É um sistema competitivo organizado em torno dessas divisões; homens e mulheres fazem pressão em direções opostas.

Há um misto de raiva, preocupação e medo, como alguém que sente que algo não está bem, mas tem dificuldades em encontrar alternativas para o desequilíbrio.

Há ataques constantes despertando posições defensivas por parte dos acusados, ao mesmo tempo em que aparecem culpas e preocupações, exigências de mudanças um do outro.

Diminuir a polarização, encorajando o diálogo, as conversações, as expectativas sobre tarefas e responsabilidades, em vez de queixas e incomunicabilidade, é o objetivo da terapia familiar.

É importante o terapeuta validar expectativas de mudanças, encorajar a exposição de queixas e acusações para que sejam ouvidas, conhecidas e transformadas em pedidos e acordos. É importante ressignificar as descrições de situações muito adversas, buscando envolver as intenções e a compreensão do outro. Se as mulheres reconhecem suas mágoas, reagem tentando assumir a liderança de forma desafiadora.

Deve-se estimular as conversações, as diferentes descrições, buscando evitar as divisões e a formação de partidos (guerra fria) que alimentam a competição e disputa em que vivem.

Evidentemente, não se pode dispensar a discussão das mudanças por meio do genograma.

Se a posição do casal em relação ao gênero estiver em *transição*, a meta da terapia seria a amplificação das mudanças visando ao estabelecimento de uma certa igualdade, ou melhor, equilíbrio entre as ações de cada um.

Embora estejam em conflito, espera-se conseguir diminuir ou mesmo eliminar os desequilíbrios que percebem. Conseguem validar os papéis novos que homens e mulheres estão desempenhando na família, embora haja muitas oscilações ainda entre as novas e as velhas crenças. Um aspecto positivo é que, em geral, conseguem conversar sobre as coisas boas e as ruins das mudanças e verbalizar satisfação ou sentimentos de perda pelo que vêem mudar nos papéis. Percebe-se uma ampliação e experimentação de novos papéis.

Diferentemente das posições anteriores, os episódios de raiva ou comportamentos zangados diminuem consideravelmente na medida em que conseguem perceber a que situações estão relacionados tais sentimentos, em geral, a algum comportamento fora do esperado, algum deslize. Caso não sejam capazes de expressar seus sentimentos a propósito das diferentes atitudes apresentadas pelo outro, o terapeuta encontra aí uma oportunidade importantíssima para o trabalho terapêutico.

A consciência do desequilíbrio de papéis é fundamental para se estabelecer acordos e propiciar uma espontaneidade maior nos relacionamentos familiares, menos ressentimentos, menos mágoas enrustidas e deslocadas para comportamentos de boicote, ironia, desqualificação, entre outros.

Negociar os limites para aceitar compromissos envolve conversações claras sobre o que cada qual pode aceitar, ceder e está disposto a fazer.

É evidente que nesse campo de mudanças de padrões, como em qualquer situação pensada sistemicamente, não se pode esperar transformações em progressão linear. Isso quer dizer que haverá oscilações, recaídas, revisões, re-contratos, como são as situações da vida, e circularmente em função dos contextos e dos *feedbacks* ocorridos após cada acordo estabelecido.

Outro aspecto muito importante é a discussão das consequências das mudanças nas relações de toda a família, como cada membro é afetado.

Uma família cujas crenças tradicionais sobre o papel do homem e da mulher são discutidas e modificadas de acordo com os novos tempos, com as mudanças sociais, poderá receber crítica dos amigos, resistências a seu modo de pensar e agir. Portanto, tal família não pode contar com grande suporte social, quer da família de origem, quer das famílias de seus pares que são da mesma geração. No entanto, apresenta maior autonomia para se organizar, avaliar conjuntamente desequilíbrios, necessidade de mudança, oportunidades e possibilidades.

Muitas vezes, entretanto, se descobre por meio do genograma, indispensável nesta matéria, como já foi dito, que posições femininas igualitárias, são fortemente inspiradas e apoiadas por avós que nunca se conformaram com a submissão a seus maridos, que tiveram que aceitar por força dos bons costumes. O trabalho terapêutico não deve dispensar o uso do genograma e, para seu foco na validação, novas experiências, ampliação de contexto e regras de negociação.

A posição do casal pode chegar a uma situação *equilibrada* que supõe a possibilidade das famílias vivenciarem uma mutualidade na medida em que seus membros se livraram dos condicionamentos que os padrões tradicionais lhes impingiram.

Isto significa uma democratização tanto na tomada de decisões como nos padrões de interação entre todos os níveis de relação dos membros da família: marido e mulher, pai e filho / filha, mãe e filho / filha – que se tornam capazes de conversar sobre propostas, negociar lideranças e responsabilidades em função de cada situação, agindo de forma simétrica ou complementar conforme seja necessário.

Esta posição resulta em relações mais colaborativas, mas supõe maior confiança e assertividade de cada membro do casal como companheiros, como pais e modelos para os filhos, porque só com mais segurança da própria posição e confiança em seu nível de equilíbrio interno e no do outro é possível sair do lugar de raiva e ressentimento por se sentir dominado dando lugar à negociação que permite a reconciliação com o antigo agressor. A luta pela dominação, competição entre o casal, dá lugar a mais diálogo, à alternância de liderança conforme cada momento, de maneira mais tranquila, sem tensões. Maior equilíbrio, em consequência, resulta em maior intimidade do casal, mais segurança pessoal, uma complementaridade funcional, cumplicidade e uma liderança compartida, e as mudanças são mantidas, as regras de interação são claras, mantendo-se as atitudes dentro e fora da família, pelo que podem enfrentar resistência e criticas socialmente.

A prática clínica e as pesquisas têm mostrado que entre os casais mais jovens há uma apropriação dos conceitos de igualdade entre os gêneros, com algumas mudanças efetivas, sobretudo quanto à tarefa de educar filhos (participação maior desde a gestação até os cuidados com o recém-nascido), embora a responsabilidade propriamente dita ainda continue sendo da mulher.

São frequentes também na clínica psicológica casos de mulheres de meia-idade, com filhos adultos, autônomos, questionando os papéis de gênero, em virtude de estarem, nessa altura da vida, dizendo se sentir totalmente dispensáveis, sem lugar no mundo, sem perspectiva, pois a função de mãe está totalmente modificada, não preenche mais o tempo de sua vida, as funções domésticos diminuíram muito e não causam satisfação. Nesse período do ciclo vital, afloram então os ressentimentos ao perceberem o quanto se anularam em função dos papéis de gênero que assumiram em seu casamento.

Culpar os maridos nesta fase da vida não tem sentido. O casal viveu e organizou a família segundo acordos implícitos ou mais ou menos explícitos, apoiados social e culturalmente. Portanto, ambos foram regidos pela mesma lei, mas só agora elas perceberam o quanto perderam do ponto de vista de sua individualidade em favor da conjugalidade e das funções maternas e domésticas.

A crença arraigada de que o papel da mulher é basicamente cuidar, se levada a extremos como característica feminina fundamental, pode ocasionar o detrimento dos cuidados consigo mesmo, da atenção aos próprios desejos, da elaboração de planos de vida e modos de agir.

Como resultado, colocam-se como atrizes

> coadjuvantes no casamento, na família, atuando de acordo com uma complementaridade rígida que pode solapar a autonomia e fortalecer o conformismo e a aceitação das condições de vida, até que estas mudem pelas próprias decorrências evolutivas: filhos crescem, saem de casa, casam-se, formam sua família; o marido continua envolvido nas atividades de trabalho...

Nesse momento, é comum a pergunta clássica: "E eu? O que eu faço agora? Para onde eu vou?".

Esses exemplos ressaltam a importância de se manter o foco nas posições de gênero da família de acordo com as transições que ocorrem em seu ciclo vital.

O terapeuta familiar não pode perder de vista a evolução do conceito de família e suas transformações históricas para compreender como as mudanças de posição de gênero são uma tarefa complexa e de difícil realização nos dias que correm e que os estereótipos sociais corresponderam à realidade da vida cotidiana.

Um olhar retrospectivo na história das sociedades evidencia que a maternidade e os cuidados da casa nunca impediram de trabalhar mulheres pobres e de classe média que necessitam produzir, no primeiro caso, ou complementar a renda, no segundo caso.

Por outro lado, a força do estereótipo sempre tornou este fato invisível ou colocado em segundo plano quando se falavam na responsabilidade social do homem e da mulher na família. Nunca, porém, como hoje, mulheres conseguem ter uma carreira tão ou mais importante do que seus parceiros.

No entanto, apesar do reconhecimento público desta mudança em favor de maior igualdade entre homens e mulheres, dificilmente ele se reverte para as relações entre o homem e a mulher na família, entre o feminino e o masculino, no comportamento de um e de outro.

Por esta razão, o trabalho terapêutico sob a perspectiva de gênero pode se ampliar ao levar em conta o peso das responsabilidades do homem e da mulher, variando conforme a fase do ciclo vital.

Não se pode contestar que na fase de aquisição (Cerveny, 2002) antes do primeiro filho, as posições de gênero podem ser mais flexíveis do que após seu nascimento.

É a mulher que gesta, pare, amamenta, fica mais próxima do filho, mesmo quando trabalha (licença maternidade). Há, no entanto, uma série de outras pequenas coisas que podem ser feitas para complementar o trabalho da mãe com o bebê, como, por exemplo, levantar à noite quando ele chora e tantas outras que podem facilitar, como assumir mais o bebê nos fins de semana para a mãe descansar, fazer compras, entre outras.

Em compensação, na fase adolescente, ocorre uma excelente oportunidade para discussão, conscientização e mudança dos papéis de gênero. Em cada época, os adolescentes têm visões e posições próprias quanto a esses papéis e, embora suas crenças sobre o assunto sejam em grande parte influenciadas pela herança intergeracional e pelos modelos dos padrões relacionais entre os gêneros observados na vida de seus pais, questionam as posições que não aprovam para si mesmos.

É por essa razão que essa fase se apresenta como excelente oportunidade para fortalecer posições tradicionais ou negociar novas posições. Nas famílias onde há filhos de ambos os sexos, o conflito, em geral, é maior, sobretudo pelo questionamento das meninas, uma vez que, apesar de tudo, o mundo ainda é muito mais dos homens que das mulheres, continuando maior o número de restrições para elas.

Porém, o que se observa é que o comportamento mais liberal das filhas hoje, com menos preconceitos quanto às relações com o sexo oposto, os lugares que frequentam, as atitudes que tomam, inclusive com o pai, têm encorajado muitas mães a assumirem mudanças na direção de maior autonomia e liberdade pessoal.

Na fase dos filhos adultos, as relações entre gêneros são bem delicadas, pois, dependendo da posição de gênero assumida, a revisão das relações do casal, o fato de estarem novamente mais sozinhos, a maior independência dos filhos, tudo isso pode ocasionar uma sensação de esvaziamento do casamento, principalmente para a mulher que não tem um projeto próximo (trabalho, vida social, assistência social voluntária, etc.). São comum as queixas de indiferença, falta de interesse sexual ou de amor, de ambos os lados, apontando ao terapeuta a necessidade de trabalhar a história do casal, as possibilidades de vida interessante que ainda podem viver redefinindo seus papéis de gênero com mais liberdade, desvinculando-os das obrigações de provimento e cuidado dos filhos e centrando-se mais na vida conjugal, no companheirismo para o lazer, os amigos, espaços para atividades pessoais que podem até incluir visitas aos filhos e cuidados aos netos de forma prazerosa, e não como obrigação.

Na fase última, a genética pesa um pouco mais para as mulheres, na medida em que têm maior sobrevida que os homens, os quais, por consequência, adoecem mais, colocando-as frequentemente como cuidadoras no papel principal, embora, pela fase da vida, elas também necessitem de alguns cuidados a mais do que antes.

Isso não impede, entretanto, que o casal viva como bons parceiros, com poder equilibrado, apoiando-se mutuamente, consolando-se das perdas ocasionadas pelo envelhecer, testemunhando juntos o crescimento da família, as realizações dos netos e cultivando seus lazeres em conjunto, com os familiares e com os amigos.

Ocorre, com frequência, serem notadas a força e a proatividade de algumas mulheres depois de se tornarem viúvas, surpreendendo, às vezes, os próprios filhos.

Pode-se dizer que esse fato é sinal de um arranjo, acordos implícitos vividos pelo casal para não enfraquecer a imagem do homem, social e publicamente.

Podem mesmo ter mantido a posição de gênero mais tradicional apenas de fachada, isto é, com aceitação da mulher para ficar em segundo plano como uma consequência de suas crenças nos papéis tradicionais.

Como se vê, a questão é complexa, mas não pode ser ignorada no trabalho terapêutico com famílias e casais, quer pela supervalorização como nas teorias psicodinâmicas e psicanalíticas, quer pela negação das diferenças (comum nos primeiros modelos de terapia familiar sistêmica) (Macedo, 2006 e 2007).

A supervalorização das diferenças contribui para fortalecer as crenças de que a mãe é culpada pelos problemas dos filhos, já que elas são as responsáveis por seu cuidado. Desse ponto de vista, a posição de desigualdade em que foi transformada a diferença de poder entre os homens (provedores) e as mulheres (cuidadoras) é mascarada, ficando invisível a iniquidade do homem se considerar superior à mulher, porque é quem se responsabiliza pelo sustento (Macedo, 2006, 2007).

Ignorar as diferenças é ser cúmplice dessa desigualdade e não considerar a necessária inter-relação família e contexto que a caracteriza como subsistema do contexto social mais amplo no qual se encontra.

Dessa forma, o terapeuta familiar colabora para manter os *status quo*, atuando de forma a mantê-lo inalterado (Hare-Mustin, 1987, in Macedo, 2006).

Nas palavras de Goldner (1985), o terapeuta só poderá ajudar a família em termos das relações de gênero se as considerarem uma mistura paradoxal entre aspectos hierárquicos e complementares (...) que só podem ser compreendidos em um contexto que incorpore as relações políticas e sociais entre "homens e mulheres".

Em termos da abordagem sistêmica novo-paradigmática da pós-modernidade (Vasconcelos, 2002), as questões que se referem ao funcionamento da família, como regras, fronteiras, hierarquia, devem ser vistas entre todos os componentes considerando as diferenças de sexo e as características de feminilidade e masculinidade não como qualidades que marcam posições superiores ou inferiores no sistema (Macedo, 2006).

A abordagem novo-paradigmática reforça a concepção de construção social da realidade e, nesse sentido, não cabe raciocinar em termos de polaridades opostas, com características fixas: homem – mulher, feminino – masculino.

Considerando a influência do contexto em que raça, classe social, gênero, religião, cultura, fase da vida e idade são fatores intervenientes na construção do significado atribuído às ações de cada um, só se justifica uma postura do profissional com flexibilidade para considerar cada situação, com a relatividade que lhe cabe. Assim, as relações entre os gêneros adquirem uma diversidade que não permitem generalizações atreladas ao sexo como causa de determinados comportamentos.

É claro que tal postura também se relaciona com a perspectiva a partir da qual se fala. Na perspectiva biológica, estão as únicas características fixas responsáveis por funções diferentes, como a ejaculação no homem e a menstruação nas mulheres, além das demais características decorrentes da diferença estrutural anatômica e fisiológica entre eles. Em contrapartida, o comportamento, as atitudes de homens e mulheres decorrem dos significados que se atribuem a eles e podem ser vistos como mais masculinos ou mais femininos, independentemente de serem homem ou mulher (Macedo, 2004).

Um resumo dos prováveis aspectos emocionais de diversas fases da posição de gênero nos casais pode facilitar a reflexão do terapeuta sobre como poderiam estar se sentindo e orientá-lo no trabalho de terapia.

Aspectos emocionais que devem ser considerados:

- gênero como categoria social que considera a desigualdade de poder;
- o lugar que cada um, masculino ou feminino, ocupa na sociedade – se é cultural.

Em termos emocionais, é possível perceber nas atitudes assumidas por homens e mulheres em cada uma das posições descritas sentimentos e emoções, tais como os que seguem.

Tradicional

Nas mulheres:

- sentimento de opressão;
- culpa e preocupação;
- possivelmente raiva – não consciente.

Nos homens:

- preocupação – sobretudo com geração de bens e manutenção da família;
- falta de contato com filhos – culpa.

Consciente da desigualdade

Nas mulheres:

- sentimento de desvalorização e desqualificação;
- dificuldade de expressão da desigualdade – insegurança;
- dúvida – medo das consequências das mudanças;
- maior consciência da própria raiva.

Nos homens:

- questionamento das consequências das exigências sociais de força e poder;
- receio de perder apoio emocional feminino;
- os sentimentos não fluem abertamente – frequente situação tensa nas relações homem e mulher.

Polarizada

Nas mulheres:

- conflito interno;
- consciência da opressão – crítica, raiva, inflexibilidade ao mesmo tempo;
- preocupação e medo da perda;
- competição pela liderança – perdem o medo e a raiva predomina.

Nos homens:

- estratégias tradicionais de controle;
- defensividade – Guerra Fria.

Transição

- cônjuges menos beligerantes entre si;
- atenuação da raiva;

- reconhecimento de desequilíbrio do poder;
- percepção das diferenças entre uso de padrões antigos e novos;
- capacidade de apontar recaídas.

Equilibrada

Nas mulheres:

- arrefecimento da competição por domínio em função da raiva;
- busca de acordos com os opressores – Negociação.

Nos homens:

- reconhecimento de que não tem direito adquirido de manter monopólio do poder;
- reconhecimento da necessidade de equilíbrio;
- maior tranquilidade quanto ao receio de abandono;
- maior equilíbrio pode resultar em maior intimidade no casal – mais segurança pessoal, complementaridade funcional e liderança compartida.

Além dessas questões relacionadas a estados emocionais, outros aspectos mais amplos referentes às questões socioculturais, a crenças e valores devem ser citados para orientar uma ação terapêutica menos controversa do ponto de vista tradicional:

- identificar todas as mensagens e todas as construções sociais baseadas em gênero que condicionam a conduta e os papéis segundo o sexo anatômico;
- reconhecimento das limitações reais de acesso feminino aos recursos sociais e econômicos (episódios de violência doméstica, abuso de autoridade e incestos intergeracionais perpetuados pela precariedade da condição feminina);
- reconhecimento da introjeção dos estereótipos sexistas que restringem as opções das mulheres em dirigirem suas próprias vidas ("compete ao homem patrocinar o destino da mulher");
- reconhecimento de que as mulheres têm sido socializadas para assumir a responsabilidade primordial pelas relações familiares (recaindo sobre a mulher toda a culpa, caso a família venha a apresentar problemas);
- reconhecimento dos dilemas e conflitos de se ter e criar filhos em nossa sociedade (a sobrecarga de ser mãe e cultivar uma carreira simultaneamente);
- reconhecimento dos padrões que dividem as próprias mulheres entre si, remetendo-as a competições internas para protegerem os homens (manejos na relação que confirmem que o poder da mulher é somente derivado do poder do homem);
- afirmação dos valores e condutas características das mulheres como vinculação, afetividade e emocionalidade (ter de sustentar todos os atributos da conexão emocional, mas sem conotar essas expressões pejorativamente sob o risco da mulher ser rotulada de intrusiva, controladora);
- reconhecimento e aprovação das possibilidades fora do casamento e da família para a expressão das mulheres (recusa do mito da Sagrada Família que enaltece a mulher que se casa, torna-se mãe, desqualificando quem não fez essas escolhas);
- reconhecimento do princípio básico de que nenhuma intervenção mostra-se neutra para ambos os gêneros, tendo mesmo um significado diferente e especial para homens e mulheres;
- reconhecer que as experiências dos homens não são diferentes das mulheres, mas que elas vêm sendo distorcidas pela manutenção da ideia de predomínio do poder do homem;
- reconhecer que as exigências de sucesso custa aos homens insegurança, medo do fracasso;

- reconhecer que as exigências de serem fortes e corajosos lhes dificulta o desenvolvimento da sensibilidade afetiva e expressividade emocional;
- reconhecer que intimidade, como vivenciada pela mulher, no sentido de algo que atua no interior, muito cordial e afetuoso, ligado por afeição e confiança, não faz parte da socialização do homem, algo que ele vá exercer ou desenvolver (Nolasco, 1993).

Com todas essas observações em mente, a postura terapêutica se orienta pelo objetivo de criar nas famílias a consciência dos impedimentos experimentados por todos os seus membros em virtude das questões de gênero. Isso implica estabelecer diálogo com os familiares sobre como percebem essas questões no cotidiano das relações vivenciadas.

É preciso que o terapeuta encontre modos de avaliar as situações de desequilíbrio entre os gêneros de maneira cuidadosa e respeitosa para não desqualificar suas crenças nem questionar seus valores.

De modo geral, o trabalho terapêutico gira em torno da:

- validação da experiência dos casais e famílias;
- ampliação dos seus contextos;
- co-construção dos significados que atribuem aos papéis de gênero, não se esquecendo da importância das afirmações universais;
- valor das perguntas.

SUGESTÕES PARA APLICAÇÃO

Com as famílias tradicionais, por exemplo, o papel do terapeuta é facilitar a consciência do desequilíbrio dos gêneros, lembrando que elas têm membros em estágios diferentes quanto à noção de gênero. Ele precisa explorar com cuidado as posições de cada um dos membros e promover o diálogo entre eles (Breunlin, Schwartz, Mac Kune-Karrer, 2000).

Às vezes, uma questão simples para o pai de uma família com filhos em várias idades como "Que consequências têm para a família a fato de sua esposa não trabalhar fora?", é suficiente para suscitar colocações divergentes pelos membros, propiciando assim uma percepção do desequilíbrio e desencadeando processos reflexivos que acabem levando à maior expansão dos papéis dos membros daquela família.

É importante lembrar que, se a família reagir com atitudes que demonstrem que não desejam discutir o assunto por ser conflitivo, o terapeuta deve esperar outra oportunidade em que apareçam questões relacionadas ao desequilíbrio de gênero para voltar à questão.

Questões genéricas, normatizadoras, também oferecem oportunidade para o terapeuta entrar nas questões de gênero quando ele percebe que há na família grandes desequilíbrios, por exemplo, afirmar que "os pais fazem de tudo para que seus filhos tenham boas oportunidades ocupacionais. Em sua opinião, senhor X, quem tem mais oportunidades em sua família?", "Como o senhor explica isso?". Em seguida, fazer perguntas envolvendo os outros membros presentes sobre sua opinião a respeito.

Nas famílias em que já há uma consciência de gênero, o trabalho do terapeuta é no sentido de expandir as experiências conversando sobre como as pessoas da família se adaptam às mudanças, ou como conseguem negociá-las.

Pode ser útil dar tarefas para refletirem como a visão dos papéis masculino e feminino que cada um possui ajuda ou atrapalha seus relacionamentos e suas atividades diárias.

A partir das observações de cada um, fazer perguntas reflexivas sobre as consequências de mudar: o que seria diferente, que ganhos, que perdas teriam, o que os atemoriza ("como vêem sua vida daqui a três anos?", por exemplo).

Quando há polarização na família, por um lado, há maior facilidade para o terapeuta perceber as posições de desequilíbrio de gênero; por outro, o clima de guerra fria, a competição pela liderança, a defensividade dos homens e conflitos e medos da perda nas mulheres tornam a questão muito complicada.

A principal tarefa do terapeuta é procurar reduzir a polarização validando as diferentes experiências de cada membro da família. Através do diálogo, desfazer culpas e criar contextos que encorajem a negociação no sentido de buscar soluções para os impasses em que se encontram.

É importante construir em conjunto uma narrativa que busque a expansão das descrições e a contextualização das explicações.

Reagir com raiva à confusão causada pela troca de seus papéis impede-os de se escutarem melhor e percebem que as mudanças são possíveis e que estão reagindo a uma frustração de expectativas habituais que não têm que ser assim obrigatoriamente. Por exemplo, dizer ao marido "sua esposa está questionando se o senhor valoriza o que ela faz", aponta que ela está confusa, pois, em parte, está ao mesmo tempo com raiva por não se sentir valorizada e, em parte, infeliz por querer que reconhecessem o que faz.

Esta é uma forma de conscientizar o casal da necessidade de diálogo sobre questões que preocupam cada um, que valor cada uma delas tem para o outro e colocar em termos mais próximos os significados das expectativas de cada um, ajudando a criar um espaço de conversação menos ameaçador. É importante que raiva, queixas e reivindicações venham à tona para serem discutidas, explicitadas, a fim de serem compreendidas sem subterfúgios, mas com clareza, sem agressividade.

O parceiro que não está preparado para ouvir pode reagir mal; importante é relacionar essas queixas com as expectativas frustradas, sobretudo em relação a papéis diferentes que foram parte do contrato inicial do casal, do tipo "vamos ser um casal diferente". Relacionar esses sentimentos às posições dominantes na sociedade e às particularidades do contexto do casal é importante para aliviar a sensação de opressão e diminuir a raiva produzindo tréguas na guerra fria.

É particularmente útil usar rituais como meio de ressignificar suas posições; outro tipo de intervenção útil é a solicitação de troca de papéis específicos entre os cônjuges dias pares e ímpares. Por exemplo, em dias pares, ele faz o café e ela vai fazer os pagamentos. Tais situações simples podem levar a uma maneira mais leve de encarar as tarefas diárias com a compreensão de que podem ser feitas pelo outro – é uma questão de conversar, combinar e ver as conveniências para sua execução. Essas experiências ajudam muito a ampliação de possibilidades e de significados na medida em que os casais percebem o que pode ser diferente e inclusive descobrem com isso novas habilidades pessoais.

Mais uma vez é importante frisar a contribuição que a análise das posições de gênero trigeracionais pode trazer. É muito difícil para as novas gerações compreender as posições de gênero de seus pais e, sobretudo, como elas lhes foram transmitidas, tendo em vista a distância entre eles não só em termos de tempo, mas também de costumes.

Portanto, construir o genograma e por meio dele a história familiar, ressaltando os papéis de gênero, facilita enormemente a compreensão de seu caráter construído socialmente e ajuda a assumir posições despolarizadas nas medida em que elas passam a ser vistas como algo que é aprendido, e não da natureza intrínseca de cada um.

Nas famílias em transição, o foco da terapia é validar a experiência de cada um e ao mesmo tempo ampliar os contextos, as descrições e as explicações.

As conversações sobre as visões de mundo são menos tensas pelo fato de ambos reconhecerem que há desequilíbrio de poder e discutirem como ele se dá em seu caso particular.

São capazes de avaliar os prós e contras da maneira tradicional de agir e de como acham melhor fazer em seu caso.

A diferença entre essa posição e a equilibrada é principalmente a estabilidade dessa última e as possibilidades de recaída da anterior, possibilidades que eles conseguem perceber, discutir e corrigir.

Na posição equilibrada, mais raramente encontrada, há uma possibilidade maior de estabelecer acordos e negociações, porque também o parceiro homem está mais consciente dos privilégios que o poder lhe acarreta e reconhece a necessidade de maior equilíbrio com tudo o que daí decorre.

Antes de terminar, é importante lembrar que raramente se encontram famílias em uma única posição de gênero, sobretudo pelo seu caráter múltiplo de pessoas em várias etapas do ciclo vital.

Por essa razão, foram apresentadas específicas para cada posição a fim de que o terapeuta possa usá-las de acordo com seu discernimento e com o lugar em que a família esteja, por exemplo: tradicional / consciente de gênero, polarizada / em transição ou consciente de gênero polarizada.

As descrições apresentadas são destaques de algumas características típicas de cada fase que podem servir de guia e sugerir ideias para o terapeuta trabalhar.

CONSIDERAÇÕES FINAIS

As questões de gênero não são variáveis mediadoras secundárias, afetando a família. Elas estão no cerne da construção da identidade de todos e parte da construção da vida familiar em seu sentido mais profundo.

O desequilíbrio entre os gêneros tem um sério impacto na vida cotidiana da família e ameaça seu desenvolvimento, sua integridade e sua viabilidade como unidade social. (Breunlin, Schwartz, Mac Kune-Karrer, 2000)

No trabalho com famílias, conceituada como o núcleo social básico e matriz de identidade pessoal, ignorar a questão de gênero é deixar a família excluída do processo continuo de adaptação à evolução cultural e dos contextos em que está inserida.

Em consequência disso, o terapeuta não estará, por sua vez, agindo sistemicamente nem participando da evolução do pensamento para a prática da terapia familiar que tem uma longa história desde que mudou o foco do indivíduo para as relações familiares.

Participar das transformações do campo da terapia familiar é sair da posição de neutralidade para a de curiosidade e, sobretudo, da posição de especialista para co-construtor de contextos, de novas realidades, em que a injustiça e o desequilíbrio exagerado do poder não encontra lugar.

REFERÊNCIAS

BARBIERI, T. *Sobre la categoria género*: una introducción teórico metodológica. São Paulo: Prodir, 1990.

BREUNLIN, D. C.; SCHWARTZ, R. C.; MAC KUNE-KARRER, B. *Metaconceitos*: transcendendo os modelos de terapia familiar. 2. ed. Porto Alegre: Artmed, 2000.

CAPRA, F. *O ponto de mutação*. 9. ed. São Paulo: Ciltrix, 1995.

CERVENY, C. M. O.; BERTHOUD, C. *Visitando a família ao longo do ciclo vital*. São Paulo: Casa do Psicólogo, 2002.

ERIKSON, E. *Identidade, juventude e crise*: Rio de Janeiro: Zahar, 1972.

GOLDNER, S. Feminism and family therapy. *Family Process*, v. 24, p.31-47, 1985.

HARE-MUSTIN, R. T. The problem of gender in family therapy theory. *Family Process*, v.26, p. 15-27, 1987.

HARE-MUSTIN, R. T.; MARECEK, J. *Making a difference*: psychology and the construction of gender. New Haven: Yale University, 1990.

KAUFMAN, M. *Los hombres, el feminisno y las experiencias contradictorias del poder entre los hombres*. Disponível em: <http://www.michael-kaufman.com/articles/pdf/hombresspanish.pdf>.

MACEDO, R. M. S. Macho, fêmea, homem, mulher, feminilidade, masculinidade: questão de gênero. In: SECURATO, S. B. (Coord.). *Nós mulheres:* desafios e conquistas dos novos tempos. São Paulo: Oficina do Livro, 2004. v. 3.

_____. Sexualidade e gênero. In: HORTA, A. L. M.; FEIJÓ, M. R. (Org.). *Sexualidade na família*. São Paulo: Expressão e Arte, 2007.

MACEDO, R. M. S.; KUBLIKOWSKI, I. Família e gênero. In: CERVENY, C. M. O. (Org.). *Família e...:* narrativas, gênero, parentalidade, irmãos, filhos nos divórcios, genealogia, história, estrutura, violência, intervenção sistêmica, rede social. São Paulo: Casa do Psicólogo, 2006.

MATURANA, H. R. Ciência e cotidiano: a ontologia das explicações científicas. In: WATZLAWICK, P.; KRIEG, P. (Org.). *O olhar do observador*. Campinas: Psy, 1995.

MURARO, R. *Sexualidade da mulher brasileira*. Campinas: Papirus, 1996.

NOLASCO, S. *O mito da masculinidade*. Rio de Janeiro: Rocca, 1993.

ROMANELLI, G. Autoridade e poder na família. In: CARVALHO, M. C. B. de. (Org.). *A família contemporânea em debate*. 4. ed. São Paulo: Cortez, 2002.

SCOTT, J. W. Gênero: uma categoria útil de análise histórica. *Educação e Realidade,* Porto Alegre, v. 16, n. 2, 1990.

_____. O enigma da igualdade. *Rev. Estudos Feministas*, v.13, n.1, p.11-30, 2005.

SOUZA, J. F. *Gênero e sexualidade nas pedagogias culturais: implicações para a educação infantil*. 1999. Disponível em: <http://www.ced.ufsc.br/~nee0a6/SOUZA.pdf>.

VASCONCELLOS, M. J. E. *Pensamento sistêmico*: o novo paradigma da ciência. Campinas: Papirus, 2002.

5

Conjugalidades interculturais e relações de gênero

Maria Cristina Lopes de Almeida Amazonas
Cristina Maria de Souza Brito Dias
Gilzacarla Alcântara dos Santos

Costumo dizer que todo fascínio e toda dificuldade de ser casal reside no fato de o casal encerrar, ao mesmo tempo, na sua dinâmica, duas individualidades e uma conjugalidade, ou seja, de o casal conter dois sujeitos, dois desejos, duas inserções no mundo, duas percepções do mundo, duas histórias de vida, dois projetos de vida, duas identidades individuais que, na relação amorosa, convivem com uma conjugalidade, um desejo conjunto, uma história de vida conjugal, um projeto de vida de casal, uma identidade conjugal (Féres-Carneiro, 1998, p.1).

A citação de Terezinha Féres-Carneiro (1998) chama a atenção do leitor para as dificuldades que envolvem qualquer situação de conjugalidade. O termo conjugalidade (um neologismo) será empregado para falar em um tipo de vínculo afetivo resultante da união formal ou consensual entre duas pessoas adultas que decidem constituir uma família,

> por sua forte sugestão de processo e de dinâmica, de instituição em vias de formação, em vez da solidez e da formalidade de termos mais consagrados, como matrimônio e casamento, que poderiam ser associados a um modelo mais tradicional de relação. (Gomes, 2003, p. 8)

A conjugalidade envolve duas das mais importantes dimensões da vida: aliança e sexualidade. A aliança é uma relação de troca, tanto dos bens materiais quanto afetivos e simbólicos. Já a sexualidade, que até aproximadamente o século XVII era dissociada da vida matrimonial, passa gradativamente, a partir do século XVIII, a ser incorporada a ela e, na sociedade contemporânea, é um dos aspectos mais importantes da relação conjugal. Na atualidade, não se admite casar sem amor e sem desejo (Féres-Carneiro, 1998).

A construção de uma conjugalidade demanda um grande investimento por parte de um casal. São duas histórias de vida familiar, distintas, que se encontram; duas tradições diferentes; duas visões de mundo; sem falar na pluralidade de subjetividades, tanto por parte da família de um quanto do outro, que se mesclam. Imaginem, então, quando essa conjugalidade, além de lidar com todos esses fatores diferentes, acrescenta a eles o encontro entre duas etnias – nacionalidades – também distintas. Crohn (2003, p. 340) afirma:

> Etnia, religião, raça, gênero e classe realmente influenciam todos os aspec-

tos por meio dos quais as pessoas enxergam o mundo e o que elas consideram "normal" ou "anormal". A cultura molda as atitudes com relação ao tempo, à família, à alimentação, ao dinheiro, ao sexo e à monogamia.

Uma etnia implica diferenciações socioculturais que se refletem na língua, na religião, em maneiras de agir e de pensar. Se a conjugalidade entre pessoas de um mesmo grupo étnico já enfrenta uma série de dificuldades, o que ocorre quando ela se dá entre duas culturas nacionais diferentes? É este o tema de nosso trabalho: a conjugalidade heterossexual entre mulheres brasileiras e homens estrangeiros, e, ao abordá-lo, trataremos das questões relativas às identidades culturais e de gênero.

A FORMAÇÃO DOS VÍNCULOS AFETIVOS E AS FRONTEIRAS GEOGRÁFICAS

Vivemos em um mundo globalizado; as distâncias geográficas já não constituem impedimento para as construções dos vínculos afetivos. Entre todas as mudanças que o chamado processo de globalização vem provocando, destacam-se como tendo maior repercussão na vida das pessoas a sexualidade, os relacionamentos afetivos, o casamento e a própria família, que passam a ser atravessados por costumes e valores também globais (Giddens, 2000). Se, por um lado, isso leva a uma aceleração nos processos de transformação e a uma homogeneização nos costumes, por outro, acirra uma resistência à mudança e potencializa um sentimento nostálgico em relação ao passado. A sensação de um mundo idealizado, no qual as relações conjugais e a própria família pareciam mais bem estruturadas e ajustadas, tende a se acentuar nas pessoas. Hoje a família tornou-se um *locus* privilegiado para as lutas entre a tradição e a modernidade.

> Há talvez mais nostalgia em torno do santuário perdido da família do que em qualquer outra instituição com raízes no passado. Políticos e ativistas diagnosticam rotineiramente o colapso da vida familiar e clamam por um retorno à família tradicional. (Giddens, 2000, p. 63)

No que diz respeito às identidades nacionais e culturais, os efeitos da globalização também são controversos. Pelo menos três posições podem ser defendidas em relação ao tema: a primeira considera que os processos globais enfraquecem ou até mesmo solapam essas identidades, isto é, provocam uma Homogeneização Cultural; a segunda propõe que a pressão resultante da globalização reforça a resistência e acentua as diferenças por parte das identidades nacionais; a terceira posição argumenta que a tensão entre o local e o global está longe de simplesmente destruir as identidades nacionais, e o que está resultando desse processo são identidades híbridas (Hall, 1999).

Para nos ajudar a pensar as conjugalidades interculturais na modernidade, vamos ainda lançar mão da distinção entre espaço e lugar feita por Giddens e comentada por Stuart Hall (1999) nas sociedades pré-modernas e modernas.

> O "lugar" é específico, concreto, conhecido, familiar, delimitado: o ponto de práticas sociais específicas que nos moldaram e nos formaram e com as quais nossas identidades estão estreitamente ligadas (...) os lugares permanecem fixos; é neles que temos "raízes" (...), o espaço pode ser "cruzado" em um piscar de olhos – por avião a jato, por fax ou por satélite. (Hall, 1999, p. 72-73)

Giddens (1990, citado em Hall, 1999) considera que, nas sociedades pré-modernas, lugar e espaço coincidiam, pois as dimensões da vida social, para a maioria da população, eram dominadas pela presença e por atividades localizadas. Já a modernidade vai separar, cada vez mais, o espaço do lugar, pois as relações se dão entre os ausentes em termos de lugar. Com a revolução das comunicações, os locais são penetrados e influenciados por acontecimentos distantes deles. As relações vão ocorrer entre pessoas que se encontram em espaços cada vez mais amplos. O céu é o limite!

Esses efeitos estão repercutindo também sobre a formação dos vínculos afetivos. Não se trata apenas de pessoas de nacionalidades diferentes que se encontram em espaços e locais reais e/ou virtuais e terminam por criar laços afetivos; mesmo as uniões entre casais de igual nacionalidade são mantidas, muitas vezes, em locais e espaços diferentes, por razões ligadas ao mundo do trabalho. Woodward (2003, p. 31) afirma:

> As relações familiares também têm mudado, especialmente com o impacto das mudanças na estrutura do emprego. Tem havido mudanças também nas práticas de trabalho e na produção e consumo de bens e serviços. É igualmente notável a emergência de novos padrões de vida doméstica, o que é indicado pelo crescente número de lares chefiados por pais solteiros ou por mães solteiras, bem como pelas taxas elevadas de divórcio.

Em qualquer uma das situações, esses vínculos vão apresentar características específicas, e os casais poderão se deparar com facilidades e dificuldades distintas das enfrentadas pelos casais de outras épocas.

CARACTERÍSTICAS DOS RELACIONAMENTOS INTERCULTURAIS

Para Perel (2000), os relacionamentos interculturais não têm recebido a atenção que merecem porque se trata de fenômeno novo, tendo se acentuado a partir dos anos 1950. Entre os fatores que a autora levanta para sua disseminação nos Estados Unidos estão a maior mobilidade, os avanços nos meios de transporte e educação, os incentivos militares e políticos, os efeitos da luta pelos direitos humanos e contra as restrições migratórias. Poderíamos acrescentar ainda os avanços nos meios de comunicação, reduzindo as dimensões de espaço e tempo entre as pessoas. Com isso, indivíduos de diferentes credos, culturas, nacionalidades e raças têm estabelecido relacionamentos passageiros ou duradouros, e, neste último caso, trazendo à tona novos modelos de família e de personalidade que se adaptam em um mundo em constante transformação. Embora essa seja uma realidade norte-americana, acreditamos que ocorre situação semelhante no Brasil.

Segundo essa autora, a reação a esses casamentos pode se polarizar: de um lado, há aqueles que recebem bem essas uniões porque testemunham a crença de que o amor transcende fronteiras; por outro lado, há os que as encaram como ameaças à identidade nacional. Contudo, a posição de aceitação tende a se firmar a par do reconhecimento da resistente natureza dos valores étnicos e religiosos.

Entre as motivações que foram elencadas para que as pessoas se relacionem afetiva e sexualmente com aquelas de outras culturas estão a experiência enriquecedora e a ampliação da visão de mundo que tal situação oferece. Outra motivação constituiria uma forma de escapar da própria cultura. Assim, os casamentos interculturais favorecem um reajuste às características indesejáveis atribuídas à cultura de origem. De qualquer modo, a complementaridade que subsidiou a busca pode acabar sendo fonte de problemas futuramente. E, durante as crises, esses casais carecem de rituais e conceitos divididos que possam ajudá-los a lidar com os acontecimentos (Perel, 2000).

Alguns fatores de estresse presentes nos casamentos interculturais, segundo Hotvedt (2002), dizem respeito aos valores das famílias de origem, às regras e aos papéis atribuídos aos filhos, à família extensa e aos próprios cônjuges. Sabe-se que um importante indicador de sucesso no casamento diz respeito à aceitação da família de origem. No caso de casamentos interculturais, uma das objeções, por parte da família de origem, relaciona-se com o nível social do filho deles, dos netos e da própria família. Implícito está o temor de que o filho "desça na escala social".

Perel (2000) acrescentou os seguintes aspectos:

a) *Religião:* as crenças religiosas são inculcadas na infância, os sentimentos religiosos e culturais adormecidos podem explodir em um ou outro momento da vida do casal, sendo necessário que ambos entendam a força e o significado de suas tradições para que haja uma adaptação;
b) *Criação dos filhos:* estes significam a continuidade da família, dos valores e das tradições. Nos casamentos interculturais, é preciso sintetizar duas formas de educação em uma só, pois a criança necessita de socialização constante, da qual a religião e a cultura fazem parte. Muitas vezes, os casais se deparam na criação dos filhos com questões relacionadas à sua própria socialização, sendo necessário que eles reconheçam os conceitos transmitidos em suas respectivas culturas de origem e considerem que talvez não precisem escolher entre uma ou outra, mas decidir que modelo seguir em cada situação que se apresenta. Desse modo, "é possível que se crie um novo código que integre partes de suas respectivas culturas" (Perel, 2000, p. 207);
c) *Gênero*: as expectativas relacionadas ao gênero também precisam ser consideradas, pois, muitas vezes, questões relativas ao gênero aparecem como problemas de comunicação ou como peculiaridades da própria personalidade dos cônjuges.

Neste capítulo, serão abordadas as relações entre casais em que as mulheres são brasileiras e seus cônjuges são de outras nacionalidades. Serão comentados os dados de uma pesquisa que se propôs a estudar as modalidades de relacionamentos afetivos estabelecidos entre estrangeiros, residindo ou não no Brasil, com mulheres brasileiras. Nosso objetivo foi compreender quais as razões que levam pessoas a escolher um/a companheiro/a de outra nacionalidade para constituir uma família, assim como captar a percepção que esses sujeitos têm da dinâmica desses relacionamentos. Mais especificamente nos interessava a escolha de um estrangeiro por uma mulher brasileira. Não se trata aqui do chamado turismo sexual, embora tivéssemos em mente a possibilidade de que alguns desses relacionamentos pudessem ter resultado, em um primeiro momento, desses encontros fortuitos. Mas nosso interesse recaiu sobre as relações estáveis, incluindo, em alguns casos, a presença de filhos.

MULHERES BRASILEIRAS CASADAS COM ESTRANGEIROS: DESENVOLVIMENTO DA PESQUISA

A pesquisa que deu origem a este trabalho foi de natureza qualitativa. Ouvimos dez pessoas, sendo cinco homens e cinco mulheres. A entrevista continha os dados sociodemográficos do participante e questões abertas. Os dados sociodemográficos serviram para caracterizar a amostra.

Todas as mulheres eram brasileiras e os homens estavam distribuídos entre as seguintes nacionalidades: alemães (três); austríaco (um); uruguaio (um). A faixa etária dos homens estrangeiros que participaram do estudo variou entre 40 e 67 anos, e a das mulheres brasileiras casadas com estes homens variou entre 28 e 55 anos.

A escolaridade dos homens era a seguinte: dois tinham o nível médio e três possuíam o nível superior. Quanto às mulheres, duas eram de nível médio, uma, de nível superior completo, e a outra tinha pós-graduação. Esses dados confirmam outras pesquisas (Crohn, 2003, p. 343) que demonstram existirem mais mitos do que realidade quando se pensa que um dos motivadores mais fortes no casamento intercultural é a mudança de *status* econômico ou e/ou social. O autor afirma: "O que é incrível é a similaridade nas origens educacionais e de classe dos cônjuges racialmente diferentes".

Todos os participantes tinham mais de cinco anos de relacionamento na ocasião da entrevista. Entre os homens, três casais têm filhos de relacionamentos anteriores com cônjuges da mesma nacionalidade e dois têm filhos do casamento com a brasileira. Quanto às mulheres, também três têm filhos de um casamento anterior e duas têm filhos com o atual companheiro.

Os depoimentos dos entrevistados foram submetidos à Análise de Conteúdo Temática que, segundo Minayo (2004, p. 209), consiste

> em descobrir os núcleos de sentido que compõem uma comunicação cuja presença ou frequência signifiquem alguma coisa para o objetivo analítico visado.

O QUE ENCONTRAMOS

Após cuidadosa leitura das entrevistas, emergiram seis temas: como os casais se conheceram; as razões que os levaram a constituir uma família; as características do/a companheiro/a; os pontos positivos de um relacionamento intercultural; os pontos negativos deste tipo de relacionamento e, por fim, recomendações que fariam a outros casais vivendo esse tipo de relacionamento.

Como se conheceram

Em relação a como aconteceu o encontro entre os casais, todos afirmaram que este se deu por acaso. A esse respeito, um deles disse:

> Vim passar férias aqui no Nordeste do Brasil e aí me hospedei aqui [pousada da atual esposa] e comecei a namorá-la (...) gostei dela e decidi vir morar no Brasil, já que ela não ia para lá, pois é muito apegada à família. (H1)[1]

Um afirmou ainda que eles se conheceram através da internet; três responderam que foi em festas; e um outro, na academia de ginástica.

Constata-se que não há diferenças entre a forma como estes casais se encontraram e iniciaram um vínculo amoroso e outros da mesma nacionalidade. A ideia preconcebida de que os estrangeiros vêm a nosso país unicamente com a intenção de fazer turismo sexual, nesses casos, não se confirmou.

As razões que os levaram a constituir uma família

Quando os participantes se referiram aos motivos que os levaram a constituir uma família, o amor e a busca da felicidade foram as principais razões apresentadas, tanto pelos homens quanto pelas mulheres, como demonstram as falas a seguir:

---

[1] Para evitar a identificação de nossos participantes, adotamos a letra H para nos referirmos aos homens e M para indicar as mulheres. O número que acompanha cada letra indica o participante em questão.

O amor, Deus, a procura da felicidade e o compromisso de morar junto (...) Pelos valores internos dela e por gostar muito do Brasil (H2).

No meu país, os valores relacionam-se a dinheiro e aqui ao amor (...) as mulheres brasileiras têm muito amor para dar (H5).

Porque gostei dele, por amor mesmo (...) A gente fica com o outro não por causa de um papel, mas porque quer ficar com o outro. Considero-me casada com ele há cinco anos. Sei que meu relacionamento com ele é fiel, estável, verdadeiro (M1).

(...) o que sustenta um relacionamento é o amor. Se existe amor, então compartilhem isto na relação (M4).

Como podemos ver, para além das questões culturais e de nacionalidade, o casamento continua se baseando nos ideais do amor romântico. Os casais justificam a construção de um lar com base nos sentimentos de afeto que nutrem um pelo outro e na busca da felicidade.

Segundo Costa (1998, p. 19),

> o amor romântico, quando se estabilizou como norma de conduta emocional na Europa, respondeu a anseios de autonomia e felicidade pessoais inequivocamente criativos e enriquecedores.

Mas, o que no final do século XIX, no seio da família burguesa, era um elemento de equilíbrio indispensável entre o desejo de felicidade individual e o compromisso com os ideais coletivos, hoje se transformou, perdeu o caráter de bem comum e foi

> hiperinflacionado (...) o amor tornou-se onipotente, onipresente e onisciente. Deixou de ser um meio de acesso à felicidade para tornar-se seu atributo essencial (Costa, 1998, p. 19).

Outra participante foi além. Justificou sua escolha por um parceiro estrangeiro pelos sentimentos que os unia e também por características de personalidade que ela considera muito importantes na relação entre um homem e uma mulher:

> O sentimento que nos unia e a certeza de que estaríamos fazendo a coisa certa. Nunca havia encontrado alguém que fosse tão amável comigo. Uma relação de confiança e muito respeito mútuo. A certeza de um lar estável (...) O que foi essencial para a minha escolha foi o seu ser, e não a sua nacionalidade. (M2)

Além do amor e das características positivas percebidas nos companheiros, outra razão levou esses casais a buscar o casamento: a possibilidade de o companheiro estrangeiro obter o visto de permanência no Brasil. Sem esse visto, muitas vezes, eles precisam sair do país para poder retornar, o que acaba ficando muito dispendioso. Uma das mulheres entrevistadas disse:

> O amor que sentimos um pelo outro. Casamos porque assim ele não iria gastar mais tanto dinheiro indo e vindo para o Brasil. Assim, poderíamos morar juntos e construir uma casa para mim (M4).

Outra alegou também o desejo de adquirir, através do casamento, o visto permanente no país de origem do marido, pois assim poderia transitar mais facilmente entre aqui e lá.

> (...) agora vamos nos casar também para que eu e os meus filhos tenhamos o visto permanente. Nós queremos visitar outros países sem tanta burocracia. No mais, acho que tudo contribuiu para que formássemos uma família, ele é engenheiro eletrônico, e eu trabalho com eletrotécnica, ele me ajuda muito nesta área do trabalho. (M5)

A estabilidade no relacionamento e no aspecto financeiro, aliada ao fato de o indivíduo fora de sua terra se tornar mais dependente da companheira, foram os argumentos de uma das participantes para haver constituído um casamento com um estrangeiro.

> Estabilidade no relacionamento, pois aqui no Brasil ele não conhece ninguém, e tudo que for resolver vai precisar de mim, e a estabilidade financeira (M4).

O isolamento de um sujeito fora de sua terra natal, longe dos amigos, é, por estranho que isso possa parecer, uma das razões que deixam algumas dessas mulheres se sentindo mais confortáveis. Uma outra afirmou:

> (...) Gosto do estilo de vida deles, são pessoas isoladas. Ele não sai sem mim pra lugar nenhum, pois não tem amigos, e os que tem são os nossos amigos em comum (M5).

Características percebidas no(a) companheiro(a)

A valorização do casamento e a importância dada à vida familiar, por parte das brasileiras, foram características bastante valorizadas pelos estrangeiros.

> (...) as brasileiras consideram o casamento de forma mais séria (...) A brasileira é muito melhor na parte doméstica, na arrumação, é mais habilidosa. As alemãs, 30 anos atrás, eram assim também. As alemãs são mais livres e independentes. Para a brasileira, a parte da casa é mais importante, cuida mais; a alemã é mais fria. A brasileira cuida quando o marido está doente. (H4)

Os papéis de gênero, tradicionalmente destinados à mulher, aquela que cuida da casa, dos filhos e do marido, foram ressaltados por este entrevistado. O depoimento de uma das esposas não apenas confirmou o valor atribuído à família, como também a importância dada à maternidade. Ela faz planos de construir uma família, apesar da relutância declarada de seu companheiro de exercer a paternidade mais uma vez. Este é outro depoimento que reforça os papéis tradicionalmente atribuídos ao gênero feminino. Ela disse:

> Pretendo adotar um filho com ele, já que não podemos ter um, mesmo que ele não queira, mas eu não vou deixar pra trás um desejo meu de ter um filho, ele vai ter que escolher, ou fica comigo com um filho, ou a gente acaba tudo. (M1)

Alguns depoimentos apontam para as expectativas construídas por estrangeiros em torno de mulheres de um país considerado menos desenvolvido que o deles. Esse dado assemelha-se aos achados de Kim (2003, p. 356) a respeito do casamento entre mulheres asiáticas e militares americanos.

> Muitos militares americanos que se basearam na Ásia foram atraídos pela aparência externa do comportamento e dos papéis de gênero das mulheres asiáticas.

Segundo a autora, há uma lenda em torno das mulheres orientais, cultivada através das artes, de que elas provocam um certo fascínio nos homens. Essa lenda leva a crer que tais mulheres são abnegadas, dóceis e ansiosas por agradar aos homens. Podemos dizer que isso também se aplica ao caso da mulher brasileira. Há todo um mito em torno de sua sensualidade.

> As brasileiras são mais bonitas, carinhosas, sensuais, a cor de sua pele é mais atraente; são caseiras e têm um jeito melhor para levar a vida a dois (...) têm bastante humor (H5).

Kathryn Woodward (2000, p.14) afirma que

o corpo é um dos locais envolvidos no estabelecimento das fronteiras que definem quem nós somos, servindo de fundamento para a identidade – por exemplo, para a identidade sexual.

Os depoimentos de nossos participantes mostram que o corpo não apenas define as identidades sexuais, mas também contribui para a formação de identidades nacionais, ainda que de forma mítica. Desse modo, a mulher brasileira e as esposas, em particular, são caracterizadas com base em crenças disseminadas no social, ao longo de uma trajetória histórica que nos acompanha durante séculos, de que "a sensualidade é mais acentuada abaixo da linha do Equador". Sem dúvida, há também que se considerar a situação econômica, de classe e de educação, de boa parte da população, que reforça esses estereótipos.

Ao longo do relacionamento, quando o casal se depara com a realidade, essas expectativas serão frustradas, o que pode levar a crises conjugais.

Um fator também salientado foi a comparação que todos os participantes fizeram entre as mulheres de seu país e as brasileiras. Um dos homens, referindo-se à sua mulher atual, ressaltou sua bondade e dedicação, características que ele não reconhece nas mulheres de seu país.

> Ela é muito bonita, tem um coração muito grande, é boa para mim. No meu país, a mulher pensa em si e depois nos outros, é egoísta (H3).

Neste mesmo sentido, outro participante, falando a respeito das mulheres de seu lugar de origem, disse:

> As mulheres de meu país são mais frias, querem ser inteligentes demais (...) são sérias, não sabem sorrir (H5).

Ao comparar as mulheres brasileiras com as de seu país, este homem enfatizou características que tradicionalmente têm gerado disputas entre os gêneros. Quem é mais inteligente: o homem ou a mulher? Talvez seja possível pensar que na Europa, de onde se originou a maioria dos estrangeiros de nossa amostra, na maior parte dos países, a mulher já construiu uma carreira profissional mais sólida e este seja um dos fatores que a tornam mais independente e fortaleça sua auto-estima, fazendo com que ela se volte mais para si mesma.

Já as mulheres de nossa pesquisa justificaram suas escolhas por estrangeiros baseadas em características de personalidade opostas às que atribuem aos brasileiros:

> Eles são culturalmente mais rígidos, o brasileiro é o oposto, sendo flexível demais. Eles levam tudo a sério e os brasileiros, não. Deixamos tudo para amanhã, para depois (...). Às vezes acho que os europeus são neuróticos, pois querem ser disciplinados em tudo, tudo tem que tá no lugar certo, na hora certa, não podem errar... e mais, primeiro é o trabalho, segundo é o trabalho, terceiro é o trabalho... e as outras coisas vêm depois. (M1)

Esta mulher toma como base, para caracterizar o companheiro, duas identidades culturais: brasileiros versus europeus. Sem dúvida, ao falar da identidade do europeu, ela enfatiza características que também se baseiam em estereótipos culturais. Por exemplo, o europeu é rígido, disciplinado, contido em suas emoções, entre outras características. Crohn (2003), em suas pesquisas, também encontrou resultados semelhantes. Em seus estudos, os europeus foram percebidos como mais contidos e sérios. Seguramente, nem todo europeu possui estas características e nem todos os brasileiros são exatamente o contrário disso. Essas afirmações são estereotipadas e generalizantes, baseando-se mais em mitos do que na realidade.

Outra participante confirmou a comparação estabelecida entre o estrangeiro e o brasileiro.

> (...) são mais sinceros, no sentido de serem mais assertivos; são mais pé no chão; são menos superficiais, no sentido do consumismo, pois hoje vejo que o brasileiro é bem superficial neste sentido: faz de tudo pela aparência externa, seja com a vestimenta, seja com o carro ou com a casa que tem (...) São realmente pais atuantes, que se envolvem e se comprometem 100% com a criação dos filhos. Os sabores e os dissabores dos cuidados emocionais e instrumentais são divididos de forma muito mais eqüitativa nesta cultura do que na nossa. (M2)

Nessas comparações, algumas vezes os brasileiros perdem, noutras ganham, isto é, nem sempre, ao comparar, as mulheres vêem mais qualidades nos homens que vêm de fora de seu país do que nos de sua terra natal. Porém, há sempre uma tendência a construir binarismos, quer estes sejam classificatórios: características boas e más, desejáveis e indesejáveis, quer sejam pela demarcação de fronteiras: nós versus eles. Dividir o mundo entre nós e eles significa classificar e, nesse caso, também hierarquizar, valorizar. Silva (2000) afirma que

> onde existe diferenciação – ou seja, identidade e diferença – aí está presente o poder. A diferenciação é o processo central pelo qual a identidade e a diferença são produzidas.

Nesses processos de diferenciação, um dos lados tem o poder de definir o outro, e a identidade de um passa a ser a referência a partir da qual o outro irá se constituir. Em vez de considerar que somos todos diferentes, independentemente de nacionalidade, raça ou religião, a identidade é vista como o centro e a diferença, passando a ser considerada como mero acessório.

Algumas mulheres referiram-se às qualidades do companheiro sem estabelecer comparações. Enfatizaram características que a maior parte das mulheres costuma admitir como desejáveis em um homem com quem venham a estabelecer um relacionamento amoroso:

> Ele me compreendia, ele foi muito amável, demonstrou interesse (M3).
> Fidelidade, companheirismo. Ele é um homem muito inteligente, compreensivo, caseiro e mão aberta (M4).
> Embora ele seja muito calado, muito na dele, me atrai muito a personalidade dele, de homem responsável, caseiro, de bom marido, me passa segurança, confiança (...) Ele não bebe, não fuma, é um bom marido (M5).

Aspectos positivos de um relacionamento intercultural

A respeito do encontro entre duas culturas distintas, Crohn (2003, p. 340) afirma:

> As normas culturais afetam a maneira como a raiva e a afeição são expressadas, como as crianças são disciplinadas e recompensadas, como os estranhos e os amigos são saudados, e que papéis os homens e as mulheres desempenham (...) Nos relacionamentos interculturais, normas contrastantes podem levar um parceiro a descrever como amável um comportamento que o outro enxerga como sedutor. O que ele considera um desacordo amigável, ela pode ter absoluta certeza de ser uma ameaça; quando ele diz que visita seus pais freqüentemente, pode querer dizer duas vezes por ano, mas para ela raramente pode significar duas vezes por semana.

Ao ouvir os depoimentos dos entrevistados, muitos desses aspectos apontados pelo autor apareceram, algumas vezes, como pontos positivos de uma união intercultural, e, em outras, como pontos negativos desses relacionamentos.

Entre os participantes estrangeiros, os aspectos positivos foram, além da sensualidade da mulher brasileira, a domesticidade, conforme já exemplificado anteriormente. Todos os depoimentos giram em torno desses dois eixos. Apenas um entrevistado mencionou o intercâmbio cultural: "aprendizagem de novos valores" (H2).

Já nos depoimentos das mulheres, a ênfase recaiu sobre o intercâmbio cultural.

> No casamento com um estrangeiro, a gente tem o ponto positivo de ter um alcance concreto de uma outra cultura, a gente pode ir conhecer o outro país, temos, através do parceiro, uma outra forma de costumes, de valores, de conceitos, de disciplinas. (M1)

Esta mesma entrevistada chamou a atenção para o fato de que o intercâmbio entre culturas tanto pode ser um fator de enriquecimento para ambos os cônjuges quanto pode também dificultar a convivência. Ao mesmo tempo, salientou que não se trata de perder sua identidade cultural, mas de abrir-se para o que há de positivo na cultura de seu companheiro e, ao mesmo tempo, tentar compreender suas dificuldades em relação às diferenças culturais.

> (...) Acho interessante este intercâmbio, se cada um puder abrir seus conceitos fechados e pegar o lado bom que cada um tem e somar, vai ser ótimo (...) Tem que ter paciência, se abrir para a cultura do outro, tentando compreender as dificuldades, e ajudar o outro que escolhemos pelo menos, no momento, para viver. É tentar absorver a cultura do outro, não perdendo a sua, a nacionalidade, mas no sentido de aproveitar o que tem de bom no outro. (M1)

Outra entrevistada pontuou a oportunidade de conhecer um outro mundo, com valores distintos, a possibilidade de comparar as diferenças culturais como um aspecto bastante positivo de um relacionamento afetivo intercultural.

> Ter a oportunidade de conhecer um mundo diferente do seu; saber que as coisas são diferentes das que você imaginava. Ver que cada mundo é um mundo e que tudo, de alguma maneira, deve ser respeitado. Ter a experiência de outra cultura para poder saber valorizar e desvalorizar mais alguns costumes e regras de seu país. (M2)

Outra participante disse:

> Aprendi muita coisa da cultura dele que não sabia e entendo que um relacionamento com uma pessoa de outra cultura é um compartilhar de informações (M4).

Estas falas nos remetem ao que Perel (2000) apontou como uma das motivações do casamento intercultural: ampliar a visão de mundo e proporcionar uma experiência enriquecedora.

Aspectos negativos de um relacionamento intercultural

De um modo geral, as dificuldades relatadas pelos entrevistados estrangeiros são de ordem cultural. Eles se referiram aos costumes de seu país de origem, ao modo como os familiares se tratam, se visitam, entre outros.

> Família de origem, em primeiro lugar. Por exemplo, a cultura e os costumes da minha sogra (no início) foram pontos fundamentais para quase deixar o relacionamento há pouco tempo de iniciado. Exemplos: ausência de cumprimentos, de carinho e de diálogo, frieza, sentimento de ser ignorado. (H2)

Outros salientaram as dificuldades em se adaptar às novas regras sociais, ao próprio idioma, à organização da sociedade na qual passaram a viver.

> Gosto do Brasil, mas sistema de Banco é complicado (...) gente boa e gente não boa. Diferença social muito grande. Português difícil. Meu país é muito limpo, organizado, colégio para todos (H3).

Embora possamos dizer que na amostra investigada não encontramos divergências de classe, nem de nível socioeducativo, os homens entrevistados fizeram referência a situações que, de fato, acontecem quando mulheres brasileiras ou de qualquer outra nacionalidade, muito pobres, casam-se com estrangeiros de um poder aquisitivo maior que o delas. Um dos participantes disse:

> Não é o caso de minha mulher, mas as brasileiras quando se envolvem com os estrangeiros querem o dinheiro todo pra sustentar as famílias delas. Isto é muito ruim (H1).

O idioma é um entrave poderoso ao conhecimento do casal. Segundo Kim (2003, p. 358),

> a idealização dos parceiros dura mais tempo entre casais cujos membros pertencem a raças e nações diferentes do que entre casais recém-casados que compartilham a mesma língua e a mesma cultura.
>
> Não quis fazer nada rápido, queria conhecer bem. A língua não foi favorável (...) Brasileiro não tem costume de falar outra língua, se falasse uma abria o caminho para falar outra. Mesmo na Indonésia se fala inglês. Para muitos, a língua é problema. Às vezes, não se tem a palavra exata para dizer o que se quer. (H4)

Ainda, segundo Kim (2003), não apenas a língua dificulta o conhecimento entre os parceiros, mas também a falta de um quadro de referência cultural. Há uma ausência de expectativas sólidas que propiciem o intercâmbio. As expectativas que se apresentam, em geral, são estereotipadas. A criação de filhos, conforme fora apontado por Perel (2000), também pode ser fonte de conflitos entre o casal.

> (...) Europa é diferente. Ela não aceitava que eu me encontrasse com minhas filhas e com minha ex-mulher. A brasileira é muito ciumenta (...) A criação dos filhos é diferente. Têm menos paciência, ligam TV e deixam os filhos na frente. A alemã conversa mais, brinca mais. A mãe brasileira é amorosa, mas não mostra, exige que a criança seja um adulto. Acredito que a maior parte da educação é em casa e não na escola. Eu sou mais paciente e faço mais coisas por minha filha. A mãe grita por pequenas coisas. (H4)

Este entrevistado afirma que não é apenas sua mulher que se comporta assim. Ele disse que já observou outras mães gritando com os filhos no ônibus, na praia, em lugares diversos. Podemos argumentar que, independentemente de esse fato não corresponder a todas, nem mesmo à maioria das mães brasileiras, até nosso tom de voz pode parecer a um estrangeiro demasiadamente exagerado e barulhento, principalmente se esse estrangeiro não é um latino. O mesmo participante acrescentou:

> A mulher alemã é mais trabalhadora. A brasileira trabalha, mas, quando chega em casa, reclama: "foi duro", "cansativo". A alemã não reclama. A mulher brasileira precisa muito de carinho, de muita demonstração de amor. Para a alemã, basta no Natal (risos). (H4)

O modo como os brasileiros cuidam dos filhos, em contraste com o modo europeu de fazê-lo, foi outra dificuldade apontada por esse participante.

> Na Europa, quem é adulto, a mãe não fica em cima. Aqui, filho fica em casa até 30 anos. Lá as mães cuidam dos filhos, e não babás e avós, elas não saem às festas e outros lugares e deixam os filhos com as avós. (H4)

Os depoimentos das mulheres brasileiras, assim como os dos homens estrangeiros, giraram, principalmente, em torno de duas maiores dificuldades: o choque cultural e a língua.

> As dificuldades são muitas porque tudo é bastante diferente (...) As dificuldades que vejo mesmo é o choque cultural (...) no relacionamento com uma pessoa de outra nacionalidade, a paciência tem que ser dobrada, a atenção e o interesse pela cultura do outro também tem que existir por ambas as partes. (M1)
>
> (...) foram muitas as dificuldades. Tive um choque cultural muito grande neste sentido, pois sua cultura é bem diferente da nossa: pessoas muito conservadoras, sérias, críticas; com uma visão realmente muito negativa do futuro, gente que deixa de usufruir o presente para resguardar o futuro. (M2)

Quanto à questão do idioma, Kim (2003) afirma que, em geral, quando mulheres de um país com menor nível de desenvolvimento casam-se com homens de países mais desenvolvidos, a árdua tarefa de aprender um idioma estrangeiro é designada a ela. É ela que deve tentar se aculturar, principalmente quando vai viver no país do marido, mas mesmo quando é ele quem vem viver no seu. As mulheres parecem introjetar tal regra, e algumas se empenham para corresponder a ela. "Só a comunicação, tenho que aprender alemão" (M3).

Ela não disse que ele tem que aprender o português, ainda que ambos vivam no Brasil. Cabe a ela aprender o alemão.

> Só às vezes sinto dificuldade com seu idioma, pois ainda não sei falar bem, mas até acho que me acomodei, pois ele sabe falar português mesmo (M4).

Apesar de o marido ter aprendido a falar português, ela ainda se cobra para aprender seu idioma.

Outra dificuldade para as mulheres que têm filhos e vão viver no país do marido é a falta de apoio da família na criação dos filhos.

> (...) para mim, que sou estrangeira, é horrível o aspecto da ajuda da família na criação de meu filho; sou 100% dependente da escola ou da empregada. Se a escola está de férias e a empregada falta, o mundo cai em minha cabeça porque já sei que não poderei trabalhar. Até poderei contar com a ajuda de um dia, mas não peça mais que isso que, com certeza, meu pedido vai ser negado ou coisa pelo estilo. (M2)

Recomendações que fariam a outros casais

Entre as recomendações feitas pelos participantes, encontramos: não se ater às características negativas do companheiro, procurando ver as positivas (cumplicidade, paciência, compreensão, abertura para a cultura e a família do outro); porém, sem perder o próprio referencial. Eis algumas falas:

> Fé em Deus e na própria família, cumplicidade, compromisso, respeito pelas situações individuais e tolerância com as famílias de origem. (H2)
>
> (...) se ficar enganchando nas dificuldades..., pois do mesmo jeito que os brasileiros têm seus aspectos negativos, eles também têm e é um saco para cada um aturar. Não vale pensar que você vai conseguir modificar o outro, pois não dá. (...) Eu tento ver as coisas boas dele para aprender, como, por exemplo, disciplina, orga-

nização, planejamento, isto é bom pra mim, pois sou totalmente o oposto nisso. Eu quero aproveitar as coisas boas dele. Tem que ter paciência, se abrir para a cultura do outro, tentando compreender as dificuldades e ajudar o outro que escolhemos, pelo menos no momento, para viver. Tentar absorver a cultura do outro, não perdendo a sua cultura, sua nacionalidade, mas no sentido de aproveitar o que tem de bom no outro. (M1)

Que tentem compreender as diferenças culturais. Que façam valer o que considerem essencial, tendo cuidado para não serem anulados na cultura onde estão inseridos. Ao mesmo tempo, que sejam universais no sentido de incorporar ou compreender o diferente. (M2)

A esse respeito, as recomendações dos entrevistados aos casais que, como eles, constituem relacionamentos de conjugalidade interculturais condizem com as afirmações de Menezes e Amazonas (2008, p.14), quando tratam do assunto identidades culturais e hibridismo:

> Nenhuma identidade cultural pode, por si só, moldar as demais, visto que esses movimentos de cruzamento entre fronteiras produzem identidades híbridas e irregulares, vindo a confundir sua suposta "pureza" e "insolubilidade". E, exatamente por colocarem em xeque aqueles processos que tendem a conceber as identidades como fundamentalmente separadas em dois pólos opostos, os hibridismos resultam em um "terceiro espaço",[2] ou em vias de fuga.

---

[2] A expressão "terceiro espaço" foi cunhada por Bhabha (1996) e é citada por Silva (2000). Segundo este autor, o "terceiro espaço" introduz uma diferença que possibilita o questionamento de ambas identidades culturais que se encontram em um espaço que não é nem de uma nem de outra, mas um terceiro onde tudo pode ser questionado.

Considerações para a Clínica

Sabemos que todas as culturas carregam consigo histórias, crenças e um jeito próprio de se posicionar e fazer as coisas. Elas diferem acerca do que é considerado um comportamento aceitável ou não, os padrões de comunicação, limites e hierarquia. Pudemos constatar como isso transpareceu nas diversas falas que apresentamos no decorrer deste capítulo. Por se tratar de um tema bastante amplo e complexo, não tivemos a pretensão de esgotá-lo, mas esperamos ter contribuído com algumas questões que perpassam um relacionamento entre pessoas de diferentes culturas.

Voltando-nos para a clínica, concordamos com Kim (2003), no sentido de que trabalhar com famílias ou casais envolvidos em diferentes culturas requer que o terapeuta procure conhecer e se informar sobre o contexto em que seus clientes se inserem. Isso é recomendável para qualquer tipo de atendimento, porém mais ainda quando se trata de relacionamentos interculturais. Pode ocorrer o caso em que o terapeuta suponha tratar-se de um quadro psicopatológico grave, quando, na verdade, é uma reação aos estresses desencadeados pelo processo de aculturação.

Mesmo que o terapeuta esbarre na dificuldade de se comunicar na língua dos clientes, o fato de adotar uma postura de interesse, afeto e empatia pode suplantá-la. Eventualmente, pode ser benéfico ouvir os cônjuges sozinhos para lhes conferir importância e, posteriormente, atendê-los conjuntamente. No caso de serem trazidas diferentes queixas, é recomendável começar pelas mais práticas e urgentes para depois enveredar pelas queixas referentes ao próprio relacionamento e mesmo as individuais.

Perel (2000) acrescenta que o terapeuta pode ajudar os parceiros a reconhecerem suas diferenças, validar as escolhas que fizeram com base na complementaridade e criar uma terceira realidade, consistindo até na implementação de compromissos assimétricos (que não compreendem a divisão das responsabilidades e recompensas em partes iguais), desde que ajudem a conectar os parceiros, especialmente nos momentos de crise ou transição.

Hotvedt (2002), por sua vez, salienta que o terapeuta deve estar consciente da importância da condição étnica e da cultura na terapia do casal, como também do fato de que a própria terapia de casal é uma instituição cultural, adotando, portanto, uma postura crítica em relação a ela. Ele também deve ter clareza sobre quando deve trabalhar com as diferenças culturais e quando minimizá-las.

O terapeuta precisa ir além de seus imperativos culturais para reconhecer a riqueza de outras culturas e a força dessas pessoas. Por fim, é necessário que ele fique atento às questões de racismo, classismo e xenofobia.

REFERÊNCIAS

COSTA, J. F. *Sem fraude nem favor:* estudos sobre o amor romântico. Rio de Janeiro: Rocco, 1998.

CROHN, J. Relacionamentos interculturais. In: MCGOLDRICK, M. (Org.). *Novas abordagens da terapia familiar:* raça, cultura e gênero na prática clínica. São Paulo: Roca, 2003. p.339-354.

FÉRES-CARNEIRO, T. Casamento contemporâneo: o difícil convívio da individualidade com a conjugalidade. *Psicologia:* Reflexão e Crítica, Porto Alegre, v. 11, n.2, p. 1-13, 1998.

GIDDENS, A. *Mundo em descontrole:* o que a globalização está fazendo de nós. Rio de Janeiro: Record, 2000.

GOMES, P. B. Novas formas de conjugalidade: visão panorâmica da atualidade. In: P. B. GOMES (Org.). *Vínculos amorosos contemporâneos:* psicodinâmica das novas estruturas familiares. São Paulo: Callis, 2003. p.13-40.

HALL, S. *A identidade cultural na pós-modernidade.* Rio de Janeiro: DP&A, 1999.

HOTVEDT, M. O casamento intercultural, o encontro terapêutico. In: ANDOLFI, M. (Org.). *A crise do casal uma perspectiva sistêmico-relacional.* Porto Alegre: Artmed, 2002. p.153-169.

KIM, B.-L. C. Casamento de mulheres asiáticas com militares americanos: o impacto do gênero e da cultura. In: MCGOLDRICK, M. (Org.). *Novas abordagens da terapia familiar:* raça, cultura e gênero na prática clínica. São Paulo: Roca, 2003. p.355-366.

MENEZES, T. C.; AMAZONAS, M. C. L. A. Identidades femininas: engendrando espaços e papéis de mulher. *Encontro*: Revista de Psicologia, 2008. Artigo submetido.

MINAYO, M. C. *O desafio do conhecimento:* pesquisa qualitativa em saúde. 8. ed. São Paulo: Hucitec, 2004.

PEREL, E. Uma visão turística do casamento: desafios, opções e implicações para a terapia de casais interculturais. In: PAPP, P. (Org.). *Casais em perigo:* novas diretrizes para terapeutas. Porto Alegre: Artmed, 2000. p.192-216.

WOODWARD, K. Identidade e diferença: uma introdução teórica e conceitual. In: SILVA, T. T (Org.). *Identidade e diferença:* a perspectiva de estudos culturais. Petrópolis: Vozes, 2000. p.7-72.

parte II

Marcos referenciais teórico-práticos das terapias familiares

6

A terapia familiar no Brasil

Helena Centeno Hintz
Marli Olina de Souza

A terapia de família teve início na metade do século passado. Foi algo que encantou muitos estudiosos, profissionais ávidos por formas mais abrangentes de entender o indivíduo e poder ajudá-lo em seu contexto relacional mais próximo: a família. Inicialmente, o foco de estudo de maior expressão foi nos Estados Unidos e em alguns países da Europa. Logo após, expandiu-se para vários outros países.

Ao iniciarmos um estudo sobre o movimento da terapia familiar no Brasil, não poderíamos deixar de mencionar a forma como ela surgiu. Muito já foi escrito sobre a história da terapia familiar, incluindo diferentes personalidades pioneiras, ideias, movimentos ou ações. Certamente o percurso da história é amplo, tornando-se difícil seu relato sem haver alguma lacuna em sua descrição no tempo. Neste capítulo, serão nomeados alguns pioneiros que contribuíram de forma relevante para o desenvolvimento da terapia familiar, introduzindo estudos significativos para o atendimento de famílias, desenvolvendo conceitos, pesquisas e técnicas que enriqueceram o tratamento realizado com a família e que de alguma forma influenciaram o pensamento e a prática dos terapeutas no Brasil. Antes de descrevermos o movimento da terapia entre nós, apontaremos alguns desses profissionais, situando de forma sucinta suas contribuições.

PIONEIROS DA TERAPIA FAMILIAR

Os primeiros fundamentos da terapia familiar encontram-se no atendimento do Pequeno Hans realizado por Freud em 1909. O processo terapêutico ocorreu através do pai do menino, criando mudanças significativas na dinâmica da família. A partir daí, encontram-se muitos estudos apontando a necessidade de haver algum tipo de intervenção na família como forma de apoiar a psicoterapia realizada com as crianças. Inicialmente a intervenção era realizada com a mãe por estar mais próxima da criança e por ser a responsável pelos cuidados infantis. A seguir, o pai e os demais membros da família adquiriram a devida importância não só com o atendimento infantil, mas também com qualquer membro da família que necessitasse de ajuda.

Uma contribuição fundamental para a terapia de família é o atendimento familiar dos assistentes sociais, os quais desde o início do século XX tinham como foco de seu trabalho o grupo familiar. Ao atender a pessoa em seu próprio ambiente, os assistentes sociais, antecedendo a teoria sistêmica, introduziram a perspectiva ecológica na terapia familiar (Nichols e Schwartz, 2007). Foi fundamental o trabalho de Mary Richmond, assistente social, que, em 1917, com seu texto *Social Diagnoses* indicou tratamento para todo o grupo familiar, inovando o olhar terapêutico para a família. Somente bem mais tarde é que a psiquiatria agregou a família nos seus atendimentos (Beels, 2002).

Um fator relevante para a terapia familiar foi o surgimento do aconselhamento conjugal nos anos 1930 e, consequentemente, da Associação Americana de Conselheiros Matrimoniais, fundada em 1942. Na Inglaterra, ocorreu também um movimento do qual surgiu o Conselho Nacional de Orientação Matrimonial, difundindo-se em vários centros de terapia, por várias cidades do país (Souza, 1997, p. 36).

Um dos primeiros pioneiros foi Nathan Ackerman, psiquiatra e psicanalista infantil, que, no final da década de 1930, passou a observar as famílias junto com o paciente em sua clínica, em Nova York. Ele afirmava que as famílias deveriam ser vistas como uma "unidade social e emocional". Descrevia o atendimento da família como uma "modalidade de tratamento própria, e não apenas como uma técnica para tratar de um indivíduo" (Ackerman, 1958, p. 11).

A terapia de família passou a se desenvolver como tal após a Segunda Guerra Mundial. Mesmo que alguns psiquiatras reconhecessem a importância da família para seus pacientes, ainda assim, a família seguidamente era vista como inadequada para seus pacientes. Ackerman foi um dos primeiros a apontar a importância da família no processo terapêutico, escrevendo o livro *The psychodynamics of family life*, em 1958. O outro foi Christian Midelfort que, em 1957, publicou o livro *The family in psychotherapy* (Barker, 1992).

Na década de 1950, vários grupos estudaram, pesquisaram e trataram esquizofrênicos e suas famílias. Grande parte dos fundamentos da terapia familiar partiu do interesse que os profissionais mostraram pelo atendimento de seus pacientes esquizofrênicos nas relações e comunicações trocadas com suas respectivas famílias.

Em 1952, Gregory Bateson, em Palo Alto, Califórnia, obteve auxílio financeiro para estudar comunicação humana. Convidou inicialmente Jay Haley, John Weakland e William Fry para trabalharem juntos nesse projeto. Em 1954, o grupo iniciou o *Project for the Study of Schizophrenia*. Don Jackson passa a fazer parte desse grupo como consultor e supervisor de psicoterapia com esquizofrênicos. Esse estudo tornou-se um dos pilares da teoria sistêmica familiar. Bateson e seus colaboradores introduziram o conceito de duplovínculo no conhecido estudo "Toward a Theory of Schizophrenia". O duplo vínculo, inicialmente, era relacionado com as vivências precoces de relacionamento do esquizofrênico, mas o Grupo de Palo Alto chegou ao conhecimento de que é um relacionamento que se aplica também às circunstâncias atuais na vida do esquizofrênico, pelo tipo de inter-relação que se passa em sua família.

Em 1959, Don Jackson fundou o Mental Research Institute (MRI), em Palo Alto, tornando-se seu diretor, no momento em que o movimento da terapia familiar começa a ganhar um espaço importante no campo das terapias, despertando o interesse de outros profissionais, como Jules Riskin, Virginia Satir, Jay Haley, John Weakland, Paul Watzlawick e Janet Beavin. Naquele mesmo ano, Virginia Satir muda-se para a Califórnia e inicia seu trabalho no MRI. Ela foi um marco dentro da terapia familiar, trazendo muitas contribuições e técnicas enriquecedoras. Em meados de 1960, Virginia Satir deixa o MRI e torna-se diretora de uma importante unidade para atendimento familiar nos Estados Unidos. Em 1962, Jay Haley vincula-se ao MRI. Haley e Weakland levaram para o MRI as ideias cibernéticas de Bateson e as ideias de Milton Erickson, com quem haviam estudado anteriormente em Phoenix. Esses profissionais formaram um grupo bastante criativo e interessado em terapia familiar, comunicação e esquizofrenia. Naquela época, o Mental Research Institute representava o centro do movimento da terapia familiar. Este grupo, MRI, iniciou um dos primeiros programas de treinamento oficial em terapia familiar, desenvolvendo algumas das primeiras pesquisas em interação familiar.

Entre seus membros, esteve os seguintes autores: Virginia Satir (terapia familiar conjunta); Watzlawick, Beavin e Jackson (pragmática da comunicação humana); Jay Haley (estratégias em psicoterapia); Carlos Sluzki (editor da "Family Process", nos anos 80); James Coyne (usou o modelo para tratar a depressão); Steve de Shazer (criou a abordagem sobre a focalização da solução).

Em 1967, o Centro de Terapia Breve do MRI inicia suas atividades sob a direção de Richard Fish. Junto a ele, estavam P. Watzlawick, J. Weakland e Arthur Bodin. O objetivo de tal Centro era desenvolver tratamentos breves para doenças psiquiátricas. A terapia breve é focalizada sobre os sintomas que a família traz e limita-se a 10 sessões (é conhecida como o modelo MRI). Paul Watzlawick, eminente pesquisador, interessou-se pela comunicação humana e psicoterapia interacional. Ele e seus colaboradores escreveram o livro *Pragmática da comunicação humana*, importante obra em que estão descritos resultados das pesquisas realizadas por Bateson e sua equipe.

Theodore Lidz, em 1941, iniciou estudos sobre as famílias de pacientes esquizofrênicos em Johns Hopkins Hospital, Baltimore. Ele introduziu os conceitos de cisma conjugal, divisão da família em dois grupos antagônicos e desvio conjugal, em que um dos parceiros domina a família de forma dramática como consequência de uma patologia séria em um dos cônjuges (Barker, 1992; Nichols e Schwartz, 2007).

Lyman Wynne iniciou seus estudos sobre famílias de esquizofrênicos logo após juntar-se à equipe do National Institute of Mental Health (NIMH) em 1952. Ele introduziu os conceitos de pseudomutualidade e pseudo-hostilidade. A pseudomutualidade acontece quando um indivíduo sente a necessidade de um relacionamento com alguém, mascarando conflitos e impedindo a intimidade – talvez por experiências anteriores dolorosas de ansiedade de separação. Essas famílias não possuem relacionamentos mais profundos e impedem a independência entre seus membros. Com a pseudo-hostilidade, o relacionamento emocional aparente, no caso de hostilidade, é um substituto para um relacionamento íntimo e verdadeiro, o qual está ausente. A comunicação e a percepção real ficam prejudicadas. Wynne introduziu também a ideia da "cerca de borracha". É um limite psicológico para o movimento familiar, mantendo os indivíduos de uma família confinados dentro de um sistema (Barker, 1992; Nichols e Schwartz, 2007).

Em 1946, Murray Bowen começou seu trabalho clínico na Menninger Clinic estudando as mães e seus filhos esquizofrênicos. Na época, desenvolveu o conceito de diferenciação do *self*. Em 1954, Bowen ingressou no National Institute of Mental Health (NIMH), onde desenvolveu o conceito de simbiose mãe-criança, incluindo a figura paterna. Isso o levou ao conceito de triângulos – envolver uma terceira pessoa com a finalidade de desviar um conflito entre dois membros de uma família. Ele trabalhou sobre o conceito de esquizofrenia como um processo que requer três gerações para ser desenvolvida. Em 1955, devido à sua forma de atender as famílias, "tornou-se o primeiro a inventar a terapia familiar" (Nichols e Schwartz, 2007, p. 48).

Carl Whitaker iniciou a experiência com o tratamento de grupos familiares, com um interesse especial por esquizofrênicos e suas famílias, antes de assumir o Departamento de Psiquiatria de Emory University, Atlanta, em 1946. Ele foi pioneiro em introduzir o uso da co-terapia, acreditando no apoio que um terapeuta poderia dar ao outro, deixando-os agirem espontaneamente sem receio de uma contra-transferência que pudesse não ser percebida (Nichols e Schwartz, 2007). Em 1955, iniciou a prática privada, e ele e seus colaboradores desenvolveram na Atlanta Psychiatric Clinic uma forma de psicoterapia "experiencial", com técnicas provocativas no tratamento de indivíduos, casais, famílias e grupos. Em seu trabalho, Whitaker deu grande importância à espontaneidade criativa, mas não à teoria, sendo a sua forma de trabalhar denominada *terapia do absurdo*.

Ivan Boszormenyi-Nagy, psicanalista que se tornou terapeuta familiar, fundou a Eastern Pennsylvania Psychiatri Institute, Philadelphia, em 1957. Junto com seus colegas, J. Framo, D. Rubenstein, G. Spark e G. Zuk, desenvolveu uma abordagem de terapia familiar dando especial atenção a seu aspecto multi-geracional. Ele propôs o conceito de lealdades invisíveis, sendo co-autor do livro que recebeu esse título. Ele foi um dos inúmeros terapeutas que não limitou seu trabalho à família nuclear ou às suas transações atuais. Vínculos multigeracionais e o sistema da família ampla começaram a ser cada vez mais considerados.

Salvador Minuchin, em torno de 1965, começa a integrar o movimento de terapia familiar. Ele pesquisou famílias de classe social baixa com filhos delinquentes, além de trabalhar com elas. O objetivo era o de transformar uma clínica para meninos de tipo tradicional em um centro de treinamento orientado para a família. S. Minuchin assume a direção do Philadelphia Child Guidance Clinic, que, sob sua direção, se torna um dos mais famosos centros de terapia familiar do mundo. Convida para integrar sua equipe de trabalho a Braulio Montalvo e Bernice Rosman.

Minuchin foi o responsável pelo desenvolvimento da escola estrutural de família. O terapeuta estrutural interessa-se em como a família está organizada em subsistemas, nas fronteiras entre estas partes e nas fronteiras entre a família e a comunidade.

Em 1967, Jay Haley deixa Palo Alto e passa a integrar a equipe de S. Minuchin. Minuchin utilizou conceitos sistêmicos de Bateson e Jackson e as ideias estratégicas de Jay Haley.

Em 1976, Jay Haley mudou-se para Washington, DC, indo trabalhar na Faculdade de Medicina da University of Maryland, além de fundar o Family Therapy Institute de Washington, DC, junto com Cloé Madanes, sua esposa.

Na década de 1970, desenvolvimentos importantes aconteceram na Europa. Em Roma, Maurizio Andolfi inicia seu trabalho com famílias, e, em 1974, é criada a Sociedade Italiana de Terapia Familiar. Andolfi em sua primeira fase seguiu o modelo estrutural de Minuchin e Haley; após sua atenção voltou-se para o enfoque humanístico existencial de C. Whitacker. A Academia de Psicoterapia da Família surgiu em 1992. Andolfi ali aplica a abordagem da terapia de família intergeracional. Ele segue o enfoque que a pessoa do terapeuta é mais importante do que toda a instrumentação teórico-técnica do profissional. É o encontro entre dois sistemas que pensam e se emocionam envolvidos em um trabalho de investigação comum.

O MRI e o modelo estratégico de Haley influenciaram os Associados de Milão: Mara Selvini Palazzoli, Gianfranco Cecchin, Luigi Boscolo e Giuliana Prata. Palazzoli foi uma proeminente psicanalista italiana, que estava frustrada com o trabalho de orientação individual sobre os transtornos alimentares. Ela trabalhou durante muitos anos com crianças anoréxicas.

Palazzoli se interessou em estudar os escritos da equipe de Palo Alto e começou a desenvolver sua própria abordagem à família.

Em 1967, liderou o trabalho de oito psiquiatras, que originalmente tentaram aplicar ideias psicanalíticas para trabalharem com famílias. Mais tarde, aplicaram as ideias de Bateson, Haley e Watzlawick, e, em 1971 – Palazzoli, Boscolo, Cecchin e Prata – fundaram o Centro para Estudos da Família de Milão, desenvolvendo o Grupo de Milão.

Em 1980, dividiram-se em Boscolo e Cecchin, mudando na direção do treinamento, e Palazzoli e Prata, mais interessadas em pesquisa. Abriram novos centros, com outras equipes, e suas abordagens também divergiram.

Os homens tornaram-se muito menos estratégicos e mais interessados em mudar o sistema de crenças familiares, através de um processo de questionamento circular, e as mulheres seguirem seus interesses em entender e interromper os *jogos destrutivos* que elas acreditavam destruir severamente as famílias que eram capturadas por esses jogos.

O Grupo de Milão, por suas características próprias, foi considerado como uma Escola, com uma abordagem distinta das demais. Na Europa, identificaram-na como terapia sistêmica. Atualmente é designada como sendo a *Escola de Milão*, uma vez que a terapia estratégica de J. Haley, a terapia comunicacional de Virginia Satir, a terapia estrutural de Salvador Minuchin, a terapia estratégica breve do Grupo do MRI, todas são fundamentadas na teoria sistêmica.

Somando-se a este primeiro desenvolvimento dos modelos estratégicos e de Milão, há outras pessoas que contribuíram também com os estudos sobre terapia familiar. Lynn Hoffman evoluiu como terapeuta paralela desta ramificação sistêmica-estratégica da terapia familiar.

Em 1960, colaborou com Haley e, em 1977, juntou-se ao Ackerman Institute, em Nova York, que iniciou com o modelo estratégico e, mais tarde, com o modelo de Milão. Depois deixou o Ackerman Institute e foi para Amherst, em Massachussets, trocando o modelo de Milão pela terapia de segunda ordem, baseada no construcionismo social e nos princípios da narrativa.

O Ackerman Institute tem sido um incubador dos modelos estratégicos e de Milão: Peggy Papp – força criativa na escola estratégica; Joel Bergman – desenvolveu estratégias para manejar com famílias difíceis; Peggy Penn – elaborou as inovações sobre o Modelo de Milão de questionamentos circulares; Olga Silverstein – conhecida pela maestria clínica.

Nas décadas de 1980 e 1990, Harlene Anderson e Harry Goolishian, apoiando-se no construtivismo, introduziram na terapia familiar a ideia de objetividade, isto é, a ideia de que o que percebemos na família é o que a família apresenta. O significado em si passou a ser o principal objetivo. Eles, juntamente com Lynn Hoffman e outros colaboradores, buscaram para o terapeuta uma posição de parceria igualitária com seus clientes. Tom Andersen, psiquiatra norueguês, contribuiu muito ao introduzir em seus atendimentos a *equipe reflexiva*, através da qual ele não escondia nada de seus clientes, mantendo uma relação de igualdade com eles.

Kenneth Gergen, enfatizando o poder da interação social, foi o principal proponente do construcionismo social. Ele argumentou que "nossas crenças são fluidas e flutuam de acordo com mudanças em nosso contexto social" (Nichols e Schwartz, 2007, p. 287). Essa visão traz a ideia de que todas as verdades são construções sociais e que a terapia é um exercício linguístico, devendo ser de colaborativa.

O construcionismo social tornou-se a base para a nova abordagem dos anos 1990, a terapia narrativa. Michael White foi seu fundador. É australiano, de Adelaide, e trabalha no Dulwich Centre. White desenvolveu novas ideias

> sobre como os problemas afligem os indivíduos (considerando-os como algo que opera sobre as pessoas, e não como algo que elas fazem). (Nichols e Schwartz, 2007, p. 336)

Outro terapeuta familiar influente foi David Epston, que, entre as várias contribuições realizadas, enfatizava que os clientes, para manter suas novas narrativas, precisavam de comunidades apoiadoras.

Entre os brasileiros, é reconhecida a contribuição de Humberto Maturana, Prêmio Nacional de Ciências Biológicas em

1994. Representante da Escola Chilena do pensamento pós-racionalista, seus aportes são, entre outros, o repúdio ao racionalismo da "verdade objetiva única", o papel da auto-organização de toda adaptação e do conhecimento e o envolvimento do conhecimento do ser integral que desafia a dualidade cartesiana, na qual a mente e o corpo são observados separadamente.

O MOVIMENTO DA TERAPIA NO BRASIL

No Brasil a trajetória não foi diferente. Vários estudos já foram realizados para identificar como, quando e onde surgiu a terapia familiar. Nosso país é imenso, e muitas são as versões sobre esse questionamento. Certamente todas são verdadeiras se mantivermos apenas um olhar para determinadas regiões, talvez as mais conhecidas e/ou centrais. As pesquisas mostram haver uma grande diversidade na formação dos terapeutas de família. Nos diversos encontros e congressos sobre terapia familiar, percebe-se, através dos trabalhos apresentados e das discussões estabelecidas, a ampla gama de teorias e práticas que fundamentam a formação dos terapeutas. Entretanto, é a abordagem sistêmica que assume um espaço importante na formação dos terapeutas de família. Ela começa a se tornar mais visível quando os profissionais percebem não ser viável tratar as ciências por partes isoladas. Por conseguinte, a prática clínica retoma com maior vigor um olhar mais abrangente, tratando do organismo como um sistema, e não como causa e efeito.

Ideias semelhantes começaram a surgir em vários Estados brasileiros, mostrando que esse era o início de uma nova tendência, necessitando de um certo tempo para ser aceita, mas importante de ser conhecida e aperfeiçoada. Como aconteceu nos países onde nossos profissionais estudaram, foram sendo fundados centros ou instituições que se ocuparam com a família, e não somente com o indivíduo.

Na década de 1970, houve um importante movimento que veio proporcionar o interesse pela terapia de casal e de família em nosso meio. Segundo Souza (1997), o cuidado com o grupo familiar e o entendimento de que a patologia individual poderia estar vinculada a causas diferentes da origem intrapsíquica levaram à criação de centros de orientação, os quais seguiram o modelo das *Child Guidance*, da América do Norte. A autora relata que a fundação do Centro de Orientação Juvenil – COJ – pertencente, em 1946, ao Departamento Nacional da Criança do Ministério da Saúde, foi uma experiência pioneira. Inicialmente fazia parte da equipe uma assistente social psiquiátrica, responsável pelo trabalho com a família do paciente de psicoterapia individual. A equipe era chefiada por uma psicóloga, fazendo parte da equipe uma psicanalista. Assim, há seis décadas, já existia a preocupação de incluir o grupo familiar no processo de mudança e desenvolver abordagens diferentes que fossem adequadas à nossa cultura.

No final dessa década, surgem artigos referindo-se à terapia familiar como outra abordagem a ser considerada nos tratamentos efetuados. Alguns psicanalistas contribuíram inicialmente com essa prática. Os anos 80 aparecem como um momento de grande expansão da terapia familiar como método terapêutico, possuidora de teoria e prática própria. O que era experiência isolada em boa parte do Brasil passa a ter mais vozes e práxis para tornar-se acessível a um número maior de profissionais e famílias.

Na década de 1970, a terapia de casal e família recebeu a influência de vários grupos religiosos, sob a égide da Pastoral da Igreja Católica, através dos *Encontros de Noivos* e *Encontros de Casais em Cristo*. Em 1977, instituiu-se no Brasil a lei do divórcio, contribuindo para o incremento desses grupos de casais como uma forma de prevenir a dissolução dos casais e famílias. Aos poucos, a família brasileira começou a procurar atendimento para alcançar uma melhor qualidade em suas relações intrafamiliares.

Este movimento da Igreja Católica estendeu-se pelos vários Estados do país, servindo de estímulo para a abertura de centros e instituições onde profissionais terapeutas e pesquisadores dedicaram-se a ampliar o conhecimento da terapia de família, além de formar terapeutas de família, atendendo famílias com dificuldades de relacionamento. Cidades como Rio de Janeiro, São Paulo, Salvador, Fortaleza, Belo Horizonte, Curitiba e Porto Alegre foram testemunhas da formação desses centros de atendimentos, alguns já na década de 1970, outros no início dos anos de 1980. A maioria desses centros usava a abordagem sistêmica.

OS PRIMEIROS ENCONTROS DE TERAPIA FAMILIAR

Seguindo-se a cronologia do desenvolvimento da terapia familiar brasileira, percebe-se um movimento crescente e envolvente dos profissionais agregando-se em grupos afins e/ou buscando a integração em espaços maiores, onde a sedimentação e a estrutura da terapia poderiam tornar-se mais sólidas ou definidas.

A década de 1980 foi muito significativa para a terapia familiar no Brasil. Surgiu a necessidade de os terapeutas formalizarem um espaço de discussão de ideias e inquietações oriundas de uma prática importante, mas ainda muito precoce no estabelecimento de seus fundamentos entre nós. Segundo Aun (2005), os primeiros grupos formados foram:

- 1976, São Paulo – CECAF – Centro de Estudos do Casal e da Família – orientação psicanalítica;
- 1976, Curitiba – Núcleo de Psicologia Clínica – terapia familiar sistêmica;
- 1978, Brasília – CEFAM – Centro Brasileiro de Estudos da Família – Atendimento e Pesquisa do Sistema Familiar – orientação sistêmica e psicodinâmica;
- 1979, Porto Alegre – CEAPIA – Centro de Estudos, Atendimento e Pesquisa da Infância e da Adolescência;
- 1980, Salvador – COFAM – Centro de Orientação Familiar – inicialmente orientação psicodinâmica e psicodramática, incluindo, gradualmente, a abordagem sistêmica;
- 1982, Fortaleza – CEF – Centro de Estudos da Família de Fortaleza – orientação de etnopsiquiatria e de abordagem sistêmica;
- 1984, Belo Horizonte – INFA – Instituto da Família de Belo Horizonte – entre vários outros serviços, incluía a terapia familiar sistêmica;
- 1985, Salvador – CEFAC – Centro de Estudos da Família e Casal – incluía abordagem sistêmica e psicanalítica;
- 1986, São Paulo – SEFAM – Sociedade de Estudos da Família – abordagem sistêmica, com influência especial das escolas italianas;
- 1987, Rio de Janeiro – ITF-RJ – Instituto de Terapia de Família do Rio de Janeiro – abordagem sistêmica (p. 50).

A partir desses grupos, muitos outros foram se formando pelas diversas cidades do país, incluindo alguns cursos de terapia de família em universidades.

- PUCSP – dois cursos de especialização;
- Universidade Federal de São Paulo/Escola Paulista de Medicina, Departamento de Psiquiatria – PROTEF – criação do Curso de Terapia de Família em 1998.
- Universidade Federal do Rio de Janeiro – dois programas de especialização, um na linha sistêmica e outro na linha psicanalítica (Aun, 2005, p. 51).
- PUCRS – oferece, em 1978, terapia de família como opção dentro da cadeira de Técnicas Psicoterápicas na graduação da psicologia e, em 1988, o Curso

de Terapia de Família como Curso de Extensão Universitária, de orientação sistêmica.

Nessa época, iniciaram-se os Encontros de Terapia Familiar. Durante a década de 1980, foram realizados em São Paulo três Encontros pela Psicologia Clínica da PUCSP, sob a coordenação de Mathilde Neder e Cléa Palatnik Pilnik. O primeiro foi em 1982, I Encontro Nacional de Terapia Familiar, considerado o marco do movimento da terapia familiar entre nós. Logo em 1984, realizou-se o II Encontro e, em 1986, realizou-se o III Encontro. Neste ficou estabelecido que, em 1988, realizar-se-ia, em Salvador, o I Encontro Brasileiro de Terapia Familiar, com a coordenação de Margarida Rêgo. Esse Encontro foi realizado pelos grupos de Salvador, Fortaleza, São Paulo, Brasília, Curitiba, Porto Alegre, Belo Horizonte e Rio de Janeiro, e foram realizadas atividades práticas com atendimento de famílias ao vivo.

Em fevereiro de 1986, foi realizado um Encontro de Terapia Familiar em Florianópolis, organizado por Luiz Carlos Osório e Olga Falceto, com a colaboração de Francisco Baptista Neto. Os participantes do encontro puderam assistir a Andolfi atendendo famílias ao vivo. Nesse Encontro participaram terapeutas de P. Alegre, Rio de Janeiro, S. Paulo e Florianópolis.

O II Encontro Brasileiro de Terapia Familiar realizou-se em Belo Horizonte em 1990. Neste foram priorizadas as atividades teóricas. Em 1992, em Brasília, foi realizado o III Encontro Brasileiro de Terapia Familiar, coordenado por Júlia Bucher, no qual estiveram presentes instituições formadoras de São Paulo, Porto Alegre, Curitiba, Rio de Janeiro, Belo Horizonte, Brasília, Paraíba e Fortaleza. Nessa ocasião, ficou acertado que São Paulo seria a sede do IV Encontro Brasileiro de Terapia Familiar, ficando decidido que seria fundada a Associação Brasileira de Terapia Familiar, proporcionando a criação de uma identidade nacional, agregando semelhanças e diferenças socioculturais das diversas regiões brasileiras.

Durante o ano de 1993, os organizadores desse Encontro sob a coordenação de Maria Rita D'Angelo Seixas, devido ao grande interesse demonstrado pelos terapeutas de família de todo o país, resolveram transformar o IV Encontro no I Congresso Brasileiro de Terapia Familiar. Este veio a se realizar em julho de 1994, em São Paulo, organizado pela Associação Paulista de Terapia Familiar – APTF, fundada em 02 de julho de 1993 em virtude da necessidade gerada pelo próprio Congresso, sob a presidência de Maria Rita D'Angelo Seixas. O tema do I Congresso foi "Família: Lugar seguro para crescer?".

Em 31 de julho de 1994, em uma Assembleia realizada no pós-Congresso, os sócios fundadores aclamaram a fundação da Associação Brasileira de Terapia Familiar – ABRATEF. Nessa ocasião, ficou decidido que os Estados organizariam suas associações regionais. Estas seriam a sede da ABRATEF, a qual teria um caráter itinerante, localizando-se na regional que promoveria o congresso brasileiro.

A AGATEF, fundada em 01 de outubro de 1994, foi a primeira sede da ABRATEF, sendo seu primeiro presidente José Ovídeo Waldemar. Essa associação realizou o II Congresso Brasileiro de Terapia Familiar de 01 a 03 de agosto de 1996, em Gramado, RS. Nesse Congresso não houve um tema definido.

Em 15 de março de 1995 é fundada no Rio de Janeiro a Associação de Terapia de Família – ATF-RIO.

O III Congresso Brasileiro de Terapia Familiar foi realizado no Rio de Janeiro em julho de 1998. Nesse Congresso, aconteceu o I Encontro Latino-Americano, sendo ambos promovidos pela ABRATEF e ATF-RJ. O tema do III Congresso foi "O indivíduo, a família e as redes sociais na virada do século".

A preocupação com a qualificação científica dos profissionais foi continuamente crescendo. A demanda destes em busca de formação levou os pioneiros brasileiros a se organizarem em grupos para oferecer um espaço onde pudessem trocar conhecimentos, dirimir dúvidas e propor uma forma mais organizada de estudar as teorias básicas para tornar-se um terapeuta familiar. Com essa premissa iniciou-se a organização de Encontros de Formadores Brasileiros, tendo como prioridade estudar, discutir e estabelecer critérios mínimos para o perfil do formador e favorecer a formação continuada e o intercâmbio desses formadores para uma maior integração, fortalecendo o ensino da terapia familiar e o atendimento das famílias.

Os Encontros de Formadores começaram junto com a realização dos Congressos Brasileiros, sendo que o I Encontro foi no Rio de Janeiro como Pré-Congresso do III Congresso Brasileiro em 1998. Inicialmente, os Encontros de Formadores aconteceram anualmente, passando posteriormente a serem realizados a cada dois anos, intercalando com a realização dos Congressos Brasileiros. Desde o I Encontro de Formadores sempre esteve presente a questão sobre qual profissional poderia vir a ser terapeuta de família. Essa questão sempre é muito discutida, mas, pela escolha do sistema de redes que privilegia a não-hierarquia, não há, até agora, uma definição clara.

Em julho de 1999, realizou-se em Salvador, BA, o II Encontro de Formadores promovido ABRATEF e pela Associação Regional de Terapia Familiar – ARTEF-BA. Os eixos temáticos desse Encontro foram "Critérios Mínimos dos Cursos de Formação de Terapia de Família", "Critérios para o Formador", "Quem Pode Ser Terapeuta de Família?" e questões para que fosse definido um Código de Ética para a terapia familiar.

O III Encontro de Formadores aconteceu em junho de 2000, em Curitiba, PR, promovido pela ABRATEF e pela Associação Paranaense de Terapia Familiar – APrTF, fundada em dezembro de 1994. O tema central foi "Programa mínimo e qualificação mínima do terapeuta de família", priorizando a epistemologia e a metodologia como aspectos articuladores, dando assim coerência e consistência entre a teoria e a prática. O resultado foi a proposta de haver uma articulação em torno de três eixos: fundamentação articulada com a prática; identidade profissional e ética; compromisso com produção de conhecimento e pesquisa. Foram definidos critérios para instituições que desejavam ou que já vinham oferecendo cursos de terapia familiar, carga horária, tempo de duração, qualificação mínima para ser um terapeuta familiar e para ser um formador.

Nesse mesmo ano, em julho, foram realizados o IV Congresso Brasileiro de Terapia Familiar e II Encontro Latino-Americano de Terapia Familiar em Brasília. Foi uma promoção da ABRATEF, junto com a Associação Centro-Oeste de Terapia Familiar – ACOTEF. O tema foi "A família em tempos de transição: justiça social, ética e cidadania". Pela escolha do tema, percebe-se uma ênfase nos trabalhos sobre responsabilidade social do profissional, uma aproximação com as políticas públicas, ampliando a possibilidade do trabalho do terapeuta familiar para um aspecto mais social.

Em maio de 2001, a ABRATEF, juntamente com a Associação Catarinense de Terapia Familiar – ACATEF, criada em 12 de dezembro de 1998, promoveram, em Florianópolis, SC, o IV Encontro de Formadores. Nesse Encontro, o tema continuou sendo a preocupação em relação à teoria e ao currículo do curso de formação, objetivando discutir a pertinência da definição de um currículo mínimo igual para todas as formações em detrimento da teoria básica de formação acadêmica de cada indivíduo. Outro foco de interesse de discussão foi a formação e a prática dos formadores e supervisores e o trabalho de *self* dos alunos.

Em 2001, de 14 a 17 de novembro, Porto Alegre, RS, tornou-se o centro internacional da terapia familiar. A AGATEF, juntamente com a *International Family Therapy Association* – IFTA, foi sede do XIII Congresso Internacional de Terapia Familiar. O tema central foi "Desafios à família no século XXI: teoria, prevenção e terapia". Integrou profissionais de vários países, com experiências diversas e ricas, abrindo a possibilidade de se conhecer diferentes formas de lidar com as famílias, tornando evidente também a criatividade, a maturidade e o conhecimento que o profissional brasileiro já adquiriu no transcorrer dos anos.

Em abril de 2002, em Angra dos Reis, RJ, transcorreu o V Encontro de Formadores, com a proposta de "Vale a pena ver de novo". O objetivo foi "o que" de nossa experiência passada poderíamos trazer para discutir no Encontro. O foco principal ficou sobre "Supervisão e a coerência de critérios".

Em agosto de 2002, Salvador, BA, foi a sede do V Congresso Brasileiro de Terapia Familiar e III Encontro Latino-Americano de Terapia Familiar, promovidos pela ABRATEF e ARTEF-BA. O tema foi "Família com afeto". As apresentações e a organização do Congresso voltaram-se para a família que busca atendimento, percebendo o terapeuta como possuidor de um papel na evolução da terapia, necessitando ser valorizado por isso (Prati et al., subm.)

O VI Encontro de Formadores aconteceu em maio de 2003, em Alpha-Ville, Nova Lima, MG. Foi promovido pela ABRATEF e pela Associação Mineira de Terapia Familiar – AMITEF, associação regional fundada em 19 de setembro de 1994. Nesse Encontro, todo o foco do trabalho foi "Cuidando do cuidador", ou seja, o terapeuta de família deixando-se cuidar.

Em julho de 2004, realizou-se em Florianópolis, SC, o VI Congresso Brasileiro de Terapia Familiar, promovido pela ABRATEF e pela ACATEF. O tema escolhido foi "O que tu fazes por aí? Diversidades e abordagens da família brasileira". Percebeu-se um movimento de integração dos profissionais e apresentações de trabalhos junto à população menos favorecida socialmente. Observa-se cada vez mais o terapeuta de família direcionando-se para um trabalho de âmbito social, não se restringindo apenas em atender a família em seu núcleo mais restrito. Junto a esse evento, realizou-se o I Encontro de Pesquisadores, com a finalidade de ser criado um espaço para que os profissionais pudessem conversar sobre pesquisa fora do âmbito acadêmico e apresentar pesquisas realizadas em instituições privadas.

Em abril de 2005, realizou-se o VII Encontro de Formadores promovido pela ABRATEF e pela AGATEF, em Gramado, RS. O tema escolhido foi "Desafios atuais na formação e prática do terapeuta familiar". Foram discutidas as intervenções clínicas nos diversos contextos terapêuticos, o terapeuta de família em sua formação teórica e a supervisão na terapia de família.

Em julho de 2006, ocorreu o VII Congresso Brasileiro de Terapia Familiar, em São Paulo, promovido pela ABRATEF e pela APTF. O tema central foi "Tecendo redes e construindo pontes entre teorias, práticas e contextos". A escolha do tema aponta para a busca dos fundamentos teóricos que estão sendo utilizados atualmente na terapia familiar. Traz a ideia de amplitude de conhecimentos, mas todos estando interligados, funcionando como uma rede, flexível, mas que não deixa se perder, pois serve como apoio norteando o caminho a ser trilhado. Devido ao interesse demonstrado, deu-se continuidade à realização dos Encontros de Pesquisadores e nessa ocasião, junto ao VII Congresso, ocorreu o II Encontro de Pesquisadores.

Em agosto de 2007, aconteceu o VIII Encontro de Formadores, em Itaipava, RJ, sendo promovido pela ABRATEF e pela ATF-RIO. O tema centralizou-se em "Os impasses dos formadores em ação – questões éticas e difíceis no contexto da formação em terapia de família". Nesse Encontro, foram discutidos os preconceitos dos terapeutas de família e as questões éticas e difíceis que o terapeuta pode encontrar no seu dia a dia de trabalho.

Em agosto de 2008, o VIII Congresso Brasileiro de Terapia de Família, em Gramado, RS, promovido pela ABRATEF e pela AGATEF, dá continuidade ao que vem se realizando, Encontro de Formadores bianuais e Congressos Brasileiros também bianuais. Neste Congresso o tema proposto é "Diferentes famílias, contextos diversos, múltiplos olhares", buscando-se as várias formas de olhar as diversidades das pessoas e grupos inseridos em ambientes diferentes, proporcionando uma riqueza de sentimentos e possibilidades.

Esses Congressos e Encontros têm a finalidade de proporcionar aos profissionais um espaço de troca de experiências onde cada um possa se enriquecer e contribuir para o enriquecimento o outro.

Entre Congressos e Encontros de Formadores, outras associações regionais foram sendo criadas. São elas: Associação Pernambucana de Terapia Familiar – APETEF, Associação Paraense de Terapia Familiar – APATEF e Associação de Terapia Familiar do Espírito Santo – ATEFES, fundada em 29 de novembro de 2002.

Em uma pesquisa realizada, Ponciano e Féres-Carneiro (2005) apresentam o levantamento sobre as teorias que os participantes dos Congressos Brasileiros de Terapia Familiar referem em seus resumos. Os Congressos relatados foram o I; II; III e V, (o IV não foi levantado), todos organizados pela Associação Brasileira de Terapia Familiar. No I Congresso há um predomínio da teoria sistêmica (33,23%). Apresentam-se várias combinações da teoria sistêmica com outras teorias, como construtivismo, psicanálise, psicodrama, junguiana, construcionismo social. No II Congresso, uma significativa parte dos resumos não descreve as referências teóricas, mas as autoras constatam a continuidade da predominância da teoria sistêmica (28,25%) e sua combinação também com outras teorias. Aparece o termo "integração". No III Congresso, a teoria sistêmica predomina (31,06%). As outras teorias são psicodrama, psicanálise, narrativa, construcionismo social e as combinações da sistêmica com construtivismo, psicodrama, psicanálise, existencialismo, cognitiva, junguiana e construtivismo e construcionismo social. Aparece, nessa ocasião, a narrativa e a cognitiva separada do construcionismo social e do construtivismo. No V Congresso, a teoria sistêmica continua predominando (24,93%), aparecendo a psicanálise, psicodrama, construcionismo social, junguiana, bioenergética, e as combinações com a sistêmica: construtivismo, psicanálise, psicodrama, cognitiva e construtivismo e construcionismo social (p. 258-259).

Observa-se que vários trabalhos devem propor uma forma de entendimento e/ou atendimento da família em que utilizem a integração entre teorias. Por esse levantamento realizado através dos Congressos até 2005, vemos a diversidade teórica existente entre os terapeutas de família, levando-nos a crer que a base teórica em suas formações também foi bastante diversificada.

Muito pensamos e discutimos como dar continuidade aos dados que gostaríamos de ressaltar aqui. Todo movimento sempre tem um início para depois correr seguindo seu próprio curso. O seu início foi proporcionado por várias pessoas que, unidas ou sozinhas, foram ao encontro de novos conhecimentos e de formas diferentes de trabalhar e atender às pessoas que buscavam ajuda para enfrentar seus conflitos e suas dificuldades. Muitos foram os pioneiros distribuídos pelas diferentes cidades de nosso imenso país. Como citar alguns nomes sem deixar de citar outros, talvez de igual importância. Tarefa impossível! Entretanto, concluímos que será relevante nomearmos alguns profissionais terapeutas de família que foram para longe aprender com profissionais mais experientes ou que de longe convidaram pioneiros para aprimorar as sementes da cientificidade, plantando-as em terra fértil. Certamente ficarão lacunas de tempo e nomes, mas outros virão que, estando mais distantes desse momento, poderão completar essa história.

Foi em algumas cidades do Brasil que a terapia familiar despontou. Iniciando pela cidade de Rio de Janeiro, destacamos Alexandre Lins Keusen, Berenice Fialho Moreira, Cynthia Ladvocat, Cynthia Lira, Gilda Maria D´Orsi Archer, Gladis Brum, Laurice Levy, Lia Baptista Carvalho, Lia Ganc, Lúcia Ferrara, M. Cecilia V. D. Baptista, M. Helena L. Bartholo, Miriam Felzenszwalb, Miriam Schenker, Moisés Groisman, Mônica Corrêa Meyer, Naiara G. Wiethaeuper, Paulo João Raad, Rosana Rapizo, Tania Luchi, Teresa Cristina C. Diniz, Therezinha Féres-Carneiro (ATF-RIO).

Em São Paulo, temos como pioneiros Ada Pellegrini Lemos, Adriana Mattos Fráguas, Almira Rossetti, Amélia Vasconcelos, Ana Maria Fonseca Zampiere, Ceneide Cerveny, Denise Mendes Gomes, Dílson César Marum Gusmão, Eliete Belfort Mattos, Fiorangela Desderio, Flávia Stockler, Gilda Maria Franco Montoro, Helena Maffei Cruz, Jandira Mansur, Janice Rechulsky, Lia Lagrota, Lia Raquel Agpel, Lorival Campos Novo, Marcos Naime Pontes, Maria Amália Vitale, Maria Auxiliadora Cori, Maria Elizabeth Mathias, Maria Rita D'Angelo Seixas, Marilene Grandesso, Mônica Galano, Maroli Bonoldi, Mathilde Neder, Regina França, Rosa Maria Macedo, Ruy de Mathis, Sandra Fedullo Colombo, Silvia Farah, Silvia Rechulsky, Tai Castilho. (Seixas, M. R., com. ps.).

No Paraná, são pioneiros Mariza Bregola de Carvalho, Rosana Comazzi, Rosicler Bahr, Silvia Maria Grassano, Solange Maria Rosset, Telma Zugman, Tereza Christina B. Paulus, Zélia Nascimento (Rosset, S., 2005, com. ps.).

Em Santa Catarina temos Dalmo Silveira de Souza, Denise Duque, Francisco Baptista Neto, Maria Cristina d'Avila de Castro, Maria Elizabeth Pascual Valle, Luiz Carlos Osório (ACATEF).

No Rio Grande do Sul são pioneiros Alberto Stein, Ana Ibraíma da Cunha, Ana Néri Nascimento, Cláudia Deitos Giongo, Helena Centeno Hintz, Janecy Lopes, José Ovídeo Waldemar, Lea Peres Day, Leila Suslik, Luiz Carlos Osório, Luiz Carlos Prado, Maria Fátima Galarza Rosa, Maria Heloisa Fernandes, Maria Inês Santos Rosa, Maria Theresa Ritter, Marilene Marodin, Marli Kath Sattler, Marli Olina de Souza, Nair Terezinha Gonçalves, Nira Lopes Acquaviva, Olga G. Falceto, Olga Tartakowsky, Rosa Lúcia Severino, Sueli Brunstein, Suely Teitelbaum, Zelda Svirski Waldemar (Wagner, A., 1996, com. ps.).

Em Minas Gerais são pioneiros Carlos Arturo Loza-Molina, Maria Beatriz Coutinho Lourenço de Lima, Maria Beatriz Rios Ricci, Maria José Esteves de Vasconcellos, Sônia Maria Cerqueira Machado (Ricci, M. B., 2008, com. ps.).

Na Bahia são pioneiros Ana Maria Cunha, Margarida Maria de Carvalho Rêgo, Maria Joaquina Moura Pinto, Vânia Castilho. Depois vieram Ângela Teixeira, Célia Nunes, Gleine Costa, Elda Elbachar, Gisele Falcão, Nina Vasconcelos Guimarães, Vera Minho (Santos, A. N., 2008, com. ps.).

No Ceará encontramos como pioneiros Adalberto Barreto, Carlos Arturo Loza-Molina, Mourão Cavalcante (Barreto, A., 2008, com. ps.).

Em Pernambuco são pioneiros Cristina Brito Dias e Roberto Faustino de Paula (Paula, R. F., 2008, com.ps.).

Em Brasília são pioneiros Gláucia Diniz, Ileno Izídio da Costa, Júlia Bucher, Marcel Nunes de Carvalho, Maria Aparecida Penso, Maria do Socorro Pereira Gonçalves, Maria Inês Padrão Lira, Marília Couri, Silvia de Oliveira Magalhães, Sueli de Castro Amorim e Terezinha Lamounier. Após vieram Joana D'Arc Cardoso dos Santos e Denise de Mendonça Rodrigues (ACOTEF; Gonçalves, M. S. P., 2008, com. ps.).

Em Goiás são pioneiros Angela Baiocchi, Célia Ferreira, Elias Miguel Thomé, Madalena Pompeu de Pina, Silvana Silvestre Vianna, Vanuzia Leal Peres e Vera Lúcia Morselli (Baiocchi, A., 2008, com. ps.).

No Espírito Santo destacam-se Leila Maria Vello de Magalhães, Marlene Simonetti e Roberta Giovannotti (Silva, D. R., 2008, com. ps.).

Por falar em história, sabemos que ela não termina, posto que se renova e se multiplica em outros personagens e em novas gerações. Atualmente os descendentes da geração de pioneiros em terapia familiar, brasileiros ou estrangeiros, oferecem essa herança para seus múltiplos e diversos herdeiros. A história prossegue, e não se pode impedir o crescimento de qualquer fenômeno da natureza após seu nascimento.

REFERÊNCIAS

ASSOCIAÇÃO CATARINENSE DE TERAPIA FAMILIAR. Florianópolis, c2007. *Homepage institucional*. Disponível em: <http://www.acatef.com.br>. Acesso em: 8 mar. 2008.

ASSOCIAÇÃO DE TERAPIA DE FAMÍLIA DO RIO DE JANEIRO (ATF-RIO). *Homepage institucional*. Rio de Janeiro, c2007. Disponível em: <http://www.atfrj.org.br>. Acesso em: 8 mar. 2008.

AUN, J. G.; VASCONCELLOS, M. J. E.; COELHO, S. V. *Atendimento sistêmico de famílias e redes Sociais*. Belo Horizonte: Ophicina de Arte & Prosa, 2005. p. 234.

BARKER, P. *Basic family therapy*. 3rd ed. Oxford: Blackwell Scientific, 1992. p. 338.

PONCIANO, E. L. T.; FÉRES-CARNEIRO, T. Terapia de família no Brasil: uma visão panorâmica. *Psicologia*: Reflexão e Crítica, v.19, n.2, p. 252-260, 2006.

PRATI, L. E.; COUTO, M. C. P. P.; KOLLER, S. H. Famílias em vulnerabilidade social: rastreamento de termos usados por terapeutas de família. *Psicologia*: Teoria e Pesquisa.

MATURANA, H. *O sentido do humano*. Santiago do Chile: Dólmen, 1990. p. 492.

SOUZA, A. M. N. *A família e seu espaço:* uma proposta de terapia familiar. 2. ed. Rio de Janeiro: Agir, 1997. p. 33.

7

Desenvolvimentos em terapia familiar: das teorias às práticas e das práticas às teorias

Marilene A. Grandesso

> As ciências exatas são uma forma monológica de conhecimento: o intelecto contempla uma coisa e pronuncia-se sobre ela. Há um único sujeito: aquele que pratica o ato de cognição (de contemplação) e fala (pronuncia-se). Diante dele, há a *coisa muda*. Qualquer objeto do conhecimento (incluindo o homem) pode ser percebido e conhecido a título de coisa. Mas o sujeito como tal não pode ser percebido e estudado a título de coisa porque, como sujeito, não pode, permanecendo sujeito, ficar mudo; consequentemente, o conhecimento que se tem dele só pode ser *dialógico*.
>
> Bahktin (1992, p. 403)

O exercício de uma prática de terapia envolve sempre um processo reflexivo entrelaçando teoria e prática de uma forma tal, tão intrinsecamente amalgamada, que fica difícil, senão impossível e mesmo sem muita utilidade, determinar que instância prevalece sobre a outra. Todo terapeuta, antes mesmo de definir-se como tal, pertence a uma tradição que estabelece um contexto paradigmático informando suas crenças e seus valores, em um tempo e espaço histórica e localmente situados. Portanto, traçar os desenvolvimentos de um campo, como o da terapia familiar, pressupõe acompanhar as mudanças paradigmáticas e evolutivas no exercício de sua prática em constante construção, decorrentes tanto do contexto teórico das tradições em vigor como do exercício da prática clínica, ambas enredadas em um tecido complexo que vai sendo inevitavelmente construído ao se mesclar os fios dos referenciais dos terapeutas, suas distintas práticas e teorias.

Quando penso na dança que um terapeuta faz entre sua prática e o tecido teórico pelo qual pode compreendê-la, inevitavelmente ouço a voz do saudoso e irreverente terapeuta Gianfranco Cecchin no megacongresso de *Novos paradigmas: cultura e subjetividade*, em 1991, em Buenos Aires. Em uma inigualável apresentação durante o congresso, Cecchin disse: "Como terapeuta eu ajo e, de tempos em tempos, peço a um epistemólogo para olhar e dizer o que eu faço". Essa frase tem me acompanhado desde aquela época, interessada que sou na miscigenação entre prática, teoria e epistemologia. Essa fala de Cecchin me faz pensar que, diante da família, a teoria seria equivalente ao sangue que corre nas veias: está lá, e, embora naquele momento não seja visível como figura, a família e a criatividade do terapeuta falam mais alto. A história tem mostrado que, desde os primórdios, a prática da terapia familiar vem sendo desenvolvida, muitas vezes, transformando os acasos que surgem nas salas de terapia em oportunidades de organização das narrativas que foram construindo suas abordagens. A serendipidade presente na construção de formas de ação e de técnicas terapêuticas faz parte de relatos dos autores que escreveram como surgiram novas técnicas ou posturas terapêuticas. Minuchin e Fishman (1990), no clássico capítulo intitulado "Mais além da técnica", citam o poeta Antônio Machado, dizendo que o caminho se constrói ao caminhar. A história de como surgiu a prática do questionamento reflexivo de Karl Tomm (Tomm, 1985), a equipe reflexiva, depois chamada de processos reflexivos por Tom Andersen (Andersen, 1987; 1991) e outros desenvolvimentos ilustram a presença do acaso e do acidental nos momentos de inspiração de terapeutas que ousam colocar em ato suas ideias.

Contudo, o fortalecimento das práticas da terapia familiar e suas técnicas sempre beneficiou-se e valeu-se de teorias. É inegável o salto qualitativo que a *teoria geral dos sistemas* de Bertalanffy (Bertalanffy, 1975) e a cibernética de Norbert Wiener (Wiener, 1961) ajudaram a construir e impulsionar na prática emergente de terapia familiar. Ideias de filósofos como Foucault (influenciando a terapia narrativa de Michael White), Derrida (interlocutor para a terapia colaborativa do Galveston Institute do Texas), Wittgenstein (para o pensamento construtivista e construcionista social na terapia familiar); hermeneutas como Gadamer (presente nas ideias construcionistas sociais e terapia colaborativa); cientistas como Prigogine, Maturana, von Foerster e von Glasersfeld (sustentando desde a cibernética de segunda ordem até as ideias construtivistas em terapia), constroem um fundo narrativo que dá voz e forma a distintas práticas de terapia familiar. Assim, a terapia familiar explorou e, muitas vezes, criativamente mergulhou em teorias da biologia, da física, da antropologia e da filosofia, a partir de onde, em interlocução com uma multiplicidade de autores, construiu suas metáforas teóricas (Anderson, 2000; Cecchin, 1992; Grandesso, 1997 e 2006b).

Por outro lado, dentro de uma perspectiva pós-moderna, não-objetivista, teorias são consideradas mais como metáforas organizadoras do conhecimento e das práticas de um campo, espécie de lentes temporais mediante as quais construímos a realidade (Anderson e Goolishian, 1988; Grandesso, 2006a). Rosemblat (1994), referindo-se aos conceitos teóricos dos diferentes modelos da terapia familiar, ressalta o que tem sido enfatizado e o que tem sido obscurecido quando usamos determinadas metáforas para organizar nosso pensamento e nossas práticas. Nesse sentido,

> As metáforas teóricas – família como um sistema, família como uma cultura, sistema humano como um sistema linguístico – estabelecem uma moldura não só para nossa conceitualização, como também para o que procuramos quando trabalhamos com as famílias [...] como formadores de terapeutas e abordamos a prática clínica. (Grandesso, 2006a, p. 143)

As metáforas teóricas da terapia familiar, desde as sistêmicas até as hermenêuticas, percorrendo o campo dessa prática já sexagenária, acompanham as mudanças paradigmáticas que nortearam a produção de conhecimento e as mudanças epistemológicas vigentes. Muito tem sido escrito sobre esse tema, traçando um recorte biográfico da terapia familiar, organizado em torno de sua linguagem conceitual, não sendo este o propósito deste capítulo (Cecchin, 1992; Sluzki, 1992; Rosenblatt, 1994; Paré, 1995; Grandesso, 1997, 2006a).

Tomando como referência os dizeres de Bakhtin que abrem esse capítulo, o que pretendo apresentar a seguir resulta de um recorte construído dialogicamente pela leitura que faço dos teóricos e terapeutas que organizam minha prática, especialmente focado no contexto das práticas pós-modernas. Antes de qualquer coisa, trata-se de uma narrativa possível sobre os desenvolvimentos do campo da terapia familiar, tendo o binômio teoria e prática como intrinsecamente ligados e interconstituintes em uma espiral evolutiva organizada como um processo reflexivo (Anderson, 2000; 2007a). Essa maneira de conceber o entrelaçamento de teoria e prática segue mais uma instância hermenêutica, considerando que, como uma teoria orienta práticas e práticas forjam teorias, um terapeuta pode tornar-se míope, vendo o que a teoria propõe ou usando os mesmos recursos de sua prática para todas as famílias, portanto, obscurecendo a singularidade das famílias e pessoas, a idiossincrasia de suas palavras e organizações (Anderson, 2007c).

TERAPIA FAMILIAR – UMA BREVE INTRODUÇÃO NA CONSIDERAÇÃO DE UMA PRÁTICA SEXAGENÁRIA

Qualquer que seja o recorte que nos propusermos a desenvolver para traçar o caminho desses 60 anos de prática da terapia familiar, vamos transitar em torno de mudanças evolutivas várias, decorrentes tanto das demandas desafiadoras dos distintos contextos como dos dramas das famílias e dos indivíduos, sempre conduzida pela habilidade inventiva e criativa dos terapeutas em questão. Contudo, uma condição esteve sempre presente – a diversidade dos profissionais envolvidos, caracterizando o estudo e a prática da terapia familiar como um empreendimento interdisciplinar. Desde o pioneiro grupo de Bateson na década de 1950 que somava, entre outros, os olhares de um antropólogo (Bateson), um psiquiatra (Don Jackson), um químico (Weakland) e um especialista em comunicação (Jay Haley), temos seguido por um território interdisciplinar, caracterizando o estudo e as práticas de terapia familiar como um empreendimento híbrido que pede pela ampliação do olhar e dos fazeres do terapeuta em suas distintas práticas.

Tendo como seu primeiro salto qualitativo e paradigmático a compreensão do indivíduo não mais no âmbito de sua individualidade, mas das relações e dos contextos em que se inseria, as primeiras abordagens de terapia familiar organizadas pela teoria geral dos sistemas de Bertalanffy (Bertalanffy, 1975) e da Cibernética de Norbert Wiener (Wiener, 1961) deixaram o território do intrapsíquico para se organizar no contexto do inter-relacional. Pipocando em distintos lugares, considerando a evolução da terapia familiar em território americano, Anderson (1997) aproxima os pioneiros da terapia familiar a um grupo de cegos que descreviam um elefante – abriram seus próprios caminhos, seguindo as idiossincrasias de suas personalidades singulares, suas formações disciplinares, suas hipóteses particulares decorrentes de suas teorias e experiências clínicas. De distintos territórios e de distintas demandas por tratamentos, surgiram os primeiros modelos de terapia familiar, muito mais inspirados pela busca de saídas terapêuticas para problemas desafiadores com populações clínicas não-beneficiadas por tratamentos convencionais do que por novas evoluções conceituais e paradigmáticas em si. Pacientes psicóticos e adolescentes delinquentes, entre outros problemas desafiadores, levaram os terapeutas da década de 1950 a ousarem, ou seja, a quebrar os protocolos da prática clínica convencional para incluir as famílias nos tratamentos. Assim se desenvolveram várias abordagens, entre as quais a comunicacional, interacional ou terapia estratégica breve, estrutural, estratégica, experiencial simbólica, intergeracional, sistêmica de Milão, tomando como referência o que surgiu no território americano e que informou a prática da terapia familiar no Brasil. Pakman (1994), considerando as distintas maneiras de se compreender os problemas, as teorias da mudança e as distintas práticas terapêuticas dessas abordagens, define-as como um conjunto de práticas não-uniformes, em contínua evolução, unidas por noções sistêmico-cibernéticas que se retroalimentam.

As inúmeras abordagens de terapia familiar surgiram, portanto, na ausência de um sistema de crenças compartilhadas, ou seja, de um paradigma unificador, resultando em evoluções conceituais distintas na trilha da busca de descrições e explicações para os problemas particulares de cada grupo diante de desafios na prática clínica. Anderson (1997), ao referir-se a esse turno evolutivo, considera que na década de 1950 vivemos um ponto de bifurcação em que um grupo de terapeutas teceu sua compreensão estendendo suas explicações psicanalíticas e psicodinâmicas do indivíduo para a família, enquanto outro grupo foi buscar seus conceitos explicativos fora do campo da saúde mental, aventurando-se pelas ciências sociais, pela engenharia, filosofia, biologia e física, abrindo um leque de possibilidades que veio a constituir as práticas sistêmico-cibernéticas referidas por Pakman (1994) ou o paradigma unificador sistêmico contextual descrito por Anderson (1997).

Optando por me deter mais nos desenvolvimentos recentes da terapia familiar, dentro dos marcos de pensamento pós-moderno, apresento a seguir um breve percurso evolutivo do campo, centrado mais em um alinhamento do pensamento teórico que organizou as práticas distintas da terapia familiar ao longo desses anos. Cumpre lembrar que, além de muito sumário, trata-se de um recorte possível não-exclusivo, construído no diálogo com os autores com os quais costumo dialogar e que me ajudaram a pensar o tema desse capítulo entrelaçando teorias e práticas.

Teoria sistêmica e cibernética: um entrelaçamento de teorias e práticas nos alicerces da terapia familiar sistêmica

Um primeiro organizador do discurso e da prática da terapia familiar veio da teoria sistêmica e da cibernética, com ênfase especial nos conceitos de sistema, homeostase, causalidade circular e retroalimentação negativa (em um primeiro momento) e retroalimentação positiva (em um segundo momento).

Compreendendo a família como um sistema, os pioneiros do campo da terapia familiar priorizaram interações e contextos. Qualquer compreensão do comportamento sintomático não postulava um entrelaçamento de mútuas influências entre as ações dos membros da família, cuja interdependência levou os terapeutas a buscarem teorias para além do âmbito do indivíduo, considerando a família como um todo, tanto para compreender o comportamento saudável como o disfuncional. O casamento dos conceitos sistêmicos com os cibernéticos configurou uma nova posição epistemológica para trabalhar com famílias e compreendê-las como unidade de tratamento. Esses conceitos teóricos conduziram os terapeutas a buscarem a funcionalidade dos sintomas, considerados neste primeiro momento da cibernética (que veio a ser conhecida como de primeira cibernética no contexto da cibernética de primeira ordem) como desvios ativados por erros na organização familiar. O sintoma, de acordo com esses organizadores teóricos, só poderia ser compreendido no contexto da família e, consequentemente, não mais no âmbito do indivíduo. Se surgia um sintoma em um de seus membros, isso era compreendido como uma tentativa de manter a homeostase do sistema familiar diante de dificuldades da família em manejar pressões oriundas de fatores externos ou das demandas de mudanças próprias das transições em seu ciclo evolutivo. Uma escola representativa desse momento paradigmático foi a do Mental Research Institute de Palo Alto, Califórnia, que iniciou suas incursões no campo da terapia familiar com famílias com pacientes portadores de esquizofrenia.

Em um segundo momento, decorrente especialmente dos avanços no campo da cibernética (que veio a ser conhecido como segunda cibernética ainda no contexto da cibernética de primeira ordem), a compreensão da família e seu funcionamento ganhou um novo contexto para se pensar teoricamente os problemas e as possibilidades de intervenção através do conceito de retroalimentação positiva. Apoiados pela afirmação de Maruyama (appud, Hoffman, 1981) de que a capacidade de sobrevivência dos sistemas vivos dependia não apenas da manutenção de sua homeostase, como também de sua capacidade de modificar sua estrutura para fazer frente às demandas do meio, outras práticas e uma nova compreensão se organizaram para a terapia familiar. Enquanto no primeiro momento falava-se em morfoestase (ou seja, manutenção da mesma forma através da correção dos desvios em relação ao funcionamento do sistema), nesse segundo momento passa-se também a falar em transcendência, representada pelo conceito de morfogênese (a construção de novas formas de funcionamento pela mudança na organização sistêmica). Ou seja, do ponto de vista teórico, a compreensão que passou a organizar a prática da terapia considerava que os sistemas vivos, como a família, necessitam ampliar suas possibilidades de modo a garantir sua sobrevivência. O conceito organizador dessa possibilidade de compreensão foi o de retroalimentação positiva, oferecendo um sistema explicativo para as mudanças diante das demandas evolutivas próprias das mudanças no ciclo de vida e das decorrentes dos desafios dos contextos. Ou seja, uma família, para sobreviver, necessita não apenas corrigir desvios que afetem seu funcionamento, como também dilatar seus modos habituais de funcionamento, amplificando os desvios, falando em uma linguagem cibernética, para, através da morfogênese, garantir sua continuidade por meio de mudanças funcionais, de modo a permitir sua evolução e adaptação às novas demandas em um mundo em constante evolução. Enquanto a retroalimentação negativa garantia a manutenção da organização sistêmica, ou seja, uma mudança de primeira ordem que mantinha a organização sistêmica, a retroalimentação positiva favorecia a compreensão de como os sistemas mudam para uma nova organização, ou seja, transcendem suas possibilidades através de mudanças de segunda ordem para um novo patamar qualitativo. Assim, a prática da terapia familiar apoiada em noções como a de que os sistemas humanos se organizam longe do equilíbrio, conforme decorreu do trabalho de Ilya Prigogine (Prigogine e Stengers, 1984), desenvolveu técnicas de intervenção que visavam favorecer mudanças de segunda ordem, promovendo mudanças na linha da reorganização da família através de saltos qualitativos para uma nova organização sistêmica. Na prática da terapia familiar, tais conceitos resultaram em modelos que tinham como recursos técnicas desestabilizadoras que geravam crise no sistema para favorecer sua mudança através de suas investidas para fazer frente aos desvios. Este é o caso, por exemplo, da terapia estrutural proposta por Minuchin (Minuchin, 1982; Minuchin e Fischman, 1990; Umbarger, 1987).

De uma forma bem geral, os conceitos teóricos que caracterizaram esse modelo de pensamento cujos pilares de sustentação foram sistêmicos e cibernéticos influenciaram de forma marcante tanto a prática da terapia como a postura do terapeuta. Novas técnicas de terapia surgiram para fazer frente à demanda de abalar a homeostase familiar organizada pelos sintomas e, assim, promover a mudança, ou para gerar crise no sistema, conduzindo a família a uma nova organização e a um novo funcionamento. O terapeuta assim orientado desenvolvia sua ação como uma intervenção ativa para ajudar a família a aceitar as exigências das pressões exteriores, os pontos de transição, as etapas de desenvolvimento e a mudança (Anderson, 1997).

A cibernética de segunda ordem – novos patamares teóricos e uma mudança paradigmática na prática da terapia familiar sistêmica

A história da terapia familiar sistêmica, em seu primeiro período de existência de cerca de três décadas, mostrou uma diversidade de abordagens organizada por metáforas teóricas sistêmico-cibernéticas e práticas de intervenção definidas pelo terapeuta.[1] Independentemente de suas especificidades, essas abordagens tinham em comum um terapeuta interventor que, apoiado em seus diagnósticos sistêmicos, buscava a solução dos problemas que a família vivia. Do ponto de vista paradigmático, a prática da terapia familiar sustentava-se pelos norteadores do empirismo lógico que regeu a ciência e as práticas por ela orientadas. A possibilidade de observar fidedignamente e intervir deliberadamente sobre o sistema tornava a terapia dessa época um empreendimento centrado no terapeuta como um especialista. Não só esse terapeuta definia o que não ia bem com a família, como também decidia os caminhos e a direção das mudanças necessárias para seu bom funcionamento, vendo a família como uma espécie de servomecanismo.

Contudo, avanços na ciência, impulsionados pelas descobertas da física quântica, pela teoria da relatividade de Einstein, pela biologia do conhecimento de Maturana, além de questionamentos vindo da filosofia em geral em torno das ideias de Wittgenstein, Rorty e dos filósofos da não-representação – colocaram em dúvida a possibilidade de conhecer objetivamente. Ao se postular a impossibilidade de separação entre sujeito e objeto, ou seja, de um observador se colocar fora do sistema que observa, um giro paradigmático passou a buscar por novos conceitos teóricos e por novas práticas a eles correlatas. No campo da cibernética, esse avanço resultou em uma mudança evolutiva conhecida como cibernética de segunda ordem ou cibernética dos sistemas observantes, conforme chamada por von Foerster (1974). Fazendo frente aos vários questionamentos, destacaram-se como fundamentais para a prática da terapia familiar os conceitos de auto-organização, auto-referência, reflexividade e autopoiese dos sistemas vivos. Ou seja, os sistemas vivos, como os sistemas humanos, são capazes de produzir suas próprias mudanças, as quais são conduzidas e limitadas pela sua organização sistêmica, não podendo ser deliberadamente operadas a partir de qualquer lugar externo ao próprio sistema. No campo da terapia familiar, isso resultou em uma mudança tanto no discurso teórico como na prática da terapia. A terapia familiar que se desenvolveu a partir dessa mudança paradigmática que veio a ser conhecida como pós-moderna abandonou as metáforas teóricas de homeostase, desvios, circuitos cibernéticos, retroalimentação negativa ou positiva, para inserir-se no campo da linguagem e do significado. Outros conceitos e outras práticas: sistemas linguísticos, narrativa, conversação, diálogo, significado, histórias, cultura, co-construção; terapias de segunda ordem (Hoffman, 1985, 1988); terapias narrativas (White e Epston, 1990; Sluzki, 1992, 1998); terapias colaborativas (Anderson e Goolishian, 1988).

---

[1] Os interessados especificamente neste tema podem recorrer ao sub-item "Metáforas sistêmicas: da cibernética à hermenêutica" de Grandesso (2006a).

A terapia familiar que seguiu a essa mudança paradigmática conhecida como pós-moderna se organizou em torno de dois referenciais epistemológicos distintos, o construtivismo e o construcionismo social.[2] Ambos partilham a impossibilidade de um lugar privilegiado de acesso a uma realidade objetiva e a crença na realidade construída a partir do ato de observação que inevitavelmente inclui a pessoa do observador e suas lentes teóricas idiossincráticas. No entanto, cumpre lembrar que no contexto evolutivo da terapia familiar as teorias são vistas como marcos referenciais mais ou menos úteis para nossos propósitos de dar sentido à nossa prática, à compreensão dos dilemas humanos e à mudança nos contextos de vida da família. Da mesma forma, as técnicas são consideradas como construção de possibilidades para ação e reflexão, derivando seu valor da possibilidade de favorecer transformações criativas. Portanto, a utilidade das teorias e das técnicas de terapia passou a ser diretamente compreendida pela sua possibilidade de oferecer subsídios para a construção de significados organizadores da experiência vivida pela família e para a evolução do sistema terapêutico (Grandesso, 2002).

Tendo em vista os propósitos deste capítulo, apresento a seguir um panorama do campo da terapia familiar nos marcos das práticas da terapia familiar consideradas pós-modernas, com ênfase especial na relação entre teorias e práticas.

DESENVOLVIMENTOS NO CAMPO DA TERAPIA FAMILIAR (TERAPIAS PÓS-MODERNAS): TEORIAS E PRÁTICAS

Uma mudança na dança entre teoria e prática, alicerce das *abordagens pós-modernas*

---

[2] Um aprofundamento nessas duas posições epistemológicas foge ao alcance deste capítulo. O leitor interessado encontra uma detalhada apresentação em Grandesso (2006a).

de terapia, vem do pioneiro grupo do MRI, na pessoa de Don Jackson, que abriu espaço para um importante legado para as práticas pós-modernas de terapia – a mudança da tradição de ensinar ao cliente a linguagem do terapeuta para ensinar ao terapeuta a linguagem do cliente (Anderson e Gehart, 2007). Essa mudança tanto metafórica como literal de deixar-se conduzir pelo cliente, aprendendo e falando sua linguagem, foi central para as novas metáforas teóricas que passaram a organizar as terapias pós-modernas.

Como acontece em inúmeras situações na história da construção do conhecimento e do desenvolvimento das práticas, uma intenção orientadora em uma determinada direção e com um determinado propósito acaba construindo um contexto gerador de uma alternativa não-intencionada, mas suficientemente inovadora, criativa e generativa para uma nova abordagem ou para uma nova compreensão. Assim, desenvolveram-se as abordagens pós-modernas para a terapia, como um salto qualitativo, acompanhando as mudanças paradigmáticas que aconteceram nas ciências em geral, organizando o sistema de ideias e práticas em uma nova direção.

Distintas abordagens de terapia familiar situam-se sob os marcos referenciais da pós-modernidade, entre as quais destaco as terapias colaborativas de base dialógica e as terapias narrativas, além das que resultaram de mudanças epistemológicas nas tradicionais terapias estruturais e estratégicas que abraçaram as ideias construtivistas. De acordo com Anderson (1997), as teorias terapêuticas podem ser descritas, analisadas e comparadas a partir de três questões básicas:

1. a posição do terapeuta – como define seu papel e seu propósito;
2. o processo de terapia – o que acontece e se entende como devendo acontecer para que haja uma mudança terapêutica;

3. o sistema terapêutico – incluindo as metas da terapia e dos participantes no processo.

De acordo com essas questões, podemos dizer que cada teoria influi em como o terapeuta fala e age e quais suas intenções em seu falar e fazer. Sucintamente, considero a seguir como respondem a essas questões algumas das práticas pós-modernas da terapia familiar.[3] Cumpre lembrar que tal classificação tem um caráter meramente didático, pois uma das consequências da era pós-moderna envolve o questionamento de fronteiras rígidas entre disciplinas e práticas, mantida, porém, uma coerência epistemológica.

ABORDAGENS COLABORATIVAS

Esta abordagem terapêutica é organizada em torno da definição dos sistemas humanos como sistemas linguísticos, geradores de linguagem e significado, organizadores e dissolvedores de problemas. A prática dessa terapia define-se como relacional e dialógica, e, no escopo de sua ação e sustentação teórica, podemos citar nomes como Tom Andersen, Kenneth Gergen, Lynn Hoffman, Lois Holzman, Sheila McNamee, Peggy Penn, Jaakko Seikkula, Lois Shawver, Jonh Shotter, Harlene Anderson e Harry Goolishian (Anderson, 2007a).

Ao compreender o diálogo como uma conversação transformadora, a terapia apresenta-se como uma conversação de duas mãos de trocas colaborativas, na qual o cliente é o especialista (Anderson, 1994, 1997; Anderson e Goolishian, 1992; 1988; Goolishian e Winderman, 1988). O processo de terapia é a conversação terapêutica em que o terapeuta é um participante ativo e "arquiteto do diálogo" (Anderson e Goolishian, 1988). O diálogo é considerado uma forma de conversação em que o terapeuta e o cliente participam do co-desenvolvimento de novos significados, de novas realidades e de novas narrativas, a partir de uma postura terapêutica de genuíno não-saber.

A terapia colaborativa organizada como uma prática de parceria na conversação entre terapeuta e clientes coloca sua ênfase nos processos reflexivos e na abertura das palavras para os significados por elas construídos, bem como no processo de questionamento como contexto generativo em relação à mudança. Destacam-se particularmente nessa forma de fazer terapêutico, além de Anderson e Goolishian, o trabalho de Tom Andersen (Andersen, 1987; 1991; 1995) e o de Peggy Penn, enfatizando a importância das diferentes vozes: a que vem da escrita, a que vem dos diálogos internos, além da que decorre das distintas conversações (Penn, 1985; 1998; 2001). A terapia colaborativa é considerada por seus praticantes mais como uma "abordagem" ou como "suposições" sobre terapia do que teoria ou modelo. Encontramos no escopo dessa prática diferentes denominações, como terapia colaborativa, dialógica, conversacional, construcionista social, relacional e pós-moderna (Anderson e Gehart, 2007). Do ponto de vista da ação, os terapeutas colaborativos procuram ater-se à forma como os clientes compreendem seus dilemas, a partir de dentro da própria conversação no momento da terapia e no contexto local, mais do que das informações oriundas de suas pré-compreensões. Assim, as perguntas do terapeuta são norteadas pelo que é dito pelas pessoas, legitimando seu conhecimento a partir de dentro da experiência vivida, ou seja, conhecimento local de cada pessoa participante do processo terapêutico.

Para Anderson (Anderson, 1997; 2000; 2001; 2007a e 2007c), a terapia colaborativa é mais uma instância filosófica ou uma filosofia de vida do que uma abordagem informada por uma teoria. Refere-se a

---

[3] Parte do que apresento a seguir foi publicado em primeira mão em Grandesso (2002).

[...] "uma forma de estar" em relacionamento e conversação: uma forma de pensar com, de experimentar com, de estar em relação com, agir com e responder para as pessoas, que encontramos em terapia (Anderson, 2007c, p. 43).

Apoiando-se na noção da linguagem e do conhecimento como generativos, sua propriedade inventiva e criativa favorece novos conhecimentos, novas identidades com maior auto-agência, *expertise* e futuros possíveis. Colocado como um parceiro conversacional, o terapeuta é aquele que, especializado em construir contextos de diálogo e relacionamentos colaborativos, coloca-se em uma atitude de curiosidade genuína para aprender com o cliente sobre suas circunstâncias, sustentado pela crença de que o cliente é o especialista em sua vida. O processo de conversação que se instala como uma via de duas mãos resulta em uma exploração conjunta e em co-desenvolvimento de novas possibilidades.

A postura colaborativa convida o terapeuta a tornar público seus pensamentos e a deixar-se transformar junto com o cliente, conforme a conversação segue adiante. Essa postura não se define como uma técnica nem visa a produzir técnicas. O terapeuta colaborativo deixa de lado também a busca de intervenções terapêuticas, uma vez que a mudança decorre da própria conversação. O principal recurso que o terapeuta leva para o contexto de terapia é a si próprio como ser humano, capaz de estar em relação não-hierárquica e a sustentar e promover uma conversação respeitosa, abrindo espaço e dando as boas-vindas para a incerteza e para o inesperado. A palavra-chave para essa abordagem é *com* – referindo-se a uma busca do terapeuta por estar com, de conectar-se e estar em relação com. Uma das grandes inovações teórico-práticas dessa abordagem foi o conceito de sistema determinado pelo problema, contrapondo a noção da terapia familiar tradicional de que o sistema cria o problema (Anderson, Goolishian e Winderman, 1986; Anderson e Goolishian, 1988; Goolishian e Winderman, 1988). Nesse sistema organizado pelo problema, cabem tantas distinções de problema quantos forem os participantes no processo, colocadas nas próprias palavras das pessoas. Portanto, a terapia colaborativa abandona descrições objetivas, explicações e diagnósticos para referir-se às particularidades das histórias narradas, colocando cada cliente como único e especial. Das descrições genéricas e impessoais para as particulares e especiais, Anderson (2007c) ressalta que a ênfase foi colocada no cliente como pessoa, evidenciando, assim, não apenas seu lado humano, mas também o do terapeuta como pessoa, mais do que um técnico.

ABORDAGENS NARRATIVAS

As práticas narrativas consideram que as pessoas vivem suas vidas através de histórias; que as histórias organizam e dão sentido à experiência e que os problemas existem na linguagem, sendo capturados nas histórias dominantes, co-autoriadas nas comunidades linguísticas das pessoas, tendo uma dimensão canônica. Ao consultarmos a literatura da terapia familiar, encontramos várias referências às práticas narrativas, muitas delas misturando-se nos contextos das práticas colaborativas anteriormente descritas. Contudo, definidas especialmente como práticas narrativas, destaco duas possibilidades – uma mais conversacional com ênfase nos processos de questionamento e outra mais estruturada como uma abordagem de conversação orientada para um propósito, proposta e desenvolvida pelo grupo de terapeutas liderados por Michael White e David Epston, do Dulwich Centre de Adelaide, Austrália.

As micropráticas transformativas

Trata-se de um processo de terapia narrativa com ênfase nas micropráticas transformativas no contexto da conversação que, através de um processo de questionamento, vem a desestabilizar as narrativas organizadoras dos problemas, dilatando seu horizonte e sua referência. O resultado de tal processo de questionamento conduz à organização de histórias qualitativamente "melhores" para o sistema, em torno dos "estranhos atratores", fazendo referência à teoria do caos. Esses atratores caracterizam-se como opções potenciais que surgem nos pontos de bifurcação das histórias desestabilizadas pela conversação terapêutica, conforme podemos ver no trabalho de Sluzki (1992; 1998). Sluzki considera que as narrativas que surgem no contexto das terapias organizam-se em torno de temas, muitos deles podendo ser considerados universais a qualquer que seja a família: perdas e luto, gênero, ciclo vital, transgeracionalidade e famílias de origem, lealdades e ética relacional, etnia e cultura, estrutura e organização da família, entre outros.

De acordo com os pressupostos dessa prática pós-moderna, diferentes temas e alternativas podem gerar histórias igualmente plausíveis no contexto das conversações terapêuticas e transformadoras. Coerentemente com os princípios do pensamento pós-moderno, diferentes temas atendem mais às preferências teóricas do terapeuta e à pertinência aos enredos temáticos das famílias em terapia, e não a qualquer valor de verdade sobre problemas e soluções. A habilidade do terapeuta narrativo, de acordo com essa abordagem narrativa, envolve colocar-se conectado na escuta aberta para ouvir as histórias que as pessoas contam sobre seus dilemas e coordenar perguntas e comentários, entrando pela porta aberta pela narrativa da família e expandindo o contexto narrativo para outros temas e contextos discursivos.

A partir da estruturação do espaço terapêutico como um espaço de conversação, essa prática narrativa envolve uma escuta das histórias sobre as experiências vividas pelos personagens envolvidos, os enredos e os cenários dos acontecimentos narrados, seus corolários morais, éticos e suas consequências. O processo de questionamento desenvolvido pelo terapeuta favorece a mudança na direção da construção de histórias alternativas e preferidas, promovendo a transformação das histórias nas dimensões de tempo (por exemplo, entre descrições estáticas e descrições flutuantes), espaço (por exemplo, entre narrativas contextuais e narrativas não-contextuais), linha de causalidade (entre narrativas sobre causas e narrativas sobre efeitos), contexto das interações (descrições situadas em contextos interpessoais e descrições intrapessoais), valores presentes (distintas atribuições de qualidades a pessoas e acontecimentos) e na forma narrativa (entre descrições na voz ativa e descrições na voz passiva). Especificando melhor, se a pessoa narra suas histórias em uma dimensão de tempo presente, o terapeuta conecta-se a esse enredo narrativo, mas gradativamente vai dirigir suas perguntas para outras dimensões de tempo, sobre passado ou futuro; se a narrativa, contudo, descreve acontecimentos valendo-se do tempo passado, o terapeuta vai deslocar suas perguntas para o presente ou futuro, e assim por diante, em cada uma das dimensões citadas. De acordo com a compreensão presente nessa prática, as histórias podem ser desestabilizadas conforme possam abrir espaço para novos olhares em uma coordenação na linguagem que convida à exploração de novos horizontes possíveis. Do ponto de vista técnico, essa prática narrativa exige um terapeuta hábil para uma escuta da estruturação narrativa e para a coordenação da linguagem a fim de organizar uma conversação convidativa para a construção de novos significados.

A terapia narrativa de Michael White

Situando-se também sob o guarda-chuva da pós-modernidade, a terapia narrativa proposta por Michael White e sua equipe do Dulwich Centre de Adelaide, na Austrália, define-se como um enfoque respeitoso, não-culpabilizador que considera as pessoas como especialistas em suas vidas. Embora apresente diretrizes específicas para o terapeuta colocar-se em conversação com pessoas, famílias e comunidades, essa terapia narrativa organiza-se também dialogicamente em mútua colaboração entre o terapeuta e todos os participantes do processo terapêutico. Os organizadores temáticos das conversações são dados pelas preferências das pessoas consultantes, às quais o terapeuta procura conhecer e se adaptar. Perguntas sobre o andamento da conversação, os caminhos que estão sendo percorridos, caminhos alternativos possíveis e preferidos, permitem ao terapeuta orientar-se por um território em que a pessoa em terapia coloca-se como cicerone. Os constantes ajustes de rota permitem não só respeitar os interesses das pessoas, como também seus conhecimentos – *como insiders* – em uma atitude respeitosa e legitimadora por parte do terapeuta.

Esta terapia narrativa enfatiza a desconstrução das histórias dominantes e das práticas subjugadoras do *self* que, cristalizadas nos relatos sobre vidas e identidades, restringem as possibilidades existenciais e têm o status de verdades sobre as pessoas e suas vidas. Começando pelo mapeamento dos efeitos do problema sobre a vida da pessoa, as relações, as perspectivas de futuro e a visão de si mesma, o terapeuta desenvolve uma conversação especial que promove o resgate das identidades dos domínios do problema, bem como a memória de que os problemas são construídos nos contextos das experiências vividas. A proposta de externalização, situando a pessoa e o problema como entidades distintas, contribui para desessencializar o *self*, ao tornar conhecidos os contextos organizadores das narrativas opressoras das quais as pessoas constroem empobrecidas visões de si mesmas e restritas possibilidades existenciais (Grandesso, 2002; 2006b). Partindo do pressuposto teórico de que a experiência é muito mais rica do que qualquer possibilidade narrativa (Bruner, 1997), o terapeuta procura por acontecimentos extraordinários que contradigam as histórias dominantes, apresentando áreas da vida da pessoa livres da influência do problema que descrevam um sentido de ação e competência. Ao resgatar a memória de episódios vividos que contradizem as histórias dominantes, o terapeuta promove uma conversação de reescritura das histórias de identidade, ao incluir nas novas narrativas aspectos negligenciados pelas histórias dominantes. A reconstrução narrativa decorrente do trabalho terapêutico caracteriza esse modelo de terapia como sendo de reautoria da autobiografia. Considerando-se que as histórias são construídas e legitimadas no mundo da vida, o terapeuta narrativo pode fazer-se valer de participantes convidados pela pessoa em terapia, funcionando como testemunhas externas das novas versões de identidade fora dos domínios do problema. Pessoas vivas ou mortas que por alguma razão foram referências importantes para a pessoa no passado podem ter resgatadas suas vozes, fazendo-se presentes ou imaginadas, através dos processos de questionamento, e ajudando não só a construir histórias mais ricas, como também a ancorá-las. Assim, considerando a vida como se fosse um clube, influenciado pelo trabalho da antropóloga cultural Bárbara Myerhoff, que trabalhou com uma prática conhecida como cerimônia de definição,[4] uma prática narrativa nesses moldes favo-

---

[4] Bárbara Myerhoff usou a metáfora de cerimônia de definição em seu trabalho com uma comunidade de judeus idosos, criando um contexto de contar algumas das histórias mais significativas de suas vidas, como uma forma de fortalecer seus projetos de identidade que estavam em vias de extinção (White, 2004).

rece a abertura para mundos mais ricos ao promover a polifonia vinda de diferentes contextos de relação.

Embora essa prática de terapia conte com muitos recursos de conversação – conversações externalizadoras, conversações de reautoria, conversações de reassociação (do inglês *remembering*), uso de testemunhas externas, rituais terapêuticos, cerimônias e documentos – cada processo terapêutico é único, e, como diz Morgan (2000), muitos são os caminhos possíveis, cheios de bifurcações, idas e vindas, cada passo conduzindo a um novo horizonte possível e cada pergunta, a uma nova versão de vida.

O trabalho criativo do terapeuta narrativo na construção de "mapas narrativos" (White, 2007) exige do terapeuta uma postura de escuta atenta e de paciência para as idas e vindas nos andaimes que alicerçam e sustentam as novas narrativas. Apoiado nas ideias de Michel Foucault, White define o terapeuta narrativo como uma espécie de ativista sociopolítico que denuncia práticas culturais colonizadoras que marginalizam pessoas e comunidades em nome de discursos normatizadores e dominantes. Todo o trabalho de Michael White, David Epston, Jill Freedman e Gene Combs ilustra essa prática de terapia libertadora (White, 1988, 1991, 1993, 2004, 2007; White e Epston, 1990; Freedman e Combs, 1996).

ABORDAGENS CRÍTICAS PÓS-MODERNAS

Podemos incluir aqui as propostas como a *just therapy* do grupo do Family Centre da Nova Zelândia (Waldegrave, 1990; 2000). Charles Waldegrave, Kiwi Tamasese e Wally Campbell organizaram sua abordagem terapêutica em torno de conceitos de eqüidade e justiça social, considerando que muitos dos problemas de saúde mental e de relacionamentos decorrem das conseqüências das diferenças de poder e de injustiças sociais. O grupo propõe que se considere as influências do macrocontexto socioeconômico, político, cultural, étnico, de gênero e espiritual no microcontexto familiar. Para esses terapeutas, há significados preferidos para as narrativas emergentes, edificados em torno de valores, promovendo a igualdade de gênero, a autodeterminação cultural, pertencimento e espiritualidade. Tal proposta coloca o terapeuta no lugar de um profissional engajado com a transformação das políticas sociais mais amplas, comprometido com uma ética da igualdade e legitimação da pessoa, o qual encoraja uma metodologia de ação/reflexão que considere não apenas indivíduos, casais e famílias, como também comunidades, sociedades e países. Esse grupo neozelandês enfatiza a importância de o terapeuta perguntar-se constantemente pelos seus valores. A ausência desse questionamento torna a prática da terapia um empreendimento a serviço dos valores dominantes, colocando-se assim como uma espécie de prática colonizadora.

ABORDAGENS ESTRUTURAL E ESTRATÉGICA PÓS-MODERNAS

Redefinidas de acordo com uma epistemologia construtivista, tais abordagens acompanharam a evolução da cibernética de primeira para a de segunda ordem e podem ser consideradas pós-modernas, desde que, além do uso de uma nova linguagem, a postura do terapeuta abandone o lugar de especialista. Considere-se, neste sentido, a terapia centrada nas soluções de Shazer (Miller e De Shazer, 2000) que, partindo das exceções em relação à manifestação de um problema, inicia um jogo de linguagem para a construção de lugares aptos para o encontro de soluções, baseadas na conduta do terapeuta e no uso de técnicas. Acima de tudo, tais releituras são feitas dentro de uma nova concepção epistemológica que redefine a abordagem quanto à noção do conhecimento e a prática clínica quanto ao uso das técnicas e ao papel do terapeuta.

TERAPIAS PÓS-MODERNAS: UMA APROXIMAÇÃO

Vivemos hoje na terapia familiar a uma multiplicidade de abordagens, tantas quantos forem os terapeutas em questão. Contudo, a ausência de um purismo de abordagens não significa uma anarquia epistemológica se considerarmos os marcos referenciais da pós-modernidade como seus denominadores comuns. Uma coerência epistemológica une as práticas pósmodernas de terapia em torno de alguns pressupostos teóricos comuns que organizam a ação dos terapeutas:

- A consciência de que o terapeuta co-constrói no sistema terapêutico, em ação conjunta com a família, a definição do problema e das possibilidades de mudança.
- A crença de que toda mudança só pode se dar a partir da própria pessoa e da sua organização sistêmica autopoiética, sendo responsabilidade e especialidade do terapeuta a organização da conversação terapêutica.
- A mobilização dos recursos da família, da comunidade, das redes de pertencimento, legitimando o saber local de pessoas e contextos.
- Uma concepção não-essencialista de *self*, compreendido como construído no contexto das relações e práticas discursivas.
- A visão da pessoa como autora de sua história e existência, competente para a ação, para o agenciamento de escolhas a partir de um posicionamento auto-reflexivo, moral e ético, podendo criar e expandir suas possibilidades existenciais.
- A ênfase sobre os significados socialmente construídos na linguagem e nos espaços dialógicos, sendo construídos nos discursos emergentes e, ao mesmo tempo, responsáveis por suas transformações.
- A crença no diálogo, definido como um cruzamento de perspectivas, como uma prática social transformadora para todos os envolvidos, independentemente de seu lugar como terapeuta e cliente.
- A ênfase nas práticas de conversação e nos processos de questionamento como recurso para gerar reflexão e mudança, conforme expande os horizontes de terapeutas e clientes.
- A adoção de postura hermenêutica em que a compreensão é co-construída intersubjetivamente pelos participantes da conversação.
- A ênfase muito mais no processo do que no conteúdo das histórias, compreendendo as narrativas como locais e, desse modo, idiossincráticas.

Refletindo sobre o panorama atual da terapia familiar, podemos considerar que sua consistência decorre de uma epistemologia unificadora pós-moderna apoiada em uma hermenêutica contemporânea construída na intersubjetividade, envolvendo a pessoa do terapeuta como co-construtor das realidades com as quais trabalha. A prática dessas terapias ditas pós-modernas envolve um trânsito do terapeuta entre teoria e prática de modo epistemologicamente coerente, de acordo com os meios que se lhe apresentem mais úteis e despertem seu entusiasmo e sua criatividade como interlocutor qualificado.

Como uma prática social transformadora, esta terapia organiza-se a partir dos contextos locais e das histórias culturais de distintas comunidades linguísticas. O respeito pela diversidade e multiplicidade de contextos com seus saberes locais implica uma terapia construída a partir da aceitação da responsabilidade relacional do terapeuta, legitimando os direitos humanos de bem-estar e de exercício da livre escolha.

Os imensos desafios que se apresentam para o terapeuta, vindos do campo da saúde mental, das instituições voltadas para o cuidado e tratamento da pessoa, dentro de uma perspectiva pós-moderna, convidam para a humildade na construção do conhecimento e conduzem, cada vez mais, para uma ação transdisciplinar em uma instância de trocas colaborativas entre os distintos domínios de saber e no uso de técnicas como recursos a serviço do bem-estar. O caráter auto-referencial e de reflexividade presente nas terapias pós-modernas desafia o terapeuta a tornar explícitos seus pré-juízos, seus valores, suas opções ideológicas, nos limites da sua subjetividade, estabelecendo parâmetros para a clínica que pratica e harmonizando de forma estética teoria e prática a serviço do bem-estar das famílias que atende.

REFERÊNCIAS

ANDERSEN, T. Reflecting processes, acts of informing and forming: you can borrow my eyes, but you must not take away from me. In: FRIEDMAN, S. (Ed.). *The reflecting team in action*: collaborative practice in family therapy. New York: Guilford, 1995. p. 11-37.

_____. The reflecting team: dialogue and metadialogue in clinical work. *Family Process,* v.26, n.4, p.415-428, 1987.

_____. *The reflecting team:* dialogues and dialogues about dialogues. New York: W. W. Norton, 1991.

ANDERSON, H. Becoming a postmodern collaborative therapist: a clinical and theoretical journey. Part I. *Journal of the Texas Association for Marriage and Family Therapy,* v.5, p. 5-12, 2000.

_____. Becoming a postmodern collaborative therapist: a clinical and theoretical journey. Part II. *Journal of the Texas Association for Marriage and Family Therapy,* v.6, p. 4-22, 2001.

_____. *Conversation, language, and possibilities:* a postmodern approach to therapy. New York: Basic Books, 1997.

_____. Dialogue: people creating meaning with each other and finding ways to go on. In: ANDERSON, H.; GEHART, D. (Ed.). *Collaborative therapy*: relationships and conversations that make a difference. New York: Routledge, 2007b. p. 33-41.

_____. Historical Influences. In: ANDERSON, H.; GEHART, D. (Ed.). *Collaborative therapy:* relationships and conversations that make a difference. New York: Routledge, 2007a. p. 21-31.

_____. Rethinking family therapy: a delicate balance. *Journal of Marital and Family Therapy,* v.20, p. 145-150, 1994.

_____. The heart and spirit of collaborative therapy: the philosophical stance: "A way of being" in relationship and conversation. In: ANDERSON, H.; GEHART, D. (Ed.). *Collaborative therapy:* relationships and conversations that make a difference. New York: Routledge, 2007c. p. 43-59.

ANDERSON, H.; GEHART, D. *Collaborative therapy:* relationships and conversations that make a difference. New York: Routledge, 2007.

ANDERSON, H.; GOOLISHIAN, H. Human systems as linguistic systems: preliminary and evolving ideas about the implications for clinical theory. *Family Process,* v.27, p. 371-393, 1988.

_____. The client is the expert: a not-knowing approach to therapy. In: MCNAMEE, S.; GERGEN, K. J. (Ed.). *Therapy as social construction.* London: Sage, 1992. p. 25-39.

ANDERSON, H.; GOOLISHIAN, H.; WINDERMAN, L. Problem determined systems: towards transformation in family therapy. *Journal of Strategic and Systemic Therapies,* v.5, p. 1-14, 1986.

BAKHTIN, M. *Estética da criação verbal.* 1. ed. São Paulo: Martins Fontes, 1992. p. 421.

BERTALANFFY, L. von. *Teoria geral dos sistemas.* Petrópolis: Vozes, 1975.

BRUNER, J. *Atos de significação.* Porto Alegre: Artmed, 1997.

CECCHIN, G. Construcción de posibilidades terapéuticas. In: MCNAMEE, S.; GERGEN, K. J. (Ed.). *La terapia como construcción social.* Barcelona: Paidós, 1996. p. 111-120.

FREEDMAN, J.; COMBS, G. *Narrative therapy:* the social construction of preferred realities. New York: W. W. Norton, 1996b.

GOOLISHIAN, H.; WINDERMAN, L. Constructivism, autopoiesis and problem determined systems. *Journal of Psychology,* v.9, p. 130-143, 1988.

GRANDESSO, M. A. Dialogando sobre teorias: metáforas teóricas da terapia familiar. *Nova Perspectiva Sistêmica,* ano 6, v.10, p. 18-23, 1997.

_____. Família e narrativas: histórias, histórias e mais histórias. In: CERVENY, C. M. de O. (Org.). São Paulo: Casa do Psicólogo, 2006b. p. 13-29.

_____. *Sobre a reconstrução do significado na prática clínica: uma análise epistemológica e hermenêutica da prática clínica.* 2. ed. São Paulo: Casa do Psicólogo, 2006a.

_____. Terapias posmodernas: um panorama. *Sistemas Familiares,* Buenos Aires, año 18, n.3, p.19-27, 2002.

HOFFMAN, L. A constructivist position for family therapy. *The Irish Journal of Psychology,* v.9, p. 110-129, 1988.

_____. Beyond power and control: forward a "second order" family systems therapy. *Family Systems Medicine,* v.3, p. 381-396, 1985.

_____. *Foundations of family therapy.* New York: Basic Books, 1981.

MILLER, G.; DE SHAZER, S. Las emociones en la terapia centrada en soluciones: un reexamen. *Sistemas Familiares,* v.16, n.3, p. 7-25, 2000.

MINUCHIN, S. *Famílias:* funcionamento e tratamento. Porto Alegre: Artmed, 1982.

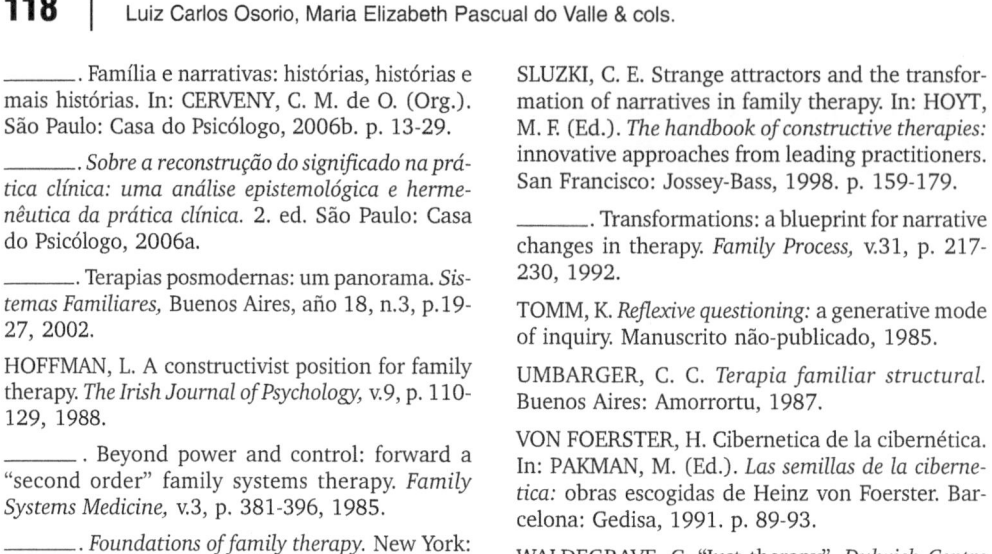

MINUCHIN, S.; FISHMAN, H. C. *Técnicas de terapia familiar.* Porto Alegre: Artmed, 1990.

MORGAN, A. *What's narrative therapy.* Adelaide: Dulwich Centre, 2000.

PAKMAN, M. Una actualización epistemologica de las terapias sistémicas. *Psyche,* v.21, p. 34-37, 1994.

PARÉ, D. A. Of families and other cultures: the shifting paradigm of family. *Family Process,* v.34, p.1-19, 1995.

PENN, P. Feed-forward: future questions, future maps. *Family Process,* v.24, p. 299-310, 1985.

_____. Rape flashbacks: constructing a new narrative. *Family Process,* v.*37*, p. 299-310, 1998.

_____. Rompiendo el silencio: trauma, lenguaje y escritura en la enfermedad crónica. *Sistemas Familiares,* v.17, n.2, p. 35-54, 2001.

PRIGOGINE, I.; STENGERS, I. *A nova aliança.* Brasília: Ed. UnB, 1984.

ROSENBLATT, P. C. *Metaphors of family systems theory:* toward new constructions. New York: Guilford, 1994.

SLUZKI, C. E. Strange attractors and the transformation of narratives in family therapy. In: HOYT, M. F. (Ed.). *The handbook of constructive therapies:* innovative approaches from leading practitioners. San Francisco: Jossey-Bass, 1998. p. 159-179.

_____. Transformations: a blueprint for narrative changes in therapy. *Family Process,* v.31, p. 217-230, 1992.

TOMM, K. *Reflexive questioning:* a generative mode of inquiry. Manuscrito não-publicado, 1985.

UMBARGER, C. C. *Terapia familiar structural.* Buenos Aires: Amorrortu, 1987.

VON FOERSTER, H. Cibernetica de la cibernética. In: PAKMAN, M. (Ed.). *Las semillas de la cibernetica:* obras escogidas de Heinz von Foerster. Barcelona: Gedisa, 1991. p. 89-93.

WALDEGRAVE, C. "Just therapy". *Dulwich Centre Newsletter,* v.1, p. 5-46, 1990.

_____. "Just therapy" with families and communities. In: BUFORD, G.; HUDSON, G. (Ed.). *Family groups conferencing: news directions in community-centered child and family practice.* New York: Aldine de Gruyter, 2000.

WHITE, M. Commentary: the histories of the present. In: GILLIGAN, S.; PRICE, R. (Ed.). *Therapeutic conversations.* New York: W. W. Norton, 1993. p. 121-132.

_____. Deconstruccion and therapy. *Dulwich Centre Newsletter,* v.3, p. 21-40, 1991.

_____. *Maps of narrative practice.* New York: W. W. Norton, 2007.

_____. *Narrative practice and exotic lives:* resurrecting diversity in everyday life. Adelaide: Dulwich Centre, 2004.

_____. The process of questioning: a therapy of literary merit? *Dulwich Centre Newsletter,* Winter 1988.

WHITE, M.; EPSTON, D. *Narrative means to therapeutic ends.* New York: Norton, 1990.

WIENER, N. *Cybernetics or control and communication in the animal and the machine.* Cambridge: MIT, 1961. Orig. 1948.

8

A psicanálise das configurações vinculares e a terapia familiar

Ana Margarida Tischler Rodrigues da Cunha
Maria Cecilia Rocha da Silva
Marilda Goldfeder
Ruth Blay Levisky

INTRODUÇÃO

Família: é este o grupo específico que pretendemos analisar sob a ótica da psicanálise das configurações familiares. Todavia, situar os marcos teóricos práticos de nosso referencial implica articular historicamente nossa trajetória como "área de família" do NESME (Núcleo de Estudos em Saúde Mental e Psicanálise das Configurações Vinculares). Ao mesmo tempo, é colocado o desafio de acompanhar o desenvolvimento dos conceitos que propiciaram e engendraram nosso conhecimento e nossa prática. Com essa finalidade, tivemos que escolher entre os vários caminhos possíveis e nos propusemos então a examinar inicialmente as contribuições psicanalíticas para a abordagem dos grupos e a mudança de paradigma que implicam, até porque não se saltou da psicanálise individual para o vértice grupal e deste para o familiar sem um longo percurso. Nele, outros referenciais foram sendo usados e assimilados para dar conta de um outro objeto de estudo, ou seja, a família, a qual articula o indivíduo, o grupo, a sociedade e a cultura, seja como produto, seja como produtor de seus vínculos intra, inter e transubjetivos. A busca de compreensão da interação dos diferentes tipos de vínculos resultou em uma confluência de referenciais cuja aplicação prática para a abordagem dos vínculos familiares comporta diferentes "configurações" que se organizam a partir da flexibilidade inerente ao referencial. Isso é o que permite seu uso para diferentes objetivos e contextos.

O propósito do capítulo é dar ênfase à experiência que a área de família e casal do NESME tem vivido e que reflete não apenas o aumento de interesse pela terapia familiar, mas também a demanda por formação e capacitação de diferentes profissionais, atuando em diferentes contextos. Em comum há a busca de instrumentos mais eficientes, econômicos e rápidos, os quais facilitem objetivos preventivos, orientadores, pedagógicos, atuando com equipes multiprofissionais, relações humanas, inter-institucionais, empresariais, além das metas terapêuticas em seu sentido mais clássico. Propõe-se ainda a delinear, de modo geral, o processo terapêutico, com o objetivo de explicitar temas, técnicas e estratégias. A seguir, caracterizaremos nossa experiência a partir das diferentes demandas, as quais deixam clara uma lacuna a ser preenchida e significada e as quais nos têm impulsionado, apontando para um campo potencialmente promissor.

DA PSICANÁLISE, AOS VÍNCULOS, À TERAPIA FAMILIAR...

Psicanálise das configurações vinculares é o nome que adotamos como representativo da nossa identidade; marca o "parentesco" com a psicanálise, ao mesmo tempo em que aponta para o surgimento de outra "família". Afinal, de que se trata? Uma nova forma de psicanálise? Traz novos conceitos? É uma psicanálise aplicada? Diríamos que faz parte dos desenvolvimentos da própria psicanálise e de transformações, induzidos através do estudo e da pesquisa para que pudesse ser dotada de uma estrutura conceitual e metodológica voltada para o atendimento em grupo. Conservando os fundamentos básicos da teoria psicanalítica, seu desenvolvimento foi lento, pois as inúmeras e valiosas construções hipotéticas de Freud relativas aos fenômenos grupais permaneceram inertes durante muito tempo. Não poderíamos, assim, deixar de partir dos conceitos básicos da psicanálise introduzidos por Freud, nos quais o inconsciente permeia e dá estrutura aos vínculos familiares. Freud foi o primeiro a trazer a intersecção da psicanálise com a cultura, ou seja, como o indivíduo recebe como herança aspectos da horda primitiva e transmite-os para outras gerações. Ele se preocupou também em entender o funcionamento mental do indivíduo no grupo, assim como as interferências que a massa exerce sobre o indivíduo. Compreendeu através do mito de Édipo a base estruturante dos processos identificatórios e da formação da personalidade do sujeito. Poderíamos dizer que Freud assentou as bases para a compreensão do mundo mental dos indivíduos e também da transmissão cultural. Contudo, suas hipóteses relativas à grupalidade só serão desenvolvidas e aplicadas durante a Primeira Guerra e depois dela, favorecidas pelas contribuições das teorias kleinianas sobre *relações de objeto*. Elas trazem luz e compreensão para o relacionamento do sujeito com o *objeto* e para as vicissitudes dos mecanismos primitivos da mente, permitindo com isso o desenvolvimento de conceitos indispensáveis para as relações humanas. Vera L. Lamano Calil assim traduz esses conceitos:

> Podemos dizer que, enquanto a psicoterapia psicanalítica instintiva enfatiza os instintos e suas vicissitudes, a teoria das relações objetais focaliza o relacionamento do indivíduo com o objeto. Por exemplo, a primeira teoria defende que o objeto é importante na medida em que é capaz de fornecer prazer. A segunda diz que o valor do objeto está em sua capacidade de enriquecer os relacionamentos.

E conclui que

> a teoria instintiva fornece um elo de ligação com a biologia, enquanto a teoria das relações objetais fornece à psicanálise uma ligação com as ciências sociais. (1987, p. 118)

Influenciados pelas concepções kleinianas e voltados às de Freud sobre grupalidade, autores ingleses como Bion e Foukes e os franceses Kaës e Anzieu passam a oferecer farta contribuição para a compreensão e para o manejo dos grupos, sempre respeitando os princípios básicos psicanalíticos. Apesar das resistências, esse movimento vai crescendo, impulsionado também pelas mudanças histórico-culturais do pós-guerra.

Começa a haver, então, por parte de psiquiatras, psicólogos, sociólogos e assistentes sociais uma crescente percepção da relação existente entre os distúrbios dos relacionamentos humanos e as doenças apresentadas pelos indivíduos e pela sociedade.

Na Argentina, onde as conjunturas sociais e econômicas tornavam raras as possibilidades de atendimento individual, a questão grupal passa a ser considerada por estudiosos e profissionais de renome, entre eles, Pichon Rivière, que busca articular a psicanálise clássica e a psicologia social. Pichon amplia o conceito de *relação de objeto*, formulando o conceito de *vínculo* no qual se integram as dimensões *intra*, *inter* e *transubjetivas*. Tais aspectos podem ser assim compreendidos:

- *Intra*. Como os objetos internalizados se relacionam entre si e como se vinculam mutuamente: consciente e inconsciente, pensamentos e sentimentos, parte infantil e parte adulta, etc.
- *Inter*. Diversas formas de como o indivíduo se relaciona com os demais.
- *Trans*. Formas como indivíduos e grupos se vinculam com normas, leis e valores; com papéis e funções que desempenham no contexto social, econômico, político. Também alude a fantasias inconscientes compartilhadas, como mitos, lendas, contos de fada, folclore, etc.

As ideias de Pichon apresentadas em vários textos entre 1950 e 1980 tiveram ampla repercussão nos meios psicanalíticos argentinos e no Brasil, trazendo também conceitos importantes para o trabalho com grupos e os impedimentos emocionais que dificultam a *tarefa*. Contribuiu muito ainda ao propor uma metodologia de abordagem – os grupos operativos – aplicável a diferentes propósitos que não apenas os grupos terapêuticos. Aqui vale lembrar que, para Pichon, a "doença" constitui-se a partir do "estancamento do processo de aprendizagem" e que, para ele, qualquer processo terapêutico produz aprendizagem e qualquer aprendizagem é terapêutica. Ao considerar a família como pano de fundo para os problemas individuais, articulou a ideia de que o membro doente de uma família é o emergente, o *porta-voz* da enfermidade familiar cujo papel é se encarregar como *depositário* das ansiedades e tensões – *o depositado* do grupo familiar – *o depositante*.

O referencial teórico prático que vai se desenvolvendo na Argentina e no Brasil se amplia com as contribuições da escola inglesa, francesa, entre outras. Entre as concepções de Bion, destacaremos o conceito de *mentalidade grupal* que

> alude ao fato de que um grupo adquire uma unidade de pensamento e de objetivos o qual transcende aos indivíduos e se institui como uma entidade à parte. (Zimermann, D. E., 1995)

Bion afirma também que

> todo grupo opera sempre em dois níveis simultâneos, opostos e interativos, embora bem delimitados entre si. Um nível é o que ele denomina *grupo de trabalho*, e outro é o *grupo de pressupostos básicos*. (Zimermann, D. E., 1995)

O primeiro está voltado para os aspectos conscientes de uma tarefa assumida por todos os membros do grupo; o segundo funciona nos moldes do processo primário e obedece às leis do inconsciente dinâmico. Os *pressupostos básicos* opõem-se a todo processo de desenvolvimento, promovendo reações defensivas mobilizadas pelo ego primitivo contra as ansiedades psicóticas. Outros conceitos bionianos estão também inseridos em nossa bagagem teórica com famílias e nos ajudam a entender a mente primitiva e o papel dos vínculos no desenvolvimento. Seu conceito de *rêverie* enfatiza a importância da qualidade do primeiro vínculo mãe-bebê para o desenvolvimento da capacidade de pensar, de conter, de suportar frustração, de confiar, de conhecer, de amar.

Ampliando as influências teóricas, não podemos deixar de citar as contribuições de Winnicott, com conceitos tão sensíveis como os de *mãe suficientemente boa*, a importância da relação mãe-bebê para o desenvolvimento da criatividade, o conceito de *objeto transicional*, seus estudos sobre o papel da família e do ambiente na constituição e no desenvolvimento dos vínculos precoces. Duas afirmações suas são emblemáticas de sua contribuição: "tudo começa em casa" e "não existe nada como um bebê", já que ele não pode existir sem mais alguém, pois é parte de uma relação. Considera que o laço original entre pais e bebê é fonte para todas as ligações subsequentes e também do desenvolvimento do sentimento de si mesmo. Por outro lado, o bebê, antes mesmo de nascer, contribui para a integração do casal e já tem lugar em seu imaginário. Coloca, com isso, a ideia das influências recíprocas. A escola francesa, resgatando ideias de Freud, aprofunda-se no problema de aplicar ao grupo a compreensão do que ocorre no indivíduo. O conceito de *aparelho psíquico grupal*, desenvolvido por Kaës, introduz a ideia de

> (...) um sistema de transformação da energia psíquica individual em energia disponível para os vínculos intersubjetivos e para os grupos em suas instâncias. Essas transformações são produtoras de complexos psíquicos próprios do grupo (Kaës, 1997).

Anzieu (1993), também da escola francesa, destaca a *realidade imaginária dos grupos*. Estabelece uma analogia entre o grupo e o sonho, e desenvolve o conceito de *ilusão grupal*. Diz ele:

> (...) pode-se admitir que toda situação de grupo (grande ou pequeno, de trabalho ou lazer, de cultura ou ordem econômica) tem uma representação imaginária subjacente, comum a vários membros do grupo. Melhor: é na medida em que há tal representação imaginária que há uma unidade, alguma coisa comum ao grupo.

Foi do diálogo entre tais referenciais e as concepções das escolas francesa, inglesa, portuguesa, argentina, que surgiu o NESME, e, posteriormente, agregou-se à sua identidade a psicanálise das configurações vinculares como fruto do contato próximo com os argentinos através de leituras, congressos, etc. Tempos depois, ocorreu a diferenciação do NESME em áreas, entre as quais a de Família e Casal, a área de Instituição e o CEPPV (Centro de Formação Permanente em Psicanálise dos Vínculos), nossa instituição de ensino, coerente com as diferentes configurações a serem aprofundadas.

Vários autores e vários trabalhos na Argentina, no Brasil, em Portugal e na França tiveram papel importante em nossa formação, oferecendo os referenciais teóricos e práticos.

A psicanálise de casal e família surge como uma ampliação da técnica psicanalítica individual e grupal e tem na psicanálise de configurações de vínculos as condições para desenvolver um arsenal teórico que contemple a especificidade da família como elo de ligação entre a constituição do sujeito biopsicossocial e o contexto mais amplo: comunidade, sociedade e cultura.

TRABALHANDO COM OS VÍNCULOS FAMILIARES

Trabalhar com vínculos do ponto de vista da psicanálise de configurações de vínculos implica considerar a dinâmica *consciente/inconsciente* no contexto dos fenômenos *intra, inter e transubjetivos*.

Assim sendo, o terapeuta que se dedica ao trabalho vincular em qualquer de suas *configurações* precisa reconhecer e discriminar claramente a natureza dos *vínculos* que se apresentam. Eles estão sempre presentes em qualquer relacionamento e vêm acompanhados de emoções, ansiedades, defesas, fantasias inconscientes. Implica ainda considerar o outro real externo.

Vínculo

No dicionário, vem do latim *vinculum* (atar) e significa união de uma pessoa ou coisa com outra, pressupondo uma certa durabilidade, como uma ligação com nós.

Entre as inúmeras instituições que se dedicam a estudar os vínculos, não existe um consenso quanto a seu significado. Quanto a nós, concordamos com Waldemar José Fernandes quando propõe:

> Vínculo é a estrutura relacional em que ocorre uma experiência emocional entre duas ou mais pessoas ou partes da mesma pessoa. Pode ser *intra, inter ou transubjetivo*.

Na linguagem psicanalítica, o uso do conceito de vínculo é relativamente recente: Bion considera o vínculo como a relação entre duas ou mais pessoas em que ocorre sempre uma experiência emocional e propõe três modalidades de vínculos: *vínculo de Amor (L), de Ódio (H) e de Conhecimento (K)*. Posteriormente, Zimerman propõe uma quarta modalidade de vínculo: o de *Reconhecimento (R)*. Bion fala ainda nos *ataques aos vínculos*, como uma das características do funcionamento psicótico da personalidade que levariam à falta do desenvolvimento da simbolização, da comunicação, da criatividade e do pensamento em geral. Em qualquer grupo, o campo dinâmico processa-se em dois planos:

1. *grupo de trabalho*; e
2. *grupo de suposto básico*, regidos por desejos reprimidos, ansiedades e defesas apoiados na interferência de fatores inconscientes (que são de natureza extremamente primitiva, ligadas às *relações de objetos parciais*).

Também Pichon Rivière refere-se ao vínculo como uma estrutura dinâmica que engloba tanto o indivíduo como aqueles com quem interage e com quem se constitui em uma Gestalt em constante evolução. Para ele, vínculo é

> uma estrutura complexa que inclui um sujeito, um objeto e sua mútua representação com processos de comunicação e aprendizagem. (Pichon Rivière, 1957)

Acrescenta ainda:

> O vínculo é uma estrutura dinâmica em contínuo movimento, relacionado com motivações psicológicas resultando em pautas de conduta que se expressam nos campos psicológicos interno e externo.

Suas propostas devem-se ao fato de conceber o homem como totalidade integrada dialeticamente pela mente, pelo corpo e pelo mundo exterior.

Janine Puget e Isidoro Berenstein estão entre os que consideram o *vínculo* como

> uma estrutura de três termos: temos dois pólos, ou seja, dois egos e um conector (componente emocional), que dá conta de ligar a ambos e que se expressa na comunicação. (Puget e Berenstein, 1993)

Esses autores chamam de *relação intrasubjetiva* aos registros no mundo interno de objetos parciais ou totais com os quais o ego mantém diferentes tipos de conexão. Reservam o termo *vínculo* para quando há a presença de um referencial externo. Portanto, em relação ao trabalho com vínculos, *o outro real externo* terá que ser inexoravelmente considerado.

O vínculo é estabelecido a partir de um contrato inconsciente que configura uma nova organização com base em complementariedade e simetria, segundo um mecanismo de delegação cujo suporte são as expectativas, as necessidades e as crenças irracionais de cada um que compõem a *fantasia básica comum* ao grupo todo. O mecanismo dessa delegação é a *identificação projetiva* e seu veículo, a *comunicação*.

A *identificação projetiva*, conceito-chave para a abordagem psicanalítica da interação e da psicologia interpessoal, é o processo pelo qual os impulsos e partes do mundo interno são cindidos e projetados em uma fantasia, em um objeto; é um mecanismo de defesa que influencia fundamentalmente a relação com os objetos. Daí a importância de seu reconhecimento na terapia familiar.

Posteriormente, o conceito foi ampliado e a *identificação projetiva*, vista como recurso para:

1. defesa (negar e repudiar aspectos indesejáveis do eu);
2. modo de comunicação;
3. forma primitiva de relações objetais;
4. caminho que leva à mudança psicológica (na dependência de uma relação continente).

Mas o que seria uma *fantasia básica comum?*

Quando as pessoas se reúnem, há coisas inevitáveis que sempre ocorrem: forma-se um campo grupal dinâmico em que gravitam fantasias, ansiedades, identificações, papéis, etc. Ocorre interação afetiva múltipla e variada.

Cada um dos integrantes projeta, então, suas fantasias inconscientes sobre os demais, relacionando-se com eles segundo essas projeções que se evidenciam através da delegação e da assunção de papéis. Através do *porta-voz*, as fantasias se manifestam e produzem o que é característico do grupo: o fenômeno da *ressonância* que vai se propagando em um nível não-explícito, mas que produz um tema comum a todos, embora com roupagens diferentes.

A ressonância consiste no fato de a mensagem de cada indivíduo ir ressoando no inconsciente alheio, produzindo associações e manifestações que gravitam em torno de *uma ansiedade básica comum.*

Considera-se que os cônjuges e os demais membros de uma família possuem um mundo interno compartilhado, o que implica a ideia de *fantasias inconscientes comuns* a todos. Na terapia familiar, são os mecanismos de defesa e a transferência comum que deverão ser trabalhadas pelo terapeuta. Tais fantasias geram ansiedades que induzem os membros da família a usarem mecanismos complementares para lidar com elas, e, na terapia, os membros poderão recuperar partes cindidas e depositadas em outro membro através de interpretações ou de perguntas que facilitem o resgate do sentido e o significado de suas trocas.

O conceito que dá suporte à concepção de fantasias compartilhadas é o de *matriz*, o qual diz respeito ao conceito de comunicação. Para Foulkes, que desenvolveu esse conceito, o homem é sempre visto em sua rede de comunicação agindo em dois níveis: inconsciente e consciente. Diz ele:

> Matriz é a hipotética trama de comunicação e de relação em um dado grupo. É o termo comum a todos os membros do qual dependem em definitivo o significado e a importância de tudo que acontece no grupo. (Foulkes; Anthony, 1967)

Waldemar José Fernandes (2003) propõe chamar essa matriz relacional interna de *matriz vincular*, que é introjetada a partir da relação mãe-bebê. Assim, pensamos que as pessoas se relacionam a partir de *matrizes vinculares*, que são modelos de vínculos que vão sendo introjetados desde o nascimento a partir dos modelos externos, inicialmente os pais. A matriz vincular básica é a *matriz edípica*. Matrizes vinculares são configuradas como fantasias inconscientes. Há ainda um tipo de conhecimento grupal que é transmitido filogeneticamente através das gerações.

O casal constrói um contrato inconsciente, no qual cada um traz consigo suas heranças familiares que vão sendo ressignificadas e transformadas ao longo do tempo e das vivências. Os sujeitos tendem a buscar um outro para se vincular na expectativa inconsciente de alcançar um outro ideal, a projeção de seus desejos (Blay Levisky, 2003). Algumas experiências emocionais são representadas e se transformam em história; outras não são simbolizadas e podem passar para outras gerações. A perspectiva *transgeracional* abre espaço para pensar formas de atuação que podem ser a expressão de *fantasmas transgeracionais* operacionalizados em termos vincular e que revelam uma intenção de busca de significado, de representatividade, de nomeação e de elaboração da *pré-historia vincular*. Essa pré-história leva a compreender o sujeito como herdeiro de múltiplas experiências ancestrais, as quais são transmitidas de geração em geração. As heranças não se escolhem, elas existem e se instalam à nossa revelia em nosso mundo interno, podendo levar o sujeito a ser um prisioneiro de uma história que não é totalmente sua. Afetos, representações, fantasias, idealizações, valores, mecanismos defensivos, mitos, processos identificatórios são transmitidos e garantem o tipo de qualidade vincular. Nem sempre o que é transmitido é representado na mente do sujeito, mas pode reaparecer em outras gerações (Piva, 2006).

Comunicação

> Se no conceito de vínculo obrigatoriamente ocorre experiência emocional, podemos dizer que no vínculo as partes envolvidas estão sempre em comunicação.

Tradicionalmente, a doença, as dificuldades de aprendizagem ou problemas de comunicação, assim como a mente e a fantasia, eram vistas a partir do indivíduo, e o modelo de compreensão causal era linear. Assim, algo acontece com o paciente por causa das más companhias, de seus professores, de uma experiência na infância...; com isso, as teorias explicativas eram lineares: para que B surja, A deve aparecer antes.

Uma mudança de paradigma surge quando consideramos que a unidade a ser observada são as relações *entre* os indivíduos; quer dizer, o vínculo e seus processos de interação. Aí se inclui o conceito de *interdependência, reciprocidade* e *retroalimentação*, cujo postulado é que B influi sobre A que, por sua vez, afeta B, em um círculo de acontecimentos mutuamente transformadores. Essa visão introduz uma complexidade de influências recíprocas; é um *modelo circular*, próprio da teoria sistêmica que nos ajuda a pensar o que ocorre em todos os grupos. Correspondem ainda às mudanças de ótica, introduzidas pela teoria kleiniana das relações objetais. Do ponto de vista da terapia sistêmica, a comunicação afeta o comportamento, definindo os padrões de interação no sistema familiar.

Axiomas básicos da teoria da comunicação

1. Impossível não comunicar.
2. Toda comunicação tem aspectos referenciais de conteúdo e aspectos conativos, vinculares, que classificam os referenciais; é a metacomunicação.
3. A natureza de uma comunicação depende da pontuação das sequências comunicativas entre os indivíduos comunicantes.
4. Os seres humanos se comunicam tanto digital como analogicamente. Na comunicação analógica, temos gestos, forma de vestir, olhar, etc., de origem arcaica; a forma digital seria a comunicação mais evoluída.

5. Todos os intercâmbios comunicativos são ou simétricos (baseados na igualdade) ou complementares, baseados na diferença. A saúde se apoiaria na alternância de padrões simétricos e complementares e na sua adequação e congruência.

A teoria da comunicação, baseada nas pesquisas desenvolvidas por Bateson, Jay Haley, Don Jackson e Weakland é uma dimensão fundamental da teoria sistêmica familiar. Seu desenvolvimento e sua aplicação na clínica tiveram influência significativa também nas demais abordagens. A partir dos estudos sobre padrões comunicativos nas famílias esquizofrênicas, chegou-se ao conceito de *duplo vínculo* e à ênfase no fato de que quando duas ou mais pessoas interagem, elas constantemente reforçam e estimulam o que está sendo dito, o que é feito de tal forma, que o padrão de comunicação dos participantes de uma interação define o relacionamento entre eles. Por *duplo vinculo*, Bateson se refere às mensagens em que o emissor envia comunicações incongruentes em relação aos níveis de informação e metacomunicativo, de tal forma que o receptor fica em um impasse ou em uma armadilha, sem saída. Por exemplo, a mãe que diz para o filho caçula: "Você pode escolher entre a blusa verde ou preta que comprei, só que já dei a preta para seu irmão". Ela o leva a acreditar que poderia ter escolha ao mesmo tempo em que se contradiz.

As metamensagens congruentes são aquelas em que duas ou mais mensagens são emitidas ao longo de diferentes níveis, sem que nenhuma delas contradiga seriamente a outra. Já a metamensagem incongruente é aquela em que duas ou mais mensagens emitidas ao longo de diferentes níveis entram em contradição.

Observar a comunicação revela muitas coisas, e ela não se dá apenas pela palavra, mas também por gestos, postura, olhar, mímica, maneira de se vestir, forma de se colocar espacialmente ou pelo uso do tempo; tudo isso dá elementos para a compreensão do conteúdo verbal e outras vezes o contradizem. Identificar os duplos vínculos, ou seja, o uso da metacomunicação, é de grande importância para a compreensão do funcionamento familiar. Em relação às famílias, é bom ressaltar que, em função dos vínculos preexistentes entre seus membros, existe um padrão de comunicação já estabelecido que precisa ser compreendido.

É através da comunicação que podemos perceber os vínculos (de ódio (H), amor (L), conhecimento (K) e de reconhecimento (R) – vínculo de reconhecimento proposto por Davi Zimermann).

Comunicar significa tornar único, comum. O líder formal do grupo também se comunica: por palavras ou pelo *setting* que organiza o espaço físico do grupo, os horários, pagamento e regras de funcionamento que estejam de acordo com os objetivos do grupo e com suas especificidades. Mas vale lembrar que é alvo de intensas *identificações projetivas*, o que demanda uma formação cuidadosa baseada no clássico triângulo teoria, supervisão, análise individual ou coletiva. O coordenador ou terapeuta está nos dois pólos da comunicação; portanto, sujeito aos mesmos processos, seja como receptor, seja como emissor de mensagens, atividade que inexoravelmente implica os níveis consciente e inconsciente.

Os referenciais para a compreensão do funcionamento dos grupos em geral e do grupo familiar especificamente são vários. Luiz Carlos Osorio esquematiza as disfunções na vida familiar em:

- distúrbios da estrutura familiar: relativos à separação do casal e a cisões intra e intergeracionais;
- distúrbios dos vínculos familiares: rigidez ou lassidão;
- distúrbios de identidade do grupo familiar: famílias aglutinadas e dispersas;

- distúrbios do comportamento intrafamiliar: violência, perversões sexuais, abandonos, abuso de poder (Osorio e Valle, 2002, p. 80).

Virgínia Satir, terapeuta da linha sistêmica que trabalha com a comunicação, pensa a tarefa terapêutica como "ensinar uma nova linguagem" por meio da qual os membros envolvidos sejam capazes de:

- checar suas percepções com o outro;
- enxergar a percepção do outro sobre si mesmo;
- confessar seus medos e suas expectativas ao outro;
- enviar ao outro mensagem clara, com alto grau de congruência entre o verbal e o não-verbal.

As questões de desenvolvimento do ponto de vista psicanalítico nos levam à divisão das fases libidinais (oral, anal, fálica e genital). Como terapeutas familiares, é necessário pensar quais os ingredientes do que Winnicott chama de "ambiente suficientemente bom" para que os diferentes ciclos vitais possam cumprir "as tarefas psicológicas" necessárias para o percurso da dependência máxima à autonomia sempre relativa.

Do ponto de vista vincular, Janine Puget e Berenstein propõem uma classificação de tipos de vínculos, baseada tanto no ponto de vista do desenvolvimento, à luz da perspectiva da fusão/discriminação, como da aceitação do outro. Esse conceito é baseado nos pressupostos do complexo de Édipo, que são relacionados desde Freud com a entrada do indivíduo no grupo.

Quando se leva em conta as modalidades de intercâmbio entre um ego e outro, é possível classificar os vínculos como intercâmbios corporais, linguísticos e situacionais.

Para definir níveis de discriminação, falamos na passagem do pólo narcisista ao edípico. É o contato com o distinto que conduz à constituição de vínculos cada vez mais complexos, isto é, mais próximos da representação da palavra, na longa, complicada e incerta busca da "coincidência" que corresponde a uma ilusão e no desencontro inevitável.

Segundo eles, teríamos então:

1. vínculo adesivo ou narcisista dual;
2. vínculo de posse: possuído-possessivo;
3. vínculo de controle (controlado-controlador) ou de terceridade limitada;
4. vínculo amoroso (ser amado-amar) ou de terceridade ampliada (Puget e Berenstein, 1994).

O SISTEMA TERAPÊUTICO E ETAPAS DO PROCESSO

Fazer um recorte do sistema terapêutico e de suas etapas não pretende abarcar todas as possibilidades técnicas e teóricas que variam de acordo com uma multiplicidade muito grande de fatores.

Na psicanálise das configurações vinculares, o sistema terapêutico inclui o terapeuta (seu referencial teórico, seus vínculos familiares, sociais, seus valores, etc.), a família (nuclear e extensa, às vezes, vizinhos, empregados, etc.) e considera-se ainda o encaminhador, a cultura (em relação à terapia, ao sintoma, aos valores compartilhados, às leis, etc. Há que se considerar também o ambiente onde ocorre a terapia: privado, institucional, público (como jardim, rua, praças), escolas, sala de aula, colégio, congresso, condomínio, empresa, consultório, etc.

A abordagem psicanalítica dos grupos e do grupo familiar tornou-se possível quando o indivíduo passou a ser estudado não isoladamente de seu contexto.

Além do próprio *setting*,

> o que torna a situação de grupo psicanalítica é o manejo das comunicações dos pacientes feito pelo terapeuta, de tal forma que as interações de uns para com os outros são com-

preendidas do vértice de seu significado transferencial e contratransferencial.

Lembra ela, porém, que na psicanálise das configurações vinculares o outro real externo, não-redutível à mera projeção da fantasia, ocupa um lugar também valorizado, e este é seu diferencial.

> As comunicações são tratadas como associações livres, as interações como dramatizações de fantasias inconscientes, e as redes de comunicação que se estabelecem são compreendidas a partir do conceito de matriz grupal. (Svartman, 2003)

O crescente reconhecimento quanto à importância dos distúrbios familiares como fator essencial nas dificuldades apresentadas pelos indivíduos, pelas instituições e pela sociedade têm levado a ciência a fazer progressos nesse campo a ponto do trabalho com a família ter se tornado uma necessidade para vários campos de atuação. Saindo dos consultórios psiquiátricos e psicológicos, aprender a lidar com os vínculos familiares passou a ser preocupação nas escolas, nas empresas, nos programas de saúde pública, nas instituições de justiça (varas da infância e adolescência), nos espaços de aprendizagem e médicos em geral.

A necessidade de desenvolver uma linguagem comum entre os profissionais de diferentes áreas equivale a "cuidar" dos cuidadores, da comunidade científica, sofrida como sistema que reproduz divisões e competição, assim como ocorre nos sistemas familiares. A comunicação nas equipes multiprofissionais e o trabalho interinstitucional têm nos pressionado para desenvolver técnicas que, mantendo a coerência com o referencial psicanalítico, diferenciam-se das abordagens clássicas, além de adaptar sua aplicabilidade para fins de prevenção, de orientação, de integração da equipe multi-profissional e de relações interinstitucionais.

O estudo das relações passa a ser a partir desse vértice: o estudo dos elos de ligação mais do que o dos termos unidos por eles. É aqui que os estudos da comunicação humana contribuem de forma decisiva para as abordagens da psicanálise das configurações vinculares. Neste contexto, o da terapia familiar e da psicologia social e dos grupos, as contribuições da Teoria Geral dos Sistemas de Von Bertalanffy não podem ser menosprezadas, assim como suas consequências para o desenvolvimento da terapia familiar.

A proposta de lidar com a complexidade da interação entre diversos sistemas oferece os princípios a serem aplicados a todos eles e, com isso, instrumentaliza a abordagem da família como sistema entre sistemas e a possibilidade de aplicação para ir além: da *causalidade linear* para a *causalidade circular*; postura necessária para a abordagem dos grupos, das instituições, das famílias e de suas influências recíprocas. É dessa visão que importamos técnicas e estratégias – como o *questionamento circular*, o *genograma*, a *linha do tempo familiar*, entre outras específicas da abordagem sistêmica – para aplicá-las com propósitos coerentes com nosso referencial. O uso do *genograma* pode intermediar a compreensão dos aspectos intergeracionais e facilitar a formação da intersubjetividade, conforme diz Marilda Golfeder (2000). A

> linha do tempo familiar (...) tem-se mostrado um instrumento simples, prático, de fácil elaboração, o qual complementa o genograma e sobretudo tem função diagnóstica e terapêutica. (Cerveny, 1994)

Inevitavelmente, defrontamo-nos com a própria questão sistêmica: a de articular e associar os vários sistemas de pensamento, ou seja, o sistêmico, o psicanalítico e o social. Todavia, eles não são excludentes, e a despeito de preconceitos, os *diferentes* podem ser complementares e ampliar os vértices de compreensão e atuação no campo das relações humanas.

A demanda por terapia familiar raramente é espontânea, porque os familiares não sabem que suas dificuldades podem estar relacionadas à sua modalidade de relacionamento como família. Eles não têm consciência de que existe uma pressão interna agindo sobre o sistema. Por mais diferentes que sejam, as famílias sempre se apresentam com um padrão de interação centrado na convicção de que existe algo errado com um de seus membros: *o paciente emergente ou paciente identificado (PI)*.

A família nos procura com ideias sobre qual é seu problema, sobre o que esperar de nós (expectativas reais e fantasiadas), e, em função de tais pré-concepções, nos forçam a fazer parte de um roteiro. O encaminhador, sua compreensão sobre o trabalho para o qual estamos habilitados e suas motivações para orientar têm também papel importante. É comum recebermos pacientes que, após peregrinação em busca de ajuda, chegam a nosso consultório reclamando que o médico disse que eles não tinham nada, além de um forte sentimento de que esse nada que dói é bobagem ou mentira. Outras vezes, escolas, conselho tutelar, varas de família, não sabendo mais como lidar com a situação, encaminham pacientes como forma de se livrarem de problemas. Reproduzem *mecanismos de depósito* já contidos no sistema familiar. Ao se defrontarem com o sentimento de impotência, adoecem também e, nesse momento, podem passar a usar profissionais ou intituições como os depositários de suas partes impotentes das quais precisam se manter longe. Contatar os encaminhadores é importante no sentido de unir esforços e compreender as dificuldades e demandas. É a partir delas que o trabalho com os encaminhadores aperfeiçoa nossa prática. Encaminhador e terapeuta também constituem um vínculo a ser cuidado, já que fazem parte do sistema.

Nós recebemos a família com nosso referencial teórico e prático, com nossa experiência, com as expectativas próprias da instituição à qual pertencemos e de nossas famílias, com valores pessoais e com nossas ideias sobre qual é nosso papel (real e fantasiado) e também com o que conhecemos ou pensamos conhecer sobre o encaminhador, o que vai "colorir" nossas expectativas e pré-concepções. Poder nos despir dos preconceitos, "sem memória e sem desejo", sugeridos por Bion, nos ajuda a lidar com o não-saber, abrindo caminho para a busca do conhecimento (vínculo K).

A interação desses elementos produz um vínculo complexo que vai influir no maior ou menor conflito com a tarefa e, consequentemente, com seu êxito.

O sistema terapêutico vai se constituindo a partir do encontro, do enfoque, do profissional ou dos profissionais envolvidos no encaminhamento, no atendimento, no local onde ocorre o atendimento, nos objetivos compartilhados.

Etapas do processo

Pensar um processo terapêutico com princípio meio e fim, com suas características e com seus instrumentos guarda analogias com a concepção da família em seus diferentes ciclos vitais e com a predominância de "tarefas psicológicas" necessárias a seu desenvolvimento como grupo de trabalho. Portanto, sua finalidade é mais didática e não substitui as *realizações* que só a experiência viva oferece. Em contrapartida, permite explicitar conceitos e instrumentos a serviço do desenvolvimento do grupo familiar e do processo, e é útil para pensar questões inerentes a qualquer processo terapêutico e mesmo os de orientação, os de aprendizagem, os preventivos, o trabalho com equipes, a experiência de ministrar cursos. O desenvolvimento de trabalhos nesse sentido também tem sido um desafio na aplicação de nosso referencial.

As questões do tempo de duração variam, mas é bom cosiderar que devem atender às necessidades da ténica psicanalítica no que diz respeito ao manejo da transferência e ao desenvolvimento do processo com princípio, meio e fim. Isso inclui as técnicas de intervenção breve que buscam focar os problemas e agilizá-los.

> Não se trata de substituir teorias e métodos já estabelecidos, mas sim de acrescentar (...). (Donato, 1999)

Temos usado, por exemplo, algumas estratégias como discussão de um texto, de um conto de fadas (Cunha, 2004), de um filme, de colagem, de dramatizações.

Propomos alguns *critérios para avaliação* quando entramos em contato com um grupo familiar e no término do processo:

- fluidez das comunicações entre os membros;
- dinâmica de conflitos, defesas e comunicação, afetando o desempenho dos papéis e das funções;
- flexibilidade para assumir os papéis familiares e as funções parentais e alternância de funções diferentes ciclos vitais (função materna e paterna);
- sintomas e suas modificações;
- plasticidade dos mecanismos de defesa em todos os membros;
- contenção das ansiedades psicóticas e do narcisismo infantil;
- capacidade de auto-observação, observação dos outros e da interação;
- facilidade dos pais para a regressão útil (identificando-se com as dificuldades dos filhos);
- disponibilidade para cooperação;
- compreensão das necessidades evolutivas de cada membro do casal e da família;
- fusão e discriminação;
- aceitação do outro.

Entrevistas preliminares

As entrevistas preliminares são a porta de entrada que nos ajudarão a compreender a demanda, avaliar as possibilidades de atendimento e, na maior parte das vezes, a "tratar" da família para que possa receber ajuda.

Elas terão uma dinâmica própria conforme o encaminhamento, o contexto do atendimento e os objetivos a que se propõem. É comum termos que lidar com os pais já ao telefone, no sentido de conseguir sua colaboração para o primeiro encontro. Às vezes surgem resistências à proposta do encontro coletivo, tentativas de manipulação de horários. As informações sobre quem encaminhou, quem ligou, quais os membros da família envolvidos, idade, profissão, todas são informações importantes.

O objetivo básico dos encontros é obter informações e oferecer um perfil coerente com a tarefa e seus objetivos. O impacto que a família vai produzindo em nós, as queixas, a forma como se organiza para pedir ajuda, como se distribui na sala, quem fala primeiro e como os demais membros vão se envolvendo com o trabalho e o clima emocional vão contextualizando a família e informando sobre seus padrões de comunicação, organizando, com isso, nossas estratégias. Geralmente, usamos uma combinação de entrevista livre e entrevista dirigida. A entrevista livre, continente para que falem livremente sobre o que os trouxe, já se constitui em uma postura "terapêutica" desde o início, na medida em que a aceitação, o acolhimento da ansiedade e o interesse genuíno sobre suas dificuldades tendem a resgatar a esperança de ser compreendido, favorecendo a colaboração de todos para a continuação do processo. A entrevista dirigida vai colhendo a queixa, ou seja, o que cada membro pensa sobre o problema, as tentativas de lidar com a situação. Apresenta, ao mesmo tempo, "as regras do jogo" do pensamento circular e interativo (quando alguém faz isso, como você se sente e quem faz o que), indicando que interessa a participação de todos. Nesse caso, o importante é compreender o problema, apresentar a forma de trabalhar com toda a família e lidar com as resistências iniciais que invariavelmente surgem.

Há que se ler nas entrelinhas, observando a distribuição de papéis, funções, suas distorções, alianças, a comunicação verbal e não-verbal. Que padrões de relação estão em jogo para mudar e para manter o sintoma? Que lugar ocupamos em seu imaginário? São perguntas que vão organizando um "diagnóstico" e as metas de trabalho.

O acordo é feito a partir de um mínimo de sentimento da família de que todos precisam de ajuda. Assim, vale a pena pensar e usar estratégias e técnicas que ajudem tal percepção. O *desenho da família* (desenho conjunto livre em uma só cartolina), o *genograma*, a *linha do tempo familiar*, a *entrevista conjunta* com os pais, enquanto as crianças recebem brinquedos e material gráfico, são recursos que oferecem a oportunidade de conversar sobre o que fizeram e sobre o trabalho uns dos outros, organizando um conhecimento e uma dinâmica em que cada percepção tem importância e os convida para entrar no mundo das interpretações e da busca de significados. O convite para que relacionem o que fizeram com seus sintomas pode então ser aceito de outra forma, além de criar uma experiência concreta e compartilhada sobre a qual falar. O lúdico da situação também ajuda a relaxar e oferece dados importantes que podem ser compartilhados de forma simples pelo terapeuta na busca de cooperação e metas para o trabalho que tem pela frente.

Um exemplo

A família desenhara em conjunto: o pai fez um prédio (que mereceu a observação de João de 8 anos: é engenheiro, mas faz tudo com porta pequenina e quase não tem janelas!); a mãe, enquanto desenha uma casa cercada por um lago com patinhos, critica seu próprio desenho, chamando-o de infantil; Maria, 5 anos, desenha uma menina, mas, diante da frustração frente ao desenho, tem uma crise e rabisca-o todo com o lápis marrom. Fica amuada, até que se interessa pelo desenho de João – um rapaz em cima de um carro de polícia, explica ele, desenhando um muro alto de pedra ao redor dele. É ajudado pela irmã e pelo pai, enquanto a mãe olha meio desolada. Questionada, diz que aquele muro de pedra estragou tudo. Papai inicia uma tentativa de ampliar as portas. O terapeuta comenta que, com aqueles muros, fica difícil se encontrarem. Maria, alegre, diz: "Então vamos construir túneis" e começa a desenhá-los por baixo dos muros; João diz preferir pontes. "Será que construir túneis e pontes entre vocês é nosso trabalho aqui?", pergunta o terapeuta.

> Brincar é algo sério, que depende do relacionamento estabelecido desde muito cedo com a mãe e ao longo da convivência construída por uma boa maternagem (...) Cada mãe tem seu próprio jeito para cuidar de seu filho, com quem vai construir uma dupla ímpar. Cada terapeuta constituirá um conjunto ímpar com seu grupo. (Oliveira, p. 157)

Compreendendo a família e aliança terapêutica

Caracterizada pela necessidade de continência e contenção, a aliança terapêutica é fundamentada na percepção da necessidade de ajuda e da ineficiência de suas tentativas de solução. (Os familiares promovem defesas e busca de alianças com o terapeuta para conseguir um atestado de inocência e se livrarem de sentimentos de culpa, ou se unem para fazer frente ao terapeuta que os ameaça com seu julgamento.) Se na entrevista preliminar a pergunta é quem e como chegaram aqui, este é o momento de questionar as razões de estarem ali. É hora de se aproximar do sintoma que, como comunicação, pede ajuda, mas, antes de tudo, compreensão, entrando o terapeuta em sua história, em sua intimidade, atento às explicações do "por que acham que isso acontece". A resistência gira em torno de se expor, comungar dificuldades; afinal, "roupa suja se lava em casa"; as fantasias remetem ao retorno do projetado. O terapeuta é solicitado a tomar partido, e é essencial que possa entrar em ressonância com a angústia trazida e compreendê-la ao mesmo tempo em que vai resgatando a possibilidade de olhar e examinar o que é feito e dito, além de oferecer um tipo de compreensão que inclui a todos. O perigo desse momento é a tendência à ruptura e às soluções dilemáticas que surgem como fruto dos mecanismos de delegação. Mas, afinal, delegam o que a quem? (delegam papéis através de mecanismos de defesa frente ao novo em que se criam expectativas irreais). Esses mecanismos nos ajudam a compreender suas fantasias e sua transferência para o "sistema terapêutico"; nos põem em contato com as cenas temidas, e, através delas, podemos deduzir, intuir ou sentir *contratransferencialmente* seus argumentos. Interferem com o vínculo K, e conhecer, afinal, é essencial para compreender o objetivo desse momento.

Nesse caso, muito mais importante que o "discurso", muitas vezes cooperativo em termos explícitos, é o "ler nas entrelinhas, surpreender e significar o clima emocional que vai se estabelecendo e do qual todos são coadjuvantes". Um dos objetivos importantes seria *o tornar inter o que antes se compreendia como intra* e, com isso, ir configurando os mecanismos de depositação, a aceitação de roteiros e parcerias inconscientes para não "mudar o jogo".

Transferência e sintoma na situação terapêutica

A tranferência manifesta-se por atrasos, atuações, propostas de mudança de horário, entre outros fatores. O sintoma é encenado e inclui o terapeuta, a quem é delegado um papel, uma função que remete às projeções transferenciais. O trabalho terapêutico no sentido de tirar o foco do paciente identificado desviando-o para a interação familiar redefine a queixa e é o passo mais importante para caracterização e estruturação da terapia. Está, porém, destinada a originar um confronto entre família e terapeuta, como sugerem Puget e Berenstein (2000). Vivido pela família como ataque e perseguição, tal momento desperta emoções poderosas que acirram defesas inconscientes, destinadas a anular a percepção de que existe um padrão de intercâmbio familiar que deve ser encarado como sua própria criação. É um momento de ansiedade e, ao mesmo tempo, cria oportunidade para compreender a relação e gera conhecimento. Que instrumentos temos para lidar com as fantasias e com esses mecanismos? O terapeuta trabalha o tempo todo para conter essa ansiedade crescente, funcionando como continente que recebe, absorve e não desvia nem atua as intensas identificações projetivas, mas tenta digeri-las e devolvê-las desintoxicadas. A meta é tornar consciente o inconsciente, resultando em interpretações ou propostas de diferentes instrumentos que, por sua concretude, facilitam a apreensão do que não está explícito. É o caso do confronto com o real através de perguntas, *do questionamento circular,* que facilitam a percepção da criação imaginária, o uso de cenas psicodramáticas para diferentes momentos e contextos. Por exemplo, o que você escuta quando alguém diz que quer ir para casa da avó no fim de semana?; "Você sabia que ele pensava assim?"; "O que vocês acham do que ele acha?". As respostas geralmente trazem os objetos internos projetados, os quais delineiam os padrões de relacionamento que toda a família compartilha de forma simétrica ou complementar e ajudam a todos a perceber o quanto inferem o que não sabem, apresentados que estão sendo ao mundo subjetivo e desconhecido do outro. Coloca-se em questão sua forma de aceitar a alteridade, as diferenças, mobilizando os núcleos simbióticos e narcísicos para serem elaborados ou evidenciando as disputas de poder e os mecanismos de onipotência e impotência, próprios desse nível de comunicação. Constatamos que entramos agora no domínio da transferência, situação que corresponde à atribuição, ao terapeuta, das características do mundo interno do paciente com seus bons e maus objetos. Os familiares reproduzem, então, o campo emocional cristalizado em que a experiência emocional não serve para o pensar. Este é um momento difícil também para o terapeuta, às voltas com seus próprios objetos internos e sujeito, por isso, a atuações contratransferências. Elas auxiliam na compreensão das angústias para usá-las como base para a interpretação; porém se ceder às pressões externas e internas, terminará por tornar-se apenas outro participante.

Questionamento do processo

Mobilizados pela dificuldade de *pôr em prática* o que foi percebido, surgem a crise e a resistência à mudança. Ou o terapeuta é o culpado, ou denuncia-se um dos membros.

Este é momento de explicitar os desejos de mudança, as tentativas nesse sentido, ao mesmo tempo em que surgem o temor do "novo" e o recrudecimento de ansiedades persecutórias e depressivas. É no interjogo dessas duas posições que se torna possível a elaboração dos lutos e ganhos do desenvolvimento e de seus impedimentos.

Há que se considerar a presença tanto das forças conservadoras como as forças que impulsionam para a mudança. Pequenos progressos podem ser observados, apesar de negados. Já não é mais o de sempre, e agora o papel de apontar as pequenas mudanças torna-se importante para se reconhecer como *outro, o mesmo e como todos*. Mudar é sentido, muitas vezes, como *traição* em relação aos acordos inconscientes e mesmo concientes. Reconhecer o que é perdido com a mudança e o temor trazido pelos ganhos vai ajudando a fazer escolhas não-idealizadas nem mágicas, e as decisões de "pagar o preço" de mudar implica sempre negociações. Também implicam confrontar os *mitos* que permeiam a família.

Redefinição de papéis e negociações

Quando todos podem se ver de outro modo, há condições para redefinir papéis, apoiar-se mutuamente nas tentativas e denunciar as recaídas de cada um. Isso leva a um esforço para pôr em prática os novos conhecimentos adquiridos, alimentando um processo produtivo, maior consciência de si mesmo, do outro e da interação. Também ocorrem dificuldades de resistência. Manobras para paralisar o terapeuta, abandonos pela idealização das melhoras ou por desesperança a qualquer mudança precisam ser compreendidas e trabalhadas.

Há um relato de um caso como exemplo: após uma sessão em que a mãe reconhecera que quem precisava examinar se o filho havia se lavado direito era ela, começou a surgir entre todos o mesmo impulso controlador sobre se a mãe estava "limpando" suas relações. Acusavam-na, e, ao mesmo tempo em que se ressentia de ser objeto do mesmo controle que exercera, seus esforços para mudar e também a frustração faziam-se presentes: "Viu só o que a senhora, doutora, fez (referindo-se a "como estava sendo desrespeitada)?"

Término do processo

A perspectiva de separação é inerente ao processo, assim como o fato de que os filhos crescem e se separam dos pais. Volta-se a conversar sobre as expectativas em relação ao processo, agora mais realísticas, ao mesmo tempo em que ressurgem as ansiedades em relação ao desamparo e à falta de recursos e mecanismos de persecutoriedade derivados da projeção de suas partes boas no terapeuta. Esse mecanismo remete à necessidade de desmitificar o papel do analista e da terapia na transferência ao trabalho com a idealização do papel da família e o mal-entendido sobre tornar-se prescindível.

Por exemplo, em uma sessão em que se discutia o término do processo, uma das filhas acusa a mãe de não ver a hora de se ver livre dela, pois lhe dera uma mala de presente de aniversário. "Passa para mim que eu a aceito", diz o menino de 10 anos. "Você acha que vamos nos sentir culpados por apoiar sua independência e seu crescimento?", diz o pai.

As expectativas irreais em relação ao *setting* podem e devem ser trabalhadas, assim como as ansiedades de separação, as quais criam um clima de suspeita de que o "bom" está no terapeuta e de perda de seus ganhos em sua ausência. Pode haver um recrudescimento dos sintomas ou a negação dos ganhos, assim como manobras para eternizar o processo. Novos acordos podem ocorrer, assim como encaminhamento para perfil individual.

Enfim, cada processo é um, assim como cada término.

A EXPERIÊNCIA NO NESME

A Área de Família e Casal do NESME reuniu membros de diferentes "famílias" no que diz respeito aos referenciais, mas unidos pelo interesse na Saúde Mental e no papel da família como elo de ligação entre indivíduo, sociedade e cultura.

Começamos estudando e discutindo em grupo textos de vários autores de diferentes escolas (principalmente psicanalítica, psicologia social e sistêmica). Articulávamos nessa época os temas, os aspectos teóricos e as diferentes abordagens com nossa experiência pessoal seja atendendo famílias e casais em nossos consultórios particulares, seja atuando em escolas, hospitais ou empresas fora do NESME.

No entanto, nosso papel como equipe só foi desenvolvido a partir da solicitação do Nesme para que organizássemos um módulo de família e casal para o CEPPV (Centro de Formação Permanente em Psicanálise dos Vínculos).

A necessidade de articular os diferentes referenciais de forma coerente com a instituição e, por conseguinte, com a psicanálise das configurações vinculares, nos pressionou para o desenvolvimento de um consenso sobre o que importava para dar subsídios ao processo de aprendizagem que propunhamos.

A característica deste módulo teve a ver com a demanda dos alunos inscritos, ou seja, diferentes tipos de profissionais: médicos, psicólogos, educadores, orientadores educacionais, psiquiatras, enfermeiros, assistentes sociais, trabalhadores da saúde pública e privada. Atender a essa variedade de objetivos dos profissionais envolvidos em estudar a família, ávidos por instrumentos de atuação que facilitassem a relação profissional-família, foi uma constante nos vários cursos que desde então desenvolvemos como área de família.

Exigiam de nós o desenvolvimento de um referencial comum e, ao mesmo tempo, diferenciado, para a compreensão das funções e disfunções familiares, além da especificidade das técnicas adequadas a diferentes contextos e objetivos. A aprendizagem da psicanálise também se fazia necessária para que pudessem "ler nas entrelinhas" da comunicação dos sintomas e dar significados aos padrões de interação.

Para isso, privilegiamos a discussão da prática e as supervisões, além das discussões teóricas e do grupo de reflexão que elaborou suas próprias experiências emocionais com o conhecimento no trabalho com famílias e com as instituições onde desenvolviam suas práticas e sua própria aprendizagem.

A experiência foi trazendo uma riqueza de material que nos impulsionou para diferentes cursos e aplicações do referencial quer como equipe, quer como membros do NESME. Foi assim que surgiram cursos para enfermeiros e médicos do projeto Saúde da Família; cursos para profissionais da rede pública ligados às DIRS, CAPS, UBS; curso para membros de uma equipe (médicos, enfermeiros, fisioterapeutas, assistente social e gerente de projeto) de uma seguradora de saúde que desenvolvia um trabalho com as famílias no *home care*; trabalho com a relação entre pais, professores e adolescentes de uma comunidade que sediou um de nossos congressos; trabalho com mães de filhos menores contratados de uma empresa; projeto para capacitação para instituições com menores considerados de risco psicossocial; atendimento aos responsáveis por uma família que adotou 12 menores da FEBEM; constituição e desenvolvimento de um grupo de estudos da família seguido de supervisão para o desenvolvimento de projetos e capacitação no atendimento à saúde e à educação, cujo foco são as relações institucionais e interinstitucionais permeando as relações de profissionais da educação e saúde pública com instituições, como varas de família, conselhos tutelares, escolas, centros de reintegração social, entre outras.

Algumas observações a partir desta prática:

- Tornou-se evidente a necessidade de aperfeiçoar a visão do grupo familiar e a compreensão de seus padrões de interação internos e externos, e de desenvolver estratégias ou aperfeiçoar as já existentes, usando abordagens relativamente breves que, fundamentadas nos pressupostos da psicanálise das configurações vinculares, permitam o funcionamento de grupos (os mais variados), que facilitem sua transformação em grupos de trabalho, como, por exemplo, grupos de mães, grupos na oficina terapêutica, grupos de ginástica, grupos dedicados a trabalhos manuais (fuxico, colcha de retalhos) e que promovam interações e elaborações com o intuito de favorecer o desenvolvimento não apenas dos indivíduos, como também do grupo todo. Isso depende, a nosso ver, de coordenadores aptos a compreender as dinâmicas grupais e familiares.

- A necessidade de transcender a repetição de modelos de atuação em que se reproduzem a cultura assistencialista, paternalista e as relações de poder que as organizam para dar lugar à criatividade e às experiências que necessariamente possam ser avaliadas e valorizadas em seus resultados. Isso implica poder se inserir no paradigma da causalidade circular, sustentado por nosso referencial.

- O cuidado com os profissionais de saúde, serviço social e educação, que necessitam instrumentos para se libertar de tais modelos, tornou-se evidente em nossos grupos e cursos. Tais profissionais são colocados, muitas vezes, em projetos políticos que, embora bem-intencionados (outras vezes nem tanto), enfrentam a falta de capacitação não-sintônicas com suas metas, o que resulta em trabalho "insalubre", com riscos para o profissional, para o projeto e para as instituições, além de se constituírem em desperdício de energia de vários tipos.

- A importância da conscientização e comunicação entre as várias instituições sobre sua interdependência e a necessidade de um trabalho conjunto e cooperativo, além da necessidade de espaços de aprendizagem e elaboração da prática que vá além do conhecimento técnico, envolvendo o trabalho das emoções nem sempre explícitas que tanto entravam o desenvolvimento. Nesse sentido, os grupos de reflexão a que nos referimos como integrado ao processo de aprendizagem, elaboração da prática e das interações institucionais e culturais se mostraram de inestimável valor.

CONSIDERAÇÕES FINAIS

Verificamos, portanto, que, apesar da lentidão e das dificuldades e resistências, a abordagem grupal felizmente evoluiu, pois foi criando condições metodológicas para o trabalho com as configurações vinculares, propiciando a mudança de paradigma em relação à conceituação de saúde e doença. O foco sobre o indivíduo foi substituído pelo olhar dirigido para o sistema de interações. Considera-se agora que saúde e doença têm múltiplas dimensões decorrentes da complexa interação entre os aspectos biológicos, psicológicos, sociais e culturais do ser humano. Essa nova concepção leva-nos a privilegiar em nosso trabalho com famílias o enfoque grupal que se estende para incluir a escola, as famílias de origem, as instituições, a cultura. A integração desses diversos olhares nos presenteia com referencial mais amplo, menos rígido, do qual já podemos comprovar os benefícios. Nossa prática enriqueceu, não temos dúvidas disso.

Um projeto social desenvolvido sob orientação de um de nossos membros, o *Abrace seu Bairro*, fazendo uso não só da técnica grupal, como também da inclusão das famílias e de instituições, obteve resultados mais que animadores. Sobre eles assim se expressam os organizadores:

> Os resultados revelam uma melhoria nos relacionamentos nas escolas e nas famílias, maior senso de co-responsabilidade e de auto-estima, fortalecimento dos vínculos afetivos, construção de sentimentos de credibilidade e pertencimento, desenvolvimento da capacidade reflexiva nos grupos de trabalho.

Outro trabalho nos uniu em torno de uma família que adotou 12 crianças da FEBEM e que nos levou a desenvolver um atendimento aos cuidadores no intuito de melhorar a percepção dos responsáveis sobre as implicações de todos os envolvidos (cuidadores e jovens) nas dificuldades que viviam. Este foi um atendimento que evidenciou a importância do trabalho em equipe, não só da que realizou o atendimento, como também da que pertence ao Nesme, mas ainda a necessidade das relações interinstitucionais; por exemplo, do contato constante com a escola, com o conselho tutelar, com os médicos que lidavam com os jovens e com a vara de família, visando a desenvolver uma visão integrada das questões envolvidas desde a adoção até o momento que nos procuraram, quando a *família de guarda* buscou apoio para fazer frente à necessidade de uma rede de apoio que terminava com a maioridade dos jovens.

Nossa equipe, além de cursos para profissionais da rede pública de saúde, de diferentes formações, oferece também cursos breves sobre terapia familiar, responsabilizando-se ainda por parte do ensino sobre vínculos familiares e suas especificidades, o que faz parte do currículo do curso de especialização para coordenadores e terapeutas de grupo.

Nosso referencial, o da psicanálise das configurações vinculares, que integra intra, inter e transubjetivo, lança mão também da teoria sistêmica e de técnicas psicodramáticas, diversificação esta que favorece a compreensão e o desenvolvimento de técnicas breves.

As supervisões, os grupos de discussão da prática com alunos que atendem nos centros de referência ou com agentes comunitários no programa saúde da família, orientadores de escolas, psicopedagogos, médicos e enfermeiros, profissionais de recursos humanos ou administração de empresas, professores; enfim, muitos têm buscado recursos para a abordagem familiar e nos trazem uma prática desafiadora e estimulante que nos enriquece com diferentes perspectivas e vértices de observação de nossa realidade. O aproveitamento, inferido a partir da participação nas aulas e nos trabalhos que integram teoria e prática, têm sido gratificantes. Revelam a mudança do olhar individual para o grupal e para o sistema de interações.

Esta experiência tem revelado a grande pressão que os cuidadores vivem em seu trabalho e o quanto se sentem ajudados não apenas com o melhor domínio de teorias e técnicas de abordagem, como também se beneficiam do compartilhar e trabalhar em grupo.

Os desafios são muitos. Há um processo de transformação nas abordagens clínicas, gerando muitas expectativas, entre as quais a ampliação dos espaços de responsabilidade sobre saúde e doença, a ênfase no sistema de interações e na funcionalidade/disfuncionalidade dos sistemas de atendimento às necessidades de desenvolvimento do ser humano e das instituições responsáveis por elas (familiar, judiciário, educacional, de saúde, lazer, etc.).

Nosso propósito é transcender as atuais fronteiras disciplinares e conceituais, indo em busca de modelos que, respeitando nosso referencial teórico, atinjam com êxito as complexidades da realidade atual e que afetem a família em suas crenças valorativas, em sua funcionalidade educacional, sua resistência para manter-se dentro dos padrões culturais até então aceitos, tendo ainda que enfrentar mudanças difíceis de assimilar no que diz respeito aos avanços tecnológicos e sociais.

Há também que ser considerada a dificuldade de ser grupo e de trabalhar em e com grupos.

Nossa experiência tem nos mostrado o desafio do trabalho em equipe e sua relação com o narcisismo. Como o trabalho em cooperação exige uma redistribuição de poder, surgem resistências que atrapalham o funcionamento do grupo. A situação exige que prevaleça uma nova sabedoria emergente: a do grupo, que é maior que a soma de suas partes. Nossa cultura individualista não favorece o abandono das conquistas narcísicas.

Luiz Meyer (1981) nos fala nas consequências do narcisismo nas famílias, o que pode ser extrapolado para outros grupos também:

> Se os relacionamentos familiares se tornarem infiltrados pelo narcisismo, a função e o significado da dependência tornar-se-ão pervertidos. Resulta daí um padrão de intercâmbio infiltrado pela organização tipo "pressuposto básico.

Infere-se daí que essa família tentará evitar a realidade psíquica, não entrando em contato com seus aspectos indesejáveis. Tais defesas, uma vez abordadas pelo terapeuta, podem liberar quantidades consideráveis de ansiedade psicótica. Isso implica que o profissional que trabalha com grupos humanos, para poder enfrentar tais desafios, além do preparo acadêmico, deve cuidar e muito de seu preparo psíquico, pois, assim como os pacientes, estão sujeitos ao narcisismo exacerbado.

A vivência grupal oferecida pelo NESME, através de grupos de reflexão e grupos de discussão, ajuda-nos não só a entender os fenômenos grupais, como também nos prepara para a aceitação de estar em grupo. Supervisões, congressos e terapia são outras fontes que promovem a aceitação das diferenças, a valorização do outro, a busca de uma linguagem comum, a divisão de papéis e funções. Até aqui imputamos ao narcisismo as grandes dificuldades para se estabelecer um grupo, mas ele também implica o amor a si mesmo, fundamental para o desenvolvimento, que, bem canalizado, está na base das grandes conquistas da humanidade.

Nosso propósito continua sendo o de explorar, experimentar, dar significados, reexplorar a aplicabilidade do nosso referencial, sem esquecer a importância da comunicação para o cuidado com nossa atividade e com nossos pares.

REFERÊNCIAS

ANZIEU, D. *O grupo e o inconsciente:* o imaginário grupal. São Paulo: Casa do Psicólogo, 1990.

BEAVIN, J. H.; JACKSON, D. D.; WATZLAWICK, P. *Pragmática da comunicação humana.* São Paulo: Cultrix, 1973. p. 44-65.

BERENSTEIN, I.; PUGET, J. *Lo vincular:* clínica y técnica psicoanalítica. Buenos Aires: Paidós, 2007.

BION, W. R. *Experiências com grupos.* 2. ed. Rio de Janeiro: Imago, 1975.

BLEGER, J. *Psicohigiene e psicologia institucional.* Porto Alegre: Artmed, 2003.

CALIL, V. L. L. *Terapia familiar e de casal:* introdução às abordagens sistêmica e psicanalítica. São Paulo: Summus, 1987.

CUNHA, A. M. T. R. *Construção e desconstrução de ilusões:* uma tarefa terapêutica. São Paulo 2004. Trabalho para passagem a membro efetivo do Nesme.

CUNHA, A. M. T. R. Potencialidades do trabalho com os vínculos familiares: novas demandas. In: FERNANDES, W. J. et al. *Grupos e configurações vinculares.* Porto Alegre: Artmed, 2003. Cap. 22.

CUNHA, A. M. T. R.; LAMAS, C. P.; OLIVEIRA, N. M. F. M. 5 encontro: uma ponte onde transitam consciente e inconsciente. ENCONTRO LUSO BRASILEIRO DE GRUPANÁLISE E PSICOTERAPIA ANALÍTICA DE GRUPO, 3.;. ENCONTRO LUSO-BRASILEIRO DE SAÚDE MENTAL, 2.; CONGRESSO DE PSICANÁLISE DAS CONFIGURAÇÕES VINCULARES, 1. Anais... Guarujá, SP, 1995. p. 112.

DONATO, A. Grupos hoje: diferentes aspectos e abordagens: intervenções. *Revista da SPAGESP,* Ribeirão Preto, n.1, 2000.

FERNANDES, W. J. Bion: o conhecimento e a vincularidade: vínculos K,L, H, R: os níveis de funcionamento grupal e o pensar e os pensamentos. In: FERNANDES, W. J. et al. *Grupos e configurações vinculares.* Porto Alegre: Artmed, 2003. Cap. 9.

_____. O processo comunicativo vincular e a psicanálise dos vínculos. In: FERNANDES, W. J. et al. *Grupos e configurações vinculares.* Porto Alegre: Artmed, 2003. Cap. 3.

FERNANDES, W. J. et al. *Grupos e configurações vinculares.* Porto Alegre: Artmed, 2003.

FREUD, S. Introducción al narcisismo. In: _____. *Obras completas.* Madrid: Biblioteca Nueva, 1968.

_____. Psicología de las masas y análisis del "yo". In: _____. *Obras completas.* Madrid: Biblioteca Nueva, 1968.

_____. Totem y tabu. In: _____. *Obras completas.* Madrid: Biblioteca Nueva, 1968.

GOLDFEDER, M. *O genograma como facilitador do reconhecimento intergeracional:* a formação da intersubjetividade de uma família. Trabalho apresentado para passagem a membro efetivo do Nesme, 2000.

KAËS, R. *O grupo e o sujeito do grupo.* São Paulo: Casa do Psicólogo, 1996.

LEVISKY, R. B. Família: uma psicoterapia de grupo? In: FERNANDES, W. J. et al. *Grupos e configurações vinculares.* Porto Alegre: Artmed, 2003. Cap. 21.

MEYER, L. *Família:* dinâmica e terapia: uma abordagem psicanalítica. São Paulo: Casa do Psicólogo, 2002.

OLIVEIRA, N. F. M. de Espaço grupal: uma área de experimentação. In: FERNANDES, W. J. et al. *Grupos e configurações vinculares.* Porto Alegre: Artmed, 2003. Cap. 13.

OSÓRIO, L. C. *A família hoje.* Porto Alegre: Artmed, 1996.

_____. *Psicologia grupal:* uma nova disciplina para o advento de uma nova era. Porto Alegre: Artmed, 2003.

OSÓRIO, L. C.; VALLE, M. E. P. do. *Terapia de famílias:* novas tendências. Porto Alegre: Artmed, 2002.

PICHON-RIVIÈRE, E. *O processo grupal.* São Paulo: Martins Fontes, 1983.

_____. *Teoria do vínculo.* São Paulo: Martins Fontes, 1982.

PIVA, A. et al. *Transmissão transgeracional e a clínica vincular.* São Paulo: Casa do Psicólogo, 2006. p. 19-31.

PUGET, J.; BERENSTEIN, I. *Psicanálise do casal.* Porto Alegre: Artmed, 1993.

SATIR, V. *Terapia do grupo familiar.* Rio de Janeiro: Francisco Alves, 1980.

SOIFFER, R. *Psicodinamismos da família com crianças.* Petrópolis: Vozes, 1983.

SVARTMAN, B. Fundamentos da psicanálise dos vínculos. In: FERNANDES, W. J. et al. *Grupos e configurações vinculares.* Porto Alegre: Artmed, 2003.

WINNICOT, D. W. *Da pediatria à psicanálise:* obras escolhidas. Rio de Janeiro: Imago, 2000.

_____. *O ambiente e os processos de maturação.* 3. ed. Porto Alegre: Artmed, 1983.

_____. *O brincar e a realidade.* Rio de Janeiro: Imago, 1975.

9

O psicodrama e a terapia familiar

Maria Cecilia Veluk Dias Baptista

> O psicodrama projeta processos, situações, papéis e conflitos em um meio experimental – o teatro terapêutico (...). Aplicado ao problema conjugal, abre novas perspectivas para pesquisa e tratamento. (Moreno, 1978, p. 386)

INTRODUÇÃO

Partindo dos paradigmas de nossa sociedade atual (a *complexidade*, a *instabilidade* e a *intersubjetividade*), percebe-se que cada vez menos pode-se ter modelos fechados como padrões para as ações profissionais do psicoterapeuta de família. É importante fazer-se inclusões e evitar exclusões. Para que isso aconteça, a tarefa desafiante que a pós-modernidade epistemológica pede aos psicoterapeutas é a de gerar práticas que promovam compreensão e consequentemente a apropriação do saber científico, religando-o aos saberes do senso comum.

> A psicologia da pós-modernidade define o psicólogo como um agente de transformação social para o qual contribuem o pessoal, o político e o profissional, implicando necessariamente uma ética das relações, cujos traços mais significativos são a consciência da auto – reflexividade e a consciência de que suas práticas e seus métodos de estudo não são ideologicamente neutros. (Grandesso, 2000)

Tomando por base o olhar sistêmico, pode-se afirmar que o homem é um "ser em relação". Essa assertiva traz-nos a profundeza filosófica do EU e TU – a filosofia de Martin Buber, que é por excelência uma ontologia da relação, fatalmente nos remetendo a Jacob Levy Moreno, criador do psicodrama, alinhado à visão sistêmica que dá ênfase ao fenômeno relacional.

Percebe-se que os conceitos do psicodrama se inserem no pensamento sistêmico que emergiram com o paradigma atual, mostrando-nos Moreno como um homem de vanguarda.

Apesar de J.L. Moreno ter desenvolvido seus estudos e trabalhado com o sociodrama familiar entre 1931/32, segundo Buer (1996), "o pensamento de Moreno apresenta-se exatamente como protótipo de ciência pós-moderna".

Diversos estudos científicos apresentam Moreno como um pensador sistêmico. Entretanto, vejamos a citação a seguir de Levy (2003), que desenvolveu em sua pesquisa aspectos claros que nos permitem entendê-lo como um pensador pós-moderno:

> Costumamos ouvir muito frequentemente que Moreno esteve à frente de seu tempo. Fala-se muito que ele sempre valorizou a possibilidade de criar

e originar novas respostas, novas soluções (...). De certa forma, ao dizer isso, ele se referia a uma recusa ao determinismo científico, ao reducionismo, falava da impossibilidade de existirem verdades únicas e das vantagens da flexibilidade dos indivíduos, dos sistemas e das situações. (Levy, 2003)

Moreno nos revela o homem como um ser em relação, com uma capacidade ilimitada para a ação criativa e espontânea. Portanto, é a inter-relação entre as pessoas que constitui o eixo fundamental de toda a teoria de Moreno. Desde seu nascimento, o homem já está inserido em uma teia de relações, onde vai passar a co-existir, co-agir, co-experienciar, co-criar, co-participar, co-responsabilizar. Para ele, todos os fenômenos sociais têm como centro da questão os processos interindividuais e intergrupais.

O PENSAMENTO MORENIANO

O psicodrama, termo consagrado mundialmente pelo uso da ação dramática em campo terapêutico, coloca as pessoas como autores e atores de suas histórias. O desempenho dos papéis na ação dramática possibilita que, em campo relaxado, ocorra a liberação da espontaneidade para a adequação de melhores respostas em sua inter-relação com o mundo.

O criador do psicodrama, o médico psiquiatra Jacob Levy Moreno (1889-1974), partiu da premissa de que o Homem é um ser relacional: desde seu nascimento, através da relação com o mundo que o cerca, desenvolve seu "eu". Dessa forma, os problemas e as dificuldades que as pessoas vão manifestando ao longo de sua vida foram desenvolvidos nessa trama de inter-relações; portanto, devem ser tratadas em grupo ou com o grupo que gerou o problema.

Moreno partiu das suas vivências e experiências para desenvolver o corpo teórico da socionomia, que é a denominação correta e mais ampla que envolve os aspectos filosóficos, metodológicos e teóricos da ciência que rege as leis sociais.

A socionomia envolve três ramos: sociodinâmica, sociometria, sociatria. A sociodinâmica estuda o funcionamento das relações interpessoais, e seu método é o *role playing*, que é a terapia de papéis. A sociometria, que é a medida das relações sociais, tem como método o teste sociométrico, que permite obter dados quantitativos e qualitativos do desenvolvimento e da organização dos grupos, bem como a posição de cada pessoa no grupo. A sociatria é a terapêutica das relações sociais cujos métodos envolvem psicodrama, sociodrama e a psicoterapia de grupo.

No sociodrama, o sujeito é o grupo, definido como "método profundo de ação que trata de relações intergrupais e de ideologias coletivas" (Moreno, 1972, p. 80). Portanto, pode ser utilizado tanto em uma abordagem macrossocial, na busca da conscientização dos valores e das ideologias de uma dada organização social, quanto em uma abordagem microssocial, nos pequenos grupos da célula social – a família, visando ao desenvolvimento inter-relacional de seus membros.

Moreno, inicialmente, praticou a psicoterapia em grupos naturais, a psicoterapia familiar, em situações reais de vida. Em seguida, desenvolveu o psicodrama nos grupos sintéticos, nas clinicas e nas instituições. Ambos são métodos psicoterápicos, os quais, através da utilização da dramatização, visa à percepção e à mudança de comportamento das pessoas, seja em seus papéis, seja em suas relações.

Entre os principais conceitos da teoria psicodramática para o entendimento dos vínculos estabelecidos nas relações interpessoais está o da espontaneidade, que é entendida como a capacidade da pessoa de dar resposta adequada e inédita a situações novas ou respostas novas a situações conhecidas. Para Moreno, todas as pessoas nascem espontâneas e criativas, e, em contato com o meio em que vivem, podem ser tolhidas na liberação desse fator. A espontaneidade é um fator que surge do potencial individual, mas se realimenta na interação vincular. O termo difere da compreensão de senso comum de ser espontâneo com a impulsividade e opõe-se à ansiedade. Quanto mais alta estiver a ansiedade mais baixa estará a espontaneidade.

Para Bustos (1990, p. 67), "a saúde de um vínculo depende da capacidade de ambos estimularem reciprocamente o surgimento da espontaneidade, permitindo a cada um desenvolver junto ao outro todo o seu potencial". Segundo essa afirmação, a saúde da família encontra-se na possibilidade de seus membros terem e darem condições de liberação ao fator espontaneidade.

Outro conceito teórico importante para a compreensão da dinâmica da interação é a tele, que Moreno define como a percepção "real" interna do outro. Porém, os psicodramatistas contemporâneos (Perazzo, 1994; Levy, 2000; Aguiar, 1990), revendo tal conceito, trouxeram importantes contribuições, deixando claro que a percepção real e limpa não existe ela é filtrada por afetos, valores, julgamentos e fantasmas internos das pessoas que estão em uma relação vincular; portanto, sempre teremos a percepção parcial do outro. Porém, é fundamental que nas interações seja possível limpar e identificar essas distorções, sendo que elas estarão ocorrendo bilateralmente na dinâmica vincular. Na dinâmica do casal e da família, faz-se necessário reconhecer e esclarecer o quanto os vínculos estão mais próximos de um campo relacional, pois, caso contrário, a relação ocorrerá de forma apenas transferencial, com as figuras de mundo interno, do intrapsíquico, e não da inter-relação presente. É a tele-transferência (Levy, 2000, p.180) que determina a posição das pessoas no grupo; é o processo que aproxima ou afasta as pessoas e que permite a co-experiência e a co-criação.

Os conceitos de matriz de identidade e papel são outros fundamentos teóricos do psicodrama, que são importantes para a compreensão dos vínculos.

Para Moreno, o "eu" das pessoas é produto da interação entre as características inatas e as diversas relações que se estabelecem durante a vida do indivíduo. O primeiro grupo social ao qual a criança é inserida é, frequentemente, a família. Esse núcleo relacional básico é denominado "matriz de identidade", que é o local onde a pessoa é gerada e criada. É a placenta social da pessoa. Portanto, as inter-relações da criança, desde que nasce, através do desenvolvimento dos papéis fisiológicos, são fundamentais para o processo de desenvolvimento do "eu". É na matriz de identidade que se inicia o jogo e o treino dos papéis, primeiramente, em uma total indiferenciação com o mundo, em um processo lento e gradual, e, com a ajuda da matriz de identidade (família), ela vai caminhando para a diferenciação e para a independência. Essas etapas de desenvolvimento da criança, se bem assistidas pela família, a placenta social que a nutre física e psicologicamente, permitirão o crescimento de uma criança espontânea – criativa no jogo de seus diversos papéis: sociais, psicodramáticos e fisiológicos.

> Primeiro é o grupo. O grupo implica interação, e toda interação se exerce através de um papel. Há tanto papéis quanto ações possíveis. Cada papel é a fusão de elementos individuais e coletivos, compostos por dois elementos: seus denominadores coletivos e seus diferenciais individuais. (Moreno, 1972, p. 69)

A parte tangível do intrapsíquico manifesta-se em um vínculo que se concretiza em uma cena, na qual as representações de mundo interno passam a gerar trocas interpessoais por meio do desempenho de papéis. Todas as pessoas são vistas e conhecidas no interjogo de papéis.

A teoria dos papéis é uma das grandes contribuições morenianas à terapia de família. É uma proposta sistêmica. O foco é o processo interativo em um esquema de circularidade, pois isso facilita a percepção e a compreensão de cada elemento da família em relação às suas atitudes e a como elas interferem nas atitudes dos outros, criando a possibilidade de rever comportamentos estereotipados para a melhora das relações.

Segundo Nery (2003, p.16), a formação do "eu" estrutura-se a partir do desempenho de papéis. Como o termo *papel* vem do teatro, a autora considera que vivemos no palco da vida e que a personalidade se constitui do conjunto de papéis exercidos, dos que estão reprimidos, da hereditariedade e da maneira como são construídos os vínculos. Dessa forma, a cultura, o contexto, o momento dão consistência ao "eu". Existir é estar em co-existência.

Os papéis que formam o "eu" de uma pessoa são os sociais, que são os desempenhados nas relações sociais estabelecidas; os imaginários, que estão no mundo da fantasia e do imaginário (por exemplo, cristo, diabo); os latentes, que estão subjacentes ao das relações sociais (por exemplo, orientador, vítima, pecador); e os psicossomáticos, que são os referentes ao aspecto fisiológico (por exemplo, sexual, urinador).

Para Nery (2003, p.18), a liberação do potencial espontâneo e criativo deve-se ao aprendizado dos papéis e ao aprendizado emocional nos vínculos.

Por meio do desempenho dos papéis familiares em contexto dramático, em *setting* psicoterápico, o sistema percebe quais são os aspectos afetivos e emocionais que interferem na dinâmica familiar e que estão inseridos no padrão relacional, permitindo reorganizar sua dinâmica.

SOCIODRAMA DE CASAL E FAMÍLIA E SUA METODOLOGIA

Partindo da visão de Homem como ser em relação, Moreno (2006), desde o início do século XX, propôs trabalhar os problemas relacionados aos casais e às famílias em seu *status nascendi* e *in situ*

> Quando você vê duas pessoas que tem um problema, você se interessa pela etapa final do problema se haverá divórcio ou reconciliação e não sei o que mais. Eu, por outro lado, fico interessado em saber como o problema deles começou. Quero explorar o problema em seu estado criativo nascente. (p. 189)

Com os membros presentes do casal ou da família, Moreno iniciou, em 1923, o "teatro recíproco" (França, 2004, p. 21), o qual acontecia na casa das famílias, e, através da dramatização das situações conflituosas vividas, surgiam novas resoluções do problema do grupo familiar. Na cena dramatizada, o problema surge com toda a sua intensidade emocional e racional, e revivê-lo permite uma oportunidade de revê-lo em outro momento, com um distanciamento necessário para o encontro de novas soluções espontâneas.

Moreno realizou, em Viena, entre 1921 e 1923, diversos trabalhos públicos, denominados por ele como teatro espontâneo, entre eles, considerado como um dos berços do psicodrama, o desenvolvimento de um atendimento a um casal conhecido como "Caso Bárbara e George". O protocolo desse atendimento (Moreno, 1975, p. 54) mostra o quanto as cenas dramatizadas foram se aproximando cada vez mais da realidade vivida por esse casal e como foram sendo trabalhadas de forma a permitir que seus protagonistas pudessem rever suas histórias, suas fantasias e seus temores. Possibilitou que cada um entrasse no lugar do outro, revendo as mesmas situações por outro ângulo e entendendo o parceiro, e, dessa forma, que cada um tivesse momentos de encontro consigo e com o outro.

Estas vivências permitiram a Moreno descobrir e fundamentar o valor terapêutico das ações dramáticas. A dramatização permite o reviver das cenas conflituosas, cria possibilidades de "reolhar" em diversas perspectivas a mesma situação. Cada pessoa do sistema familiar, em contexto dramático, tem espaço para inverter e assumir diferentes papéis e, com isso, liberar a espontaneidade, reconhecer novas respostas mais satisfatórias para o problema apresentado. Através da dramatização, percebe-se que a soma da linguagem corporal e gestual à verbal permite que as pessoas estabeleçam comunicação entre racional, emocional e corporal. A linguagem corporal diminui as defesas. O momento terapêutico da cena dramática possibilita a eliminação do tempo cronológico, surgindo um momento atemporal, no qual passado, presente e futuro aparecem no presente imediato. A relação estabelecida entre os elementos da família é observada e esclarecida no aqui e agora. O "como se" da dramatização estabelece relações entre real, simbólico e imaginário, permitindo sua integração, individual e coletiva. Enfim, a cena dramática mobiliza o potencial criativo das pessoas e do grupo familiar.

De 1940 a 1950, Moreno realizou diversos psicodramas com casais nos Estados Unidos, onde morava, e em outras partes do mundo, onde apresentava seu trabalho, chegando a desenvolver "teste de papéis para prognóstico de casamento" e "psicodramas de casal pré-nupcial" (Moreno, 2006, p. 96).

No sociodrama familiar, o trabalho terapêutico realiza-se com o grupo familiar: é ele que deve ocupar a cena, e o sistema desenvolve a dramatização, pois o sofrimento é coletivo.

Quando um grupo natural de pessoas que constituem uma família vive junto, coabita diariamente, vivem momentos de alegria e sofrimento, gerando constantes situações que produzem conflito. A constante recorrência dessas interações, nos diversos papéis que as pessoas assumem em suas relações familiares, amplifica a intensidade dos problemas. O conflito é um pretexto interno para esconderem-se mais profundamente. O sociodrama familiar cria um espaço de ação dramática sem tantas tensões, no qual as interações são revividas, revisitadas, ressignificadas e recuperadas.

Moreno identificou, desde a década de 1940, que os problemas gerados e vividos em família só podem ser tratados em família. Ela é a matriz depositária que constitui um sistema relacional único e inseparável. Partindo dessa premissa, propôs o procedimento sociodramático, no qual o drama será revelado no contexto dramático pelo jogo de papéis entre os membros do grupo natural, esclarecendo a todos a estrutura grupal preexistente no contexto social, consistente com critérios preestabelecidos e definidos, e as interações entre os membros do grupo.

O núcleo da metodologia sociopsicodramático é a dramatização. É a pessoa na ação dramática em relação, no "aqui e agora", na situação de vida, em seu meio. O trabalho dramático permite abordar a dimensão racional, emocional, ampliar a percepção dos vínculos e a liberação da espontaneidade e da criatividade.

Independentemente de qual método da socionomia seja utilizado, a prática psicodramática segue os mesmos fundamentos e as mesmas técnicas. Para a realização dessa prática, Moreno delimita a existência de três contextos, três etapas e cinco instrumentos.

Os três contextos são:

- *Contexto social*. É a realidade social em que a pessoa está inserida tal como ela é, com leis, normas e regras, regida pelo tempo cronológico, pelos espaços concreto e definido e pelos aspectos sociopolíticos culturais vigentes.

- *Contexto grupal.* É a realidade definida de um grupo. No sociodrama familiar são as normas e as regras estabelecidas pelos próprios membros de determinada família.
- *Contexto dramático.* É o constituído pela realidade dramática, pelo tempo e espaço fenomenológico, subjetivo, no qual tudo pode ocorrer no "como se" da fantasia e da imaginação. Pode-se revisitar o passado e projetar o futuro, criar e recriar sua história e a da família.

As três etapas da prática sociopsicodramática são:

- *Aquecimento.* É a passagem das pessoas dos seus contextos sociais para o contexto grupal, liberando-as para o surgimento do projeto dramático do grupo, além de preparar a pessoa e o grupo para entrar no contexto dramático. Apesar de no sociodrama familiar o grupo ser natural, e estar constituído como tal, há a necessidade dessa etapa para criar-se o *setting* terapêutico e integrar a unidade funcional, como é denominada em psicodrama a equipe terapêutica.
- *Dramatização.* É o momento em que ocorre a ação dramática em que no "como se" e no "aqui e agora" dramático são vividos os conflitos passados, presentes ou futuros da família. É o momento de o terapeuta utilizar as técnicas psicodramáticas para permitir uma maior percepção racional e emocional acerca do conflito vivido dramaticamente. No sociodrama familiar, dramatizam-se as relações com as pessoas envolvidas presentes, e todas protagonizam e vivem seus conflitos, suas angústias e seus desejos. O drama da vida real é liberado por meio do jogo dos papéis. Dessa forma, no processo sociodramatico familiar, é explicitado, de maneira clara e imediata, o modo como os membros da família convivem em seus vários papéis no contexto de relacionamentos reais, no "como se". Na etapa de dramatização, o grupo familiar pode ter um *insight* dramático de quais são as posições da cada pessoa dentro da família, concretizando sua estrutura sociométrica. Essas estruturas sociométricas que são invisíveis à observação são identificáveis mediante análise sociométrica dos átomos sociais e familiares, identificando-se alianças, coalizões, exclusões, afastamentos. Portanto, isso se torna um recurso valioso e enriquecedor para redefinição do problema, permitindo explorar novas alternativas à realidade da família.
- *Compartilhar.* É a última etapa, na qual todos os membros do grupo familiar falam o que sentiram e tomaram consciência do que foi revivido e recriado em contexto dramático. Essa etapa produz uma abertura, ou seja, ninguém é mero observador – todos são observadores participantes e todos influenciam e são influenciáveis. Portanto, não há juízos de valores, o que diminui atitudes defensivas.

Os cinco instrumentos utilizados em uma sessão sociopsicodramática são:

- *Diretor.* É o terapeuta principal, membro da unidade funcional e encarregado de iniciar e fechar a sessão seguindo suas etapas. Atento para os contextos, é o produtor da cena dramática e o analista social.
- *Protagonista.* É o que emerge com a cena. No sociodrama familiar pode ser todo o sistema familiar presente ou subsistemas da família.
- *Ego auxiliar.* Ator; agente terapêutico; investigador social. Um dos elementos da unidade funcional terapêutica ou um dos elementos do grupo familiar que assume um papel designado por quem está montando a cena.
- *Cenário.* Espaço físico onde ocorre a ação dramática, a montagem da cena

que permite que os autores e atores se envolvam nesta construção dramática.
- *Plateia*. Elementos do grupo que assistem à ação dramática sem estarem atuando na cena. No sociodrama familiar, pode frequentemente a plateia ser membro da equipe funcional. A importância desse instrumento é o maior comprometimento que passa existir na cena e nos observadores participantes, pois eles colocam seus pontos de vista, tal qual uma equipe reflexiva das abordagens sistêmicas na etapa do compartilhar.

O método sociopsicodramático explora o que se ignora. Não basta descobrir o que se sabe: busca-se transformar "o que" e "como" se vive em algo novo. A metodologia sociopsicodramática define que seu momento de maior *insight* e criação ocorre em contexto dramático, pois é nessa etapa que o diretor faz uso de uma série de técnicas sociopsicodramáticas, que são um conjunto de intervenções cênicas a serem empregadas para facilitar a compreensão dos dilemas dos protagonistas.

A meta terapêutica no sociopsicodrama é a obtenção do que Moreno denominou de catarse de integração. É a possibilidade de os indivíduos liberarem suas emoções e darem um salto qualitativo na situação dramática que vivem, encontrando saídas adequadas a seu drama. A catarse é entendida como meio de mudança, que é conquistada após a expressão de sentimentos, relaxamento, equilíbrio e integração à realidade do grupo. No sociodrama de casal ou familiar, busca-se eliminar o estereótipo de conduta (a repetição dos comportamentos), mostrar as dificuldades de todos de forma circular, apresentar os sintomas do grupo familiar em contexto dramático para que a intervenção terapêutica ocorra através do uso das técnicas básicas e das complementares.

As técnicas básicas do sociopsicodrama usadas em contexto dramático são:

- *Duplo*. É o ego auxiliar da unidade funcional ou da própria família que assume a duplicação do papel protagônico, trazendo verbalmente as possíveis emoções ou reflexões latentes para serem explicitadas.
- *Espelho*. É o ego auxiliar que espelha o protagonista em todas as dimensões que estão sendo apresentadas, para que ele se veja de fora da cena dramática.
- *Inversão de papel*. Visa a aprofundar o encontro, entrar no lugar do papel complementar do outro que está em cena, poder falar sobre e ser o outro.

> (...) a inversão recíproca de papéis pode ser usada para modificar a percepção distorcida das pessoas, resolver conflitos interpessoais e para aumentar o funcionamento interpessoal. (Holmes et al., 1998, p. 329)

As técnicas complementares mais usadas no sociodrama de casal e família em contexto dramático são:

- *Dramatização dos sintomas*. Em diferentes contextos, em diferentes cenas, por diferentes pessoas da família.
- *Cenas resolutivas*. Usada geralmente ao final das sessões, com cenas propostas pelo sistema familiar após o reconhecimento dos vínculos complementares mútuos e dos limites de cada elemento da família; é uma proposta conjunta para solução do problema com cenas integradoras.
- *Realidade suplementar*. Criação dramática de uma experiência nova e ampliada da realidade, buscando a inserção de novas ações que possam produzir transformações no contexto dramático inicial.
- *Dramatização para apresentação e questionamento do status sociométrico*. Dramatização dos distintos psicogrupos e sociogrupos, diferenciação dos interesses desses sub-sistemas através da iden-

tificação das diferenças entre as pessoas e entre os relacionamentos.
- *Concretização do problema*. Das dificuldades interpessoais quando encobre o sintoma, através da repetição da mesma cena diversas vezes ou da multiplicação dramática do conteúdo vincular da cena ou do confronto dramático.
- *Escultura*. "Expressão plástica simbólica da estrutura vincular de um sistema" (Knappe e Barberá, 1999, p. 144). Construída com o uso dos próprios corpos dos membros da família, a escultura pode ser estática ou dinâmica. O escultor é o criador de sua obra, ou seja, ele realiza e a interpreta. A escultura pode ser da imagem da família atual, da família imaginária, da família desejada. Ela proporciona ao grupo familiar ter uma diversidade de visões, ampliando o problema e descobrindo formas de modificar a escultura para uma transformação da situação. "A escultura é uma ferramenta que fragmenta um mosaico formado pela história, a partir da opção de modelar o tempo passado, presente e futuro" (Knappe e Barberá, 1999, p. 239).
- *Átomo familiar*. É uma parte do átomo social dos indivíduos. Enquanto o átomo social é total em referência a todos os papéis que a pessoa tem no mundo, o átomo familiar está em referência com a posição concreta de cada pessoa na estrutura familiar. São as configurações que surgem frente às interações com os outros elementos da família, constituindo as redes familiares e sociais. Essa construção é feita com as pessoas ocupando, concreta e espacialmente, lugares de proximidade ou distanciamento em relação a cada membro da família.
- *Interpolação de resistência*. Técnica que permite criar cenas dramáticas que apresentem situações novas, colocando as pessoas frente à necessidade de darem novas respostas a situações imprevistas e frente a inputs que estejam surgindo na cena.
- *Jogos dramáticos diversos*. Visam à manifestação do co-inconsciente grupal e permite vivenciarem a co-criação coletiva e a determinação dos limites.

A negociação da estrutura e da dinâmica das relações familiares precisa ser constantemente realizada, readaptando-se às regras anteriormente estabelecidas. O desenvolvimento pessoal de cada um exige uma redefinição dos papéis dos outros. Porém, nem sempre isso é possível, e a trama relacional da família torna-se incapaz de escapar de papéis e contrapapéis cristalizados, da percepção de si e do outro estereotipada, o que transforma as relações em incongruentes, sem reciprocidade e disfuncionais.

Surge então a necessidade do trabalho terapêutico, em que o contexto é sociodramático com o objetivo de identificar, apresentar e encontrar saídas espontâneas e criativas para as tramas invisíveis das inter-relações familiares, trabalhando com as relações presentes e confirmando ou não os sentimentos e as expectativas dos indivíduos através do contexto dramático e de suas técnicas.

Nesta abordagem terapêutica, as relações interpessoais de cada pessoa que sejam pertinentes à dinâmica familiar são dramaticamente revividas. A família é encorajada a refazer o cotidiano de acordo com sua imagem e montar as cenas *in situ et in actu*, recriando as condições para um renascimento, para a obtenção de novas saídas para suas situações difíceis. Dessa forma, os membros da família passam a ter participação no processo de criação de seus papéis.

O sociodrama familiar permite que cada pessoa participante de uma família seja co-criadora das condições da vida familiar, pretendendo com isso transformar a dinâmica familiar e construir novas formas de convivência.

Portanto, podemos visualizar a proposta de Moreno tanto em uma abordagem da sociedade quanto em uma abordagem microssocial – dentro da célula social: a família. Nela (família), podem ser estudadas as relações interpessoais, a estrutura do grupo, medidas as relações entre os membros e posta em prática uma terapia interacional que transforma o enfoque dos sintomas expressos por um dos membros da família para as interações inadequadas entre os indivíduos, esclarecendo a trama relacional com todos em conjunto e trazendo uma nova compreensão da realidade familiar.

No sociodrama familiar e de casal, as cenas dramáticas são feitas com a presença dos membros da família, o que é um desafio aos terapeutas. Quando todo o grupo natural se encontra presente, cada membro desse grupo é o protagonista. Para o sociodramatista familiar, a verdade é aquela subjacente aos padrões relacionais que ele observa. O sociodramatista propõe trazer para fora o que está subjacente e objetivá-lo, torná-lo visível e observável por todos, terapeutas e família, através das técnicas da ação (Moreno, 1972).

A. Williams (1994) apresentou diversos tópicos sobre as vantagens do método de ação para a psicoterapia familiar, como recriar o passado e trazê-lo vivamente para o aqui e agora, presentificando-o. No sociodrama familiar, o contexto grupal favorece a reedição de mitos familiares, lealdades invisíveis com parentes distantes e ausentes. Os papéis dos elementos que compõem o grupo familiar podem ser claramente especificados, elucidados e expressos. Os papéis são dramatizados, e são expressas as percepções em relação a eles. Ele permite o esclarecimento das aceitações, das rejeições, do status sociométrico dos membros da família. Permite também que ocorra a dramatização dos rituais de passagem ou de rituais que marcam as diferenças e que se vivenciem fantasias ou cenas futuras que geram disfuncionalidade nas interações familiares. Isto é, possibilita a modificação da forma como a família costuma se expressar.

A cena dramática permite que a família altere o que parecia imutável: os papéis dos membros da família podem ser revistos, as regras de interação modificadas, os medos e os desejos podem ser concretizados; enfim, a família e o terapeuta podem se sentir livres para co-criação de novas possibilidades.

> Os grupos naturais se comportam de maneira diferente dos grupos formados por estranhos. Mães e cônjuges, membros de uma família, dois amantes, amigos e companheiros de negócios de muitos anos, e todos os grupos que, igualmente a estes, estejam intimamente relacionados, têm uma forma comum de entender-se tacitamente... É como se no correr dos anos houvessem desenvolvido, firmemente entrelaçada, uma longa cadeia de estados de certo modo inconscientes. (Moreno citado por Garrido, 1996, p. 203)

Moreno afirma em seus escritos que os estados co-inconscientes e os co-conscientes são aqueles em que os elementos envolvidos experimentaram e os produziram conjuntamente, estados que só poderão ser representados e reproduzidos entre as mesmas pessoas. Portanto, eles são expressos diretamente nos sociodramas de família, pois, sendo uma abordagem eminentemente grupal, envolve a intersubjetividade e o interpsiquismo desses grupos naturais primários.

Para Moreno, a ação sociopsicodramática é que possibilitaria as pessoas a ultrapassarem e superarem os conflitos co-inconscientes.

> Quando duas ou mais pessoas estão interligadas e sua coexistência tornou-se indispensável ao bem-estar delas

mesmas (...) é frequentemente indicado que sejam tratadas em conjunto (...) [já que] desenvolvem ao longo do tempo um conteúdo comum ou o que poderia ser denominado de um co-inconsciente. (Moreno, 1983, p. 65)

Moreno, em seus escritos datados de 1940, recomendava começar o tratamento com a pessoa que traz a queixa e ir comprometendo pouco a pouco as demais pessoas implicadas, criando vínculos que possibilitassem, através do uso de técnicas específicas da terapia sociopsicodramática, desvelar o drama e a trama que a família vive, a fim de detectar novas respostas a essas situações. Nessa proposta de psicoterapia interpessoal, o terapeuta é colocado no papel de observador participante, ego auxiliar e intérprete das partes presentes.

CONSIDERAÇÕES FINAIS

As famílias procuram as terapias para solucionarem conflitos, apresentam uma série de relatos em sua maioria contaminados pela rigidez e cristalização de seus papéis. Ao retratar o drama familiar através da linguagem, das imagens, das ações ou cenas, os membros da família são encorajados a oferecer novos dados, isto é, a família verá os velhos problemas com novas lentes. Terão que rever seus papéis que, muitas vezes, estão mal desenvolvidos pelo forte envolvimento emocional existente; terão que todos juntos buscarem saídas para seus problemas.

A proposta do sociodramatista da família é ser observador participante e facilitador para que o sistema se torne aberto, receptivo para estabelecer trocas (com o novo, com o desconhecido), promovendo crescimento, restabelecimento e renovação da vitalidade do sistema, além de visar a uma forma adequada de lidar com o contexto, buscando a espontaneidade e a criatividade da família.

Pode-se afirmar que o Sociodrama Familiar é atual e pertinente entre as abordagens das terapias familiares sistêmicas e pós-modernas, visto que tem muitas propostas semelhantes. É uma metodologia considerada pesquisa participativa.

Os estudos da socionomia mostram que a identidade dos grupos difere da identidade dos indivíduos que compõem os grupos, e essa nova constituição na sociometria recebe o nome de "psicogrupo", que, segundo Moreno, é o núcleo psicológico do grupo familiar. O grupo pensa, sente e trabalha de maneira distinta como fariam os membros isolados. Por essa razão, o sociodrama familiar torna-se importante, pois permite que a unidade funcional trabalhe no nível grupal e individual na busca de saltos qualitativos. Para tanto, é preciso rastrear as imagens internalizadas, constitutivas da família, ou seja, as origens nas gerações anteriores, e permitir que os membros do grupo familiar em questão possam aderir à vida coletiva e escolhanas de forma consciente e clara. Assim, haverá o desenvolvimento e o amadurecimento gradual, do sentimento de pertencimento ao grupo – o compromisso de discussão das ideias – à tomada de decisão consensual e à aceitação de lideranças alternadas e sociometricamente escolhidas.

O sociodrama (uma terapia interpessoal) é uma categoria à parte da terapia individual e da terapia de grupo, pois é um método que alcança profundamente as síndromes interpessoais. Isso ocorre porque trabalha com uniões estruturadas há muito tempo, com laços emocionais profundos, como é a família e o casal. Procura-se provocar nas famílias um salto qualitativo em direção ao novo, ao território desconhecido e não-vivido.

Por fim, podemos afirmar que a metodologia sociodramática familiar explora diversas maneiras de falar, de pensar e agir. Externaliza o problema durante a ação dramática, e o contexto dramático favorece o afastamento de ações dos terapeutas, tornando as relações mais democráticas. Além disso, a ação dramática pode construir estruturas de responsabilidades relacionais, ampliando a expressão da espontaneidade e valorizando a competência e abertura do sistema familiar.

REFERÊNCIAS

AGUIAR, M. *O teatro terapêutico*: escritos psicodramáticos. São Paulo: Papirus, 1990.

BUER, F. O papel e a identidade do psicodramatista moderno. In: LEITURAS 13. São Paulo: Companhia do Teatro Espontâneo, 1996.

BUSTOS, D. M. *Perigo*: amor à vista! Drama e psicodrama de casais. São Paulo: Aleph, 1990. p. 55-125.

FRANÇA, M. R.; CASTANHO, J. L. Moreno: criativo e pioneiro na história da terapia familiar. In: VITALE, M. A. F. *Laços amorosos*: terapia de casal e psicodrama. São Paulo: Ágora, 2004. p.15-28.

GRANDESSO, M. *Sobre a reconstrução do significado*: uma análise epistemológica e hermenêutica da prática clínica. São Paulo: Casa do Psicólogo, 2000.

HOLMES, P.; KARP, M.; WATSON, M. (Org.). *O psicodrama após Moreno*: inovações na teoria e na prática. São Paulo: Ágora, 1998.

LEVY, L. *Integrando diferenças*: possíveis caminhos da vivência terapêutica. São Paulo: Ágora, 2000. p.133-182.

_____ . *Tributo a Moreno, aquele que sobreviveu... resgatando um Moreno científico*. Monografia apresentada para obtenção do título de Professora-Supervisora. Delphos Espaço Psico-Social, Rio de Janeiro, 2003.

MARTÍN, E. G. *Psicologia do encontro*: J.L. Moreno. São Paulo: Ágora, 1996.

MORENO, J. L. *Fundamentos de la sociometria*. 2. ed. Buenos Aires: Paidós, 1972.

_____ . *Fundamentos do psicodrama*. São Paulo: Summus, 1983.

MORENO, J. L. *Psicodrama*. São Paulo: Cultrix, 1975.

_____ . *Psicodrama*: terapia de ação & princípios da prática. São Paulo: Daimon, 2006. p. 96-292.

_____ . *Psicoterapia de grupo e psicodrama*. São Paulo: Summus, 1983.

NERY, M. P. *Vínculo e afetividade*: caminhos das relações humanas. São Paulo: Ágora, 2003. p.300.

PERAZZO, S. *Ainda e sempre psicodrama*. São Paulo: Ágora, 1994.

SEIXAS, M. R. D'A. *Sociodrama familiar sistêmico*. São Paulo: Aleph, 1992. p. 199.

WILLIAMS, A. *Psicodrama estratégico*: a técnica apaixonada. São Paulo: Ágora. 1994. p. 230-257.

10

Cibernética e terapia familiar: que relação distinguimos hoje?

Maria José Esteves de Vasconcellos

Desde que publiquei os resultados de minhas pesquisas sobre as bases cibernéticas da terapia familiar sistêmica (Esteves de Vasconcellos, 1992, 1995), passei a receber frequentemente perguntas sobre as relações da cibernética com a terapia familiar sistêmica. Uma delas, de que nunca me esqueci, foi formulada mais ou menos assim:

> A cibernética e o construtivismo são a epistemologia do pensamento sistêmico ou o pensamento sistêmico é a epistemologia da cibernética e do construtivismo?.

Apesar de serem bastante variadas as dúvidas, muitas delas se dissipariam se houvesse uma compreensão clara das diferenças entre *epistemologia, teoria* e *prática* sistêmicas.

Quando se referem à cibernética, algumas vezes as pessoas a estão tomando como uma epistemologia, um conjunto de premissas, pressupostos ou crenças; enfim, um pensamento, um paradigma ou uma visão de mundo sistêmica. Outras vezes, estão falando em uma teoria, em um conjunto de princípios explicativos sobre o funcionamento de um objeto de estudo.

O uso da expressão "paradigma cibernético", usada tanto no sentido de teoria quanto no sentido de epistemologia, pode também gerar dúvidas. Apesar de Thomas Kuhn ter considerado mais apropriado o uso do termo "paradigma" para se referir ao conjunto de "crenças e valores subjacentes à prática científica", os cientistas continuam a usá-lo também com o sentido de teoria (Esteves de Vasconcellos, 2002).

Por isso, torna-se importante explicitarmos quando estamos falando em cibernética como uma teoria e quando a estamos tomando no sentido de uma epistemologia ou de um paradigma. Parece-me oportuno reiterar uma importante diferença que distingo entre teoria e epistemologia: uma teoria científica – que não faz parte de mim – eu posso *aplicar*, enquanto minha epistemologia – sendo crenças que, como diz Maturana, assumo na emoção da aceitação e que, portanto, fazem parte de mim – me *implica*. Ou seja, tenderei a agir de modo consistente com aquilo em que acredito, conforme minha visão de mundo.

A cibernética foi definida por seu criador, o matemático americano Norbert Wiener (1948), como uma "teoria da comunicação e do controle". Foi o que explicitou no título dado ao livro que publicou em 1948: *Cibernética ou controle e comunicação no animal e na máquina*.

Concebendo tanto a máquina quanto o ser vivo como um conjunto de elementos em interação – como um sistema –, Wiener usa o termo comunicação para se referir às interações ou às relações entre os componentes desses sistemas.

Considerou que a mensagem é o elemento central tanto na comunicação quanto no controle. Diz ele: "Quando me comunico, transmito uma mensagem; quando comando, também transmito uma mensagem." Por isso, abordou conjuntamente os problemas do controle e da comunicação, focalizando a transmissão das mensagens, seja por meios elétricos, mecânicos, seja por meios nervosos. Assim, a cibernética já foi definida como uma teoria das mensagens.[1]

Assim, a cibernética constituiu-se como uma *teoria sistêmica*: deslocou o foco – que os cientistas tradicionalmente colocavam nos elementos componentes de qualquer complexo que estivessem estudando – para o estudo das relações (comunicações, interações) entre esses elementos.

Wiener desenvolveu uma teoria – conjunto de princípios explicativos – para se compreender o funcionamento dos conjuntos de elementos, os sistemas, a partir da compreensão da forma como os elementos interagem, o modo como estão acoplados ou as regras de conexão entre eles. Ele procurou evidenciar os mecanismos de funcionamento ou de regulação de que o conjunto dispõe, os meios que usa para chegar à meta, a despeito de possíveis desvios e perturbações.

Pretendeu identificar princípios que expliquem o funcionamento dos sistemas, independentemente da natureza dos elementos que o constituam. Assim, os princípios cibernéticos explicariam, por exemplo, tanto o comportamento de uma máquina auto-reguladora, por exemplo, de um termostato ao controlar o funcionamento do sistema de ar refrigerado, quanto o funcionamento do sistema nervoso ao controlar os comportamentos dos seres vivos (ou seja, uma teoria para a máquina e para o animal).

Essa proposta fez com que se reunissem em torno dela especialistas de diversas disciplinas – matemáticos, engenheiros, fisiologistas, neurocientistas, psicólogos, antropólogos, economistas, especialistas na teoria dos jogos. Eles se reúnem anualmente nas chamadas *Conferências Macy*, promovidas pela Fundação Josiah Macy, em Nova York.

Como a comunicação no sistema social estava entre os temas abordados, os antropólogos Gregory Bateson e sua esposa Margaret Mead pediram a Wiener que escrevesse especificamente sobre esse tema. Pouco depois, ele publicou então um segundo livro, *Cibernética e sociedade: o uso humano dos seres humanos*, em que propõe a compreensão da sociedade focalizando-se as características de sua comunicação e de suas trocas de mensagens (Wiener, 1950). Nesse livro, ele expressa sua preocupação com as consequências sociais, morais e éticas desse desenvolvimento científico, ou seja, das possibilidades de controle dos sistemas, abertas pela cibernética, uma ciência da regulação e do controle.

Na época da Segunda Grande Guerra, Wiener foi solicitado a construir autômatos cibernéticos ou máquinas simuladoras de vida – simuladoras da capacidade de auto-regulação presente nos seres vivos – que pudessem substituir os soldados nas frentes de batalha. Como o estudo da transmissão de mensagens ficou muito associado aos sistemas mecânicos, a cibernética também foi definida como "teoria das máquinas", e os sistemas, concebidos como mecanismos, foram chamados de máquinas – máquina mecânica, máquina elétrica, máquina neural, máquina econômica, máquina social – e qualquer uma delas era explicada pelos princípios cibernéticos, independentemente da natureza de seus elementos constituintes.

É o fato de se interessar pelo estudo das relações entre os componentes que faz

---

[1] Note-se que essa ideia de transmissão de mensagens ou transmissão de informação entre seres vivos está sendo revista pelos estudiosos a partir das contribuições da "Teoria da Autopoiese", de Humberto Maturana, sobre as características do ser vivo e seu modo de acoplamento com o meio em que vive.

com que a cibernética possa descrever tanto a regulação de uma máquina mecânica quanto os movimentos dos músculos de um animal, correspondendo ao desejo expresso por Wiener de unificar o tema e colocar juntas todas as linhas de pesquisa.

Ou seja, a cibernética foi proposta como uma teoria sistêmica para os sistemas em geral – uma "teoria geral dos sistemas". Por isso, seria possível dizer que a cibernética desde o início explicitou sua "vocação transdisciplinar",[2] no sentido de querer superar a fragmentação da ciência, ultrapassando as fronteiras disciplinares.

Mais ou menos na mesma época, com essa mesma proposta de transcender as fronteiras disciplinares, o biólogo austríaco Ludwig von Bertalanffy elaborava sua teoria geral dos sistemas. Segundo ele próprio faz questão de destacar, começou a apresentá-la a outros cientistas antes da Guerra e apresentou-a em congressos, depois da Guerra, antes mesmo de Wiener publicar a *Cibernética*. Entretanto, sua teoria só foi publicada mais tarde, em dois livros: nos Estados Unidos, *Robôs, homens e mentes* (Bertalanffy, 1967) e no Canadá, *Teoria Geral dos Sistemas* (Bertalanffy, 1968), alguns anos antes de sua morte em 1972.

O próprio Bertalanffy considera que se podem distinguir essas duas tendências na ciência dos sistemas, uma "mecanicista", associada à teoria cibernética de Wiener e outra "organicista", associada à sua própria Teoria Geral dos Sistemas (ver Quadro 10.1).

Acontece, entretanto, que, para projetar e construir sistemas artificiais – as máquinas cibernéticas ou autômatos simuladores de vida – os cibernéticistas precisaram compreender muito bem os sistemas naturais – os seres vivos, incluindo eles próprios e seus grupos sociais, tanto que o artigo que é considerado como o artigo seminal da cibernética, "*Comportamento, intenção e teleologia*", foi publicado em co-

QUADRO 10.1
Referência para as teorias sistêmicas

	Vertente dos seres vivos (organicista)	Vertente das máquinas (mecanicista)
Ciência Tradicional[3]	Teoria Geral dos Sistemas	Teoria Cibernética
Ciência Novo-Paradigmática	Teoria da Autopoiese ↓	Cibernética da Cibernética ↓
	Biologia do Conhecer (epistemologia)	Construtivismo Si-Cibernética (epistemologia)

---

[2] Note-se que a transdisciplinaridade, tal como a concebo (Esteves de Vasconcellos, 2002, Cap. 5), requer que, além de se colocar o foco nas relações entre os elementos de um "sistema observado", se ultrapasse o pressuposto da objetividade e do realismo do universo – o que, como veremos, até esse momento de seu desenvolvimento, a cibernética não realizou.

[3] Note-se que, apesar de serem teorias sistêmicas que – ao colocarem o foco nas relações – assumiram o pressuposto da complexidade, um dos pilares da ciência novo-paradigmática, nessas teorias – a cibernética e a Teoria Geral dos Sistemas – ainda se manifestam os pressupostos da determinação e da objetividade e realismo do universo (Esteves de Vasconcellos, 2002). Ver também o Quadro 10.2.

autoria pelo fisiologista Rosenblueth, com Wiener e o engenheiro Bigelow (Rosenblueth; Wiener; Bigelow, 1943).

Assim, podemos dizer que a cibernética assumiu a mesma proposta da Teoria Geral dos Sistemas, a qual foi apresentada como uma "teoria de princípios universais, aplicáveis aos sistemas em geral, quer sejam de natureza física, biológica, quer de natureza sociológica, desenvolvendo princípios básicos interdisciplinares" (Bertalanffy, 1968, p. 55-56, 78).

Bertalanffy faz questão de destacar que sua Teoria Geral dos Sistemas é mais ampla do que a cibernética, a qual teria desenvolvido especialmente a noção de retroalimentação (retroação ou *feedback*), princípio fundamental para se compreenderem as relações do sistema com seu ambiente. Ressalta, porém, que a aplicação desse princípio aos processos fisiológicos (homeostáticos) é muito anterior à sua própria teoria e também à de Wiener.

Entretanto, a repercussão da cibernética no campo das ciências sociais e biológicas foi maior do que a da Teoria Geral dos Sistemas, inclusive para a concepção de vida (Capra, 1996). Isso talvez se deva em parte ao fato de, como vimos, a publicação dos livros de Wiener ter acontecido cerca de 20 anos antes da publicação dos livros de Bertalanffy. Além disso, a presença e a participação dominante de Wiener nas Conferências Macy, desde a década de 40, com seu grupo multidisciplinar e sua participação como pesquisador do *Massachussetts Institute of Technology* (MIT), devem ter sido também fatores decisivos nessa maior influência da cibernética. E um outro fator ainda seria o fato de a cibernética ter enfatizado as possibilidades de controle e manipulação dos sistemas, correspondendo aos objetivos da ciência tradicional de explicar, prever e controlar os fenômenos. Segundo Morin (1977), a cibernética, subordinando a comunicação ao comando, tornou-se uma ciência do controle dos sistemas e possibilitou uma prática tecnocêntrica, tecnomórfica e tecnocrática.

No caso da terapia familiar também parece não haver dúvidas de que a influência da cibernética foi muito maior do que a da Teoria Geral dos Sistemas.

O antropólogo inglês Gregory Bateson, que participou das Conferências Macy, desde a primeira em 1946, considerou que um dos acontecimentos mais significativos em sua vida foi seu contato com a cibernética, quando percebeu que aquele grupo de pesquisadores estava se ocupando de problemas da comunicação no sistema. Para ele, "a cibernética é a maior mordida no fruto da Árvore do Conhecimento que a humanidade deu nos últimos 2000 anos", a qual, entretanto, não nos resguarda contra seu mau uso (Bateson, 1972, p. 506-507).

Ele então se utilizou amplamente do conceito cibernético de retroalimentação, inclusive para revisar dados de campo que havia colhido em suas pesquisas antropológicas sobre comportamentos das tribos que estudou na Nova Guiné, reinterpretando-os à luz dos conceitos de circuitos autocorretivos e de causalidade circular da cibernética.

Depois de participar das Conferências Macy, Bateson trabalhou no Hospital dos Veteranos, em Palo Alto, Califórnia, de 1949 a 1962. E foi então que se concretizou, através dele, a relação entre a cibernética e a terapia familiar. Naquela época, elaborou um projeto de pesquisa sobre "o papel dos paradoxos na comunicação", reunindo um grupo de pesquisadores interessados em diversos aspectos da comunicação, inclusive a comunicação dos esquizofrênicos. Com alguns desses colegas, escreveu um artigo descrevendo a comunicação patogênica na família do esquizofrênico e apresentando a hipótese do duplo-vínculo – uma forma de comunicação paradoxal que tem profundas implicações nas relações interpessoais (Bateson; Jackson; Haley; Weakland, 1956). Esse artigo teve enorme repercussão não só na área da psiquiatria, como também nas ciências humanas em geral.

Quando terminou o projeto de pesquisa, Bateson voltou ao Havaí para continuar suas pesquisas sobre a comunicação interespécies, entre humanos e golfinhos. Mas alguns membros de sua equipe de pesquisadores fundaram o *Mental Research Institute* (MRI), onde deram continuidade às pesquisas e desenvolveram revolucionárias formas de abordar a doença mental, atendendo a família em conjunto e concebendo-a como um sistema.

Segundo o terapeuta de família Carlos Sluzki (1997) – que também fez parte dessa equipe do MRI –, Bateson não se integrou a esse Instituto, mas sua equipe levou consigo as marcas de sua influência, buscando entender como se estabelecia uma ponte entre o formalismo das teorias e a prática sistêmico-cibernética. Quem quisesse participar da equipe do MRI tinha que decifrar os escritos complexos e dispersos de Bateson, os quais só mais tarde foram reunidos no livro *Passos para uma ecologia da mente* (Bateson, 1972).

Assim, a cibernética influenciou os profissionais da "saúde mental" não só no sentido de conceberem a família como um sistema – e então deslocarem o foco dos indivíduos que o compõem para as relações que o constituem – como também de compreenderem a "doença mental" a partir da compreensão de como interagem ou se comunicam os membros da família.

Porém, mais do que compreender a família, esses profissionais queriam intervir, ser "agentes de mudança". E, como vimos, a cibernética se desenvolveu, de início, focalizando a regulação e o controle do sistema. Aliás, a palavra cibernética vem do grego *kybernetes* (que significa *piloto, condutor*) e *kybernetiké* (a arte de pilotar navios e a arte de governar os homens) e remete diretamente às ideias de mecanismos de regulação ou recursos de contrareação (David, 1965).

Bateson foi um dos primeiros autores a introduzir a ideia de que a família podia ser análoga a um sistema cibernético, ou seja, uma máquina cibernética que busca a estabilidade (homeostática) e que pode fazê-lo por dispor de circuitos de retroalimentação negativa ("circuitos de realimentação ativados pelo erro"), cujo efeito é o de reduzir (daí o adjetivo negativo) possíveis desvios da trajetória em direção à meta (Hoffman, 1981).

As ideias de Bateson tiveram grande influência sobre as investigações do sistema familiar que se seguiram. Ao considerar a família como análoga a um sistema homeostático, enfatizaram-se os recursos de que a família lançava mão para manter sua estabilidade. As famílias esquizofrênicas investigadas pareciam utilizar um mecanismo homeostático, que se opunha à mudança, e, por isso, Jackson (1968) introduziu a noção de "homeostase familiar".

Nessa concepção, quando o sistema familiar se desvia do modo de funcionamento que caracteriza seu "equilíbrio", ou seja, se desvia de "seu funcionamento normal", aparece em um dos seus membros um sintoma. Para lidar com esse sintoma, os demais membros podem reassumir os papéis que anteriormente desempenhavam, e o sistema pode reassumir sua forma característica de funcionar, voltando a seu "estado de equilíbrio". Assim como nos autômatos cibernéticos o "governador" controla a gama de movimentos possíveis, as pessoas da família atuariam no sentido de manter o sistema funcionando conforme suas próprias regras. Os comportamentos sintomáticos foram vistos, então, como mecanismos homeostáticos, como recursos do sistema para se reequilibrar, como parte da resistência do sistema à mudança.

Como vimos, um aspecto fundamental da cibernética foi o de utilizar a comunicação – a transmissão de mensagens – para desenvolver o controle do sistema, a correção dos desvios, a obtenção da meta.

Assim, manifestado um sintoma, indício de disfunção, caberia ao terapeuta proceder aos reparos, utilizando-se de seus recursos técnicos (uso de mensagens) para que o sistema pudesse retomar sua trajetória, ou seja, eliminar o desvio e voltar a funcionar conforme as regras que o constituem.

Apoiando-se em seus modelos ou em suas teorias sobre o funcionamento do sistema familiar e/ou sobre a terapia familiar e concebendo o sistema familiar como uma entidade a manipular, o terapeuta sistêmico-cibernético, atuando como um "cibernauta" ou piloto, desenvolve um trabalho técnico, pelo que costuma ser comparado a um "engenheiro social". A atividade desse terapeuta é, portanto, uma atividade interventiva em que, concebendo-se fora do sistema, opera sobre o sistema familiar.

Quando o ciberneticista Maruyama (1963) chamou a atenção – até então concentrada na retroalimentação negativa ou retroação auto-reguladora – para o papel da retroalimentação amplificadora do desvio ou retroalimentação positiva (positiva porque aumenta o desvio), aconteceu o que ficou caracterizado como um desenvolvimento da cibernética.

Maruyama introduziu o conceito de segunda cibernética, a qual trataria dos processos morfogenéticos, geradores de novas estruturas, enfatizando que a amplificação do desvio pode – caso não produza destruição ou ruptura do sistema – promover a sua transformação, levando-o a um novo regime de funcionamento. Então, essa segunda cibernética focalizou a questão da instabilidade do sistema e da imprevisibilidade de sua evolução. E a cibernética anterior – focada nos processos de correção do desvio – passou a ser chamada de primeira cibernética.

Então, enquanto a primeira cibernética trataria da capacidade de "automanutenção", a segunda cibernética trataria da capacidade de "automudança" do sistema.

Segundo Sluzki (1987), a segunda cibernética seria uma visão "homeoDINÂMICA", em contraste com a visão "homeoSTÁTICA" da primeira cibernética.

Esse desenvolvimento da cibernética repercutiu na área da terapia familiar.[4] A terapeuta de família Lynn Hoffman, no livro *Fundamentos da terapia familiar: um marco conceitual para a mudança de sistemas*, diz: "Maruyama sugere que prestemos mais atenção a esta 'segunda cibernética', que lhe parece um aspecto essencial da mudança de todos os seres vivos" (Hoffman, 1981, p. 56).

A partir da segunda cibernética, muda a concepção do papel do terapeuta sistêmico-cibernético: em vez de tentar reequilibrar o sistema, o "cibernauta" acredita que a crise é uma oportunidade de o sistema familiar mudar suas regras de interação. Procurará, portanto, abrir alternativas para que o próprio sistema familiar escolha, entre elas, outra forma de funcionar, que seja qualitativamente nova e mais satisfatória para seus membros.

---

[4] Interessante lembrar que, coincidentemente, a área da terapia familiar recebeu uma outra influência, vinda de pesquisas – do Prêmio Nobel russo Ilya Prigogine, com os sistemas físico-químicos – que também evidenciaram a instabilidade do sistema e a imprevisibilidade de sua evolução. Ele também evidenciou os processos morfogenéticos, geradores de novas estruturas, ao mostrar como, nos "pontos de bifurcação" de uma estrutura dissipativa, o sistema pode saltar (saltos qualitativos) para um regime novo de funcionamento (Prigogine e Stengers, 1979; Prigogine, 1980). Os trabalhos de Prigogine repercutiram na área da terapia familiar e os membros do Instituto de Estudos da Família e dos Sistemas Humanos, de Bruxelas (do qual faz parte o terapeuta de família Mony Elkaim), inclusive chegaram a desenvolver, com a colaboração de um membro da equipe de Prigogine, um modelo matemático que permitiu localizar pontos de bifurcação que separavam modos distintos de comportamento do sistema familiar (Elkaim; Goldbeter; Goldbeter, 1980).

A sessão terapêutica será uma conversação com um especialista em "ver mais lados das coisas"; assim, ampliando-se as alternativas no "ponto de bifurcação" (situação de crise) em que a família se encontra, podem-se obter soluções originais para problemas crônicos (Sluzki, 1987).

Entretanto, mesmo tendo avançado da primeira para a segunda cibernética, o terapeuta continua se concebendo de fora do sistema, trabalhando com um sistema que ele observa e em que ele interfere, mas que tem existência independente dele.

Vimos que a cibernética, como teoria do controle dos sistemas, subordinou a comunicação ao comando. Segundo o sociólogo e filósofo da ciência Edgar Morin (1977), a informação assume lugar central e transforma-se em programa: são instruções ou ordens (mensagens) que desencadeiam, inibem ou coordenam as operações do sistema. A máquina cibernética propicia o controle, mas fica oculto o problema do poder que comanda o comando. O aparelho de calefação é controlado por um termostato calibrado, mas uma pessoa – um técnico ou especialista nesse tipo de sistema – calibra o termostato.

Esse questionamento ou comentário crítico vinha, muitas vezes, de fora da cibernética. Entretanto, desenvolvimentos da própria cibernética promoveram um enfrentamento corajoso dessa questão.

Logo que se mudou para os Estados Unidos, o físico austríaco Heinz von Foerster passou a participar das Conferências Macy e iniciou suas interações com os ciberneticistas do MIT.

Em um simpósio sobre Cognição que organizou em Chicago, tomou contato direto com as ideias do biólogo chileno Humberto Maturana – que também frequentou e pesquisou no MIT – sobre a cognição como um fenômeno biológico. Tanto Maturana quanto Bateson estavam envolvidos com a questão de como os seres vivos conhecem. E a cibernética se constituiu como um contexto propício para o questionamento – trazido por ambos os pesquisadores – da crença de que podemos conhecer objetivamente o mundo, ou seja, de que podemos conhecer "a" realidade e ter acesso a algo que existe independente do sujeito conhecedor.

Os ciberneticistas estavam dando atenção à noção de

> auto-referência, uma operação lógica pela qual uma operação toma a si mesma como objeto, como acontece quando, por exemplo, falamos da linguagem, pensamos o pensamento, ou somos conscientes de nossa consciência. (Pakman, 1991b, p. 23)

Então, a consequência natural foi a cibernética assumir que as noções cibernéticas não se aplicavam somente aos sistemas observados (artificiais ou naturais), mas também aos próprios cientistas como observadores. Assim que um observador começa a observar um sistema, constitui-se um sistema mais amplo, que também o inclui e que não é mais distinguido por alguém de fora do sistema, mas por um de seus componentes.[5]

A aplicação das noções cibernéticas aos próprios cientistas como observadores implicou assumir que tudo que se diz so-

---

[5] Essa questão de dizer-se que o terapeuta se inclui ou faz parte do sistema com que trabalha costuma ser difícil de compreender, chegando alguns a dizer que o terapeuta precisa inserir-se no sistema e de vez em quando tomar distância, "entrar e sair". Quando assumimos, com Maturana, que tudo emerge das distinções do observador – as quais dependem das possibilidades contidas em sua estrutura naquele momento – compreendemos que esse fazer parte é uma implicação da terceira dimensão do novo paradigma da ciência, o pensamento sistêmico novo-paradigmático: tudo que os cientistas dizem sobre o mundo é resultado de sua construção conjunta em um espaço consensual de intersubjetividade. É a isso que Foerster se refere quando afirma que o que dizemos diz mais de nós do que da coisa observada (Esteves de Vasconcellos, 1992; 2002).

bre um sistema está relacionado com as propriedades do cientista para fazer essa observação. Foerster (1981) introduziu a noção de sistema observante, em que o observador se observa observando o sistema que emerge de suas distinções.

Interessante que, apesar de não ser biólogo, Foerster (1972) elaborou um texto *Notas para uma epistemologia dos objetos vivos* que, segundo Pakman (1991a), constitui uma das mais completas exposições sobre os fundamentos lógico-biológicos de uma teoria do observador, texto que seria importante para todos os seres humanos conhecerem como eles próprios – sendo seres vivos – conhecem.

Assim, a cibernética tomou a si mesma como objeto – fez um giro de auto-referência – e surgiu a cibernética da cibernética (título de uma conferência de Foerster, em 1974), também chamada de cibernética de segunda ordem. Nessa conferência, ele se referiu à "teoria da autopoiese", de Maturana. Citando a afirmação de Maturana de que "tudo é dito por um observador" (Maturana, 1969), chamou-a de "teorema nº 1, de Humberto Maturana" e acrescentou o que chamou de "corolário nº 1, de Heinz von Foerster": "tudo o que é dito é dito a um observador".

Estava evidente para os ciberneticistas que, sendo impossível falar em uma realidade independente de um observador, a realidade em que a ciência fala – assim como aquela em que falamos cotidianamente – é inevitavelmente uma construção consensual em um espaço de intersubjetividade. Só a partir de nossas conversações podemos falar do que tomamos ou constituímos como real para nós. É nisso que consiste a postura – ou a crença ou o pressuposto – construtivista.

Embora o nome de Foerster tenha ficado definitivamente associado à noção de construtivismo, ele próprio declarou que teria preferência pelo termo ontogenetismo, em lugar de construtivismo, porque leva a pensar em termos de gênese, de processo, da emergência da realidade que conhecemos.[6]

Então, com a cibernética de segunda ordem – quando o pressuposto da objetividade das afirmações científicas sobre o mundo é ultrapassado pelo pressuposto do construtivismo, da co-construção da verdade na conversação (em um espaço consensual de intersubjetividade) – a linguagem, a comunicação que antes tinha ficado subordinada ao controle, passa a ter um lugar proeminente.[7]

As repercussões da cibernética da cibernética são hoje muito visíveis na área da terapia familiar e estão presentes – como base epistemológica construtivista, nem sempre claramente explicitada – em todas as propostas que distingo e nomeio como novo-paradigmáticas, seja para a compreensão (explicações teóricas), seja para a atuação (intervenções práticas), não apenas no sistema familiar, mas também em sistemas mais amplos do que a família (Aun; Esteves de Vasconcellos; Coelho, 2007).

Ao assumirem a impossibilidade de se falar em um sistema observado, os terapeutas sistêmicos assumem ser impossível a neutralidade e passam a conviver com o

---

[6] É interessante lembrar que também Maturana tem a ontogenia como noção central em sua "Biologia do Conhecer". Ambos pontuam a importância da linguagem na constituição da realidade.

[7] Interessante que, ainda muito jovem, Foerster participou das reuniões do Círculo de Viena, das quais seu tio, o filósofo Wittgenstein, também participava. Wittgenstein enfatizou que a reflexão sobre as estruturas linguísticas da ciência se constitui como uma atividade de 2º nível (linguagem sobre a linguagem) e propôs que a estrutura da realidade determinaria a estrutura da linguagem científica: o que é dito na ciência sobre o mundo refletiria especularmente a realidade. Posteriormente, passou a sugerir o contrário: que é através da linguagem que são vistas as coisas, ou seja, que a linguagem constitui a realidade (Pears, 1971).

até então incômodo paradoxo auto-referencial, reconhecendo a auto-referência como condição inevitável para os seres vivos humanos.

A única possibilidade que tem cada um (família ou terapeuta) é falar de como experimenta a situação vivida, falar de sua experiência subjetiva, compartilhar ou conversar sobre sua própria "versão", sua própria "narrativa", sua própria "história". Entretanto, falar em "versão" traz o risco de se continuar a pensar que sejam diferentes versões ou narrativas, diferentes olhares ou visões, sobre o que *de fato* aconteceu ou sobre o que *realmente existe.*

Assumir a epistemologia construtivista implica acreditarmos que não existe o que *de fato* aconteceu e que todas as narrativas (quer sejam de clientes, quer sejam de terapeutas) são verdades, por mais que sejam diferentes ou até mesmo discrepantes. Assumir essa crença ou esse pressuposto (epistemologia) implica desenvolver teorias e/ou práticas "construtivistas", que também têm sido chamadas de "construcionistas", "narrativistas", "conversacionalistas", "transformadoras" (das narrativas).

O pressuposto sistêmico-construtivista acarreta uma mudança radical na definição do problema a tratar, seja na sessão clínica ou no contexto de terapia, seja em assembleias, encontros, reuniões de sistemas mais amplos que a família ou contexto de atendimento sistêmico (Aun, 2005).

Assumindo que "sistemas não fazem problemas; o linguajar sobre problemas é que constitui sistemas" (Anderson; Goolishian, 1988, p. 379), trabalha-se com o "sistema determinado pelo problema", que desconsidera relações de consanguinidade e limites organizacionais e legais, sendo constituído pelas pessoas que estão em um dado momento dialogando sobre o problema (Goolishian; Winderman, 1988). O terapeuta ou coordenador da conversação – o especialista em atendimento sistêmico, que não se identifica como um especialista em conteúdos, mas antes como um especialista em processo – cria um "contexto de autonomia" em que a conversação sobre as narrativas possa conduzir à dissolução do problema, ou seja, em que se possa co-construir uma solução para ele (Aun, 2007).

Mas, voltemos um pouco à cibernética e aos diversos rótulos que ela nos traz à tona. Ao se apontar que a cibernética da cibernética corresponde a uma cibernética de um outro nível lógico, sendo por isso chamada de cibernética de segunda ordem, ficou claro que a primeira e a segunda cibernéticas correspondem a uma cibernética de primeira ordem, que implica trabalhar com um sistema observado.

Quando avaliou a aplicabilidade da teoria cibernética para os sistemas antropossociais, Morin (1977) abordou suas vantagens e seus limites e apontou a necessidade de ultrapassarmos a cibernética em uma si-cibernética, essa sim apropriada para os sistemas humanos. O prefixo *si*, da preposição grega *sun* – "estar com, estar junto" – marca a ideia de obrigação recíproca entre as partes. Ao fazermos essa ultrapassagem, atingiríamos uma si-cibernética integradora, permitindo-nos resgatar e integrar a cibernética com suas vantagens, porém agora com um olhar novo sobre ela.

Morin – que, diga-se de passagem, não estava falando em terapia de família – fazia, como sociólogo e/ou filósofo da ciência, uma avaliação ampla dos desenvolvimentos da cibernética como uma teoria científica.

Tendo elaborado já meu quadro de referência (ver o Quadro 10.2) para a mudança de paradigma da ciência, identifiquei na noção de si-cibernética por ele descrita, as três dimensões que distingui no novo paradigma da ciência, o paradigma sistêmico: a abordagem da complexidade dos sistemas; o reconhecimento da imprevisibilidade e da impossibilidade de instruir e controlar o sistema; o afastamento da pretensão de objetivar ou atingir a realida-

QUADRO 10.2
Referência para a transformação paradigmática da ciência

Ciência tradicional	Ciência novo-paradigmática emergente
Simplicidade → análise relações causais lineares	**Complexidade** contextualização relações causais recursivas
Estabilidade → determinação – previsibilidade reversibilidade – controlabilidade	**Instabilidade** indeterminação – imprevisibilidade irreversibilidade – incontrolabilidade
Objetividade → subjetividade entre parênteses uni-*versum*	**Intersubjetividade** objetividade entre parênteses multi-*versa*

de. Considerei que, além de articular os dois níveis da cibernética, de primeira e de segunda ordem – uma forma de articulação em que já se ultrapassa resgatando e integrando – a si-cibernética privilegia a integração entre as três dimensões do novo paradigma da ciência. Por isso, propus a expressão "sistêmico-si-cibernética" para caracterizar as práticas de terapia familiar consistentes com essa "nova epistemologia sistêmico-cibernética" (Esteves de Vasconcellos, 1992; 1995).

Como representei no Quadro 10.3, a si-cibernética articula, de forma integra-

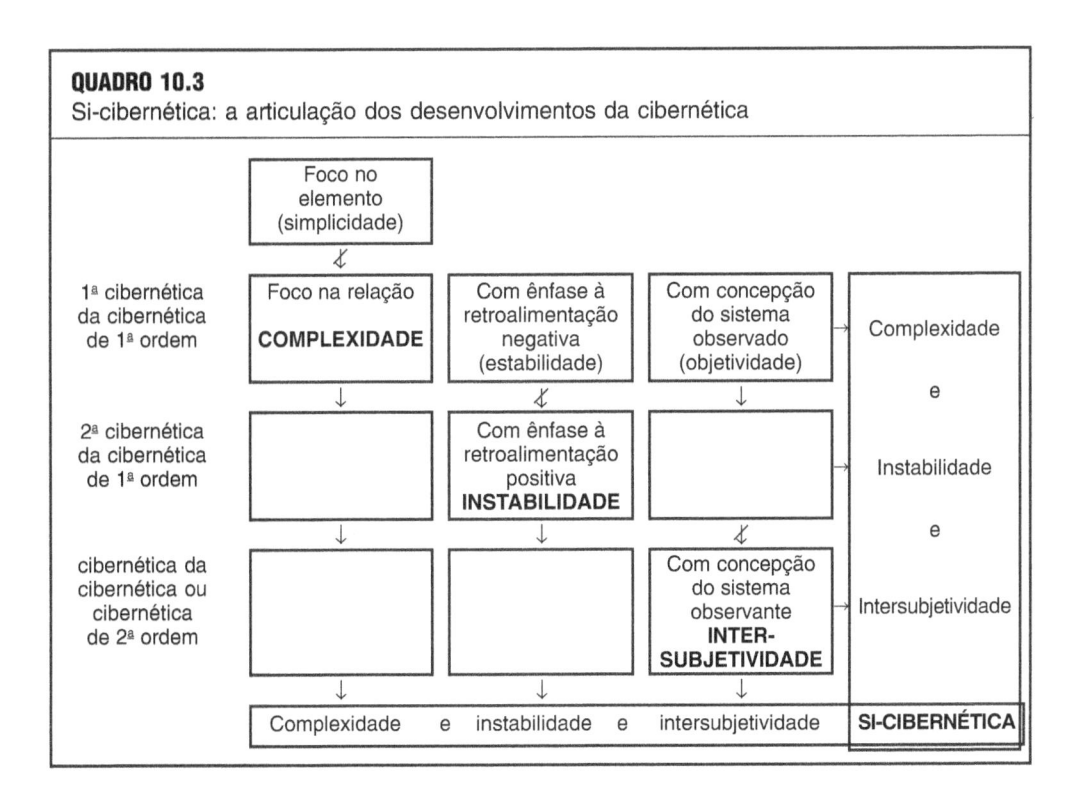

QUADRO 10.3
Si-cibernética: a articulação dos desenvolvimentos da cibernética

	Foco no elemento (simplicidade) ↙			
1ª cibernética da cibernética de 1ª ordem	Foco na relação **COMPLEXIDADE** ↓	Com ênfase à retroalimentação negativa (estabilidade) ↙	Com concepção do sistema observado (objetividade) ↓	→ Complexidade e
2ª cibernética da cibernética de 1ª ordem		Com ênfase à retroalimentação positiva **INSTABILIDADE** ↓		→ Instabilidade e
cibernética da cibernética ou cibernética de 2ª ordem			Com concepção do sistema observante **INTER-SUBJETIVIDADE** ↓	→ Intersubjetividade
	Complexidade e	instabilidade e	intersubjetividade	**SI-CIBERNÉTICA**

dora, todos os momentos e aspectos que se costuma distinguir no desenvolvimento da cibernética: a *complexidade* (decorrente de a cibernética colocar o foco no sistema, mesmo quando focalizando a auto-regulação, como o fez a primeira cibernética); a *instabilidade* (assumida quando se reconhecem indeterminação, saltos qualitativos, impossibilidade de se controlar o sistema, como o fez a segunda cibernética); e ainda a *intersubjetividade* (presente na postura construtivista, decorrência necessária da cibernética de segunda ordem). Trata-se, portanto, da si-cibernética como uma epistemologia cibernética novo-paradigmática.

Parece-me importante ressaltar, então, que as práticas de terapia familiar sistêmica que começaram sendo influenciadas pela cibernética como teoria também se desenvolveram com a evolução da cibernética e têm hoje a si-cibernética como uma epistemologia.

Entretanto, não vejo hoje vantagem em ficarmos presos aos rótulos cibernéticos para as práticas sistêmicas que vêm se desenvolvendo. Como vimos, não foi apenas a cibernética da cibernética – na vertente mecanicista da ciência dos sistemas – que trouxe à consideração a questão do observador que trabalha com o sistema. Também a Teoria da Autopoiese, de Maturana, uma teoria sistêmica para os seres vivos – portanto na vertente organicista da ciência dos sistemas (ver Quadro 10.1) – trouxe a mesma questão. Ao trazer essa questão de como conhecemos, sendo seres vivos humanos, evidenciou a impossibilidade da objetividade, devido à forma como somos biologicamente constituídos. Ou seja, ambas as teorias sistêmicas contribuíram de modo fundamental para trazer a questão epistemológica para o âmbito da ciência, criando as condições para os cientistas assumirem o pensamento sistêmico como o novo paradigma da ciência.

No pensamento (ou paradigma ou epistemologia ou visão de mundo) sistêmico, tal como o concebo, distingo três pressupostos epistemológicos. Assim como Foerster (1974) concebeu uma conexão triádica fechada entre o observador, a linguagem e a sociedade – em que se necessita dos três para se ter cada um dos três – também distingo o mesmo tipo de conexão, de causalidade recursiva, entre esses três pressupostos (Esteves de Vasconcellos, 1997).

Assim, um cientista/profissional que assumiu o pensamento sistêmico assumiu uma epistemologia que implica suas distinções nas três dimensões: é um cientista que pensa – ou *distingue* – a complexidade, sem tentar simplificar ou reduzir, buscando entender as conexões; é um cientista que pensa – ou *distingue* a indeterminação (a auto-organização ou a autopoiese ou a autonomia) do sistema e assume as implicações de distingui-la; é um cientista que se pensa – ou *se distingue* – como parte de todo e qualquer sistema com que esteja trabalhando, o qual se constitui para ele a partir de suas próprias distinções.

Esse cientista/profissional desenvolverá, desse modo, teorias e/ou práticas que podemos distinguir como consistentes com os três pressupostos sistêmicos. Desenvolve formas de trabalhar com sistemas complexos, que se constituem em torno de um problema, respeitando e mantendo sua complexidade. Atua respeitando e criando um contexto para o desenvolvimento da autonomia do sistema, afastando tudo que possa significar interação instrutiva com ele. Privilegia a conversação e focaliza as diversas narrativas, visando à co-construção de soluções para o que o próprio sistema definiu como um problema, ou seja, esse profissional desenvolverá práticas que distinguimos como construtivistas, construcionistas, narrativistas, conversacionalistas, transformadoras (das narrativas) e pode, naturalmente, ser identificado com esses rótulos.

Entretanto, sabemos que há profissionais sistêmicos que ainda não assumiram o pressuposto construtivista, mantendo-se com uma "epistemologia sistêmica de primeira ordem", e que têm sido chamados de "terapeutas sistêmicos", enquanto os que já assumiram uma "epistemologia sistêmica de segunda ordem" têm sido chamados de construtivistas, construcionistas, narrativistas, conversacionalistas (e até mesmo de pós-modernos, uma expressão que, a meu ver, se prende mais ao domínio linguístico da filosofia do que ao domínio linguístico da ciência).

Por isso, tenho procurado alertar para o risco de fragmentação e compartimentação, se nos prendermos à dicotomia "terapia familiar sistêmica"/"terapia familiar narrativista" (Esteves de Vasconcellos, 2004a).

As expressões sistêmico/construtivista (ou construcionista ou narrativista), quer se referindo ao pensamento (epistemologia, visão), quer às teorias, quer às práticas sistêmicas, poderiam afastar esse risco. Porém, a meu ver, isso se daria privilegiando-se apenas o terceiro pressuposto ou a terceira dimensão do pensamento sistêmico – o pressuposto construtivista – em detrimento dos outros dois, os pressupostos da complexidade e da instabilidade dos sistemas.

Acredito que, além dos desenvolvimentos da cibernética – que nos propõem assumir o pressuposto construtivista – outros desenvolvimentos ocorridos no âmbito da própria ciência – tais como, por exemplo, a "teoria das estruturas dissipativas", de Prigogine, e a "teoria da autopoiese", de Maturana, também representam contribuições fundamentais para que possamos assumir o pensamento sistêmico como o novo paradigma da ciência.

Por isso, prefiro adjetivar de "novo-paradigmático" não só esse pensamento (paradigma/epistemologia/visão de mundo) sistêmico – em que distingo, além do pressuposto construtivista, os pressupostos da complexidade e da instabilidade do mundo –, mas também as teorias e as práticas com ele consistentes, trabalhando, portanto, com os conceitos de "pensamento sistêmico novo-paradigmático", "teoria(s) sistêmica(s) novo-paradigmática(s)" e "prática(s) sistêmica(s) novo-paradigmática(s)" (Esteves de Vasconcellos, 2004b).

REFERÊNCIAS

ANDERSON, H.; GOOLISHIAN, H. A. Human systems as linguist systems: preliminary and evolving ideas about the implications for clinical theory. *Family Process*, New York, v. 27, n. 4, p.371-393, Dec. 1988

AUN, J. G. Psicoterapia/terapia de família/atendimento sistêmico à família: propondo uma diferenciação. In: AUN, J. G.; ESTEVES de VASCONCELLOS, M. J.; COELHO, S. V. *Atendimento sistêmico de famílias e redes sociais*. Belo Horizonte: Ophicina de Arte & Prosa, 2005. v. 1: Fundamentos teóricos e epistemológicos, p. 62-69.

_____ . Uma nova identidade para o profissional que lida com as relações humanas: o especialista em atendimento sistêmico. In: AUN, J. G.; ESTEVES de VASCONCELLOS, M. J.; COELHO, S. V. *Atendimento sistêmico de famílias e redes sociais*. Belo Horizonte: Ophicina de Arte & Prosa, 2007. v. 2: O processo de atendimento sistêmico, p.38-60.

AUN, J. G.; ESTEVES DE VASONCELLOS, M. J.; COELHO, S. V. Família como sistema, sistema mais amplo do que a família, sistema determinado pelo problema. In: _____ . *Atendimento sistêmico de famílias e redes sociais*. Belo Horizonte: Ophicina de Arte & Prosa, 2007. v. 2: O processo de atendimento sistêmico, p. 13-37.

BATESON, G. *Steps to an ecology of mind*. New York: Ballantine Books, 1972.

BATESON, G. et al. Toward a theory of schizophrenia. *Behavioral Science,* n. 1, p.251-264, 1956.

BERTALANFFY, L. von. *Robots, hombres y mentes:* la psicologia en el mundo moderno. Madrid: Guadarrama, 1971.

_____. *Teoria geral dos sistemas*. Petrópolis: Vozes, 1973.

CAPRA, F. *A teia da vida:* uma nova compreensão científica dos sistemas vivos. São Paulo: Cultrix, 1997.

DAVID, A. *La cibernética y lo humano*. Barcelona: Labor, [1973?].

ELKAïM, M.; GOLDBETER, A.; GOLDBETER, E. Analyse des transitions de comportement dans un système familial en termes de bifurcations. *Cahiers Critiques de Thérapie Familiale et de Pratiques de Réseaux*, Bruxelles, n. 3, 18-34, 1980.

ESTEVES de VASCONCELLOS, M. J. *As bases cibernéticas da terapia familiar sistêmica:* contribuições à precisão do quadro conceitual. Belo Horizonte. Dissertação (Mestrado) — Departamento de Psicologia, Universidade Federal de Minas Gerais, Belo Horizonte, 1992.

_____. *Pensamento sistêmico:* o novo paradigma da ciência. 6. ed. Campinas: Papirus, 2007.

_____. Pensamento sistêmico novo-paradigmático e a dicotomia "terapia familiar sistêmica"/"terapia familiar narrativista". In: AUN, J. G.; ESTEVES de VASCONCELLOS, M. J.; COELHO, S. V. *Atendimento sistêmico de famílias e redes sociais.* Belo Horizonte: Ophicina de Arte & Prosa, 2005. v. 1: Fundamentos teóricos e epistemológicos, p.98-104.

_____. Pensamento sistêmico novo-paradigmático. Novo-paradigmático, por quê? In: AUN, J. G.; ESTEVES de VASCONCELLOS, M. J.; COELHO, S. V. *Atendimento sistêmico de famílias e redes sociais.* Belo Horizonte: Ophicina de Arte & Prosa, 2005. v. 1: Fundamentos teóricos e epistemológicos, p. 81-90.

_____. Setting constructivist/social constructionist proposals in the context of the new paradigmatic science. *Human Systems:* The Journal of Systemic Consultation and Management, Leeds, v. 10, n. 1, p. 25-34, 1999. Apresentação anterior no Simpósio Internacional sobre Autopoiese: Biologia, Linguagem, Cognição e Sociedade. Belo Horizonte: Universidade Federal de Minas Gerais, 18-21 nov.

_____. *Terapia familiar sistêmica:* bases cibernéticas. Campinas: Psy, 1995.

FOERSTER, H. von. (1974). Cibernetica de la cibernetica. In: PAKMAN, M. (Ed.). *Las semillas de la cibernética:* obras escogidas de Heinz von Foerster. Barcelona: Gedisa, 1991. p. 89-93.

_____. Notas para uma epistemologia de los objetos vivientes In: PAKMAN, M. (Ed.). *Las semillas de la cibernética:* obras escogidas de Heinz von Foerster. Barcelona: Gedisa, 1991. p. 63-79.

_____. *Observing systems*. Seaside: Intersystems, 1981.

GOOLISHIAN, H. A.; WINDERMAN, L. Constructivismo, autopoiesis y sistemas determinados por problemas. *Sistemas Familiares*, Buenos Aires, año 5, n. 3, p.19-29, dez. 1989.

HOFFMAN, L. *Fundamentos de la terapia familiar:* un marco conceptual para el cambio de sistemas. México: Fondo de Cultura Económica, 1987.

JACKSON, D. El estudio de la familia. In: ACKERMAN, N. W. et al. *Grupoterapia de la familia*. Buenos Aires: Hormê, 1976.

MATURANA, H. Biology of cognition. In: MATURANA, H.; VARELA, F. *Autopoiesis and cognition:* the realization of the living. Dordrecht: D. Reidel, 1969.

_____. The second cybernetics: deviation-ampliflying mutual causal processes. *American Scientist*, New York, n. 51, p.164-179, 1963.

MORIN, E. *O método*. Lisboa: Europa-América, s.d. v. 1: A natureza da natureza.

PAKMAN, M. Introducción. In: PAKMAN, M. (Ed.). *Las semillas de la cibernética*: Obras escogidas de Heinz von Foerster. Barcelona: Gedisa, 1991b. p.15-30.

_____. (Ed.). *Las semillas de la cibernética:* obras escogidas de Heinz Von Foerster. Barcelona: Gedisa, 1991a.

PEARS, D. *As ideias de Wittgenstein*. São Paulo: Cultrix, 1973.

PRIGOGINE, I.; STENGERS, I. *A nova aliança:* a metamorfose da ciência. Brasília: Ed. UnB, 1984.

PRIGOGINE, I. *From being to becoming:* time and complexity in the physical sciences. New York: W. H. Freeman, 1980.

ROSENBLUETH, A.; WIENER, N.; BIGELOW, J. Behavior, purpose and teleology. *Philosophy of Science,* n. 10, 1943.

SLUZKI, C. Cibernética y terapia familiar: um mapa mínimo. *Sistemas Familiares*, Buenos Aires, año 3, n. 2, p.65-69, ago. 1987.

_____ . Contexto de gestación de la teoría de la comunicación humana: una reminiscência personal. *Perspectivas Sistémicas,* Buenos Aires, año 9, n. 45, 1-14, mar-abr, 1997.

WIENER, N. *Cibernética e sociedade:* o uso humano de seres humanos. São Paulo: Cultrix, 1978.

_____ . *Cybernetics or control and communication in the animal and the machine*. Cambridge, Massachussets: M.I.T, 1961.

11

Terapia de casais com enfoque cognitivo-comportamental

Adriana Selene Zanonato
Luiz Carlos Prado

INTRODUÇÃO

A terapia cognitivo-comportamental constitui-se de um modelo teórico e de um conjunto de práticas desenvolvidas a partir dos anos 60, nos Estados Unidos, por alguns pioneiros. Sua denominação tem origem nas duas vertentes principais que a compõem: o enfoque cognitivo e o comportamental. Originalmente separados, esses enfoques foram unidos nos anos 80, dentro de um movimento integrativo que tem abrangido também outras abordagens terapêuticas, inclusive a própria terapia familiar sistêmica.

A psicologia identifica basicamente três áreas do funcionamento humano: o pensamento, o comportamento e as emoções. Os enfoques psicodinâmicos tradicionalmente centraram-se mais nas emoções, enquanto os comportamentalistas sempre buscaram atuar diretamente sobre as ações, buscando, a partir delas, alterar as emoções e as cognições. Os enfoques cognitivistas passaram a destacar o papel do pensamento na determinação das emoções e dos comportamentos. Em uma visão integradora, entendemos que se podem realizar mudanças atuando em qualquer uma dessas três áreas.

O enfoque cognitivo-comportamental enfatiza os recursos e as técnicas que podem ser utilizados para alterar os pensamentos, os pressupostos e as crenças que determinam como a pessoa sente e se comporta. O modo como interpretamos uma situação vai influenciar a maneira como vamos sentir e agir sobre ela.

Inicialmente voltada para o atendimento individual, a terapia cognitivo-comportamental passou também a direcionar-se para casais, famílias e grupos. Para os fins desse capítulo, será definido como um casal duas pessoas adultas, de sexos diferentes ou do mesmo sexo, que mantenham uma relação estável, casados ou não oficialmente, vivendo em uma mesma casa ou eventualmente em casas diferentes, como acontece em recasamentos entre pessoas que têm cada uma seus filhos e não querem modificar seu convívio com eles. O casamento também pode ser definido como "um modelo adulto de intimidade" (Withaker,1995). Não que adolescentes não possam eventualmente casar-se, mas a imaturidade que caracteriza essa etapa do desenvolvimento já constitui em si um problema para o casamento, determinando desde logo alguma disfuncionalidade.

A terapia conjugal aborda casais que estejam com problemas em seu relacionamento. Mesmo que eventualmente os parceiros possam ser vistos individualmente, o foco do trabalho é a relação conjugal, e não cada indivíduo em separado.

Dentro do enfoque cognitivo-comportamental, os problemas conjugais são compreendidos como resultado de padrões disfuncionais de pensamentos e comportamentos. As distorções cognitivas, comuns em todas as áreas do relacionamento humano, são importantes fatores de exacerbação dos conflitos conjugais, influindo fortemente no modo como os cônjuges se relacionam. O equilíbrio entre as áreas de satisfação e de insatisfação conjugal vai determinar o grau de disfuncionalidade de uma relação – quando os custos passam a ser maiores do que os benefícios, a relação estará em crise.

As intervenções cognitivo-comportamentais visam a restabelecer o equilíbrio da relação conjugal através do aumento das áreas de satisfação e da diminuição dos conflitos, trabalhando as distorções cognitivas e as dificuldades de comunicação e de solução de problemas. Neste capítulo, serão sintetizados alguns desses recursos e examinados como eles podem ser aplicados ao trabalho com casais.

AS CRENÇAS NO MODELO COGNITIVO

O modelo cognitivo considera que as pessoas desenvolvem determinadas crenças sobre si mesmas, sobre os outros e sobre o mundo, a partir do que aprendem na infância, através da interação com outras pessoas significativas. Os bebês iniciam a compreensão de seu mundo através de suas relações familiares, aprendendo atitudes e regras a partir dos que estão a seu redor (Zanonato e Germani, 2002). Isso é a base dos esquemas – estruturas cognitivas estáveis e duradouras que se formam a partir de experiências relacionais, em especial da infância, que organizam, filtram e codificam a percepção que o indivíduo tem das situações que vivencia. Young entende que, nos transtornos de personalidade, são encontrados esquemas iniciais desadaptativos, que se referem a temas extremamente estáveis e duradouros que se desenvolvem durante a infância, são elaborados ao longo da vida e são disfuncionais em um grau significativo. (Young, 2003)

As crenças expressam-se através de diferentes níveis: os pensamentos automáticos, os pressupostos ou as crenças intermediárias e as crenças centrais, que se constituem no cerne da cognição.

Os pensamentos automáticos são aqueles que surgem espontaneamente em nossa mente, podendo ser adequados ou disfuncionais. Pensamentos automáticos disfuncionais são pensamentos distorcidos percebidos como verdadeiros. O modo como pensamos vai determinar, de certa forma, nosso estado de humor; portanto, os pensamentos automáticos disfuncionais são um caminho para a compreensão de nossas reações emocionais. Os pensamentos automáticos poderão ser expressos em palavras ou mesmo em imagens. Os "pensamentos quentes" são aqueles mais carregados de emoção e podem ser de grande valia para compreender importantes mudanças do humor do indivíduo.

As crenças intermediárias compõem-se de uma série de pressupostos e regras que norteiam muitas das ações dos indivíduos, sendo mais constantes e difíceis de modificar do que os pensamentos automáticos, apesar de serem mais acessíveis do que as crenças centrais.

As crenças centrais são as ideias mais profundas da pessoa a respeito do *self*, dos outros e do mundo, funcionando como "verdades absolutas", rígidas e generalizadas, que têm impacto importante sobre as emoções e sobre os comportamentos. As crenças centrais podem permanecer fixas ao longo da vida, por terem sido desenvolvidas através de experiências vividas em idade muito tenra, exercendo poderosa influência sobre o modo como pensamos, sentimos e nos comportamos em nossas experiências de vida.

As crenças centrais ou nucleares disfuncionais podem ser agrupadas em três grandes categorias (Knapp, 2004):

- *Crenças de desamparo*. Ligadas a sentir-se impotente, frágil, vulnerável, carente, desamparado, necessitado.
- *Crenças de desamor*. Ligadas a ser indesejável, incapaz de ser gostado ou amado, sem atrativos, imperfeito, rejeitado, abandonado, solitário.
- *Crenças de desvalor*. Ligadas a ideias de ser incapaz, incompetente, inadequado, ineficiente, falho, defeituoso, enganador, fracassado, sem valor.

TRABALHANDO AS CRENÇAS COM OS CASAIS

É muito importante, no trabalho com casais, avaliar-se as crenças que cada um dos cônjuges traz para a relação. Elas podem ser equilibradas ou distorcidas: crenças equilibradas são aquelas que possuem evidências confirmadoras, e crenças distorcidas são baseadas em informações incorretas ou pensamento falho, geralmente enraizadas em evidências circunstanciais. "Todos os homens são iguais" é uma típica crença distorcida e bastante comum em nossa cultura, sendo uma frequente generalização.

As crenças distorcidas são fonte de muita discórdia entre os cônjuges e precisam ser abordadas com clareza para que possa haver melhora no relacionamento do casal. O terapeuta deve ajudar o casal a avaliar as evidências que confirmam ou não essas crenças a fim de verificar sua razoabilidade.

Outra questão importante a ser avaliada são as expectativas irrealistas ou exigentes, que costumam ser causa de grande sofrimento psicológico, podendo determinar desapontamentos e frustrações que acarretam interações negativas entre os cônjuges. Um exemplo seria a expectativa de um casal de que o amor entre eles permaneça sempre o mesmo, com pouco ou nenhum esforço por parte dos cônjuges. Pensando assim, descuidam-se da relação, podendo deixá-la vulnerável diante dos primeiros conflitos.

As expectativas irrealistas têm sua raiz no sistema de crenças de cada parceiro. O terapeuta deve trazer à tona os esquemas cognitivos dos cônjuges, ajudá-los a identificar suas crenças irrealistas e buscar alternativas mais adequadas.

Atribuição causal, forma de pensamento disfuncional que atrapalha bastante a interação dos casais, significa "jogar a culpa" dos problemas de relacionamento na outra pessoa ou em fatores externos à relação. Ajudar ambos os parceiros a aceitarem a responsabilidade pelas dificuldades do relacionamento é um passo importante no processo de reestruturação cognitiva em terapia de casal.

Todas essas formas distorcidas de pensar sobre relacionamentos são áreas básicas da disfunção conjugal que podem então ser trabalhadas na terapia de casais.

AVALIAÇÃO DO CASAL

Algumas vezes, os casais buscam terapia conjuntamente, pois já têm clareza sobre a natureza relacional de suas dificuldades. Mas em muitas outras ocasiões é somente um dos cônjuges quem inicia a busca de tratamento, sendo necessário que o terapeuta construa a terapia conjunta a partir desse cônjuge, estimulando a vinda do parceiro para a terapia. Quase metade das pessoas adultas que buscam ajuda terapêutica individualmente o fazem por problemas relacionados à vida conjugal (Arias e House, 2007). Mesmo nesses casos o próprio terapeuta pode realizar os dois trabalhos, pois em verdade se trata de um mesmo processo terapêutico que terá uma fase inicial com apenas um dos cônjuges e um seguimento com a participação dos dois. A temática será sempre a mesma – os conflitos e as dificuldades da relação. Evidentemente não estamos falando de uma longa relação individual com um dos cônjuges, e sim de um período inicial de algumas consultas para preparar a vinda do parceiro, que, muitas vezes, ainda não tem consciência da necessidade ou não aceita bem a possibilidade de uma terapia. Na primeira sessão conjunta, é interessante que se dê uma atenção diferenciada ao cônjuge mais resistente, visando a estabelecer com ele uma boa aliança terapêutica.

Os objetivos de uma avaliação do casal são os seguintes:

- identificar os problemas atuais pelos quais o casal busca atendimento e a frequência de seus padrões de interação positivos e negativos;
- mapear os recursos existentes na relação do casal que possam ser acessados e utilizados para a resolução de seus problemas;
- avaliar as características de cada cônjuge que estejam influenciando na problemática do casal;
- colocar o atual funcionamento do casal no contexto de seu ciclo vital de desenvolvimento e verificar as implicações dessas mudanças na relação;
- verificar os principais estressores sociais e contextuais que estejam influindo sobre o casal;
- observar aspectos cognitivos, afetivos e comportamentais que tenham relevância para os problemas conjugais, em especial para quaisquer distorções ou crenças arraigadas acerca de si mesmos, de seus cônjuges e do relacionamento;
- avaliar suas habilidades de comunicação e de solução de problemas;
- verificar se está indicada terapia de casal para estes pacientes.

Além de informarem sobre memórias e visões dos cônjuges a respeito de sua história familiar e do casal, as sessões conjuntas também oferecem ao terapeuta uma possibilidade de observar diretamente suas interações (Dattilio, 1994). É muito Importante ouvir a versão de cada membro do casal sobre os motivos que os trazem à terapia, pois suas versões são frequentemente diferentes e mesmo conflitantes, sendo essa disparidade um fator de medida do grau de disfunção conjugal.

A PRIMEIRA SESSÃO CONJUNTA

O objetivo da entrevista inicial conjunta é obter o máximo de informações sobre a vida do casal em diversos aspectos:

- Como e onde foi que se conheceram, como aconteceram as primeiras interações do casal, como se deu a atração entre eles, o que chamou atenção sobre o parceiro, quando foi que decidiram casar-se ou iniciar uma relação estável. Também se deve verificar quantos anos têm de vida em comum, incluindo o tempo de namoro, se moram juntos ou separados e quais expectativas prévias tinham em relação ao casamento e ao outro.
- Verificar se foram casados anteriormente ou se tiveram outros relacionamentos importantes antes do atual, seja pela duração, seja por sua intensidade. No caso de o casal ter filhos do atual casamento, perguntar quantos são os filhos, como e quando nasceram, como se desenvolveram e a relação que cada cônjuge tem com eles.
- Em situações de recasamento, esclarecer como foi e quando terminou a relação anterior, se os cônjuges mantêm bom relacionamento com os ex-parceiros ou se há rupturas ou conflitos importantes com eles. Caso tenham já tido filhos nesses relacionamentos anteriores, avaliar como nasceram e cresceram, com quem moram atualmente e o tipo de relação que têm com eles; também

verificar como foram aceitos pela família um do outro.
- O terapeuta deve avaliar se cada um dos cônjuges identifica as situações que possam ter contribuído para o surgimento dos conflitos que estão tornando sua relação insatisfatória. Deve também explorar questões individuais de cada cônjuge que possam estar interferindo no relacionamento do casal, como efeitos residuais de uma infância difícil, vivências de abuso físico, sexual ou psicológico, perdas precoces significativas, entre outras.
- Buscar uma breve história da relação atual: como o casal distribui seu tempo ao longo do dia, quanto tempo tem para atividades em conjunto, como vivem seu lazer, que atividades partilham, quais demandas profissionais possam estar interferindo na relação, etc. Na relação atual, é importante avaliar como se relacionam com as famílias de origem de cada um.
- Verificar como está, nessa etapa, a vida afetiva do casal – o carinho, o sexo, a paixão e o amor entre eles. É muito útil pedir-lhes que quantifiquem esses sentimentos em uma escala, por exemplo, de 0 a 10.
- O terapeuta deve também investigar intervenções terapêuticas prévias e/ou estratégias de auto-ajuda – identificando as que foram úteis e aquelas que não foram.
- Ainda nas entrevistas iniciais, o terapeuta pode questioná-los sobre o que deveria ser mudado para tornar a vida do casal mais harmoniosa, agradável e satisfatória. Pode ser útil também fazer uma pergunta mágica: o que aconteceria com eles caso o problema magicamente desaparecesse de um momento para outro? (Dattilio, 2006).

Com todos estes dados levantados, o terapeuta pode então formular a conceitualização de como ambos parceiros vêem seu relacionamento, os problemas que estão enfrentando e como pensam o futuro da relação. As hipóteses formuladas deverão ser testadas, confirmadas ou reformuladas ao longo da terapia do casal. Essa conceitualização leva em conta a vida atual do casal, suas vivências anteriores e as expectativas que cada um mantém sobre o futuro do relacionamento.

No final da primeira entrevista conjunta – que, muitas vezes, se estende por dois ou três encontros – podem ser aplicados questionários e inventários, muito valorizados em terapia cognitivo-comportamental, pois permitem uma economia de tempo na avaliação e possibilitam maior objetividade na obtenção das informações, muitas das quais podem ser omitidas durante as entrevistas. Eles deverão ser respondidos pelos cônjuges separadamente, sem qualquer interferência de um sobre as respostas do outro. Os inventários e os questionários escritos podem dar ao terapeuta uma visão muito ampla de atitudes e crenças que cada cônjuge pode ter sobre o casamento e sobre a relação do casal, além de serem instrumentos úteis para monitorar o desenvolvimento da terapia.

Cada um dos diferentes inventários visa a iluminar alguns aspectos em especial, sejam crenças disfuncionais, sejam problemas de comunicação ou padrões de funcionamento na relação. Seus resultados orientam o terapeuta quanto a que áreas são mais conflitivas em cada caso, bem como auxiliam na identificação de áreas de recursos saudáveis que possam ser de valia no trabalho terapêutico.

ENTREVISTAS INDIVIDUAIS

No seguimento da avaliação, após a entrevista conjunta inicial, solicita-se uma entrevista individual com cada parceiro. Nessas sessões, devem ser obtidas informações gerais de cada cônjuge, uma história de seu desenvolvimento e de sua família de origem, bem como esclarecidas questões relativas à saúde física. Nessas entrevistas, o terapeuta terá a chance de conhecer um pouco melhor cada um dos membros do casal, oportunizando ainda a abordagem de temas que não tenham sido trazidos nas sessões conjuntas, por receio de causarem mágoa ou raiva no parceiro.

Muitos terapeutas que trabalham com casais poderão questionar: qual seria a vantagem de conhecerem-se todas essas questões se não puderem ser levadas às sessões conjuntas? Essa é realmente uma questão relevante: alguns desses aspectos poderão ser questões privadas da história de cada cônjuge, podendo ficar a seu critério compartilhá-las ou não com o parceiro. Mas aquelas que se configuram como segredos e que têm importantes implicações para o relacionamento devem ser levadas para o trabalho conjunto. O que pode ocorrer é que esse cônjuge ainda não esteja preparado para comunicar certas informações ao parceiro, devendo então ser preparado para isso. Assim, podem-se organizar mais alguns encontros individuais para trabalharem-se as razões e as crenças que possam estar impedindo a comunicação do segredo. Caso esse objetivo não consiga ser atingido, o terapeuta poderá então sugerir que o cônjuge em questão diga ao parceiro que não deseja seguir uma terapia conjunta, ficando então indicada terapia individual para ambos.

Arias e House (2007) sugerem que as sessões individuais devam ser realizadas somente nessa etapa de avaliação, e o restante da terapia deverá sempre ser realizado em sessões conjuntas. Sugerem também que, enquanto cada cônjuge é entrevistado separadamente, o outro possa responder aos inventários e questionários indicados, garantindo-se que eles sejam respondidos sem nenhuma interferência do parceiro.

O foco da etapa de avaliação, segundo Dattilio (1995), deve ser o desenvolvimento de uma conceitualização de como cada cônjuge vê os problemas no relacionamento. A ênfase deve ser colocada sobre pensamentos automáticos específicos, crenças sobre si mesmo e sobre as mudanças que precisam ocorrer no relacionamento.

Alguns casais somente buscam terapia quando a relação já está muito deteriorada. Algumas vezes, já está morta, necessitando apenas que algum terapeuta ajude-os a enfrentar essa dura realidade. A terapia de casal pode, então, transformar-se em terapia de divórcio.

A SESSÃO CONJUNTA FINAL DA AVALIAÇÃO

Como vimos a propósito da sessão conjunta inicial, também as sessões individuais podem necessitar mais tempo, talvez desdobrando-se em duas ou três. Essa sessão conjunta final da avaliação deverá resumir o que foi obtido até então, formular para o casal a conceitualização do caso e com cada um discutir um plano de ação. Fundamental nessa etapa é a exposição sobre as áreas de problemas que foram identificados através das sessões anteriores e dos questionários e inventários aplicados.

Nessa segunda sessão conjunta, o terapeuta deverá abordar os seguintes pontos, segundo Epstein e Baucom (2003):

- sintetizar os problemas atuais apresentados pelo casal;
- revisar o modo como os problemas se desenvolveram, os recursos utilizados no passado e os resultados de seu uso;
- identificar objetivos realistas para intervenções.

Nesta segunda sessão conjunta, o terapeuta precisa discutir sobre a disposição à mudança do casal e rever suas expectativas, avaliando o quanto são realistas ou irrealistas. Finalmente, precisa decidir quanto ao seguimento do trabalho, se está indicada ou não uma terapia de casal ou alguma outra modalidade de tratamento. Ele pode também desejar ouvir alguma outra opinião profissional, envolvendo algum aspecto em especial – uma avaliação clínica ou psiquiátrica de um dos parceiros, por exemplo – antes de formular seu diagnóstico e prognóstico do caso.

Nessa sessão, o terapeuta deverá começar a apresentar ao casal o modelo cognitivo-comportamental. Nesse sentido, enfatizará a necessidade de que o tratamento seja "colaborativo", ou seja, terapeuta e casal formarão uma unidade de trabalho que deverá debruçar-se sobre os problemas do relacionamento.

O PROCESSO TERAPÊUTICO

Estabelecendo o foco do trabalho

Muitos casais chegam à terapia já com alguns temas definidos para serem trabalhados. Mas outros tantos não têm essa clareza, precisando ser ajudados na busca das principais áreas de problemas do casal. Os questionários respondidos na fase de avaliação podem servir de guia para que o terapeuta e o casal, colaborativamente, identifiquem as principais áreas problemáticas.

Quando um casal chega em crise, situação que é bastante comum, essa própria crise passa a ter precedência sobre todos os outros temas. Os temas críticos devem ser tratados com o máximo de atenção e cuidado, pois com frequência envolvem violência ou relacionamentos extraconjugais, situações carregadas de intensas emoções e de muita dor. Como sabemos, crises são momentos de perigo e de oportunidade – cabe ao terapeuta ajudar o casal a transformar sua crise em uma rica oportunidade de aprendizado e crescimento. Somente após o abrandamento da situação crítica serão levantados os demais temas que devam ser trabalhados na terapia.

Segundo as pesquisas de Gottman, as áreas mais comuns de conflitos conjugais são os estresses oriundos do trabalho de cada cônjuge, o relacionamento com familiares próximos, as questões financeiras, o sexo, a distribuição dos afazeres domésticos e o relacionamento com os filhos. Mesmo nos casamentos satisfatórios, essas questões são permanentes.

> Todo casamento tem determinadas tarefas emocionais que marido e mulher precisam realizar juntos para que o casamento evolua e se solidifique: quando essas tarefas não são cumpridas, o casamento deixa de ser um porto seguro nas tormentas da vida e passa a ser mais uma tormenta. (Gottman, 2000, p. 187)

Identificados os problemas, eles devem ser classificados, novamente em uma ação colaborativa entre o casal e o terapeuta. Essa organização dos temas pode seguir critérios de importância ou urgência, mas também pode visar algum tipo de gradualismo, naqueles casos em que o casal tem muita dificuldade de comunicação. Nesses casos, é melhor escolher os temas menos conflituosos para o início do trabalho, visando a criar um clima mais positivo entre o casal, deixando os espinhosos para uma fase mais adiantada da terapia. Inicia-se então o trabalho com o casal, lidando separadamente com cada problema.

Trabalhando as cognições

A primeira etapa do trabalho cognitivo com o casal é o que se denomina psicoeducação, termo bastante utilizado pelos autores da área que designa todos os procedimentos que visam a instruir os pacientes sobre o funcionamento do modelo cognitivo-comportamental de terapia, o que inclui a prescrição de leituras, fitas de áudio e vídeo, aprendizado por meio de programas multimídia, modelagem, tarefas e ensaios cognitivo-comportamentais. Nesse momento inicial da terapia, o casal deve tomar conhecimento dos princípios básicos do modelo: a concepção colaborativa do trabalho, a estruturação das sessões e o estabelecimento de uma agenda para organizar cada encontro, além da importância das tarefas a serem realizadas fora das sessões.

Aprender a identificar os pensamentos automáticos é o primeiro degrau desse aprendizado, sendo um passo fundamental na terapia cognitiva com casais. Como vimos na introdução do capítulo, os pensamentos automáticos são aqueles que surgem espontaneamente na mente, nas diversas situações de vida, podendo ser adequados ou disfuncionais. Quando estamos trabalhando com casais, esses pensamentos costumam ser sobre cada um dos cônjuges ou sobre o relacionamento e, com frequência, contêm distorções cognitivas que vão interferir na boa comunicação e acentuar os conflitos entre os cônjuges, pois determinam a forma como cada um irá sentir e agir nas diversas situações. Então, para mudar a forma como se comportam e as reações emocionais às situações diversas, serão necessários o exame e a mudança de suas cognições.

A identificação de distorções cognitivas é uma etapa fundamental do trabalho com casais. Conhecer as diversas formas como cada um percebe de forma distorcida as diversas situações relacionais e aprender a monitorar essas distorções são alguns dos primeiros passos em direção à reestruturação dos pensamentos disfuncionais. Segundo Dattilio (1995), são 10 as distorções cognitivas mais comuns feitas por casais:

1. *Inferência arbitrária* ocorre quando, sem qualquer embasamento evidente, um dos cônjuges extrai conclusões negativas de alguma situação vivida pelo casal. Ao atender uma chamada telefônica na qual o interlocutor ficou em silêncio, o marido pensa: "Deve ser algum namorado da minha mulher".
2. *Abstração seletiva* observa-se quando um dos parceiros toma algum detalhe de uma interação e lhe atribui um significado negativo, sem levar em conta o contexto no qual esteja inserida. Ao chegar em casa, estressado por um dia difícil de trabalho, o esposo cumprimenta sua mulher apressadamente e logo se recolhe em sua poltrona para ver televisão; sua mulher interpreta: "Ele está magoado comigo", desconsiderando tudo o mais que talvez esteja chateando seu parceiro.
3. *Hipergeneralização* acontece quando, tomando como base apenas um ou dois elementos isolados, um cônjuge estende sua interpretação para outras situações similares em contextos diferentes. Um exemplo de generalização é a afirmação de que "todos os homens são violentos", feita a partir da observação do comportamento violento de alguns homens.
4. *Magnificação e minimização* acontecem quando um dos cônjuges interpreta de modo ampliado ou diminuído alguma situação. Um casal tem um desentendimento sobre algum tema específico, e um dos cônjuges afirma: "Agora está tudo acabado entre nós, nosso relacionamento não tem mesmo solução". Ou então, um marido que chega completamente alcoolizado em casa, diz: "Eu só bebi um pouquinho com meus amigos".
5. *Personalização* é a distorção que se observa quando algum cônjuge, sem razões suficientes para isso, atribui a si próprio a responsabilidade de alguma situação. "Ele acha que eu não sei fazer uma boa comida", pensa uma mulher ao observar o parceiro fazendo o jantar que o filho solicitara.
6. *Pensamento dicotômico* ou *polarizado* é uma das formas de distorção cognitiva mais comum, através da qual se percebem as situações somente em extre-

mos – "ou oito ou oitenta". A esposa serve o jantar que preparou, e o marido faz uma observação de que talvez precisasse um pouco mais de sal. Imediatamente ela pensa: "Ele não gostou da minha comida".

7. *Rotulação ou classificação incorreta* também é uma distorção muito frequente: um dos cônjuges define o outro a partir de alguma imperfeição ou erro cometido em algum momento anterior da vida. "Tu és mesmo uma pessoa muito egoísta", afirma um homem para sua parceira, diante de sua recusa em deixar de frequentar sua aula de ginástica para acompanhá-lo em casa, em um dia em que chegaria mais cedo.

8. *Visão em túnel* é a distorção que se caracteriza pela percepção da realidade sob um único ângulo, aquele que corresponde ao estado da pessoa no momento. O exemplo típico é uma pessoa muito deprimida que costuma ver a vida sem saída, pensando ser a morte o único caminho. Um homem que não acredita na possibilidade de uma relação manter-se bem por longo tempo, a cada pequeno problema no relacionamento, poderá dizer à esposa: "Eu sabia que não iria dar certo nosso casamento".

9. *Explicações tendenciosas* são interpretações parciais e negativas que um cônjuge pode fazer a propósito de alguma situação. Pessoas desconfiadas e inseguras, com frequência, suspeitam de seu parceiro: "Ele deve ter saído com alguma outra", pensou uma mulher ao receber flores do marido.

10. *Leitura de mente* é uma distorção também bastante comum entre os casais – começam a acreditar que já não precisam mais conversar sobre as situações, podem "adivinhar" o que o outro pensa, geralmente atribuindo-lhe intenções negativas. Uma mulher diz para uma amiga: "Eu sei o que Antonio vai pensar se lhe disser que precisarei trabalhar até mais tarde amanhã". A leitura de mente envolve ultrapassar a informação que se tem disponível e arriscar conclusões, muitas vezes, equivocadas, sem se comunicar com o outro.

Essas distorções cognitivas podem estar presentes, eventualmente, em qualquer relação, mas nos casais com problemas acontecem com muito maior frequência e intensidade, contribuindo para aumentar ainda mais as dificuldades de comunicação. Os cônjuges podem ser instruídos a manterem um registro de seus pensamentos automáticos e a identificarem as distorções, classificando-as. Esse monitoramento permite que se tornem mais conscientes de como esses pensamentos afetam tanto ao parceiro quanto a eles próprios (Dattilio, 1995, p. 50-51).

Trabalhando com os pensamentos automáticos do casal

Quanto melhor os membros do casal puderem identificar os pensamentos automáticos que têm sobre si, sobre seu parceiro e sobre a relação, mais facilmente modificarão as distorções cognitivas. Para auxiliá-los nesse aprendizado, pode-se pedir que mantenham um caderno com anotações diárias sobre situações que alterem seu humor nas interações negativas com o cônjuge e que registrem seus pensamentos automáticos e os comportamentos associados a essas situações.

No consultório, muitas vezes, percebemos a mudança de humor de nossos pacientes quando tratamos situações específicas do relacionamento do casal. Nesses momentos, uma maneira de identificar os pensamentos automáticos associados a essa situação é fazer a pergunta àquele que manifestou modificação em seu humor: "O que passa pela sua cabeça nesse momento?"

Ao fazer essa pergunta, facilitamos a recordação de memórias, normalmente carregadas de afeto, através de imagens ou palavras. Na sequência dessa pergunta, é útil questionar-se a veracidade desses pensamentos automáticos. Para isso, o terapeuta indaga sobre as evidências que o paciente tem que apóiam seu pensamento e quais evidências o contrariam. Nem sempre é fácil fazer esse balanço das evidências, pois os pensamentos distorcidos, muitas vezes, estão baseados em informações errôneas ou falsas. Fazer esse exercício repetidamente é a melhor forma de desenvolver essa habilidade.

É válido questionar também se haveria alguma outra explicação alternativa, ou seja, que outros pensamentos eles poderiam ter a respeito daquela determinada situação. Ou ainda, mesmo que seja verdadeiro aquele pensamento, pode-se ponderar com os cônjuges o que de pior e de melhor poderia acontecer e qual o resultado mais provável que aconteça na situação examinada. O terapeuta pode também perguntar o que deveria ser feito a respeito e qual a consequência de acreditar no pensamento que está sendo examinado.

Uma outra forma de questionar o pensamento é perguntando o que o paciente diria a um amigo ou a um parente que estivesse nessa mesma situação (Knapp, 2004).

Em seguida, podemos perguntar ao outro cônjuge: "Que pensamentos surgiram em sua mente, naquela situação?" Ou então: "Que pensamentos lhe ocorrem agora, ao ouvir esse relato?" Assim, pode-se trabalhar com os pensamentos automáticos de ambos os cônjuges, obtendo-se uma visão mais completa de como um vê o outro e como veem a relação entre eles.

Em uma sessão de casal, a esposa está descrevendo o jantar da noite anterior, no qual ambos mantiveram-se longo tempo em silêncio, o que a deixou muito triste, solicitando que antecipassem o término do jantar. Perguntado sobre o que passava em sua mente naquela situação, a esposa afirmou ter pensado que o marido não gostava mais dela e que não tinha mais nenhum sentido continuarem juntos. Após questionar as evidências favoráveis e contrárias a esse pensamento, o terapeuta pergunta ao marido o que passava em sua cabeça naquela mesma situação, ao que respondeu:

> Nada que eu faço agrada à minha esposa, tudo que eu poderia falar não lhe agrada. Acho que ela não se interessa mais por mim, só se preocupa com ela mesma.

No seguimento dessa sessão, pode-se esclarecer que, ao contrário do que pensava o marido, sua esposa desejava muito que ele pudesse falar mais de seu dia-a-dia, de seu trabalho e de seus interesses. Por outro lado, o silêncio do esposo, interpretado distorcidamente como um não-gostar, era, na verdade, a manifestação de sua grande tristeza por se sentir desinteressante. Embora gostassem um do outro e desejassem uma boa relação, seus pensamentos disfuncionais levavam a um distanciamento gerador de muito sofrimento. Muitos desses pensamentos são oriundos de crenças que foram construídas ao longo da vida de cada um, mas podem ser corrigidos e reestruturados a partir de sua identificação e da consciência de sua disfunção.

Um recurso importante utilizado no trabalho cognitivo-comportamental é o registro de pensamentos automáticos que são identificados em determinadas situações. A seguir, exemplificamos como isso poderia ser feito, utilizando a mesma situação do casal descrita anteriormente:

Situação/Evento relevante	Pensamento automático	Resposta emocional
Estamos em um restaurante jantando e percebo o silêncio de meu marido.	Ele não gosta mais de mim.	Tristeza

Através destes registros, o terapeuta é capaz de demonstrar ao casal como seus pensamentos automáticos estão ligados às respostas emocionais e como isso contribui para seu enquadramento negativo do companheiro.

Reenquadramento da percepção cognitiva

Para a reestruturação dos pensamentos automáticos, é necessário que os indivíduos aprendam a considerar pensamentos alternativos e sigam testando seus pensamentos automáticos disfuncionais sistematicamente. O reenquadramento da percepção acontece quando o indivíduo consegue olhar para uma situação, avaliá-la sob diferentes ângulos, considerar as explicações alternativas, assimilá-las como parte de seu pensamento, modificando, assim, sua forma de pensar e, por consequência, sua forma de sentir e de agir.

Um exemplo disso (quadro a seguir) é o de uma mulher que desenvolveu uma crença de que o marido poderia estar fazendo algo muito errado, pois nos últimos tempos ele vinha tratando-a bem demais.

No exemplo, o pensamento automático é acompanhado de uma emoção de tristeza. É um exemplo da distorção cognitiva que chamamos explicação tendenciosa, uma vez que a esposa supõe que o comportamento amoroso do marido se deve a um motivo negativo e velado.

Em situações como essas, a etapa seguinte é pedir que a esposa teste os seus pensamentos, pesando as evidências existentes e considerando explicações alternativas.

Exemplo:

Terapeuta: *Que evidências você tem de que seu marido possa estar "aprontando"?*
Paciente: *Na realidade, nenhuma.*
Terapeuta: *Há alguma evidência que contrarie o pensamento de que seu marido possa estar fazendo algo errado?*
Paciente: *Bem, ele está muito carinhoso comigo. Temos passado muito tempo juntos.*
Terapeuta: *Então, poderia haver uma explicação alternativa para o comportamento dele?*
Paciente: *Sim, ele poderia estar com ciúme de mim.*
Terapeuta: *Teria ainda alguma outra possibilidade?*
Paciente: *Talvez ele esteja querendo ficar perto de mim, porque nossa relação está bem melhor.*
Terapeuta: *Qual das alternativas lhe parece mais realista?*
Paciente: *Com certeza, o fato de que ele esteja querendo ficar mais próximo, pois nosso convívio tem sido muito agradável, porque nossa relação está muito melhor.*
Terapeuta: *O quanto você acredita nisso?*
Paciente: *Eu acredito 100%.*

Esse exercício permite que o cônjuge questione seus pensamentos automáticos e que corrija suas distorções cognitivas, tornando sua visão do parceiro e da relação mais positiva.

Quando não se encontram evidências suficientes para reestruturar um pensamen-

Pensamento Automático	Emoção	Distorção Cognitiva
Meu marido deve estar fazendo algo muito errado, deve estar "aprontando".	Tristeza	Explicação tendenciosa

to disfuncional, pode-se sugerir o teste das previsões, que significa construir alguma hipótese alternativa que o cônjuge poderia testar para verificar sua validade. Isto é mais útil quando se está trabalhando apenas com um dos parceiros, pois, quando o trabalho é conjunto, a testagem pode ser feita através do questionamento do cônjuge diretamente na sessão.

É interessante observar que as mesmas características que atraem os cônjuges um para o outro podem passar mais tarde a ser o centro de seus conflitos de casal. Isso é o que chamamos de enquadramento negativo.

Um exemplo é o do casal Alberto e Joana: quando se conheceram, Joana viu em Alberto o homem dos seus sonhos – organizado, cuidadoso, racional e muito inteligente. Alberto, por seu lado, pensou: essa é a mulher que eu sempre procurei: cheia de vida, espontânea, *light*, sociável, comunicativa, com vontades muito definidas, indicando uma forte e saudável personalidade. Com o passar dos anos, tudo foi ficando diferente – Joana passou a ser vista como uma mulher impulsiva, irresponsável, demasiado falante e mandona. Por outro lado, a esposa passou a ver Alberto como um homem obsessivo e chato, medroso, frio e calculista. Como vemos, todas as qualidades negativas são o reverso da medalha das positivas. Quando as colocamos lado a lado e evidenciamos essa realidade, torna-se claro para o casal como mesmas características podem ser olhadas de modos opostos.

A partir daí podem-se utilizar técnicas de reenquadramento para restabelecer uma visão mais positiva entre os cônjuges.

Identificando crenças através do questionamento socrático

Outra importante ferramenta utilizada pelos terapeutas cognitivo-comportamentais para trabalhar as distorções cognitivas é o questionamento socrático, através do qual o terapeuta examina a veracidade dos pensamentos automáticos e identifica suas crenças subjacentes. As crenças subjacentes são as ideias, as regras ou as opiniões tidas como verdadeiras, que determinam a forma de pensar e de se relacionar de cada cônjuge. Elas se encontram em um nível mais profundo, portanto menos acessíveis à consciência.

O questionamento socrático é feito com perguntas abertas, através das quais o terapeuta vai orientando o paciente de forma que ele entenda seu problema, explore possíveis soluções e desenvolva um plano para enfrentar suas dificuldades (Knapp, 2004, p. 30).

Um exemplo de questionamento socrático é observado no trabalho com uma mulher que conta a seu terapeuta como não se sente uma boa esposa para seu marido. O terapeuta então pode questioná-la socraticamente com perguntas como:

Terapeuta: *O que a faz pensar não ser uma boa esposa para seu marido?*
Paciente: *Ah, na verdade, são muitas coisas. Por exemplo, eu não consigo levantar cedo todos os dias para tomar o café da manhã com ele nem estar sempre bem arrumada à noite para recebê-lo.*
Terapeuta: *Quanto você acredita que é uma má esposa, de 0 a 100%?*
Paciente: *Acredito 100% nisso!*
Terapeuta: *Entre seu círculo de amizades, quem você consideraria ser uma boa esposa?*
Paciente: *Ah! Minha amiga Josie certamente obteria a nota máxima!*
Terapeuta: *O que você sabe de seu dia-a-dia? Você diria que a Josie levanta cedo todas as manhãs para fazer o café do marido dela e está sempre arrumada à noite para recebê-lo?*

Paciente: Bem, na verdade, não sei muito bem. Outro dia ela me contou que dormiu quase toda a manhã, porque estava muito cansada. Também em uma noite destas estávamos falando ao telefone, e ela me disse que estava vestida com a roupa que usara na academia e nem tinha tomado banho ainda.
Terapeuta: O que você pode concluir disso que você acaba de dizer?
Paciente: Bem, talvez uma boa esposa não precise fazer o café do marido 100% dos dias e também não precise recebê-lo bem arrumada todas as noites...
Terapeuta: Quanto você acredita que é uma má esposa agora?
Paciente: (Risos) Talvez uns 40%.

Inicialmente, os pensamentos automáticos e as crenças subjacentes são identificados durante as entrevistas individuais. Posteriormente, recomendamos que o casal observe como cada um pensa e identifique seus pensamentos e suas crenças, compartilhando pensamentos automáticos durante as sessões conjuntas (Dattilio, 1995).

O uso da seta descendente

A técnica da seta descendente é outro recurso técnico importante no trabalho cognitivo. Através dela, o terapeuta vai questionando o paciente em busca dos significados mais profundos de algum pensamento automático relevante.

> Perguntar o que um pensamento significa para o paciente revela, com frequência, uma crença intermediária; perguntar o que isto sugere sobre o paciente usualmente explicita a crença central. (Beck, 1997, p.153)

A seta descendente é uma técnica utilizada para, partindo-se dos pensamentos automáticos, serem identificadas crenças intermediárias – regras e pressupostos – e crenças centrais.

Um exemplo disso encontra-se na seguinte situação relatada por um casal:

> O marido chega em casa após o trabalho, vai direto telefonar, sem beijar a esposa, como de costume. Ela então pensa: *Eu não sou mais importante para ele.*

Partindo desse pensamento, o terapeuta passa a fazer algumas indagações à esposa, pedindo ao marido que se abstenha de intervir nesse momento:

Terapeuta: Se isso for verdade, o que significa para você?
Mulher: Significa que ele não gosta mais de mim.
Terapeuta: E se ele não gostar mais de você então?
Mulher: Eu não devo estar sendo uma boa esposa para ele.
Terapeuta: E o que significa não estar sendo uma boa esposa?
Mulher: Que eu sou uma droga de mulher, eu não valho nada.

Utilizando-se o recurso da seta descendente, chegamos a uma crença central de desvalia da esposa. Na sequência do trabalho conjunto, a participação do cônjuge vai ajudar a corrigir as crenças distorcidas da parceira, podendo o terapeuta passar a buscar na história dela as raízes de sua crença disfuncional.

O uso desse recurso permite que os pacientes e o terapeuta possam acompanhar o fluxo de pensamentos que levam a uma conclusão distorcida. O uso da técnica revela crenças subjacentes e ajuda na identificação das crenças centrais. Pode ser utilizada sempre que o terapeuta achar necessário, até o momento que julguem, pacientes e terapeuta, terem chegado às crenças centrais.

A importância da família de origem

Muitas pessoas entendem, equivocadamente, que os terapeutas cognitivo-comportamentais valorizam apenas os acontecimentos presentes. No entanto, os eventos ocorridos na família de origem de cada um dos cônjuges são reconhecidos como a fonte da grande maioria das crenças distorcidas que afetam a forma como os indivíduos vêem seus próprios relacionamentos.

As vivências significativas da infância vão ficar registradas sob a forma de crenças centrais e esquemas cognitivos que se constroem nessa etapa. Quando essas vivências são marcadas por abusos físicos, sexuais ou mesmo psicológicos, podem determinar crenças e esquemas profundamente distorcidos, que acarretam importantes disfunções nas relações conjugais.

> Muitos indivíduos ainda acreditam que, uma vez que seus pais faziam as coisas de uma determinada maneira, isso é lei e deve ser imitado por eles. (Dattilio, 1995, p. 41)

Como diz a canção de Belchior, imortalizada na interpretação de Ellis Regina:

> Minha dor é perceber que apesar de termos feito tudo, tudo, tudo o que fizemos, ainda somos os mesmos e vivemos como nossos pais. (Cançado, 1994, p. 99)

O genograma familiar é um dos instrumentos mais interessantes para a organização dos dados levantados sobre a família de origem. Como um retrato gráfico, o genograma mostra a estrutura básica da família, sua demografia e seu funcionamento, além dos relacionamentos familiares. Ele proporciona uma visão trigeracional da família e de seu movimento através do ciclo vital (Carter e McGoldrick, 1995).

MUDANDO COMPORTAMENTOS DOS CASAIS

A queixa mais comum ouvida pelos terapeutas de casal é "não conseguimos nos comunicar". Desenvolver habilidades de comunicação, de solução de problemas e de negociação é fundamental na terapia de casais.

Tarefas comportamentais

Semelhante ao que também fazem os terapeutas sistêmicos, o trabalho cognitivo-comportamental com casais tem nas tarefas comportamentais um ponto muito importante. O pressuposto dessa atividade é o de que a terapia deve ser um processo contínuo, dentro e fora das sessões. Sabemos que as mudanças ocorrem muito mais fora das sessões do que durante as mesmas – por isso as tarefas são uma parte tão importante do trabalho terapêutico. Pesquisas sobre a terapia cognitiva com depressão mostraram que os pacientes que executavam tarefas de aprendizagem em casa mostravam uma melhora maior e mais rápida do que aqueles que não realizavam esses exercícios. Assim, ao final de cada sessão, o terapeuta deve estabelecer, em conjunto com o casal, alguma atividade para ser desenvolvida entre uma sessão e outra, visando a algum objetivo específico pertinente ao tema que está sendo trabalhado.

Todas as tarefas funcionam melhor quando estabelecidas por escrito, com uma cópia para o casal e outra para o terapeuta. No início da sessão seguinte, deve-se sempre verificar o cumprimento da tarefa prescrita. Quando o terapeuta não faz isso, os pacientes talvez tenham uma percepção de que essa parte do trabalho não tem uma verdadeira importância.

As tarefas, apesar de serem um ponto crucial da terapia cognitivo-comportamental com casais, é um dos procedimentos que apresenta mais dificuldades. Para lidar com elas, o terapeuta deve exigir uma adesão explícita do casal, não deve aceitar desculpas para o não-cumprimento das tarefas e, quando isso acontecer, poderá dedicar a sessão seguinte para sua realização.

Um exemplo clássico de tarefa comportamental foi descrito por Stuart (citado em Dattilio,1995). Visando a aumentar as interações positivas no relacionamento, esse autor propunha "dias de carinhos", nos quais cada cônjuge deverá agir como nos melhores momentos de seu relacionamento. Essas ações, estabelecidas a partir de uma lista de coisas que cada um gostaria que o outro realizasse, contribui muito para a melhora do clima afetivo no relacionamento.

Treinamento da comunicação e solução de problemas

Problemas na comunicação implicam coisas muito diferentes para os casais, desde os naturais conflitos e desentendimentos cotidianos até agressões mútuas, afastamentos ou rupturas afetivas. Dattilio (1995, p.66) afirma que

> a primeira tarefa do terapeuta é ajudar o casal a compreender que a boa comunicação não significa, necessariamente, concordância.

Na verdade, comunicar-se bem é uma habilidade social de grande relevância, que nas relações de casal torna-se fundamental. Essa habilidade social implica, basicamente, saber falar e ouvir de modo adequado. A terapia, nesses casos, deve incluir um treinamento na habilidade de comunicação.

O aprendizado do escutar e ouvir o que o cônjuge diz implica, segundo Rangé e Dattilio (2001, p. 185-186), a observância de alguns princípios:

- Escutar com atenção, mantendo um adequado contato visual com o cônjuge, dando-lhe a entender que está ouvindo.
- Não interromper enquanto o outro está falando, pois é difícil escutar alguém quando se está falando ao mesmo tempo.
- Clarificar aquilo que se está ouvindo, enviando sinais de confirmação e resumindo o que foi dito a cada tanto, para verificar se foi isso mesmo que o outro quis dizer.
- Resumir o que está entendendo, em certos momentos, para que o outro cônjuge possa avaliar se está sendo bem compreendido em suas afirmações.

Já o aprendizado do falar implica as seguintes diretrizes, para que aquilo que está sendo falado possa realmente ser escutado pelo outro:

- Falar atentamente, mantendo um contato visual direto e adequado, observando as expressões e os sinais corporais que indiquem a atenção do cônjuge.
- Formular questões significativas, nunca fazendo perguntas fechadas que possam ser respondidas apenas com um "sim" ou um "não", mas perguntas abertas que ampliem as possibilidades de diálogo.
- Falar apenas o necessário, não ampliar o discurso desnecessariamente, evitando a perda do interesse e da atenção do cônjuge.
- Utilizar o silêncio em alguns momentos para realçar aspectos importantes ou permitir alguma reflexão sobre o que está sendo dito.
- Não questionar o cônjuge apenas com o objetivo de pô-lo à prova, evitando questões que possam tensionar demasiado a comunicação – tato e diplomacia respeitosa são elementos fundamentais de uma boa comunicação.

A todas essas características acrescentaríamos ainda uma outra, da maior relevância: para uma boa comunicação em uma relação amorosa, devemos falar e ouvir com o coração, ou seja, falar com genuína sinceridade e profundo sentimento e ouvir com respeito e consideração pelo que o parceiro está procurando comunicar de seu mundo interior. A comunicação com o coração é uma conquista decisiva em uma relação de casal.

Um dos recursos terapêuticos muito úteis para o aprendizado do falar e do ouvir com atenção é propor a alternância padronizada entre o falante e ouvinte. Nesse exercício, sugere-se que o casal escolha um tema conflitivo, não demasiado pesado, e sugere-se que cada um fale durante cinco minutos, expondo seu ponto de vista sobre o assunto, enquanto o outro deve escutar com atenção. Imediatamente inverte-se a situação, e o outro cônjuge fala, enquanto o primeiro escuta. Esse tipo de experiência comunicacional permite uma observação ao vivo, na sessão, das possíveis dificuldades que cada um tenha para expressar-se ou escutar o outro.

Um aspecto importante da comunicação do casal que deve ser observado nesse tipo de experiência é que o falante deve apenas expressar-se sobre sua pessoa, e não sobre o outro. Por exemplo, "eu gostaria que você prestasse mais atenção às minhas necessidades", e não "você nunca presta atenção em mim", o que soa acusatório e desperta imediata reação defensiva.

Na condição de ouvinte, o cônjuge deve apenas ouvir ou fazer perguntas, quando necessário, não deve discutir, revidar ou comentar aquilo que o outro está falando. No final de cada período, pede-se ao ouvinte que resuma o que escutou para verificar se ficou realmente claro seu entendimento do que foi falado.

O terapeuta pode intervir no processo, corrigindo eventuais distorções, ou examinar com os cônjuges as dificuldades que experimentaram no exercício, propondo alternativas que possam melhorar a comunicação. Esse tipo de exercício também abre caminho para outras técnicas, como um *role play*, em que o terapeuta pode assumir o papel de um dos cônjuges, permitindo que este observe de fora o modo como se comunica. Um trabalho de modelagem, em que o terapeuta mostre como se comunicar de uma maneira mais adequada, também pode ser útil.

Quando a relação de um casal está muito desgastada por um longo tempo de comunicação falha e por um acúmulo de mágoas, é preferível que não discutam em casa, nas fases iniciais da relação, sobre temas muito "quentes", deixando-os para serem tratados durante as sessões, com a ajuda do terapeuta.

Dificuldades comuns que impedem a aquisição de habilidades de comunicação

Segundo Dattilio (1995), déficits interpessoais, afeto demasiado intenso e algumas crenças negativas podem dificultar o aprendizado e a prática de novas habilidades de comunicação.

Algumas pessoas têm algum tipo de limitação cognitiva, dificuldades específicas de aprendizagem ou problema para empatizar com os outros. Nesses casos, é preciso que sejam trabalhadas essas dificuldades individualmente para que melhore a comunicação do casal.

Sabe-se já com bastante clareza como sentimentos intensos de ansiedade, irritação ou raiva alteram profundamente a capacidade de comunicação e favorecem distorções no processamento cognitivo. Em estado de afeto intenso, ninguém consegue falar adequadamente, nem ouvir com atenção, estando contra-indicado que tentem resolver qualquer problema nessa condição.

Gottman, em suas pesquisas, identificou de modo objetivo, através do monitoramento da tensão arterial e dos batimentos cardíacos, como cônjuges perdem a capacidade de dialogar com objetividade quando estão exaltados. A raiva é a emoção que mais frequentemente interfere na comunicação dos casais. Nessas circunstâncias, a comunicação torna-se improdutiva ou mesmo destrutiva, devendo os cônjuges serem instruídos a interromper a comunicação e afastar-se por algum tempo, para que a emoção seja atenuada. Nas pesquisas de Gottman, observou-se que são necessários cerca de 20 minutos para que o indivíduo estressado por uma discussão intensa retorne a seu funcionamento normal (Gottman, 1998).

Uma formulação interessante sobre esse tema é feita por Beck em sua descrição das "zonas coloridas" para classificar os graus de raiva e controle do casal.

A zona azul seria aquela em que a pessoa manifesta uma tranquilidade afetiva e uma boa capacidade para a comunicação. Essa é a melhor zona para a resolução de problemas.

A zona amarela é aquela em que o cônjuge já manifesta sentimentos de rancor, mas ainda controla suas palavras e ações. Pode expressar com clareza seus pensamentos e é capaz de ouvir o outro com atenção respeitosa, mesmo estando sentindo raiva. Nessa zona, é possível trabalhar ainda com os casais, mas o risco é que, com alguma intensificação do clima afetivo, possam rapidamente passar para a zona vermelha.

A zona vermelha é aquela em que um ou ambos os cônjuges passam a não ter mais controle sobre o que dizem, atacando o outro com palavras ou mesmo com violência física. O conteúdo da discussão passa a ser permeado de acusações, denúncias, afirmações desrespeitosas e ofensivas. As distorções cognitivas são acentuadas, cada um passa a ter uma visão profundamente negativa do outro. Nessa zona, qualquer discussão é absolutamente inútil e destrutiva, pois, mesmo depois de cessada a tempestade, ficam as marcas dos estragos causados por tudo que foi dito ou feito nesse período (Beck, 1995).

Cloé Madanes (1997), falando sobre a violência, afirma que a expressão da raiva é a própria raiva, não sendo útil para nada que seja estimulada. Ela partilha do mesmo ponto de vista de Beck, propondo que o terapeuta deva desestimular esse tipo de manifestação. Nas sessões de terapia de casal, deve-se evitar ao máximo que os cônjuges cheguem a esse ponto. Caso não se consiga por outros caminhos ajudá-los a permanecerem mais tranquilos e equilibrados, pode-se inclusive interromper a sessão, visando a impedir a continuação da escalada de violência e desrespeito.

No trabalho com pacientes em litígio por situações de divórcio difícil, alguns autores sugerem que cada cônjuge dirija-se apenas ao terapeuta, na primeira fase de tratamento, a fim de evitar que entrem nesse tipo de escalada de violência (Isaacs, Montalvo e Abelsohn, 1988).

Na terapia, os casais deverão aprender a conversar respeitosa e produtivamente, para poderem alcançar a capacidade de solucionar problemas. Nas primeiras etapas, deve-se trabalhar preferencialmente na zona azul, mais adiante se pode trabalhar também na amarela, sem grande risco de chegar à zona vermelha. Mas, se acontecer de a comunicação começar a tornar-se muito aquecida, deve ser proposto um "tempo para esfriar", que pode ser de cinco até um máximo de vinte minutos. Esse período de interrupção da comunicação permite que cada um possa reassumir o controle de suas emoções, seu pensamento e suas ações. Os casais podem discutir também em terapia qual a melhor maneira de esfriarem suas discussões em casa, combinando alternativas mutuamente aceitas para isso. Nos casos em que há risco de abuso físico, torna-se prioritário estabelecer regras de segurança para o cônjuge ameaçado.

Existem casais que, mesmo tendo capacidade de comunicação suficiente para resolverem problemas, não conseguem pôr em prática essas habilidades, mesmo em condições de raiva moderada. Essa situação, que, muitas vezes, pode ser frustrante para o terapeuta, em terapia cognitivo-comportamental é interpretada como um sinal de que há importantes crenças interferindo na comunicação e na capacidade de mudança: a falta de esperança, a intolerância e a evitação do desconforto emocional e o medo à intimidade são algumas delas.

Solução de problemas

Tendo dominado as habilidades de falar e ouvir, os cônjuges estarão então preparados para aprender as estratégias de solução de problemas e aplicá-las nas áreas em que existem importantes divergências, identificadas na etapa de avaliação.

Inicialmente deverão, de comum acordo, escolher os temas que irão trabalhar e sua ordem, buscando soluções que atendam o melhor possível às expectativas de cada um. Gottman divide os problemas dos casais em solúveis e insolúveis (Gottman, 1998): os problemas listados nessa etapa do trabalho devem estar na categoria dos *solúveis*; caso contrário, a tarefa torna-se absolutamente improdutiva. Um casal que tinha uma relação de cinco anos bastante satisfatória consultou por estar em grave conflito: a esposa, ainda jovem e em seu primeiro casamento, desejava ter filhos, e o marido, já tendo filhos de um casamento anterior, não desejava mais tê-los. Esse é o tipo de problema insolúvel, pois sua solução implicaria a disposição de um dos cônjuges a violentar suas necessidades pessoais e modificar profundamente seu projeto de vida – o casal acabou decidindo pela separação.

O treinamento na habilidade de resolver problemas inicia-se com o estabelecimento de uma agenda, na qual o problema deverá ser definido com clareza. Segue-se uma discussão de alternativas de solução, em um formato de *brainstorm*, em que várias ideias são anotadas. O casal então discute as várias alternativas de solução, optando por aquela que melhor responda às necessidades de ambos. Isso nem sempre é tão simples, pois algumas questões podem ser mais importantes para um do que para o outro cônjuge, situação em que a solução pode privilegiar a esse, mesmo que não seja muito do agrado do outro.

Algumas situações não comportam uma solução consensual, cabendo então acordos do tipo "uma vez fazemos do meu jeito, da próxima vez do teu". Um exemplo comum desse tipo de situação é quando a mulher gosta de filmes românticos e o marido de filmes de ação: não há solução para esse tipo de diferença, cabendo apenas acordos em que cada cônjuge vê o tipo de filme que gosta ou ambos vêem um tipo de filme a cada vez.

Crenças como "já cedi demais na relação" ou de que seriam necessárias mudanças muito grandes e difíceis para melhorar o relacionamento, bem como as crenças perfeccionistas de alguns indivíduos, dificultam a busca de solução para os problemas.

A ESTRUTURA DA TERAPIA COGNITIVO-COMPORTAMENTAL DE CASAIS

A extensão da terapia cognitiva varia conforme o tipo de problema que aborda e os recursos do casal. Terapia cognitiva, geralmente, é de curto prazo, com uma extensão típica de 12 a 15 sessões de tratamento, segundo Rangé e Dattilio (2001) ou de 12 a 20, segundo Dattilio (1995).

Dattilio (1995) afirma que alguns autores utilizam um tempo de 50 minutos para as sessões e outros um tempo maior. Em nossa experiência, é preferível utilizar um tempo maior, pelo menos de 60 minutos, para as sessões conjuntas, podendo ser menor para as sessões individuais com cada cônjuge. Normalmente uma sessão por semana oferece um bom ritmo para o trabalho, mas casais em crise podem requerer, por algum tempo, uma frequência de dois a três encontros semanais, pelo menos na fase inicial do tratamento.

A terapia de casal se diferencia da individual exatamente por trabalhar a maior parte do tempo em sessões conjuntas. Utilizam-se sessões individuais na fase de avaliação, geralmente uma com cada cônjuge, e em alguns momentos especiais do trabalho, quando se necessita esclarecer alguma situação mais individualizadamente, como delicadas questões da família de origem, por exemplo. Nesses casos, devemos sempre ver ambos os cônjuges o mesmo número de vezes, para que não aconteça de alguém se sentir diferenciado. O princípio da equidistância é fundamental – o terapeuta deve sempre manter uma postura de equilíbrio entre os cônjuges, jamais deixando transparecer qualquer preferência ou permitir qualquer diferenciação na forma de atendê-los. Quando acontece de ser necessário, no meio do tratamento, indicar-se terapia individual para algum dos cônjuges, essa deverá ser realizada por um outro terapeuta.

Ser equidistante não quer dizer que o terapeuta não possa trabalhar com apenas um dos membros do casal, durante algum momento da terapia. Pode ser muito interessante, mesmo para o outro cônjuge, acompanhar o terapeuta examinando alguma questão do parceiro, pois assim poderá conhecê-lo melhor. Mas quando isso acontecer, deve-se tão logo seja possível retomar o equilíbrio do trabalho com ambos os cônjuges.

O estabelecimento de uma agenda de trabalho é uma das questões estruturais mais importantes em terapia cognitivo-comportamental de casais. A agenda deverá ser organizada colaborativamente, entre o casal e o terapeuta, e seus temas devem ser organizados em ordem de importância. A agenda não precisa ser, necessariamente, uma lista rígida de temas, mas sim uma forma de organizar o trabalho para obter-se um maior rendimento. Alguns terapeutas a organizam mais metodicamente, outros de um modo mais informal – o importante é que ela cumpra seu papel estruturante das sessões. Claro que alguns temas podem surgir no meio do caminho e sobrepor-se aos agendados. Nesses casos, o terapeuta deve ter a flexibilidade de abrir espaço para as questões emergentes.

A agenda deve conter, sempre que possível, um pequeno resumo da sessão anterior, uma revisão das tarefas, os temas a serem discutidos no dia e, no final, uma pequena avaliação do trabalho e o planejamento das próximas tarefas.

Quando o trabalho terapêutico aproxima-se do final, devemos começar a fazer o que chamamos de prevenção da recaída. Nas sessões finais da terapia, reveem-se alguns temas até então abordados, para que sejam mais bem elaborados e consolidem-se as mudanças obtidas. Sessões de reforço podem ser marcadas para alguns meses após o término da terapia, visando a verificar a manutenção das conquistas obtidas e examinar-se algum outro tema que possa ter surgido posteriormente.

Para finalizar, é importante ressaltarmos que mesmo terapeutas de outras orientações podem encontrar, no modelo cognitivo-comportamental, alguns elementos de grande valia para o trabalho com casais e famílias. Como afirmei em um trabalho anterior,

> a integração de teorias e técnicas gera formas novas de pensar e fazer terapia, que são mais do que a soma dos enfoques integrados. As diferentes orientações podem ser entendidas, de certa forma, como diferentes culturas. Terapeutas que sejam capazes de apreciar mais de uma forma de entender o ser humano e de fazer terapia ampliam sua visão do mundo e suas possibilidades de compreender e ajudar seus pacientes. Uma postura de abertura e perplexidade diante da

diversidade de visões e de formas de intervenções terapêuticas facilita uma visão integradora. (Zanonato e Germani, 2002)

REFERÊNCIAS

ARIAS, I.; HOUSE, A. S. Tratamento cognitivo-comportamental dos problemas conjugais. In: CABALLO, V. E. *Tratamento cognitivo-comportamental dos transtornos psicológicos da atualidade.* São Paulo: Santos, 2007.

BECK, A. T. *Para além do amor.* Rio de Janeiro: Record, 1995.

BECK, J. S. *Terapia cognitiva:* teoria e prática. Porto Alegre: Artmed, 1997.

CANÇADO, B. *Aquarela brasileira.* Brasília: Corte, 1994. v. 1.

CARTER, B. et al. *As mudanças no ciclo de vida familiar:* uma estrutura para a terapia familiar. 2. ed. Porto Alegre: Artmed, 1995.

DATTILIO, F. M. *Conferência com Frank Dattilio:* terapia cognitiva com casais e famílias. São Paulo, 18-19 de maio de 2006.

DATTILIO, F. M.; PADESKY, C. A. *Terapia cognitiva com casais.* Porto Alegre: Artmed, 1995.

EPSTEIN, N. B.; BAUCOM, D. H. *Enhanced cognitive-behavioral therapy for couples:* a contextual approach. Washington: American Psychological Association, 2003.

GOTTMAN, J. *Casamentos*: por que alguns dão certo e outros não. Rio de Janeiro: Objetiva, 1998.

GOTTMAN, J.; SILVER, N. *Sete princípios para o casamento dar certo.* Rio de Janeiro: Objetiva, 2000.

ISAACS, M. B.; MONTALVO, B.; ABELSOHN, D. *Divorcio difícil:* terapia para los hijos y la família. Buenos Aires: Amorrortu, 1988.

KNAPP, P. et al. *Terapia cognitivo-comportamental na prática psiquiátrica.* Porto Alegre: Artmed, 2004.

MADANÉS, C. *Sexo, amor e violência.* Campinas: Psy, 1997.

RANGÉ, B.; DATTILIO, F. M. Casais. In: RANGÉ, B. *Psicoterapia comportamental e cognitiva:* pesquisa, prática, aplicações e problemas. São Paulo: Livro Pleno, 2001. v. 1.

WHITAKER, C. A. As funções do casal. In: ANDOLFI, M.; ANGELO, C.; SACCU, C. *O casal em crise.* São Paulo: Summus, 1995.

YOUNG, J. E. *Terapia cognitiva para transtornos de personalidade.* Porto Alegre: Artmed, 2003.

ZANONATO, A. S.; GERMANI, L. M B. *Entendendo e trabalhando crenças nos modelos cognitivo-comportamental e sistêmico familiar.* Monografia (Conclusão do Curso de Extensão em Psicoterapia Cognitiva) – Centro de Estudos Luis Guedes, Universidade Federal do Rio Grande do Sul, Porto Alegre, 2002.

12

Neurociências e terapia familiar

Maria Elizabeth Pascual do Valle

> O homem deve saber que de nenhum outro lugar, mas do encéfalo, vêm a alegria, o prazer, o riso e a diversão, o pesar, o ressentimento e a lamentação. E, por isso, de uma maneira especial adquirimos sabedoria e conhecimento, e enxergamos e ouvimos e sabemos o que é justo e injusto, o que é bom e o que é ruim, o que é doce e o que é amargo... E pelo mesmo órgão tornamo-nos loucos e delirantes, e medos e terrores nos assombram... Todas essas coisas suportamos do encéfalo quando não está sadio... Nesse sentido, sou da opinião de que o encéfalo exerce o maior poder sobre o homem.
>
> Hipócrates, em
> "Acerca das Doenças Sagradas",
> citado em Gomes, 2005.

POR QUE UM CAPÍTULO DE NEUROCIÊNCIAS EM UM LIVRO SOBRE TERAPIA FAMILIAR?

Por neurociências entendemos o conjunto de disciplinas, como a neuroanatomia, a neurofisiologia, a neurobiologia, a neurologia clínica e outras disciplinas correlatas (como a neurorradiologia e seu desdobramento, a neuroimaginologia), que estuda o sistema nervoso em toda a sua complexidade, procurando relacionar seus achados com os comportamentos humanos.

O estudo das neurociências fundamentou cientificamente muitas das minhas inquietações teóricas. Muitos aspectos dessa nova ciência têm enriquecido e fomentado meu trabalho, principalmente por sua característica interdisciplinar.

Já que a inserção de um capítulo sobre neurociências em um livro de terapia familiar tem tudo a ver com a questão da interdisciplinaridade, deve-se começar com algumas considerações sobre a postura interdisciplinar e sobre a *interdisciplinaridade interna*.

Recordando o significado de interdisciplinar, conforme Sandra Fortes (2007),

- espaço em que há troca na diferença;
- o que eu sei ajuda o outro no que eu não sei;
- construção de uma compreensão que só existe na junção do "eu não sei";
- abertura para ouvir outros profissionais, possibilitando a "escuta" e a "construção" de um outro saber.

Esta menção à essência da ideia de interdisciplinaridade me remete a uma situação ocorrida no período em que eu ministrava aulas em um curso de graduação em psicologia, sempre com um enfoque interdisciplinar. Houve momentos em que meu posicionamento sistêmico e interdisciplinar criou problemas aos alunos, os quais, em outras disciplinas, eram pressionados a definir a que linha teórica iriam se dedicar, sob a alegação de que cada uma teria uma visão de mundo própria e de que seria praticamente incompatível com as demais. Em determinado momento, alguns alunos, em conflito com a "definição" da ideologia do curso, declararam que eu, ao não seguir uma determinada linha de pensamento teórico (psicanálise, existencialismo, teoria cognitivo comportamental, entre outros), estaria realizando uma "psicossalada", expressão ironicamente colocada por uma professora que não compartilhava de um entendimento interdisciplinar. Aproveitando essa expressão empregada como uma crítica à minha postura interdisciplinar, utilizei-a como metáfora em um trabalho científico apresentado no V Congresso de Terapia Familiar em Salvador em 2002 e, posteriormente, no âmbito da própria universidade onde lecionava. O argumento era: uma salada realmente saudável inclui diversos vegetais e legumes, assim como se faz necessária uma certa quantidade de temperos para torná-la, além de saudável, apetitosa. Dessa maneira, devo à provocação desta professora a elaboração de uma metáfora que hoje representa bem a forma como trabalho minhas ideias e aplico-as na clínica com as famílias que atendo, incorporando novos conhecimentos como se fossem novos ingredientes para tornar a salada mais apetitosa e atraente. Nesse contexto, entraram em minha "psicossalada" as neurociências.

Penso e vivencio meu trabalho como psiquiatra e psicoterapeuta com o pressuposto de que qualquer novo conhecimento é potencialmente válido, pois proporciona a nosso saber instrumentos para melhor entender e atender nossos pacientes. Além disso, de cada disciplina devemos acolher o que faz sentido para nós e para "aquele" determinado paciente (por paciente entende-se tanto um indivíduo como um casal, um grupo ou uma família), pois cada situação clínica conduz a busca de subsídios nesta ou naquela teoria, nesta ou naquela técnica.

Esta forma de atender pacientes não ocorreu desde o início de minha vida profissional, quando acreditava que a psicanálise poderia dar conta de todas as minhas necessidades como psicoterapeuta, até surgir uma paciente que me exigiu romper com meus paradigmas conforme descrito a seguir.

Tratava-se de uma paciente que, em determinado momento do tratamento analítico, reclamava que não se sentia progredindo. E eu concordava com ela. Levei o caso para os meus supervisores. Observei minha relação com ela, a transferência e a contra-transferência, o entendimento psicodinâmico; enfim, busquei todo o conhecimento teórico que estava a meu alcance. Entendia que tínhamos uma boa relação de cumplicidade e empatia, mas infelizmente concordando com ela parecia que o processo terapêutico estava estagnado.

Em um determinado momento, ela perguntou se poderia trazer o marido para a sessão. Intuitivamente, achei que era uma boa ideia mas, ao comentar com os colegas, ouvi comentários na seguinte linha: "a paciente quer te controlar"... "ela quer tirar o teu poder"... "isto é resistência"..." "isto é atuação". Eu me senti encurralada: de um lado, a instituição que eu acreditava deter o conhecimento sobre a técnica que então eu empregava; de outro, a paciente me fazendo sugestões que contrariavam essa postura técnica, mas que me pareciam adequadas ao momento e aos propósitos da terapia.

Optei por não levar mais este caso para a supervisão e *ouvir* minha paciente. O marido então a acompanhou a uma das sessões. Para minha surpresa, foram abertas uma brecha no impasse que se criava e novas possibilidades para a evolução do tratamento, pois na relação de casal apareceram situações que não apareciam na transferência da paciente comigo. Foi observada uma atitude agressiva importante com o marido que não aparecia em sua relação comigo, embora fosse comum em suas relações com autoridades em geral.

A paciente havia tido muitos problemas com terapeutas anteriores. Eu era a quinta psiquiatra a quem ela procurava, todos de orientação psicanalítica. E ela se manteve comigo, porque a escutei e flexibilizei a técnica para ir ao encontro de suas necessidades. Penso hoje que sua sugestão foi a forma que encontrou de colaborar com o processo terapêutico, diferentemente do que meus pares preconizavam.

E aí? Meu procedimento não era o que recomendava a psicanálise.

Quem era eu como profissional naquele momento?

Tenho grande carinho e agradecimento a esta paciente, pois ela me possibilitou rever meus conceitos e evoluir como psiquiatra, terapeuta e ser humano. Passei a incluir em minha técnica terapêutica um familiar no processo terapêutico quando sinto que este se encontra estagnado. (Valle e Osório, 2006)

A partir desta situação, fui buscar novas teorias que se encaixassem em minha proposta de trabalho e encontrei a teoria sistêmica, que tem me acompanhado ao longo de muitos anos. Durante muito tempo deixei de lado minha formação básica de psiquiatra, dedicando-me principalmente à psicoterapia, talvez ainda como reflexo de meus estudos psicanalíticos. Uma vez que a técnica psicanalítica não permite que o psicanalista prescreva medicamentos a pacientes em tratamento psicanalítico, e, quando isso se faz necessário, a recomendação é que se indique o paciente para que algum colega psiquiatra o faça, não prescrevia mais. Esse paradigma passou a ser questionado por mim e pelos pacientes que consideravam, além de incômodo, oneroso financeiramente buscar outro profissional, já que minha qualificação profissional autorizava a medicá-los. A decisão de voltar a medicar me fez reatualizar meus estudos psicofarmacológicos, e foi então que me deparei com o novo campo de conhecimentos emergente: as neurociências, que, conforme disse anteriormente, passou a se integrar à minha forma de trabalhar em um contexto interdisciplinar.

Comparo a interdisciplinaridade com a situação de uma ilha, que aparentemente se encontra isolada, mas, se pensarmos mais além do que está ao alcance de nossa visão, faz parte de um continente submerso. As ilhas são picos de montanhas desse continente, conectadas umas às outras pela base. Embora as disciplinas a que me refiro aparentem estar desconectadas umas das outras, na verdade, fazem parte de uma mesma cadeia que estuda a natureza humana em suas várias manifestações e o universo como um todo.

Tenho por convicção que um terapeuta de nossos tempos precisa se orientar sob a égide de dois princípios no que diz respeito ao que denominei "postura interdisciplinar":

1. *Interdisciplinaridade interna*
Diz respeito a uma questão ideológica por parte do terapeuta, postulando ser indispensável que promova o diálogo entre os referenciais teórico-técnicos que foi adquirindo ao longo de sua evolução profissional, mesmo que pareçam ser contraditórios.
2. *Interdisciplinaridade externa*
Consiste em se disponibilizar a escutar profissionais de sua e de outras áreas para a construção conjunta de um saber compartilhado.

A partir disso, os terapeutas estarão aptos a seguir a "linha" do paciente, conforme suas demandas e necessidades, e prontos para uma nova evolução como pessoas e como profissionais.

A partir de minha formação psiquiátrica, pude observar manifestações clínicas que ora me pareciam mais psíquicas, ora mais orgânicas, e essas alternâncias sempre me inquietaram. Com o estudo das neurociências, começou a se esboçar em minha mente uma visão integrativa desses fenômenos. É esse olhar que quero compartilhar com leitor, aguçando-lhe a curiosidade para que possa, por sua vez, buscar maiores informações desse campo emergente do saber ligado à nossa atividade como terapeuta.

O intuito deste capítulo é, além de traçar um panorama sobre a contribuição das neurociências, evidenciar que não há uma hierarquia entre os saberes, e sim interfaces em que podem trocar influências e informações. Assim, ocorre com a neuroanatomia, a neurofisiologia a neuropsicologia, áreas secundárias das neurociências, que, por sua vez, podem estabelecer uma frutífera conversa com a teoria sistêmica, a cibernética ou a teoria da comunicação humana, pilares da terapia familiar sistêmica.

Os subsídios aportados por esses saberes compartilhados nos possibilitam intervenções mais adequadas que podem chegar a tempo de evitar danos físicos ou emocionais, muitas vezes, irreversíveis.

ALGUMAS CONSIDERAÇÕES SOBRE CÉREBRO, MENTE OU PSICOSSOMÁTICO

Embora seja dito que Freud ao longo de seus estudos tenha alterado seu olhar organicista para uma concepção preponderantemente psíquica, nota-se ao ler atentamente sua obra que isso não ocorreu e que sua posição sobre a relação orgânico-psíquico não se modificou ao longo de sua obra, como se percebe nas seguintes citações (in Gomes, 2005):

> A mecânica desses processos me é completamente desconhecida; aquele que quisesse tomar essas ideias a sério deveria procurar as analogias físicas e abrir para si mesmo um caminho para a figuração do processo de movimento da excitação neuronal. (Freud, 1900)

> Para muitos, (...) basta supor que somente a consciência seja o psíquico. (...) Entretanto, os processos conscientes não formam, segundo acordo geral, séries ininterruptas e completas em si mesmas, de maneira que nada mais resta a fazer do que supor processos físicos ou somáticos concomitantes ao psíquico, aos quais se deve atribuir uma completude maior que às séries psíquicas, pois alguns deles têm processos paralelos conscientes, mas outros não. Isso sugere, então, naturalmente, que acentuemos, na psicologia, esses processos somáticos, que reconheçamos neles o verdadeiro psíquico ["das eigentlich Psychische"] (...). (Freud, 1938)

Freud, apesar de ter abandonado a pretensão de oferecer hipóteses específicas sobre os mecanismos fisiológicos dos processos psíquicos, passando a não considerá-las como realmente necessárias, nunca abandonou a concepção de que os processos psíquicos têm um substrato neurofisiológico. Curiosamente, Freud mostrou-se menos ortodoxo que muitos de seus discípulos, pois jamais em sua obra deixou de considerar o substrato orgânico dos fenômenos ditos psíquicos, ao passo que aqueles deixaram de fazê-lo.

Recorde-se ainda a equação etiológica de Freud, em que ele pontua que ao lado dos fatores constitucionais (que incluem o orgânico) estão as vivências infantis (de ordem emocional) na determinação dos transtornos mentais.

Osório (1996) lembra que o próprio termo psicossomático traduz a ambiguidade com que foi e ainda é empregado por muitos. Diz-nos ele:

> Há quem continue na práxis clínica, quando não no próprio discurso teóri-

co, a tratar as agências do corpo e da mente como entidades separadas....e sendo corpo e mente (considerados) de distinta natureza não podem interagir.

A psicossomática vista sob a visão interdisciplinar nos remete a um olhar abrangente, em que o ser humano é visto em todo o seu contexto, quer nos aspectos biológicos, físico-químicos, nutricionais, psicológicos, quer ainda nos ambientais ou socioculturais.

Após Freud, outros tantos desenvolvimentos na compreensão dos fenômenos intrínsecos da mente ocorreram, tanto por parte dos chamados organicistas como dos psicogenistas. Mesmo no advento da teoria da comunicação humana, que viria a ser responsável, junto com a teoria sistêmica e a cibernética, pela mudança de paradigma que determinou o surgimento da terapia familiar sistêmica, está Bateson (Osório, 2006), procurando causas psicogênicas para a esquizofrenia, cuja abordagem hoje já não permite ignorar o substrato bioquímico subjacente. Tais desenvolvimentos, se não colocados no contexto interdisciplinar, permanecem como visões limitadas e mesmo limitantes do progresso científico.

Em torno de uma década atrás, caiu um dos maiores mitos da ciência neurológica, pois acreditava-se que os neurônios estavam formados antes do nascimento e, a partir daí, seriam células incapazes de se reproduzir como as demais do organismo. Houve uma mudança radical nas perspectivas de encarar certas doenças degenerativas quando foi desvendado o processo da neurogênese (com a possibilidade do desenvolvimento de novos neurônios), porque a morte neuronal já não significa um ponto sem retorno para a reconstrução das redes neuronais e a consequente possibilidade de cura de doenças até agora tidas como incuráveis, como o mal de Alzheimer.

Outra descoberta recente é a da plasticidade cerebral. Pensava-se que até o início da primeira infância o cérebro estivesse rigidamente estruturado. Hoje está comprovado que o cérebro consegue buscar rotas alternativas para atingir a mesma finalidade. E como pequenas metamorfoses ocorrem em nosso dia-a-dia, a plasticidade também é o mecanismo pelo qual o cérebro responde a estímulos externos. Áreas mais solicitadas por diferentes aprendizados tornam-se muito desenvolvidas. Portanto, conforme cada indivíduo se desenvolve, ele vai moldando seu cérebro.

Pensemos que as terapias se propõem a criar rotas alternativas, que possibilitem menos sofrimento. Como metáfora, podemos imaginar o cérebro como um grande mapa rodoviário. Por vezes, percorremos certas rotas que nos conduzem a grandes sofrimentos, mas que voltamos a percorrer por não experimentar outras, já que, por força de identificação com nossos pais, por características genéticas, por situações metabólicas, hormonais, é como se não concebêssemos rotas alternativas. E nosso trabalho como terapeutas consiste, na metáfora utilizada, a disponibilizar outras estradas "mais saudáveis", o que pode ser feito de muitas formas (por via medicamentosa, por via psicanalítica, por via comportamental, etc.). O que importa realmente é a possibilidade de criarmos ou oferecermos outros percursos, o que corresponde a utilizarmos outros circuitos cerebrais.

Com os avanços das pesquisas em neurociências, obtivemos a fundamentação científica para a hipótese de que não há uma só abordagem para suavizar o sofrimento humano, físico ou emocional; portanto, não existe razão para hierarquizarmos as abordagens e as colocarmos em uma ordem valorativa.

Outras descobertas na área das neurociências foram proporcionadas pela entrada em cena de exames como a ressonância magnética funcional (RMF), que se obtém colocando a pessoa em um aparelho onde um campo magnético possibilita detectar o fluxo de sangue oxigenado em diferentes áreas do cérebro. Essa técnica permitiu mapear o cérebro em funcionamento.

Outro exame, o PET SCAN, permite a fusão de imagens funcionais reveladas por tomografia com emissão de pósitrons (PET), através da administração de uma substância radioativa, com imagens anatômicas oriundas de uma tomografia convencional, o que enseja integração da atividade celular e metabólica com a localização anatômica.

A tecnologia que nos possibilitou integrar o arcabouço físico com a funcionalidade cerebral em diferentes atividades, proporcionou também inegavelmente um grande avanço no conhecimento do que se passa na intimidade do cérebro e sua relação com o comportamento humano, que é o que nos interessa como terapeutas.

IMPORTÂNCIA DO ESTUDO DAS NEUROCIÊNCIAS

As neurociências nos remetem a um olhar abrangente, no qual tudo deve ser levado em conta. Por exemplo, um surto psicótico pode ser desencadeado por drogas, interrupção do sono, doenças metabólicas, distúrbios hormonais, ação colateral de medicamentos, entre outros, o que vem confirmar um dos princípios da teoria geral dos sistemas, o da multicausalidade, que nos diz que um determinado efeito não tem uma única causa (Osorio, 2006).

Portanto, como terapeutas de famílias, precisamos atuar em um contexto interdisciplinar, pois, muitas vezes, precisaremos do auxílio de profissionais com diferentes olhares e conhecimentos para atuarmos de forma eficaz em determinadas situações. Essa é a razão para a crescente tendência em formar equipes de trabalho com profissionais de distintas áreas e competências em ação interdisciplinar.

Hoje há como comprovar que eventos ambientais adversos podem alterar a estrutura cerebral, o que nos obriga a certos procedimentos preventivos em situações de estresse capazes de provocar uma apoptose (morte) neuronal. Isso ocorre quando o cérebro, para se proteger da situação estressante, diminui sua conectividade. Em situações agudas, isso pode ser reversível. Todos nós temos a experiência de que em situações dolorosas (por exemplo, morte de um ente querido, acidente, entre outros) é possível tomarmos atitudes adequadas, resolver situações administrativas e necessárias. A sensação, por vezes, é de estarmos um pouco anestesiados: isto ocorre porque o cérebro, para se proteger do sofrimento, lança substâncias que diminuem sua conectividade; assim, podemos vivenciar certas situações muito dolorosas ainda com algum controle. As dificuldades ocorrem quando esse sofrimento torna-se crônico e a conectividade fica diminuída por tempo indeterminado – hoje já foi comprovado que crianças em situação de violência crônica tem como consequência posterior um corpo caloso (área do cérebro que conecta os dois hemisférios) com tamanho diminuído. Sabe-se, por outro lado, que músicos profissionais tem o corpo caloso com tamanho acima da média da população em função do aumento da conectividade intercerebral para o exercício de sua atividade.

Alterações com as mencionadas podem ocorrer, por exemplo, tanto em casos de violência física na infância como nos de negligência, pois, neles, há uma diminuição do contato ocular, menos estímulos à linguagem e diminuição da ocorrência de vínculos interpessoais, com prejuízos cerebrais posteriores de caráter, muitas vezes, irreversíveis. Tais crianças submetidas cronicamente a situações de violência ou abandono, por uma diminuição da conectividade sináptica, em geral, tornam-se pessoas mais insensíveis e, quando desenvolvem uma carreira criminal, podem ser identificados naqueles assassinos que contam suas atrocidades com detalhes sem a menor emoção.

Motta (2005), que estudou com profundidade os efeitos da interação do bebê com uma mãe com depressão pós-parto, nos demonstra as consequências para o bebê das dificuldades da mãe deprimida em impedir a ação de estímulos estressores e em promover estímulos que favoreçam o aprendizado de estratégias adequadas e adaptativas para lidar com situações estressantes. Motta salienta a importância do reconhecimento do período inicial como crítico para o desenvolvimento do indivíduo, considerando os achados neuroendócrinos comprovados em sua pesquisa. Tais estudos sustentam a importância de uma ação preventiva precoce, com vistas a evitar consequências a médio e longo prazo decorrentes de níveis de cortisol alterados devido à interação do bebê com uma mãe depressiva. Isso nos mostra a importância de um apoio a nível micro e macropolítico com vistas a auxiliar as mães deprimidas a exercer sua maternagem adequadamente.

O PROCESSO TERAPÊUTICO E AS NEUROCIÊNCIAS

A partir do momento em que se comprova o quanto é possível ir moldando o cérebro através de experiências, isso sinaliza a importância também do trabalho psicoterápico, do que chamamos a conversa transmutadora.

Vamos nos valer novamente da metáfora em que o cérebro seria comparado a uma rede rodoviária com uma infinidade de rodovias, com auto-estradas, rodovias secundárias e inclusive pequenas trilhas, sendo que muitas ainda em florestas virgens. Dentro dessa malha, temos inúmeras *freeways*, bem como antigas estradas conhecidas que percorremos com facilidade, quer por desenhos genéticos, quer por aprendizados infantis ou condições similares. Quando essas *freeways* nos levam a vivências confortáveis, não temos porque alterá-las. O problema é quando no levam ao sofrimento, e habitualmente nessas situações é que os terapeutas são procurados.

Em nossa vida de relação, recebemos estímulos do ambiente, os percebemos, e tal percepção provoca uma reação que nos leva a um determinado comportamento que retorna ao ambiente. O diagrama da Figura 12.1, elaborado por Taborda (Taborda, Lima e Busnello, 1996), nos mostra de uma forma simplificada as funções do ego e sua relação com o mundo externo.

Podemos pensar o gráfico a seguir como um esquema simplificado de um circuito cerebral.

Assim, vê-se que um determinado estímulo provém do ambiente externo, passa pelos mecanismos de percepção e provoca uma resposta ao ambiente (comportamento). O circuito utilizado será a auto-estrada que se oferece como o caminho livre já devidamente percorrido (por características genéticas, química, físicas, etc.) e que foi construída ao longo da vida.

Esta auto-estrada está lá e, quando um paciente busca alterá-la, é porque não serve mais, e, nesse momento, vem buscar

Figura 12.1 Esquema simplificado de um circuito cerebral.

a ajuda terapêutica. Para alterar o caminho, há as mais diversas possibilidades que são oferecidas pela visão interdisciplinar. Podemos modificar o ambiente externo, tanto na quantidade como na qualidade de estímulo; podemos agir sobre o intrapsíquico, possibilitando que o paciente entenda o estímulo de uma forma diferente; podemos causar modificações através de agentes químicos ou de ondas magnéticas, elétricas, etc.; assim, ao alterar o circuito rodoviário (cérebro), estaremos também alterando o comportamento final.

Dizendo de outra maneira, tanto com recursos psiquiátricos como com técnicas psicoterápicas de distintos referenciais (psicanalíticas, sistêmicas, cognitivo-comportamentais, etc.), é possível substituir a rota que deixou de ser adequada, provocando o surgimento de rotas alternativas e ensejando um rearranjo nas rotas preestabelecidas. Podemos tomar como exemplo uma pessoa que fica cega e pouco a pouco vai desenvolvendo os outro órgãos de percepção, como audição, tato, olfato ou mesmo paladar como forma de compensar a função perdida, e é isso que se denomina *plasticidade cerebral*. Pensando nesses termos, podemos entender por que toda a abordagem é válida, desde que em consonância com a relação estabelecida entre o terapeuta e o paciente em questão.

No processo terapêutico, uma das qualidades essenciais é a capacidade de empatia. Zimerman (1995) chama a atenção para o significado etimológico dessa palavra, ou seja, em = dentro; pathus = sofrimento, o que significa conseguir, de uma determinada forma, sentir o sofrimento do outro, e essa qualidade vem sendo estudada pelas neurociências.

Damásio (1994) e Lê Doux (1996), citados em Nava (2006), descrevem dois circuitos que correspondem a duas formas distintas de empatia:

- empatia contagiosa: subcortical rápida (tálamo-amídala);

- empatia cognitiva: cortical lenta (tálamo-córtex- amídala).

É possível pensar na empatia contagiosa como aquela que sentimos quando nos contagiamos com um bocejo, com alegria, tristeza, etc. A empatia cognitiva é aquela em que podemos nos mobilizar com o sentimento do outro, mas teríamos uma maior potencialidade de discriminar o que é meu do que é do outro. Prestando atenção e aprendendo a perceber o que acontece com nossas sensações, estamos com mais um excelente instrumento para entendermos melhor nosso paciente. Bion, citado em Zimerman (1995) diria que esta seria uma forma de comunicação primitiva (pré-verbal) quando o paciente ainda não tem condições de verbalizar.

No processo de empatia, Nava (2006) cita a presença de neurônios-espelhos que permitem aos indivíduos compreender e imitar as ações dos outros quase que automaticamente. Isto é mais facilmente perceptível nos recém-nascidos, que sentem as emoções da mãe de uma forma muito indiferenciada; na medida que o córtex vai se diferenciando, vai acontecendo o processo de separação-individuação descrito por Mahler (apud Osório, 1996).

CONSIDERAÇÕES FINAIS

As neurociências vêm corroborar o valor da interdiciplinaridade. Cada vez mais a ciência vem fazendo novas descobertas em todas as áreas. As novas descobertas sobre a plasticidade cerebral, neogênese, conectividade neuronal e sobre outros aportes das neurociências nos abrem novas perspectivas e novas esperanças sobre como lidar com situações tais como as decorrentes da violência doméstica ou do estresse físico e mental. Ao termos conhecimento que os efeitos da violência não se fazem só no âmbito psicossocial, mas também podem causar danos cerebrais irreversíveis, isso muda a perspectiva de nossas intervenções terapêuticas.

Sabendo-se que o cérebro cresce em volume e aumenta sua conectividade neuronal principalmente até os 5 anos de idade, é preciso estabelecer condutas terapêuticas e preventivas que abarquem preocupações com prover uma adequada nutrição e boa estimulação ambiental, além de ações firmes impeditivas da violência ou negligência familiar. Cabe-nos pensar ainda em melhorar as condições pré-natais. E se não estiver a nosso alcance realizar medidas em larga escala, que, ao menos, nos proponhamos em nossos espaços como terapeutas familiares a criar condições para que rotas alternativas sejam oferecidas, a fim de evitar os acidentes de percurso em estradas que se tornaram inadequadas, com a ajuda do conhecimento proporcionado pelos avanços das ciências em geral sob a perspectiva interdisciplinar.

Resumo de alguns tópicos e cuidados que nos sugerem a interatividade entre neurociências e terapia familiar:

- Estar atentos para os sintomas clínicos apresentados pelos membros da família, usando a lupa das neurociências.
- Levar em consideração todos os contextos: ambiental, escolar, cultural, socioeconômico, etc., bem como a possível presença de fatores constitucionais, genéticos, hormonais ou bioquímicos na determinação dos comportamentos no sistema familiar.
- Observar a funcionalidade da família: papéis, relações de poder, afetos, etc., conscientes dos efeitos que possam ter para a interconectividade cerebral.
- Fortalecer e estimular a autonomia da família, cujas experiências são fatores de desenvolvimento ou desconectividade da rede neuronal de seus membros.

REFERÊNCIAS

BEAR M. F. *Neurociências*: desvendando o sistema nervoso. Porto Alegre: Artmed, 2002.

ELKAÏM, M. *Panorama das terapias familiares*. São Paulo: Summus, 1998.

FORTES, S. *Comunicação oral*. Jornada de Psiquiatria, Florianópolis, 2007.

GOMES, G. O problema mente-cérebro em Freud. *Psicologia*: Teoria e Pesquisa, Brasília, v. 21, n. 2, maio/ago. 2005

MOTTA M. G. Efeitos da depressão materna no desenvolvimento neurobiológico e psicológico da criança. *Revista de Psiquiatria do Rio Grande do Sul,* Porto Alegre, v. 27, n. 2, maio/ago. 2005.

NAVA, A. S. *Na sala dos espelhos:* empatia, psicoterapia e grupanálise. Lisboa: CLIMEPSI, 2006.

_____ . *O cérebro apanhado em flagrante*. Lisboa: CLIMEPSI, 2003

OSORIO, L. C. *Novos paradigmas em psicoterapia*. São Paulo: Casa do Psicólogo, 2006.

_____ . *O futuro da psicanálise e outros ensaios correlatos*. Porto Alegre: Mercado Aberto, 1996.

PLISZKA, S. R. *Neurociência para o clínico de saúde mental*. Porto Alegre: Artmed, 2004.

PORTA, E. Psicanálise e neurociência: uma perspectiva interdisciplinar e evolucionária. *Psicanalítica*, v. 7, n. 1, 2006.

TABORDA, J. G. V.; LIMA, P. P.; BUSNELLO, E. D. *Rotinas em psiquiatria*. Porto Alegre: Artmed, 1996.

VALLE, M. E. P.; OSORIO, L. C. *Alquimia íntima*. Porto Alegre: Literalis, 2004.

_____ . *Gritos e sussurros*. São Paulo: Vetor, 2006.

_____ . *Terapia de famílias*: novas tendências. Porto Alegre: Artmed, 2003.

ZIMERMAN, D. E. *Bion:* da teoria a prática: uma leitura didática. Porto Alegre: Artmed, 1995.

_____ . *Vocabulário de psicanálise*: Porto Alegre: Artmed, 2004.

13

Terapia familiar e resiliência

Marilza Terezinha Soares de Souza

O navarro diz que uma maneira de mostrar que um tapete foi feito por mãos humanas é a presença de falhas. (Walsh, 1998, p. 155)

O conceito de resiliência, aplicado às ciências da saúde, particularmente no campo da psicologia, foi compreendido e definido sob diferentes prismas ao longo dos últimos 30 anos. Encontramos entre suas diversas definições a existência de traços de personalidade individuais especiais, a capacidade de recuperação de traumas, a capacidade de superação de obstáculos, um conjunto de habilidades e competências individuais, invulnerabilidade, o resultado do equilíbrio entre fatores de risco e fatores de proteção e resultados do enfrentamento de situações de estresse, entre outros (Souza, 2003, 2004; Souza e Cerveny, 2006a e 2006b).

Entretanto, com a ampliação e com o aprofundamento nas pesquisas, a resiliência deixa de ser considerada uma qualidade ou uma capacidade individual para ser compreendida como um processo dinâmico inter-relacional, sistêmico, inserido no contexto histórico, social e cultural (Souza, 2004).

As pesquisas deram origem à resiliência familiar, que possui entre seus principais estudiosos Hamilton McCubbin e Froma Walsh (Souza, 2003). Dois fatores fundamentais contribuíram para a consolidação do conceito de resiliência familiar: a teoria sistêmica, ao considerar as influências recursivas entre as pessoas e atribuir à resiliência o conceito de "uma qualidade sistêmica compartilhada pela unidade familiar como um todo" (Walsh, 1998, p. 285), e a teoria do estresse, do enfrentamento e da adaptação (McCubbin; Thompson; McCubbin, 1996; Patterson, 2000a e 2000b).

Walsh (1998) e McCubbin, Thompson e McCubbin (1996) abordaram o conceito de resiliência familiar como um processo que compreende a avaliação compartilhada entre os membros da família de eventos estressores e situações de risco, com base em crenças e na visão de mundo, somado a isso a existência de outros eventos estressores provenientes do ciclo vital e do contexto, e a tomada de decisões e utilização dos recursos disponíveis internos (da família) e externos (da comunidade). Tal processo não se interrompe no enfrentamento da situações estressoras, mas prossegue após, com as modificações que esse enfrentamento traz, particularmente aos membros da família e a ela como um todo.

A visão sistêmica abriu um leque para as pesquisas, não sendo mais considerado somente o relacionamento diádico como parte do desenvolvimento da resiliência, como também os processos transacionais com os outros membros da família e com sistemas sociais, envolvendo uma rede de relacionamentos e experiências através das gerações e do ciclo vital.[1] A perspectiva ecológica também foi adotada para a compreensão da influência nos fatores de risco e de resiliência ao longo do ciclo vital, como a família, o grupo de pares, a escola, locais de trabalho e os sistemas mais amplos. A família passou a ser vista como uma unidade coesa e mobilizadora de recursos de enfrentamento.

Quando Walsh (1998) organizou os processos-chave na resiliência familiar, propôs que eles servissem como um mapa orientador para a avaliação e a intervenção na terapia familiar sistêmica. Tais processos-chave compreendem a avaliação dos padrões organizacionais, dos padrões comunicacionais e do sistema de crenças da família. Entretanto, até chegar a esse momento, algumas abordagens precursoras da terapia familiar sistêmica já incluíam a focalização nas forças familiares no enfrentamento de dificuldades.

Os sinais da utilização de algumas das ideias da resiliência na terapia familiar sistêmica surgiram quando algumas abordagens passaram a olhar as queixas apresentadas pelas famílias sob um prisma menos patológico e mais otimista.

Há algum tempo, quando os pais procuravam terapia, devido aos sintomas que uma criança apresentava, esta última era considerada uma vítima e, muitas vezes, seus pais e irmãos como responsáveis pelos seus sintomas. Mais tarde, com a evolução do pensamento cartesiano para o da causalidade circular nas interações humanas, a família passou a ser vista como um todo e a ser recebida para participação efetiva nas sessões. Entretanto, a família, ainda assim, era vista como patológica, pois precisava ser tratada para ser suporte para a criança fora da terapia.

Mais tarde, essa visão incluiu a família como parte de um contexto mais amplo e ecológico, e não como um sistema fechado em si mesmo, mas sim sujeito a influências recursivas do ambiente social, econômico, histórico e cultural. Adicionaram-se a isso a influência do ciclo vital familiar e os estágios do desenvolvimento humano, e a existência de dificuldades naturais associadas a pontos de transição nesse conjunto. Originalmente, o ciclo vital familiar é um dos conceitos derivados da sociologia e foi tradicionalmente utilizado para detectar estágios nos quais a família não conseguiu fazer a transição com sucesso. Estudos sobre o desenvolvimento dos processos normais da família mostraram que ela periodicamente se desequilibra, sobretudo nos pontos de transição do ciclo vital ou do desenvolvimento, experienciando estresse e resistência às mudanças inevitáveis. A concepção de *feedback*, trazida pela cibernética, em que "(...) os sinais produzidos por sistemas auto-reguladores causam a redução ou a amplificação da mudança" (Nichols e Schwarts, 2001, p. 106), associa-se à ideia de que a família pode rejeitar mudanças para manter seu equilíbrio interno e de que pode flexibilizar-se, adaptando-se às mudanças para conseguir equilibrar-se. Em famílias consideradas saudáveis, a princípio, há uma tentativa de voltar ao equilíbrio anterior, mas, com flexibilidade, são capazes de modificar a si mesmas para atender às demandas exigidas. Cabe uma ressalva sobre o que é "saudável" e "normal" e sob o ponto de vista de quem.

Analisando os pressupostos teóricos das escolas de terapia familiar sistêmica, constatamos que a escola estrutural apresenta uma visão otimista da família ao estabelecer que

---

[1] Ciclo vital familiar é um conjunto de etapas ou fases definidas sob alguns critérios (idade dos pais, dos filhos, tempo de união de um casal, entre outros) pelos quais as famílias passam, desde o início de sua constituição em uma geração até a morte do ou dos indivíduos que a iniciaram (Berthoud e Cerveny, 2002).

> não importa quão disfuncional um membro da família pareça ser, uma melhora na estrutura familiar eliciará um *self* mais competente, o qual, em retorno, reforçará a mudança familiar. (Nichols e Schwarts, 2001, p. 112)

Esse modelo contesta a visão tradicional de normalidade, esclarecendo que uma família não pode ser designada como normal pela simples ausência de problemas, pois estes últimos fazem parte da vida. Assim, as famílias são vistas como sujeitas a situações de mudanças que causam estresse e que exigem constante reorganização, e os sintomas apresentados como consequência são compreendidos como má adaptação às mudanças. Minuchin (*apud* Nichols e Schwarts, 2001) considera que os problemas enfrentados pela família são resultado da dificuldade de ajustamento estrutural a desafios ambientais e desenvolvimentistas. O termo "disfuncional" é ignorado, e a família é vista como possuidora de falhas de ajustamento frente a determinados pontos do ciclo vital.

A escola estratégica, por sua vez, considera que o problema apresentado é uma decorrência de complicações normativas do ciclo vital e que o sintoma representa uma ação comunicativa rígida e repetitiva dentro da família. Entretanto, a preocupação dessa escola é mais com o processo de mudança na terapia do que com o problema em si. O objetivo da terapia fundamentada na escola estratégica é a alteração do *feed-back* circular que mantém o sintoma, por meio da eliminação da interação comunicativa rígida. A definição do que é normalidade é deixada a cargo da família, havendo uma certa tolerância para com suas particularidades e idiossincrasias. As possíveis dificuldades de mudança na rigidez comunicativa são explicadas como sendo motivadas pela falta de conhecimento de formas alternativas de ação.

A abordagem focalizada na solução[2] que evoluiu a partir da linha de pensamento da escola estratégica estabelece que o problema apresentado pela família seja redefinido como algo próprio do comportamento no contexto interacional.

Já a escola narrativa, criada por Michael White (Friedman e Combs, 1996) não se interessa pelas sequências interacionais que mantêm o problema – que é externalizado – mas sim pelas situações de exceção, isto é, pelos momentos em que a família tem ou teve sucesso nos pontos de transição do ciclo vital e como esses momentos são ou foram construídos. Essa abordagem é baseada em um paradigma pós-moderno sob uma perspectiva construcionista social, segundo a qual os significados são construídos socialmente, conforme a interpretação que as pessoas fazem das suas experiências de vida, atribuindo-lhes significados. O terapeuta interessa-se, por exemplo, em conhecer como a família foi recrutada na atribuição de um significado a uma experiência em particular. Os autores antes mencionados destacam que o que interessa para o sucesso da terapia familiar é o conhecimento das forças da família, e não das suas fraquezas. Como alguns sucessos permanecem ocultos pelas frustrações atuais, uma das tarefas do terapeuta é facilitar a emergência de memórias que se traduzam em força e sucesso pessoal. Os problemas apresentados são vistos como algo externo que atinge a família, e não como algo próprio dela. A externalização do problema permite que a família se sinta capaz de dar uma resposta ao problema, atribuindo-lhe um novo significado. Ao lançar mão, inicialmente, dos recursos internos, alguns aspectos da resiliência são estimulados, sobretudo os que se referem às crenças. Além disso, a procura de momentos que são exceções ao problema apresentado, captando as crenças que os apoia, propõe, assim, uma visão alternativa da situação.

A escola de terapia familiar simbólico-experiencial, criada por Carl Whitaker, preconiza que a própria família pode encontrar soluções para seus problemas. Seus

---

[2] Trata-se de uma abordagem de terapia familiar breve, que evoluiu a partir da escola estratégica e que foi iniciada por Steve de Shazer e Insoo Berg (Nichols e Schwartz, 2001).

seguidores explicam que o que produz os impasses são as emoções protetoras das pessoas ou o medo de não serem aceitas. Nesse caso, o terapeuta tem como tarefa facilitar a emergência do potencial construtivo e competente dos membros da família. Uma das técnicas utilizadas é a criação de um ambiente confiável, seguro, educando a comunicação e estimulando que cada um assuma seus sentimentos um para com o outro (Nichols e Schwarts, 2001).

Walsh (1998) considerou que as diversas escolas de terapia familiar têm se especializado em alguns dos processos-chave na resiliência familiar, citando a escola estrutural, que se preocupa mais com os padrões organizacionais, a comportamental, que trabalha mais com os processos comunicacionais, e a abordagem narrativa, que prioriza o sistema de crenças.

A abordagem integrativa de Pinsof e Wynne (2000) propõe uma sequência de tratamento que passa inicialmente pelos padrões de organização, depois pelos processos de comunicação e, posteriormente, pelo sistema de crenças. Segundo os autores, essa sequência deve ser seguida de acordo com as necessidades e com a satisfação do cliente. Entretanto, de acordo com o referencial teórico proposto por Walsh (1998), tais processos são interligados e sofrem influências recursivas, de forma que, ao mesmo tempo em que não é possível estabelecer um critério de elegibilidade, ao abordar um dos processos-chave, haverá repercussão nos demais, seguindo os princípios da teoria sistêmica.

Observamos, com este breve levantamento sobre as escolas e abordagens de terapia familiar, aspectos importantes que denotam a mudança da lente da patologia para uma lente mais próxima da resiliência.

Muitas vezes, quando uma família nos procura, apresentando queixas sobre o comportamento de uma criança, o que falta é a informação sobre o assunto e as estratégias funcionais para lidar com a situação. Não é incomum as pessoas dizerem "isto nunca tinha acontecido comigo", "é novo", "é inesperado" ou, ainda, "onde foi que eu errei?". É como se tivessem dificuldade em apreender o fato novo e integrá-lo ao esquema conceitual já existente.

Não só os terapeutas, mas também a família é tendenciosa ao interpretar como patológicas as situações difíceis pelas quais passa, situações estas que podem ser transições normais do desenvolvimento ou do ciclo vital. Observamos esse fenômeno quando a família se compara com a família ideal, que é intacta e modelo na resolução de problemas, semelhantemente às famílias veiculadas nos folhetins ou às imagens presentes nas expectativas das gerações anteriores. Ao fazer esse tipo de comparação, as pessoas respondem à influência e às expectativas vigentes na própria cultura do que é normal e aceitável.

A atitude de deixar de olhar as queixas como sendo patológicas desenvolveu-se com o pensamento de que, para se conhecer um sistema e como ele atua no ambiente, é necessário conhecer os padrões e as regras pelos quais ele se organiza. Trazer esse referencial para a prática clínica significa conhecer o contexto, a cultura e os padrões que regulam a vida das pessoas e, a partir daí, compreender o significado dos "sintomas", das ações e das reações.

A mudança na visão da normalidade na família trouxe um novo prisma, direcionando as práticas terapêuticas para a aceitação e tolerância do que antes era rejeitado como sendo anormal (Walsh 1993, 1996).

O CONCEITO DE *HEALING*[3]

Enquanto o paradigma de supressão e redução dos sintomas, que é próprio da me-

---

[3] *Healing* é definido na língua inglesa como "restaurar a saúde; restaurar a totalidade espiritual e como sinônimo de cura" – The American Heritage Dictionary – 4ª edition - Software by Kanda Software, Inc., 2000.

dicina ocidental, influenciou as primeiras concepções da terapia familiar, as mudanças posteriores, no sentido de o terapeuta ajudar as famílias a descobrirem suas próprias potencialidades, partiram da crença de que as pessoas possuíam seu próprio recurso de *healing*.

Walsh (1998) conceitua *healing* como um processo que ocorre de dentro para fora nas pessoas, na família e na comunidade, em resposta à adversidade, ou seja, é "o processo natural de dar uma resposta a um trauma" e tornar-se "inteiro, mesmo quando as perdas permanecem e não há cura ou recuperação total". A autora distingue conceito *healing* do conceito de cura e recuperação, comparando o ato de exploração da resiliência interna à filosofia da mecidina chinesa, em que o corpo é estimulado para responder às agressões externas. A cura, por outro lado, é o resultado conseguido com um tratamento geralmente administrado de fora para dentro, tendo como principal objetivo a remissão ou a eliminação dos sintomas.

Na prática, a

> terapia baseada na resiliência inspira as pessoas a acreditarem em sua própria potencialidade de regeneração para facilitar o *healing* e o crescimento saudável. (Walsh, 1998, p. 77)

Assim, um dos papéis do terapeuta é oferecer um ambiente propício ao *healing*, para que a família ative suas próprias forças, em um trabalho colaborativo.

Tendo em vista que o desenvolvimento da resiliência exige transcender desafios, filosofia esta semelhante aos princípios da medicina chinesa, o papel do psicólogo seria trabalhar com os desafios que o cliente enfrenta de forma gradual e compatível com a capacidade das pessoas, bem como trazer à consciência as forças já adquiridas?

Geralmente os clientes que chegam procurando ajuda se comportam como se tivessem esquecido que enfrentaram desafios anteriores e que possuem forças pessoais, ou até mesmo que sabem como ativar seu esquema protetor. Outros, ainda, apesar de terem sido vitoriosos ao enfrentar situações estressoras passadas, permanecem com as mesmas crenças anteriores, de baixa estima e incapacitação, parecendo terem feito uma mudança apenas de primeira ordem.

De acordo com McCubbin; Thompson e McCubbin, (1996), quando uma pessoa muda o comportamento em direção à recuperação de uma situação de estresse, pode-se aceitar que ela possua um certo grau de resiliência, mas esse fato talvez se trate apenas de uma adaptação momentânea à situação de estresse. Na verdade, para que a resiliência seja desenvolvida no enfrentamento de situações difíceis, é preciso que haja mudança no sistema de crenças, o qual apoiava a visão de mundo no período anterior ao enfrentamento. Como o significado que as pessoas dão à vida e às mensagens que recebem, e como o conceito que possuem de si mesmas interfere na forma de olhar os problemas como obstáculos ou como desafios, mudar as crenças já estabelecidas significa ter uma mudança de segunda ordem. Essa mudança de atitude é primordial para o desenvolvimento da resiliência (Nichols e Schwarts, 2001). Ao contrário, se o comportamento adotado for apenas uma reação adaptativa, ao primeiro sinal de uma nova situação de estresse semelhante, a pessoa poderá apresentar sinais de pessimismo e dificuldades de enfrentamento.

AS CRENÇAS E O PAPEL DO TERAPEUTA

Avaliar ou intervir na abordagem da resiliência implica que o próprio profissional tenha uma visão coerente com o modelo, ou seja, que passe a olhar as forças e os recursos da pessoa ou da família, em vez de olhar somente para as vulnerabilidades. O papel do terapeuta não está em classificar as famílias em resilientes e não-resilientes. Isso seria um retrocesso, voltar ao diagnóstico clássico de diferenciação entre patologia e normalidade. A resiliência muda a perspectiva de olhar as famílias estressadas como prejudicadas, para vê-las como *desafiadas*, o que reafirma o potencial delas para a reparação e para o crescimento. Naturalmente que isso implicará que o terapeuta tenha senso de coerência, ou seja, uma crença coerente sobre si mesmo, sobre o mundo e sobre as famílias.

Por outro lado, avaliar a resiliência sob o ponto de vista de recursos internos e externos implica que a família reconheça suas próprias potencialidades, para que possa acionar os recursos disponíveis. Dessa forma, suas crenças já devem ser modificadas, ao menos parcialmente. Além do reconhecimento interno das próprias potencialidades, é necessário que os obstáculos sejam percebidos como desafios a serem enfrentados, o que também já modifica sua visão de mundo. Olhar obstáculos como desafios significa dar algum sentido diferente às situações de crise ou estresse, ressignificar obstáculos e transformá-los em desafios. Quando se está avaliando uma família nesse modelo, a própria busca, as perguntas, as reflexões já implicam um processo de intervenção, pois provocam a reflexão e a conscientização de recursos internos e externos, atuando na construção dos significados. Este acaba sendo um processo circular entre o terapeuta e a família, e entre os membros da família.

Walsh (1998) afirmou que o terapeuta precisa estar firmemente interessado nas histórias de vida das famílias e estar à vontade na relação terapêutica o suficiente para modelar comportamentos pelos próprios exemplos de suas transações com os clientes. A ele é permitido também compartilhar suas próprias experiências com adversidades, quando isso se fizer apropriado e servir de estímulo às pessoas.

O valor da narrativa na construção dos significados foi destacado por Fiese e Sameroff (1999) ao realizarem um projeto de pesquisa metodológica com o objetivo de capturar a riqueza da narrativa familiar em dimensões que pudessem ser relacionadas à satisfação marital, aos padrões de interação familiar e ao ajustamento da criança. Esse projeto foi baseado na visão de que a narrativa não é simplesmente um relato de fatos acerca de uma pessoa, de lugares ou momentos, mas um processo construtivo em que os eventos passados são vistos à luz do contexto atual, levando-se ainda em conta a reinterpretação e a participação ativa do autor na história.

Segundo os autores, a forma como a narrativa é construída reflete o funcionamento e o padrão de relacionamento familiar. Durante as narrativas familiares, as pessoas trocam informações, regulam a proximidade dos relacionamentos, atribuem significados e procuram dar uma estrutura organizada à narrativa. Com esse processo, podemos apreender como as famílias fazem sentido do mundo, expressam as regras de interação e criam crenças sobre relacionamentos. O valor das narrativas está em atribuir um sentido coerente às experiências familiares, o que é necessário para organizar a experiência passada e presente e para orientar-se em relação ao futuro. A atribuição de significado é associada com a adaptação da família às condições estressantes e a outras situações normais do desenvolvimento e do ciclo vital familiar, conforme já foi apontado também por Antonovsky (1987).

Nesse contexto, as intervenções do terapeuta têm por objetivo avaliar as forças e as vulnerabilidades da família, levando em conta sempre os múltiplos sistemas aos quais está conectada, bem como identificar e fortalecer os processos-chave interacionais que capacitam a família a resistir aos desafios destrutivos da vida. As forças individuais dos membros e da família como unidade podem ser estimuladas por meio de esforços colaborativos ao lidar com crises repentinas ou adversidades prolongadas. Mais do que salvar as pessoas *das* famílias, a atenção é dirigida a fortalecê-las na família.

Avaliar a resiliência familiar envolve percorrer a história da família e suas respostas ao longo do tempo. Portanto, uma avaliação em um determinado ponto da vida não serviria como critério, já que a abordagem estaria sujeita aos vieses apontados anteriormente. Em vez de compará-la com outras consideradas resilientes, o terapeuta faz um trabalho de comparação dentro da própria história de vida da família, buscando exceções em meio ao caos e sinais de forças e recursos nas situações enfrentadas. Comparar as pessoas com elas mesmas parece ser mais genuíno, por respeitar a especificidade de cada um. Nesse sentido, as intervenções visitam as origens, procurando na própria família seu potencial, suas relações, sua história e sua espiritualidade como fatores protetores nos quais ela se apoia.

Com o objetivo de facilitar o trabalho com os processos-chave na resiliência familiar, Walsh (1998) apresentou princípios práticos, os quais ampliamos e contextualizamos, como resultado de pesquisa com famílias brasileiras submetidas à terapia familiar sistêmica com abordagem na resiliência familiar (Souza, 2003).

De acordo com o modelo proposto por Walsh (1998), ao entrevistar uma família, procura-se identificar os aspectos que indicam a existência da resiliência. O genograma e a linha de tempo familiar são instrumentos imprescindíveis e facilitadores na identificação de situações de estresse, na forma como foram enfrentadas, crenças e significados atribuídos, padrões de organização, além de suas conexões com a situação presente (McGoldrick, Gerson, Shellenberger, 1999).

Revisitar histórias de vida das gerações anteriores é um recurso a mais para se compreender determinados eventos e aprender com eles a não repetir padrões interacionais que causam problemas e paralisias (Cerveny, 1992).

O genograma pode ainda fornecer informações importantes sobre a existência do acúmulo de estressores, sobre experiências anteriores de sucessos, complicações com estressores similares, processos de enfrentamento e recursos potenciais da família.

Para isso, o terapeuta auxilia a família a reconhecer em sua própria história situações difíceis às quais foram oferecidas respostas produtivas, por meio das quais a família pôde tirar um aprendiza-

---

QUADRO 13.1
Princípios básicos para fortalecer a resiliência relacional[4]

A) Avaliar os estressores e os processos de enfrentamento e adaptação ao longo do tempo

Fazendo o genograma e a linha de tempo familiar para identificar:
- eventos estressores recentes – e ameaçadores – e seu significado;
- acúmulo de estressores;
- transferência de experiências passadas: sucesso ou complicações com estressores similares;
- processos de enfrentamento da família e recursos potenciais.

---

[4] Tabela traduzida e comentada a partir do *Core principles for strengthening relational resilience*, p. 134 (Walsh, 1998) e ampliada com resultados da pesquisa de Souza (2003). Ampliações apresentadas com grifo.

do. A família então é estimulada a identificar formas de redução dos fatores de risco e a antecipar-se em relação a eventos futuros. Como a autora afirmou:

> A maior parte das crises sérias da vida não são limitadas a um único momento no tempo, mas envolvem um conjunto complexo de condições mutantes com a história passada e um curso futuro. Assim, esforços para fortalecer a resiliência devem atender aos processos de enfrentamento e à adaptação através do tempo. (Walsh, 1998, p. 137)

Assim, as expectativas futuras também são abordadas para que sejam conhecidos o sentido e a conexão com as experiências atuais.

QUADRO 13.2

B) Normalizar o sofrimento familiar

- desconceituando a situação-problema como patologia, situando-a em seu contexto;
- conceituando a situação em que o problema não ocorre, situando-a em seu contexto e em suas circunstâncias;
- usando linguagem e constructos respeitosos: adotando a linguagem e a perspectiva de cada família;
- reformulando e reclassificando: redefinindo uma situação problema à luz de uma nova visão;
- utilizando imagens e metáforas facilitadoras da compreensão.

Inicialmente, o terapeuta sempre normaliza o fato de os membros da família estarem incertos sobre o que devem fazer sobre a queixa que trazem. Normalizar o estresse como algo pertinente à vida ou como parte do desenvolvimento pessoal, quando for o caso, é importante para que a família não se sinta estigmatizada ou como sendo a única a enfrentar tal situação. É comum emergirem sentimentos de vergonha, principalmente quando a situação que a família enfrenta é incoerente com os valores sociais, culturais e religiosos, bem como quando tal evento é uma medida para sucesso ou fracasso econômico e social. Gravidez na adolescência, uso de drogas, homossexualidade e mau desempenho escolar dos filhos são exemplos que põem em xeque a competência dos pais como educadores, trazendo aos mesmos sentimentos de fracasso e vergonha. Outros, como o alcoolismo ou o abuso de drogas, a doença mental de algum membro da família, o desemprego e consequente perda de status econômico, estes também são fatores que trazem, geralmente para os filhos, quando não para toda a família, o mesmo desconforto.

O divórcio e o recasamento, que faziam parte desta lista, já não afetam tanto, devido à crescente aceitação desse tipo de situação pela sociedade, conforme abordamos anteriormente. Mesmo assim, as atitudes de normalização para com a criança, no que se refere ao divórcio e ao recasamento, são importantes como medidas preventivas, para que as consequências da separação possam ser amenizadas e para que ela perceba que existem outras crianças que também são filhos de pais separados.

O terapeuta deve explorar as crenças da família sobre normalidade e deficiência e os mitos que acompanham essa definição, pois, dependendo da cultura e do contexto, um evento pode, de antemão, ser considerado normal ou patológico.

> Problemas podem ser despatologizados quando vistos como normativos, esperados, estresses transicionais. O comportamento sintomático pode ser visto como uma estratégia de sobrevivência – uma tentativa de viver com uma situação insuportável ou de prevenir um resultado temido. (Walsh, 1998, p. 145)

Entretanto, normalizar não significa banalizar situações de repressão, violência, abuso verbal e físico, de forma que sejam tomados como eventos "normais", aos quais não cabe enfrentamento e aos quais se deve submeter, como regra do jogo. Ao contrário, normalizar significa juntar forças para fazer face a uma determinada situação, e não para aceitá-la resignadamente. O ciclo vital, a incerteza da vida e a evolução são eventos normais – não requerem uma atitude passiva, mas sim uma atitude pró-ativa, na busca do sentido a ser dado à sua trajetória. Ao avaliar uma situação de insucesso, ela é vista mais sob o ponto de vista de que os esforços foram insuficientes e inadequados, ou que os objetivos são irreais, do que do ponto de vista de que se trata de uma simples consequência de deficiências inatas.

Reestruturar o estresse no contexto interacional significa redefinir o problema previamente apresentado como um traço de personalidade, por exemplo, em termos de comportamento. Assim, o problema é externalizado para o contexto interpessoal, vislumbrando-se a possibilidade de mudança pelo manejo da interação. Esta é uma técnica utilizada pela abordagem narrativa, que, além de externalizar os problemas, convida a família a enfrentá-lo como um desafio. Entretanto, Walsh (1998) alerta para o uso excessivo dessa técnica isoladamente, sobretudo nos casos de limites intransponíveis, como doenças orgânicas graves, que exigem recursos como conhecimento suficiente, habilidades e oportunidades. Reconhecer a existência de limitações e imperfeições como parte do ser humano, as quais aparecem principalmente em condições de estresse, e vê-la como parte de um aprendizado é parte importante na normalização.

A empatia é a chave do trabalho terapêutico e deve relacionar-se com a história de vida e com a tentativa das pessoas de corrigirem desvios ou de não repetirem os danos que ocorreram na própria história. Estabelece-se, por exemplo, a empatia pela vontade e pelo desafio de ser um bom pai ou fazer melhor, ainda que a história de vida desse pai não lhe tenha oferecido um modelo adequado. Durante as sessões terapêuticas, os membros da família são encorajados a compartilhar suas histórias e experiências traumáticas, bem como os recursos dos quais se utilizaram para enfrentar seus desafios específicos.

Considerando que a resiliência emerge em meio à adversidade, ou seja, é quando estamos em crise que temos a oportunidade de utilizar o máximo de nosso potencial e de forças necessárias, descobrindo forças e habilidades que não tínhamos percebido que possuíamos, é tarefa do terapeuta salientar e ajudar os membros da família a reconhecerem esse potencial e os recursos dos quais se utilizaram em crises

---

QUADRO 13.3

C) Identificar, afirmar e construir forças familiares

- atribuindo intenções positivas: afirmando o desejo de os membros familiares serem melhores, fazendo aliança com sua essência mais saudável;
- mostrando admiração por esforços e resultados bem-sucedidos;
- facilitando a emergência dos recursos ocultos e da competência perdida;
- encontrando forças em meio à adversidade;
- *identificando afinidades entre os membros da família;*
- construindo conexões empáticas com e entre os membros da família;
- utilizando o bom humor quando apropriado.

QUADRO 13.4

D) Diminuir os fatores de risco

- antecipando e preparando para circunstâncias ameaçadoras;
- reduzindo a exposição ou a sobrecarga de estresse;
- provendo informação – *inclusive sobre as sessões de terapia* – e alterando crenças catastróficas.

anteriores. Essa atitude estimula neles a confiança e ajuda-os a descobrirem-se competentes em outras áreas. Walsh (1998) ressalta que, enquanto a abordagem focalizada na solução procura por forças nos melhores tempos da vida das pessoas, a abordagem orientada para a resiliência procura pelas forças nos tempos mais difíceis, pois é aí que elas nascem.

A terapia é focalizada em ajudar a família a construir forças para atender às demandas psicossociais imediatas de uma situação de crise e prepará-la para o que vem a seguir. Assim como em momentos de crise e periodicamente visitamos – ou pelo menos supõe-se – um médico, o contrato terapêutico não é rígido a sessões semanais até seu término. Além de assistir a família nos momentos de crise, o atendimento propõe-se a prepará-la para crises posteriores previstas, antecipando o diálogo sobre o assunto. Nesse modelo, podem ser realizadas consultas mais frequentes, bem como esporádicas e periódicas. As consultas periódicas são sugeridas quando algum evento de estresse futuro já é previsível, como as épocas de transição no ciclo vital.

QUADRO 13.5

E) Reduzir reações negativas em série que intensificam o risco para os impactos existentes e para crises adicionais

- minimizando os efeitos do estresse, aliviando o impacto, ajudando a superar obstáculos;
- alterando estratégias mal-adaptativas de enfrentamento;
- resistindo às reações pós-choque e aos esforços prolongados, recuperando e prevenindo recaídas.

Estando instalada a crise, o terapeuta trabalha com a família no sentido de au-xiliá-la a identificar pontos de apoio que possam atenuar o impacto de situações estressoras. Tais pontos de apoio podem incluir o envolvimento da rede familiar ou social, mesmo que provisoriamente, durante o período mais difícil. Como exemplo de reações negativas em série, temos a depressão não-tratada, cujos sintomas podem comprometer a capacidade produtiva, levando a prejuízos na área escolar ou profissional, trazendo prejuízos financeiros e, com isso, o agravamento do estresse e o surgimento de outras situações mais difí-

---

QUADRO 13.6

F) Fortalecer processos familiares protetores e reduzir vulnerabilidades

- valorizando as forças familiares, *como talentos e habilidades individuais e grupais*, aumentando as oportunidades e as habilidades para o sucesso;
- mobilizando e apoiando recursos dirigidos à recuperação e ao controle;
- reconstruindo, reorganizando e reorientando durante o período seguinte ao evento estressor;
- *identificando mudanças ocorridas durante o processo psicoterapêutico*;
- antecipando e preparando para ambos os desafios previstos e não-previstos.

---

ceis. Nesse caso, a intervenção adequada ajuda a evitar que essa corrente não ocorra.

O terapeuta realiza um papel pró-ativo ao ajudar a família a se antecipar e a se preparar para as situações de estresse transicionais, que são normalmente esperadas.

Assim são estabelecidas conexões entre eventos passados, presentes e perspectivas futuras, encorajando a busca de informações necessárias ao enfrentamento de desafios que estão por vir, explorando ainda as crenças catastróficas e as expectativas, além de encorajar a busca de recursos na rede social.

> **QUADRO 13.7**
>
> **G) Encorajar a atenção e a eficácia individual e familiar por meio do controle bem-sucedido do problema**
>
> - ganhando competência, confiança e conexão por meio de esforços colaborativos;
> - administrando processos de desafio ao longo do tempo, mantendo competência, ainda que sob ameaça.

O terapeuta e a terapia são então agentes incentivadores na busca de outros recursos que não somente o tratamento em si, mas também aqueles presentes na rede social.

> **QUADRO 13.8**
>
> **H) Construir o significado das experiências com crises**
>
> - colhendo a percepção da família sobre seu funcionamento em relação aos processos-chave na resiliência familiar;
> - clarificando o motivo da busca da psicoterapia como recurso;
> - clarificando ambiguidades: *investigando a percepção da família sobre determinada situação, fornecendo dados e ajudando os membros da família a conseguirem maiores informações sobre as experiências e sobre os elementos estressores;*
> - *comunicando sua compreensão da situação, solicitando* feedback *à família;*
> - *desafiando crenças preestabelecidas pelo encorajamento à busca de informações, instigando a curiosidade e o pensamento criativo;*
> - *situando o problema em tempo, espaço, procurando conhecer o contexto, as circunstâncias, consequências e exceções à regra;*
> - ajudando as famílias a viver com a incerteza: explorando as crenças e as práticas espirituais;
> - agarrando oportunidades em meio às crises: ajudando os membros da família a explorarem o que pode ser aprendido com a situação e a estimularem a ação solidária para com outros que enfrentam situações semelhantes.

Um dos papéis do terapeuta ao diagnosticar e intervir junto a uma família é possibilitar a reflexão sobre suas crenças e sobre a visão de outras possibilidades ou quais outras histórias podem ser contadas a partir da queixa trazida. Trabalha-se aqui com a exploração da criatividade mental.

Para compreender e dar um sentido coerente às crises, o conhecimento de algumas informações é importante para dirimir ambiguidades. Encorajar a família a obter informações, tanto de sua própria história como de outros recursos disponíveis, é profícuo. Isso facilita a administração dos recursos disponíveis e a relação com expectativas futuras, principalmente em casos de doenças graves ou crônicas.

As expectativas futuras são estimuladas e exploradas no sentido de minimizar as crenças catastróficas e abrir possibilidades de mudanças positivas.

Explorar as crenças espirituais, algo que tem sido negligenciado nas terapias, pode ajudar a família a buscar recursos para situações sem solução e para superar o que não conseguem compreender.

O que pode ser aprendido com a crise? Essa pergunta estimula as pessoas a encontrarem um sentido para as adversidades por que passam, bem como a obterem uma lição para eventos futuros. Ao estimular a família na aceitação das imperfeições como parte do ser humano – que aparecem principalmente em condições de estresse –, e vê-las como parte de um aprendizado, os pais são encorajados a conversar com as crianças menores e ajudá-las a encontrarem um significado e uma perspectiva melhor para tais eventos.

Ao explorar com os membros da família o que pode ser aprendido com a experiência traumática, o terapeuta questiona também se tal experiência os estimula a realizar ações que possam ser úteis a outras pessoas, como a ajuda na recuperação de experiências semelhantes. Grupos de suporte com doentes crônicos, pessoas que sofreram perdas, entre outros, trabalham nessa diretriz de apoio mútuo. Assim, a experiência traumática é transformada em uma pró-ação dirigida à rede social mais ampla.

No Brasil, temos vários exemplos de ações derivadas de experiências traumáticas, como no caso da Sociedade Viva Cazuza (02/12/02), que surgiu pelas mãos da mãe do cantor Cazuza, vítima da AIDS, e que se destina ao apoio às crianças portadoras do vírus HIV.

QUADRO 13.10

I) Adotar um foco positivo, orientado para o futuro

- mudando o foco de queixas para objetivos;
- introduzindo esperança e otimismo;
- encorajando esforços compartilhados, passos concretos e perseverança;
- *encorajando o desenvolvimento pessoal e a procura de outras redes de suporte*;
- ajudando as famílias a aceitar as limitações humanas.

É importante o terapeuta estimular o foco no futuro, explorando as esperanças e os sonhos das pessoas e encorajando-as a se prepararem para desafios futuros, como transições normais, aposentadoria ou decisões de final de vida.

Muda-se o foco de discussão sobre o que ocorreu de errado para o que pode dar certo daqui para frente, ou seja, de queixas para objetivos. Embora o passado não possa ser mudado, ele é pesquisado e conectado ao presente, proporcionando significados coerentes e estabelecendo planos para o futuro (reescrevendo a história).

Ao estimular o otimismo, é interessante explorar com a família os momentos que são ou foram melhores que o atual, como são (eram) esses momentos e quem colaborou para que eles ocorressem.

Do que a família necessita para recuperar a esperança e o otimismo? Quem pode colaborar para que isso aconteça? Nessa perspectiva, as pequenas vitórias ou os passos dados pelos membros da família são valorizados, ou seja, o sucesso conseguido em uma área (escola, trabalho, talentos ou amizades) pode ajudar no enfrentamento dos desafios existentes em outras áreas.

O terapeuta deve ser cauteloso no caso das famílias em que prevalece a dinâmica de acusação e do perseguidor/vítima, para não se identificar com a vítima e fazer determinadas intervenções que possam ser demasiadamente críticas ao membro familiar identificado como "perseguidor". Aconselha-se que o terapeuta procure compreender as frustrações e vulnerabilidades subjacentes ao criticismo, que podem tratar-se de uma estratégia de sobrevivênvia. Ao manter o foco sobre os objetivos, diminui-se a possibilidade de críticas e de atitudes defensivas.

QUADRO 13.11

J) Envolver as famílias como um todo na recuperação do trauma individual

- encorajando os membros da família a contribuir reciprocamente para o desenvolvimento e para o resultado da situação de crise;
- *envolvendo os membros da família nas conversas durante as sessões, utilizando atividades e perguntas circulares.*

Ainda que indiretamente, todos os membros da família são atingidos pelos efeitos de uma experiência traumática. Dessa forma, todos, quando possível, são envolvidos na recuperação. Entretanto, a terapia familiar sistêmica baseada na resiliência aproxima-se do conceito da medicina familiar preventiva ou restauração, o que significa flexibilizar o contrato terapêutico tradicional com sessões rigidamente agendadas. Em relação ao *modus operandi*, o terapeuta pode realizar sessões com o casal, com a família toda, e alguns membros podem ser atendidos separadamente, dependendo da necessidade.

Cabe ainda ao terapeuta familiar expandir o foco do interior da família para a rede social mais ampla, facilitando à família a busca dos recursos de que necessita, principalmente em se tratando de famílias em situações de multicrise. Nessa linha de pensamento, é importante o terapeuta estar informado dos recursos disponíveis na comunidade em que atua, tais como grupos de suporte (Alcoólatras Anônimos, Narcóticos Anônimos, entre outros), redes municipais de assistência social, hospitais, agências de suporte a desempregados, etc.

Os recursos utilizados pelas famílias fora da terapia dependem obviamente do tipo de necessidade a ser atendida, mas também da confiabilidade da rede de suporte. Algumas redes são vistas como parceiros da família, tais como a escola na figura da professora ou orientadora; o posto médico, na figura do próprio médico; a família extensa e a rede de suporte espiritual. Quando efetivas, tais redes são verdadeiras âncoras que influenciam na conduta e na procura de outros recursos pela família. Considerando a aderência da família a essas redes de suporte, seria de grande valor a parceria do psicoterapeuta com os profissionais que as integram, bem como a realização de programas de conscientização desses profissionais da importância que é para a família a possibilidade de vínculo com eles. Assim, as redes também podem trabalhar no sentido de fortalecer a resiliência familiar.

ESTRATÉGIAS PREVENTIVAS DE ATENDIMENTO FAMILIAR

De acordo com Walsh (1998), todas as intervenções que estimulam a resiliência familiar podem ser preventivas se também forem dirigidas ao fortalecimento das famílias e as prepararem para crises futuras. Em termos de prevenção, a pró-ação é valorizada pela captação de recursos a menor custo a longo prazo, ou seja, por iniciativas tomadas antes que o problema ocorra ou se agrave. Nesse sentido, a intervenção baseada na resiliência aproxima-se das ideias da psiconeuroimunologia, ao estimular a aquisição de imunidade frente à adversidade.

As ações preventivas destinam-se a diminuir o potencial de risco e desenvolver o potencial para o enfrentamento com a mobilização prévia dos recursos necessários. A intervenção preventiva primária pode ser realizada em programas de educação para a vida familiar, educação para pais, educação profissional, entre outros. Com relação à prevenção secundária, as intervenções são realizadas na fase inicial da crise já instalada; na prevenção terciária, o objetivo é evitar o agravamento e a cronificação dos problemas. As modalidades de atendimento psicoeducacionais encaixam-se nas três fases, uma vez que, mesmo durante a fase terciária, a informação e o desenvolvimento de habilidades são necessários como recursos pessoais de enfrentamento. Nessa modalidade, Walsh (1998) sugere trabalhos com *workshops*, grupos multifamiliares e outros programas que promovam a resiliência familiar, oferecendo informações sobre estratégias de enfrentamento às situações de estresse, desenvolvendo habilidades e proporcionando apoio em situações de crise, como doenças agudas ou crônicas, mediação e prevenção em assuntos relacionados a divórcio, entre outras. No caso dos grupos multifamiliares, o potencial para a superação é desenvolvido no contato com outras famílias que enfrentam situações similares, proporcionando ajuda mútua e criatividade na solução de problemas. O fato de estarem "todos no mesmo barco" facilita o desbloqueio e fortalece o vínculo e o movimento colaborativo na busca de recursos.

De forma geral, não temos o hábito de fazer um *check-up* periódico de nossa saúde, deixando para tomar essa iniciativa quando a enfermidade já está instalada. Ainda assim, algumas vezes, procuramos resolver nós mesmos os problemas antes de procurar ajuda. A medicina e os serviços de saúde têm constantemente propagado, através da mídia, a necessidade do diagnóstico e do tratamento precoce para várias enfermidades como condição para atingir a cura. Em todas essas campanhas, ficam claras as chances de cura e a possibilidade de intervenções menos invasivas, como nos casos dos vários tipos de câncer, por exemplo. Apesar das advertências, a maior parte das pessoas resiste em fazer o *check-up*, por medo e, em parte, pela ideia difundida de quem procura muito por médicos é hipocondríaco e fraco, ou, então, "quem procura, acha".

Se esse fato ocorre com relação à saúde física, maior ainda é a dificuldade em procurar ajuda para a saúde mental ou psicológica, como se tivéssemos por obrigação sabermos como ser pais e como educar nossos filhos, ter respostas sensatas para situações de estresse, evitando o tempo todo sermos rotulados de "histéricos, depressivos ou neuróticos". Aqui predomina o medo dos rótulos e o medo da incompetência, associado à ideia de que o comportamento dos filhos reflete socialmente quem nós somos como pais e o tipo de educação que lhes oferecemos. Procurar ajuda preventiva frente às mudanças no ciclo vital e no desenvolvimento dos filhos é visto com rejeição, já que nossos pais e avós nos criaram (tão bem) e não precisaram desse tipo de ajuda.

Não podemos deixar de mencionar o custo dos serviços de saúde, aos quais nem todos têm acesso, para uma intervenção precoce. Ou seja, procura-se atender ao que é mais urgente, o que traz mais riscos ou que ameaça os adultos na vida profissional e as crianças no desempenho escolar. Enfim, o tratamento é procurado, sim, mas quando existe uma crise já instalada e assumida, como as dificuldades nos relacionamentos, o fracasso profissional, os transtornos de humor, ou quando há solicitação das escolas, delegacias e conselhos tutelares.

Outra questão em relação à prevenção é onde e quando esses serviços podem ser realizados com resultados eficazes, no sentido do engajamento da população. Que tipo de campanha, por exemplo, pode ser feita sobre a prevenção em saúde, particularmente mental, que de fato mobilize a população? Embora existam diversos serviços destinados à prevenção, nem todos atingem o objetivo desejado, isto é, as famílias que se encontram em maior situação potencial de risco. Um desafio em relação a isso é também o fator confiança. Muitas pessoas que procuram apoio o fazem em igrejas, com o médico, com o assistente social, com professores de escola, ou seja, em locais onde elas se sintam vinculadas, seguras e à vontade.

Estes talvez sejam pontos de referência com os quais o terapeuta possa fazer uma parceria em trabalhos de prevenção, utilizando como base a resiliência, seja trabalhando diretamente, seja orientando os profissionais e organizações das quais a população se sente mais próxima, seja ainda atuando, em caráter multidisciplinar. Reafirmando: a confiança e o vínculo entre as pessoas e a fonte cuidadora são primordiais para que o trabalho de prevenção consiga adesão. A fonte representa a âncora e o ponto de apoio aos quais as pessoas se vinculam; ela, a princípio, pode não ser necessariamente o terapeuta. Utilizando esse referencial na terapia familiar, uma das tarefas do terapeuta é identificar quem é a pessoa ou a fonte significativa para a família que pode auxiliá-la como ponto de apoio.

Pelo caminho traçado, constatamos que as várias escolas de terapia familiar têm evoluído no sentido de entender as adversidades enfrentadas pelas famílias como eventos normais da vida e têm se preocupado cada vez menos na classificação em grupos normais ou patológicos. As pesquisas feitas sobre as diversas configurações familiares têm contribuído para uma atitude mais coerente com a realidade atual e para a diminuição do preconceito com relação às diversas formas de estruturação das famílias, bem como para que a criança e o futuro adulto não sejam vistos como vítimas da família de origem, mas que a família, em si, possa ser olhada como um todo, submetida a desafios impostos por seu próprio desenvolvimento e ciclo vital, e aqueles oriundos dos sistemas externos.

Por fim, destacamos nossa compreensão sobre resiliência familiar, fruto de pesquisa citada anteriormente no atendimento de famílias brasileiras:

> A resiliência familiar é um processo que se constrói e se desenvolve ao longo do tempo, através da experiência compartilhada e ressignificada no enfrentamento dos desafios, trazendo como resultado a transformação pessoal e o sentido da vida. (Souza, 2003)

REFERÊNCIAS

AMERICAN HERITAGE DICTIONARY. 4th ed. Boston: Houghton Mifflin, 2000. CD-ROM.

ANTONOVSKY, A. *Unraveling the mystery of health*: how people manage stress and stay well. Saint Francisco: Jossey-Bass, 1987.

CERVENY, C. A. O. *A família como modelo*: desconstruindo a patologia. São Paulo: Psy, 1994.

_____. *A família como modelo*: influência da repetição das gerações anteriores aos problemas da família atual. Tese (Doutorado em Psicologia Clínica) – Pontifícia Universidade Católica de São Paulo, São Paulo, 1992.

CERVENY, C. A. O. et al. *Visitando a família ao longo do ciclo vital*. São Paulo: Casa do Psicólogo, 2002.

FIESE, B. H.; SAMEROFF, J. The family narrative consortium: a multidimensional approach to narratives. The stories that family tell: narrative coherence, narrative interaction, and relationship belief. *Monographs of the Society for Research in Child Development*, v. 64, n. 2, p.1-36, 1999. Suppl. 2.

FRIEDMAN, J.; COMBS, G. *Narrative therapy*: the construction of preferred realities. New York: W. W. Norton, 1996.

MCCUBBIN, H. I.; THOMPSON, A. I.; MCCUBBIN, M. A. *Family assessment*: resiliency, coping and adaptation. Madison: University of Wisconsin, 1996.

MCGOLDRICK, M.; GERSON, R.; SHELLENBERGER, S. *Genograms*: assessment and intervention. 2. ed. New York: W.W. Norton, 1999.

NICHOLS, M. P.; SCHWARTZ, R. C. *Family therapy*: concepts and methods. 5. ed. Boston: Allyn and Bacon, 2001.

PATTERSON, J. Integrating family resilience and family stress theory. *Journal of Marriage and the Family*, v.64, p.349-360, 2002a.

_____. Understanding family resilience. *Journal of Clinical Psychology*, v.58, n.3, p.233-246, 2002b.

PINSOF, W. M.; WYNNE, L. C. Toward progress research: closing the gap between family therapy practice and research. *Journal of Marital and Family Therapy*, v. 26, n.1, p.1-8, Jan. 2000.

SOCIEDADE VIVA CAZUZA. *Home page institucional*. Rio de Janeiro. Disponível em: http://www.vivacazuza.org.br. Acesso em: 02 jan. 2001.

SOUZA, M. T. S. *A resiliência na terapia familiar*: construindo, compartilhando e ressignificando experiências. Tese (Doutorado) – Pontifícia Universidade Católica de São Paulo, São Paulo, 2003.

_____. Família e resiliência. In: CERVENY, C. M. O. (Org.). *Família e...* narrativas, gênero, parentalidade, irmãos, filhos nos divórcios, genealogia, história, estrutura, violência, intervenção sistêmica, rede social. São Paulo: Casa do Psicólogo, 2004. p.53-84.

SOUZA, M. T. S.; CERVENY, C. M. O. Resiliência: introdução à compreensão do conceito e suas implicações no campo da psicologia. *Revista de Ciências Humanas da Universidade de Taubaté*, v.12, n.2, p. 21-26, jun./dez. 2006b.

_____. Resiliência psicológica: revisão da literatura e análise da produção científica. *Revista Interamericana de Psicologia*, v.40, n.1, p.119-126, 2006a.

WALSH, F. (Ed.). *Normal family process*. 2. ed. New York: Guilford, 1993.

_____. *Strengthening family resilience*. New York: Guilford, 1998.

_____. The concept of family resilience: crisis and challenge. *Family Process*, v.35, p.261-281, 1996. Suppl. 3.

14

Terapia familiar e educação: conversações que ampliam

Elizabeth Polity

UM BREVE HISTÓRICO

A epistemologia sistêmico-construcionista[1] adota o pressuposto de que o ser humano, por sua estrutura ou biologia, não tem acesso objetivo à realidade. Adotar essa epistemologia significa escolher uma maneira particular de descrever a relação que se estabelece entre as pessoas, entendendo que a realidade é a que construímos no convívio com os demais, tornando-nos, portanto, os responsáveis por ela.

Os pressupostos da terapia familiar – seu constructo teórico – bem como sua atuação prática – o olhar para a família – ampliam e acrescentam possibilidades de compreensão ao processo educacional, dentro ou fora da escola.

Educação, nesse caso, foca o que ocorre no meio familiar e principalmente escolar, embora não se privilegie a formação acadêmica, e sim, como processo amplo de desenvolvimento.

Assim como a família de origem é o primeiro e o mais importante elo em nossa rede social, modeladora da subjetividade e introdutora da cultura, a escola é sua parceira e sucessora, redefinindo relações de pertencimento e criando contextos que vão favorecer o aprendizado. Daí a intima relação que pode se estabelecer entre ambas, propiciando um fértil terreno para os profissionais nelas interessados.

Neste capítulo, será privilegiado o recorte que considera a família e a escola como pilares da transmissão e edificação da educação. Assim, é possível pensá-las como co-autoras e co-responsáveis pelas escolhas feitas com vistas a esse processo.

Vale ressaltar que essas ideias foram sendo construídas ao longo de 20 anos frente à direção de um estabelecimento de ensino, onde tive muito contato com famílias, ouvindo-as, acolhendo-as, orientando-as e sendo co-construtora na busca de soluções para as questões escolares de seus filhos. Implantamos um grupo operativo, a "escola de Pais", cuja finalidade era abrir espaços reflexivos para as questões educacionais comum entre eles. A experiência mostrou que propiciar um estado de continência permite ao grupo a possibilidade de troca, reflexão e crescimento. Os pais, incluídos no processo, abandonam a posição de espectadores e passam a ser parceiros nas busca de soluções. Ampliar funções, responsabilidades, trabalhar com a ansiedade e com a aceitação, contar com o apoio de um sistema mais amplo e, sobretudo, ter a quem recorrer são algumas possibilidades do trabalho em grupo na instituição.

---
[1] O modelo sistêmico aplicado à terapia familiar privilegia o olhar para interação entre seus membros, colocando o foco na circularidade e na complexidade das relações.

Trabalhei também na capacitação dos docentes, em uma visão de mundo informada pelo paradigma sistêmico construcionista social, que muito colaborou para a compreensão da inter-relação entre os membros dos sistemas. Integrei ainda uma rede de atendimento multidisciplinar, juntamente com professores, psicopedagogos, fonoaudiólogos, psicólogos e médicos que se dispunham a pensar as questões de aprendizagem sob as perspectivas específicas de suas áreas de atuação.

Portanto, foi articulando os fazeres de educadora com o da terapeuta familiar que percebi os ganhos que os conhecimentos em uma área acrescentam à prática da outra.

A TERAPIA FAMILIAR NA INSTITUIÇÃO ESCOLAR

O campo da terapia familiar e das práticas sistêmicas nos limites paradigmáticos da pós-modernidade estruturou-se apoiado em torno dos princípios de imprevisibilidade e incerteza, da impossibilidade de um conhecimento objetivo, da auto-referência, da linguagem, da autopoiese.[2] O campo da terapia sistêmica organizou-se nas chamadas *terapias sistêmicas construtivistas construcionistas sociais*, desenvolvidas nos modelos conhecidos como conversacionais, dialógicos ou narrativos. Em comum, pode-se observar que todos questionam os modelos de diagnósticos tradicionais, as teorias clínicas e as teorias de mudanças calcadas nos modelos de patologias e disfuncionalidades.

---

[2] Autopoiese quer dizer autoprodução. A palavra surgiu pela primeira vez na literatura internacional em 1974, em um artigo publicado por Varela, Maturana e Uribe, para definir os seres vivos como sistemas que produzem continuamente a si mesmos. Para Maturana, o termo "autopoiese" traduz o que ele chamou "centro da dinâmica constitutiva dos seres vivos".

Ao propor a representação da *família como um sistema*, considera-se que este não reflete a realidade da família como um espelho que reflete a luz – *o menu não é a comida ou o mapa não é o território* (Baterson, 1989), mas é uma construção social que determina uma maneira de olhar as famílias e seu funcionamento, inclusive no tocante ao modo como elas lidam com as questões do aprender e do conhecimento.

Por outro lado, é através da aprendizagem que o sujeito é inserido de forma mais organizada no mundo cultural e simbólico de que é parte sendo a família (primeiro núcleo organizado da criança) e a instituição escolar responsáveis por grande parte dessa aprendizagem.

A FAMÍLIA NO CONTEXTO PÓS-MODERNO

Muito já se escreveu sobre a família. Atualmente, fica até mesmo complexo definir o que é família, visto que novas e diferentes configurações familiares ocupam o cenário social: famílias reconstituídas, pais homossexuais, barrigas de aluguel, adoção de embriões, entre outras.

Entretanto, temos uma boa ideia do que é família, até porque todos nós viemos e pertencemos a uma, com suas características e com sua constituição próprias.

Nas últimas décadas, vêm-se observando que a família está mudando o modo pelo qual oferece a socialização primária e todo o cabedal de conhecimento (prático e afetivo) que estaria implícito nesse convívio. Isto se deve, em muitos casos, pela ausência de uma das figuras parentais ou pelos, em algumas famílias, diferentes personagens que têm ocupado os lugares de pai e mãe ao longo do desenvolvimento dos filhos. Além disso, a criança hoje é inserida cada vez mais cedo em instituições diferentes da família, como pré-escola e creches, ou mesmo fica sob os cuidados de alguém para que os pais trabalhem. Por isso, a primeira socialização primária, com valores e afetos fundamentais e que estavam exclusivamente a cargo da família, agora conta com outros parceiros importantes. Esse fato colabora com a forma como a aprendizagem, a socialização e o desenvolvimento da criança irá se efetuar.

O reconhecimento da diversidade das novas organizações familiares, das novas relações afetivas, sexuais e amorosas, e dos novos estilos de convivência envolve uma atitude transdisciplinar diante das questões colocadas para a família do novo milênio.

Tudo isso trouxe uma mudança paradigmática para as ciências humanas, inclusive para a educação, ao considerar os problemas humanos como interacionais, com ênfase na relações.

A FAMÍLIA E A ESCOLA: SISTEMAS QUE TRABALHAM COM A APRENDIZAGEM

Nessa linha, a aprendizagem é como uma condição calcada na dialética entre fatores internos do sujeito (a constituição genética específica de cada ser, aliado ao grau de maturação, ou seja, aos padrões de mudança internos orientados por um código genético, considerando que ambos criam uma estrutura para o desenvolvimento) e as influências externas (a família, a escola e o meio social) nas quais o sujeito está inserido (Moscovici, 1985).

Dessa maneira, vamos primeiramente conceber o sujeito aprendente inserido em diferentes sistemas (familiar, escolar, terapêutico) que lhe dão sustentação e, nessa relação, constroem com ele a aprendizagem.

O objetivo desta abordagem é entender a criança não mais a partir de um modelo ideal de ser humano, diante do qual se manifesta incompleta, mas como um sujeito contextualizado e, consequentemente, diferente dos demais, permitindo uma visão mais compreensiva de suas particularidades existenciais.

Por tudo isso, entendo a aprendizagem que se dá na família como inter-relacionada com aquela que ocorre na escola, não podendo abdicar dessa integração por correr o risco de não se efetivar (Polity, 2002).

Em um processo de construção plural e compartilhado, torna-se fator importante a linguagem comunicativa utilizada. Existe uma interação verbal no ambiente escolar que é inclusive compartilhada pelo grupo familiar, ganhando papel importante na subjetividade do aprendente.

Falar em família e em escola como sistemas nos convida a pensar que tão importante quanto ter um modelo é perceber que ele não passa de uma metáfora. Assim, quando pensamos em *família como sistema* ou *escola como sistema,* isso é apenas um recurso que nos ajuda a entender o funcionamento de um grupo.

Segundo Sluzki (1997), modelo é um instrumento que auxilia a simplificação e a ordenação de uma realidade complexa, possibilitando definições operacionais, lógicas e pragmáticas.

É com esse caráter que utilizo o modelo sistêmico, aplicado às relações familiares e às que se processam em um ambiente escolar, sem esquecer que se trata de um ponto de vista.

Quando analisamos família ou escola como um sistema, não podemos deixar de considerar que ambos são *sistemas de vínculos afetivos* (Montoro, 1934), pois nossos processos de humanização dão-se através das relações emocionais desenvolvidas entre os membros da família e ou da escola, oferecendo um contexto, para que as diferentes fases de aprendizagem ocorram satisfatoriamente.

> Pensando nas relações do grupo familiar, segundo a teoria dos sistemas, podemos dizer que neste, o comportamento de cada um dos membros é

interdependente do comportamento dos outros. O grupo familiar pode então ser visto como um conjunto que funciona como uma totalidade e no qual as particularidades dos membros não bastam para explicar o comportamento de todos. Assim, a análise de uma família não é a soma das análises de seus membros. (Cerveny, 1994)

Se, por um lado, em famílias com um maior grau de escolaridade, desde cedo espera-se que a criança seja bem-sucedida e que por vezes siga a carreira de um dos pais, por outro, em famílias com baixo grau de escolaridade, é, muitas vezes, a escola que não acredita que a criança possa ser bem-sucedida. Essas expectativas – construídas sobre pré-conceitos – costumam gerar um quadro paralisador que afeta o desempenho escolar do aprendente.

Gokhale (1980) acrescenta que a família não é somente o berço da cultura e a base da sociedade futura, mas é também o centro da vida social. A educação bem-sucedida da criança na família é que vai servir de apoio à sua criatividade e ao seu comportamento produtivo quando for adulto. Segundo o autor, a família tem sido e será a influência mais poderosa para o desenvolvimento da personalidade e do caráter das pessoas.

Ou ainda, nos dizeres de Maturana (1987):

> É de acordo como vivemos nosso emocionar, em particular nossos desejos, e não de acordo com o nosso raciocinar, que viverão nossos filhos e o mundo que geraremos, eles e nós.... construindo a história de nosso viver.

No trabalho com as famílias na instituição escolar, surgem algumas questões, por exemplo:

- Como a família aprende?
- Como ela se relaciona com o "não saber"?
- Como lida com as dificuldades que surgem no aprender?
- Qual o significado que atribuem ao conhecimento e à educação?

Ao questionarmos os processos de aprendizagem familiar, é possível construir um contexto que favoreça o aparecimento de narrativas que contemplem os mandatos, as tarefas e as lealdades trazidas pelo meio familiar e como essas questões estão relacionadas à aprendizagem. Frequentemente percebemos que é preciso corresponder a padrões impostos, nos quais as limitações, as dificuldades ou mesmo as preferências individuais, muito pouco ou quase nada, são levadas em conta na hora das cobranças familiares (Polity, 2004).

Nas entrevistas com a família podemos voltar nosso olhar para alguns aspectos importantes de seu funcionamento: como os membros se diferenciam, como autorizam a autonomia, como se adaptam aos diferentes momentos do ciclo vital, se existem padrões de repetição, como são tratados os segredos e, sobretudo, qual a modalidade de aprendizagem familiar.[3]

Esses componentes constituem a trama linguística (ela dá sustentação às narrativas familiares) que definem como cada grupo se organiza de acordo com suas particularidades.

Ao construir junto à família sua história em relação à aprendizagem, podemos permitir que cada membro a *reconte*, descrevendo tanto os fatos à sua maneira como a significação deles para sua própria vida. Percebo que essa forma de trabalho favo-

---

[3] A modalidade de aprendizagem se refere às condições e ao modo de aprender de um determinado sujeito. Nas palavras de Alícia Fernandez (1990): "É *uma maneira pessoal para aproximar-se do conhecimento e para conformar seu saber...construído desde o nascimento, sendo através dele que nos deparamos com a angústia inerente ao conhecer-desconhecer.*"

rece mudanças e flexibilizações nos padrões de aprendizagem.

Será considerada agora a escola inserida no novo paradigma.

A EDUCAÇÃO NO NOVO MILÊNIO

Temos vivido nas últimas décadas uma mudança paradigmática sem precedentes no conjunto de pensamentos, percepções e valores acerca da realidade educacional e social. Nesse período, vimos surgir novas possibilidades de compreensão do funcionamento e da estrutura da sociedade, e presenciamos a construção gradativa de um cenário que permitiu a elaboração de uma nova visão de homem e deste em relação com o mundo, tornando a educação um veículo importante de mediação.

A mudança mais importante na educação suscitada por novas demandas sociais é que a escola deve hoje incorporar, de forma sistemática, a tarefa de formação do sujeito. Não deve se ater só ao núcleo básico do desenvolvimento cognitivo, como também o da personalidade, o da afetividade, o da sociabilidade, ou seja, tende a assumir características de uma instituição que se poderia chamar *escola familiar*.

No entanto, para que a escola esteja apta corresponder a essas expectativas, é preciso que ela adote um outro paradigma educacional: que tenha uma visão ampla o suficiente para comportar o sujeito da aprendizagem, sua família e seus sistemas significativos, funcionando, muitas vezes, como mediadora do processo inter-relacional.

Surgiram novos paradigmas na educação, possibilitando que ela seja vista como um processo global, mais preocupado em *como* o aluno aprende do que com *o que* ele aprende.

Na concepção antiga, considerava-se o aluno como um ser receptivo das informações que recebia do mundo exterior, e o enfoque consistia em uma metodologia indutiva. Nesse novo paradigma, admite-se a existência de um contexto criado *pelo* e *no* encontro das relações, evidenciando, portanto, um caráter *interacionista* da aprendizagem.

Esta nova postura educacional redimensiona o fazer do professor e o coloca como "co-construtor" das histórias em que participa. Sendo assim, seus pressupostos teóricos comportam tanto sua subjetividade quanto a de seu aluno. Comportam a dinâmica intrapsíquica de cada um, presente no processo de aprender/ensinar, que se manifesta por meio de comportamentos, posturas e linguagem, bem como a dinâmica inter-relacional, que ocorre entre os envolvidos, para que o conhecimento possa ser construído. É sob a égide desse paradigma que vamos aqui falar sobre aprendizagem.

Considera-se hoje que o processo de ensino-aprendizagem ocorre em estruturações conjuntas, envolvendo aluno e professor, em um movimento em que as reflexões pessoais e interpessoais são primordiais. Isso ocorre porque o sujeito, para aprender, precisa estar em interação com o outro, construindo seu conhecimento a partir de um conhecimento anterior, compartilhado com o outro. Desse modo, o sujeito não realiza uma auto-aprendizagem, mas, antes, existe um caráter pluralístico que originariamente é relacional.

Nesse novo paradigma, fica enfatizado um movimento integrador entre o domínio das disciplinas, da dimensão relacional e da dimensão individual, tendo como meta aprender a aprender. Ele nos remete à integração entre objetividade e subjetividade no processo de ensino-aprendizagem. Evidencia-se aí uma dimensão complexa desse processo, uma vez que são inúmeras as variáveis implicadas.

Sob a mesma perspectiva, ainda, a aprendizagem pode se dar em pelo menos dois níveis. Uma mais pessoal, envolvendo o conhecimento sobre si mesmo, sobre seus sentimentos e sobre suas emoções, sobre as pessoas e sobre as relações, tendo uma estreita ligação com as experiências vividas. Em outro nível, teríamos um conhecimento chamado objetivo – ou o que isso possa significar, pois, ao trabalharmos com um referencial *construcionista social*, questionamos a noção de *conhecimento objetivo*. No entanto, podemos fazer recortes que nos facilitem a compreensão de uma *realidade objetivável* – referente ao mundo material, dos espaços, da chamada realidade compartilhada –, tomando as palavras de Bateson (1989) quando este diz que "a realidade observada leva sempre a marca do observador".

De acordo com essa maneira de pensar, os temas (antes chamados disciplinas) são galerias pelas quais os conhecimentos progridem ao encontro uns dos outros.

Em consonância com uma proposta inovadora no âmbito da aprendizagem, encontram-se os quatro pilares da educação propostos pela UNESCO: aprender a aprender, aprender a fazer, aprender a conviver e aprender a ser. Esses conceitos partem do reconhecimento da necessidade de informar, formar e orientar a escola e os professores a compreender e a atuar em realidades sociais e técnicas complexas, agregando novos valores ao estágio atual, no qual a prática e o debate sobre a renovação pedagógica se limitam à indicação do saber aprender e do saber fazer como paradigmas máximos. O aprender a conviver e o aprender a ser ampliam a intervenção pedagógica e as possibilidades de inserção profissional e social dos cidadãos.

O acréscimo destas novas funções da aprendizagem amplia as possibilidades de intervenção do indivíduo e da coletividade, para que sejam geradas formas de colaboração e de cooperação de trabalho que garantam e ampliem a qualidade de vida, tanto pessoal quanto profissional. São indicadores que estão em perfeita harmonia com a visão sistêmica por proporem um olhar ampliador para o processo da aprendizagem.

Segundo a UNESCO, neste novo paradigma de ensino, é preciso:

- reconhecer que não se sabe;
- trabalhar a partir das questões dos alunos;
- garantir o acesso do aluno à informação;
- saber que só se ensina aprendendo;
- ensinar que há diferentes formas e caminhos para resolver o mesmo problema;
- auxiliar a desenvolver a capacidade crítica;
- estimular a curiosidade e direcionar para a busca do conhecimento;
- valorizar ideias e capacidade de criação;
- respeitar as diferenças e dar espaço a elas.

Estas questões são também bastante interessantes no trabalho com famílias e grupos, pois criam um contexto de respeito às diferenças e de multiplicidade de ações.

O LUGAR DO PROFISSIONAL NOVO PARADIGMÁTICO

Falar em novos paradigmas educacionais implica reconhecer a necessidade de um novo modelo de profissional que se disponha a trabalhar nesse contexto e a tolerar as dúvidas e as incertezas inerentes a ele.

Em um modelo tradicional de ensino, as queixas explicitadas na aprendizagem levam em conta apenas o aluno (algumas vezes, responsabilizando também a família) como agente causador dos problemas. O modelo sistêmico construcionista social permite uma redefinição dos sujeitos envolvidos (aí incluídos educadores e terapeutas), tornando-os co-responsáveis pelo processo pedagógico e por suas vicissitudes.

Auxiliados por essa referência, percebe-se que os profissionais envolvidos também estão inseridos em uma história familiar que lhes transmite valores, mandatos e crenças e que vão orientar suas escolhas e seu fazer profissional. Suas experiências os transformam como sujeitos, da mesma forma que eles transformam os que os cercam, tratando-se de uma via de mão dupla.

Portanto, com essas reflexões, enfatiza-se que são as relações interpessoais que ocorrem dentro de um contexto e de uma rede de relações que oferecem modelos conceituais e sistemas ideológicos de pensamento que orientam o fazer educacional e mesmo o terapêutico.

Uma ação pedagógica bem-sucedida é aquela que deixa para o aluno a sensação de ter adquirido instrumentos para buscar seu próprio saber. Parafraseando Tom Andersen (1996), a pessoa do educador é uma presença concreta na história de vida do seu aluno, com o qual ele (aluno) vai poder dialogar sempre que sentir necessidade, relacionando o hoje com o ontem, em uma espécie de referência de continuidade de suas histórias, as quais deixarão marcas nos dois sujeitos envolvidos: aluno e professor.

Quando trabalham com os alunos, eles os escutam a partir de suas histórias pessoais. Muitas vezes, paralisam-se frente às suas dificuldades, por não conseguirem dar conta das emoções ali suscitadas. Como partes de um sistema, somos todos *observadores participantes* e estamos tão envolvidos quanto nossos alunos/clientes nesse processo. Aquilo que construímos é produto de uma co-construção, o que significa não só o *estar junto*, mas também o *sentir junto* (Grandesso, 2000).

Considero que o pensamento sistêmico construcionista social representa um grande salto conceitual. O foco do atendimento, tanto institucional como clínico, muda *do* sujeito *para* os sistemas humanos e suas relações, formado por alunos, famílias, profissionais e comunidade; sendo assim, o foco muda do exclusivamente individual para o inter-relacional.

Neste viés, o observador do fenômeno está implicado no processo e faz parte da realidade a ser observada. Questionam-se premissas como linearidade, causalidade, objetividade e verdade universal. Essa postura muda o modo de ver o mundo e, consequentemente, pode-se experimentar uma maneira diferente de vivenciar o processo educacional.

Quando novas ideias ou construções surgem neste espaço comum, elas parecem decorrer de um encontro entre os sujeitos envolvidos, não tendo, portanto, uma única autoria, mas configurando-se, outrossim, pelo entrecruzamento de muitas reflexões e contribuições.

Sendo tanto a educação como a terapia familiar uma atividade dialógica, o educador, assim como o terapeuta, favorece a redistribuição do tema (demanda, proposta, queixa), através da co-responsabilidade entre as redes, ao mesmo tempo em que favorece a construção de narrativas ampliadoras.

A REDE COMO CO-CONSTRUTORA DA APRENDIZAGEM

A escola de hoje não pode mais esquivar-se de uma participação colaborativa. Os novos tempos trouxeram novos dados sobre a aprendizagem, e hoje, quando se fala em educação acadêmica formal, não podemos mais nos limitar a exigir que o aluno aprenda a matéria sem levar em conta as questões afetivas e relacionais em jogo.

Referimo-nos aqui a todas as questões de ordem emocional que interferem nesse processo, que introduzem parâmetros de relacionamento, de ética, de sistema de valores e que permitem que o sujeito da aprendizagem lide com seus impulsos, com suas competências e com suas dificuldades da maneira mais útil possível. Assim encontra-se a relação particular do sujeito com o conhecimento e o significado de aprender.

O professor, por sua vez, beneficia-se de uma rede de sustentação social que o liga a seus pares, articula suas experiências, organiza, valoriza e, portanto, atribui significação à sua prática educacional.

Acredito que as relações humanas muito se beneficiam do apoio de redes sociais, as quais funcionam como aliadas ao atendimento escolar, sendo, muitas vezes, decisivas para que o aluno, a família e a escola retomem seu curso no desenvolvimento do ciclo vital.

A perspectiva de intervenção com famílias e grupos na instituição escolar, a partir de redes sociais, integra e otimiza o trabalho, gerando nesse contexto a possibilidade de desenvolvimento de seus membros e a construção de um processo de "pertencimento", autonomia e identidade.

Uma das metas desta proposta, é a substituição de padrões rígidos, do tipo "ou tudo ou nada", por padrões que validem a diversidade e a flexibilização, questionando as premissas rígidas, sobre as quais a família e a escola constroem sua experiência. Nesse aspecto, as redes oferecem ótima oportunidade de se colocar outros modelos em pauta, baseados em formas inovadoras de se lidar com o mundo.

De acordo com essa proposta, as redes envolvidas em uma situação (neste caso, família, escola, terapeutas) são co-responsáveis tanto pelos recursos a serem utilizados quanto pelos impasses que surgem ao longo do caminho. Trata-se de uma experiência compartilhada, através da busca de alternativas de intervenção para essa realidade e da elaboração de narrativas, entendidas como

> construções complexas que se estruturam ao redor de tramas temáticas, estando sempre abertas a uma reconstrução transformadora. (Sluzky, 1997)

Trabalhar as relações na escola, bem como na família, juntamente com as redes envolvidas, permite que cada um perceba o lugar que lhe cabe, favorecendo uma organização (interna e externa) vital para o desenvolvimento do sujeito da aprendizagem.

A visualização e as discussões que podem ser entabuladas em torno do trabalho em conjunto ficam sobremaneira auxiliadas pelo Redograma[4] (genograma das redes), o qual permite a troca e o intercâmbio necessários entre os profissionais envolvidos.

Esse trabalho contribui para os sistemas passarem por diferentes estágios de desenvolvimento, permitindo que se redefina sua história em um movimento espiral, o qual nomeio de *revisão dos padrões relacionais habituais*. É um processo de *trans*formação, que implica algo a ser ultrapassado.

Tendo minha experiência como referência, descreveria o *processo de atendimento multidisciplinar* como uma abordagem que favorece:

1. a participação e o compromisso co-construídos entre os diversos sistemas;
2. o diálogo reflexivo entre família, escola e equipe, que privilegie, entre outras, as seguintes questões:
   - os temas mais frequentes apresentados pela família;
   - os recursos de que a família dispõe;
   - a modalidade de aprendizagem familiar;
   - as narrativas familiares sobre a aprendizagem.

Esses são apenas alguns exemplos do que pode vir a ser nomeado, levando-se em consideração cada contexto particular.

---

[4] O Redograma tem sua origem em um instrumento usado em terapia familiar denominado Genograma um mapa que oferece uma imagem gráfica da estrutura familiar ao longo das gerações, esquematiza as grandes etapas do ciclo de vida familiar, além de permitir visualizar movimentos emocionais a eles associados. Sua representação é icônica, e cada terapeuta pode agregar as informações que julgar mais importantes em um dado momento. Para maiores esclarecimentos, ver Polity, 1997.

CONSIDERAÇÕES FINAIS

Para fazer frente aos novos desafios do contexto histórico em que estamos inseridos, a constituição de um atendimento multidisciplinar que considere a família e a escola inter-relacionadas pode ser de grande valia para a redefinição das condutas a cerca do processo educacional ou mesmo terapêutico.

A importância do atendimento familiar de orientação sistêmica abarca a escola e seus múltiplos contextos e é voltado para as questões educacionais e de aprendizagem. Essa abordagem envolve o aluno e os membros da família, bem como coloca os professores e a equipe técnica – entre eles o terapeuta familiar, como parte dessa realidade observada. Pretendi ainda refletir sobre a relevância de um atendimento multidisciplinar configurando uma rede de apoio que aponta especificamente para o estudo das *interações estabelecidas* entre os diferentes sistemas, tendo a educação como contexto conversacional.

Percebi ao longo de minha experiência que os profissionais envolvidos com a descoberta de novas soluções são desafiados a encontrar novas possibilidades para a aprendizagem, diferentes condições de adaptabilidade social, intervenções mais eficientes, bem como maneiras de ressignificar as narrativas, tornando-as mais funcionais.

A partir disso, é possível:

- pensar a aprendizagem e a educação como uma responsabilidade compartilhada entre escola, família e outros sistemas relacionados (terapêutico e social, entre outros);
- valorizar a co-responsabilidade e a co-operação entre as redes;
- favorecer a co-construção de narrativas ampliadoras que legitimam o aprendente em um lugar de competência;
- possibilitar uma visão *transrelacional* da educação, que é dirigida para a totalidade do ser humano.

Entendo que esta proposta abre muitas perspectivas não só para o aluno e para a família, como também para os profissionais com ela envolvidos. É nesse sentido que se considera que o desafio da educação atual passa pelo questionamento de nossa capacidade e de nosso comprometimento com o outro, no reconhecimento do semelhante como semelhante, como companheiro de percurso e interlocutor legitimado.

Acredito que os pressupostos da terapia familiar aplicados à educação têm, entre outros, o objetivo do desenvolvimento da capacidade reflexiva dos participantes, o reconhecimento e o favorecimento da apropriação de habilidades e recursos, a geração de novas ações úteis e a construção de histórias alternativas que possibilitam a construção de relações mais harmônicas entre os envolvidos. A isso nomeio uma ampliação da rede de conversação.

Por todas as considerações feitas creio que meu trabalho na escola foi sobremaneira enriquecido pelos conhecimentos que adquiri na formação em terapia familiar, bem como minha prática clínica foi ampliada pela interlocução que estabeleci com área da educação.

> Quando trabalhamos [...] junto a escolas e postos de saúde, qual nossa interpretação sobre os diversos tipos de organizações familiares que nos chegam?
>
> Dogmaticamente, nós as denominamos desorganizadas, incompletas?
>
> Liberalmente, eximimo-nos de intervenções em nome da liberdade de escolha de cada um viver como bem quiser?
>
> Ou buscamos garantir o cuidado a que todo o indivíduo tem direito?
>
> O diálogo com as áreas, que mantém sobre estes temas permanente reflexão, é o carimbo de legitimidade que podemos imprimir à nossa prática. A isso chamamos ética! (Cruz, 2002)

REFERÊNCIAS

ANDERSEN, T. *Processos reflexivos*. Rio de Janeiro: Noos/ITF, 1996.

BATESON, G. *Steps to an ecology of mind*. Chicago: Chicago University, 1989.

CERVENY, C. *O ciclo de vida familiar*. São Paulo: Psy, 1994.

CRUZ, H. M. In: FUKUI, L. (Org.). *Segredos de família*. São Paulo: Casa do Psicólogo, 2002.

GOKHALE, S.D. A família desaparecerá? *Revista Debates Sociais*, Rio de Janeiro, ano 16, n. 30, 1980.

GRANDESSO, M. *Sobre a reconstrução do significado:* uma análise epistemológica e hermenêutica da prática clínica. São Paulo: Casa do Psicólogo, 2000.

MATURANA, H.; VARELA, F. *A árvore do conhecimento*. São Paulo: Psy, 1987.

MONTORO, G. *Contribuições da teoria do Apego à terapia familiar com crianças pequenas*. In: CONGRESSO DE TERAPIA FAMILIAR, 1., 1994, São Paulo. *O estado da arte*. São Paulo: PUC-NUFAC, 1994.

MOSCOVICI. *Filosofia e educação*. São Paulo: Summus, 1985.

POLITY, E. *Dificuldade de ensinagem:* que história é essa...? São Paulo: Vetor, 2002.

_____. *Dificuldade de ensinagem:* que história é essa? São Paulo: Vetor, 2004.

SLUZKY, C. E. *A rede social na prática sistêmica*. São Paulo: Casa do Psicólogo, 1997.

UNITED NATIONS EDUCATIONAL, SCIENTIFIC AND CULTURAL ORGANIZATION (UNESCO). *Homepage institucional*. Disponível em: <www.unesco.org>.

ZUMA, C. E. Epistemologia sistêmico-construtivista e a clínica: pontos a serem considerados. In: CONGRESSO DE TERAPIA FAMILIAR, 1., 1994, São Paulo. *O estado da arte*. São Paulo: PUC-NUFAC, 1994.

15

Terapia comunitária: a circularidade nas relações sociais

Maria Henriqueta Camarotti
Doralice Oliveira Gomes

Seja bem-vindo, oh lê lê, seja bem-vindo, oh lá lá.
Paz e bem pra você que veio participar.

(Música utilizada na terapia comunitária.)

POR QUE A TERAPIA COMUNITÁRIA NO "BANQUETE" DA FAMÍLIA?

A terapia comunitária (TC) é um espaço em que membros de diferentes famílias se encontram para partilhar vivências e descobrir soluções para as questões do cotidiano, tendo como alvo o sofrimento, e não a patologia. Entende-se nessa prática não só o sofrimento intrínseco do indivíduo, como também o produto de processo histórico, político, social e econômico de exclusão (Brandão, 2004). Essa abordagem possibilita a promoção de encontros interfamiliares, nos quais o pensamento sistêmico subsidia a compreensão circular dos problemas e suas soluções. No contexto de partilhas de experiências, busca-se reforçar a compreensão de co-responsabilidade nas situações vivenciadas (circularidade), superando a visão de culpabilização (linearidade).

Para que essa mudança de perspectiva ocorra, é fundamental reconhecer e valorizar a multicultura que se faz presente no encontro, por meio das histórias dos participantes, do resgate da identidade cultural, da restauração da auto-estima, da confiança em si e da promoção da cidadania.

Construída sob o olhar do pensamento sistêmico e cunhada sob a ótica da crença no potencial criativo das pessoas que sofrem, a terapia comunitária é mais uma possibilidade de atenção às famílias, em especial às de baixa renda, que têm acesso dificultado aos serviços. Amplia e fortalece a rede de serviços comunitários, contribuindo com a saúde social, e apresenta-se como mais uma resposta à lacuna existente entre a demanda social brasileira e a capacidade de atendimento oferecido pelo sistema público de saúde (Bogado, s/d).

Metaforicamente, a terapia comunitária pode ser considerada como uma prima que está sendo convidada a participar do banquete da "família". São como primas próximas que têm identificações e gostos em comum e que, de mãos dadas, descobrem as possibilidades da vida e de crescimento.

De forma sintética, a TC é uma possibilidade de cuidar das famílias no contexto comunitário sem perder de vista a identidade de cada família e suas raízes culturais.

A terapia comunitária é uma abordagem com metodologia precisa calcada em cinco referenciais teóricos: o pensamento sistêmico, a teoria da comunicação, a pedagogia de Paulo Freire, a antropologia cultural e a resiliência. Ocorre em etapas com começo, meio e fim, que estrutura e favorece a prática. Segundo Marchetti e Fukui (2007), é uma formação que diversifica a atuação do profissional e possibilita o trabalho social mais efetivo e, desse modo, sistematizado e objetivo.

A TC constitui-se em um grande movimento em prol do cuidado com os indivíduos, com as famílias e comunidades. Esse movimento foi iniciado pelo Prof. Dr. Adalberto Barreto, da Universidade Federal do Ceará, que, ao desenvolver a metodologia e socializá-la, possibilitou a criação de uma grande rede nacional de terapeutas comunitários.

Pelos resultados demonstrados, esse instrumento tem sido incorporado às políticas públicas sociais de educação, saúde, cultura e segurança pública, assim como tem ampliado seu espectro de possibilidades de articulação com outras áreas.

Voltando a mencionar as identificações entre as primas terapia familiar e terapia comunitária, estas têm buscado repensar constantemente a ação e a reflexão, da teoria e prática, que são sempre complementares em sua forma de caminhar. Esse dinamismo constante, proporcionado pela práxis, oportuniza a expansão natural da TC pelo alargamento das suas interfaces com várias disciplinas, como a psicologia social e comunitária, teoria narrativa, psicoterapia de grupo, entre outras, o que mostra que a "família" é grande.

UM POUCO DE HISTÓRIA

A história da terapia comunitária começa em 1987. Na favela do Pirambu, em Fortaleza, o doutor Adalberto Barreto depara-se com um impasse: como atender um número tão grande de pessoas e em tão pouco tempo? E, de forma improvisada, decide que, em vez de oferecer consultas, ele iria 'se consultar' e diz "Eu vim aqui para resolver meu problema". As pessoas ficam sem entender a proposta, pois como um doutor iria buscar resolver seus problemas em uma favela? E o doutor esclarece: "Eu vim aqui para resolver minha *alienação universitária*, pois tudo o que aprendi na faculdade não me preparou para atender 70 pessoas em uma manhã". Todos se organizaram em uma grande roda. O doutor, com seu receituário em mãos, tenta iniciar os atendimentos. Logo na primeira recomendação, ouve: "Doutor, eu não tenho dinheiro nem para a comida, quem dirá para remédio". O doutor pára, olha e pergunta: "Quem aqui já viveu uma situação parecida com a dela e como fez para superar?". Alguns erguem as mãos, e inicia-se uma grande roda de partilha de vivências. Assim se instalou o embrião da terapia comunitária.

Após alguns anos desenvolvendo essa prática, o Prof. Adalberto Barreto percebeu que havia na realização dessas rodas uma sistematização; foi quando começou a ministrar cursos de treinamento desse método para agentes da Pastoral da Criança em várias regiões do Brasil. Na sequencia, o interesse pela TC foi ampliando e, com ele, o número de convites para mais capacitações no país e no exterior.

No Brasil, existem atualmente 11.500 terapeutas comunitários organizados em rede e capacitados pelos 32 pólos formadores oficializados pela Associação Brasileira de Terapia Comunitária (ABRATECOM)[1]. A TC ultrapassou as fronteiras brasileiras e foi implantada na França e na Suíça e divulgada em vários outros países, como Itália, México, Argentina, Chile, Uruguai, Colômbia e Estados Unidos. Na Europa, foi criada a Associação Europeia de Terapia Comunitária, com sede na Suíça, para coordenar a formação naquela região.

---

[1] www.abratecom.org.br

Você que está chegando, bem-vindo,
seja bem-vindo.
Só estava faltando você aqui.

(Música utilizada na
terapia comunitária.)

CHOQUE CRIATIVO: UMA POSSIBILIDADE DE ENCONTRO

A terapia comunitária surgiu como uma busca de aproximação entre a academia e as necessidades da população, em especial dos menos favorecidos socialmente. Ela integra os saberes advindos das duas fontes, ou seja, o "saber científico" e o "saber popular", em uma perspectiva de respeito à diferença e valorização da multicultura brasileira. Reconhece e valoriza as duas formas de saber. As tradições herdadas e transmitidas transgeracionalmente e os achados da ciência moderna são vistos, nessa perspectiva, como complementares (Barreto, 2005; Bogado, s/d), provocando um "choque criativo", como o próprio Dr. Barreto gosta de dizer.

Seixas e Carbone (2004, p.131) afirmam que a TC

> é o aprendizado de uma metodologia simples em sua essência, mas com a força das coisas inspiradas na espontaneidade do amor e do respeito ao próximo, e que permite a cura por meio do compartilhar,

inspiração esta que é permitida a todos, terapeutas e moradores da comunidade, expandindo-se e recriando-se nos momentos das imprevisibilidades humanas.

O grupo sob esta metodologia oferece um contexto de possibilidades de expressão de conflitos, medos e dúvidas, em um ambiente livre de julgamentos, no qual são respeitadas as diferenças individuais e as experiências de vida de cada um, favorecendo a prevenção de adoecimentos, somatizações e sintomas psíquicos. Esse contexto pode ser considerado um procedimento terapêutico em grupo com a finalidade de promoção e atenção primária em saúde. Funciona como fomentadora de cidadania, de redes sociais solidárias e da identidade cultural dos indivíduos, das famílias e das comunidades. A TC é realizada pela atuação de lideranças comunitárias, por equipes institucionais públicas, privadas ou trabalho voluntário.

> Tem como base de sustentação o estímulo para o desenvolvimento ou a criação de uma rede de solidariedade. (Senad, 2006, p. 17)

A TC convida para uma mudança de olhar, de enfoque: ver além da carência para ressaltar a competência das pessoas, ir além do unitário para atingir o comunitário, estimular a autonomia para sair da dependência para a co-responsabilidade, romper com o clientelismo para chegar à cidadania (Barreto, 2004).

> Dona Francisca chega à terapia comunitária encaminhada pela médica do centro de saúde. Não sabe bem o que lhe espera; mesmo descrente, resolve obedecer à orientação médica. "Isso é coisa pra doido, pra quem não tem o que fazer...médico tem cada uma", pensa.
> Acha esquisito todas aquelas pessoas sentadas em círculo na sala da Associação Comunitária. Pensa em sair, mas, quando a terapia começa e escuta todos, em coro, seja bem-vindo, oh lê lê, seja bem-vindo, oh lá, lá... decide ficar.

Como se faz?

A terapia comunitária é desenvolvida em qualquer espaço no qual as pessoas possam se reunir para dialogar de forma respeitosa, sentido-se à vontade para falar e escutar. Essa flexibilidade permite que ocorra em diversos locais: praças, centros comunitários, salas, residências, etc., o que amplia, em muito, as opções de utilização da metodologia com variados públicos. Há relatos de pequenos a grandes grupos com 5 a 1.400 pessoas, respectivamente. São grupos abertos com participação de públicos diversificados e também grupos específicos (funcionários de empresas, adolescentes, portadores de HIV, pessoas internadas, para citar alguns).

A TC deve ser realizada preferencialmente com as pessoas bem acomodadas, dispostas em círculo, e conduzida por dois terapeutas comunitários, sendo um terapeuta e o outro co-terapeuta.

É uma abordagem de atuação com comunidades que tem um modelo estruturado em etapas, ou seja, acolhimento, escolha do tema, contextualização, problematização, rituais de agregação, conotação positiva e avaliação (Barreto, 2005).

> Amamos não a pessoa que fala bonito.
> É a pessoa que escuta bonito.
> A escuta bonita é um bom colo para uma criança se assentar...
>
> (Rubem Alves, s/d)

A roda de terapia comunitária começa com um ritual de *acolhimento*. Todos, sentados em círculo, participam. O terapeuta explica o que é a TC, fala nas regras, e comemoram-se os aniversários e as datas importantes para os presentes. Nessa etapa, pode-se cantar para facilitar o acolhimento e criar um clima grupal, de preferência músicas de conhecimento da comunidade. São utilizadas dinâmicas interativas que contribuam para o entrosamento do grupo.

Regras de participação na terapia comunitária

As regras são muito importantes na TC. O espaço é público, e, em geral, os grupos são abertos. O estabelecimento de regras mínimas entre os participantes é primordial para que seja estabelecido um ambiente de cuidado mútuo e de partilha.

- Fazer silêncio. Regra de "ouro" na TC. Escutar atentamente quando uma pessoa do grupo está falando permite acolher, respeitar e, posteriormente, contribuir com a pessoa e com o grupo.
- Falar na primeira pessoa. Cada um fala na primeira pessoa (eu), fala sobre sua experiência.
- Não fazer discursos, sermões e julgamentos. Em geral, é uma postura que desqualifica o outro e que não deve ser utilizada, pois o objetivo é a partilha de experiências, o que estimula a criação e o fortalecimento de vínculos saudáveis.
- Usar recursos culturais. Músicas, poesias, ditados populares ou piadas são muito bem-vindos, pois podem proporcionar acolhimento, momento de descontração, ressignificação da situação vivida e senso de pertencimento.

Em seguida, tem-se a *escolha do tema*. Todos são convidados a apresentar suas inquietações, seu sofrimento ou algum assunto pessoal que queiram partilhar com o grupo. Após a apresentação dos temas, o grupo escolhe qual será focalizado no encontro. Nesse momento, as escolhas sinalizam as identificações do grupo com os temas apresentados.

Após o tema ser escolhido, tem-se, nessa etapa, o protagonista. Os participantes são estimulados a contribuir com perguntas ao "escolhido", esclarecendo melhor o problema. Tal *contextualização* permite ampliar a compreensão do problema e suas possibilidades de resolução.

No momento em que o terapeuta observa que as perguntas feitas oportunizaram a contextualização do tema escolhido e contribuíram com o protagonista, passa-se para a etapa seguinte, a *problematização*. Com base na contextualização, o terapeuta formula uma pergunta para o grupo, e se estabelece o mote. Nessa etapa, todos podem falar sobre suas vivências com relação à pergunta formulada. *Quem já viveu uma situação parecida e o que fez para resolvê-la?*

Concluída a etapa da problematização, o grupo fica de pé, com todos abraçados (formando uma roda), embalam-se em um movimento leve, acolhedor, em um *ritual de agregação*. É o momento de dizer o que aprendeu ao ouvir a história do outro, de expressar suas reflexões. A conotação positiva é um importante recurso nessa etapa, assim como a utilização de músicas. Simbolicamente, o grupo adquire uma configuração de um "ninho social" que acolhe, para que todos se desenvolvam. Após o ritual de agregação, os participantes da comunidade se despedem, e os terapeutas se reúnem para fazer a *avaliação* da terapia.

> "Tanta coisa para eu fazer em casa e eu estou aqui nessa terapia", pensa D. Francisca. Na hora das falas, fica "matutando" qual seria seu principal problema, repassa todas as coisas difíceis que tem enfrentado, "não dá pra dizer tudo, nem que eu falasse cinco horas seguidas", pensa. Acha melhor ficar quieta, pois diante de pessoas estranhas não costuma falar sobre sua vida. Escuta com atenção às pessoas que falam sobre seus problemas e acha interessante, pois ela se viu em muitos deles. "Nossa, e eu que achava que só eu vivia esses problemas!".

Quem é esse novo ator social?

Com a criação da terapia comunitária, surgiu também um novo ator social: *o terapeuta comunitário*, o qual se entremeia em várias áreas e níveis de atuação. A exigência básica é ser alguém que se sinta interpelado pelo sofrimento do outro e sensível às buscas de soluções co-partilhadas. Trata-se de um modelo de capacitação para um amplo universo de pessoas, não sendo necessário curso superior (Grandesso, 2005). O que é mais importante é a predisposição ao cuidar.

Parte-se do princípio de que na atitude de cuidar do outro há também um cuidar de si mesmo. Para Seixas (2007, p. 87):

> O cuidado é, assim, uma forma de ser no mundo, significa uma forma de co-existir, de estar presente, de se realizar no mundo com todas as coisas.
> Só reconheço no outro o que conheço em mim.
> A primeira escola foi a minha família,
> e o meu primeiro mestre, a criança que fui.
> (Barreto, 2005)

Barreto (2005, p. 44) conceitua terapeuta como "aquele que cuida dos outros de forma calorosa". Para Seixas (2007), o conceito de terapeuta é amplo ao afirmar que todos são cuidadores de pessoas, famílias e de comunidades. Na TC, compreende-se que pelo cuidado todos se sentem ligados e religados uns com os outros, formando um todo orgânico, único, diverso e sempre includente (Seixas, 2007).

O terapeuta comunitário deve estar consciente dos objetivos da terapia e dos limites de sua intervenção para não extrapolar sua função.

> A função do terapeuta comunitário é suscitar uma dinâmica que possibilite partilha de experiências e criar uma rede de apoio aos que sofrem. (Barreto, 2005, p. 45)

Para Grandesso (2005), a condução da sessão pressupõe uma sensibilidade para escuta e atenção a cada um dos participantes e ao grupo como um sistema organizado em uma dinâmica particular. Essa mesma autora afirma que o terapeuta comunitário é o "especialista" na criação de contextos de autonomia e em relações, e não em conteúdos.

> Segundo Barreto (2005), o terapeuta comunitário deve ser poliglota de sua própria cultura, ou seja, conhecer os diferentes códigos culturais utilizados na expressão do sofrimento. Bogado (s/d, p.4) afirma que, na prática da TC, são trabalhadas quatro dimensões hu-

manas: o corpo (como manifestação do eu), a fala (como construção relacional eu-mundo, eu-tu), a dimensão sociocultural (como construção coletiva de criação/resgate de pertencimento, do "nós", através das redes solidárias e de seus códigos culturais) e a dimensão religiosa (na relação diversa de cada indivíduo e/ou da comunidade com o divino, com o transcendente).

Cada uma dessas dimensões fornece elementos (códigos) para que o terapeuta e o grupo compreendam melhor as vivências partilhadas. Estar atento e considerá-las potencializa esse momento de encontro e partilhas. A comunicação é expressa pelo corpo, pela fala, pelos elementos da cultura. O Prof. Barreto utiliza um ditado que incentiva a leitura dos diferentes códigos ao dizer "quando a boca cala, os órgãos falam". O terapeuta poliglota de sua cultura se pergunta e incentiva o grupo a se perguntar "o que aquela hipertensão está dizendo? Ou a insônia, dificuldades para aprender, problemas com bebida alcoólica?"

ESCOLA DA IMPREVISIBILIDADE

A aplicação de tal metodologia é relativamente simples, uma vez que se dá em etapas precisas. No entanto, não deve ser utilizada de forma indiscriminada, requerendo capacitação específica e supervisão para o embasamento teórico da TC e sua utilização nos grupos. (Grandesso, 2005). Essa formação acontece em um curso teórico-vivencial com duração de 360 horas, incluídas as práticas supervisionadas, com certificação pelo Decanato de Extensão da Universidade Federal do Ceará.

Na formação, o terapeuta comunitário é incentivado a compreender as situações que surgem na terapia em seus mais diferentes contextos, em uma atitude compreensiva e empática com cada participante. Tal visão complexa dos fenômenos é trabalhada no curso por meio das bases teóricas e do autoconhecimento do terapeuta, sob a perspectiva integrativa que facilita a apropriação e a utilização das bases nas rodas de TC. O Prof. Barreto enfatiza na formação o princípio que "só reconheço no outro o que conheço em mim", daí a importância de o terapeuta comunitário ser incentivado a ter no conhecimento de sua história e de sua família elementos fundamentais para a prática, pois é a partir deles que se relaciona com o mundo, incluindo sua forma de ser terapeuta.

> D. Francisca achou bonito as pessoas que tiveram coragem de falar nos seus problemas. "Será que eu teria coragem para isso?" reflete. Quando escutou do terapeuta "Quem já viveu uma situação parecida e o que fez para resolver?" não aguentou, teria que falar. Sentiu aquela pergunta como sendo dirigida para ela. Toma coragem e levanta a mão. Todos os olhares se voltam para ela como se lhe empurrassem para falar. "Agora não tem mais jeito, tenho que falar".

COLEGAS: UMA CONVIVÊNCIA HARMONIOSA

Na introdução deste capítulo, a terapia comunitária e a terapia familiar foram comparadas a primas, tais as afinidades e complementariedades existentes. São abordagens que possibilitam uma intervenção em rede junto às famílias e comunidades. Nos aspectos teóricos, possuem na abordagem sistêmica e na teoria da comunicação bases que fundamentam sua práxis.

O paciente da terapia comunitária é a comunidade, enquanto na terapia familiar é a família ou grupos de famílias. A atenção que é dada às famílias no contexto comunitário repercute na família, da mesma forma que as intervenções da terapia familiar podem ser identificadas no contexto comunitário: tem-se aqui o princípio da parte e do todo.

Barreto e colaboradores (2007, p. 360) apresentam que a perspectiva sistêmica "é uma maneira de abordar, de ver, de situar, de pensar um problema em relação ao seu contexto". Barreto (2005, p.165) apresenta com clareza a intersecção entre a terapia comunitária e a terapia familiar ao afirmar que

> se nós entendermos bem como funciona o sistema familiar, teremos muito mais condições de ajudar àquela família e a outras tantas a encontrar luzes para seus problemas.

A TC pode ser considerada como um alargamento do campo de ação do pensamento sistêmico, aqui aplicado nas intersecções entre pessoas, famílias, grupos e comunidades. Partindo da prática e do conceito do pensamento sistêmico, a TC vem se organizando e se desenvolvendo na direção das relações comunitárias.

Por ser calcada na abordagem sistêmica, a TC fundamenta sua prática no processo, no contexto e nas relações inter e intra-sistêmicas. O objetivo dessa intervenção é a busca de múltiplas perspectivas, de circularidade e redes. Segundo Grandesso (2005, p. 103), o sofrimento do outro provoca eco naquele que sofre de dores semelhantes e tem "se acostumado" com o problema.

> Olhar para a própria experiência de forma reflexiva permite transformar parte do vivido em ferramentas para determinados fins, disponíveis para uso deliberado, consciente e responsável.

Como elos de uma mesma corrente, a possibilidade de transformar o sofrimento individual em aprendizado coletivo é uma mágica maravilhosa da TC. Ao mesmo tempo em que a pessoa se expõe em seu sofrimento particular e experiência de vida, ela contribui para que o grupo enriqueça seu cabedal de soluções. Dr. Barreto teve essa preciosa sensibilidade: escutar a intimidade do sofrer e perceber que esse próprio sofrer transcende e se auto-reconstrói em humanidade – processo denominado resiliência (Camarotti, s/d) – outra importante referência teórica da TC.

Surgem de imediato algumas perguntas: como desdobrar o aprendizado da resiliência individual para a resiliência familiar e coletiva? Como esse processo ocorre na terapia comunitária? Quais os fatores facilitadores para essa ampliação?

Camarotti (2007), partindo da perspectiva de Groddeck de que a doença significa um caminho para o conhecimento de si mesmo, reflete o papel da TC de acolher esse sofrimento e transmutá-lo em um caminho de compreensão coletiva. Na medida em que o sintoma é comunicado, inclui-se aqui como sintoma todas as formas de queixas e sofrimentos, o grupo se apropria como seu e o devolve metabolizado em uma dimensão de alternativas. O que no início parecia uma questão insolúvel e imutável, rigidamente visualizado, aos poucos, em um processo coletivo, as saídas vão sendo construídas como em um caleidoscópio de possibilidades.

Todo o processo é potencializado pela visão da antropologia cultural, outra base teórica da TC. Pela perspectiva dessa disciplina, os elementos da cultura são ricos em contribuições para o encontro, por meio de músicas, ditados populares, lendas, ritos, histórias da comunidade, etc., que funcionam como pontes para fortalecer os vínculos comunitários de cuidado mútuo. Para o Prof. Barreto (2005), a cultura é para o homem o que a teia é para aranha, ou seja, é o que lhe dá senso de identidade e pertencimento.

Basicamente, o grupo descobre que a saída é coletiva, valorizando também o aspecto pessoal na resolução de suas próprias questões (Camarotti, s/d, p.1).

> A rede construída vai sendo o cimento para a caminhada de todos e reali-

mentação para as conquistas. Desde então, as pessoas tomam outra cara, a cara da alegria de ser junto.

Por ter demonstrado essa função de facilitadora da resiliência coletiva e de construção e fortalecimento das redes sociais, a TC tem sido indicada como instrumento de abordagens nos diversos níveis dos serviços de saúde (Camarotti, 2007) e nas áreas da educação, cultura e segurança pública.

O CAMINHO SE FAZ AO CAMINHAR...

Nesses 20 anos de implantação e difusão da TC, muito se tem caminhado. A imagem de uma grande teia de inter-relações é um bom exemplo do resultado desta jornada que, como dito anteriormente, iniciou com alguns poucos e se expandiu, em um movimento conjunto, alcançando o *status* de política pública, o que mostra a força do coletivo para a proposição de avanços.

A TC é uma metodologia que surge da experiência de vida, do fortalecimento dos recursos locais, princípios estes que fazem eco com as diretrizes mais atuais das políticas públicas. É uma contribuição na mudança de uma política assistencialista para um modelo de co-participação solidária, um novo paradigma de políticas públicas que possibilita o desenvolvimento comunitário e social da população, levando a sua autonomia.

A SAÚDE ESTÁ NA RODA

A Organização Mundial da Saúde (OMS) afirma que o estresse é uma fonte de inquietação e de ansiedade que interfere no enfrentamento dos problemas existenciais, além de ter um efeito cumulativo, levando à degradação da saúde. Tal situação torna-se ainda mais grave na ausência de redes de apoio social, como as famílias, os amigos, os vizinhos, os grupos de ajuda mútua, projetos sociais das organizações não-governamentais e programas governamentais de prestação de serviços à população.

Enfrentar o estresse de forma adequada é um ato de promoção da saúde pública. Daí a importância de uma política pública que estimule e apóie as atividades associativas, combatendo o isolamento, a precariedade material e financeira, e que promova a reinserção social e a capacidade desses indivíduos para enfrentar os problemas do existir (Barreto, 2005).

Na área da saúde, a TC tem sido utilizada como instrumento de trabalho em grupo pelos profissionais de diferentes áreas, seja na atenção básica, na saúde mental, seja na rede hospitalar.

Almeida (2004) utiliza a TC desde 2002 no Programa de Saúde da Família (PSF) do município de Macaé – Rio de Janeiro – e destaca a importância dos encontros como estimuladores da participação da comunidade na resolução de seus próprios problemas. A autora defende que a atenção básica é o local em que a prevenção e o diagnóstico precoce podem ser realizados, assim como testadas e aplicadas novas metodologias.

Na área de saúde mental, a TC tem sido um instrumento valioso na forma de abordagem nos Centros de Atenção Psicossocial (CAPS) e na atenção básica. No Hospital de Planaltina (DF) são realizadas, desde 2003, rodas de TC com os pacientes do ambulatório de psiquiatria (Basso e Pinheiro, 2004). Nessa experiência, ficou evidente a importância da rede solidária para minorar os estigmas das pessoas portadoras de transtornos psíquicos e favorecer a compreensão dos familiares em relação aos usuários.

No Distrito Federal, fazendo parte das ações da Coordenação de Saúde Mental da Secretaria de Estado da Saúde/DF (SES), a TC foi incluída no programa da formação em saúde mental para as equipes da atenção básica de cinco áreas administrativas (São Sebastião, Brazlândia, Riacho Fundo, Recanto das Emas e Paranoá). Nesse caso, foi aplicada aos profissionais como forma de *cuidar do cuidador*. Em cada encontro, as queixas e os sofrimentos dos profissionais de saúde eram acolhidos, possibilitando a construção de redes solidárias entre as equipes do PSF daquelas regionais.

Em síntese, a TC na área da saúde:

- amplia a ação do profissional de saúde, habilitando-o para o trabalho em grupos de médio e de grande porte;
- democratiza as ações da equipe, fazendo com que todos se sintam co-responsáveis pela saúde;
- potencializa a capacidade dos usuários do sistema de saúde a encontrar suas próprias soluções;
- inclui os aspectos psicossociais e culturais na gênese das doenças e promoção da saúde;
- inclui a dimensão da auto-estima e cidadania como recurso fundamental na saúde e na qualidade de vida;
- amplia a resiliência pessoal para a família e para os grupos comunitários.

> Eu estou vindo na terapia há um ano e também na irmandade de N.A. e não usei mais droga.
>
> (Depoimento de participante da TC.)

LAÇOS SOLIDÁRIOS: UMA GARANTIA DE CIDADANIA

Quando os habitantes de uma comunidade não possuem laços sociais fortalecidos é mais fácil a expansão dos fatores de risco geradores de demanda e oferta por drogas, com a consequente violência gerada pelo tráfico e pelo crime organizado. Na visão da TC, os comportamentos relacionados às drogas têm valor de comunicação. Podem significar denúncia das desagregações nas relações familiares e sociais, corroborando, assim, com a perspectiva da teoria da comunicação proposta por Watzlawick, referência fundamental da terapia comunitária (Barreto, 2005). Nesse contexto, os vínculos de solidariedade se constituem em fator de proteção dos mais importantes nas propostas de prevenção e atenção ao uso de álcool e outras drogas.

A TC foi oficialmente reconhecida pela Secretaria Nacional Antidrogas do Gabinete de Segurança Institucional da Presidência da República (Senad) como metodologia de prevenção e reinserção social. Nesse campo, 10 mil rodas de terapias foram realizadas durante a formação de 793 terapeutas comunitários.[2] A realização dessas rodas possibilitou a avaliação do impacto dessa abordagem no contexto comunitário e a identificação de problemas relacionados ao uso de drogas.

Nas rodas, a comunidade expressou suas opções de enfrentamento diante do sofrimento, entre elas, o empoderamento pessoal, a demanda de redes de apoio, a procura da religiosidade/espiritualidade, o investimento na melhor relação com os familiares, o autocuidado, a busca de recursos da cultura e o reforço para participação na terapia comunitária.

O projeto de capacitação associado à avaliação de impacto da TC evidenciou, de forma contundente, que a TC integra as ações preventivas ao uso de álcool e outras drogas junto ao usuário, suas famílias e demais membros da comunidade. A TC possibilita um reequacionamento da visão estigmatizante da dependência química, comprometendo todos em uma rede funcional de apoio e co-responsabilidade, fortalece a rede de apoio ao usuário, melhora a qualidade de suas relações afetivas e

---

[2] Curso de formação em Terapia Comunitária com ênfase nas questões relativas ao uso de álcool e outras drogas – convênio firmado entre a Secretaria Nacional Antidrogas, a Universidade Federal do Ceará e a ONG Movimento de Saúde Comunitária do Ceará (2005/2006).

miniminiza o retorno aos vínculos de risco que o suscetibiliza à dependência.

> "Desde que cheguei a Brasília, minha vida tem sido só sofrimento. Vim do interior do Nordeste na esperança de encontrar vida melhor. Tenho trabalhado muito, criei meus filhos..., meu marido... até é um homem bom. Trabalha, mas gasta o dinheiro todo que ganha na bebida. Meu menino de 15 anos não suportou a grosseria do pai, fugiu de casa e não tenho notícia. Não consigo dormir pensando onde pode estar meu filho naquele momento. Se tá dormindo na rua...se tá com frio...
> Minha filha de 13 anos está quase me dando um netinho. Mas eu tenho fé que vai nascer uma criança saudável, mesmo com todas as besteiras que minha filha fez." Nesse momento D. Francisca começa a chorar. O grupo de mãos dadas começa a cantar "Segura na mão de Deus...". Alguns outros participantes também choram.
>
> Forjar no trigo o milagre do pão, e se fartar de pão.
>
> (Milton Nascimento)

A TC surgiu como uma forma de reforço na construção de redes solidárias nas comunidades menos favorecidas, em especial para minorar a fragmentação cultural e dos vínculos sociais em regiões plenas de imigração, esfacelamento cultural e carências fundamentais. Em geral, são locais com graves problemas de pobreza, falta de recursos de saúde, de educação e de moradia, e se localizam nas periferias das grandes cidades brasileiras. Muitos vêm em busca de melhores condições de vida, mas se deparam com problemas da falta de infra-estrutura, violência e todo tipo de desagregação social.

Os centros urbanos se caracterizam como local de alto potencial de violência social e familiar, reforçado pela fragmentação da cultura original dessa população e sua consequente sequela sobre o senso de comunidade. Pode-se dizer, então, que essa população carece de referências para a inclusão em um processo de construção coletiva e vínculos socioculturais. As doenças psíquicas então ocorrem de forma mais incisiva nessas circunstâncias de desagregação social, intensificando assim os fatores predisponentes biológicos e dificultando a superação dos problemas já instalados.

A criação desta metodologia está embasada e motivada pela constatação de que as pessoas de baixa renda, mesmo vivendo problemas graves e complexos, demonstram, ao mesmo tempo, riqueza e criatividade nas possibilidades de solução. Entende-se que os diversos atores sociais, que são as lideranças comunitárias, os profissionais de saúde, educação e áreas sociais, podem ser um agente das soluções emergentes da própria comunidade, arregimentando-se os vínculos sociais, as redes de solidariedade e melhorando a auto-estima.

Parte-se da concepção de que as redes solitárias, à medida que estruturam as relações sociais, contribuem para a promoção da saúde e atenção primária às pessoas em sofrimento.

Nas rodas de TC, a comunidade amplia seu conhecimento de si e de suas competências, seus "saberes", e tem a oportunidade, muitas vezes, de validá-lo e utilizá-lo em prol do bem coletivo. Por competências locais entende-se, nesse contexto, atividades produtivas, geração de renda, autossustentabilidade e autonomia dessas populações. O grupo consciente de suas potencialidades tem ampliado o acesso à produção de renda, ao consumo, às perspectivas de desenvolvimento econômico e social; enfim, à melhoria na qualidade de vida.

Exemplos de desdobramento da TC são a "farmácia viva" e a "oca de saúde comunitária" do Projeto 4 Varas[3]/ONG

---
[3] www.4varas.com.br

MISMEC – CE. A comunidade identificou suas "vocações", organizou-se e ofereceu algo diferente e criativo para o mercado de consumo, o que possibilitou gerar renda para a própria comunidade e sustentabilidade para o projeto.

Outro exemplo de "descobertas" facilitadas pela TC foi a criação no Distrito Federal do Projeto *Rede Solidária de Artesanato Paranoarte e Cultura Popular*[4]. As mulheres que até então estavam em uma situação social crítica puderam identificar suas habilidades (artesanato) e ter interesse por algo que lhes dessem autonomia e sustentação. Nas oficinas de "ensinar e aprender artesanato", as participantes trocavam conhecimentos das técnicas que conheciam, e, dessa forma, o grupo de artesãs foi se fortalecendo (Rodrigues e Brito, 2004). Inicialmente o grupo de artesãs estava vinculado ao MismecDF[5]. Com o amadurecimento da prática, o Projeto Paranoarte constituiu-se como uma Organização Não-Governamental independente. Atualmente possui núcleos de geração de renda em oito regiões administrativas do Distrito Federal.

Os exemplos ilustram que a TC trabalha as relações comunitárias em vários níveis – individual, familiar, comunitário, cultural, econômico, social – em uma teia de interações. De forma abrangente, é um instrumento que contribui para a construção de uma sociedade menos excludente, por preconizar o trabalho comunitário, tendo como alicerce a melhora da auto-estima das pessoas em situações de carências fundamentais.

O trabalho comunitário e a construção de redes solidárias colaboram, dessa forma, para que as famílias envolvidas encontrem melhores alternativas para lidar com os problemas que, em geral, enfrentam, como a exclusão social, a solidão, o preconceito, o isolamento e as dificuldades na busca de soluções.

> Como lhe fez bem aquele momento, cantando uma música que ela sempre

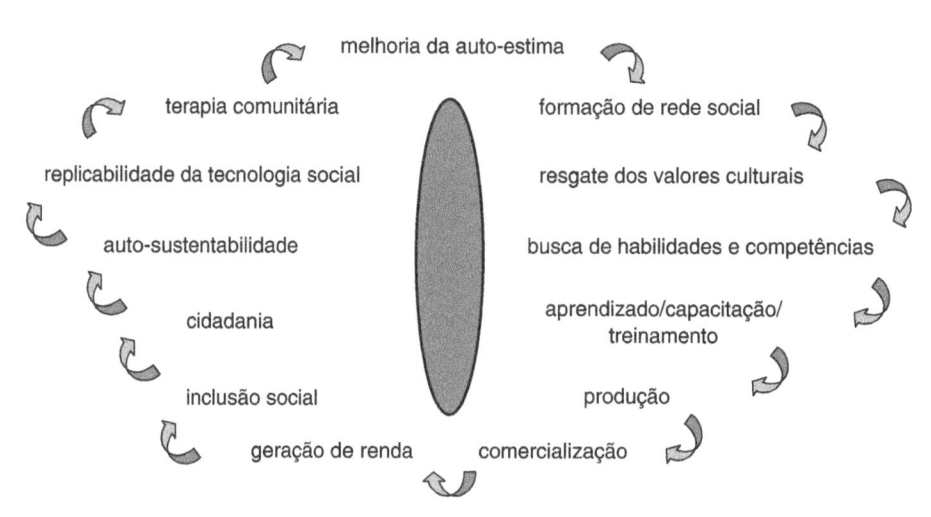

Figura 15.1
Fonte: Cedida por Aída Rodrigues.

[4] www.paranoarte.org
[5] Movimento Integrado de Saúde Comunitária do Distrito Federal – www.mismecdf.org

cantou sozinha nos momentos mais difíceis. E agora estava podendo escutar de todas aquelas pessoas que ela tinha acabado de conhecer. De coração aliviado, ela diz: "Só tenho encontrado força em Deus". Escutou outras histórias tão parecidas com a sua, e como achou interessante as soluções que as pessoas apresentavam...Pensou em procurar aquela senhora que falou sobre uma situação como a sua!

CULTURA DE PAZ: UM SONHO POSSÍVEL

Dentro do universo de possibilidades de aplicação da TC, a promoção do diálogo respeitoso constitui-se em um elemento fundamental para a construção da cultura de paz. Agregadora das relações humanas, a terapia comunitária promove a paz quando:

- cada um fala em si respeitando as necessidades do outro;
- reforça a auto-estima individual e coletiva;
- valoriza e qualifica a vivência de cada pessoa, indo além da carência;
- suscita no indivíduo, na família ou no grupo social o sentimento de união e identificação com seus valores culturais;
- estimula a participação, promovendo a conscientização do grupo, por meio do diálogo e da reflexão;
- valoriza o papel da família e da rede de relações que ela estabelece com seu meio.

Como construtora de cultura de paz, a prática da TC se vale fundamentalmente dos princípios da pedagogia de Paulo Freire. Tendo o diálogo como cerne de toda uma proposta interacional, Paulo Freire (1987 p. 81) afirma que

> neste lugar de encontro, não há ignorantes absolutos, nem sábios absolutos. Há homens que, em comunhão, buscam saber mais. Não há diálogo também se não há uma intensa fé nos homens. Fé no poder de fazer e de refazer. De criar e recriar. De, na sua vocação de ser mais, que não é privilégio de alguns eleitos, mas direito dos homens.

Segundo esse educador, o inacabado do ser humano é uma fonte de busca, de indagação e de respeito às diferenças. "Se não amo o mundo, se não amo a vida, se não amo os homens, não me é possível o diálogo" (Freire, 1987, p.81). Por essa ótica, Paulo Freire considera o diálogo uma exigência existencial.

Na TC, a "liga" que entremeia as relações é o afeto, o respeito, possibilitados e expressos por meio do diálogo. Na humanidade de cada participante o encontro é facilitado. A oportunidade de compartilhar as dores e experiências em um contexto de escuta empática e acolhedora alicerça a construção de uma cultura de paz. Weil (1993) apresenta a busca da paz como uma arte, a arte de viver em paz, que, segundo ele, deve ser transmitida e desenvolvida no plano individual, familiar, social, mantendo-se relação com a natureza.

Logo, tem-se um consenso que a construção da paz se dá coletivamente, pelas relações, pelo diálogo, pelo reconhecimento e respeito à diversidade. Nessa perspectiva, a terapia comunitária é uma abordagem que contribui efetivamente na busca da paz social.

> Desde aquele dia, sempre que possível, D. Francisca frequentava a terapia. Já tinha feito algumas amizades. Inclusive convidou uma vizinha, que passou a ir junto com ela. Após alguns meses em consulta com a médica que havia lhe encaminhado, comentou: "Com a terapia comunitária, eu tenho aprendido muito. Vi muitas pessoas com problemas maiores que os meus. E vi também muita gente que

achou um jeito de vencer as dificuldades. As coisas lá em casa continuam mais ou menos igual, mas eu já não sou a mesma. Tenho cuidado mais da minha saúde, estou vindo no grupo de automassagem do posto, me arrumo, até batom eu tenho usado, e não deixo de ir à minha igreja, por mais problemas que tenha. A situação não mudou, doutora, mas eu mudei muito."

FALA JOVEM: UMA TC DE JOVENS PARA JOVENS

(...) E de onde eu tiro força na hora do desânimo? Quais minhas saídas diante do caos social em que vivo? (...)

(Questionamento de um jovem)

O desafio dos projetos sociais no Brasil tem sido o trabalho com jovens e adolescentes. Normalmente os interessados se debruçam horas a fio para encontrar uma linguagem que viabilize a comunicação e o acesso ao jovem. Esse desafio foi abraçado pela ONG MismecDF, pela Caixa Seguros[6] e pelo Grupo Azulim no Projeto Jovem de Expressão.

O objetivo desse programa é promover o desenvolvimento social, físico e mental dos jovens, entre 16 e 24 anos, das cidades de Ceilândia (DF) e Sobradinho II (DF), regiões socialmente vulneráveis. Para alcançar o objetivo, o caminho utilizado é incentivar a expressão do potencial positivo dos jovens e fortalecer os valores familiares e comunitários, em uma perspectiva de parceria, expressão cultural, abordagem de direitos e políticas públicas.

Os terapeutas comunitários do DF se empreenderam em uma jornada desafiadora de encontrar uma dinâmica "jovial" para a metodologia da TC, que lidasse de fato com a imprevisibilidade e a dinamicidade do jovem. Em meio a tantas formas de expressões visuais, musicais, corporais, o desenvolvimento da TC entremeia a *palavra* no universo atemporal do jovem. A TC com os jovens foi denominada, nesse projeto, *Fala Jovem*. No projeto *Fala Jovem*, o momento de contato com a palavra falada segue-se crucial e indispensável, potencializado com outras formas e linguagens de expressão mais próximas e instigadoras dos jovens. Por exemplo, nas fases de acolhimento e nas dinâmicas de aquecimento, prioriza-se as expressões corporais-artísticas, como a música, a dança, a expressão plástica. Existem oportunidades de trabalho com percussão, desenho, leitura interpretativa de imagens, entre outras.

Sei lá... eu ouço música, um rap, vejo um vídeo de b-boys, é o meu ponto de fuga, eu me esqueço dos problemas.

Sei lá, eu tiro força... quando eu vejo um nenê no ônibus, uma criança, ou então uma flor no asfalto, ou até mesmo um mato no asfalto. Como é que pode? Se o mato nasce no asfalto eu vejo que eu também posso sair do sufoco.

(Jovem participante do Projeto)

A realidade desses jovens de periferia do DF é expressa nos temas surgidos no *Fala Jovem*, como violência policial, racismo, preconceito com a cultura *hip hop* e do *break*, o fato de morar em favela, valorização/afirmação da autoridade da própria história, da própria voz e o sentimento de revolta e desânimo diante das derrotas e da opressão.

A COMUNIDADE COMO CLIENTE, O GRUPO COMO TERAPEUTA

Mas é preciso ter força, é preciso ter raça
É preciso ter gana sempre.
Quem traz no corpo a marca

---

[6] www.caixaseguros.com.br

> Maria, Maria, mistura a dor e a alegria.
> Mas é preciso ter manha, é preciso ter graça
> É preciso ter sonho sempre.
> Quem traz na pele essa marca
> Possui a estranha mania de ter fé na vida.
>
> (Milton Nascimento e Fernando Brant)

A configuração do grupo (*gestalt*) é o cerne da terapia comunitária. Parte-se de um problema individual para se alcançar o coração do grupo. Estimula-se a fala de cada um para culminar na expressão de todos. A ideia é criar vínculos; o mote é o arrebanhador do sentimento do grupo, o ritual final, a conotação positiva, o que arremata a dimensão grupal, reafirmando a essência de um ser até então adormecido que ressurge das cinzas – o ser grupo.

Todas as fases da TC são preparações para que o grupo se revele: na escolha do tema, nas perguntas, no compartilhar das experiências, na conotação positiva – *o que eu estou levando daqui*. Nesses momentos, a situação-problema se desloca da pessoa que fala e toma lugar no grupo. O grupo se apodera daquilo que sempre lhe pertenceu e distribui inexoravelmente a todos. Todos, sem exceção, saem daquele banquete com a sensação plena de ter recebido e ter doado na proporção certa de sua necessidade e de sua solidariedade. Todos se entremeiam, se encantam, para, em uníssono, cantar:

> Viver e não ter a vergonha de ser feliz; e cantar, e cantar, e cantar a beleza de ser um eterno aprendiz (Gonzaguinha).

Na *beleza de ser um eterno aprendiz* a terapia comunitária e a terapia familiar contribuem mutuamente com a saúde social, incentivando a circularidade das ideias, das relações, e o consequente ampliar da visão e das alternativas de resolução. Nessa perspectiva de eterno aprender, as trocas estabelecidas e o fortalecimento da rede social são elementos importantes na construção de uma sociedade inclusiva, na qual as possibilidades de cuidado e atenção sejam acessíveis a todos.

REFERÊNCIAS

ALMEIDA, N. Redes solidárias junto ao Programa de Saúde da Família (PSF). In: CAMAROTTI, H.; FUKUI, L.; MARCHETTI, L. (Org.). *A terapia comunitária no Brasil*. Brasília, 2004. p. 108-110. Anais do II Congresso Brasileiro de TC.

ALVES, R. *A arte de ouvir*. Disponível em: <http://www.psicologianocotidiano.com.br/colunistas/colunista5.php>.

BARRETO, A. Terapia comunitária: entre nesta roda. In: CAMAROTTI, H.; FUKUI, L.; MARCHETTI, L. (Org.). *A terapia comunitária no Brasil*. Brasília, 2004. p.7-8. Anais do II Congresso Brasileiro de TC.

_____. *Terapia comunitária passo a passo*. Fortaleza: LCR, 2005. p.335.

BARRETO, A. et al. Relatório de avaliação de impacto da terapia comunitária. Documento integrante do Convênio 16/2004 firmado entre SENAD/UFC/MISMEC CE, 2007.

BARRETO, A.; GRANDESSO, M.; BARRETO, M. O pensamento sistêmico, a teoria da comunicação e a ação reflexão a serviço da ajuda mútua no contexto escolar. In: GRANDESSO, M.; BARRETO, M. (Org.). *Terapia comunitária*: tecendo redes para a transformação social, saúde, educação e políticas públicas. São Paulo: Casa do Psicólogo, 2007. p. 357-364. Anais do 3. Congresso Brasileiro de Terapia Comunitária.

BASSO, M. C.; PINHEIRO, I. Terapia comunitária com pacientes psiquiátricos no Hospital Regional de Planaltina. In: CAMAROTTI, H.; FUKUI, L.; MARCHETTI, L. (Org.). *A terapia comunitária no Brasil*. Brasília, 2004. p.103-107. Anais do II Congresso Brasileiro de TC.

BOGADO, A. P. C. *Terapia comunitária*: um espaço coletivo para o "cuidar". Disponível em: <http://dialogosdoser.com/artigos/anna_artigos/artigo01.pdf>.

BRANDÃO, S. Contribuições da psicologia social e comunitária à terapia comunitária. In: CAMAROTTI, H.; BARRETO, A. (Org.). *A terapia comunitária no Brasil*. Brasília, 2003. p. 153-159. Anais do I Congresso Brasileiro de TC.

CAMAROTTI, M. H. A doença como fonte de transformação: um estímulo a resiliência comunitária. In: GRANDESSO, M.; BARRETO, M. (Org.). *Terapia comunitária*: tecendo redes para a transformação social, saúde, educação e políticas públicas. São Paulo: Casa do Psicólogo, 2007. p.171-177. Anais do 3. Congresso Brasileiro de Terapia Comunitária.

_____. Entrevista. *Revista Eletrônica Responsabilidade Social*. Disponível em: <http://www.responsabilidadesocial.com/article/article_view.php?id=171>.

CAMAROTTI, H. et al. Terapia comunitária: relato da experiência de implantação em Brasília, D.F. In: CAMAROTTI, H.; BARRETO, A. (Org.). *A terapia comunitária no Brasil*. Brasília, 2003. p. 54-66. Anais do I Congresso Brasileiro de TC.

FREIRE, P. *Pedagogia do oprimido*. Rio de Janeiro: Vozes, 1987. p. 213.

GRANDESSO, M. A. Terapia comunitária: um contexto de fortalecimento de indivíduos, famílias e redes. *Revista Família e Comunidade*, v.1, n.2, p.103-113, 2005.

MARCHETTI, L.; FUKUI, L. TCendo em São Paulo. In: GRANDESSO, M.; BARRETO,M. (Org.). *Terapia comunitária*: tecendo redes para a transformação social, saúde, educação e políticas públicas. São Paulo: Casa do Psicólogo, 2007. p. 355-356. Anais do 3. Congresso Brasileiro de Terapia Comunitária.

_____. Perfil: considerações sobre a pessoa do terapeuta comunitário In: *Terapia comunitária*: tecendo redes para a transformação social, saúde, educação e políticas públicas. São Paulo: Casa do Psicólogo, 2007. p. 207-212. Anais do 3. Congresso Brasileiro de Terapia Comunitária.

RODRIGUES, A.; BRITO, M. Desdobramentos da terapia comunitária no Grupo do Paranoá: oficina de ensinar e aprender artesanato. In: CAMAROTTI, H.; FUKUI, L.; MARCHETTI, L. (Org.). *A terapia comunitária no Brasil*. Brasília, 2004. p. 205. Anais do II Congresso Brasileiro de TC.

SECRETARIA NACIONAL ANTIDROGAS (SENAD). *A prevenção do uso de drogas e a terapia comunitária*. Brasília, 2006. p. 17.

SEIXAS, M. R. A fragilidade e a ética do terapeuta. In: GRANDESSO, M.; BARRETO, M. (Org.). *Terapia comunitária*: tecendo redes para a transformação social, saúde, educação e políticas públicas. São Paulo: Casa do Psicólogo, 2007. p. 83-89. Anais do 3. Congresso Brasileiro de Terapia Comunitária.

SEIXAS, M. R.; CARBONE, A. " Entrando na casa do Zé". In: CAMAROTTI, H.; FUKUI, L.; MARCHETTI, L. (Org.). *A terapia comunitária no Brasil*. Brasília, 2004. p.131-136. Anais do II Congresso Brasileiro de TC.

WEIL, P. *A arte de viver em paz*: por uma nova consciência e educação. São Paulo: Gente, 1993. p. 91.

parte III

Terapias de famílias em distintas configurações familiares

16

Famílias com bebês

Olga Garcia Falceto
José Ovidio Copstein Waldemar

INTRODUÇÃO

Neste capítulo, será abordado todo o universo das famílias em que há bebês, e não o das famílias só com bebês, definindo bebê como uma criança menor de 2 anos. Será dada especial atenção à chegada do primogênito – à "fundação" da família – mas descrevemos também vários tipos de situações envolvendo bebês que chegam ao consultório do terapeuta de família, desde casos simples até problemas psiquiátricos bem complexos. Será relatada uma pesquisa epidemiológica que demonstra a magnitude dos problemas descritos e serão assinaladas as semelhanças e as diferenças entre o que se chama psicoterapia pais-bebê e a abordagem familiar sistêmica. Por fim, há a apresentação de vários casos clínicos que ilustram a diversidade dos desafios para as famílias e terapeutas.

A DEMOGRAFIA DAS FAMÍLIAS COM BEBÊS E O ESTUDO DE UM BAIRRO DE PORTO ALEGRE

Segundo o Instituto Brasileiro de Geografia e Estatística (IBGE), em 2005, havia no Brasil 3.500.482 crianças de menos de 1 ano, de uma população total de 179.556.501. Usamos esse índice porque não há dados sobre os primeiros 2 anos. Estima-se que em 2020 o número de bebês até 1 ano de idade será de 3.417.598, ou seja, a população se manterá estável. Isso demonstra que já existe um adequado controle de natalidade no país, mais perceptível nos centros urbanos, onde as famílias têm em média 2,5 filhos.

O enfoque deste capítulo são essas famílias, predominantemente urbanas, que recentemente tiveram um filho que pode ser ou não o primogênito.

A PESQUISA DO BAIRRO VILA JARDIM DE PORTO ALEGRE

Os envolvidos neste estudo, vinculado ao Departamento de Psiquiatria da Faculdade de Medicina da Universidade Federal do Rio Grande do Sul (UFRGS), em conjunto com o Serviço de Medicina de Família e Comunidade do Grupo Hospitalar Conceição (GHC) e do Instituto da Família de Porto Alegre (INFAPA), visitaram todas as famílias de um bairro de Porto Alegre cujos filhos de 4 meses tinham nascido em um hospital público, entre dezembro de 1998 e fevereiro de 2000. A maioria das famílias utilizava um dos três Postos de Saúde do GHC que servem o bairro.

Esta pesquisa oferece um panorama destas famílias na comunidade. É possível que os dados sejam generalizáveis a populações semelhantes em outras cidades do Brasil.

Das 230 famílias identificadas, 148 aceitaram fazer parte da pesquisa. O estudo da amostra perdida mostra que essas são famílias em situação de adversidade ainda maior; portanto, se incluídas, os resultados seriam ainda mais preocupantes. As entrevistas foram semidirigidas e feitas nas casas das crianças por dois terapeutas de família, que buscavam fazer avaliações consensuais a fim de diminuir os viéses de aferição.

As mães eram as cuidadoras primárias de todos os bebês identificados no bairro, e 20,3% declarava não ter companheiro. Treze e meio por cento das crianças não tinha nenhum contato com o pai. Entre as 116 famílias em que pai e mãe coabitavam, 30% dos pais não participavam ativamente dos cuidados do bebê, e 9,5% das mães e 12% dos pais já demonstravam dificuldades duradouras que prejudicavam sua relação com o bebê (Falceto, 2008). Nessa avaliação, utilizaram-se os critérios da Classificação Diagnóstica de Zero a Três (1997).

A maioria das mães e dos pais era adulta, mais da metade eram brancos, 80% tinham mais de cinco anos de escolaridade e a maioria dos pais, mas não das mães, tinham um trabalho estável. A renda familiar média era acima de três salários mínimos, sendo que 8% das famílias viviam em favelas. Em torno de 40% dos bebês eram primogênitos. A maioria dos bebês nasceu a termo, de parto normal, com peso adequado, ficando ao nascer no quarto do hospital junto às mães. Poucos pais participaram do parto, ainda que quase metade tenha participado de alguma consulta pré-natal. Sessenta e oito por cento das crianças estavam ainda sendo amamentadas, e apenas um quinto delas com aleitamento exclusivo, em um período em que a Organização Mundial de Saúde (OMS) recomenda que essa seja a conduta com a totalidade das crianças (Kramer e Kakuma, 2002).

Os entrevistadores suspeitaram da presença de transtorno mental em 51,4% das mães e 42% dos pais, usando os critérios do DSM-IV (2002). Vinte e três por cento dos casais apresentavam uma relação de casal disfuncional, 26,3% tinham problemas importantes na relação com as famílias de origem materna e 23,7% com a paterna, usando os critérios da GARF, do DSM-IV (2002). Vinte e oito por cento das famílias apresentavam uma relação insatisfatória com a rede social.

O fator que se mostrou significativamente associado com a relação mãe-bebê problemática foi o pai apresentar transtorno mental e, de forma limítrofe, a relação com a rede social. Os fatores associados com a relação pai-bebê problemática foram: relação conjugal disfuncional, transtorno mental paterno e baixo peso de nascimento do bebê.

Esses achados enfatizam a grande proporção de bebês que, já aos 4 meses, vive em situação adversa para seu desenvolvimento devido à presença de disfunções relacionais graves na família e transtorno mental em um ou ambos os pais. Demonstram a importância de insistir em que o sistema de saúde faça um diagnóstico precoce desses problemas, especialmente considerando a possibilidade de boa resolução da maioria deles com o uso de psicoterapia pais-bebê ou familiar sistêmica. Já está demonstrado que, nessa fase da vida familiar, os pais estão mais flexíveis e dispostos a mudar, motivados pelo desejo de cuidar bem dos filhos (Cramer e Palacio-Espasa, 1993).

CONSIDERAÇÕES GERAIS SOBRE FAMÍLIAS COM BEBÊS

A organização das famílias com bebês, assim como a das famílias em geral, varia conforme a classe social e o nível educacional dos pais. É sempre influenciada pela herança cultural que forma as crenças e molda os comportamentos a respeito da educação dos filhos. As doenças e os acidentes normais do ciclo vital de seus membros também são importantes (Carter e McGoldrick, 1995).

A família, tal como a conhecemos hoje nas sociedades modernas ocidentais, começa com a formação do casal através da escolha livre dos parceiros, uma conquista do século XX. Na decisão dos cônjuges, encontram-se motivações conscientes e inconscientes. Quanto menos contraditórias entre si elas forem, mais probabilidade terá o casamento de manter-se satisfatório. De modo geral, os casais com afinidades culturais, religiosas, políticas e de classes sociais não muito diferentes têm mais facilidade de adaptação. No Brasil, a maioria dos casais ainda apresenta uma relação complementar, ou seja, com funções diferenciadas para o homem e para a mulher, com o marido sendo considerado a "cabeça do casal", ficando com a principal responsabilidade de garantir o sustento. A mulher, mesmo quando trabalha fora do lar, fica responsável pelos filhos e pelas tarefas domésticas (Bustamante e Trad, 2005). Muitos problemas trazidos à psicoterapia pelos casais se relacionam com as mudanças recentes no papel da mulher na sociedade e com a necessidade de o casal se adaptar a uma esposa cada vez mais profissional e autônoma. O problema agrava-se pela ausência de creches e escolas maternais de qualidade para cuidar das crianças.

A tarefa fundamental no início do casamento é a adaptação recíproca, a construção de um estilo de relacionamento que geralmente guarda semelhanças, mas que também mostra diferenças em relação ao funcionamento das famílias de origem. É um período no qual o casal renegocia as relações, principalmente com suas respectivas famílias e com os antigos amigos, criando uma nova cultura a dois.

É desejável que a gravidez aconteça só depois da estabilização do casamento, pois ela introduz profundas transformações na vida do casal. A mulher, mais sensível e introspectiva, precisa de apoio, atenção e carinho do marido. Sabemos que em mulheres com história prévia de transtorno mental a falta de apoio pode levar a um novo desequilíbrio. Também o marido pode desequilibrar-se caso se sinta abandonado pela esposa. Todos esses problemas podem ser antecipados e devem ser discutidos durante o pré-natal e nas consultas de puericultura. Deve-se também enfatizar a importância do apoio do pai à amamentação para que esta seja bem-sucedida (Falceto et al., 2004). Nas primeiras semanas pós-parto, até 80% das mulheres podem apresentar o que se chama "melancolia pós-parto", isto é, sentem-se muito mal pelo menos por alguns dias. Segundo a literatura internacional, isso pode evoluir em 10% dos casos para depressão clínica, mas dados do Brasil mostram que a depressão pós-parto pode atingir até 30% das parturientes (Falceto et al., 2004). Essa depressão tem alto custo emocional para a mulher, prejudica a interação com o bebê e com o seu desenvolvimento, ficando isso mais visível em torno dos 6 meses de idade do bebê. A depressão afeta não só a relação conjugal, como também estudos indicam que é uma via de mão dupla, pois a má qualidade da relação conjugal está frequentemente associada ao aparecimento e à manutenção da depressão (Hollist et al., 2007).

Por isso, a situação especial da chegada do primogênito é um dos grandes desafios do ciclo vital, pois a transformação de casal para família implica uma mudança radical (Falceto e Waldemar, 2001). Espera-se que o casal neste momento esteja com boa comunicação e já habilidoso na solução dos problemas comuns dessa etapa: manejo do dinheiro e divisão do poder, tarefas domésticas, relações com os amigos e crescente autonomia das famílias de origem. Quando isso acontece, a chegada do bebê, com sua grande capacidade de despertar amor, fortalece também a intimidade do casal. A possibilidade de os avós ajudarem é muito importante, mas, para que a relação seja saudável, o casal precisa ter conquistado um espaço de independência dos próprios pais. A ajuda financeira que muitos avós, na situação econômica atual, continuam dando para seus filhos pode ser fonte adicional de conflito. Todo o humor sobre "sogras invasivas" tem justamente a ver com esse ponto.

Quando um ou ambos os membros do casal experimentaram conflitos graves nas suas famílias de origem, quer gerados por desentendimentos entre os pais, quer por vivências de abandono ou violência, frequentemente passam a manifestar dificuldades nos novos papéis de pai e mãe. Por "compulsão à repetição", muitas vezes, repetem padrões relacionais: o saudoso professor Carl Whitaker gostava de dizer que "o casamento é a forma pela qual duas famílias enviam representantes para reproduzir a si mesmas" (Whitaker e Bumberry, 1991).

Nas famílias de recasamento, o nascimento de um bebê envolve um sistema ainda mais complexo, pois há filhos dos casamentos anteriores que, por sua vez, se relacionam com várias famílias de origem.

INFLUÊNCIAS SOCIAIS E CULTURAIS

Na classe média, em parte por opção, devido ao aumento da longevidade e a outras mudanças, mas também devido às necessidades do mercado de trabalho, muitos casais adiam a chegada do primeiro filho para depois dos 30 anos. É difícil conciliar maternidade e trabalho. Felizmente, muitas empresas, para não perder funcionárias eficientes, já estão introduzindo horários flexíveis, e aquelas mães que, por seu temperamento, preferem passar mais de um turno com seu filho em casa estão aproveitando essa oportunidade. Já mães que prefeririam trabalhar, mas que se sentem obrigadas a ficar em casa, quer seja por pressões familiares, quer por falta de creche adequada, podem desenvolver ou problemas pessoais ou na relação com o bebê ou com o marido. Como as pesquisas sobre filhos cuidados em casa ou em escolas maternais não mostraram diferenças importantes entre os dois grupos (American Academy of Pediatrics Committee on Early Childhood, Adoption, and Dependent Care, 2005), concluímos que o importante é ver em cada situação como estão as crianças e analisar se as expectativas dos pais e as necessidades da criança estão em harmonia. Este é um dos fatores principais que influenciam a relação pais-bebê.

É importante também que, com o advento da internet, muitos pais passaram a ter o escritório em casa, desfrutando mais tempo com seus filhos.

Os pais jovens em nossa sociedade de consumo enfrentam também o dilema de como equilibrar diferentes necessidades que a falta de tempo torna contraditórias: conseguir espaço profissional, cuidar da relação do casal, cuidar de si e da vida social e agora dedicar tempo especial para o recém-nascido. Como fazer isso tudo requer maturidade emocional e uma atitude de sacrifício, algo geralmente raro na nossa agitada população, com frequência, encontramos na clínica muitas dificuldades desencadeadas pela chegada dos bebês. Não surpreende, portanto, que, nos Estados Unidos, 10% dos casais decidem não ter filhos.

OS PROBLEMAS MAIS FREQUENTES E SEU TRATAMENTO

Normalmente é o pediatra que lida com estes casos, ajudando a decidir, por exemplo, quando tirar a criança do quarto do pais, amamentar sob demanda ou não, se dar ou tirar o bico ou como lidar com os transtornos do sono.

Já está estabelecido que os problemas de comportamento mais sérios das crianças que necessitam de encaminhamento especial estão geralmente associados, aberta ou veladamente, a um dos pais apoiar os desejos da criança contra a vontade do outro, o que na abordagem estrutural chamamos "criança triangulada" (Minuchin e Fishman, 2003). Os pais frequentemente apresentam essas dificuldades de serem consistentes com limites já no inicio da vida do bebê. Isso pode se tornar um problema sério, pois as crianças que permanecem trianguladas no conflito do casal têm até seis vezes mais chance de desenvolver transtornos de comportamento, sendo justamente o conflito conjugal crônico o fator que está mais associado a transtorno de comportamento das crianças (Rutter e Taylor, 2002).

Além disso, crianças podem ter seu desenvolvimento prejudicado por falta de estimulação adequada quando as mães estão deprimidas ou em outras situações.

Já está bem demonstrada a eficácia das intervenções pais-bebê, a partir de estudos de caso, nos transtornos do bebê (Cramer, 1993) e na depressão da mãe (Frizzo, 2008). Estudos randomizados e controlados recentes confirmam os bons resultados dessas intervenções (Hiscock et al., 2007; Cicchetti et al., 2000).

CASOS CLÍNICOS

Serão apresentados a seguir alguns exemplos de casos atendidos por terapeuta de família, nos quais o desencadeamento da sintomatologia estava associado com o nascimento de um filho.

Autismo em família

Luana é uma linda menina de 14 meses, de cachos pretos encaracolados. É muito quieta, e os pais, ambos com 25 anos, estão preocupados porque praticamente não demonstra nem alegria nem tristeza quando eles saem para o trabalho às 8 horas e quando voltam às 19h30 min. Pensam que a menina possa ser autista. O casal conta que a gravidez não foi desejada e precipitou o casamento, que aparentemente vai bem. Ambos fazem cursos muito exigentes e estão totalmente imersos em suas respectivas carreiras "para conseguir um lugar ao sol". Provenientes de uma faculdade do interior, vieram para a capital logo após formados para cursar uma especialização. Uma adolescente de 16 anos passa o dia com Luana; veio também do interior especialmente para isso. Quando os pais chegam à noite, ela sai para estudar. Na entrevista seguinte, com a presença de Luana e da babá, esta diz que a menina passa quase todo o tempo no berço, não exigindo muita atenção. A babá, que parecia muito apática, conta que se distrai vendo televisão.

Como o desenvolvimento da linguagem e da motricidade de Luana está dentro do esperado e ela faz contato visual, parece que a primeira hipótese a ser feita é falta de estimulação de uma menina de temperamento quieto e passivo. Os pais e a babá, "cada um na sua", não estão dando atenção suficiente para Luana.

Tranquilizados e ao mesmo tempo mobilizados pelo diagnóstico, os pais passam a cuidar melhor da menina. A mãe, com a recomendação médica de que a filha precisa mais da presença dela, consegue flexibilizar suas horas de trabalho e aumenta o tempo que passa em casa. Em três meses, o comportamento de Luana mostra-se bem diferente, e a mãe brinca com o terapeuta dizendo que agora fica "contente" de vê-la chorando quando sai para o trabalho.

Comentário

Vinte por cento das gravidezes não são desejadas (Bradt, 2001). A principal consequência pode ser, como neste caso, falta de espaço psicológico para receber o bebê. Por outro lado, a flexibilidade do empregador e a rápida mudança de atitude da mãe levaram a um desfecho favorável no que pode ser visto como basicamente uma intervenção na relação da mãe com a filha. Essas psicoterapias breves caracterizam-se por serem centradas na resolução de um problema único e específico, ou seja, por serem focais (Cramer,1993; Stern, 1997). A clínica de bebês também pode ser considerada um ponto de encontro entre a abordagem psicodinâmica e a familiar sistêmica (Prado, 1996). Como ambas salientam a importância de se considerar não somente as questões intrapsíquicas da mãe, mas também de todos aqueles envolvidos no cuidado direto com o bebê, o que inclui geralmente o pai, torna-se mais indicado chamar tal abordagem terapêutica de psicoterapia breve pais-bebê (Schwengber e Piccinini, 2003; Prado, 1996; Trad, 1997) ou ainda psicoterapia familiar breve centrada na relação com o bebê.

Competindo com a irmãzinha

Os pais trazem seu primogênito Serginho de 6 anos à consulta porque "fala como nenezinho" e insiste em usar as roupas da mãe. O quadro iniciou-se durante a gravidez e piorou com a chegada da caçula. O menino regrediu na fala e consegue apavorar o pai quando chega à noite, com suas brincadeiras de travesti aprendidas na televisão. O pai, um engenheiro, logo pergunta ansiosamente se não é início de homossexualismo e conta que em casa passa muito tempo repreendendo o filho para que pare com esse comportamento.

Fora de casa e na escola a conduta de Serginho é normal. A mãe está naturalmente mais voltada para o bebê e já havia alertado o pai para dar mais atenção ao filho, já que o pai costuma chegar em casa cansado e logo vai cuidar de várias tarefas. O exame da situação permite uma hipótese simples. O pai, que se criou no interior com seis irmãos e pouco carinho, devagar entende que, mesmo Serginho "tendo de tudo", neste momento precisa dele mais próximo. Só conseguiu compreender que precisava se dedicar mais ao filho depois de Serginho ter descoberto uma forma infalível, ainda que negativa, de conseguir sua atenção. Quando mudou de atitude e passou a sair e brincar mais com o filho, a mudança no comportamento do menino foi muito rápida! Em um mês parou de querer usar as roupas da mãe, e sua fala tornou-se bem mais adequada. O seguimento do caso depois de vários meses mostrou permanência da melhora.

Comentário

Muitas crianças como Serginho não abdicam da posição de "filhos únicos" com a chegada de irmãos. A função do pai, além de apoiar a mãe, é justamente dar atenção aos irmãos maiores para que eles possam lidar com sentimentos de ciúme. Neste caso, a intervenção básica foi pai-filho.

A chegada do bebê desencadeando infidelidade

Armando e Anahy, ambos com 24 anos, se conheceram no ensino médio e, quando se casaram, já levavam 10 anos de namoro. Anahy, muito contente e envolvida com a gravidez, não se deu conta de que Armando sentiu-se deixado de lado e acabou envolvido com outra mulher, desde a metade da gravidez até o segundo ano do primogênito. Quando Anahy descobriu a "traição", ficou extremamente perturbada. Armando era um dos muitos filhos de um casal que passou a vida inteira brigando, com seu pai muito descontente de ver a mulher sempre atarefada. Anahy era de uma família que se dedicou muito aos filhos ("Tive uma infância perfeita", dizia).

Anahy achou "natural" a diminuição da libido na gestação, o que só fez aumentar a sensação de Armando de abandono. Quando Anahy deu-se conta de que não conseguia superar a crise de infidelidade, apesar das manifestações de arrependimento de Armando, buscaram tratamento. Anahy demorou para entender os limitados recursos emocionais de Armando, cujo principal argumento sobre a situação era no sentido de a outra mulher "não representar nada em sua vida". Na terapia, a intervenção mais importante foi o trabalho com o genograma de Armando, através do qual ele pode entender que sempre se sentiu muito "filho" de sua esposa e que, com a chegada do primogênito, seu ciúme levou-o a buscar um outro "colo" disponível. O casal reconciliou-se, mas no final do tratamento ainda restava uma importante perda de intimidade.

Comentário

Estudos demonstram que após o nascimento do bebê é comum aparecerem dificuldades em casais que frequentemente colocam toda a sua atenção no cuidado do filho, descuidando sua relação (Belsky et al., 1983). Neste caso, em que Armando fez uma escolha de cônjuge complementar rígida – Anahy tinha que lhe dar o acolhimento que não teve na sua família – sua defesa para os sentimentos de abandono com a chegada do bebê foi procurar outra mulher.

A chegada do bebê desencadeando uma crise paranóide no pai

Gustavo e Geni casaram-se quando ambos já passavam dos 30 anos. Gustavo já era independente desde seus tempos de universitário, quando começou a trabalhar e a estudar.

Geni, que saiu da casa dos pais para se casar, era enfermeira. Gustavo era um bem-sucedido advogado. Gostava de frisar que seu alto salário era todo gasto com a família. Sua vida foi marcada pela doença mental do pai, que se suicidou quando Gustavo tinha 20 anos. Geni fazia parte de uma família grande de sete irmãos, sendo que seu pai ainda ocupava a função de patriarca e diretor da empresa familiar, que empregava alguns de seus irmãos. O casal teve sua única filha, Roberta, depois de cinco anos de casamento, uma linda e inteligente menina, que vinha sendo criada com muitos mimos e com superproteção. Gustavo tinha mãe viva, mas visitava-a pouco, ao contrário de Geni, que com a chegada da filha começou a levar o nenê para visitar seus avós todos os fins de semana.

Isso incomodava muito Gustavo. Já antes afirmava que o sogro favorecia os filhos homens na empresa familiar, especialmente um dos irmãos de Geni, mas após o nascimento da filha esse irmão virou uma ideia fixa para Gustavo, levando-o a exigir da esposa que deixasse de visitar sua família de origem.

Geni não aceitava a atitude do marido, mas sem diálogo com ele, porque "ele ficava muito brabo". Ela passou a visitar seus familiares escondida de Gustavo, que desconfiava e usava o celular várias vezes ao dia para saber por onde andava Geni. O fator desencadeante para o tratamento foi a invasão por Gustavo da casa do sogro, procurando pela esposa. Na primeira consulta, Geni afirmou que, se a situação não mudasse, a separação era inevitável, comentário que Gustavo interpretou como prova adicional de desamor.

Gustavo deixou claro que, apesar de amar muito sua filha, sentia-se de fora da forte paixão que Geni admitia existir entre ela e a filha, "companheiras inseparáveis". Ao reconhecer essa relação especial, Geni permitiu que Gustavo pudesse então trazer seus sentimentos para serem trabalhados dentro da relação do casal, que precisava de mais intimidade. Geni, por sua vez, ajudou bastante no resgate do diálogo ao admitir que, de fato, seu pai protegia o filho mais moço. O caso teve uma evolução favorável, com o casal comprando uma casa na serra para convivência só da família nuclear, com Geni espaçando voluntariamente suas visitas familiares e com Gustavo tornando-se ainda mais próximo da filha.

Comentário

O pai, sem modelo adequado para ser pai e provavelmente com vulnerabilidade biológica, reage intensamente sentindo-se excluído da relação mãe-bebê. Isso é agravado pelo desequilíbrio na proximidade com as famílias de origem. A capacidade de buscar ajuda e a flexibilidade de ambos os cônjuges, aceitando responsabilidade na origem e na manutenção dos problemas, permite uma boa evolução para o caso.

A mãe que revivia o terror infantil

Marta, 40 anos, da área de informática, nascida no interior onde ainda vive sua família, e Mauro, 38 anos, professor, nascido em Porto Alegre, procuram terapia. Marta sente-se muito cansada desde o nascimento do filho único de 7 meses, Eduardo. Começou a acordar muito cedo e perdeu o apetite. Recomeçou a trabalhar quatro meses após o parto, mas piorou pouco depois, quando retomou um curso de especialização.

Mauro descreve-a como excessivamente preocupada com Eduardo. O pai sente-se criticado sempre que tenta ajudar nos cuidados do filho. Marta também reclama das visitas diárias que Mauro faz à mãe, algo que antes não a incomodava. Como Mauro trabalha perto, acha natural almoçar todos os dias na mãe, já que na casa deles não faziam almoço.

Marta disse desconfiar de Mauro, que, segundo ela, estava desinteressado sexualmente. Falava até em separação. O ginecologista havia lhe receitado Fluoxetina há mais de um mês, mas só a irritação diminuíra um pouco.

A terapia consistiu em ajudar Mauro, que continuava a gostar da esposa, a pacientemente aproximar-se mais de Marta. Verbalizou que continuava a achá-la bonita e organizou a vinda da sogra para passar uns dias com eles. Entretanto, Marta só começou a melhorar mesmo quando, na quarta sessão, contou, aos prantos, o terror que passava todos os dias ao deixar o filho com a babá para ir trabalhar. Disse que, quando tinha 7 anos, sua irmã caçula de 2 anos morreu em seu colo. Ela agora passava os dias imaginando que o filho podia morrer da mesma forma, no colo da babá. Comentou também que duas irmãs suas sofreram do mesmo medo quando tiveram seus filhos. Mauro já tinha escutado essa história, mas não havia retomado o assunto porque achava que isso "já era passado".

Depois de trabalhar o trauma, o caso evoluiu bem, com melhoras da mãe e do casal.

Comentário

Este filho tardio, simultaneamente muito desejado e adiado, desperta em Marta o terror vivido na infância que ficou reprimido. É necessária uma intervenção terapêutica que ajude a melhorar a relação conjugal, reavive seus laços com a família de origem e, principalmente, a ajude a superar o trauma infantil. Esse caso é contribuição de Giana Frizzo (2008), supervisionado por Luiz Carlos Prado. Frizzo relata casos em que, no início da terapia, a parentalidade e a conjugalidade estavam sendo vivenciadas como dificuldades, mas mudanças positivas aparecem já a partir da quarta sessão.

O enteado que queria mudar o nome

Paulinho, de 10 anos, era o filho único de Nívea, de 29 anos. Paulinho não conhecia seu pai, que desapareceu após morar com sua mãe por um ano, tampouco tinha contato com a família paterna. Nívea recasou com Reginaldo, e o casal tinha uma filha de 2 anos, Carolina. A escola encaminhou Paulinho por baixo rendimento escolar, e a professora comentou com Nívea que o menino começou a assinar seu nome utilizando o sobrenome do padrasto, em lugar de seu próprio. Na entrevista inicial com a mãe e com o filho, Paulinho começa a chorar, dizendo querer mudar seu nome para ficar "como todo mundo", que tem o sobrenome Machado, de Reginaldo.

Reginaldo assumiu na prática a paternidade de Paulinho, que o chama de pai, e os dois se dão muito bem. Nívea, cuja prioridade era juntar dinheiro para comprar casa própria, não vê necessidade de começarem logo um longo e caro processo para mudar o nome do filho. Prefere insistir no tema de que o filho precisa "é estudar mais!". Na sua primeira participação na avaliação, Reginaldo externa sua opinião de que Nívea é muito dura com Paulinho. Critica a esposa por dizer, às vezes, para o filho, fisicamente semelhante a seu pai biológico, que ele "é igual ao pai", por se parecer com o pai e por incomodar bastante. Reginaldo não se opõe a iniciar o processo para mudar o nome de Paulinho, mas concorda com Nívea que o momento agora não é propício financeiramente. Em uma sessão conjunta, muito comovente, Nívea e Reginaldo comprometem-se com Paulinho a mudar seu nome assim que possível. Em contrapartida, Paulinho se compromete a se dedicar mais aos estudos. A partir daí, a professora notou uma melhora significativa no desempenho de Paulinho, que tem permissão para usar "extra-oficialmente" o sobrenome Machado.

Comentário

Este caso tem vários outros aspectos importantes, mas o objetivo é mostrar a necessidade que surge após o nascimento de um irmão em crianças como Paulinho de se sentirem totalmente integradas à nova família do recasamento.

Quem cuida do filho da dançarina?

Rita é uma adolescente de 16 anos, com talento especial para dança moderna, que pratica graças à bolsa de estudos que sua mãe Rosana, de 33 anos, havia conseguido para ela. O sonho de Rosana, que ela própria não conseguiu realizar, é que a filha torne-se dançarina profissional. A avó Rafaela, de 50 anos, mora ao lado do apartamento da filha e da neta. Quando Rita engravidou do namorado de 17 anos, a mãe se desesperou, pois "tinha avisado Rita que era a pior coisa que podia acontecer". Rosana tinha dito para Rita que não ia ajudar a cuidar do nenê, que Rita ficaria então totalmente com esse encargo e que não imaginava como Rita poderia seguir estudando dança e cuidando da criança.

Lucas, de 17 anos, o pai do bebê e namorado de Rita, estudava e trabalhava. O casal se dava bem, mas não tinham intenção ou condições financeiras de se casar. Lucas morava com sua família de muitos irmãos. Rita, que não se dava bem com anticoncepcionais, já tinha feito um aborto. Quando engravidou pela segunda vez, decidiu ter o filho, mesmo sabendo que talvez tivesse que interromper seus estudos. Lucas primeiro deixou-a decidir sozinha, mas depois passou a apoiá-la. Rosana não gostava de Lucas, pois achava que sua filha tinha condições de achar alguém melhor.

Ainda no hospital, depois do nascimento de Luiz, um belo garoto de 3,5 kg, Rita precisou de uma consultoria psiquiátrica, pois sentia-se exausta, sem energia, e não conseguia amamentar. Não se imaginava indo para casa nessas condições. O diagnóstico psiquiátrico foi de depressão pós-parto.

A avó Rosana, que visitava a filha, foi quem inicialmente contou toda a história familiar, das três gerações de mães adolescentes.

> Eu não aprendi com minha mãe e agora minha filha apronta essa, vai arruinar sua vida, eu a preveni, mas eu vou viver a minha, já disse para ela.

A primeira intervenção terapêutica foi assinalar que, mesmo aparentemente aceitando que ia assumir o filho sem ajuda, os sintomas de Rita eram uma comunicação para Rosana de que, na realidade, não se sentia capaz de cuidar do bebê sozinha. Rosana entendeu essa reação de sua filha, de não ter forças para cuidar do nenê, como uma forma de obrigá-la a assumir responsabilidades com o neto. "Vou ajudar um pouco, mas só até ela melhorar", disse. Com a ajuda inicial de Rosana e da bisavó de 50 anos, nas primeiras semanas, Rita foi se sentindo mais forte e começou a participar dos cuidados do filho, sem voltar a estudar ou dançar. Em uma das consultas seguintes, Rita mencionou, muito ansiosa, que sua avó Rafaela lhe confidenciara que Rosana já não estava aguentando mais ficar com Luiz: "Minha avó escutou minha mãe dizendo: – às vezes tenho vontade até de jogar o nenê pela janela!". Antes da próxima consulta com mãe e filha, Rita foi novamente hospitalizada, pois desmaiara na rua e sentia-se de novo sem forças nem para caminhar. Esse quadro já permanecia por vários dias quando a assistente social do hospital, constatando que o bebê estava mal cuidado e com baixo peso, introduziu a possibilidade de temporariamente tirar a guarda da família, mesmo porque Rosana, dessa vez, nem mesmo apareceu no hospital para visitar a filha e a neta. Quando isso foi apresentado a Rita e a Lucas na terapia, eles aceitaram a ideia de Rita morar em uma casa para mães solteiras adolescentes. Apesar da dificuldade, com atestado médico e com o esforço da assistente social, conseguiu-se uma vaga em um ótimo lar de irmãs católicas. O bebê ficava de dia bem cuidado no lar, e, a partir das 17 horas, Rita retornava da escola e da dança e assumia os cuidados do filho. O pai visitava-os quando podia. O seguimento do caso após vários meses mostrou que Rita estava bem, e o nenê desenvolvia-se normalmente.

Comentário

Este caso mostra as dificuldades de um sistema matriarcal trigeracional rígido no contexto da classe pobre.

Muitos adolescentes de famílias simbióticas repetem o padrão transgeracional. Esta era uma família com regras rígidas, mas em famílias simbióticas caóticas é comum que a adolescente tente conseguir espaço pessoal ao deixar a avó ocupada com o neto. No caso, Rita faz uma pseudotentativa de individuação através de uma gravidez precoce. Este caso mostra a importância crucial dos recursos da comunidade quando o sistema familiar é insuficiente para atender todas as demandas da situação.

CONSIDERAÇÕES FINAIS

Os casos clínicos descritos mostram as diversas situações desencadeadas pela chegada de bebês, desde reações de bebês pouco estimulados (Luana), irmãos com ciúme (Serginho e Paulinho), pai sentido-se abandonado e desenvolvendo uma crise (Gustavo), infidelidade (Armando) e depressão pós-parto em família rígida (Rita e Marta). As intervenções foram variadas, desde a mais focal mãe-bebê, até as mais complexas (Rita).

Como conclusão, resumimos a pesquisa de Porto Alegre e oferecemos sugestões para o sistema de saúde. A pesquisa com todas as famílias com bebês de 4 meses de um bairro de Porto Alegre identificou que, aos 4 meses, 13,5% dos bebês já não tinham nenhum contato com o pai. Mostrou também padrões disfuncionais mãe-bebê e pai-bebê em aproximadamente 10% das famílias. As altas prevalências em pais e mães de transtornos mentais e relacionais, que são fatores comprovadamente associados a dificuldades no desenvolvimento infantil, com frequência, evoluem mais tarde para transtornos nos adultos. Em saúde pública, consideram-se todos os problemas que afetam mais de 10% da população como importantes; logo, estamos frente a um deles que tem grande potencial para gerar consequências sociais graves, especialmente violência.

Alguns dos casos relatados necessitaram de poucas sessões para resolver o problema. Outros precisaram intervenções mais prolongadas. Os exemplos dão uma boa perspectiva do que descrevemos como sendo o estresse normal da chegada de bebês, que desencadeia sintomas quando, por múltiplas razões, o sistema familiar e o sistema de saúde não conseguem responder adequadamente. Para prevenir essas situações, é necessário que o sistema de saúde e laboral se reorganize para que a mãe venha à consulta sempre acompanhada, de preferência, do pai da criança ou de sua própria mãe e, quando isso não for possível, conseguir a presença de uma pessoa significativa. Essa simples iniciativa do sistema de saúde contribuirá muito para o objetivo de prevenir problemas no desenvolvimento biopsicossocial das crianças, diminuir o sofrimento psíquico de todas as pessoas envolvidas e evitar consequências graves e gastos desnecessários. Permitirá melhores cuidados das crianças, já que sabemos que só quem recebe "colo" é capaz de dar colo a seu bebê.

REFERÊNCIAS

ACADEMY OF PEDIATRICS COMMITTEE ON EARLY CHILDHOOD, ADOPTION, AND DEPENDENT CARE. Quality early education and child care from birth to kindergarten. *American Pediatrics*, v.115, n.1, p.187-191, 2005.

AMERICAN PSYCHIATRIC ASSOCIATION (APA). *DSM-IV-TR™*: manual diagnóstico e estatístico de transtornos mentais. 4. ed. Porto Alegre: Artmed, 2002. p.811.

BELSKY, J.; SPANIER, G. B.; ROVINE, M. Stability and change in marriage across the transition to parenthood. *Journal of Marriage and the Family*, v. 45, p.567-577, 1983.

BRADT, J. O. Tornando-se pais: famílias com filhos pequenos. In: CARTER, B.; MCGOLDRICK, M. *As mudanças no ciclo de vida familiar:* uma estrutura para a terapia familiar. 2. ed. Porto Alegre: Artmed, p.206-221.

BUSTAMANTE, V.; TRAD, L. A. B. Participação paterna no cuidado da saúde de crianças pequenas: um estudo etnográfico com famílias de camadas populares. *Cad. Saúde Pública*, v.21, p.1865-1874, 2005.

CARTER, E.; MCGOLDRICK, M. *As mudanças no ciclo da vida familiar*: uma estrutura para a terapia familiar. 2. ed. Porto Alegre: Artmed, 1995.

CLASSIFICAÇÃO DIAGNÓSTICA 0-3: classificação diagnóstica de saúde mental e transtornos do desenvolvimento do bebê e da criança pequena. Porto Alegre: Artmed, 1997.

CICCHETTI, D.; ROGOSCH, F. A.; TOTH, S. L. The efficacy of toddler-parent psychotherapy for fostering cognitive development in offspring of depressed mothers. *J. Abnorm. Child Psychol.*, v.28, p.135-148, 2000.

CRAMER, B. G.; PALACIO-ESPASA, F. *Técnicas psicoterápicas mãe-bebê*: estudos clínicos e técnicos. Porto Alegre: Artmed, 1993.

FALCETO, O. G. Envolvimento do pai nos cuidados do seu bebê: um estudo na comunidade. *Revista de Saúde Pública*, 2008. Artigo aceito para publicação.

FALCETO, O. G.; WALDEMAR, J. O. C. O ciclo vital da família. In: EIZIRIK, C. L. et al. *O ciclo da vida humana:* uma perspectiva psicodinâmica. Porto Alegre: Artmed, 2001. p. 49-72.

FALCETO, O. G.; GIUGLIANI, E. R. J.; FERNANDES, C. L. C. Couples´ relationships and breastfeeding: is there an association? *J. Hum. Lactat,* v.20, p. 46-55, 2004.

_____ . Influence of parental mental health on early termination of breast-feeding: a case-control study. *J. AM Board Fam. Pract.,* v.17, p. 173-183, 2004.

FRIZZO, G. B. *Contribuições da psicoterapia breve pais-bebê para a conjugalidade e para a parentalidade em contexto de depressão materna.* Tese (Doutorado em Psicologia do Desenvolvimento) – Universidade Federal do Rio Grande do Sul, Porto Alegre, 2008.

HISCOCK, H. et al. Improving infant sleep and maternal mental health: a cluster randomised trial. *Arch. Dis. Child,* v.92, p.952-958, 2007.

HOLLIST, C. S. et al. Marital satisfaction and depression: a replication of the marital discord model in a latino sample. *Family Process,* v.46, n.4, p.485-498, 2007.

KRAMER, M. S.; KAKUMA, R. Optimal duration of exclusive breastfeeding (Cochrane Review). *The Cochrane Library*, Issue 1, 2002.

MINUCHIN, S.; FISHMAN, H.C. *Técnicas de terapia familiar*. Porto Alegre: Artmed, 2003.

PRADO, L. C. *Entre a realidade e os sonhos:* o desafio das famílias com bebês. Porto Alegre: Ed. UFRGS, 2006.

_____. O bebê inaugura a família: a terapia pais-bebê. In: PRADO, L. C. (Ed.). *Famílias e terapeutas:* construindo caminhos. Porto Alegre: Artmed, 1996. p. 97-130.

RUTTER, M.; TAYLOR, E. (Ed.). *Child and adolescent psychiatry*. 4th ed. Oxford: Blackwell, 2002.

SCHWENGBER, D. D. S.; PICCININI, C. A. O impacto da depressão pós-parto para a interação mãe-bebê. *Estudos de Psicologia*, v.8, p. 403-411, 2003.

STERN, D. *A constelação da maternidade:* o panorama da psicoterapia pais/bebê. Porto Alegre: Artmed, 1997.

TRAD, P. V. *Psicoterapia breve pais/bebê*. Porto Alegre: Artmed, 1997.

WHITAKER, C. A.; BUMBERRY, W. M. *Dançando com a família*. Porto Alegre: Artmed, 1991.

17

Terapia de famílias com crianças pequenas

Helena Maffei Cruz
Roseli Righetti

Este texto é resultante de processos que nasceram de nossa prática clínica, de nossas "mãos na massa"; recortes de nossas teorias em ação e descrições de ações informadas pelas teorias que adotamos. Nesse sentido, manuais.

Já que vamos apresentar, através da escrita, um produto que se destina principalmente a pequenos usuários que não dominam a leitura, propomos uma metáfora que denominamos "Convite para visitar uma exposição de enunciados sobre terapia de famílias".

Imaginemos que nossos visitantes podem ser novos praticantes na área ou experimentados colegas, e que ambos nos ajudarão a ampliar esta exposição. Para ingressar, pedimos que você traga, pela mão, a criança que já foi um dia.

Nós nos inspiramos nas metáforas do livro *The performance of practice*, (2007, p.18) de Jim Wilson, um terapeuta do País de Gales, o qual, nas palavras de John Shotter, (Wilson, 2007) "abre, com seu pioneirismo, um novo domínio ao diálogo e à reflexão no campo da terapia familiar: a experiência do terapeuta na sessão".

O autor nos convida:

> Imagine, por um momento, que todos os conceitos que você estudou, todas as ideias e noções apresentadas por seus professores, os textos que você leu, *workshops* que frequentou, as teorias que estudou em profundidade e aquelas que apenas leu, estão contidos em livros nas estantes de sua Sala de Aula de Conceitos.[1]

Em seguida, Wilson (2007) descreve maneiras de estudar nesta classe, terminando com a observação de que

> os livros novos e os velhos estão lado a lado nas estantes, e a sala de aula é o lugar onde você pensa e reflete, articula e faz ligações entre as diferentes fontes de consulta.

Prosseguindo na metáfora convida a levantar os olhos e olhar para fora, através da janela da sala.

> Você será atraído pelo som de vozes e verá pela janela um *play-ground*: é o *play-ground* da prática no qual todas as ideias que você estudou encontram expressão no jogo[2] e interjogo da terapia. É um espaço de improvisação, com palavras e objetos, risos e também algumas lágrimas.

Inseridas em nossa metáfora da exposição de enunciados, escolhemos nomear nosso espaço de estudo de auditório – bi-

---
[1] Traduzido do inglês por Helena Maffei Cruz.
[2] Em inglês há um jogo de palavras de difícil tradução com as palavras *play-ground*, *play* e *interplay*.

blioteca e a arena da nossa prática, de brinquedoteca.

Uma palavrinha aos nossos colegas homens: daqui para frente, empregaremos somente o pronome feminino no texto. O masculino que, tradicionalmente, engloba homens e mulheres, não reflete a constituição da categoria, majoritariamente de mulheres, e achamos que o ele/ela tira a fluência do texto. Vocês sabem como são bem-vindos à nossa área. Desejamos que tragam tantos colegas que em um próximo encontro privilegiemos o pronome masculino.

BALCÃO INTERATIVO

As autoras: Helena

A convivência com os oito netos de até 9 anos, isto é, que ainda não alcançaram os "dois dígitos", como eles orgulhosamente se nomeiam ao fazer 10 anos, tem me proporcionado recursos inestimáveis para a construção da minha *brinquedoteca*, metáfora que escolhemos para a prática da terapia de famílias com crianças entre um e a barreira dos dois dígitos, embora os recém-promovidos a essa categoria também gostem de alternar entre conversas de gente grande e brinquedoteca.

Profissionalmente, cheguei aos discursos da psicologia pela estrada das ciências sociais com seu foco na produção social e cultural das subjetividades, com viés marxista, o que tornou meus diálogos tanto com a psicanálise como com alguns discursos sobre psicologia do desenvolvimento ou behaviorismo, razoavelmente argumentativo.

Bateson (1991, p.17), logo nas primeiras páginas de *Pasos hacia una ecología de la mente*, fala sobre "causas dos comportamentos", referindo-se a uma pergunta que seus alunos na residência de psiquiatria, em Palo Alto, nos anos 50, consideravam útil:

> Uma mãe habitualmente recompensa seu filho com um picolé se ele comer espinafre. De qual informação adicional você precisaria para prever se a criança:
> - chegará a gostar ou não do espinafre;
> - gostar ou odiar o picolé;
> - amar ou odiar a mamãe.[3]

Foi a primeira ponte para a compreensão do contexto da relação no entendimento do processo de comunicação humana. Se a psicanálise pode ser entendida como uma pesquisa sobre semântica, eu ampliava meu campo com a pragmática da comunicação humana (Watslawick, 1990)

Alguns anos se passaram antes que, a partir do campo da terapia familiar sistêmica, chegássemos ao diálogo com o chamado "giro linguístico" (Rorty, 1967; Ibañez Gracia, 2004), produzindo novas inteligibilidades para a prática terapêutica.

A primeira família que atendi e que me ofereceu a posição de terapeuta de famílias era composta por uma criança de 3 anos e meio, filha de uma ex-paciente de psicanálise, que eu acompanhara desde jovem adulta até o final da gravidez, e a mãe, que estava se separando do pai. Dessa forma, tornei-me uma terapeuta-avó, uma vez que, durante anos, fora ouvida como uma voz maternal acolhedora e colaboradora no processo do desabrochar daquela maternidade.

Naquela época eu me tornara avó de fato, pela primeira vez, e ensaiava a delicada dança conversacional entre mãe-com-experiência-de-quatro-filhos e filha-experimentando-seu-primeiro-bebê. A distância, avalio o quanto isso me ajudou a não ser uma terapeuta-conselheira-para-mães-que-não-sabem-o-que-fazer. Assim como fui aprendendo a evitar certos confrontos entre maneiras diferentes de resolver uma situa-

---
[3] Original em espanhol: "Una madre recompensa habitualmente a su hijo pequeño con un helado si come sus espinacas. Qué información adicional necesitaría usted para poder predecir si el nino:
- llegará a gustar de la espinaca o a odiarla;
- gustar de los helados u odiarlos;
- amar u odiar a la Mamá?"

ção, com alguma alternativa prática aceitável, para mãe e criança, em minha família, eu me vi, desde o primeiro encontro, sentando-me no chão com a mãe e filha, "falando" com um bloco de madeira ou com algum boneco da familinha de pano que minha supervisora recomendava como "material lúdico" e me esquecendo do conselho de "deixar mãe e criança brincarem", o que significava, então, observar e interpretar.

Esse caminho já tem 25 anos. Nos últimos 13 anos, tenho compartilhado histórias, aflições, achados e reflexões com esta parceira que se apresenta. Hoje sou quase uma terapeuta bisavó.

As autoras: Roseli

Quando iniciei minha vida profissional como terapeuta de crianças e, paralelamente, como psicóloga de escolas da periferia, em um programa novo da Prefeitura de São Paulo, iniciava-me também na constituição do meu *self* mãe. Essas três práticas, tão diferentes, e ao mesmo tempo, exercidas com crianças, convidaram-me a questionar as teorias que professavam padrões generalistas de normalidade.

Foucault (1979, 1997), Bleger (1966) Lapassade (1989) e Guirado (1980, 1987) foram autores que ampliaram meu vocabulário e guiaram meus primeiros passos na compreensão do trabalho com famílias e com instituições.

Entretanto, dividida entre teorias que focavam o indivíduo *versus* a sociedade, eu procurava uma teoria de conexão.

No consultório, eu vivia outro tipo de desconforto...

Atendendo crianças em ludoterapia, convidava os pais para um encontro mensal.

Quem já leu "Papai, mamãe, você... e eu?" vai lembrar dos "malabarismos para orientar uma família, sem trair nosso paciente" (Cruz, 2000, p. 15). Já Di Loreto (2004, 2007) fala nos malabarismos para darmos conta do furor antimaterno que pode nos atacar quando estamos conectadas só com a criança.

Ali também eu procurava conexão.

O encontro com a abordagem sistêmica na terapia familiar e, depois, com o construcionismo social abriu essa possibilidade. Entender os sistemas humanos como sistemas linguísticos (Anderson e Goolishian, 1988) produziu compreensões não mais disjuntivas.

No entanto, colocar a família e as crianças na mesma sala trazia novas inquietações:

- As crianças podem escutar tudo o que os pais falam?
- As crianças entendem o que estamos falando?
- Como trabalhar com gente que fala e gente que brinca ao mesmo tempo?

Essas e outras perguntas criaram o contexto para diálogos com autores clínicos, como Michael White (1989, 1990, 2000) e Marilene Grandesso (2000b), e com minhas parceiras da equipe do Instituto FAMILIAE.

Quando você pensa em terapia de famílias com crianças:

- Quais são suas preocupações?
- Que medos aparecem?
- Que habilidades já desenvolveu?
- Quais outras acredita que precisaria desenvolver?

BRINQUEDOTECA

A criança acaba de chegar a "essa coisa estranha chamada terapia" (Grandesso, 2000b), na qual se diz que aquela pessoa desconhecida vai ajudá-la no "seu problema"; algo preocupa seus pais ou está errado, e tudo é descrito em palavras esquisitas. Ela pode se sentir exposta, envergonhada ou assustada, protagonista de um enredo que, na maioria das vezes, não entende.

Quem não daria a esse contexto um significado de perigoso? Quem não procuraria escapar de um lugar onde estão decidindo fazer coisas que não entende, a partir de descrições muito ruins a seu respeito?

Se a criança assim age, antes de nos perguntarmos se ela não compreende o que se passa ou se resiste, propomos refletir se não seria o oposto, isto é, se nós, terapeutas, como o adulto responsável pela coordenação da conversa terapêutica, não temos que desenvolver habilidades de coordenar significados utilizando também uma linguagem adequada a ela?

Mas o que estamos chamando conversas terapêuticas? São conversas que deveriam nos levar de um lugar de mal-estar para um de bem-estar emocional; de incompetência ou paralisação, para um outro de competência e possibilidade de ação; do isolamento à participação; de desqualificação à legitimação de nosso modo de existir. Essas conversas não mudam materialidades, mas significações.

Incluir crianças em conversas terapêuticas passa por aprendermos quais são suas formas de expressão e, nesses idiomas, informá-las sobre que espaço é aquele, quem é o terapeuta, o que se vai fazer ali e, principalmente, ajudá-la na formulação de seu pedido para a terapia, tão legítimo quanto os pedidos dos adultos presentes.

PAREM DE FALAR EM ADULTÊS!

Família de Maria, de 3 anos.

Os pais procuraram terapia porque Maria fica dias sem evacuar. Contam que ela toma "coquetéis" de remédios e alimentos com fibra, sem nenhum efeito. Evacua, na maioria das vezes, por ação de supositórios, e só quando lhe colocam fralda – e são momentos carregados de aflição e dor. Algumas vezes, necessita de procedimentos médicos para isso.

Maria, na primeira sessão, chega contando que o cocô está preso em sua barriga. Pergunto:

> E o que ele está fazendo aí?

Ela levanta os ombrinhos e diz:

> Não sei.

Eu, acompanhada da proposta de externalização de Michael White (1990), digo:

> Puxa, Maria, esse cocô está te dando um trabalho danado! Fica preso na sua barriguinha e a faz doer, em vez de ir para o mundo dos cocôs!

Ela acha graça e afirma:

> É, ele tinha que ir com os outros cocôs, pro mundo dos cocôs!

Proponho o desenho do cocô-que-tem-que-ir-pro-mundo-dos cocôs.
Seguimos desenhando e conversando:

> Como vamos ajudá-lo a ir para o mundo dos cocôs?
> Como a mamãe e o papai podem ajudar?
> O cocô-preso deixa a mamãe e o papai aflitos e a Maria, dodói.
> Tchau, cocô!

Maria chega toda sorridente para nossa segunda sessão e logo vai contando que o cocô foi pro mundo dos cocôs! E, naquele dia, tinha feito cocô no piniquinho, na escola! Os pais contam:

> Estamos ajudando a Maria a mandar o cocô lá pro seu mundo...

Conversamos, então, sobre alimentos e massagens que ajudam. Maria está, nesse momento, tirando coisas de uma caixa com miniaturas de alimentos e, quando não reconhece alguma coisa, pergunta o que é. Quando a mãe diz que Maria tem dificuldade para experimentar algo novo na alimentação, a menina grita:

> Não é pra falar mais! Pára de falar!

Os pais, constrangidos, contam que ela não gosta de conversar sobre isso. Proponho que o pedido seja respeitado até que achemos uma maneira da falar sobre isso sem que ela se incomode.

Maria pega, então, um liquidificador e me propõe uma brincadeira em que faz sucos: banana com pepino, pêssego em calda com maçã, leite com aveia, pimentão com laranjada. A cada mistura pronta, distribui a alquimia em três copos e nos serve, atenta às nossas reações.

Passamos boa parte dessa sessão nesse jogo de experimentar misturas e exercitarmos o "não vou gostar disso", "que delícia", "você fica triste se eu não experimentar esse?".

Do seu modo, Maria continuou a conversa sobre experimentar, acompanhada por nós, adultos, que experimentávamos outros coquetéis – novos jeitos para continuar as conversações que, ao mesmo tempo, atendiam a seu pedido "pára de falar!".

UMA DIFERENÇA DIFERENTE DEMAIS

Os personagens e suas vozes

O casal procurou-me por indicação de um colega. Eles vinham se desentendendo; além de um problema de saúde de um deles, o médico acreditava que algumas conversas com uma terapeuta de casal poderiam ajudar. Ela é de uma renomada família brasileira. As vozes presentes em suas propostas de educação vêm de uma infância livre e feliz, entre cavalgadas e "causos" com que os empregados de uma grande fazenda a mimavam. Ele, filho de imigrantes húngaros, não tem outros parentes no Brasil. Economia, trabalho e rigor são palavras-chave de narrativas paternas de perseguição e guerra. Encontramo-nos uma vez por semana durante cinco meses, e as conversas sobre os filhos começaram a ser dominantes nas sessões. Os pais estão preocupados com sua filha mais velha, Anita, com quase dois dígitos, que anda muito infeliz, acha que ninguém gosta dela. Eles têm outra filha, 1 ano e 9 meses mais moça, Kika. Como estão considerando nossas conversas muito úteis, me perguntam se eu poderia atender algumas vezes a família toda. Seu pedido: o que estamos fazendo de errado? Elas são boas alunas, vão bem na escola, mas Anita está muito irritada, briga conosco por qualquer coisa.

Marcamos um horário possível para todos.

O espaço da terapia

Meu consultório, àquela época, possuía duas salas intercambiáveis. A menor era usada para atendimentos individuais ou de casais. A outra, maior, tinha seis cadeiras com braços, facilmente movimentáveis, um móvel grande ao fundo, cuja parte inferior é fechada, contendo tintas, vários tipos de lápis e canetas, e papéis de vários tamanhos e cores. A parte de cima, com prateleiras protegidas por portas de vidro, guarda, ao mesmo tempo que expõe, vários bonecos e uma coleção de bichos pequenos, que mantém entre si as mesmas proporções dos animais verdadeiros. São muito usados quando trabalho com caixa de areia, a qual, quando não está sendo usada, é fechada de modo a parecer uma mesa que também pode ser utilizada para desenhar, além de também evitar que a areia se espalhe por toda a sala.

Se uma sala estivesse com a porta fechada quando um paciente chegasse, sentava na outra para esperar, ou o contrário.

Descrevo a disposição do material ao apresentar minha sala de práticas terapêuticas com famílias com crianças, especialmente com crianças pequenas, porque considero os materiais como fonemas, os brinquedos como enunciados que, em si mesmos, não carregam significados. Entretanto, quando operam como vozes para um interlocutor, convidam a uma co-construção de sentido (Bakhtin, 2004). Quando conversamos com adultos, não oferecemos um livro cheio de boas frases para que eles fiquem lendo alto enquanto vamos interpretando suas escolhas.

Por que oferecer uma caixa de brinquedos previamente entendidos como portadores de sentidos preestabelecidos?

Além disso, alguns cuidados com os materiais oferecidos facilitam a conversação. Considero muito útil o lembrete de Anderson e Goolishian (1988), de que o terapeuta fala a língua do paciente. Eu especificaria: o terapeuta procura aprender os vocabulários de seu paciente e, a partir disso, co-construir com ele novos significados. Mas quais são estes? Só aprendemos ao ouvi-los.

O mesmo acontece com crianças. Tintas ou lápis podem ser fonemas ou palavras; bonecos ou bichos, palavras ou frases, até mesmo enunciados completos. Mas não significam em si mesmos: precisam ser convocados, combinados, e quem decide "quando" e "o que" são os pequenos clientes, isto é, as crianças que os utilizam para se comunicar.

A família chegou, e cada menina escolheu uma cadeira que aproximou de um dos pais. O desconhecido era eu. Apresento-me e pergunto o que sabem sobre estar lá.

Diz Kika, a menor:

> A gente veio aqui porque a Anita está brigando muito comigo.

Dirijo-me a Anita:

> Você também acha que é por causa dessas brigas?
> Hum, hum.

Continuo:

> E como vocês imaginam que isto poderia mudar vindo aqui?

Kika responde:

> é porque você ajuda a mami e o papi a não brigarem.

Agora já sei que tenho uma posição reconhecida como útil: a "encolhe-brigas".

Enquanto fala, Kika não tira os olhos da prateleira dos bichos. Estica o pescoço, levanta e se aproxima deles. Anita, mais disfarçadamente, começa a também mostrar interesse nesses brinquedos "de criança". Convido-as a abrirem a porta, olhá-los de perto e pegarem o que quiserem. Elas começam a manuseá-los, falar alto os seus nomes e a mostrá-los aos pais. Estes me perguntam o que eu faço com os animais. Conto que algumas crianças gostam de brincar com eles e que, às vezes, brincamos de "se eu fosse um bicho, eu seria..."

Pergunto às meninas que bicho cada uma escolheria para ser.

Anita prontamente escolhe um urso que está sobre as quatro patas e tem mais ou menos 10 centímetros de comprimento e 7 centímetros de altura.

Kika escolhe um esquilinho com mais ou menos 3 centímetros de comprimento e 2 centímetros de altura.

Dão risada e pergunto que bichos os pais escolheriam. O pai escolhe um tigre e a mãe fica entre um canguru e uma onça. Pergunto que bicho cada um escolheria para o outro. Todos escolhem o canguru para a mãe e mantêm o tigre para o pai. As irmãs não propõem outro animal uma para a outra, mas o pai oferece um cachorro, um tanto maior que o esquilo, para Kika, que acaba mantendo sua primeira escolha.

Elas me perguntam como eu brincava com os bichos, e abro a caixa de areia.

Os quatro se aproximam puxando suas cadeiras. Esse arranjo facilita que todos estejam muito próximos e quase em roda. Na caixa há vários tipos de cercas que podem delimitar territórios, separar animais ou marcar que parte vai ser utilizada e para quê.

A areia também convida a mexer nela com as mãos, e eles começam a fazer os bichos caminharem em círculos, correr como em um jogo de pegador, enquanto os pais continuam falando e vão descrevendo a irritação de Anita. Escuto-os, observando como essa fala afeta as meninas: Kika: esquilo corre e pula. Anita está vermelha e olha fixamente para um ponto, tentando não deixar as lágrimas caírem; em seguida, fala quase chorando:

> Não é nada disso. Sempre sou eu... tudo eu... muitas vezes é a Kika que começa e a culpa é minha. Vocês sempre põem a culpa em mim...

Ela está fazendo um esforço para não chorar; afinal, é uma menina grande. Está esfregando os olhos e deixa seu bicho na caixa. Kika também larga o seu e olha um pouco aflita para a mãe, para o pai, parecendo pedir que eles intervenham.

Eu pego o urso e o esquilo, um na palma de cada mão, e pergunto para os pais:

> Vocês acham que 1 ano e 9 meses de diferença são assim?

Eles se entreolham, a mãe fala, enquanto o pai concorda com a cabeça:

> Acho que a gente faz ser assim.

E para Anita:

> Você sempre protegeu tanto sua irmã que a gente acabou te vendo como uma ursona mãe e ela, uma esquilinha levadinha.

A relação 10 para 3 surge aumentada no contraste aumentativo/diminutivo e na entonação: URSONA/esquilinha.

Saem da sessão abraçando as crianças e rindo.

Pedi que continuassem a conversa e me comunicassem como prosseguiríamos.

Telefonam-me depois de uns dias, dizendo que a observação do par ursa-esquilo e dos pais tigre-canguru havia estado presente como lembretes sempre que estavam com as filhas. Estas haviam gostado muito e queriam voltar.

Estes pequenos recortes não têm intenção de apresentar terapias-que-tiveram-sucesso; apenas descrevem possibilidades de transformar "aquela coisa estranha chamada terapia" em um espaço que se propõe a acolher diferentes linguagens e contribuir para que crianças sejam menos faladas e mais falantes.

Temos mais uma tarefa para a sua criança, antes de convocar os adultos.

Faça uma lista do que ela gosta, como se diverte, onde mostra suas habilidades e mergulha na atividade, sem deixar Dona Vergonha ou Seu Constrangimento entrarem: desenhos animados, livros infantis, quebra-cabeças, jogos de regras, de improvisação, pintura, colagem, escultura, fantoches, dança, canções, casinha, futebol...

Quando falamos em teorias, nossa tradição acadêmica nos faz voltar o olhar para um auditório onde acontecem conferências e para uma biblioteca onde estudamos.

Sem dúvida, esses saberes lá estão. Mas só vêm em nosso auxílio se forem convocados como interlocutores, escolhidos por nós mesmos, a partir da história de nossas relações com eles, isto é, dos adjetivos com que os classificamos nas fichas de nossa biblioteca emocional: fáceis/difíceis, ampliadores/aprisionantes, estimulantes/aborrecidos.

Você já relembrou, nesse trajeto, quais parceiros teóricos tem convocado, com quais conversa melhor, e como brinca sua criança.

Então, vamos refletir sobre algumas descrições que, em seu caminho de aprendizagem sobre você mesmo e sobre o mundo, na história de suas relações com pessoas especialmente significativas, como por exemplo, família de origem, foram adquirindo significados estáveis, chegando a ter valor como "verdades", sustentanto suas formas de agir.

Estamos propondo esse exercício, inicialmente, em relação aos significados de criança, brincadeiras, educação, disciplina, liberdade, obediência, infância e semelhantes.

Acreditamos que, quando entramos em uma sala de terapia, e a família nos conta uma história, geralmente de sofrimento e/ou impossibilidade, somos afetados por essa história de uma maneira particular: podemos sentir pena, raiva, dar razão para os pais, para a criança, ou tudo isso junto.

A terapia informada pelo chamado Paradigma da Modernidade (Grandesso, 2000a) propunha-se como prática objetiva, requeria que nos separássemos dessas emoções e, como ferramentas úteis para esse trabalho, dispúnhamos de supervisão e/ou nossa própria terapia.

Entretanto, as teorias que escolhemos para informar nossas práticas terapêuticas são, elas mesmas, discursos construídos em épocas e lugares específicos, como diálogos com outros pensadores; diálogos estes que remontam à própria história da humanidade. Trazem consigo a marca de disputas e negociações entre seus autores. O que costumamos chamar de evolução científica não se dá por acréscimos ou refutações lógicos, fabricados em laboratórios ascéticos (Kuhn, 1978).

Uma compreensão das práticas discursivas denominadas terapia, informadas pelo Paradigma Pós-moderno (Grandesso, 2000a), entende que essas emoções estarão presentes em nossa escuta e nas repostas à maneira como aqueles que estamos atendendo descrevem a si mesmos e ao que denominam problemas. Nossa própria terapia, entendida como conversas que ajudam a desenvolver reflexão sobre nós mesmas, além das interlocuções clínicas,[3] são ferramentas do processo de acesso a como somos afetados e a que nos sentimos convidados no lugar de terapeutas, em geral, e especificamente, em contato com crianças e seus pais (Araújo; Morgado, 2006).

Nosso auditório e nossa biblioteca internos, isto é, as vozes dos autores da nossa área com que preferimos conversar falam não só de nosso *self* profissional, mas de como as narrativas que constituem esse *self* são atravessadas por todos os diálogos de que participamos em nossa vida (Spink, 2000).

Estamos aqui explicitando nossa compreensão construcionista, que convida a considerar os sentidos do mundo como construídos através das múltiplas descrições que fazemos dele em nossos relacionamentos e também a nos compreendermos através dessa perspectiva relacional, o que é descrito como construção social da pessoa na linguagem.

Em outras palavras, queremos conversar com você, terapeuta, mas só podemos fazê-lo com vocabulários que fomos adquirindo em nossa caminhada. Para tanto tivemos que mostrar um pouco da biblioteca interior composta pelas vozes que nos habitam.

Se criança é o nome que damos aos filhotes humanos, tanto do sexo masculino como do feminino, podemos pensar que elas existem e sempre existiram em todos os quadrantes do mundo onde há humanos. Mas qual o lugar, qual o valor desses filhotes em cada época e lugar?

---

[3] Coerentemente com nossa compreensão dialógica das relações, em nossa prática docente no Instituto FAMILIAE, utilizamos a expressão interlocução clínica para designar as conversas entre um professor e seus alunos sobre as práticas clínicas que estes estão desenvolvendo. Supervisão carrega a ideia de superioridade da palavra do supervisor, ao passo que interlocução propõe uma conversa menos hierárquica.

Especificamente, o que era uma criança em sua família de origem?
Até que idade você era "apenas" uma criança?
Com que idade perdeu os privilégios e os cuidados a que uma criança "tem direito"?
Criança é um bichinho selvagem que deve ser domesticado? Como?
A criança é inocente e deve ser preservada das duras realidades do mundo?
Criança entende tudo e pode participar de todas as conversas de adulto?

Criança não entende, não adianta explicar o que está se passando na família?
Dos sentidos que você conservou dessas narrativas sobre criança, quais ofereceram lugares confortáveis para sua prática, quais permitiram ações que você avalia como úteis e quais, eventualmente, proíbem ou desaprovam outras?
Quais interlocutores foram úteis para a construção dessas novas narrativas?

Essas perguntas propõem diálogos com os significados sobre criança, que na sua biblioteca emocional constituem os ingredientes para a escolha pessoal dos discursos sobre criança de sua biblioteca e são ingredientes presentes em sua construção da categoria infância, a qual informa sua escuta tanto no auditório onde você aprende como na brinquedoteca onde você pratica.

AUDITÓRIO E BIBLIOTECA

Fundamentadas no pensamento de Wittgenstein (1996) e Bakhtin (2004), entendemos linguagem como prática social, vista em seu caráter performativo, construtora de realidades.

As descrições compartilhadas como verdadeiras por determinado grupo sustentam suas formas de viver e agir no mundo, ou, como diz Wittgenstein, constituem "jogos de linguagem" ou "formas de vida".

Estamos dando comida a uma criança de 1 ano no jardim quando subitamente surge um passarinho tentando bicar um pedacinho de pão sobre a mesa. A criança se assusta, e nós dizemos, docemente, apontando para o bichinho, "é só um passarinho, um piu-piu". Ela repete meio choramingando, meio tranquilizada, "piu-piu". Ou, com mesmo cenário e enredo inicial, dizemos secamente "não seja boba, é só um piu-piu". Esse tema admite tantas variações quantas você imaginar.

Nossa criança está dando os primeiros passos no jardim onde passarinhos bicam sementinhas de grama e voam, se afastando quando ela se aproxima. Aquelas bolinhas mágicas se jogam para o alto sozinhas. Ela aponta o dedinho encantada. Nós repetimos seu gesto, dizendo "piu-piu". Ela repete batendo palminhas. Nós repetimos as palminhas. Ou, nem prestamos atenção... Ou...

Wittgenstein propõe que palavras são como ferramentas que executam diferentes funções em diferentes situações. Só adquirem significados compartilháveis no contexto em que são utilizadas. A ênfase dos estudos linguísticos sob essa compreensão muda da descrição de um sistema abstrato para o estudo dos atos de fala: "Dizer é, também e sempre, fazer", (Austin, 2003), ou, conforme Ibañez Gracia (2004, p.9):

> A linguagem não só nos diz como é o mundo, ela também o institui; não se limita a refletir as coisas do mundo, também atua sobre elas participando de sua constituição.

Aceitar esses discursos implica uma mudança radical na compreensão sobre a realidade. Não mais procuramos a linguagem que melhor a represente, mas avaliamos que realidades construímos com nossos vocabulários, e "nosso" significa compartilhados, negociados, isto é, as descrições que afirmam "o que as coisas são" dependem dos processos sociais através dos quais são negociadas nas interações.

É fácil imaginar que diferentes significados são construídos para os sons 'piu-piu' nos jogos antes descritos.

Outros desenvolvimentos contemporâneos importantes para nossa reflexão sobre como nos constituímos sujeitos na linguagem encontram-se nas teorias linguísticas de Mikhail Bakhtin (2004), que afirmam que um enunciado não carrega significado em si; o sentido depende de uma suplementação do outro, seja ou não linguística. Um gesto afirmativo ou negativo são suplementações. Confirmam ou não o significado de quem iniciou o diálogo. Até o silêncio opera como suplementação.

Nas nossas histórias, a criança, ao repetir os sons que lhe são oferecidos, joga com o adulto o jogo de aceitação daquela construção. Nesse momento, começa a se instaurar, para o neofalante, uma ontologia: aquela novidade assustadora ou brincalhona *é* um passarinho – piu-piu. Construímos linguisticamente o mundo, segundo as construções que compartilhamos com nossa rede linguística.

Se essas construções adquirem dureza e duração de pedras ou maleabilidade do plástico depende da riqueza de jogos, nos quais nosso neo-falante do piu-piu vai ter oportunidade de se engajar.

A realidade em si mesma não determina a forma de descrevê-la. As diferentes descrições, sejam elas nomeadas como científicas, religiosas, de senso comum, são sistemas de significados compartilhados, jogos de linguagem, produzidos em determinadas condições sociais e históricas, por determinados grupos. É a partir desses sistemas de significados que aprendemos o que o mundo é e o que somos.

Trata-se de ultrapassar a dicotomia entre indivíduo e sociedade. Nessa perspectiva,

> a noção de relação surge como alternativa útil às descrições deterministas que prevalecem nas teorias psicológicas tradicionais, nas quais geralmente se busca explicar a constituição de si de um modo essencialista e linear, a partir da construção seja de determinismos individuais, seja de determinismos sociais. (Guanaes, 2006, p. 45)

Passamos, então, a pensar o humano não como possuidor de um *self* único, coerente, essencial, mas constituído pelas maneiras, mais ou menos estáveis, de nos descrevermos ao participarmos do jogo narrativo sobre nós com outros.

Neste sentido, alguns terapeutas familiares desenvolveram práticas clínicas que dialogam ou se aproximam do construcionismo social (Freeman, Epston e Lobovits, 2001; Epston; White, 1990; White, 1989) e destacam a função da narrativa como organizadora da experiência humana, proporcionando inteligibilidade para a interpretação do mundo.

Entre os inúmeros jogos de linguagem que executamos, narrar é extensamente utilizado quando apresentamos o mundo a uma criança. É assim que os pais vão estabelecendo conexões, explicações sobre como as coisas são, isto é, dando *um* sentido às experiências vividas pela criança.

Acreditar que as narrativas sobre si mesmo e sobre o mundo são produto de acordos conversacionais gera, consequentemente, uma posição de responsabilidade como co-autores das narrativas que produzimos com nossos clientes.

Quando famílias com crianças nos procuram com alguma preocupação ou dúvida, quando a palavra problema aparece, as narrativas dos adultos falando sobre as crianças estarão, geralmente, descrevendo algo e/ou alguém como bom/mau, adequado/inadequado, certo/errado. Perguntarmo-nos quem são os co-autores dessas narrativas apresentadas pelos pais e quais ações essas descrições geram, quais restringem e a que lugares elas nos convidam, é o início dessa viagem pelo fantástico mundo da terapia com crianças. A bússola está no escutar com a mesma atenção as narrativas encenadas pelas crianças.

Esperamos que a visita ao auditório onde expusemos escolhas teóricas para conversar com cuidadores (pais ou responsáveis legais) e suas crianças, quando nos procuram querendo mudar algo que os incomoda, tenha sido útil para você refletir sobre esses assuntos.

Quais são seus interlocutores preferidos para dialogar sobre conversas terapêuticas com famílias com crianças?
Como eles dialogam com o que anteriormente expusemos?

OUTROS ESPAÇOS ENTRE A BRINQUEDOTECA E O AUDITÓRIO – BIBLIOTECA: A COZINHA (CONVERSA ENTRE AS AUTORAS)

Helena: Roseli, vamos iniciar a conversa a partir do exemplo que você deu da família da Maria?

Roseli: Acredito que pode ser útil. Você lembra quando eu dizia, ao ler os textos do grupo de Milão (Palazzoli, Boscolo, Cecchin e Prata, 1988), que uma das coisas que me encantava ali era o fato de eles nos mostrarem "a cozinha" – no que pensavam ao fazerem uma intervenção, como construíam seus raciocínios clínicos? Vamos tentar?

Helena: Como a família chegou? Qual a história de procurar terapia e por que agora?

Roseli: Essa dificuldade já tem uma história de um ano, mais ou menos. Primeiro, eles tentaram resolver segundo crenças e saberes deles mesmos. A mãe é médica e foi tentando introduzir na alimentação tudo que ela sabia que facilitaria o trabalho de evacuar de L. Como isso não funcionou, ela deu um segundo passo – acreditando em uma causa orgânica, introduziu medicamentos. Como esses primeiros medicamentos não fizeram efeito, ela adicionou outros. Isso foi crescendo até virar o que hoje eles nomeiam de "coquetéis": uma mistura de alimentos com muita fibra e remédios.

Helena: Nossas ações são fruto de crenças e desejos. Nesse sentido, vale a máxima pragmática de que as crenças são regras para a ação. Os pais acreditam em uma causa orgânica e, então, agem assim.

Roseli: E, como sabemos, enquanto nossas crenças funcionam dando eficácia a nossas ações, não temos que pensar nelas, nem mudá-las. Quando tudo isso não funcionou, eles puseram em dúvida a causa orgânica e aí conversaram com uma amiga que é terapeuta. Ela fez o encaminhamento.

Helena: E em que você pensou ao ouvir a história deles?

Roseli: Foram muitas vozes que ouvi. Buscava uma causa no intrapsíquico – isso tudo tem início em um período próximo ao nascimento do irmãozinho. Ciúme? Raiva? E também aquela que olhava para a família e enumerava motivos: os pais são muito exigentes quanto à limpeza e à ordem. E ainda outra que buscava não a causa, mas uma conversa que abrisse uma possibilidade de ação mais útil e efetiva para todos.

Helena: Isso lembra o que Tom Andersen (1991) propunha: quando alguém se sente paralisado em suas ações, mais do que saber as causas de seu mal-estar, pede ajuda para saber como prosseguir. Qual ou quais vozes propuseram esse caminho?

Roseli: Quando a Maria contou que o cocô estava preso em sua barriga, eu me senti convidada a continuar essa conversa com ela e lembrei que, algumas vezes, meu filho fazia tchau para o cocô e dizia: "Mãe, ele vai para o mundo dos cocôs!" e...lá fui eu perguntar o que o cocô fazia preso lá, em vez de ir para o mundo dos cocôs! Em linguagem de criança, eu procurava manter o diálogo aberto com Maria. Era uma tentativa. Po-

	deria ou não fazer sentido para ela, isto é, convidá-la a permanecer conversando. Eu não procurava uma solução, mas cuidar do processo de conversar, acreditando que dessa forma, criaríamos algo novo.
Helena:	Michael White (1990) entrou na conversa, oferecendo ferramenta para continuar?
Roseli:	Sim. Quando ela me diz que não sabia o que o cocô estava fazendo lá na barriga dela, eu pensei que poderia seguir a conversa através do que M. White propõe como externalização do problema – inventar um cocô – dodói, cocô-preso que atrapalha a vida dela e dos pais, e, através disso, criar um contexto em que eles se sentissem convidados a descrever a situação de uma maneira diferente.
Helena:	Sabe o que eu mais queria com essa nossa conversa? Convidar nossas colegas a olharem menos para as janelas e portas da brinquedoteca, enquanto experimentam suas experiências com e como crianças. Eu penso que se você tivesse virado a cabeça para o outro lado quando seu filhinho (hoje filhão) entrou com a gracinha do "Tchau, cocô!", Michael White ia te virar a cara e não "soprava" a ideia seguinte. O medo de que os pais nos avaliem como animadoras de festinha infantil e não "doutoras confiáveis" é um poderoso trava-línguas. Sempre me surpreendo com que rapidez os pais entram nos novos jogos. Quando um deles é mais crítico dessa terapia – "apenas brincadeira", frequentemente o outro se emociona com a experiência de resgatar o poder da fantasia de prover a conversa de novas descrições.
Roseli:	Eu estava pensando mesmo em terminar essa nossa conversa com a voz do Rorty (in Guiraldelli, 1999, p.62) – importante presença da nossa biblioteca, quando afirma que a descrição é uma ferramenta em uma caixa de ferramentas – cada uma abre uma possibilidade de agir no mundo; a "re-descrição é tarefa da imaginação".

E ESTAS PORTAS, PARA ONDE VÃO?

Nossa atividade como terapeutas, em geral, e especificamente de famílias com crianças, pressupõe um entrar e sair desses dois espaços, mas observe que sua construção obedece a algumas regras. Algumas são explícitas e vêm de diferentes áreas da sociedade, como, por exemplo, quem pode estar nesse lugar, quais ações são permitidas e, no caso de atendimento realizado em instituições de saúde mental, pública ou privada, quais são os deveres, as orientações e os limites que regulam nosso trabalho.

Regras implícitas são veiculadas pelos discursos dominantes em nossa especialidade, como, por exemplo, o da necessidade de se evitar qualquer contato extramuros da sala de terapia com a pessoa atendida, manter a família afastada do atendimento, assim como fazer um bom estudo de caso, com certo número de testes, para a obtenção de um diagnóstico preciso.

Em nossas ações na brinquedoteca, vamos seguir algumas, modificar outras e, às vezes, decididamente, recusar outras.

A presença desses discursos é descrita por Pakman (1998) através da seguinte metáfora:

> As paredes de consultórios e clínicas onde trabalhamos com nossos pacien-

tes são paredes transparentes; estão atravessadas por todos os discursos sociais, que geram e orientam os modos consensuais de se discutir os temas que nos chegam como problemas.

Em se tratando de atendimento a crianças, quando as famílias nos procuram com algum pedido, com alguma preocupação ou dúvida, com frequência, a palavra *problema* aparece em descrições que incluem *aprender/não aprender*.

Como uma criança aprende a se utilizar das ferramentas linguísticas para jogar os jogos preferenciais de seu meio? Quais as condições de ocorrência desse processo? Como aprende, a partir de sua expressão corporal, a metaforizar suas experiências e a coordenar ações com sons? Essas perguntas são partes da pergunta mais ampla: o que é aprender? O que é desenvolvimento?

Quando escutamos adultos falando sobre crianças, especialmente se estiverem avaliando algo como bom/mau, adequado/desadequado, certo/errado, o contexto que dá significado a essas palavras geralmente inclui aprendizado e/ou desenvolvimento. Para nossas conversas terapêuticas, tem sido útil descrever desenvolvimento como aprendizado da espécie. Por exemplo, pegar objetos com as mãos, ter preferência pelo uso de uma das mãos para certas habilidades, como escrever, costurar, pintar ou outras semelhantes cultivadas em cada grupo social; caminhar em posição ereta, controlar os esfíncteres; enfim, aquelas ações semelhantes para todos os indivíduos da espécie. Embora sejam necessárias algumas condições ambientais, para que estas venham a acontecer (entendendo o ambiente da criança como um grupo humano), determinadas condições congênitas ou doenças da primeira infância que afetem o sistema nervoso dificultam ou impedem a realização de algumas atividades. Essas condições costumam levar as crianças a neurologistas, psiquiatras e outros profissionais, e uma terapia familiar também pode ser indicada.

Reservamos o termo aprendizado, propriamente dito, para as aquisições desenvolvidas necessariamente através de interações que podem ser descritas como jogos de linguagem. Quando nos referimos a aprendizado, somos co-autores das descrições do que são "habilidades novas", do que é definido como "conduta adequada".

Ao atender famílias encaminhadas pelos profissionais procurados quando parece à família que algo relacionado a desenvolvimento e/ou aprendizado requer atenção especializada, nossa ajuda passa por mantermos aberta a porta da brinquedoteca às conversas com esses outros espaços. Consideramos também importante ampliar nossa biblioteca para tomarmos conhecimento de discursos dessas áreas e principalmente para construirmos um auditório comum onde todas as vozes possam ser ouvidas, para que o sofrimento que costuma envolver todos os membros de uma família, quando um dos filhos não está crescendo da maneira esperada, seja acolhido e mitigado. A nossa brinquedoteca não possui ferramentas como as de fonoaudiólogos, fisioterapeutas, terapeutas ocupacionais ou demais profissionais das chamadas áreas de reabilitação, mas podemos contribuir para que a família mantenha e desenvolva habilidades para conviver com cotidianos mais sobrecarregados, conversar sobre expectativas frustradas e poder construir novas narrativas além de histórias de dor ou fracasso.

Na brinquedoteca, podemos colaborar para manter vivas todas as outras características da criança diagnosticada que podem ser esquecidas pela magnitude da nomeação da dificuldade, para que as demais qualificações de pais e irmãos possam ter espaço de expressão. São muitas as portas, as salas contíguas têm distintas linguagens, e nessas situações as linguagens expressivas das crianças costumam ser o esperanto tão necessário na Babel que pode se estabelecer, aturdindo pais e profissionais.

Não vamos nos tornar especialistas nas atividades das salas dos colegas, mas os diálogos com autores criativos dessas especialidades ampliam nossa escuta e nossa visão, aprendendo com mestres que nos contam seus processos de ver-ouvir-experimentar-refletir-errar-acertar-recomeçar-ver-de-novo. Nossa lista de preferidos nessa arte começa com Di Loreto (2004), que abre as portas de seu teatro de ações e com a humildade dos grandes apresenta 50 anos de ação-reflexão; passa por Paula Ayub (2000, 2007), com sua arte de ouvir com os olhos; o neurologista Oliver Sachs (1973, 1996, 1997), outro mestre na arte de compartilhar seus caminhos.

Acreditamos que as ferramentas da nossa biblioteca básica nos permitem conversar tanto com discursos sobre desenvolvimento e aprendizagem quanto sobre apego, traumas, repressões, déficits de atenção. Conversaremos com muitos outros que descreverem síndromes e distúrbios se nos mantivermos como visitantes curiosos e respeitosos às respectivas exposições de enunciados sobre esses temas.

Entretanto, acreditamos também que, além de curiosidade e respeito, devemos manter o "direito do consumidor" de perguntar como tais enunciados se constituíram, que mundos constroem e se nos são úteis na colaboração com nossos clientes.

Quais são as salas contíguas de sua brinquedoteca?
Como você dialoga com elas?

E QUANDO A BRINQUEDOTECA FICA EM UMA INSTITUIÇÃO?

Se você é uma terapeuta de família que trabalha em seu consultório, as salas contíguas oferecem parâmetros que podem ser discutidos, ou seja, há espaço para experimentação. Pode-se dizer que formam uma rede de conversações decorrente das diretrizes éticas das profissões que as ocupam.

No entanto, se você atende em instituições, outras normas podem se apresentar.

Políticas públicas em relação à responsabilidade de instituições que atendem crianças e suas famílias podem exigir relatórios, laudos e preenchimento de fichas que cristalizam identidades como problemáticas ou deficitárias, implicando, às vezes, posturas conflitantes com suas crenças.

Marcelo Pakman (1997, p. 257), psiquiatra argentino radicado nos Estados Unidos, onde trabalha como terapeuta individual e familiar com latinos das periferias de cidades da Nova Inglaterra, aponta para as raízes do construcionismo social como pensamento crítico que promove a reflexão. Em suas palavras:

> Como sujeitos reflexivos, nos movemos da ênfase nas noções sagradas da patologia ao exame dos pressupostos de normalidade sobre o qual se define essa patologia. Esses pressupostos que raramente são objetos de reflexão mantêm-se através de micropráticas cotidianas de indução social que dizem o que se deve ter ou ser.

Terapia é recurso que se escolhe, não é remédio compulsório.

Entretanto, quem faz tal exigência encarna vozes sociais tão legítimas quanto as nossas e acreditamos que oferecer um espaço para que todos os interessados possam ser ouvidos, criando uma rede de cuidadores, é uma riqueza que a terapia familiar vem cultivando e desenvolvendo em áreas afins de práticas sistêmicas.

Encontramos em nossa biblioteca interlocutores preciosos para essas situações: Harlene Anderson e Harry Goolishian (1988, p.42) nos oferecem a seguinte descrição:

> Qualquer sistema de terapia é um sistema que se formou ao redor de algum problema (onde problema é en-

tendido como uma comunicação alarmada) e que está implicado com a criação de uma linguagem e de um significado específicos, para a sua organização e dissolução. A conversação terapêutica supõe uma busca e exploração através do diálogo, um intercâmbio de ideias em que se desenvolvem continuamente novos significados orientados em direção à resolução do problema. Nesse sentido, mudança equivale ao desenvolvimento de um novo significado através do diálogo.

Essa descrição do processo terapêutico abriu as portas da terapia familiar propondo encontros com os outros implicados na definição do problema. Estes podem incluir médicos, fisioterapeutas, psicólogos, assistentes sociais, professores, orientadores de escola, advogados, diretores e educadores de abrigos, além de outros profissionais acionados em cada caso.

Ao ampliarmos o olhar da brinquedoteca com as famílias e com suas crianças para essa construção complexa de espaços distintos com diferentes linguagens de ajuda, a introdução das construções sobre rede social na prática sistêmica, segundo Sluzki (1997), enriquecem qualitativamente o potencial de ação clínica, expandindo:

- a capacidade descritiva, permitindo observar processos adicionais que até então não eram significativos;
- a capacidade explicativa, facilitando desenvolvimento de novas narrativas sobre o que desencadeia, mantém ou mitiga os problemas e as soluções, os fracassos e os sucessos, os conflitos e as resoluções, que constituem a base da prática clínica;
- a capacidade terapêutica, sugerindo intervenções transformadoras.

Cabe esclarecer que a rede não constitui uma nova fronteira, um sistema ampliado, *a priori*, mas uma potencialidade a ser convocada, que habita outras redes mais amplas, conjuntos mais vastos que incluem grupos informais, subgrupos culturais, contextos econômicos, políticos, em constante evolução cultural. (p.17)

Atualmente, a rede de interlocutores para nossas brinquedotecas, bibliotecas e salas contíguas expande-se virtualmente, e os limites de sua rede são os que você desenhar.

REFERÊNCIAS

ANDERSEN, T. *Processos reflexivos*. Rio de Janeiro: NOOS, 1991.

ANDERSON, H.; GOOLISHIAN, H. Los sistemas humanos como sistemas linguísticos: implicaciones para la teoria clínica y la terapia familiar. *Revista de Psicologia*, v. 2, n. 6/7, p.41-71, 1988.

ARAUJO, B. N.; MORGADO, N. A escuta terapêutica na interlocução clínica: uma contribuição ao construcionismo social pelo viés do pragmatismo linguístico. *Revista Nova Perspectiva Sistêmica*, Rio de Janeiro, ano 14, n. 26, p. 24-34, nov. 2006.

AUSTIN, J. J. *Como hacer cosas con las palabras*. Buenos Aires: Paidós, 2003.

AYUB, P. Conversando com crianças que não conversam. In: CRUZ, H. M. (Org.). *Papai, mamãe, você... e eu? Conversações terapêuticas em famílias com crianças*. São Paulo: Casa do Psicólogo, 2000. p. 237-255.

_____. Olhos para ouvir: um processo de reconhecimento da expressão *Revista Nova Perspectiva Sistêmica*, Rio de Janeiro, ano 15, n. 29, p. 82-93, nov. 2007.

BAKHTIN, M. *Marxismo e filosofia da linguagem*. 11. ed. São Paulo: Hucitec, 2004.

BATESON, G. *Pasos hacia una ecología de la mente*. Buenos Aires: Carlos Lohlé, 1991.

BLEGER J. *Psicohigiene y psicologia institucional*. Buenos Aires: Paidós, 1966.

CRUZ, H. M. (Org.). *Papai, mamãe, você... e eu? Conversações terapêuticas em famílias com crianças*. São Paulo: Casa do Psicólogo, 2000.

DI LORETO, O. *Origem e modo de construção das moléstias da mente*. São Paulo: Casa do Psicólogo, 2004.

_____. *Posições tardias*: contribuição ao estudo do segundo ano de vida. São Paulo: Casa do Psicólogo, 2007.

EPSTON, D.; WHITE, M. *Narrative means to therapeutic ends*. New York: W. W. Norton, 1990.

FOUCAULT, M. *Microfísica do poder.* Rio de Janeiro: Graal, 1979.

_____. *Vigiar e punir*. Rio de Janeiro: Vozes, 1997. p.101-122.

FREEMAN, J.; EPSTON, D.; LOBOVITS, D. *Terapia narrativa para niños:* aproximación a los conflictos familiares a través del juego. Barcelona: Paidós, 2001.

GHIRALDELLI, P. *Richard Rorty:* a filosofia do novo mundo em busca de mundos novos. Petrópolis: Vozes, 1999.

GRANDESSO, M. Quem é a dona da história. In: CRUZ, H. M. (Org.). *Papai, mamãe, você... e eu?* Conversações terapêuticas em famílias com crianças. São Paulo: Casa do Psicólogo, 2000b.

_____. *Sobre a reconstrução do significado:* uma análise epistemológica e hermenêutica da prática clínica. São Paulo: Casa do Psicólogo, 2000a.

GUANAES, C. *A construção da mudança em terapia de grupo em enfoque construcionista social*. São Paulo: Vetor, 2006.

GUIRADO, M. *A criança e a Febem*. São Paulo: Perspectiva, 1980.

_____. *Psicologia institucional*. São Paulo: EPU, 1987.

IBAÑEZ, T. O giro linguístico. In: IÑGUEZ, L. (Org.). *Manual de análise do discurso em ciências sociais*. Petrópolis: Vozes, 2004. p.19-49.

IÑGUEZ, L, (Org.). *Manual de análise do discurso em ciências sociais*. Petrópolis: Vozes, 2004.

KUHN, T. S. *A estrutura das revoluções científicas*. São Paulo: Perspectiva, 1975.

LAPASSADE, G. *Grupos, organizações e instituições*. São Paulo: Francisco Alves, 1989.

PAKMAN, M. Conferência plenária proferida em julho de 1998 no III Congresso de Terapia Familiar, no Rio de Janeiro.

_____. (Org.). *Construciones de la experiência humana*. Barcelona: Gedisa, 1997. V. 2.

PALAZZOLI, M. S. et al. *Paradoja y contraparadoja*. Barcelona: Paidós 1988.

RORTY. R. *El giro linguistico*. Barcelona: Paidós, 1990.

SACKS, O. *A ilhha dos daltônicos*. São Paulo: Companhia das Letras, 1997.

_____. *Despertando*. Rio de Janeiro: Imago, 1973.

_____. *Um antropólogo em marte*. São Paulo: Companhia das Letras, 1996.

SLUZKI, C. E. *A rede social na prática sistêmica*. São Paulo: Casa do Psicólogo, 1997.

SPINK, M. J. *Práticas discursivas e produção de sentidos no cotidiano:* aproximações teóricas e metodológicas. 2. ed. São Paulo: Cortez, 2000.

WATZLAWICK, P; BEAVIN, J. H.; JACKSON, D. D. *Pragmática da comunicação humana*. São Paulo: Cultrix, 1990.

WHITE, M. *Guias para una terapia familiar*. Barcelona: Gedisa, 1989.

_____. *Reflections on narrative practice:* essays and interviews. Adelaide: Dulwich Centre, 2000.

WILSON, J. *The performance of practice*. London: Karnac, 2007.

WINNICOTT, D. W. *Conversando com os pais*. São Paulo: Martins Fontes, 2003.

_____. *O brincar e a realidade*. Rio de Janeiro: Imago, 1975.

_____. *Pensando sobre crianças*. Porto Alegre: Artmed, 1976.

WITTGENSTEIN, L. *Investigações filosóficas*. 2. ed. Rio de Janeiro: Vozes, 1996.

18

Famílias com adolescentes

Solange Maria Rosset

ADOLESCÊNCIA, PAIS, FAMÍLIAS E ADOLESCENTES

Quando comecei a trabalhar como psicoterapeuta, existia um senso comum na psicologia e na população em geral sobre a relação entre adolescentes e pais. Era esperado que adolescentes tivessem problemas com seus pais, pois existia a ideia inquestionável do chamado "conflito de gerações". A inevitabilidade do conflito entre pais e filhos por causa de hábitos, moral e regras diferentes justificava as dificuldades de uma forma simplista e dava uma explicação linear a elas. Além disso, oferecia a comodidade de um bom álibi e deixava pais, filhos e terapeutas sem ter muito o que fazer. Eu sempre tive dificuldade em aceitar essa explicação simplificadora, e todas as propostas que já fiz para trabalhar com os adolescentes e com suas famílias visavam a outras alternativas.

Algumas teorizações sobre a adolescência acabam colocando no mesmo patamar sintomatologias mais sérias e comportamentos desagradáveis, mas sem gravidade. No entanto, corre-se o risco de pais e adolescentes terem álibis para não se responsabilizarem. Ao mesmo tempo, ao se dizer "adolescente típico", pode-se estar justificando uma enorme variedade de comportamentos anti-sociais e autodestrutivos, alguns dos quais deveriam ser reconhecidos e tratados como problemas reais e sérios.

Nesta confusão gerada pela dificuldade em saber o que é ou não adequado, são encontradas várias situações que podem ser disfuncionais. Na tentativa de serem bons, alguns pais suprem todas as necessidades e todos os desejos dos filhos; dessa forma, frustram seu crescimento, pois ter mais do que precisa impede o jovem de ter consciência de seus desejos e de suas necessidades e de aprender a lutar pelas suas conquistas. Muitas vezes, os pais vão além das suas possibilidades, independentemente das suas condições econômicas, seja porque dar tudo ao filho é uma forma de curar suas próprias dores de infância e adolescência, seja porque esta é uma forma de garantir o afeto filial ou de provar suas competências. Nesses casos, é comum que a cobrança e a exigência com relação ao desempenho dos filhos ultrapassem a real competência deles, criando um ciclo vicioso de prover, não ter retorno, cobrar, ter álibis, prover.

Nos dias de hoje, um exemplo comum é o de filhos cronologicamente adultos que não trabalham e ficam na casa dos pais, dependendo deles e sobrecarregando-os. O álibi mais usado nessas situações é "somos frutos do que vocês plantaram" ou "estou procurando algo de que realmente goste" ou "estou me preparando". Se os pais acreditam nisso, contribuem para a infantilização do filho e não terão argumentos que justifiquem seu desejo de que o filho vá para a vida, vá trabalhar, vá se sustentar. Junto com a pergunta "Por que correr risco se tem tudo aqui?", surge a sensação de incompetência. Muitas crianças e muitos adolescentes superprotegidos têm certeza de sua própria incapacidade. Nunca testaram sua competência e, assim, têm uma auto-estima muito baixa. É comum que os pais superprotetores também tenham uma auto-estima baixa, o que faz com que esperem que, dando em excesso para os filhos, sejam amados por eles, sentindo-se potentes e melhores. Então, surge outro problema: como a gratidão dos filhos nunca vem na medida esperada, sentem-se mais rejeitados e aumentam cuidados e mimos. Dessa forma, entra-se em outro círculo vicioso: quanto mais os pais dão e fazem, mais se sentem no direito de esperar retorno, de ser amados e qualificados por serem cuidadosos. Porém, os filhos ficam cada vez menos hábeis em dar carinho, retorno e qualificação aos pais, necessitando cada vez mais de cuidados, atenção e atendimento.

Uma das razões de encontrarmos verdadeiros tiranos dentro de casa é a supervalorização do respeito para com os filhos. Respeitar os direitos dos adolescentes é necessário; porém, quando é demais, isso só atrapalha. Uma coisa é respeitar os direitos; outra é achar que eles têm direito a tudo. Se os pais não assumem direitos e deveres de colocar limites nos desejos, no espaço, nas pretensões dos filhos, não vão ensiná-los a respeitar regras e limites, nem se responsabilizar por escolhas e suas consequências. Assim, criam adolescentes que querem ter todos os bônus das situações, mas sem pagar o ônus pelo que têm ou recebem.

No trabalho com adolescentes e com suas famílias, considera-se que a adolescência é a fase de definir que tipo de adulto se quer ser. É a época da vida para checar valores, definir gostos e preferências, descobrir habilidades e incompetências. E, mais importante ainda, decidir de que forma vai ler sua história e quais capítulos vai escolher escrever. O desenvolvimento da flexibilidade e da responsabilidade é ingrediente importante para fazer dessa fase um marco de crescimento e individuação com autonomia. Isso significa que os jovens vão se responsabilizando por suas próprias decisões, mas sentindo a segurança da orientação dos pais.

Acredito também que são tarefas de um adolescente funcional estudar e/ou trabalhar, ter turma e amigos, ter vida afetiva e/ou sexual, tomar parte nas tarefas da casa. Estudar e/ou trabalhar é a forma de preparar-se para o futuro, de acordo com as características econômicas, sociais e culturais da família. Ter turma e amigos é exercitar sua incursão no mundo social, lidar com lealdades, frustrações, limites, competências, pertencimento, entre outros componentes das relações, além de experimentar valores e funcionamentos diferentes de sua família. Ter vida afetiva e/ou sexual é uma possibilidade de aprender a lidar com intimidade, ciúme, parcerias, colocando em prática o que viu e introjetou sobre relacionamentos, casal e sentimentos a partir da relação dos pais, e descobrindo que pode ser diferente e aprender novos ângulos e novas formas de relacionamentos. Tomar parte nas tarefas de casa significa compreender a importância da divisão de atividades do lar e responsabilizar-se por elas. Os direitos e os deveres passam pela questão de que os filhos não são os donos da casa; sem a menor dúvida, a casa é dos pais. Na prática, isso significa que quem manda são os pais, mas que quem vive nesse espaço precisa se responsabilizar por estar ali e contribuir para a organização e manutenção. É importante a participação dos filhos nos cuidados com a casa; porém, o mais importante é que as tarefas sejam verdadeiramente necessárias e que sejam democraticamente distribuídas (*democraticamente* significa que elas devem ser adequadas à faixa etária, à situação de cada um na família e a outras tarefas de cada um dos membros).

A adolescência não é uma fase fácil. A mesma crise de identidade da pré-adolescência mantém-se; em algumas circunstâncias, piora. O adolescente não é adulto (mesmo que exigido em algumas tarefas e resultados); não é criança (mesmo que mantido na "cozinha com as crianças" nas horas importantes); não tem vida sexual permitida (mesmo estando com sua energia de sexualidade "a mil por hora"); não é bonito nem feio (mesmo que seja ou possa ser, não mantém o que enxerga); não é capaz nem incapaz (pode, sabe, quer muito, mas nem sempre acredita que e no que sabe, pode ou quer). Esta é uma fase de angústias, ansiedades e indefinições, e é muito importante que as pessoas que estão próximas de adolescentes lembrem-se disso.

Pais que conseguem desenvolver sentimentos e comportamentos de respeito e compartilhamento podem ajudar os filhos a passar por essa fase. No entanto, pais funcionais assumem que têm responsabilidade e direito para exercer autoridade e limites. Muitas vezes, em nome de serem bons pais, sacrificam as próprias crenças sobre o certo e o errado, abandonando os filhos à cultura da época. No passado, os pais pareciam ter poucas dúvidas quanto aos "nãos" a dizer, e o adolescente aprendia a transgredir, a assumir responsabilidades pelas próprias ações, a enfrentar consequências. Alguns pais de hoje, hesitantes quanto à propriedade de limitar as ações dos filhos, geram confusão e ambiguidade para o jovem, a quem não se explica, mas se exige o cumprimento de regras de convívio em grupo.

Na aceleração de mudanças físicas, sexuais e de definição da própria identidade, o adolescente pode desencadear confrontos com os pais. Muitas vezes, os pais, como pais ou como casal, precisam rever suas próprias questões. Quanto mais estruturadas suas próprias identidades, quanto mais clareza sobre seus valores, quanto mais clara estiver sua consciência das próprias competências e incompetências, menos reativos eles serão aos desafios adolescentes dos filhos.

Pais que gostam da própria vida – que têm seu próprio foco, seus objetivos, seu espaço e sabem buscar seu próprio prazer e sua realização – facilitam sua relação com o filho adolescente e do filho com ele mesmo.

PRINCÍPIOS E RELAÇÕES SISTÊMICAS

Ao trabalhar com famílias, é importante relembrar os princípios relacionais sistêmicos que me norteiam e que, em muitos casos, são úteis de serem ensinados aos clientes.

Na compreensão linear, cartesiana, o foco ou a preocupação principal na avaliação das situações é descobrir o porquê das reações e dos fatos. Isso se dá pela crença na simplicidade da compreensão dos fatos: se for definida qual é a causa, tem-se controle sobre as respostas e sobre os efeitos. Sistemicamente pensando, sabe-se que não existe uma causa que desencadeia um fato. Sabe-se que, se o olhar for ampliado, ver-se-á sempre uma infinidade de causas que desencadeiam situações, que desencadeiam outras, que desencadeiam outras. A avaliação é muito mais complexa, exigindo disponibilidade em olhar todos os ângulos e as situações sem pré-conceitos.

A preocupação sistêmica é a de enxergar o que e como algo está acontecendo. Então, o foco não é no passado, buscando-se algo ou alguém culpado pelo que aconteceu, mas no presente, avaliando-se quem está envolvido na situação, de que modo, quais são os padrões relacionais que estão ocorrendo. Assim, mais importantes do que os conteúdos são os padrões de interação e funcionamento, sempre conectados com o momento e com o contexto.

No pensamento linear, o desejo é de encontrar explicações e compreender. Na proposta relacional sistêmica, o desejo é o de buscar novas alternativas de funcionamento e mudança.

Tal pensamento traz à tona a questão de que não existem vítimas ou bandidos, culpados ou inocentes. Acreditar que eles existem é uma forma simplista de ver as situações relacionais e de lidar com elas. Se nos posicionamos como juízes, vítimas ou bandidos, a realidade fica delimitada, os papéis e as hipóteses ficam cristalizados, e muito pouco há para fazer além de condenar, punir, culpar. Acreditar que os lances de relacionamento são circulares, são co-desencadeadores e que o comportamento de um desencadeia e mantém o comportamento do outro, ou o contrário, abre novas possibilidades de compreensão. Dependendo do ponto em que a atenção é colocada, pode-se enxergar diferenças totais no desenvolvimento das sequências comportamentais. Caso se compreenda que todos são parceiros na situação, todos passam a ser completamente responsáveis pelo que acontece, a ser responsáveis e potentes: podem desencadear, mudar o andamento, encerrar.

Quando a vida é pensada sistemicamente, uma das primeiras coisas das quais se abre mão é da segurança de que existe o certo e o errado. Não existe a separação, a clareza entre o certo e o errado, pois o certo muda e perde a importância dependendo do ângulo pelo qual a situação é vista. O certo só é certo, a verdade só é a verdade, se formos fixar um olhar e não mudar de ângulo, de contexto, de configuração.

Funcionar sistemicamente faz uma profunda diferença nas relações, principalmente nas relações entre pais e filhos.

Se os pais acreditarem que não existe certo e errado pré-definidos, vão treinar isso no dia a dia com os filhos: não vão definir as regras *a priori*, mas redefinir caminhos a cada passo, estando disponíveis para refletir e rever suas verdades e suas decisões. Se souberem que não existem vítimas e bandidos, vão olhar as situações com novos olhos e, em vez de crerem que seu filho "sacaneia" ou que eles estão se sacrificando por ele, perceberão como estão construindo essa história em conjunto, depositando expectativas, mágoas ou raivas de forma contínua. Se compreenderem que tudo é uma questão escolhida e o que faz a diferença é o nível de consciência dessas escolhas, direcionarão sua relação de forma a facilitar a tomada de consciência e de responsabilidades, tanto a sua como a dos filhos que estão preparando para a vida.

Existem alguns tópicos que são comuns a todas as famílias, de uma forma ou de outra. A discussão sobre eles é uma ajuda preciosa para as famílias com adolescentes.

Expectativas

Uma dificuldade que a maioria dos pais encontra é lidar com a situação de quando os filhos não são como era esperado. Essa frustração pelo produto final, que não fica de acordo com as especificações iniciais, piora muito quando os comportamentos, os defeitos, os erros dos filhos são mais sérios e concretos. Na verdade, filhos nunca estão de acordo com a expectativa, pois eles não são obra dos pais; são, no máximo, seu projeto, que foi reorganizado, redesenhado, posicionado de forma diferente. Quanto mais os pais aprenderem a lidar com essa frustração e com sua própria carência, e a manter sua auto-estima, independentemente do que e no que o filho transformou-se, mais aptos eles estarão para acompanhar os movimentos novos e diferentes dos filhos. Só dessa forma vão poder compartilhar e até intervir em alguns momentos. Apesar de ser difícil lidar com as situações e com as relações, os pais precisam saber que ser diferente do projeto alheio talvez seja muito saudável e funcional.

Duplas mensagens

Na minha compreensão, duplas mensagens são inevitáveis. Elas fazem parte de qualquer ser humano, em qualquer relação. Quanto mais consciência o adulto tiver de que age assim, mais controle terá sobre essa compulsão, dando chance para que o filho explicite o que está acontecendo, e ambos cheguem a um consenso.

Ensinar o que se vive

Outro assunto que atinge a todos os pais é o desejo de que seu filho seja feliz. No entanto, não é possível conseguir o bem de seus filhos antes de ter encontrado seu próprio caminho e seu próprio bem, pois o bem deles depende estreitamente disso. Não se ensina o que não se sabe. Não se mostra o que não se tem. Os pais que querem o bem de seu filho só o conseguirão se buscarem e encontrarem seu próprio bem. Felicidade, alegria, tristeza e frustração de um pai passam para os filhos pelo comportamento, pela energia, pela fala, pela expressão; isso cala mais fundo do que todos os conselhos, as explicações, os ensinamentos e as exigências feitas.

Ensinar e aprender contínuos

Os pais podem aprender muitas coisas com seus filhos se estiverem atentos. É sempre uma aprendizagem de mão dupla: enquanto se aprende, ensina-se; enquanto se ensina, aprende-se. Os pais, certamente, precisam aprender tudo o que o filho precisa; se já sabem, podem aprimorar. Ao pensar dessa forma, muitas possibilidades de aprendizagem vão surgindo.

Se os pais têm dificuldades em lidar com suas emoções, seja em expressar, seja em ter consciência do que sentem, seja em controlar os impulsos, podem aproveitar a chance que a vida lhes dá para aprender enquanto ensinam seus filhos.

Se os pais aprenderem a buscar sua felicidade, sua saúde e sua coerência, os filhos, inevitavelmente, buscarão a sua. "Ensine sendo e aprenda fazendo" é um ditado verdadeiro para essa relação.

Passando mensagens

Nem sempre é fácil explicar para os pais como as coisas podem ser e são passadas para os filhos. A maioria deles diz: "Eu nunca disse isso a eles"; "Nunca mostrei minha opinião" ou outras frases do gênero. Na verdade, o que é passado para os filhos nem sempre segue o caminho do racional, do explícito, do consciente.

Desde o nascimento, os filhos estão sob a influência dos pensamentos dos pais, das suas emoções, de tudo que têm consciência, mas também do que não têm consciência. Esses componentes passam para os filhos através do que é dito e através do que não é dito, do que é evitado, do que é escondido. A forma como as pessoas fazem e dizem é tão ou mais importante do que os conteúdos que são explicitados. O que se grava é a emoção do momento.

Na lida das questões emocionais, é importante o processo de tomar consciência do que se sente para poder expressar sentimentos e emoções; assim, no treino da expressão, é possível ter controle sobre o que se sente e o que se expressa. Esse caminho exige tempo, treino e supervisão. Os filhos que são acompanhados pelos pais nessas aprendizagens serão mais ricos e seguros no terreno emocional.

Levar a sério as emoções dos filhos exige empatia, capacidade de ouvir e vontade de ver as coisas pela ótica deles. Exige também uma dose de generosidade.

Padrões de funcionamento

É no seio da família que a pessoa define seus padrões básicos de funcionamento. Padrão básico de funcionamento significa sua forma específica e repetitiva de ser e de reagir em todas as situações; são os mecanismos que usará para viver e sobreviver, as suas escolhas ao compreender e relacionar-se com pessoas e situações. Tal padrão constrói-se no entrelaçamento das relações familiares, através do que é dito e do que não é dito, das normas explícitas e das regras que são passadas de forma sutil, nos olhares, nos toques, nas palavras e nos atos. Os padrões de funcionamento são mantidos independentemente das mudanças dos conteúdos, dos fatos e das explicações.

Potência da família

A família tem potencial e potência de atrapalhar ou de curar seus membros. Quando estão envolvidos em um problema com alguém da família, podem perder o discernimento, pois sua auto-estima e sua imagem estão danificadas. Além disso, há o medo de não conseguir resolver o problema, a dor pelos erros cometidos, a frustração por não ter sido capaz, por ter falhado.

Se compreenderem que têm sua própria competência interna, seus membros sempre acionarão esses instrumentos para cuidar-se, proteger-se, curar-se e, assim, crescer, aprender e enriquecer sempre mais.

Lealdade, responsabilidade, tolerância, divertimento e bondade – essas são algumas das características positivas da vida familiar, pelas quais se enriquecem uns aos outros. Reconectarem-se com sua potência interna faz muita diferença no aprimoramento e no desenvolvimento das questões familiares.

Liberdade

No uso adequado da autoridade, os pais definem regras e limites; assim, organizam a vida dos filhos. Isso possibilita que os filhos aprendam a fazer escolhas, a regular a si mesmos, a responsabilizar-se. Então, os pais podem diminuir o cuidado e o controle à medida que os filhos amadurecem e aumentam sua autonomia e liberdade.

No entanto, é importante lembrar que liberdade conquista-se após prova de competência. As discussões dos filhos sobre seus direitos à liberdade – porque acham que deve ser assim, porque os amigos têm, porque têm hábito de discordar – nem sempre levam a decisões funcionais. Todos têm esses direitos: cabe aos pais definirem as habilidades que seus filhos devem ter para adquirir cada novo degrau na liberdade, e cabe aos filhos mostrar concretamente essas competências.

Pais separados

Muito já foi escrito e dito sobre pais separados, principalmente que, quando um casal se separa, é o vínculo conjugal que se dissolve, e não o parental. No entanto, nem sempre os pais conseguem organizar-se dessa forma. O funcionamento que tinham como casal acaba se mantendo na relação de pais dos filhos.

Um mau hábito de muitos casais em crise é usar o filho como arma nos conflitos conjugais. Eu defino usar o filho, seus sintomas, suas dificuldades, suas habilidades como "bucha de canhão". O filho fica sem defesa alguma e sai da situação vendo perdas dos dois lados: daquele que o usa, pois é sinal de falta de respeito usar alguém, e daquele que foi o foco, pois corre o risco de ser retaliado por ele. Se faziam isso quando casados, farão também após a separação. É importante que os pais enxerguem seu funcionamento e que os filhos aprendam a se proteger.

Vingança do bom filho

Após vários anos de trabalho clínico, observei e delimitei um padrão de funcionamento que se apresentava na vida adulta de muitas pessoas: adultos que "não davam certo" na sua vida ou em algum aspecto dela. Fui percebendo que essas pessoas eram bons filhos, adequados, amorosos, respeitosos; faziam tudo de forma a não dar brecha para os pais queixarem-se deles ou punirem-nos, mas fracassavam em alguma área de sua vida, a qual sempre era muito importante para seus pais ou para um deles. Eram filhos de famílias com pais "normalmente bons e maus", que se doaram aos filhos, que procuraram o melhor para seus filhos, que lhes passaram boa moral e bons costumes. Fui observando que a pior dor de um pai ou de uma mãe era um filho que "não dava certo", um filho que não realizava seu potencial na área que era a mais importante para eles. Compreender esse mecanismo que chamo de "a vingança do bom filho" ajuda os adolescentes a escolherem novos caminhos, responsabilizando-se pelo que vão fazer com o que receberam de seus pais, sem precisar fracassar como uma forma de vingança surda e compulsiva. Uma análise mais abrangente sobre esse assunto está em Rosset (2007).

TERAPIA RELACIONAL SISTÊMICA

O processo terapêutico no enfoque relacional sistêmico está em Rosset (2001), como também em Souza e Rosset (2006).

O trabalho clínico relacional sistêmico é direcionado para auxiliar o cliente a

- Tomar consciência de seu padrão de funcionamento.
- Realizar as aprendizagens necessárias – tanto as que ficaram sem ser realizadas em seu ciclo de desenvolvimento como aquelas das quais necessita no momento e no contexto atual.
- Realizar as mudanças que deseja ou das quais necessita.
- Ter clareza de suas compulsões relacionais e desenvolver meios de ter controle sobre elas.
- Enxergar seus álibis pessoais e relacionais e decidir trocá-los por escolhas com responsabilidade.

Para desempenhar essa tarefa, o terapeuta irá trabalhar descobrindo e focando os padrões, os álibis, o funcionamento do cliente, de forma a poder

- Fazer uma programação de cada etapa do processo terapêutico de acordo com as aprendizagens das quais o cliente necessita e as quais pode desenvolver.
- adequar o que ele precisa com o nível de consciência que ele tem.
- Descobrir estratégias e instrumentos que auxiliem aquele cliente em particular.
- Respeitar as dificuldades do cliente sem ser conivente com seus álibis.
- Estabelecer um padrão de relação terapêutica que seja desencadeador de novas aprendizagens relacionais, e não uma repetição dos padrões disfuncionais do cliente.

Enxergar o padrão de funcionamento do cliente é um processo em que se necessita inicialmente de uma certeza do terapeuta sobre o aspecto que pode possibilitar mudanças estruturais no indivíduo e na sua rede de relações. A partir disso, o terapeuta irá sempre ouvir e observar o que acontece, mas estará com sua atenção voltada ao funcionamento que está por trás e que dá suporte para conteúdos e comportamentos.

O processo terapêutico estrutura-se a partir da definição de objetivos terapêuticos. A definição de objetivos deve servir como um fio condutor que auxilia o terapeuta a manter a coerência do processo, sendo um aliado, e não um mecanismo que manipula o terapeuta. Quando o cliente chega, tem seus próprios objetivos que podem ser coerentes (objetivo pertinente, viável, mensurável, terapêutico), confusos (desejo de mudança para outra pessoa que não está presente na sessão ou é "etéreo"), inviáveis (deseja coisas que não são possíveis de ser alcançadas). No caso dos objetivos coerentes, o terapeuta reunirá suas forças às do cliente para definir uma ação terapêutica. Nos outros casos, o terapeuta redefinirá os objetivos (para que o cliente compreenda, mude e transforme seu primeiro objetivo em algo viável) ou trabalhará com o cliente durante um tempo, com o foco no desenvolvimento de pertinência para a mudança (o objetivo dessa etapa seria definir um objetivo viável).

A partir da discussão ou da redefinição dos objetivos, estrutura-se uma programação do processo terapêutico em função do que cada cliente necessita para atingir os objetivos, acordados ou redefinidos.

Essa programação não é uma "cama de Procusto"[1] nem um engessamento do terapeuta, mas um auxílio para que cliente e terapeuta saibam para onde estão caminhando e para quê. A programação só tem funcionalidade se for acompanhada de avaliações constantes e se houver a possibilidade de redefinição dos objetivos, do caminho ou da proposta terapêutica.

TERAPIA DE FAMÍLIAS COM ADOLESCENTES

A terapia com adolescentes e com famílias com filhos adolescentes foi sendo estruturada a partir das propostas da terapia relacional sistêmica e das reformulações necessárias a partir da mudança dos contextos de tempo, da experiência e das reflexões. O trabalho é focado na adolescência como a fase de vida em que a pessoa pode escolher e construir o adulto que deseja ser, e a terapia, como uma das possibilidades de preparar-se para sê-lo. Na maioria das vezes, os filhos, bem definidos pelas teorias psicológicas, pela culpa dos pais e pelo álibi do "conflito de gerações", têm dificuldades em aceitar esse objetivo da terapia e defendem-se dos erros dos pais e dos sofrimentos que viveram. Na maioria das vezes, erros e sofrimentos são comuns e rotineiros nos embates entre pais e filhos; porém, algumas vezes, os maus-tratos e os sofrimentos são intensos e devastadores. Uma das minhas preocupações é fortalecer pais e filhos para lidarem com as dificuldades reais, mas sem estancarem o processo, ficando presos nos jogos de culpas, desculpas, punições e retaliações.

O trabalho, sem ser rígido ou fixo, segue, de modo geral, os passos descritos a seguir.

Recepção da família e trabalho com vinculação, levantamento e circulação de sintomas e situações, redefinições, definições de objetivos

Após o pedido de atendimento, é realizado o primeiro telefonema com a pessoa que fez o contato, esclarecendo o que está acontecendo, quem quer o atendimento, quais são as pessoas envolvidas e quais são os membros da família. É marcada a primeira sessão com todos os membros da família nuclear.

Na primeira sessão, são colhidos os dados de identificação e das relações entre todos os participantes, os dados referentes à queixa, ao levantamento de todas as tentativas feitas para resolver a questão e ao posicionamento de cada membro sobre o que está acontecendo.

Também são levantados outros sintomas e outras queixas existentes na família

---

[1] Sobre o Mito de Procusto: "O criminoso assassino usava-se de uma técnica singular com suas vítimas: deitava-as em um dos dois leitos de ferro que possuía, cortando os pés dos que ultrapassavam a cama pequena ou distendendo, violentamente, as pernas dos que não preenchiam o comprimento do leito maior." Brandão, J. de S. *Mitologia grega*. Petrópolis: Vozes, 1989. v. 3. p. 156.

com relação a todos os familiares, além do filho que desencadeou a procura por ajuda terapeutica.

Nessa altura do atendimento, vão sendo feitas as redefinições com relação às leituras lineares que a família traz da situação e às premissas simplificadoras. É um momento muito importante, pois dele depende a possibilidade de criar novas alternativas e novas leituras que possibilitem o trabalho terapêutico. É imprescindível que as redefinições sejam realizadas com clareza e firmeza, mas com respeito e compaixão pelas dificuldades e dores da família.

A partir dessas redefinições, vai ser focada a definição de quais são as aprendizagens e as mudanças que a família como um todo, cada um dos subsistemas e cada membro individual precisam, entendem como necessárias e querem realizar.

Durante toda essa fase, o olhar do terapeuta será muito menos para os conteúdos relatados e muito mais para o padrão de funcionamento da família.

Dependendo do quanto a família dá-se conta de seu funcionamento, da habilidade do terapeuta e de outras condições do contexto, essa fase pode durar de 1 a 4 sessões.

Sessões familiares para trabalho com os objetivos de aprendizagens familiares comuns definidos na primeira fase

As sessões dessa etapa serão realizadas com todos os membros da família, focando as aprendizagens e as mudanças que foram definidas e que englobam todos os membros ou que dependem de reorganização e treinos conjuntos.

É uma fase em que o importante é abrir novas possibilidades de rotinas, tarefas, compreensão das situações e aprendizagens, priorizando as relações familiares, as descobertas afetivas, a flexibilização e aquisição de novas estratégias para lidar com as dificuldades e com os problemas, aprendendo a negociar as mudanças de relacionamento que devem acontecer. Outro elemento importante é possibilitar que a família deixe de ver o membro sintomático como o foco, passando a enxergar a família como um todo que está produzindo sintomas.

Trabalho com sessões individuais do adolescente sintomático e sessões de pais

O adolescente sintomático será acompanhado individualmente com o foco de responsabilizá-lo pela sua vida, auxiliá-lo a sair dos jogos repetitivos de depositações, críticas e desenvolvimento de sintomas. Independentemente da sintomatologia, o trabalho vai se desenvolver para que ele, cada vez mais, tenha consciência de seu próprio funcionamento, desenvolva as aprendizagens necessárias e instrumente-se para as mudanças que quer ou precisa fazer.

No atendimento aos pais, são focadas as dificuldades que eles têm nas funções e tarefas parentais, desenvolvendo parceria nas decisões e nos entendimentos. De um modo geral, os pais precisam de acompanhamento para aceitar a autonomia, a privacidade e os limites dos filhos; exercer suas regras sem culpa, mas com clareza e responsabilidade; lidar com os aspectos, de casal e individuais, que surgem e dificultam o processo do filho.

Novos encaminhamentos de acordo com o que for surgindo

A partir das necessidades relacionais surgidas nas sessões de família, nas sessões individuais e conjuntas com os pais, outras modalidades de atendimento podem ser desencadeadas, focando as relações que necessitam de trabalho específico ou as novas aprendizagens, bem como a busca de auxílio na continuidade do processo terapêutico. Podem ser, entre outras, sessões de casal, sessões de família extensa, supervisão de pais, sessões individuais com outros membros da família, sessões com díades específicas, sessões com subsistemas.

No desenrolar das sessões, são utilizados todos os recursos que parecerem úteis para atingir os objetivos de cada trabalho, entre eles, rituais terapêuticos, tarefas e prescrições, uso do tempo da sessão e dos intervalos, atividades complementares.

CONSIDERAÇÕES FINAIS

Essa é a forma que, no momento, direciona meu atendimento clínico com famílias de adolescentes. Sigo a proposta básica de que a tarefa do terapeuta é auxiliar seus clientes a terem mais consciência de seus padrões de funcionamento, para desenvolverem as aprendizagens necessárias e, assim, estarem aptos a realizar as mudanças pertinentes. Os encaminhamentos são adequados ao que é específico a cada uma das famílias atendidas.

Quando comecei a trabalhar com terapia sistêmica, o que me seduziu foi a proposta da responsabilidade compartilhada, e essa atual forma de direcionar o trabalho com adolescentes continua testando a coerência daquelas minhas crenças.

REFERÊNCIAS

ROSSET, S. M. *Izabel Augusta*: a família como caminho. Curitiba: Chain, 2001.

_____. *Pais e filhos*: uma relação delicada. 3. ed. Curitiba: Sol, 2007.

SOUZA, D. S.; ROSSET, S. M. *A magia da mudança*. Curitiba: Sol, 2006.

19

Famílias com filhos de casamentos anteriores

Nina Vasconcelos de Oliveira Guimarães
Alexandre Coimbra Amaral

INTRODUÇÃO

Neste capítulo será discutida a emergência de um fenômeno relacional bastante recente, senão em aparecimento, pelo menos em reconhecimento pela comunidade científica: as chamadas famílias reconstituídas, aquelas compostas por um novo laço conjugal em que ao menos um dos membros do casal traz filhos de relações anteriores. Elas são o exemplo mais nítido dos "novos arranjos familiares", expressão utilizada com frequência para caracterizar a multiplicidade de configurações das relações de casal e, por consequência imediata, de relações familiares.

Mas, por que a titulação de "novos arranjos"? São novos em relação a quê? Essa pergunta nos remete a um preceito construcionista social, o qual define as "verdades" humanas como falácias, sendo assim meras construções sociais e históricas daquilo que costumamos considerar por "normalidade" ou "patologia". O que um grupo considera "a verdade", "o normal", pode ser entendido como aquilo que ele categoriza, hierarquiza e estigmatiza em um ou outro elemento da cultura. É uma maneira sutil de enquadrar comportamentos que sigam determinados preceitos da cultura dominante, em detrimento de outros que ousam constituir-se como "desvios", alteridades que são rejeitadas, consideradas "fora da ordem". Durante muito tempo, este foi o lugar que restou a esse tipo de arranjo familiar na cultura ocidental, em contraposição ao modelo familiar nuclear que é considerado o padrão esperado desde a modernidade.

Como época histórica, a modernidade (iniciada entre os séculos XVI e XVII) significou um projeto que alterou a bússola da relação do homem com seu mundo, antes baseado na supremacia do dogma religioso como fonte explicativa dos fenômenos da natureza. Surge então a ciência, baseada na razão como dimensão compreensiva do mundo, em uma promessa de conhecimento objetivo acompanhada de ideais de virtude e precisão – o que Max Weber chamou de "racionalização intelectualista". Os ideais científicos tinham um verniz libertário, uma vez que se propunham a expandir as noções de mundo, vida e ser humano incrustadas pelos dos dogmas religiosos. O projeto científico da modernidade propunha, portanto, criar um contexto fecundo para o desenvolvimento de livres pensadores.

Em paralelo ao desenvolvimento da ciência como novo lugar de construção de visões de mundo, outra revolução cultural acontecia em seu bojo: o surgimento do sujeito como entidade dissociada do coletivo, centrado em si mesmo como produtor em potencial de ideias próprias, dissociadas de qualquer sistema de crenças externo a ele. A este homem era prescrita uma configuração nova de sua relação com Deus, direta e não-mediada pela Igreja – ensino proposto pela Reforma Protestante. Descartes, em um outro nível, radicaliza ainda mais este novo lugar do homem, conceituando a mente como um novo centro para a reflexão do homem sobre si, saindo da matéria e da transcendência, representando, a partir daí, a capacidade humana inesgotável de fazer análises, sínteses e ressignificações sobre os fenômenos da natureza.

Estas ideias se acoplam definitivamente à cultura ocidental a partir do aparecimento do capitalismo como sistema social, político e econômico (séculos XVIII e XIX) que instala dicotomias clássicas: capital *versus* trabalho, burguesia *versus* proletariado, meios de produção *versus* força de trabalho, produzindo a desigualdade de uma forma inédita e buscando contra-argumentar pela razão ou pela força o rechaço a tudo o que fosse contrário à cartilha capitalista (Sousa Santos, 1989).

No âmbito familiar, a família moderna representa o ícone dos valores mais sutis do sistema capitalista: um grupo social intermediário entre o Estado e o indivíduo, com o dever de ofertar mão-de-obra para a produção de bens e serviços essenciais para a sociedade. Coletti e Linares (2001) assinalam que, se antes os casais se uniam por meio de dotes e acordos entre seus pais, na modernidade aparece um novo elemento de ligação: o amor romântico. A paixão passa a ser um dos símbolos mais fortes de construção de histórias a dois, adquirindo tal força que começam a ser brotados os ideais de uma família nuclear. Se por um lado a paixão fusiona e indiferencia, por outro, ela fortalece o casal para produzir uma dissociação dos ideais da família extensa, contrariando as estruturas de patriarcado e matriarcado e construindo modos de vida que se legitimam no próprio casal, e não mais fora dele. Não são mais os pais ou a comunidade os que decidem o destino da vida do casal, mas os próprios cônjuges. Há um fechamento maior das fronteiras extra-sistêmicas do casamento, permitindo ao casal que construa seu projeto de vida de forma mais autônoma.

Contudo, o que parece libertador em relação à família de origem traz, no interior da família nuclear, papéis de gênero aprendidos socialmente que regulam as condutas de forma rígida. A estrutura bem montada da família nuclear era a célula social por excelência do homem moderno, por oferecer um espaço produtivo para seu desenvolvimento e progresso individual, estas novas e inventadas metas existenciais. Assim, o marido representa aquele que sai de casa em direção ao desbravamento do mundo público para cumprir o nobre dever do trabalho assalariado ou o de empregar pessoas que o façam, enquanto a esposa se dedica a educar as crianças e produzir um ambiente doméstico que seja aprazível para que marido e filhos tenham o descanso de suas "obrigações" como produtores de renda familiar. Esse aparente encaixe perfeito de papéis foi, durante muito tempo, vivido sem uma crítica mais sistemática. Karl Marx é seu grande denunciador, conceituando a família nuclear como o símbolo do contexto de divisão social do trabalho que nasceu hierárquico e opressor, tendo como palavra-chave a *produção*: da mesma forma em que eram produzidas manufaturas nas indústrias, são produzidas relações de poder entre todos os diferentes, em qualquer nível sistêmico, da sociedade à família (Coletti; Linares, 2001).

No século XX, aparecem vertiginosas de manifestações afirmativas e deflagradoras das fissuras produzidas pela cultura moderna. Aquilo que era apresentado como o sumo da eficiência é desvelado como produtor de assimetrias entre os integrantes da sociedade. Todas as minorias passam a contestar a construção histórica e cultural do lugar social que lhes foi reservado – com ênfase para as mulheres e seu movimento feminista. É o início da crise da modernidade, com suas promessas de felicidade ainda não-cumpridas, o que impulsiona o homem moderno a centrar-se menos em um futuro de esperanças e mais na realização particular. Prefere, então, buscar o caminho hedonista, do prazer individual em detrimento da concessão aos interesses coletivos.

Alguns autores (Bauman, 1998; Gergen, 1997) nomeiam este período de pós-modernidade. Outros, como Lipovetsky (2004), consideram que o prefixo adequado é "hiper", porque vivemos em um tempo hiperbólico, que exagera as características da modernidade, mas não apresenta uma alternativa que alivie a angústia das pressões modernas sobre o homem. Assim, é na hipermodernidade que a cultura passa a considerar a separação conjugal não mais como um estigma, mas como possibilidade real de libertação de uma relação que faliu, para abrir portas para a reconstrução dos ideais de felicidade conjugal. O efeito hedonista na construção da intimidade familiar é cáustico: lutamos muito menos pela preservação de uma relação, considerando que ela já fracassou. A noção de sacrifício, muito em baixa na pós-modernidade e necessária para a manutenção de um casamento longevo, sai de cena e dá lugar aos amores líquidos (Bauman, 2004), que se esvaem com a mesma velocidade com que se construíram.

As repercussões da liquidez amorosa pós-moderna e da normalização da separação conjugal deram origem a mais um capítulo na história das famílias após a separação: o aparecimento de um novo casal, oriundo de separações de um ou ambos os cônjuges, trazendo consigo os filhos como resquícios de um passado familiar que ecoará com força, agregando complexidade às relações entre todos os membros deste novo sistema – está formada, assim, a família reconstituída. A seguir, apresentamos um panorama de suas características, discutimos seus desafios relacionais e apontamos cuidados que um terapeuta deve tomar para atender a sistemas familiares como estes. Consoantes com uma visão sistêmica novo-paradigmática (Esteves de Vasconcellos, 2002), consideramos a família reconstituída como uma das tantas possibilidades identitárias familiares contemporâneas, sem corrermos o risco de hierarquizarmos culturas familiares, determinando padrões de normalidade a partir da família nuclear. Não se trata de um estudo comparativo, porque não abraçamos o modelo nuclear como sendo o da "família ideal". Não são as estruturas que, na forma, compõem a harmonia familiar, mas sim seu enredo relacional que possibilite autonomia e pertencimento a seus membros – o grande desafio para qualquer modelo familiar. A família reconstituída é recente, muito se fala e pouco se sistematizou sobre ela; logo, é importante que nos detenhamos a descobrir a riqueza de cada um de seus contornos.

A GÊNESE DAS FAMÍLIAS RECONSTITUÍDAS: DA VIUVEZ AO PROCESSO DE SEPARAÇÃO

Em tempos remotos, as famílias caracterizadas pela presença de apenas um genitor eram aquelas cujo chefe era viúvo (a). Nesse tipo de monoparentalidade, atemporal e transcultural, a dinâmica familiar sofre uma descontinuidade devido à morte como evento não-normativo do ciclo de vida familiar. A conjugalidade é interrompida e a parentalidade passa a ser exercida por apenas um dos cônjuges, já sobrecarregado pela dor da perda. As exigências somadas à própria dor são as de elaborar seu próprio luto, ao mesmo tempo em que auxilia o filho no mesmo processo, além de cumprir com os cuidados referentes à função parental. É importante para os filhos a experiência de chorar juntos na tentativa de elaborar o luto decorrente da perda do genitor. Nessa circunstância, é construído um contexto de contenção do fluxo da dor, uma base segura que suporta a criação de um clima sereno que atenua o medo de uma possível perda do genitor vivo.

O genitor que permanece vivo necessita de um equilíbrio entre o manejo das memórias do passado a serem respeitadas, bem como da projeção de um futuro a ser construído com esperança. Quando o subsistema fraternal está presente, as dificuldades do genitor se atenuam, pois os irmãos são fonte de suporte mútuo. A triangulação simbólica entre genitor-cônjuge sobrevivente, filho e genitor-cônjuge morto deve ser vivida de forma a conjugar o direito a viver a própria dor, a necessidade de elaborar o sofrimento e o desejo de manter o vínculo com quem não está mais ali.

Durante o século XX, pela primeira vez na história da civilização ocidental, a ruptura das relações deixa de ser referida à viuvez, e o processo de divórcio aparece como fonte majoritária do término do matrimônio. A "transição da morte para o divórcio" é o termo que Pinsof (2002) utiliza para nomear esse fenômeno transformador na gênese das famílias reconstituídas. Analisando-o historicamente, ele elenca alguns fatores latentes a seu surgimento:

- *Aumento da expectativa de vida*: a longevidade, ao contrário do que se esperava, terminou por não repercutir em casamentos mais duradouros. Se por um lado a viuvez separava casais com média de 15 anos de convivência, por outro, o divórcio passou a encerrar a relação conjugal em um prazo semelhante.
- *Mudança dos papéis biopsicossociais da mulher*: trazida sobretudo pela entrada da mulher no mercado de trabalho e seu consequente ganho de autonomia financeira, além da difusão da contracepção, inicialmente como tecnologia e depois como símbolo da liberação sexual, isso tudo fez essa mulher estabelecer uma nova relação com seu corpo e com sua sexualidade.
- *Valores sociais e mudanças legais*: a mudança no código civil de vários países com relação ao divórcio trouxe uma facilidade em obtê-lo, favorecendo, assim, a redução do estigma social associado a esse evento e a redução dos traumas psicossociais normalmente vivenciados pelos divorciados.

Nos últimos 30 anos, o divórcio transformou-se em um tópico de discurso político e social, apesar de sempre ser visto como uma ruptura indesejável que produz efeitos de curto a longo prazo, tanto em crianças quanto em adolescentes. Durante muito tempo, o tema era abordado como um transtorno social de proporções epidêmicas, que exigia políticas públicas que reduzissem sua incidência. Apenas no século XXI as sociedades ocidentais já podem abordar o divórcio de forma mais histórica, evolutiva e etológica. Goldsmith (1982, *apud* Pinsof, 2002) foi o pioneiro ao definir as famílias pós-divórcio como "unidades normais".

Estas transformações genealógicas trazem questões com relação ao significado da "transição da morte para o divórcio", fazendo-nos questionar a respeito da capacidade do ser humano na construção de uma relação permanente. Isto pode ser inquietante para nossos sistemas teóricos que tratem do casamento, da separação e da recomposição familiar, porque tamanha transformação social pode requerer uma mudança paradigmática sob a forma de olhar para a conjugalidade no século XXI.

O "evento crítico" da separação requer da família uma reorganização e ativação dos recursos internos e externos de seus membros. Os elementos de descontinuidade presentes na separação consistem em elaborações referentes à ruptura de uma conjugalidade, uma qualidade co-habitativa diferente da anterior e a habilidade no exercício da parentalidade. O processo adaptativo à separação tem um "tempo fisiológico" de aproximadamente dois anos, permeados por uma diversidade sentimental: raiva, depressão, culpa (tanto com relação ao ex-cônjuge quanto aos filhos).

O "divórcio psíquico" é um processo que leva tempo. O rompimento do casal é lento e exige adaptação e reorganização que prevê muitas fases, através das quais os cônjuges redefinem seus próprios papéis.

Segundo Wallerstein, Lewis e Blakes Lee (2000), o processo de separação se articula em três fases: a primeira, permeada por raiva e depressão. A segunda, aproximadamente após um ano e meio, apresenta mudanças e progressos, embora as fronteiras familiares ainda se configurem instáveis. E a terceira, na qual finalmente se conquista uma novo equilíbrio dinâmico. Geralmente as mulheres alcançam essa última fase após três anos e meio, e os homens um ano mais cedo do que elas – o que não implica considerarmos a elaboração de ambos como tendo sido alcançada na mesma profundidade.

A ruptura de uma relação conjugal exige dos parceiros um empenho na elaboração do "divórcio psíquico", além de lidarem com a dificuldade de admitir o "fracasso do vínculo" e necessitarem de tempo para retomar a confiança em si mesmos e na condução da própria vida sem a presença do cônjuge.

A forma como o conflito é administrado é de vital importância para o bem-estar de cada membro do casal, bem como dos filhos. Quanto mais conscientes os parceiros são de suas co-responsabilidades quanto à situação que os levou ao rompimento, mais capazes serão para lidar com os filhos após essa decisão. Algumas variáveis podem interferir positivamente no processo de elaboração da separação. Por exemplo, o funcionamento psicológico saudável antes da separação consiste em um recurso importante para a sucessiva adaptação. Nas mulheres, em particular, o controle de si mesmas, a extroversão, a paridade de papéis, a maturidade e um histórico de competência e sucesso na vida são fatores que favorecem uma separação com maior serenidade e abertura com o ex-parceiro. Geralmente aquele que decide pela separação tem a vantagem de sentir controle sobre a própria existência, enquanto aquele que acata a decisão vive uma desvantagem e um sentimento de impotência.

A modalidade de elaboração de uma separação depende de fatores de gênero – para algumas mulheres, é o momento oportuno para refletir sobre sua autonomia e liberdade, além de desenvolver mais competências, uma vez que se vê diante de dificuldades a serem afrontadas que antes eram geridas pelo marido.

Outro importante fator a ser considerado quanto à qualidade das separações consiste no grau de diferenciação precedente de cada um dos respectivos cônjuges de suas famílias de origem. Em casos de indiferenciação (Bowen, 1991), o conflito conjugal pode se transformar em um conflito transgeracional, aumentando a complexidade e o desconforto das relações. A presença ou a ausência de filhos, a idade e o sexo deles, isso também interfere no quadro relacional durante o período de separação. Uma rede social de apoio efetiva pode intermediar as arestas dos conflitos relacionais, facilitando e abrandando os ânimos. A família de origem pode ser recuperada como fonte de apoio e segurança emocional, diminuindo o grau de vulnerabilidade em que os parceiros se encontram.

Segundo Maldonado (2000), os filhos apresentam alguns riscos diante de um processo de separação. Em primeiro lugar, quando um parceiro fala mal do outro, há o risco de que esse desamor que vai se estabelecendo entre o casal se transforme em ódio, em desejo de vingança e retaliação. Quando isso acontece, dificilmente as crianças são poupadas. Elas entram no meio da linha de fogo, pois geralmente os pais ficam se depreciando, se acusando reciprocamente diante deles, acabando por gerar nos filhos uma sensação de desamparo grande. Outra área de risco, segundo a autora, é o conflito de lealdade – quando os pais que se odeiam começam a usar a criança como um aliado, desmerecendo o companheiro(a) do outro.

A sensação de abandono constitui outro possível resquício de uma separação porque, às vezes, os adultos saem de um casamento insatisfatório com sede de viver. Então, ficam cobrando um do outro a responsabilidade de assumir os filhos, enquanto anseiam por uma liberdade que atenue os desgastes provenientes da separação. Às vezes, o ex-casal entende-se muito bem nessas circunstâncias, mas, em outras, as crianças sentem-se um peso que dificulta a virada de uma história dolorosa. Coletti e Linares (2001) salientam o que pode haver de violência passiva dos pais com relação a um dos membros da fratria. Se considerarmos o filho predileto do pai, podemos imaginar seu grau de sofrimento, que vive a dor da separação ao mesmo tempo em que perde o olhar legitimador daquele que, melhor do que ninguém, o reconhecia. Há uma grave carência afetiva com este filho, por fazê-lo sofrer maus-tratos psicológicos, deixando-o em estado de privação emocional.

O grau de saúde imposto à vida pós-separação depende de uma distinção clara e precisa entre as problemáticas do casal no exercício da parentalidade. Uma relação colaborativa entre os pais depende do quão elaborado está para cada um o divórcio psíquico, ou seja, se já conseguiram recuperar um conceito positivo de si como indivíduos que os permita colocar a relação sob outras bases diante das novas exigências familiares.

Fruggeri e Everri (2005) apontam seis cenários específicos que emergem no período pós-separação:

1. *Quando a dissolução conjugal coincide com uma anulação da função parental.* Geralmente o pai desaparece, e a responsabilidade recai exclusivamente sobre a mãe. Esta, por sua vez, pode abster-se do ônus de arcar com toda a responsabilidade sozinha ou assumir uma postura oposta, de total simbiose com o filho. Nesse último caso, o filho torna-se "parceiro ideal" ou, ainda, "filho parental" – confidente da mãe ou do pai, cuidador dos irmãos e "mentor" da família, sendo reconhecido como um menor adultizado que tende a abortar ou reprimir seus próprios desejos.
2. *Quando o casal se mantém como "bons amigos", com rituais e hábitos semelhantes a quando estavam casados.* Isto pode gerar uma confusão quanto às mudanças esperadas de uma separação, levando os filhos à ilusão de um possível retorno dos pais. A perpetuação dessa ilusão pode dificultar a elaboração da separação dos pais e a introjeção das transformações familiares naturais do percurso adaptativo.
3. *Quando a descontinuidade da relação conjugal coincide com uma parentalidade balanceada.* Nesse caso, os cônjuges dissolvem questões matrimoniais e formam uma aliança no exercício da parentalidade, estabelecendo acordos quanto aos cuidados e à educação dos filhos. Configura-se em um cenário colaborativo, embora cristalino quanto à decisão tomada referente à separação e às novas funções parentais que cada um deve assumir.
4. *Quando a permanência e a prevalência dos conflitos conjugais se sobrepõem a função parental.* O rancor entre os côn-

juges impera, afastando ferozmente o casal ou mantendo-os patologicamente juntos por esse mesmo motivo. Autores como Francescatto e Locatelli (1988 *apud* Fruggeri e Everri, 2005) definem essa circunstância como "intimidade irada", caracterizada pela presença de um outro que constantemente é desvalorizado e agredido em nível verbal e psicológico. A cronicidade do conflito impede-os de se separarem. O filho passa a ser a testemunha involuntária ou protagonista indireto de uma luta sem economias de desqualificações em presença ou ausência do ex-cônjuge.

5. *Quando a separação promove a eclosão de dinâmicas familiares patológicas*. A fúria leva ao aviltamento recíproco, a brigas violentas, inclusive de caráter jurídico. O ex-cônjuge é um inimigo eliminável, e o filho é triangulado no conflito relacional.

6. *Quando a paternidade é vivenciada "ocasional ou parcialmente"*. No primeiro caso, a figura do pai é confundida com o clássico "companheiro de brincadeiras". Geralmente a paternidade é exercida sem autoridade, com permissividade e imposição frágil de regras, além de muita recreação (todos os dias são *Disneylândia*). Geralmente esses homens não estão bem resolvidos em relação à separação, vivem em casas onde não é possível receber o filho e mantêm com dificuldade o vínculo hierárquico paterno. No segundo caso, os pais de "tempo parcial" vêm os filhos com mais frequência, com intervalos regulares, e o conflito com a ex-esposa já se encontra bem reduzido. Eles moram em casas aptas a receberem os filhos e participam com responsabilidade dos deveres parentais, interessando-se co-responsavelmente pela educação dos filhos junto à ex-esposa. Esses pais demonstram um nível alto de co-envolvimento na vida cotidiana do filho, construindo um espaço geográfico e afetivo que sempre o inclua.

O PROCESSO DE RECOMPOSIÇÃO FAMILIAR

O tema central das famílias reconstituídas diz respeito a como manter uma colaboração entre os pais biológicos sem que isso se torne intrusivo na relação do novo casal e possa facilitar, ao mesmo tempo, a abertura de espaços aos novos parceiros para o exercício de uma função parental adquirida contextualmente à formação da nova união conjugal. O equilíbrio delicado entre a parentalidade biológica, a parentalidade adquirida e a conjugalidade é o resultado processual, fruto de uma dinâmica complexa poliédrica dentro da qual os limites devem permanecer flexíveis e permeáveis entre os vários núcleos que fazem parte do sistema familiar. Isto garante aos filhos a continuidade relacional com o genitor biológico que não co-habita com eles e, por outro lado, favorece a consolidação da relação entre os filhos e os novos parceiros dos pais, e entre os eventuais meio-irmãos que possam existir.

O tempo de recomposição familiar é um fator importante a ser considerado. O primeiro período que sucede à nova relação conjugal constitui uma fase de transição com relação à recomposição, demarcada por instabilidade emocional, falta de coesão e unidade, inevitáveis com os conflitos provocados pelo período de adaptação. Após aproximadamente dois anos, as famílias reconstituídas apresentam maior estabilidade relacional – os filhos já têm uma percepção favorável harmoniosa do novo núcleo familiar, e os novos parceiros dos pais já tiveram tempo para se posicionar quanto às responsabilidades apreendidas sem combaterem o lugar dos pais biológicos (Carter e Mc Goldrick, 1995; Fruggeri e Everri, 2005).

Carter e Mc Goldrick (1995) reforçam a necessidade do respeito à lentidão e à paciência com que as famílias recasadas devem lidar. O cenário sobre o qual ela vai se construindo é permeado de sentimentos de mágoa e fracasso pelos insucessos anteriores, gerando um sentimento de vulnerabilidade, medo e desconfiança, difíceis de manejar. Além dessas questões relativas ao casal, a família reconstituída tem que lidar com outros núcleos de complexidade. Por exemplo, no que diz respeito às crianças, é imprescindível garantir o vínculo delas com seus genitores, mantendo com eles alguma cordialidade, quando se trata de padrastos e madrastas. Como afirmam as autoras, estes últimos não devem esperar amor de um enteado, pelo menos nos primeiros momentos em que a separação ainda está ardente, os desajustes do sistema familiar estão presentes, gerando inseguranças e incertezas que merecem ser respeitadas para que as portas se abram em momentos futuros.

O recasamento, muitas vezes, aciona antigos sentimentos negativos de raiva, depressão, ansiedade e desamparo no parceiro que ainda não retomou sua vida afetiva. Além disso, normalmente é acompanhado por uma renovação dos acordos financeiros e/ou custódia. Os novos padrastos, que pelo gênero masculino ainda carregam o destino da provisão financeira das famílias que constroem, podem viver conflitos de lealdade a partir das cobranças advindas de todos os lados pela equidade no compartilhamento de afeto e dinheiro. As queixas mais comuns envolvem a qualidade e a quantidade de contato com filhos em comparação aos enteados, bem como a distribuição dos recursos financeiros entre a antiga e a atual família, sendo palco de debates calorosos pedindo por maior justiça relacional (Borszormenyi-Nagy; Spark, 1983).

Uma das premissas centrais da abordagem sistêmica é a de que carregamos para novos relacionamentos a bagagem emocional de questões não-resolvidas de relacionamentos anteriores importantes. Dessa forma, oscilamos entre o temor e a resistência de assumirmos novos vínculos, para que não passemos pela dor anterior ou, por outro lado, nos tornemos esperançosos em refazer nossa vida afetiva, de forma a superar mágoas passadas. Os méritos de um novo relacionamento dependem do quão resolvida está a pessoa com relação aos conflitos do relacionamento anterior.

Com relação às fronteiras nas famílias reconstituídas, pode-se assinalar dificuldades quanto à legitimidade das pessoas envolvidas, o espaço que cada um ocupa, no que diz respeito ao sentido de pertencimento, questões referentes à autoridade, quem assumirá o comando e conduzirá decisões relativas à disciplina, ao dinheiro, etc. e, por fim, a como administrar o tempo a ser dedicado a quem, dentro de um sistema tão complexo, cujos rótulos de parentesco não foram ainda delineados. Cada família deve encontrar sua própria acomodação quanto a essas questões, não existindo um parâmetro a ser seguido, o que exige um grau de flexibilidade tamanho que auxilie no processo de acoplamento.

O impacto do recasamento depende de questões relativas à fase do ciclo vital em que se encontram os dois sistemas. Carter e Mc Goldrick (2005, p. 353) afirmam que

> quanto maior a discrepância em experiência no ciclo de vida familiar entre os cônjuges, maior será a dificuldade de transição e mais demorada será a integração da família.

Assim, nos casos em que o cônjuge já tem filhos adolescentes de casamentos anteriores e a esposa atual está na sua primeira relação, os conflitos podem advir da expectativa dela em viver prioritária ou exclusivamente seu novo e único casamento, contrastante com as demandas a serem gerenciadas por ele, que provavelmente não contará com a esposa para assumir as tarefas relativas a seus filhos – a nova esposa precisa arcar com a precocidade de seu lugar de madrasta de adolescentes, antes mesmo de se tornar uma esposa experiente ou ser mãe de seus próprios filhos. Além disso, ele não poderá atender aos desejos imediatos românticos dela sem que antes passe pelas exigências dos filhos, muitas vezes suportadas pela insatisfação que eles carregam pelo rompimento por que forçosamente tiveram que passar, gerando no pai um sentimento de culpa que pode vulnerabilizá-lo quanto aos limites saudáveis a serem impostos a eles. Assim, a união de parceiros em fases discrepantes do ciclo de vida exige de ambos uma flexibilidade para funcionarem em várias fases diferentes "simultaneamente e fora de sua sequência normal" (Carter e Mc Goldrick, 1995, p. 353).

Por outro lado, quando o recasamento ocorre em fase tardia, é provável que os filhos e os netos aceitem com mais facilidade a realidade quando ela sucede uma viuvez, em vez de um divórcio. A viuvez comporta um sentimento de alívio, após um período em que a família nutria uma preocupação pelo progenitor viúvo idoso, de que ele possa se refazer afetivamente e demonstre um novo interesse pela vida. Quando se trata de recasamento pós separação em fase tardia, os familiares tendem a resistir mais, uma vez que se preocupam com o rumo que a vida dará ao progenitor "deixado". Clinicamente, as autoras supracitadas apontam que o maior ajustamento no recasamento da velhice ou meia-idade depende da hostilidade ou da cooperação entre os ex-cônjuges quanto à reunião de filhos e netos, bem como de arranjos de férias feitos em comum acordo.

CONSIDERAÇÕES CLÍNICAS EM FAMÍLIAS RECONSTITUÍDAS

Apesar do universo aqui discutido já ter provocado inúmeras reflexões em comunicações orais de nossa área, muito pouco material clínico encontra-se sistematizado como suporte reflexivo para que um terapeuta seja convidado a ampliar seu marco de referência a respeito destas famílias. Como inúmeros autores assinalam, é condição que a análise não repouse sobre a obviedade, a ingenuidade ou a comparação preconceituosa com outros referenciais familiares mais tradicionais. Decidimos, portanto, eleger algumas circunstâncias que nos parecem relevantes para aprimorar a escuta profissional das histórias de vida de famílias reconstituídas:

- *Categorização e qualidade das relações familiares*. O processo de reconstrução familiar dá margem a múltiplos arranjos relacionais entre seus membros. Sua ampla complexidade interna obriga o terapeuta a comportar-se de forma não-normativa, questionando suas ambigüidades e incertezas sobre expectativas de desempenho, direitos e deveres, limites e interdições de cada um. Portanto, diferentes debates poderiam surgir a partir de perguntas de abertura, tais como: que nome recebe, nesta família, o novo cônjuge do pai ou da mãe? Que estatuto ele tem? Que nível de pertencimento ao sistema familiar lhe é permitido expressar na presença dos filhos? De que forma são construídos os limites nas relações entre padrastos ou madrastas e enteados (as)? Como se caracteriza a comunicação entre os ex-cônjuges no exercício da parentalidade de seus filhos? Em que nível a descendência familiar oferece, para os novos cônjuges, elementos para a convivência e para a educação doméstica dos enteados?
- *O dilema da integração entre padrastos, madrastas e enteados*. Uma visão mais linear pode sugerir que apenas os enteados se sintam invadidos em suas fronteiras anteriormente constituídas. Contudo, um olhar mais recursivo nos leva a percebê-los transitando entre as posições de "invasores" e "invadidos" – enquanto os filhos sentem que padras-

tos ou madrastas são intrusos na família, os novos parceiros dos pais biológicos sentem-se invadidos pelos enteados em seu espaço conjugal.
- *Rivalidades de gênero mãe biológica – madrasta – enteada.* Este triângulo, vivido por algumas famílias apenas como um conflito mascarado entre a díade madrasta – enteada, é bem mais marcado que a relação triádica constituída por homens (pai biológico, padrasto, enteado). As filhas normalmente se sentem mais responsáveis pelas questões emocionais da família; portanto, o sentimento de lealdade e proteção à mãe biológica gera conflitos com a madrasta – esta jamais será à altura de sua mãe e estará em condição de ocupar o "trono" de companheira do pai, que na sua lógica pós-separação a faz acreditar que apenas ela mesma, na condição de filha "protetora", cuidará do pai à altura ou até com mais primazia do que fez sua mãe (Carter; Mc Goldrick, 1995). A rivalidade expressa entre mães e madrastas retrata o combate feminino entre mulheres que disputam o reconhecimento de suas habilidades de "fêmea", legitimadas e reforçadas pela cultura dominante machista que depositava, apenas no papel de esposa, o reconhecimento de suas competências. Dessa forma, fracassar neste universo e ser "substituída" por outra mulher que terá a chance que a "ex" já não o tem, de revirar o quadro de satisfação conjugal para ele, passa a ser, para a "mulher perdedora", a arena sanguinária que infernizada o direito deste homem de refazer sua vida afetiva, bem como o de sua filha de retomar a paz que nunca deveria ter perdido e, assim, manter-se apenas desfrutando sua condição filial.

A experiência feminina na condução das negociações dos padrões relacionais de uma família reconstituída costuma ser mais turbulenta, porque a mulher geralmente está mais vulnerável pela sobreposição de papéis, sendo o custo emocional e físico da vida familiar um peso desproporcional que recai sobre ela. Ademais, o "sismógrafo emocional interno da mulher" (Bernstein, 1999) identifica problemas mais cedo, quando estes, todavia, existem sob a forma de conteúdos latentes. A insatisfação com as relações familiares é ressaltada pelas mulheres e provoca, nelas, muito mais efeito na satisfação geral com a vida.

- *Especificidades na recomposição familiar quando os filhos são crianças ou adolescentes.* As sucessivas etapas de transição familiar interferem diferentemente de acordo com a idade dos filhos (Carter; Mc Goldrick, 1995):
  - Quando eles estão em uma faixa etária entre 5 e 9 anos, geralmente fantasiam a reconciliação dos pais, vivenciam conflitos de lealdade e aqueles provenientes da própria idade, como, por exemplo, a ansiedade de separação, os sentimentos de perda e dor intensos, além das fantasias de abandono e conflitos no processo de construção de identidade.
  - De 10 a 13 anos: os filhos aceitam melhor a nova união dos pais, apresentando uma atitude cuidadosa e protetora com eles, mas esse processo não é linear, dando margem a ambiguidades caracterizadas por um sentimento de culpa e temores de retaliação do outro genitor biológico diante da aceitação dos novos parceiros dos pais.
  - Em geral, os filhos adolescentes podem apresentar dificuldades de internalização da nova constelação familiar devido às mudanças provocadas em seus padrões familiares habituais, inclusive antecipando sua saída de casa. Isto não só desvia o foco de seu processo de diferenciação, como também gera conflitos na aceitação da sexualidade do progenitor bioló-

gico, desenvolvendo uma possível atração sexual entre meio-irmãos por afinidade, ou entre padrastos e enteados por falta de discernimento entre as funções conjugais e os papéis parentais. Além disso, na pós-modernidade que liquefaz a solidez das relações amorosas (Bauman, 1998), os adolescentes podem resistir ao aprofundamento do vínculo com os novos parceiros dos pais pelo receio de (re)viver uma nova perda.

- *A experiência do divórcio e do recasamento e suas repercussões na constituição da família futura dos filhos*. Para a criança, é melhor conviver com apenas um dos pais quando não houver harmonia suficiente para uma relação estável entre ambos. Porém, se um novo casamento for assumido pelo pai ou pela mãe, e se essa relação for amorosa e gratificante, o filho pode recuperar sua esperança em se vincular futuramente, de maneira inteira e satisfatória (Wagner, Falck; Meza, 1997). Pensando sob uma perspectiva transgeracional, é possível hipotetizar que um filho que assiste à dissolução e à reconstrução conjugal de seus pais possa fazer exigências compensatórias a seu futuro cônjuge, que teria a obrigação de recompor as feridas primárias que ele transferiu para a vida adulta.
- *A importância dos rituais terapêuticos no fortalecimento dos vínculos da família reconstituída*. Como qualquer grupo social, a família reconstituída necessita desenvolver rituais que promovam a integração de novos membros ao sistema. Podemos citar dois tipos de rituais mais significativos: os rituais de conexão e os rituais de celebração (Roberts, Whiting e Imber-Black, 1991). Os *rituais de conexão* favorecem a conexão emocional dos membros do sistema, consistindo em cumprimentos, expressões analógicas e digitais de afeto, diálogos durante as refeições e histórias na hora de dormir. Já os *rituais de celebração* requerem um certo grau de coesão entre os familiares nucleares e extensos, por serem marcos importantes da história familiar, em cuja frequência se respalda a manutenção da imagem de família para a comunidade. O manejo terapêutico no uso do ritual como intervenção requer uma investigação prévia quanto à disponibilidade dos membros da família precedente, bem como dos que nela se inserem, para participar e construir diferentes padrões que resultem na nova configuração familiar.
- *O self do terapeuta legitimando a família reconstituída*. Analisar a família reconstituída como um "defeito de composição" que se contrapõe às estruturas mais tradicionais constitui um preconceito do profissional (Cecchin, 1993; 1997) que obstrui a relação terapêutica, impedindo que o sistema se sinta legitimado, acolhido e trabalhado em suas diferenças. Um julgamento clínico experiente sugere a tolerância à ambiguidade, sobretudo mantendo-nos atentos para não rechaçar a diferença, dando a ela um lugar privilegiado de existência e extraindo dela toda a grandeza que o preconceito não nos deixa ver.

CONSIDERAÇÕES FINAIS

O tema das famílias reconstituídas nos remete à nossa condição humana, naquilo que ela revela de nossa dificuldade para encararmos a frustração pela falência de um projeto de vida que incluía o ideal da união eternizada. Não obstante a cultura, que já normaliza e dá lastro para que a separação venha com menos sofrimento social, ainda repousa a sombra da falha, do fracasso, do fim – em cenas que cortem a história de forma mais abrupta ou mais adiada. Mas isso não quer dizer que estejamos ainda sob o signo da resignação ao amor "até que a morte nos separe". Ao contrário: como nos adverte Giddens (1993), vivemos em uma época em que o discurso sobre as relações conjugais é o de um "amor confluente", em que a manutenção do prazer conjugal é categoria hierárquica sobre o desejo de permanecer em relação. É o mesmo amor líquido de Vinícius de Morais: "infinito posto que é chama e eterno enquanto dure". Mas, como estamos sujeitos a legados modernos de imperante contundência, o amor confluente pode conviver paradoxalmente com o desejo de constituir uma família a partir dos ideais mais conservadores de amor romântico (Giddens, 1993).

As fissuras produzidas pelo rompimento de um laço conjugal e, consequentemente, da vida familiar, deram margem ao surgimento de uma nova composição que inclui uma rede complexa de parentesco. Sentimentos, lealdades e lutos são vividos intensamente até que o indivíduo reúna esperança e coragem para encarar novamente os desafios de um relacionamento. A possibilidade de refazer a vida afetiva e familiar surge, então, como uma redenção da impermanência da escolha conjugal. Os mesmos processos de idealização da nova realidade podem acontecer, como padrão de formação de laços afetivos. Os membros do casal mudam de expressão, voltando a conviver com a esperança e com novas projeções de futuro. Mas nem sempre tal esperança aparece limpa, sem os resquícios emocionais oriundos da relação anterior. Na maioria das vezes, a sobreposição é a palavra que marca a fase de transição para a família recasada. Como uma ressurreição que ainda traz a sombra da morte que lhe antecedeu, o recasamento requisita da família a força para construir algo muito novo, enquanto as ruínas ainda insistem em ser a memória do ciclo que se fechou.

Nesta incerteza que é substrato da construção da nova família, cabe a nós, terapeutas, a posição já alardeada de arquitetos do diálogo, distantes, portanto, de qualquer posição prescritiva sobre as novidades estruturais e emocionais desses sistemas. Não nos cabe, sobretudo em um espaço de abertura para o novo como este, definirmos critérios de normalidade ou disfuncionalidade. A flexibilidade para desenhar novos caminhos relacionais, férteis para todos os membros, pode aparecer como uma das maiores surpresas resilientes da nova família.

REFERÊNCIAS

BAUMAN, Z. *Amor líquido*: sobre a fragilidade dos laços humanos. Rio de Janeiro: J. Zahar, 2004.

_____ . *O mal-estar da pós-modernidade*. Rio de Janeiro: J. Zahar, 1998.

BERNSTEIN, A. Reconstructing the brothers Grimm: new tales for stepfamily life. *Family Process,* v.38, p. 415-429, 1999.

BOWEN, M. *De la familia al individuo*: la diferenciación del si mismo en el sistema familiar. Buenos Aires: Paidós, 1991.

BOZORMENYI-NAGI, I.; SPARK, G. *Lealdades invisibles.* Buenos Aires: Amorrortu, 1993.

CARTER, B.; McGOLDRICK, M. *As mudanças no ciclo de vida familiar*: uma estrutura para a terapia familiar. 2. ed. Porto Alegre: Artmed, 1995.

CECCHIN, G.; LANE, G.; RAY, W. A. *Irriverenza*: uma strategia di sopravvivenza per i terapeuti. Milano: Franco Angeli, 1993.

_____ . *Verità e Pregiudizi*: un approccio sistêmico alla psicoterapia. Milano: Raffaello Cortina, 1997.

COLETTI, M.; LINARES, J. L. *La intervención sistémica en los servicios sociales ante la familia multiproblemática*: la experiencia de Ciutat Vella. Barcelona: Paidós, 2001.

ESTEVES DE VASCONCELLOS, M. J. *O pensamento sistêmico*: o novo paradigma da ciência. São Paulo: Papirus, 2002.

FRUGGERI, L.; EVERRI, M. La genitorialità in assenza della conjugalità. In: FRUGGERI, L. *Diverse normalità*: psicologia sociale delle relazioni familiari. Roma: Carocci, 2005.

GERGEN, K. *El yo saturado*: dilemas de la identidade en el mundo contemporáneo. Barcelona: Paidós, 1997.

GIDDENS, A. *A transformação da intimidade:* sexualidade, amor e erotismo nas sociedades. 2. ed. São Paulo: UNESP, 1993.

LIPOVETSKY, G. *Os tempos hipermodernos.* São Paulo: Barcarolla, 2004.

MALDONADO, M. T. *Casamento:* término e reconstrução. São Paulo: Saraiva, 2000.

PINSOF, W. The death of "till death us do part": the transformation of pair-bonding in the 20th century. *Family Process,* v.41, n. 2, p. 135-157, 2002.

ROBERTS, J.; WHITING, R. A.; IMBER-BLACK, E. *Rituales terapéuticos y ritos en la familia.* Barcelona: Gedisa, 1991.

SOUSA SANTOS, B. *Introdução a uma ciência pós-moderna.* Rio de Janeiro: Graal, 1989.

WAGNER, A.; FALCKE, D.; MEZA, E. Crenças e valores dos adolescentes acerca da família, casamento, separação e projetos de vida. *Psicologia*: Reflexão e Crítica, Porto Alegre, v. 10, n. 1, 1997.

WALLERSTEIN, J. S.; LEWIS, J. M.; BLAKES LEE, S. *The unexpected legacy of divorce.* New York: Hyperion, 2000.

20

Famílias com filhos adotivos

Cynthia Ladvocat

INTRODUÇÃO

Em 1976, eu era psicóloga estagiária do último ano de graduação em psicologia quando atendi uma criança adotada. Naquela época, eu busquei em vão bibliografia sobre o tema. Esse caso marcou minha vida profissional pelo impacto de temas como rejeição, abandono, acolhimento, preconceito, anseio por afeto, sintomas patológicos, indicação de terapia e a transferência da menina com o desejo de ser adotada pela terapeuta.

Nos anos seguintes, muitos outros casos de adoção fizeram parte de minha clínica. Durante a formação psicanalítica, o conceito da tríade adotiva que inclui a família biológica na árvore genealógica da família adotiva me foi apresentado por Paulina Kernberg, o qual foi fundamental para contextualizar tal configuração familiar que inclui na história da criança os pais adotivos e os pais biológicos. Incluir a família na história da criança leva a família adotiva a enfrentar um dos mitos da adoção, que é levantar as expectativas e os anseios dos pais e da criança sobre suas origens.

Além da minha prática com crianças adotivas em clínica privada, desde o ano de 1997 passei a fazer parte da equipe da Associação Brasileira Terra dos Homens. Ampliei o foco para a área social, na promoção da vida em família de crianças e adolescentes institucionalizados em situação de risco. A Terra dos Homens trabalha com a defesa de direitos de crianças e adolescentes e investiu durante muitos anos na causa da adoção, atuando junto às varas de infância e juventude, no processo de habilitação de postulantes à adoção e na adaptação de crianças e adolescentes às novas famílias. Hoje investe, principalmente, em crianças e adolescentes institucionallizados, que não estão disponíveis para a adoção por terem referências familiares. Coordenei o Grupo de Reflexão sobre Adoção por terem referências familiares. Coordenei o Grupo de Reflexão sobre Adoção junto a famílias postulantes, contribuindo com o movimento dos grupos de apoio à adoção no Brasil. Presto consultoria externa e atendo no meu consultório às demandas de pessoas interessadas em adoção.

UMA BREVE HISTÓRIA DA ADOÇÃO NO BRASIL

A adoção teve sua legislação alterada nos últimos 100 anos. Pelo Código Civil de 1906, a filiação adotiva era revogável e caracterizada por uma relação de parentesco sem o rompimento com a família consanguínea. Em 1965, pela Legitimação Adotiva, a filiação ainda era revogável, mas a filiação substituta cessava a ligação com a família consanguínea. O Código de Menores de 1979 transformou a adoção em simples (que era revogável) e em plena (irrevogável). A partir da vigência do Estatuto da

Criança e do Adolescente (ECA) em 1990, a adoção passa a ser irrevogável com a integração total do adotando na nova família, com direitos iguais aos filhos consanguíneos (Gueiros, 2007).

> Art 41: A adoção atribui à condição de filho ao adotado, com os mesmos direitos e deveres, inclusive sucessórios, desligando-se de qualquer vínculo com pais e parentes, salvo impedimentos matrimoniais. (Lei federal 8.069, ECA, 1990)

Com a intenção de libertar as crianças do estigma da ilegitimidade e com certidões que deixavam explícita a adoção, surgiu o impedimento ao acesso aos registros. As leis exigem uma nova certidão de nascimento legal com o nome dos pais adotivos, sendo a certidão de nascimento original lacrada. Com o lacre da história original, o segredo e a negação estão na base da prática da adoção (Hartman, 1994).

Embora no Brasil não seja comum a prática da adoção aberta para proteção de todos os envolvidos, a adoção fechada sela a biografia da criança sob um manto de mitos e segredos.

> Art. 41 § 2,3: O mandado judicial, que será arquivado, cancelará o registro original do adotado... Nenhuma observação sobre a origem do ato poderá constar das certidões de registro. (Lei federal 8.069, ECA, 1990)

Até 1990, a maioria das crianças era adotada ilegalmente, e os pais não revelavam o segredo da adoção desde o início, ou o faziam tardiamente. Os medos e os preconceitos eram muito grandes. As famílias adotivas não sabiam nada das origens das crianças, que chegavam clandestinamente, ou eram filhos bastardos que não podiam ser reconhecidos. Não existia a prática da adoção de grupo de irmãos. Grande parte das crianças era adotada logo ao nascer, com características físicas parecidas com as dos pais adotivos. Era muito rara a adoção tardia ou interracial por denunciar a afiliação adotiva.

Antes da vigência do ECA, não havia um apoio técnico adequado, pois os procedimentos eram efetivados por profissionais sem capacitação na área da família. A escalada da violência e os problemas sociais trouxeram como consequência o aumento da demanda de profissionais que atuem nas áreas sociais para a formação em terapia de família para pesquisa, formação, prevenção e intervenção com crianças e adolescentes em risco.

Depois do ECA, o perfil das famílias adotivas sofreu uma mudança, sendo mais frequente a adoção de grupo de irmãos, a adoção inter-racial e a adoção tardia. Os pais passaram pelo processo de habilitação e revelaram desde cedo o segredo da adoção. Entretanto, ainda encontram dificuldades com as origens da criança.

As políticas públicas priorizam a atenção, a prevenção e o tratamento de crianças em risco do convívio familiar: como medida de proteção provisória, a criança é acolhida em uma instituição ou em uma família. Neste último, a criança é acolhida por uma família devidamente cadastrada e capacitada que a protege em situação de risco proporcionando o afastamento do convívio com sua família de origem. Esta é uma intervenção efetiva que interrompe o processo de violação de seus direitos.

A falta de projetos voltados para este fim leva crianças e adolescentes a viverem em instituições até os 18 anos. O que justifica a institucionalização não anula a necessidade de a criança ser reintegrada à sua família. Os técnicos do abrigo são as figuras de referência afetiva e devem ser os agentes ativos na reintegração a ser despertada na criança e na família de origem.

Antes de a criança ou de o adolescente serem colocados disponíveis à adoção, devem ser esgotadas as tentativas para mantê-lo junto à família de origem, trabalho de responsabilidade da equipe técnica e dos profissionais dos abrigos, a fim de evitar a institucionalização da criança por longo período, afetando seu direito à convivência familiar.

Ainda verificamos nos abrigos muitas crianças esquecidas, abandonadas, desvinculadas do lar e sem esperança. A grande maioria não se encontra disponível para adoção, apesar de muitos anos em abrigos. Cerca de 80% das crianças abrigadas ainda mantêm os laços jurídicos com a família de origem e deve ser reintegrada às suas origens. Caso não seja possível sua reintegração, ela deve ser indicada para a adoção.

Para analisar o real desinteresse da mãe biológica em criar seu filho, se faz necessária sua presença em audiências realizadas pelo juiz competente para conhecer realmente sua intenção. O processo de destituição do poder familiar demanda uma rigorosa análise da situação da criança, do tempo em que ficou acolhida e principalmente da relação de vínculo e afeto com sua família de origem. Sobre esse relatório, opinam o juiz de direito, o Ministério Público, os técnicos de serviço social e de psicologia sobre o que é melhor para a criança. O processo jurídico não deveria ser demorado, mas é necessariamente cuidadoso e ocorre ao mesmo tempo em que é indicada uma nova família. A conclusão do procedimento ocorre pela suspensão ou homologação da destituição do poder familiar. Consequentemente, o nome da criança é incluído no cadastro para adoção. Até a indicação de uma família para essa criança, o dirigente do abrigo é seu guardião.

Assim, a adoção é a última fase para se preservar e resgatar a convivência familiar de uma criança ou de um adolescente. Existe uma grande preferência pela adoção de bebês. Muitos acreditam que as crianças pequenas não trazem marcas e lembranças de sua vida antes da adoção; por isso, desejam uma criança com menos de 1 ano de idade. A nova cultura da adoção trabalha com o incentivo da adoção de crianças que não são pequenas, não são brancas, não têm saúde perfeita ou, ainda, que tenham irmãos.

O postulante a adoção pode primeiramente buscar informações sobre o tema através dos Grupos de Apoio à Adoção e se dirigir à Vara de Infância e Juventude mais próxima de sua residência para entregar os documentos de inscrição no cadastro referente a seu perfil familiar e às características da criança que pretende adotar.

Verifica-se um grande número de indivíduos solteiros e indivíduos em união homossexual que buscam na adoção a realização do desejo por filhos. Uma escolha que sem dúvida não inclui um outro como parceiro de um projeto que imitaria a biologia, culturalmente contextualizado.

O processo de habilitação, que não deveria demorar mais do que um ano, inclui entrevistas individuais no serviço social e psicológico, visita domiciliar por parte da equipe, participação nas reuniões de grupo e a espera da criança indicada. O processo visa a identificar as motivações para a adoção de um filho. A fase da avaliação para a habilitação potencializa um terceiro com o poder de habilitar ou não. O requerente espera com ansiedade a resposta da justiça a esse desejo. Cada comarca mantém um registro de pessoas interessadas na adoção; porém, no Brasil, ainda não foi organizado um cadastro nacional de postulantes à adoção.

O processo demanda a análise para aprovação ou não das condições sociais e psicológicas dos requerentes. Portanto, o desejo para a adoção pode ser negado. Na minha experiência com pessoas não-habilitadas, indicadas por técnicos das varas de infância e juventude, verifico a resistência em iniciar um outro processo com um profissional vinculado a esse trabalho. Elas relatam a decepção com o sistema judiciário. Uma pequena parcela de não-habilitados, às vezes, estabelece um novo vínculo com outros, que escutam a dor da rejeição do pedido de adoção. Surgem nesses relatos indignação e ressentimento pelos pais fecundos que não passam pela aprovação para terem seus filhos, além da ferida narcísica causada pela reprovação de um saber maior não-reconhecido. Surgem sentimentos de inveja, raiva, desprezo e desesperança. A partir da privação de um filho biológico e da negação da possibilidade de um filho adotivo, surge o desejo pela adoção informal, mesmo com tantos perigos já comprovados. No trabalho com grupos de pais, é importante abordar exaustivamente os custos internos da escolha pela adoção. Se não desistirem de esperar tanto, de vivenciarem o processo terapêutico e de tentarem uma nova habilitação, poderão descobrir a importância dessa reavaliação para exercer a parentalidade adotiva.

As pessoas ou os casais habilitados não devem visitar abrigos à procura de uma criança, pois mais de 80% das crianças abrigadas mantêm vínculos com suas famílias e não estão disponíveis para a adoção. Quando a família recebe a indicação de uma criança disponível para a adoção, o abrigo e a criança já foram informados sobre a autorização daquela família para conhecer determinada criança, cuja família de origem deve ter sido informada sobre sua situação, sobre as tentativas fracassadas de reintegração e sobre a destituição de poder familiar. O processo de início de vínculo é gradativo e acompanhado pela equipe do abrigo e pelos técnicos judiciários.

Inicialmente, os pais recebem a guarda da criança, que é reversível. A família postulante entra em contato com todo o material da criança, e espera-se que preserve esse acervo e sua história pré-adotiva. Devem ser acompanhadas a evolução do estágio de convivência e as vantagens do processo adotivo, no sentido de satisfazer principalmente quem está sendo adotado. Nesse período de adaptação, algumas dificultadas podem ocorrer pela não-aceitação das condições da criança e de sua história pré-adotiva.

Há necessidade de acompanhamento terapêutico durante o estágio de convivência nos casos de adoção tardia. Portanto, o terapeuta de família em muito contribui para uma intervenção satisfatória em um difícil processo que envolve a ruptura da ligação com as origens e a constituição de uma nova família. As dificuldades dos pais junto à criança em processo de guarda provisória podem resultar no risco de devolução. A guarda não é irrevogável: um filho que ainda não foi adotado de fato pode ser devolvido.

O encontro entre a criança e a família adotiva representa o encontro da história dos pais na fantasia de um filho desejado e a da criança com o fantasma daqueles que a geraram e a abandonaram (Moorman, 1997). Isso ocorre porque, depois de deferida a adoção, a criança passa a ter uma nova certidão de nascimento. Porém, essa nova situação jurídica não necessariamente altera a situação emocional da criança e de seus pais. Sua certidão antiga é lacrada, mas sua biografia mantém seu registro simbólico. O trabalho terapêutico visa também a trabalhar os mitos e os segredos sobre a família de origem que interferem nos sentimentos tanto dos pais quanto dos filhos.

O processo de adoção visa, em primeiro lugar, ao interesse da criança, a solução que melhor atenda aos seus interesses, ou seja, o ambiente familiar saudável e o desejo legítimo para a adoção. Para uma adoção bem-sucedida, a terapia de família é um recurso fundamental para prevenir e tratar a revelação da adoção e da história pré-adotiva, além de outras questões que demandam esclarecimento, redefinição e elaboração. O profissional deve considerar que, ao atender uma família adotiva, outros sistemas devem ser incluídos e contextualizados, como a família biológica, a justiça e as instituições.

A partir das seqüelas desse precoce trauma, devem-se buscar as contribuições teóricas e clínicas para a psicoterapia de crianças e adolescentes adotados. A avaliação das condições da criança depende das circunstâncias do rompimento do vínculo entre mãe e bebê, dos acontecimentos antes da adoção, das condições do abrigo e da avaliação do acolhimento pela família substituta. Importante também é avaliar a criança considerando o contexto do abandono e seus traumas cumulativos (Levinzon, 2000).

O trabalho das varas de infância e dos grupos de apoio à adoção avalia as motivações para a adoção, buscando conciliar as características reais da criança indicada com a criança ideal e desejada. Uma das metas do trabalho é identificar os fatores de risco para uma adoção bem-sucedida.

A sociedade deve se conscientizar quanto às várias maneiras de se preservar e resgatar a convivência familiar, o que é um direito da criança. Assim considero, principalmente, as crianças que são quase sempre não-adotáveis por não serem pequenas, não serem brancas, não terem a saúde perfeita ou, ainda, por terem irmãos. Tratar com seriedade esse tema das motivações e das expectativas para a adoção é tarefa para todos aqueles que vivem a experiência adotiva.

QUANDO A INFERTILIDADE INTERROMPE O SONHO DE TER FILHOS

Frente à persistência da infecundidade biológica e à falha da onipotência da medicina, o desejo frustrado por um filho que é retrato de seus pais, avós e bisavós interrompe o ciclo natural de renovação da geração dessa família. Inicia-se a difícil fase do luto pelo filho desejado e dos investimentos narcísicos desse homem e dessa mulher. O casal ou a pessoa, inicialmente, nega essa realidade, depois se ressente e se isola.

Tornar-se mãe de uma criança supõe uma referência implícita a um genitor, mas também ao desejo de um homem por uma mulher. Na gestação biológica, além da representação psicológica e dos investimentos narcísicos, a mulher transforma-se para dar espaço ao crescimento do bebê. Na gravidez adotiva, o espaço para acolher a criança é interno, tanto no pai quanto na mãe. A infertilidade pode ser atribuída a um dos membros, e aquele que se sente responsável sente angústia e raiva contra seu corpo, temendo ser abandonado. O membro fértil sofre de conflitos em romper ou não um casamento em nome do desejo do filho biológico. Cada um dos membros vive essa perda de acordo com sua subjetividade. É importante analisar o Complexo de Édipo nos casos de adoção a partir da recusa do luto da infertilidade, com a noção do pai incerto e com a ambiguidade da posição materna. Quando um parceiro exclui inconscientemente o outro em seus planos de ter um filho, a infertilidade concretiza essa impossibilidade (Hamad, 2002).

Sem um diagnóstico que comprove o motivo da infertilidade, o casal frustra-se frente aos tratamentos de reprodução assistida por óvulos ou gametas doados que geram altas fantasias persecutórias, muitas vezes, sem a concordância dos membros do casal.

No homem, o luto pelo filho biológico ameaça sua potência: a infertilidade significa uma castração real que reflete na frustração em não encontrar no filho seus traços. Na mulher, a falta da gestação do filho é o mais sofrido nesse momento.

A partir da frustração da fertilidade biológica, as pessoas buscam a fertilidade adotiva. Entretanto, antes de um projeto de adoção, o luto pela fertilidade de uma criança com os traços hereditários dos pais precisa ser elaborado. Os pais devem elaborar sua infertilidade e a ilegitimidade da criança através da ambivalência da paternagem, visando ao fortalecimento do vínculo com o filho. Do contrário, o filho adotivo passa a ser o resultado de um processo frustrante (Schaffer, 1994).

Os casais que vivem o desencontro da infertilidade podem tentar a fecundidade simbólica do casal (Harkness, 1992). No processo de avaliação dos postulantes e das crianças disponíveis, verificamos que existem mães cujo estilo de imaginário nunca combinará com a tipologia de uma determinada criança. Por isso, deve-se encontrar um sistema de avaliação que não diz respeito à vida consciente, e sim a vida imaginária. Um filho adotivo é a continuação dos pais no imaginário, antes de o ser simbolicamente sua continuação. Entretanto, se o filho representar um fetiche, essa transformação é impossibilitada, e essa criança nunca será um descente da família (Dolto, 1998).

Para um casal recém-saído de um projeto frustrado, a adoção assusta muito mais frente a um processo que é tido como difícil, demorado e cheio de frustrações. O casal recebe informações de que é possível que não sejam habilitados, que é grande a fila dos requerentes à adoção de bebês, que somente existem crianças maiores, que não são brancas, muitas já têm irmãos e outras chegaram às instituições depois de muitos problemas.

As adoções visam a atender um direito da criança a uma família, quando não tenha sido possível a manutenção dos vínculos com suas origens. Ou seja, não devemos buscar crianças para casais ou pessoas desejosos em preencher um vazio, muito menos para cura de suas frustrações de vida (Hamad, 2002).

Os cadastros de requerentes habilitados nas comarcas das Varas de Infância e Juventude possuem uma fila de espera com um prazo que vai depender do perfil da criança desejada. Esse tempo de espera é muito difícil para os pais que se perguntam por que com tantas crianças abandonadas no Brasil o processo de adoção é tão demorado.

CRIANÇAS ABANDONADAS, CRIANÇAS EM SITUAÇÃO DE RISCO OU COLOCADAS EM UMA INSTITUIÇÃO: CRIANÇAS DISPONÍVEIS PARA A ADOÇÃO?

Poderíamos esperar que fosse raro encontrar uma criança abandonada nas ruas, privada do convívio com uma família e em risco psicossocial. Se uma mãe não se sente em condições de cuidar do filho, ela espontaneamente pode expor sua situação aos técnicos da Vara de Infância e Juventude. Sua situação é avaliada com a identificação dos fatores envolvidos, buscando-se alternativas, como a guarda por outro membro da família.

Entretanto, calcula-se que existam mais de mil instituições de abrigamento com cerca de 20 mil crianças e adolescentes institucionalizados e afastados de suas famílias. Infelizmente, existe ainda uma grande falha nas políticas públicas tanto na reintegração dessas crianças às suas famílias de origem como na impossibilidade da reintegração e na colocação em família acolhedora ou adotiva. É inegável a importância de se investir em projetos para o fortalecimento da família e em medidas alternativas ao abrigamento. As crianças vivem nos abrigos por anos, resultando na chegada à adolescência e à vida adulta sem terem convivido com uma família. Os preconceitos em relação à adoção tardia dificultam a adoção dessas crianças e adolescentes.

Todos os esforços de reintegrar uma criança ou um adolescente à sua família de origem devem ser efetuados por toda a rede de atendimento. Quando esgotados todos os recursos de reintegração, a adoção promove esse direito à convivência familiar da criança e do adolescente. Portanto, se essa convivência não puder ser com sua família biológica, deve ser com uma família substituta. Se a criança não puder manter seus vínculos com a família de origem, esses vínculos devem ser substituídos por vínculos afetivos.

O abrigamento é uma medida protetora excepcional para casos em que ainda não se encontrou uma família substituta, para casos de abandono ou orfandade, ou seja, na impossibilidade de reintegração da criança à sua família de origem e na falta de família acolhedora ou adotiva. E, sendo abrigadas, as crianças deveriam ser imediatamente registradas em rede nacional, com seus dados rigorosamente catalogados, além de não serem nunca separadas de seus irmãos. O tempo de permanência nos abrigos deveria ser mínimo, para logo serem encaminhadas ao convívio ou de sua família de origem ou uma acolhedora ou uma adotiva. Cada criança deveria ter seu prontuário, seu genograma familiar, dados da família extensa, fotos e alguns pertences pessoais trazidos de sua casa. Os pais, quando autorizados, deveriam visitar seus filhos e ser estimulados a participar de todas as festividades do abrigo.

A sociedade repudia a atitude de uma mãe biológica pelo rompimento do mito do amor materno. Na verdade, não é possível tentar entender essas mulheres sem um estudo profundo da história de vida de cada uma e de como reagiram ao luto explícito ou negado da entrega de um filho. Não podemos comparar uma mãe que abandona uma criança à própria sorte e aquela que entrega seu filho à justiça para que seja adotado por outra família. A entrega consciente pode ser entendida também como um ato de amor e responsabilidade. No Brasil, existem programas que dão suporte a essas mães em sua decisão de doação de seu filho.

É importante o entendimento e, principalmente, o acolhimento de uma mãe biológica que entrega seu filho à adoção, considerando as possibilidades de abandono dessas próprias mães pelo parceiro, pela família e pela sociedade. Sem qualquer assistência e sem condições econômicas de cuidar de seu filho, elas entram em processo defensivo de alheamento, afastando qualquer possibilidade de encontrar uma alternativa para seu problema. Depois que a mãe entrega o filho à adoção, ela tem seu anonimato preservado através de uma nova certidão que dá a outra família a afiliação da criança sem a identificação de sua origem. Algumas mães prefeririam saber da vida do filho após a adoção, o que poderia facilitar a elaboração da separação e também auxiliar o processo de elaboração da criança em relação às suas origens (Motta, 2005).

A atitude de uma mãe que não quer seu bebê pode ser compreendida como uma hostilidade generalizada à maternidade, como consequência de sua história individual, de sua relação com o pai da criança e da maneira como ela própria lidou com seus conflitos edipianos e com ansiedade de castração. Spitz (1988) estudou a rejeição primária ativa, que consiste em uma rejeição da maternidade, incluindo a gravidez, a criança e os aspectos da sexualidade genital. A rejeição primária passiva não é dirigida contra a criança como um indivíduo, mas contra o fato de ter que assumir uma maternidade. O bebê nem mesmo começou a desenvolver os rudimentos de adaptação e as defesas e, em face à rejeição, fica concretamente desamparado. Está no estágio narcisista primário, e seus vínculos com o mundo foram transferidos do cordão umbilical para a boca. A ausência completa de solicitude materna explica a imunidade dos bebês institucionalizados à cólica dos três meses.

Para Winnicott (1988), quando as coisas não vão bem, o bebê torna-se perceptivo não de uma falha no cuidado materno, mas dos resultados dessa falha. A continuidade do ser é interrompida, resultando no enfraquecimento do ego. A perda do objeto resulta na ansiedade relacionada com aniquilamento, associada a um sofrimento de qualidade psicótica. A estruturação do *self* se baseia na continuidade do ser. A sobrevivência de uma criança pequena ao corte repentino com sua mãe biológica desafia as leis dessa continuidade. A carência materna e as frustrações geram a ameaça de aniquilamento e angústias primitivas equivalentes à morte.

Para Anna Freud (1946), a vida institucional prejudica todos os aspectos do desenvolvimento que dependem do vinculo maternal afetivo. A ausência da mãe e da atmosfera da família trazem como consequência mudanças de valor qualitativo e frustrações que deixam a criança insatisfeita e decepcionada. Sempre à espera de um substituto maternal para o carinho de que precisa, ela se torna exigente e carente. Pode vir a ser um adulto que se apaixona, mas vivencia repetidas desilusões.

O abrigo é uma medida de proteção transitória e não de longa duração ou definitiva para crianças em situação de risco ou abandono. As crianças abrigadas por tempo considerável vivenciam a vida em família como uma experiência instável, já que a vida institucional é percebida como estável. Assim, a experiência emocional frente à instabilidade com o ingresso no mundo dos pais adotivos pode ser percebida como intolerável. São crianças perfeitamente adaptadas na instituição, que equivocadamente parecem adaptáveis a uma adoção. São crianças com riscos psicopatológicos, as quais não estabelecem um relacionamento afetivo. Também não suportariam um vínculo terapêutico, além de não terem chances de estabelecer relação com a família. Os técnicos mal preparados encaram a obediência às regras institucionais como um pré-requisito para uma adoção bem-sucedida. Os pais, por outro lado, carentes, podem confundir suas necessidades com as da criança, oferecendo soluções mágicas e idealizadas (Galli, 2001).

Uma criança entregue à adoção tem imediatamente seu direito à convivência familiar garantido, através da colocação em família substituta. A criança abandonada é colocada inicialmente em um abrigo para se iniciar a busca de algum parente que possa se responsabilizar por ela. Somente depois de esgotadas as possibilidades de manutenção dos vínculos com a família de origem é que a criança pode ser considerada disponível para a adoção. Entretanto, essas crianças institucionalizadas, na verdade, correm o risco de não serem adotadas e de viverem até os 18 anos no abrigo, ferindo os direitos preconizados pelo ECA.

No caso das crianças institucionalizadas, os amigos da mesma idade são as figuras centrais e estáveis, já que os adultos entram e saem de suas vidas. No abrigo, a criança desde pequena tem de defender suas coisas dos outros; por isso, transforma-se em indivíduo social em uma idade em que ser anti-social é normal. Essas crianças experimentam uma surpreendente escala de reações. Se o vínculo com a mãe se perdeu, o vínculo na instituição traz a marca do perigo de nova separação. O rompimento desses laços afetivos na instituição traz marcas de ansiedade e ressentimento que pode ser comparado a dor da separação da mãe. As crianças que vivem desde pequenas em abrigos buscam constantemente outros objetos em que depositar suas emoções, e os funcionários dos abrigos acabam transformando-se em figuras substitutas desses afetos. Importante analisar o quanto esses laços emocionais satisfazem desejos naturais das crianças e o quanto fracassam (Anna Freud, 1945).

Segundo Kohut (1988), se uma mãe adotiva faz a substituição com interesse empático e afetivo, essa criança pode se restabelecer bem do abandono. Nas mais graves perturbações narcísicas da personalidade, é a reação da criança ao genitor, e não aos grandes eventos traumáticos da biografia inicial, a responsável pelas dificuldades em sua vida.

Por melhor que seja um abrigo e por mais que atenda suas necessidades básicas, as crianças que lá vivem não conseguem receber o que mais elas precisam e têm direito: a relação com uma família. O corte do vínculo com a mãe biológica marca a criança em seu desenvolvimento maturacional. Esse vazio pode ser preenchido por uma mãe substituta acolhedora quando a criança tem mais chances de se recuperar do trauma e do abandono. Entretanto, a partir de uma nova vinculação das crianças, como diferenciar os vínculos consanguíneos dos vínculos adotivos?

A PSICANÁLISE FRENTE AO APEGO E O VÍNCULO NA RELAÇÃO ENTRE MÃE E BEBÊ

O bebê é gerado e nasce demandando cuidados afetivos para evolução de seu crescimento emocional. A figura de uma mãe suficientemente boa ou substituta é vital para o bebê.

Os primeiros anos de vida são fundamentais para a o desenvolvimento da personalidade e da saúde mental. A relação entre mãe e bebê rica e compensadora contribui para a capacidade futura de relacionamento interpessoal. A perda de uma pessoa amada é uma das experiências mais intensamente dolorosas que existe. Para a pessoa que é privada de um afeto, somente o retorno da pessoa perdida poderia ser fonte de conforto (Bowlby, 1983).

Para Anna Freud (1945), todas as relações interpessoais posteriores com qualidade objetal têm sua origem na relação entre mãe e filho. O recém-nascido é considerado um sistema psíquico, desde que se inclua nele o cuidado que recebe da mãe. Quando a mãe toca e aconchega seu bebê, ela consolida o desenvolvimento do objeto de amor e o posterior desenvolvimento sexual da criança. Falhas na relação entre mãe e bebê no primeiro ano de vida contribuem para problemas emocionais de relacionamento.

Para Winnicott (1988), a criança e a mãe formam uma díade fundamental para a constituição do ego. Não existe um bebê, e sim um bebê na relação com sua mãe. O bebê nasce com o potencial herdado; porém, seu desenvolvimento saudável depende da preocupação materna primária para a satisfação de suas necessidades básicas. A mãe e um ambiente suficientemente bons favorecem o começo da existência do bebê e a constituição do *self*. A partir do *holding* – proteção e aconchego da mãe – a criança tem experiências afetivas, e a partir do *handling* – o cuidado e contato físico da mãe – a criança desenvolve a noção de eu e constituição de seu próprio corpo. A linha de vida do bebê é pouco perturbada por invasões externas se a mãe tiver a capacidade de fornecer sensações prazerosas. Possíveis falhas nesta fase inicial da vida acarretam problemas de falso *self*, de personalidade e de relacionamento.

O recém-nascido é um sujeito não-diferenciado e percebe a mãe como parte de si mesmo. Nesse estágio, ainda não existe um objeto relacional, já que ele será desenvolvido no decorrer do primeiro ano. A relação da mãe com seu bebê é mais forte do que em qualquer outro período. A mãe supre as necessidades da criança em uma relação complementar, passando pela etapa biológica uterina, pelo estágio de dependência e simbiose, pelo início da autonomia até o estágio de relações sociais e hierárquicas. A capacidade para estabelecer relações interpessoais tem sua origem na díade mãe-filho, sendo o padrão da dinâmica desse sistema de contínua relação circular, sensível a uma intervenção preventiva. A estrutura psíquica da mãe é diferente da estrutura da criança em desenvolvimento. Nas trocas afetivas – frente ao rosto da mãe sorridente – o bebê também sorri, marcando o início das suas relações sociais. O desenvolvimento do bebê é ativado através da relação recíproca com a mãe, consistindo em uma troca circular contínua em que os afetos desempenham o papel principal (Spitz, 1988).

Segundo Eiguer (1985), o relacionamento amoroso na família define a união entre os membros com a contribuição dos psiquismos pessoais e fantasmas partilhados, que demandam crises para encontrar coesão e entendimento.

São muitas as dúvidas que são trazidas para os grupos de postulantes à adoção. O que mais chama a atenção é a vinculação do filho em uma família substituta. Os requerentes se indagam: Poderei amar esse filho como se ele fosse meu filho verdadeiro? Meu filho adotivo poderá nos amar como se nós fôssemos os pais verdadeiros?

A PSICANÁLISE FRENTE AO APEGO E O VÍNCULO NA ADOÇÃO

Devido ao apego da mãe biológica tanto no período da gestação como nos primeiros momentos após o parto, muitas mães adotivas questionam a vinculação na adoção. Elas se questionam como essa mãe foi capaz de abandonar o filho, se ela pensa nele e se deseja reencontrá-lo; se o bebê tem registros dessa relação, se ele terá capacidade de esquecê-la, se terá capacidade de formar vínculos com a mãe adotiva e se ele desejará encontrá-la no futuro. Esses fatores não podem ser deixados de lado; ao contrário, as famílias adotivas devem ser informadas dos limites e das possibilidades do estabelecimento de um novo vínculo, tenha a criança poucos dias de vida ou mais idade.

Segundo Winnicott (1997), se o bebê, em seu estágio inicial do desenvolvimento infantil, sofre privação de afeto e cuidados, seu desenvolvimento será comprometido. A mãe é a pessoa mais adequada para cuidar de seu bebê, pois pode atingir o estado especial da preocupação materna primária. Porém, uma mãe adotiva pode ser capaz de se adaptar suficientemente bem ao bebê, identificando-se com ele e até amamentá-lo. O melhor para um bebê que não pode ser criado pela família biológica é ser logo colocado na família adotiva.

O bebê deve ser adotado o quanto mais cedo possível para possibilitar a continuidade dos cuidados maternos. Considerando a idade em que uma adoção é deferida, o bebê já está muito marcado por experiências reais. Assim, os pais adotivos enfrentam dificuldades diferentes daquelas que teriam se estivessem com o bebê desde o início. Para esse autor, haverá uma maior tendência de a criança adotada ter maiores problemas de conduta do que uma legítima. A criança adotada tem mais dificuldades com os enigmas e vai precisar de mais informações do que uma criança legítima. Muitas crianças adotadas sentem-se inseguras e desenvolvem seus recursos para expressar uma prova de amor e uma expectativa que cuidem dela. Importante saber sobre a capacidade e flexibilidade dos pais em encarar a adoção, de revelar sua história e de reagir diante de uma decepção (Bowlby, 1983).

O fato de muitas mães engravidarem depois de uma adoção prova o quanto a infertilidade encobre problemas psicológicos que devem ser entendidos. As famílias com filhos adotivos apresentam dificuldades de adoção em si e dificuldades que são reflexos de falhas ambientais anteriores ao período da adoção. Muitos pais adotivos sentem-se responsáveis quando ocorrem fracassos; entretanto, algumas situações são consequências inevitáveis da história de vida da criança. De qualquer forma, uma criança adotiva será sempre uma criança adotiva. Por outro lado, com uma provisão ambiental segura, há grande chance de os pais conseguirem superar essas dificuldades.

Apesar das mudanças no cenário da adoção no Brasil, ainda encontrarmos segredo e mitos nas famílias adotivas. A decepção de um jovem ou de um adulto ao descobrir a verdade da adoção é muito mais prejudicial do que as dificuldades que uma criança enfrenta em sua infância, sabendo que é adotada.

O rigor e a burocracia da adoção exigem um tempo superior à urgência da criança. Mesmo na adoção bem-sucedida, alguns pontos não podem ser ignorados. Sempre haverá o fato de que os pais biológicos são desconhecidos e inatingíveis. Os problemas não necessariamente tornam-se graves, mas é importante a atenção às vicissitudes do processo e à possibilidade de uma psicoterapia (Winnicott 1988).

Podem ocorrer complicações do fracasso ambiental e do manejo inadequado antes da adoção, o que gerará problemas futuros. Os pais lidam com um forte desapontamento se a situação não andar bem; por isso, para esse autor, a mãe e o pai devem redobrar os cuidados e serem até terapeutas para a criança, no sentido de uma atenção redobrada em determinadas situações, mais do que para os filhos biológicos (Winnicott, 1997).

Na minha experiência clínica, as histórias construídas trazem o abandono, o segredo e a rejeição como temas recorrentes. A criança adotiva precisa reviver sua história real e fantasiada. A sua biografia é marcada por uma individualidade que se inicia na data da concepção. As fantasias da criança sobre a adoção mudam de acordo com a idade e com as condições ambientais. Por isso, a família deve estar preparada para responder a diferentes questões ao longo dos anos.

O ROMANCE FAMILIAR DA CRIANÇA ADOTIVA

A criança modifica os vínculos com os pais de acordo com suas fantasias sobre o romance de sua família. As fantasias do romance familiar são estruturadas para a elaboração do Complexo de Édipo. A partir de seus conflitos, a criança pode fantasiar outra história, uma outra família, para encontrar sua autonomia e ir ao encontro de seus desejos (Bass, 1991).

Segundo Galli (2001), as possíveis informações sobre o passado da criança são transformadas em uma narrativa possível e verdadeira, com o compromisso de não afetar nem os adultos nem as crianças. O romance familiar da criança adotiva move-se entre o duplo permanente do pertencimento e o cancelamento total de evento do nascimento biológico. Na realidade, esse paradoxo pode ser resolvido com a cisão da parentalidade em duas funções indispensáveis: o vínculo biológico e vínculo adotivo. A partir de um duplo pertencimento, a criança corre o risco de produzir uma cisão prejudicial a seu desenvolvimento saudável. Ela precisa conhecer sua história, precisa poder fantasiá-la; do contrário, ela poderá se fixar no nascimento real, privando os adotantes de seu papel parental.

O romance familiar indica a história real co-construída da família com o duplo pertencimento, mas que precisa ser reescrito com o reforço da legitimação parental adotiva. Dessa maneira, recuperam-se as imagens dos fantasmas que encontram na forma de sua invisibilidade seu caráter persecutório. Não se trata de negar a história pré-adotiva, mas sim de reescrevê-la com condições aceitáveis. Entretanto, quando não existem informações sobre a história ou quando os episódios são dolorosos, não podemos nem mesmo assim eliminá-la. Essa história sem registro precisa ser contextualizada, para que os pais não tenham que cobrir feridas ameaçadas de serem reabertas.

As vicissitudes dos problemas contratransferenciais interferem no trabalho terapêutico, pois o romance familiar da criança adotada teria de ser revivido na transferência, provocando uma forte pressão no analista. Os pais também fantasiam o romance familiar pré-adotivo, imaginando que o filho teria origem humilde ou marginal. A família não deixa de pensar nos pais biológicos. Em casos de urgência ou de risco de vida, alguns pais se sentem mobilizados sobre sua competência como família verdadeiramente adotiva.

Entretanto, devemos considerar que uma gestação sem recursos, um pré-natal comprometido e os primeiros dias ou meses sem muitos recursos, de fato, afetam um bebê. As crianças biológicas sabem que foram desejadas, ao contrário das adotivas. As fantasias das crianças sobre a adoção variam de acordo com sua idade.

Segundo Winnicott (1997), a maior dificuldade com suas origens é a mistura de fantasia e realidade. Os pais biológicos são, de fato, desconhecidos, existindo consequentemente uma carga de emoções de amor e ódio que não podem ser vivenciadas, mas essas emoções não podem ser deixada para trás.

Para Kernberg (1985), o período entre os braços da mãe biológica e da mãe adotiva é caracterizado como um limbo que traz consequências para o desenvolvimento primitivo da criança. Depois de um longo processo, finalmente a criança adota, sem idealização, sua família: até então aconteceu muita coisa em sua biografia. A criança tem duas importantes questões sobre quem são os pais e por que a abandonaram. As fantasias que respondem a essas perguntas dependem do temperamento, das experiências do ambiente da criança e afetam o aspecto cognitivo, as relações com a família, sua identidade e autoestima. Esse processo ocorre durante fases críticas de seu desenvolvimento e tem implicações diferentes em cada estágio.

Nesse conceito de limbo, incluo também o que aconteceu nesses dois mundos distintos: o do casal que deseja uma criança para adotar e o da criança a ser adotada. Existe um longo estado de limbo parental, que é anterior à chegada da criança na nova família (Ladvocat, 2002).

Segundo Freud (1909), ao crescer, a criança já tem um senso crítico para comparar seus pais com outros e passa a criticá-los. O sentimento de estar sendo negligenciada, que não recebe todo o amor dos pais, se ressente de dividir esse amor com os irmãos ou até em ser adotada, constitui o cerne de tais pretextos. Alguns indivíduos que não desenvolveram neuroses lembram

mais tarde que reagiram assim a um possível comportamento hostil dos pais. Toda substituição por pais e mães melhores revela características dos pais de origem e se baseia na saudade do pai e mãe do passado, da infância com os pais e mães idealizados e em quem confiava. Essas fantasias de supervalorização dos pais são reveladas nos sonhos com personagens simbólicos, mesmo na vida adulta.

Segundo Levinzon (2000), a criança vive dramaticamente seu romance familiar a partir de projeções nos pais. A expressão das fantasias defensivas fica comprometida, pois é vivida de forma ameaçadora. Mudanças na vida familiar ou no *setting* terapêutico afetam a criança, como se algo novo pudesse estar associado às experiências vividas antes da adoção.

A partir da teoria da tríade adotiva de Kernberg (1985), pode-se pensar na tríade edípica, ou seja, as relações edípicas com a família biológica e as relações edípicas com a família adotiva. Para que o filho adotivo possa identificar e elaborar seus conflitos com esses pares de pais, ele precisa preencher as lacunas de suas origens. Os pais estão preparados para contar o que sabem sobre a história da criança? O filho está preparado para escutar aquilo que está registrado inconscientemente?

No processo terapêutico, a partir do romance familiar, o analista pode reagir negativamente com sentimentos de rejeição, configurando-se mais um abandono. Considerando os problemas que ocorrem na relação entre a criança e sua família, é importante a especialização dos profissionais.

A REVELAÇÃO DA ADOÇÃO E DAS ORIGENS DA CRIANÇA

A adoção deve ser sempre um assunto da família e ser evocada a qualquer momento. Mas para isso é fundamental que o filho adotivo tenha tido sempre o contato com o tema. As crianças pequenas absorvem bem histórias de adoção, como contos e fábulas. No entanto, a história da adoção propriamente dita deve ser esclarecida após a latência para não prejudicar a elaboração do Complexo de Édipo. É importante os pais se sentirem aptos a revelar e a ajudar a capacidade da criança em ouvir. Os relatos clínicos comprovam que as crianças demonstram saber de sua condição adotiva percebem que algo permeia esse saber ainda não-autorizado. É importante que o filho adotivo não enfrente problemas com sua identidade adotiva, pois ele vai crescer e se relacionar com um mundo preconceituoso e curioso sobre a adoção.

Os mitos e os preconceitos devem ser trabalhados em grupos de pais terapeuticamente. Nos consultórios, os pais procuram atendimento para revelar a adoção ou tratar de problemas da criança ou do adolescente. A criança adotada é muito prejudicada não somente pelos segredos da adoção, mas também pelos muitos sentimentos secretos sobre a adoção.

A maioria dos pais acredita que determinados comportamentos são um reflexo das origens biológicas e da história da criança. Uma das metas do terapeuta é desenvolver a competência da família para que os temas referentes à adoção e a suas origens sejam abordados e respondidos. Na verdade, a partir do momento em que a mãe adotiva tem seu filho nos braços, quer esquecer tudo o que aconteceu antes da adoção.

Segundo Hartman (1994), o segredo, às vezes, afeta a criança em seu senso de pertencer à família e os pais em seus sentimentos de competência e direitos adquiridos ou negados. O segredo interfere na comunicação e na confiança intrafamiliar, além de criar tensão com a possibilidade de uma revelação imprevista.

A biografia pré-adotiva merece posição de destaque no que se refere tanto à vida da criança antes da adoção quanto à vida dos pais na espera por ela. Esse espaço e esse tempo, simbolicamente registrados, passam a constar da história da família através da análise do genograma – um recurso de extrema utilidade (Ladvocat, 2002). As famílias adotivas têm a oportunidade de redefinir e transformar esses mitos em uma nova história compartilhada por todos da família. A revelação sobre as origens auxilia os filhos adotivos a completarem os vazios de sua biografia e história familiar. Entretanto, as origens do filho estão relacionadas à lembrança dos pais biológicos.

Segundo Levinzon (2000), o problema maior é trazido pelo mistério que dá margem à mistura entre fantasia e fato, geradora de fantasmas potenciais. Concordo com a autora e verifico que a revelação da adoção ainda hoje é um dos temas mais difíceis para os pais adotivos. Geralmente as famílias adiam o momento de fazer a revelação, temendo a revolta, a curiosidade, o sofrimento e a rejeição. Por isso, quando esclarecem sobre a adoção, mais escondem do que revelam, gerando mitos e segredos. A partir da dificuldade dos pais em falar sobre a adoção, a criança cresce e constrói sua história fantasiosa. Ela percebe que o tema desagrada a seus pais, o que entende como uma reação a algo diferente e estranho comparado a outras crianças, passando a construir ideias preconceituosas sobre a adoção.

A relação de parentesco não se baseia apenas nos laços de sangue, mas é na cultura e na linguagem que as relações se estruturam e encontram sua expressão simbólica. Geralmente os pais adotivos preferem manter o segredo das origens do filho como se esses espaços vazios pudessem reforçar o vínculo adotivo e como se assim ele se tornasse filho biológico da fantasia dos pais adotivos (Dolto, 1998).

Segundo Kernberg (1985), falar sobre a vida de uma criança, sobre suas origens e sobre sua história de adoção nos remete a um espaço no vazio, entre o contato do bebê com sua mãe biológica e o momento que encontra os braços da mãe adotiva. O limbo refere-se ao momento em que a criança não tem ainda uma certidão, não tem nome nem sobrenome.

Pensar nos mitos sobre a biografia da criança leva-nos a incluir na história dessa família adotiva o sistema biológico da criança. Segundo McGoldrick (1999), as famílias adotivas são como famílias recasadas, pois existem duas famílias envolvidas: a biológica e a adotiva. Isso é um fato, sendo ou não os pais biológicos conhecidos, pois é possível triangular a memória ou a ideia de pessoas.

Ocorre com frequência o fato de os pais justificarem o segredo da adoção como uma maneira de proteger o filho adotivo de informações dolorosas ou ameaçadoras. O bloqueio da comunicação através do silêncio, segundo Walsh (2005), cria barreiras para o entendimento e para uma relação autêntica. É mais tranquilizador para eles adiar essa discussão até terem certeza dos fatos ou do resultado temido. No trabalho com famílias, verificamos que o filho percebe e é afetado pelo segredo, mesmo que não faça perguntas.

O trabalho com a revelação inclui momentos de tensão e expectativa. O terapeuta ajudará a família a descobrir quando e como deseja revelar o segredo. O terapeuta também deve refletir sobre sua posição e sobre sua visão de mundo, avaliando os temas de segredo na história de sua família. Depois da revelação, a experiência de confiança é compartilhada. O genograma ampliado, que inclui a história da família de origem e da família adotiva, traz grande alívio para a família com sensação de missão cumprida.

Percebo no trabalho com pais adotivos que eles também vivenciaram um tempo de espera antes da chegada da criança, de receios e expectativas. Assim, faço uma ampliação desse conceito de limbo para denominar esse espaço do casal.

De acordo com Winnicott (1997), a criança precisa de informações vindas de alguém que esteja a seu lado na busca da verdade e que compreenda que ela precisa viver uma emoção real. Perceber que ela foi enganada por quem mais confiava causa mais impacto do que aquilo que descobriu.

Na verdade, todas as crianças precisam ser desejadas, esperadas, acolhidas, tratadas e vinculadas à família. Assim, todas elas são adotivas e precisam ser adotadas (Hamad, 2002).

A criança tem curiosidade sobre sua história, e é importante poder conversar com seus pais adotivos sobre sentimentos e fantasias, ouvindo as respostas possíveis, de acordo com sua idade e com as informações existentes. Se ela não puder fazer perguntas, talvez tema ser abandonada também pela nova família.

E quando ocorre novamente o abandono? Como reagem os pais e os filhos frente à impossibilidade da adoção?

O FRACASSO NA ADOÇÃO

O foco para a adoção bem-sucedida visa a evitar a cena temida dos profissionais: a devolução. Entretanto, ainda encontramos falhas no projeto de acolher uma criança e de constituir uma família. Deve-se analisar com profundidade a devolução da criança, pois o sofrimento de todos é enorme, inclusive dos profissionais que acompanham o caso.

O fracasso adotivo é definido quando a família que tem a guarda de uma criança com vistas à adoção não se sente em condições de instaurar uma relação parental e resolve por devolvê-la à Justiça. Se a adoção é irrevogável, a guarda não o é. Portanto, o processo pode ser revertido. A devolução à Justiça ou a reintegração da criança ao abrigo só é possível em processos de guarda provisória.

Não há dados precisos do número de crianças devolvidas, porque, se ainda não ocorreu a sentença da adoção, o caso é registrado como um período de convivência que não foi concluído com a adoção da criança. Nos casos em que a criança já foi adotada e a sentença já foi deferida, não existe a devolução, e sim o abandono de um filho.

O trabalho terapêutico com a família para redefinir o desejo de devolução se inicia no processo de habilitação. O acompanhamento da família adotiva é fundamental na colocação bem-sucedida, contribuindo para redefinição dos mitos sobre a adoção e para a transformação desses mitos em uma nova história.

As devoluções ocorrem com mais frequência com crianças maiores. Os pais queixam-se das dificuldades no período de adaptação do comportamento da criança e atribuem situações difíceis de serem manejadas com relação à sua história de vida. Entretanto, crianças com 4 e 5 anos também são devolvidas.

A devolução das crianças depois de um difícil período de adaptação merece uma reflexão sobre a impossibilidade de lidar com as frustrações derivadas entre o filho real e filho desejado. A partir da insatisfação narcísica, os pais negam a depressão e colocam o objeto-filho adotivo na ordem da grandiosidade, da perfeição e idealização (Galli, 2001).

Para que seja possível reverter o processo, o terapeuta de família acolhe as limitações da família, aceita o desejo de devolução da criança e inicia o trabalho considerando as duas possibilidades, ou seja, a reintegração ao abrigo ou a integração na família adotiva.

Quando uma família apresenta seu desejo de devolução, deve-se analisar, em primeiro lugar, a flexibilidade de suas fronteiras, que é fundamental principalmente para a adoção tardia. Uma fronteira flexível é necessária para a acomodação de exigências e expectativas sobre aquela criança que se tornará, depois da adoção, um filho.

Muitas ambivalências atuam no processo. A criança projeta sobre os pais adotivos um forte medo e um desejo de atacar ou proteger. Os pais projetam sobre a criança objetos idealizados e persecutórios. Quando ocorre de os pais não tolerarem a reação agressiva de uma criança a um ambiente que não a acolhe, eles imaginam que essa situação perdurará para sempre. Surge um sentimento de incompetência, como se os laços biológicos estivessem aí demonstrando sua força.

Os profissionais que trabalham com adoção esperam que os pais reajam bem e que acolham a insegurança do filho, para que ele reconstitua seu *self* e siga em sua evolução. Esse desejo por parte do terapeuta de família deve considerar as limitações do trabalho terapêutico. É importante que as crenças do terapeuta façam parte dessa avaliação, pois o atendimento de famílias que desejam devolver um filho leva os profissionais a diferentes mundos, crenças e regras. Entretanto, essas famílias precisam ser acolhidas e encontrar a compreensão empática para suas limitações.

As dificuldades dos pais devem ser trabalhadas, mas frente às questões respondidas, eles buscam novos argumentos que os levem à conclusão sobre a decisão já tomada antes do atendimento. Assim, apesar de todo o trabalho, a família continua tendo certeza de que o melhor é a devolução da criança ao abrigo.

No processo terapêutico, a família traz queixas sobre a criança e busca uma solução para seu impasse, mas que confirme a decisão já tomada antes do atendimento – a devolução da criança ao abrigo. Frente às dificuldades da família e ao desejo de devolução, a terapia de família nesses casos visa à prevenção do corte do vínculo adotivo.

Em meu trabalho com crianças que tiveram rompido o vínculo com suas origens, a rejeição por mais uma família leva a criança a se sentir desvalorizada e a fantasiar se seriam essas as razões de ter sido rejeitada pela mãe biológica.

A criança pode reagir ao ambiente familiar que a rejeita com uma série de mecanismos defensivos: tristeza, sintomas psicossomáticos, rejeição à escola, comportamento esquivo, retraimento, além de sentimentos ambivalentes: amor e raiva, afetividade e hostilidade, afetividade e distanciamento, desejo de ficar e de ir embora. A criança deve receber suporte emocional para que seu medo de ser rejeitada não encontre expressão somente em seu comportamento sintomático.

A partir do trabalho com pais durante o estágio de convivência, constato que o risco de devolução demanda a intervenção de todos os sistemas envolvidos. O terapeuta vivencia sentimentos de impotência frente à decisão da família. Famílias com estrutura rígida buscam sempre novos argumentos que as leve à decisão já tomada antes do atendimento. Os pais colocam que a única saída é romper o vínculo. O risco de falha no processo existe e, muitas vezes, não é um ato consciente dos pais, mas sim uma maneira de responder inconscientemente aos fatos reais e fantasiados. Assim, apesar de todo o trabalho, a família continua paralisada na certeza de que o melhor é a devolução da criança ao abrigo.

Com certeza, uma criança tem na família adotiva uma segunda chance de vida. Reviver o trauma do abandono pela segunda vez é traumático. Quando os requerentes devolvem a criança, a guarda que foi decretada juridicamente é interrompida. A criança é devolvida à Justiça e reintegrada ao abrigo onde vivia. A criança recebe um novo golpe e revive o abandono e a descontinuidade de seu ser. Ela precisará de ajuda para ser reintegrada ao abrigo e se despedir dessa família. Ressente-se perante as outras crianças da instituição, fica envergonhada, retrai-se e busca estratégias de sobrevivência que afetam o seu desenvolvimento. O sofrimento psíquico fará parte de sua realidade interna e dos vínculos que no futuro será capaz de estabelecer. Terá de se adaptar novamente à vida institucional. No vazio de relações objetais significativas, sofre excitações pulsionais com vivências de angústia.

Como a relação adotiva se fundamenta a partir de duas falhas, a da perda do vínculo biológico e o luto dos pais pelo filho biológico, quando a adoção fracassa, essa dupla falha se amplifica para o mundo interno dos adultos envolvidos, e as emoções dessas crianças são equivalentes a das crianças abusadas. Assim como no abuso, o adulto usa o filho como um objeto sem forças vitais. Alguns pais colocam algumas coisas em um saco e devolvem aquele objeto adotivo (Galli, 2001).

Na minha experiência com algumas crianças devolvidas, verifico a triste realidade da dimensão do abandono presente antes da adoção. No momento do rompimento, esse último ato do fracasso adotivo é revestido de defesa contra sentimento e emoções. Os postulantes concentram-se apenas no ato da devolução em si. Depois de passado o momento do rompimento, o fracasso adotivo deixa suas marcas no casal e no resto da família com uma série de culpas e acusações.

Caso sua situação jurídica permita a indicação de uma nova família, infelizmente, a informação da devolução causa um grande impacto nesses novos postulantes. A criança passa a carregar em sua biografia o estigma de ser inadotável, de ser um problema. Ela cresce com a internalização de duas duplas de pais que a abandonaram, precisando de um acompanhamento para elaborar esses traumas e prevenir uma reação negativa frente à possibilidade de uma nova dupla de pais.

O acompanhamento dos processos de adoção mostra-nos que a devolução é a exceção da prática e que o trabalho terapêutico contribui para a reversão da decisão dos pais. Entretanto, assim como devemos acolher a decisão de uma mãe biológica que entrega seu filho para a adoção, devemos redefinir o fracasso adotivo. É necessário aceitar as limitações de uma família que devolve à Justiça uma criança cuja guarda provisória ela detém. Espera-se, assim, que outra família possa verdadeiramente adotá-la.

Para Winnicott (1997), a criança tem uma tendência natural a recuperar-se da perda e do sentimento de culpa que ela tem, mesmo quando, de fato, não contribuiu para o trágico acontecimento em que vive.

É possível reparar afetivamente, pelo menos em parte, o trauma sofrido pela sua devolução; porém, essa reparação é somente possível pelo verdadeiro acolhimento de uma nova família adotiva.

Frente às dificuldades da adoção, todos os pais adotivos deveriam buscar um tratamento para eles próprios e para seus filhos?

PSICOTERAPIA DA CRIANÇA E DA FAMÍLIA ADOTIVA

Em minha prática clínica de mais de 30 anos, o perfil das crianças adotivas mudou um pouco. O ECA tem sua importância no processo, bem como o trabalho de Grupos de Apoio à Adoção. Deve-se considerar aqui o contexto da adoção dos adultos adotados, que viveram os segredos das adoções informais. Ou seja, eles foram registrados logo após o nascimento e souberam de sua adoção tardiamente. Ou pior, descobriram sua adoção já na fase adulta. Seus pais não procuraram se informar sobre os dados da origem biológica, ou tinham conhecimentos de fatos que nunca foram revelados. A adoção, em si, não tinha espaço para ser comentada em família. A biografia pré-adotiva era considerada tabu, a curiosidade de um jovem era entendida como uma maneira de agredir seus pais.

Hoje, as crianças já sabem de sua condição desde cedo. As famílias são bem-informadas de que não devem guardar segredos sobre a adoção. Os técnicos das varas de infância passam para a família o histórico da criança disponível.

À parte da queixa principal sobre os problemas do filho adotivo, as famílias ainda se deparam com grandes dificuldades para lidar com as questões da adoção. Buscam ajuda, mas não querem tratar das questões da adoção que tocam em sentimentos muito fortes e que demandam um esforço e um aumento das defesas. Muitos pais negam a existência de conflitos sobre o tema. Muitos protegem em demasiado a criança e tratam-na como especial. Outros sentem ciúme do terapeuta, rompendo o processo por não concordar com a necessidade de relembrar o passado. A maior barreira é a intensa raiva contra a família de origem, como se ela fosse uma eterna ameaça à integração da família adotiva.

O trabalho com famílias adotivas pressupõe o entendimento de questões que devem ser contextualizadas, estudadas e manejadas com rigor técnico. Na análise da biografia da criança, o genograma é um recurso insubstituível que inclui no mapa genealógico da criança o sistema cujos vínculos legais foram cortados, além do sistema de acolhimento temporário. Segundo McGoldrick (1999), esse recurso distribui informações sobre os relacionamentos da família ao longo das gerações. Analisa pontos encobertos, conscientes ou inconscientes, fantasmas e segredos, e, sobretudo, as fantasias que podem estar bloqueando mais diretamente a família. O foco dos pais sobre um filho adotivo propicia uma variedade de triangulações na relação familiar. Quando a família biológica é conhecida, a triangulação é nítida, mas, quando não é conhecida, é possível triangular a ideia ou a fantasia dessas pessoas. O sistema adotivo por vezes culpa os pais biológicos pelas dificuldades ou pela genética da criança. Essas triangulações tornam-se claras no genograma, e a família visualiza a projeção de seu desenho e o lugar que ocupa.

Os profissionais de orientação psicanalítica consideram esse recurso extremamente rico na compreensão dos dados da família, em especial nos casos de adoção em que o processo migratório da criança incluiu diferentes sistemas acolhedores. É interessante notar que alguns terapeutas de família consideram que a psicanálise não se aplica à terapia familiar. A teoria sistêmica tem sua importância na compreensão do que acontece entre as pessoas. Já a teoria psicanalítica compreende as relações objetais do sujeito, servindo de base para a compreensão das relações familiares.

Na teoria psicanalítica, uma parte da teoria do relacionamento paterno-infantil refere-se ao lactente, na dependência absoluta, na dependência relativa e na independência. Outra parte refere-se ao cuidado materno, ou seja, na qualidade da satisfação de necessidades específicas do desenvolvimento do bebê.

Compreender a ilegitimidade é muito difícil para uma criança, o que representa a soma de suas dificuldades desde seu nascimento (Winnicott, 1997). Por isso, o objetivo inicial do trabalho terapêutico é esclarecer junto aos pais a biografia da criança de sua gestação até a adoção e, junto à criança, analisar as identificações com as ambivalências das imagens parental biológica e adotiva. Além disso, identificar junto à família os mitos e os segredos sobre a adoção para que seja possível a livre circulação de informações e sentimentos que serão parte dessa família para sempre.

De acordo com Sanches (2005), a terapia winnicottiana é especialmente indicada para o tratamento de uma criança que passou por situação de abandono. O *holding* de um *setting* flexível e confiável suporta eventuais ataques necessários à elaboração de traumas vividos que possam ter prejudicado seu desenvolvimento.

A adoção marca a filiação a partir de um trauma que envolve o abandono e o drama de quem não pode gerar. O que ocorreu com a criança desde a separação da mãe biológica, o contato com pessoas ou instituições e, finalmente, o acolhimento pela mãe adotiva são fatores preponderantes para a vida da criança (Levinzon, 2000).

De fato, a principal função do terapeuta é criar um espaço em que a criança permita-se extravasar afetos reprimidos como reação a um silêncio imposto pelas dificuldades da adoção e para que possa elaborar a tríade adotiva, ou seja, que possa de fato entender que deixou o sistema biológico, foi acolhida temporariamente, até ser integrada ao sistema da sua família adotiva (Sorosky, 1989).

Não é possível negar que as crianças adotadas vivenciaram falhas de relação com a mãe resultantes do corte dos vínculos. Como consequência desse fato em sua história e de um contexto de segredos, as crianças adotivas são mais vulneráveis a problemas de aprendizagem, o que se apresenta como queixa principal dos pais sobre seus filhos adotivos.

Muitas outras questões, como expectativas e cobranças, são comuns tanto nas famílias com filhos biológicos quanto nas famílias com filhos adotivos. Entretanto, às vezes surgem conflitos se um filho representa a impossibilidade da projeção de sonhos ou se é o depositário do vazio existencial de seus pais. Geralmente os pais, de modo equivocado, podem associar o comportamento do filho, seja biológico, seja adotivo, à herança genética, ressaltando os sinais das diferenças entre o filho idealizado e o filho real. Nesses casos, os problemas com os filhos em nada diferem em famílias biológicas ou adotivas, tendo em vista que ambos podem ser rejeitados (Ladvocat, 2002).

O grande problema nos tratamentos é a forte contratransferência que afeta a pessoa do analista por apelar a seus próprios sentimentos maternais e paternais. A criança dirige raiva contra a pessoa do analista, desejos destrutivos contra os pais biológicos e sentimentos ambivalentes contra os pais adotivos. Na verdade, nenhuma criança vem suficientemente preparada para enfrentar as ansiedades do trauma do nascimento e muito menos para enfrentar o afastamento definitivo de sua mãe biológica. Sua história de abandono deve ser revivida na transferência. Vêm à tona situações de difícil manejo, tanto na relação com a criança como na relação com a família adotiva.

Os pais devem receber suporte emocional para que um possível comportamento sintomático da criança não se configure como uma impossibilidade de uma relação de confiança. Quando a criança demonstra agressividade contra os pais adotivos e idealização sobre os biológicos, os pais reagem negativamente, como se isso significasse uma traição ao amor da família adotiva.

Na adoção tardia, principalmente, questões como a história da criança, o período de abrigamento, os laços consanguíneos e a capacidade da criança na formação de novos vínculos são questões que interferem na relação da família. Se as dificuldades não puderem ser assimiladas, a crise se instala, afetando o sentimento de inclusão da criança e a sua aceitação como filho. É importante analisar junto à família os mitos e as crenças que envolvem a tríade adotiva, ou seja, a criança, sua história pré-adotiva e a família adotante, considerando o contexto de abrigamento e o judicial.

A criança deve estar consciente de todo o processo de adoção. O trabalho implica a elaboração do que é ser adotada, da nova família, da perda do vínculo com o abrigo, de suas expectativas de uma nova vida, além de trazer à tona seus próprios preconceitos sobre sua condição adotiva, para que ela não se exclua e rejeite sua própria identidade.

Concordo com Kernberg (1988) sobre a importância de incluir na história da adoção a tríade adotiva: a história do sistema biológico, a história do sistema adotivo e o sistema nuclear do adotado. Nesse sentido, a intervenção terapêutica com esses pais é importante, assim como junto às crianças com relação ao Complexo de Édipo, pois as questões da adoção podem se tornar conflituosas na latência e na adolescência, com suas crises de identidade. As crianças têm tendência a desenvolver transtornos de comportamento pelo fato de terem sido rejeitadas, de não terem seus pais biológicos e de terem sido criadas em um contexto de segredo. Elas têm fantasias de terem sido roubadas e rejeitadas, com tendências a mentir, a ter baixa auto-estima, podendo, em vez de dirigir sua agressividade contra os dois pares de pais, dirigir a si mesmas. As meninas podem achar que nasceram sem pênis; por isso, foram rejeitadas.

Trabalhar os mitos e os preconceitos da adoção é fundamental para a elaboração de sentimentos de desvalorização, colaborando para uma verdadeira criança adotiva de verdadeiros pais adotivos e visando a aceitar ser uma criança adotiva – uma criança biológica de pais biológicos desconhecidos. O trabalho terapêutico visa ao aumento da tolerância para a ambigüidade sem causar a desvalorização ou idealização tanto para a criança como para os dois pares de pais. O que se espera é que a busca pelos pais biológicos perca a força em função da aceitação de sua nova família, aceitando seu destino e sua situação de criança adotiva. Os pais precisam elaborar a adoção e se tornarem verdadeiros pais adotivos. Trabalhar com os verdadeiros pais adotivos de uma verdadeira criança adotiva significa trabalhar com os sentimentos de agressão, culpa e ambivalência desses pais (Kernberg, 1988).

Os pais demonstram uma ambivalência em relação à criança e uma tendência a dividir a criança em boa e má. Justificam a falta de vínculo aos fatores hereditários. Outros têm a sensação de ter roubado a criança de sua família. Outros querem provar que sempre serão bons pais, muito melhores que os biológicos, temendo perder o amor do filho. Ambivalências nos afetos podem ser reforçadas pela maneira pela qual a criança passa pelos estágios emocionais de adaptação. O terapeuta deve ajudar os pais a conter sentimentos agressivos quando os filhos idealizam a família de origem e os desvaloriza. Muitas vezes, a criança transfere para esses pais uma raiva que deveria ser dirigida aos pais biológicos. Os filhos desafiam os pais em seu amor e afiliação, e os pais precisam de ajuda para lidar com a sexualidade.

Segundo Maldonado (1997), é possível que a mãe adotiva trave uma competição imaginária com a mãe biológica. A mãe adotiva acredita que ela realiza os desejos e cuida da criança, e a mãe biológica é a pessoa que rejeitou a criança. O sentimento de abandono e rejeição coloca a criança em conflito no direcionamento de afeto com os dois pares de pais. Em algumas situações, rejeita os pais biológicos e, em outras, rejeita os pais adotivos. A criança pode sentir raiva da mãe biológica, que a abandonou, ou raiva da mãe adotiva, que poderá abandoná-la. Por outro lado, às vezes, direciona a raiva pelo abandono para si própria, sentindo-se não merecedora de afeto. Os processos de idealização e rejeição devem ser avaliados frente aos segredos e às fantasias que envolvem a adoção.

O trabalho terapêutico deve desenvolver a competência da família para que os temas referentes à adoção e suas origens possam circular, ser abordados e respondidos. A biografia pré-adotiva merece posição de destaque, tanto no que se refere à vida da criança antes da adoção, quanto à vida dos pais na espera por essa criança. Esse espaço e esse tempo, simbolicamente registrados, passam a constar da história da família através da análise do genograma. Devem sempre ser incluídos o sistema de origem e os outros sistemas que fizeram parte da migração da criança até seu acolhimento na família adotiva (McGoldrick, 1999).

Na terapia familiar, todos têm a oportunidade de redefinir e transformar esses mitos em uma nova história compartilhada e co-construída. A revelação sobre as origens auxilia os filhos adotivos a completarem os vazios de sua biografia e história familiar. Elaborar junto à criança os dados reais e fantasiados sobre a origem biológica é uma tarefa fundamental. O foco principal é transformar o mito

> quanto mais o filho adotivo estiver distante de suas origens, menor é a interferência dos laços biológicos e maior é sua integração à família adotiva

em

> quanto mais o filho adotivo tiver acesso às suas origens, menor é a interferência dos laços biológicos e maior a sua integração na família adotiva. (Ladvocat, 2002)

Segundo Hamad (2002), todas as crianças são adotivas. Os pais adotam e acolhem seus filhos, pais esses que se diferenciam entre os pais reais, que são os simbólicos de fato, os simbólicos, que adotaram a criança, e os pais imaginários, que a criança vai sonhar em ter.

Para uma família adotiva, mesmo que não apresente problemas, o processo terapêutico colabora, previne e trata os mitos e as crenças que interferem no funcionamento saudável. Tenho atendido adultos adotivos que não haviam se submetidos a nenhum tratamento na infância ou na adolescência, que não admitiam falar abertamente sobre o assunto, que demonstravam muitos preconceitos e que não revelavam para seus filhos que tinham sido adotados com receios que rejeitassem a avó adotiva. Esses adultos apresentam problemas de relacionamento na família, no trabalho e no âmbito social. Não necessariamente que a adoção seja a causa dos problemas, mas sim as vicissitudes de questões não-elaboradas, que servem de um canal em que muitos conflitos se enveredam e se misturam com o abandono precoce, com a revelação da adoção com conteúdos mantidos em segredo e com a pressão sobre a família em relação aos temores do contato com as origens.

A filiação adotiva ainda é contextualizada e evocada pela família, pela criança, pela escola e pela sociedade com preconceito. Algumas famílias querem que a adoção seja esquecida; entretanto, quanto mais se tenta esquecer, mas ela pode ser inconscientemente projetada no mundo (Levinzon, 2000). Percebe-se o medo que alguns pais demonstram em separar-se da criança, como se houvesse sempre uma ameaça ao vínculo. Muitas famílias relatam o medo de a qualquer momento a família biológica tocar a companhia da porta para buscar a criança.

A seguir, há um levantamento de questões que fazem parte da evolução do processo terapêutico de orientação psicanalítica e sistêmica, o qual deve ser adaptado a cada caso.

Temas para análise junto aos requerentes a adoção:

- Os preconceitos sobre adoção.
- O desejo pelo filho ideal-real.
- Os laços de sangue e os laços de afeto
- A adoção de bebês, a adoção tardia, inter-raciais e de irmãos.
- Os procedimentos para adoção.
- A habilitação para a adoção e a não-habilitação.
- As crianças abrigadas com vínculos familiares.
- As crianças abrigadas e disponíveis para a adoção.
- O processo de destituição do poder familiar.
- A biografia e a origem biológica real da criança.
- A adaptação e o estabelecimento do vínculo.
- A revelação da adoção e da história da criança antes da adoção.

Crenças trazidas pelos requerentes e pelas famílias adotivas:

- A adoção é um tema privado e íntimo.
- A infertilidade e os tratamentos não devem ser comentados.
- A adoção é frustrante pela ausência de filhos biológicos.
- A adoção tardia tende ao fracasso.
- O segredo protege a criança de um passado triste.
- Seria melhor para a criança não saber de sua adoção.
- Os problemas da criança devem ser relacionados à adoção.
- É mais difícil educar filhos adotivos do que os biológicos.
- O abandono sofrido afeta para sempre a criança.
- A história da criança deve começar a partir da adoção.
- Os vínculos com os pais adotivos não são fortes.
- A origem biológica é sempre cruel e marginal.
- A hereditariedade interfere negativamente na vida da criança.
- O corte com as origens é saudável.
- A criança não deve ter acesso sobre sua origem.
- A criança curiosa sobre sua origem demonstra conflitos.
- O contato posterior da mãe biológica provoca sérios problemas.
- Os vínculos biológicos trazem problemas para a família adotiva.
- O desejo de busca das origens ameaça a família adotiva.
- A visita à instituição que abrigou a criança é traumática.
- O contato com os irmãos biológicos adotados por famílias diferentes deve ser evitado.

Questões para análise junto aos pais nas primeiras entrevistas:

- Motivo da consulta.
- História da gestação e nascimento.
- Condições da adoção.
- Desenvolvimento da criança na família e na escola.
- Quando e como a criança tomou conhecimento da adoção.
- Genograma da tríade adotiva.
- Expectativas e disponibilidade para o processo terapêutico.

Questões iniciais para análise junto à criança:

- As queixas da criança.
- Os motivos do tratamento.
- Desenvolvimento do vínculo terapêutico e da aliança de trabalho.
- Avaliação de sua história de nascimento e motivos da adoção.
- Fantasias sobre os pais biológicos.
- Identificação da auto-estima e seu *status* de adotada.
- Identificação dos mecanismos de defesa contra os afetos.
- Identificação dos impulsos destrutivos
- Sentimento de pertinência com os pais adotivos.

A criança chega ao tratamento e revive o vazio, o abandono, o estado de limbo, precisando ser verdadeiramente adotada e compreendida empaticamente pelo analista. A criança transfere dolorosos sentimentos, podendo, no início, rejeitar o processo, atacar o *setting* e o terapeuta. Pode, por outro lado, desenvolver uma ansiosa relação de dependência e um forte medo de ser rejeitada.

Muitas crianças demandam do espaço de atendimento uma adaptação à expressão de seus afetos. As crianças passaram por uma perda concreta da mãe biológica e lutam para sentirem-se vivas. São questões mobilizantes na relação terapêutica, não só pelas circunstâncias de vida, mas também por apelarem a sentimentos maternais e paternais do terapeuta. Por isso, especialmente nesses casos, é importante uma reflexão constante do lugar que o profissional ocupa, tanto para a criança como para os pais adotivos. O tratamento com crianças adotadas demanda um espaço terapêutico íntegro e estável para a elaboração da adoção.

As crises no adolescente estão previstas, mais ainda nos filhos adotivos; por isso, um suporte reparador é necessário para a vida adulta. O jovem provoca e testa a elaboração das questões da adoção com o desafio de evitar repetir o ciclo da gravidez indesejada. Muitas famílias lidam bem com a situação, mas outras não. Para Kernberg (1985), existem mais crianças adotivas com psicopatologias do que as biológicas, o que transforma esses casos em potencial intervenção em relação a transtornos do comportamento e de aprendizagem, tendências ou personalidades anti-sociais, delinquência, mentiras, roubo, fuga de casa, agressividade e gravidez precoce. Os conflitos de identificação com essas mães, a biológica e a adotiva, interferem em seu comportamento sexual na adolescência. A representação dos pais biológicos contém projeções de impulsos proibidos que esses pais, por estarem ausentes, não podem modificar.

Na adolescência, eles se sentem sem a solução de continuidade, com um aparato psíquico insuficiente para tolerar as mudanças típicas dessa fase. Muitas mães sentem-se com inveja da fertilidade da filha na adolescência ou um pai, da virilidade e fertilidade do filho, questões que demandam amadurecimento dos afetos nas famílias, e não necessariamente só das adotivas.

Para Winnicott (1997), as crianças precisam de informações reveladas por uma pessoa de forte vínculo, pois a adolescência traz à tona questões muito específicas sobre sexualidade e sociabilidade que demandam um esforço maior por parte dos pais, fato que pode estar relacionado à falta de informações sobre a origem.

Os vínculos afetivos construídos no dia-a-dia entre os irmãos devem ser sempre fortalecidos, pois verifico que no imaginário dos pais o tabu do incesto surge com uma ameaça ao jovem que não mantém vínculo consanguíneo com os irmãos. Alguns pais apresentam problemas de identificação com seus filhos relacionados a questões inconscientes.

A família, muitas vezes, se vê frente à curiosidade do adolescente em conhecer um pouco mais sobre sua família de origem. Esse adolescente sinaliza assim seu desejo em ter acesso a mais informações sobre sua história. Entretanto, para os pais, este é um momento difícil, pois o contato com sua família biológica é a grande cena temida das famílias adotivas.

O adolescente passa por todas as crises típicas da idade, somadas à crise que toma conta da família quando ele traz à tona sua adoção. Ele indaga sobre sua origem, provocando conflitos, pois o jovem pede informações sobre seus pais biológicos. Geralmente pais e parentes não sabem que parte da verdade contar. Esse momento coincide com uma fase em que os pais também passam por mudanças em seu ciclo vital. Os filhos adotivos trazem temas mal-elaborados, camuflados e não-resolvidos.

O adolescente começa a pensar mais profundamente em seu passado e em seu futuro, indaga sobre sua família biológica, sendo este um tema difícil, pois não saber sobre sua origem é como conviver com espaços em branco em sua biografia. Logo, a família precisa encontrar uma maneira de contar o que sabe.

As questões sobre os laços de sangue também aparecem nesta fase. Os filhos se questionam se os pais agiriam de modo diferente se eles fossem biológicos. Os pais se questionam se um determinado comportamento é o resultado de uma tendência da herança biológica. Os estudos avançados sobre a genética podem deixar os adolescentes sem referência, sem dados do código genético e com uma hereditariedade fantasma, sem antecedentes, comprometendo os descendentes. Atualmente, ter dados sobre sua genética é importante como prevenção e tratamento de algumas doenças.

Encontrar a origem é uma necessidade na organização da personalidade. O genograma da tríade adotiva é um excelente recurso para esse encontro que não necessariamente precisa ocorrer de fato: pode ser simbólico, ou seja, o jovem pode ter todas as informações de que dispõem seus pais adotivos.

O adolescente precisa encontrar dentro de si um lugar para a ausência de seus pais biológicos e necessita de uma representação histórica nesse mapa familiar. Se a origem não é representada, surgem o vazio e os questionamentos como uma maneira de adequar a fantasia à realidade. Por outro lado, se no genograma poucos dados são representados, isso já é tranquilizador para uma relação de confiança.

O adolescente é um rebelde por si só e sabe provocar os pais dizendo que quer encontrar sua verdadeira família. Se os pais sentem-se inseguros em sua paternidade, nesse momento de provocação sentem-se abalados. O adolescente precisa mergulhar em suas raízes, conhecer sua história, mas vai precisar de apoio de seus pais adotivos. Na infância e mais ainda na adolescência, o desconhecimento da história também pode gerar insegurança, inclusive bloqueios na aprendizagem. O silêncio sobre a origem pode produzir impedimentos em sua capacidade de análise e reflexão.

O vínculo com a mãe biológica, por mais tênue que tenha sido, não pode ser esquecido. A história da criança se inicia na gestação – não há como negar esse fato. Na adolescência, as questões sexuais e de reprodução são reativadas. Entretanto, esse vínculo do passado não pode comprometer a relação com a mãe adotiva. Se a família adotiva mantém o tema das origens sob um manto de segredos, criará muitas dificuldades.

Alguns pais, frente à questão da origem, ficam com medo que o filho saia de casa em busca do seu passado. É inútil impedir ou desviar a atenção do filho, já que nada impedirá que ele queira buscar sua origem, que queria saber por que foi colocado para adoção. Quanto mais obstáculos encontrar, mais ele quererá saber. Quanto mais forte é o corte nos vínculos, maior é o envolvimento com a origem ausente.

O adolescente precisa elaborar a ruptura dos laços com a mãe biológica e, em vez disso, pensar na ligação com a mãe adotiva. Na verdade, o adolescente busca preencher uma lacuna na história e, se permanece sem respostas, enfrentará seu futuro sem questões, sem curiosidade e sem estímulo. As dúvidas sobre a história misturam-se com perguntas e expectativas sobre seu futuro. Muitos adolescentes, frente a situações da vida que acontecem sem uma razão clara, imaginam que o fato deve ser a chave de uma cadeia que está conectada com seu passado biológico. Isso certamente pode ser uma repetição de um sentimento correlato em seus pais adotivos, que, frente a um fato, o relacionam com a adoção. Os pais que não se abalam com a ausência, nem mesmo com a eventual presença concreta da família de origem do filho, criam um ambiente seguro, sem medo da rejeição e sem culpa (Schettini, 1999).

O adolescente adotivo mostra-se muito mais curioso chegando a desafiar os pais com perguntas sobre sua família biológica. Possíveis crises misturam-se com questões de difícil acesso, seja porque não existem informações, seja porque os poucos dados estão envoltos em mistérios. Os jovens devem ter direito ao acesso às informações sobre sua história. Em alguns casos, não existe nenhum registro, e se torna difícil encontrar alguma resposta. Isso não traz necessariamente um problema, pois o importante é expressar a curiosidade e encontrar na família adotiva uma receptividade. Querer conhecer sua história e buscar contato com as origens preenche grande parte da necessidade. Na verdade, a busca encontra sentido na vida adulta, quando da constituição de sua própria família e da possibilidade de gerar filhos.

Um dos temas que merece uma atenção é o próprio preconceito do adolescente quanto a seu *status* de adotado, provavelmente algo aprendido em casa, tornando este assunto um segredo para seus amigos e namorados. Além da ansiedade por conhecer sua origem genética, aparecem questões significativas sobre a procriação, pois seus pais geraram, mas não criaram o filho. A ida da menina adolescente ao ginecologista demanda a informação sobre sua história familiar médica, da qual ela não tem conhecimento. É possível que desenvolva uma sexualidade cheia de dúvidas, com rejeição à ideia de ter filhos, à gravidez e ao vínculo com um bebê. Pode ter o medo do que vai sentir na identificação com sua mãe biológica ou com o bebê. Quando se torna mãe, é no nascimento do filho a primeira vez que se depara com alguém com seus laços consanguíneos.

Segundo Levinzon (2004), os pais desesperam-se com o comportamento e com as críticas típicas do adolescente, sentindo que os valores questionados devem pertencer a uma herança genética, o que abala a legitimidade da filiação. Esse fato leva o adolescente a perceber como as referências sobre a família de origem abalam os pais adotivos, gerando questões sobre a verdade de sua história. Na dúvida em relação à lealdade de suas origens ou do sistema que o acolheu, ele passa a usar esse instrumento como munição para os ataques à sua família.

Não *setting* terapêutico, a criança e o adolescente depositam a esperança de ser compreendidos pelo analista, gerando angústia e um intenso ciúme da família. O segredo em gostar do analista e não deixar que os pais percebam isso é vivido como um amor proibido. Pode ocorrer relutância com o fim das sessões, de difícil manejo, o que, muitas vezes, não é compreendido pelos pais. Esse momento pode estar relacionado com a angústia de separação da mãe biológica. A análise é o espaço para que esses conteúdos sejam elaborados. Com o contexto de abandono e perda, a relação transferencial é intensa, incluindo transferência negativa (Levinzon, 2000).

A curiosidade é saudável e gera perguntas sem respostas: o acesso à sua história, à sua origem possibilitará a pesquisa. Se o adolescente se indagar e até fantasiar sobre suas origens, viverá intensamente o amor de sua família, de sua verdadeira família. Se, eventualmente, o adolescente conseguir um contato com sua família de origem, ele vai compreender que o que prevalece é a ligação afetiva. É convivendo com sua família adotiva que o adolescente encontra as permanentes ligações afetivas. O trabalho terapêutico elabora possíveis culpas desses pais para que possam oferecer apoio aos filhos. Assim, o filho não se sente traindo seus pais. A família é ainda a base do desenvolvimento do adolescente e o caminho para superar possíveis crises.

CONSIDERAÇÕES FINAIS

A família adotiva que passa então a ser a família verdadeira necessita de uma rede de apoio permanente, evitando assim o preconceito e a discriminação da sociedade. Essa família não deve se sentir sozinha e diferente em sua constituição familiar. Precisa compartilhar suas experiências, descobrir que a convivência se constrói no dia-a-dia e conversar sobre a adoção com outras famílias. Por outro lado, os filhos precisam conhecer outras crianças ou outros adolescentes adotados e descobrir que esse fato não os diferencia dos demais.

A participação nos Grupos de Apoio à Adoção é uma excelente opção para as famílias adotivas, organizações constituídas por profissionais da adoção, por pais e filhos adotivos que ajudam a formar uma rede para divulgar a nova cultura da adoção. Foram criados a partir de maio de 1996, de forma espontânea, por um grupo de pais adotivos. Tornaram-se muito mais do que promotores de reuniões de famílias adotivas: tornaram-se um movimento de mudança da cultura de adoção.

Os mais de 100 grupos no Brasil trabalham nas diferentes regiões de acordo com suas culturas e características, uns com apoio do judiciário, outros não. As famílias adotivas brasileiras fazem parte dessa rede e anualmente se encontram nas proximidades da data de 25 de maio, o Dia Nacional da Adoção. Desses eventos surgem novas publicações, novos aspirantes à adoção e novos grupos de apoio. A nova cultura incentiva as adoções de crianças distantes do perfil ideal de bebês recém-nascidos, pela adoção de crianças acima de 4 anos, que não são brancas, que possuem irmãos ou que são portadoras de necessidades especiais.

Segundo Winnicott (1994), se a adoção transcorre bem, esta será uma história humana comum. Precisamos estar familiarizados com as perturbações e com os contratempos que fazem parte da história humana comum em suas infinitas variações, para que possamos compreender os problemas relacionados à adoção.

Passando pela infertilidade ou pela opção da adoção como uma maneira de constituição de uma família, leva-se em conta a transformação da necessidade de um filho pelo desejo de um filho. Considera-se também o fato de cada criança abrigada ou em risco de nunca poder viver o direito preconizado pelo ECA de encontrar uma família.

De qualquer forma, podemos então ficar mais otimistas em relação ao difícil tema do abandono, da adoção e do tratamento de crianças e de adolescentes. Um novo ambiente acolhedor e suficientemente bom, como o lar adotivo, assim como o *setting* terapêutico, pode servir de *holding* para a reparação e integração do *self*. Crianças e adolescentes que, por uma fatalidade, foram afastadas de sua família de origem têm o direito de sentirem-se verdadeiramente adotadas e amadas.

É necessária a elaboração das vicissitudes da biografia de uma criança, o que inclui o abandono, o limbo vivenciado após o corte do vínculo com as origens, o abrigamento ou o acolhimento por figuras substitutas, o luto pelas imagens biológicas, até sua nova chance junto a uma família. É também fundamental que os pais elaborem seu luto pelo filho biológico e fantasiado, para que possam realizar o desejo por filho adotivo e real. O processo de elaboração transforma essa família com filhos adotivos em uma família com filhos. Eles foram adotados no passado, por isso hoje são filhos verdadeiramente adotivos.

REFERÊNCIAS

BASS, D. Naitre du Roman Familial. In: _____. *On Naît Toujours D´Une Famille et Après...* 37e journées nationales sur le placement familial. Paris: Lierre & Coudrier Editor – Grape, 1991.

BOWLBY, J. *Attaccamento e perdita*. Torino: Bollati Boringhieri, 1983. v. 3: La perdita della madre.

DOLTO, F. *O destino das crianças*. São Paulo: Martins Fontes, 1998.

EIGUER, A. *Um divã para a família*. Porto Alegre: Artmed, 1985.

FREUD, A.; BURLINGHAM, D. *Niños sin hogar*. Buenos Aires: Iman, 1946.

FREUD, S. Romances familiares In: _____. *Edição standard brasileira das obras psicológicas completas de Sigmund Freud*. Rio de Janeiro: Imago, [1987?]. v. 9, p.241-247.

GALLI, J.; VIERO, F. *Fallimenti adottivo*: prevenzione e riparazione. Roma: Armando, 2001.

GUEIROS, D. *A adoção consentida*: do desenraizamento social da família à prática de adoção aberta. São Paulo: Cortez, 2007.

HAMAD, N. *A criança adotiva e suas famílias*. Rio de Janeiro: Companhia de Freud, 2002.

HARKNESS, C. *The infertility book*: comprehensive medical and emotional guide. California: Celestial Arts, 1992.

HARTMAN, A. Os segredos na adoção. In: IMBER-BLACK, E. *Os segredos na família e na terapia familiar*. Porto Alegre: Artmed, 1994.

KERNBERG, P. Child analysis with a severely disturbed adopted child. *International Journal of Psychoanalytic Psychotherapy*, v. 11, p.277-299, 1985.

KOHUT, H. *Análise do self*. Rio de Janeiro: Imago, 1988.

LADVOCAT, C. *Mitos e segredos sobre a origem da criança na família adotiva*. Rio de Janeiro: Booklink, 2002.

LEVINZON, G. *A criança adotiva na psicoterapia psicanalítica*. São Paulo: Escuta, 2000.

_____. *Adoção*. São Paulo: Casa do Psicólogo, 2004.

MALDONADO, T. *Os caminhos do coração*: pais e filhos adotivos. São Paulo: Saraiva, 1977.

MCGOLDRICK, M.; GERSON, R.; SHELLENBERGER, S. Children growing up in multiple families: foster care, adoption and orphanage experiences. In: _____. *Genograms*: assessment and intervention. New York: W. W. Norton, 1999.

MOORMAN, M. *L'Altra Faccia dell´Adozione*. Roma: Astrolabio, 1997.

MOTTA, M. A. *Mães abandonadas*: a entrega de um filho em adoção. São Paulo: Cortez, 2005.

SALZER, .L. Adoption. In: _____. *Surviving infertility*: a compassionate guide through the emotional crisis of infertility. New York: HarperPerennial, 1986.

SANCHES, R. *Winnicott na clínica e na instituição*. São Paulo: Escuta, 2005.

SCHAFFER, J.; DIAMOND, R. *Infertilidade*: dor e estigma secreto. In: IMBER-BLACK, E. *Os segredos na família e na terapia familiar*. Porto Alegre: Artmed, 1994.

SCHETTINI, L. *Adoção*: origem, segredo e revelação. Recife: Bagaço, 1999.

SOROSKY, A.; BARAN, A.; REUBEN, P. *The adoption triangle*. San Antonio: Corona, 1989.

SPITZ, R. *O primeiro ano de vida*. São Paulo: Martins Fontes, 1988.

WALSH, F. *Fortalecendo a resiliência familiar*. São Paulo: Roca, 2005.

WINNICOTT, D. W. Duas crianças adotadas; A adolescência das crianças adotadas. In: SHEPERD, R.; JOHNS, J.; ROBINSON, H. T. *D. W. Winnicott pensando sobre crianças*. Porto Alegre: Artmed, 1997.

_____. *Explorações psicanalíticas*. Porto Alegre: Artmed, 1994.

_____. *O ambiente e os processos de maturação*. Porto Alegre: Artmed, 1988.

21

Famílias com idosos

Eliete Teixeira Belfort Mattos

INTRODUÇÃO

Família e idosos são temas que vêm merecendo mais atenção dos terapeutas familiares e de outros estudiosos nos últimos tempos. Essa preocupação é movida pelo aumento da população de idosos no Brasil, o que, para o chamado País Jovem, tem trazido muitos desafios, também pelas transformações na estrutura e na organização dos sistemas familiares.

Viver em uma época em que uma descoberta, após 24 horas, está ultrapassada, não é fácil, mesmo aos que a ela pertencem. Imaginem o que é viver nesses tempos para os idosos, ou seja, pessoas a partir dos 60 anos.

ERA UMA VEZ

Lembro-me de tantas vezes ter ouvido que a experiência que advém com a idade era importante e percebo o quanto, nos dias atuais, essas experiências são consideradas ultrapassadas.

Às vezes, pego-me imaginando um outro "Era uma vez", em um lugar chamado planeta Terra, onde as pessoas começariam a ter seus primeiros fios de cabelos brancos, e isso valeria muito. Seria como se cada fio branco mostrasse quantas informações o vovô e a vovó traziam, e quem as recebesse ficaria tão mais importante, tão mais seguro por estar protegido pela capa da sabedoria, tão mais confiante por contar com alguém que pareceria ter um mapa do tesouro, o qual bastaria ser consultado para que as estradas se abrissem.

As pessoas contariam as histórias desses senhores e senhoras, verdadeiras sagas, que as gerações passariam umas às outras, tal qual segredos, de tão preciosas que seriam. Isto mereceria longas conversas em que o silêncio só seria quebrado ou por perguntas sobre o tema ou pelo café e pelo bolo da dona da casa, também receita única, feita especialmente com a fruta daquela estação e que só voltaria a repetir-se no ano vindouro.

Nem sempre caberia a presença das crianças, mas elas arrumariam um jeito de, brincando, escutar tudo o que fosse conversado e então guardariam suas curiosidades para a noite, na hora de dormir, quando aproveitariam para as longas conversas, principalmente se fosse o vovô ou a vovó levando-as, pelas mãos, até a cama. Os idosos seriam conversadores: no inverno, ao redor da lareira ou na varanda; nas noites quentes de verão, trocariam ideias e, quanto mais falassem, mais teriam o que dizer. Claro, nem todos achariam tanta graça naquele dedo de prosa tão comprido, principalmente os mais jovens, que andariam às voltas com as namoradinhas ou, então, adultos doidinhos para compartilhar suas aventuras, mas que ainda não teriam um lugar na roda. Quando o assunto não interessasse, procurariam "outra freguesia", mas de uma forma discreta, que não aviltasse o contador de histórias. Haveria confrontos, mas seriam bem argumentados, e, nessas horas, surgiria alguém para intermediar, em geral, alguma mulher, também experiente, ou então uma jovem senhora, que tudo faria para que não virasse uma briga irreparável.

Seria um tempo em que as mudanças demorariam a acontecer, e as pessoas pareceriam não ter pressa; longos silêncios, até a certeza do melhor a ser feito ou ser dito. Às vezes, haveria os exageros: senhores que não permitiriam opinião, ou senhoras que achariam saber tanto, que só morrendo para outra mulher (que, no máximo, faria as caldas doces cozidas em banho-maria) comandar a casa. Aliás, seriam famílias grandes, com mais crianças e mulheres do que as de hoje e, quando os jovens se casassem ali permaneceriam, ou iriam para casa dos sogros ou, no máximo, para alguns quilômetros de distância, o que tornariam as visitas escassas. Mas os encontros se transformariam em festas. Se formos pensar, que diferença das festas de hoje!

Depois, veio a moda de *quem se casa, quer casa*, e muitas outras. As crianças até se confundem chamando os bisavós de avós. Onde estão os cabelos grisalhos da vovó e do vovô?

VIVENDO E APRENDENDO

As comparações de usos e costumes ao longo das décadas fazem-nos perceber as mudanças dos tempos e o que temos de assimilar para conquistar o lugar do respeito ao envelhecer.

Culturalmente, não fomos preparados para pensar na velhice e, quando percebemos, já estamos na faixa dos 60 anos e temos os mais variados sentimentos. "Eu não sou velho", "Eu entrei para a melhor idade", "Idoso não pega fila", "Me sinto como se tivesse 20 anos", "Eu me recuso a ficar nessa fila", e as conversas incluem a necessidade de uma gama de projetos em várias áreas, começando pelo espaço físico, para um maior conforto do idoso e da família. Percebam que não estou falando em pessoas com saúde precária, mas simplesmente no fato de que, com a idade, algumas ferramentas são facilitadoras para a deambulação, para o banho e para a autonomia nos afazeres dentro e fora de casa.

Com o progresso da ciência, o ser humano terá uma vida mais longa. A longevidade é bem-vinda, e, com ela, deverão ocorrer as adaptações para uma vida saudável, ou seja, uma oferta de serviços apropriados à faixa etária, seja o parque onde caminha, a faculdade de terceira idade, seja o meio de transporte para poder programar seu lazer e outros.

O idoso em uma família está no lugar do terremoto. Não que o sofra sozinho, pois considero que ele o propõe a todos que com ele convivem. Só sua presença já é suficiente para sacudir as pessoas. Basta movimentar-se, devagar para que todos, de forma imperceptível, na maioria das vezes, captem que, quando estiverem naquela etapa do ciclo da vida, a roda girará também para todos. Com isso, quero dizer que, independentemente de qual seja a situação da família com idosos, esse movimento acontece.

Pensando em situações específicas, é possível assinalar particularidades que dificultem ou facilitem a convivência de uma família com o idoso. Comecemos pelos valores de uma sociedade capitalista, perguntando: qual a situação econômica dele? A resposta pode indicar o conceito que os familiares têm com a pessoa idosa e esta com eles, pois as condições econômicas são os indicadores de competência, sabedoria e poder. No geral, quem é independente economicamente tende a ser mais considerado do que o dependente. Com o idoso não é diferente: com poder econômico, ele permanece na linha de mando e comando; do contrário, poderá ser dirigido por outros, afastando qualquer possibilidade de uma relação saudável, um dos motivos de choques e desrespeito entre as gerações.

CONFORTO OU DESCONFORTO

Quando uma família possui idoso em seu seio, depara-se com múltiplas questões: se ele é doente, como assisti-lo, com suas possibilidades econômicas, otimizando tanto o espaço físico como o emocional, considerando-se a demanda que sempre advém dessas relações. Sabemos que os agravos à saúde podem ser desencadeados ou intensificados pelo baixo nível socioeconômico, como já citado, complicando-se no caso de portadores de patologias múltiplas, o que contribui para uma maior fragilidade e para a solidão, que tem uma estreita relação com as transformações que ocorrem na família pós-moderna: pequena, principalmente nos grandes centros urbanos, com a diminuição do número de filhos, cujos membros adultos, inclusive a mulher, trabalham fora de casa.

Os cuidados da família com os idosos estão relacionados com o fato de haver poucos membros, com a disponibilidade dos indivíduos, principalmente pelas ofertas de trabalho, as quais, com a globalização, exigem maior mobilização, e com a reorganização das famílias pós-divórcio e re-casamento, entre outros.

As circunstâncias e as histórias que levam os casais a se separar e, posteriormente, recasar-se, até então estranhos, são fatores de tensão para todas as idades, representam mudanças para o novo casal, para os filhos de ambos e para o idoso que integra esse sistema, ainda em fase de adaptação. Não estamos ampliando nossa reflexão para as famílias de origem das novas uniões por não fazer parte do objetivo deste capítulo, apesar de estarem incluídas na família extensa e de demandarem níveis altos de ansiedade nas relações.

Para o idoso que, em sua maioria, teve uma grande família, com características solidárias, muitas vezes, por si só, geradoras de atividades sociais, com suporte provido pelos mais jovens, rodeados de muitas crianças, essa mudança pode ser muito difícil, causando sensação de desamparo, tristeza e exclusão. É na família que depositamos expectativas quando se trata de pertencimento, e, em nossa cultura, ela é chamada a cuidar de seus idosos que a concebem como um aspecto importante de suas vidas e fonte de cuidados, carinho, afeto. A família dá sentido à existência do ser humano, o que não quer dizer que isso seja sempre possível, pois depende de como as relações foram construídas no contexto familiar.

Nas palavras de Froma Walsh (2001, p. 270), a resposta de cada família aos desafios do estágio tardio da vida decorre de padrões familiares anteriores desenvolvidos para manter a estabilidade e a integração. A maneira como a família e seus membros lidam com essa situação depende muito do tipo de sistema construído ao longo das gerações, da capacidade e dos recursos de ajustar-se às perdas e às novas exigências.

Este olhar sistêmico para a família leva-nos a considerar quais as possibilidades interacionais de seus membros; como os subsistemas sentem os acontecimentos existenciais (por exemplo, envelhecer), percebendo o tempo que passa para todos; a auto-referência; as ressonâncias despertadas na relação com o outro e deste com os demais, em um movimento recursivo; quais as crenças desse sistema familiar e as transformações que as novas construções relacionais provocaram, se congregaram padrões relacionais; se a narrativa sobre o estágio tardio é compatível com as relações construídas entre seus membros.

Quando o sistema familiar inclui naturalmente os mais velhos, há segurança quanto ao sentimento de pertencimento. O modelo igualitário e democrático permite ao idoso uma participação informal, sem ansiedade, nas diferentes situações domésticas, das rotineiras às mais raras. A comunicação não precisa de duplas mensagens ou de tradutores com comentários (*"Ele não gosta de festa"; "Ela está cansada e vai se recolher"*) por serem desnecessárias quando a liberdade de expressão faz parte do padrão de relação. No entanto, nos sistemas familiares em que há uma narrativa em desacordo com as atitudes, é comum falar pelo idoso, que não aceita as considerações, torna-se irascível, faz chantagem emocional colaborando para menor fluidez no desempenho dos papéis de seus membros, para uma convivência não-pacífica, reações adversas, relações tensas, o que pode levar o sistema ao desequilíbrio. É comum, em algumas famílias, o afastamento do idoso de seu convívio, com justificativas de seu desinteresse pelos assuntos do dia-a-dia, pelas comemorações, emitindo-se parecer sobre aquilo de que ele gosta ou não, sem consultá-lo.

Quando são feitas essas considerações não se toma a defesa do idoso, como se ele fosse sempre um coitado nos lares onde vive. Reitera-se a necessidade de estabelecer uma relação transparente, para que se possa pensar como melhorar a qualidade de vida de todos os membros do sistema familiar.

Os idosos apegam-se ao que é conhecido, e as mudanças, por menores que sejam, geram perturbações tanto físicas e sociais como emocionais. Pelo medo e pela necessidade de confirmar sua vitalidade, exageram seu bem-estar em relação à idade, comparando-a com a do jovem, e esse falar insistente é uma forma de defender-se da desqualificação que nossa sociedade pratica e que o grupo familiar reproduz. É importante trabalhar em favor de uma adaptação serena às mudanças que ocorrem com o avanço da idade, sem demonstrações performáticas, eleitas pela ditadura da beleza e da eterna juventude.

O IDOSO E A IDOSA: QUESTÃO DE GÊNERO

Conforme dados estatísticos, a mulher, na média geral, vive mais que o homem, tem uma atitude pró-ativa quanto às questões de saúde, talvez pela própria natureza feminina, pois desde cedo é chamada a ter cuidados com seu corpo (menstruação, hormônios, gestação) e, culturalmente, desempenha o papel de protetora do lar, da saúde dos filhos, etc.

Porém, não podemos deixar de registrar que, à medida que a mulher ou passou a trabalhar fora, ou tornou-se provedora de família ou a única adulta em um núcleo familiar, desfeito precocemente por morte ou separação conjugal, deixou de cumprir com exclusividade essa tarefa. Passou a expor-se a riscos externos, mas também a oportunidades, fazendo escolhas que a realizam no campo pessoal e lhe dão independência financeira. Mesmo as mulheres idosas, nos tempos atuais, buscam uma convivência social fora de casa, antes praticamente inexistente. O trabalho voluntário, por exemplo, inicialmente, é mais aceito pelas mulheres, e este fato as tem auxiliado no enfrentamento da solidão imposta pelo desenvolvimento natural do ser humano, que chega ao momento de cada um seguir seu caminho e buscar alternativas para as transformações do ritmo de vida.

Os homens idosos, na minha experiência como terapeuta de família e casal, sentem falta de uma atividade produtiva, entristecem-se a ponto de achar que não é digno viver, sentem-se à margem na sociedade e não se envolvem com afazeres, que mais lhe parecem lazer do que trabalho, como o voluntariado, por exemplo. Para eles, as atividades precisam ser reconhecidas como necessárias, exigir competência para desenvolvê-las, e a aposentadoria tem-se mostrado uma perda, e não um período de novas realizações, seja ou não por questões financeiras. Percebo que tais situações os tocam emocionalmente de uma forma muito intensa, que merece atenção e ajuda para se adaptarem a essa nova fase da vida.

Os resultados de estudos feitos nesse sentido mostram que as pessoas em atividade têm mais chances de viver melhor e mais tempo do que aquelas que se abandonam e se isolam, descrentes de suas possibilidades de encontrar recursos próprios ainda inexplorados.

À medida que nosso país passa por esta rápida transição demográfica, por mudanças sociais e culturais e por mudanças nos perfis de saúde, cresce a importância da quantificação dos recursos que a sociedade tem que arcar para fazer frente às necessidades desse segmento etário. Estudos populacionais realizados em São Paulo têm demonstrado que o aumento da sobrevida acarreta um aumento da prevalência de doenças crônicas, perda da independência funcional e da autonomia, entendida como o exercício da autodeterminação e independência funcional, como a capacidade do indivíduo em realizar as suas atividades diárias. O funcionamento é o resultado da interação da capacidade do indivíduo e do ambiente que apoia essa capacidade.

O casal de idosos

O trabalho terapêutico que desenvolvo com as famílias de idosos, tanto no consultório como na clínica social, leva-me a observar que, enquanto eles têm seu companheiro e a relação de ambos é solidária, este serve de continentes de angústias, inseguranças, raivas, mágoas. Ambos se mantêm íntimos em conversas que os remetem, muitas vezes, ao passado, às lembranças que os ajudam a resgatar os momentos felizes e a redefinir o lugar de cada um no contexto familiar, o que minimiza tensões nas relações, evitando terem de compartilhar com a família sentimentos que possam mostrá-los frágeis, envergonhados e impotentes.

Nem sempre os filhos estão preparados para lidar com as próprias angústias e com a de seus pais, despertadas pela proximidade da morte. Então, estressam-se, revelando-se impacientes com as solicitações de atenção a que são expostos, com as demandas emocionais para elaborar as perdas que tais situações impõem e com as mudanças do lugar de ser cuidado para o de ser cuidador, deixando de ocupar o centro das preocupações dos pais. Os pais, nessa fase, estão voltados para a própria sobrevivência e para a possibilidade de deixar os filhos, como é o curso natural da vida.

O casal de idosos tende a trocar entre si não só as dores, mas planejar programas de lazer, visitas, viagem, perspectivas de trabalho, do voluntariado até negócios propriamente ditos. Os filhos, por excesso de zelo, desconfiança do potencial de realização ou receio de ter que se envolver, tentam demovê-los de tais ideias, o que pode levá-los ao desânimo, à frustração ou a atitudes imperativas. No caso de doenças, na maioria das vezes, o casal se basta, cuidando-se. Quanto mais envolvidos com suas próprias vidas, com uma rede de amigos e participantes da vida familiar, melhor enfrentarão os reveses, pois a rede é um apoio tanto para o idoso como para família.

A separação do casal de idosos

A separação vem acompanhada de transtornos emocionais tanto para o homem como para a mulher e para família. A separação por incompatibilidade nem sempre significa falta de amor, afeto e, às vezes, quer dizer somente incompatibilidade, o que não diminui a tristeza pela perda de momentos bons que uma relação tem.

Quando os membros do casal adoecem ao mesmo tempo, isso também pode ser motivo de separação, embora os esforços sejam sempre no sentido de mantê-los juntos.

Outra forma de separação é a morte de um dos cônjuges, e, como os idosos dos tempos de hoje, em sua maioria, são casados uma só vez, com muitos anos de convivência, é importante que a família tenha condições emocionais de compartilhar suas dores. É fundamental que acolha o viúvo no espaço físico, mesmo que temporariamente, oferecendo companhia e solidariedade, recebendo parentes, amigos, inclusive nos caso de separação.

Existe uma tendência de os homens casarem-se ou relacionarem-se com uma parceira mais rapidamente do que as mulheres. Estar só parece-lhes mais assustador e relatam que estão acostumados à companhia da mulher. Lutam para continuar morando em casa separada à dos filhos. No entanto, quando se encontram com problemas de saúde, solicitam bastante a companhia dos parentes e sofrem muito com as limitações que lhe são impostas.

Para as mulheres, a falta do companheiro é elaborada também com muita dor, mas elas tendem a dar continuidade à sua vida cotidiana, envolvendo-se com tarefas domésticas e com as externas, se já existiam, ou as incluem nessa busca como saída para a solidão. A saúde permitindo, são autônomas e não se desesperam, pois estão acostumadas com o silêncio da casa, havendo até relatos de que preferem o sossego que se instala quando tomam decisões sobre os afazeres. Mesmo ao morar com alguém da família, entretêm-se com os netos, com as novas necessidades e dispõem-se a fazê-las, por sentirem-se úteis e colaboradoras. As situações mais difíceis aparecem quando são chamadas a assumir os cuidados com a casa e com os netos "por não terem o que fazer".

Quando não é possível coabitar

A convivência, por várias razões, nem sempre é possível. Nesses casos, a situação é bastante delicada, pois, de início, apresenta-se a condição financeira da família ao acomodar o idoso em um lugar onde não se sinta descartado. Os agravos ficam por conta também das condições de sua saúde. Por ser muito dolorido para todos, é prudente a terapia familiar. Aquele que vai para uma instituição, comumente um asilo, em geral se ressente da falta de familiares e amigos. Há uma tendência a apegar-se aos cuidadores da instituição; porém, como eles podem ser temporários, o sofrimento pela perda de uma figura que represente um apego seguro se repete muitas vezes.

As instituições que oferecem ambientes acolhedores, algumas com as propostas modernas de espaços físicos exclusivos, como chalés, os quais os idosos sentem como sua casa; espaço comunitário, com recursos especialmente planejados e com as portas abertas para visitas, são menos traumáticas.

A TERAPIA DE FAMÍLIA: LUGAR DE CONVERSAS FRANCAS

Ao acompanhar famílias com idosos, percebo que o diálogo franco propicia uma escuta geradora de novos diálogos, aflorando seus sentimentos mais íntimos e originando perguntas facilitadoras ao entendimento e à mudança, além de novos lugares e novas perspectivas para a continuidade da vida.

Não estamos acostumados a nos preparar para o fim da vida, e cada vez mais o indivíduo considerado idoso não está no fim da vida, tendo ainda uma longa caminhada pela frente. Há casos em que, nas conversações terapêuticas, os filhos trazem preocupações com o futuro dos pais, pois, aos 60 anos, muitos deles estão em plena condição de realizações e, com razão, não aceitam interferências, dando continuidade às suas responsabilidades e encontrando soluções da própria vida.

Em situações cuja idade é mais avançada, na minha experiência profissional tem sido a partir dos 70 anos, faz-se necessária alguma interferência, ocasião em que os pais são convidados a participar da terapia, para que todos possam posicionar-se, inclusive eles mesmos, sobre o momento pelo qual estão passando. Não é raro chegarem à conclusão de que o melhor é continuarem em suas próprias casas, e os filhos, mais atentos, com participação mais efetiva e com resoluções externas.

Há casos em que decidem por uma estada temporária na casa de um dos familiares ou ao contrário, como quando o casal se separa ou um deles morre.

A maioria passa a residir com a família; porém, cada vez mais surgem novos arranjos, especialmente domésticos, ou quando a idade avançada já não permite mobilidade individual, ou quando estão sem seus parceiros, ou quando há algum problema grave de saúde. Se os idosos formam um casal, a mudança de residência pode ser retardada, na maioria das vezes, quando as mulheres não são as portadoras da doença; caso contrário, a solicitação de acompanhantes, a mudança de residência ou ambas fazem-se necessárias. As soluções que trazem maior sofrimento a eles e a seus familiares são aquelas que os retiram de seu espaço físico e restringem o contato afetivo.

O ciclo vital do sistema familiar e de seus membros merece atenção especial quando há idosos presentes. Gostaria de lembrar que ter pais idosos significa estar em um momento delicado da vida, tendo-se de lidar com as fragilidades e com a aproximação da morte deles. Ao mesmo tempo, os filhos estão deixando a casa para cuidar de si mesmos, e o casal, retomando uma relação a dois por vezes preterida pela prioridade aos filhos. Essa fase, chamada "o ninho vazio", pode não ficar tão vazia, surgindo outros eventos, como retorno do filho para casa, ajuda na criação dos netos e cuidados aos membros da terceira idade. Portanto, o sistema estará formado por várias gerações, em momentos diferentes do ciclo de vida, cada um com suas características que poderão ser facilitadoras ou provocadoras de tensões na relação com o idoso e deste com os demais. Além disso, há o fato de que cada um estará revisitando sua história e dando ouvidos às vozes internas que levam alguns para bem longe da morte e outros que se aproximam dela. A criança, o adolescente ou o jovem adulto têm a vida pela frente, o casal está no meio dela e os avós, na reta final. Quando o amor permeia as relações conjugais, fraternas, e o sistema tem flexibilidade, essa ocorrência será absorvida com as devidas mudanças; caso contrário, aparecerão dificuldades para reorganizar-se.

É sempre muito desgastante quando um dos cônjuges não aceita a presença dos idosos e só os recebe por não desvendar outra solução para o momento. Esse fato serve como disparador para uma crise entre eles, que pode chegar a extremos, como a separação. No entanto, mesmo que não optem pela separação, sentem as profundas marcas deixadas – um por não se sentir apoiado em um momento tão difícil, e o outro, por se sentir submetido a tal situação tão desgastante. Como agravante, se houver filhos, e aí não importa a idade, demonstram seus receios de separação dos pais por atitudes de impaciência com o idoso, já que o consideram culpado pela situação. Mais uma vez, ressalvo que, se o sistema tem flexibilidade, respeito pelo idoso, há maiores chances de se encontrar uma solução.

Há situações em que o idoso não consegue aceitar as mudanças de seu ciclo vital, respeitar as fronteiras, o lugar da geração intermediária, a forma como vive e educa os filhos, colocando-se em um papel central, desqualificando os legados, os costumes trazidos pela família de origem do genro ou da nora, e estes, por mais que queiram, não se sentem reconhecidos em acolhê-los, o que impede maior dedicação, ocasião em que se faz necessária a intervenção profissional para mediá-la.

Há casos em que o sistema e os subsistemas não aceitam a presença dos idosos, mesmo que com eles não convivam, estabelecendo uma atitude de total desrespeito e abuso que se pode traduzir em ignorá-los e ignorar suas necessidades, tomar seu dinheiro, deixar de visitá-los, etc. Também há idosos que respondem "na mesma moeda", quando o poder econômico lhes permite e a rede de amigos é suficiente para que não vivam no isolamento. É difícil encontrar soluções, sendo indispensável a presença na terapia de todos os envolvidos.

Uma observação interessante é a parceria idoso e criança. Quando há criança na família, encontra-se nessa parceria uma forma de cuidar e ser cuidado. Do ponto de vista emocional, o ganho é imenso: a criança, por estar aprendendo, tem do idoso a paciência de que necessita para errar e errar até acertar; o idoso encontra na criança a paciência necessária para sua lentidão de movimentos, para sua dificuldade de raciocínio, de expressão, vendo-se desafiado e conduzido a novas situações com entusiasmo, alegria, perseverança e importância de participar da criação da nova geração.

A procura pela terapia também se dá através dos próprios idosos. A queixa que trazem está ligada à necessidade de ter com quem conversar sobre "problemas sobre os quais não se pode falar com qualquer um".

No geral, tais problemas referem-se a questões de relacionamento, as quais desejam solucionar sem que qualquer membro da família saiba. Por exemplo:

> Minha filha e meu genro brigam muito, a maior parte das vezes, porque meu genro não concorda com o que ela quer. Quando comento sobre isso, ela fica nervosa, vai para casa, briga mais ainda com o marido e, claro, que eu viro a vilã da história, porque meu genro acha que eu encho a cabeça dela. Além do mais, proíbe-a de levar as crianças para almoçar comigo.

Ou então:

> Não posso falar com meu filho sobre como está levando a empresa, porque ele fica nervoso, vai embora e demora muito para voltar a me visitar.

Inicialmente, a terapia é do casal de idosos ou de um dos cônjuges; porém, no decorrer do trabalho terapêutico, sugere-se a ampliação do sistema, convidando todas as pessoas que fazem parte do problema definido pelo idoso. Também são propostos encontros terapêuticos somente com os filhos; outras vezes, são incluídos os agregados e netos, propiciando, assim, a conversa entre todos os membros. Respeitam-se as fronteiras que os idosos indicam como facilitadoras para os temas que desejam abordar.

CONSIDERAÇÕES FINAIS

O fenômeno de redução do tamanho das famílias é progressivo e mundial, tendo motivado as Nações Unidas a colocar a "célula germinativa da sociedade" no centro de interesse. Sob o lema "Família: recursos e tarefas em um mundo em transformação", a Assembleia Geral da ONU determinou o ano de 1994 como Ano Internacional da Família.

Mudanças significativas da pirâmide populacional criam uma série de consequências sociais, culturais, de saúde pública, para as quais é preciso desenvolver projetos para infra-estrutura relacionados a programas sociais, de saúde física e emocional e atividades ocupacionais.

O que tem mostrado mais eficácia é o sistema informal de apoio, oferecido por parentes, vizinhos, amigos ou instituições, que contam com o trabalho voluntário para os idosos, o que não substitui a necessidade de políticas públicas abrangentes.

O esforço dos membros de uma família com idosos segue uma trilha mais promissora quando optam por tentar resolver as questões de relacionamento que levam ao entendimento e garantem segurança e proteção dos mais frágeis, no caso específico deste capítulo, os idosos. As questões de relacionamento devem ser vistas como mútuas, mas as responsabilidades são dos mais aptos naquele momento.

Quando o idoso não enfrenta alguma doença que o impede de participar da vida cotidiana da família, é comum e interessante relatar atitudes protecionistas com filho, nora, genro, neto, por perceber que eles também têm suas limitações. É possível ajudá-los na descoberta de recursos, utilizando-os na convivência, contemplando as diferenças, expressando-as e escutando uns aos outros. Os comportamentos, como falar sozinho, apegar – se aos pertences, ordenando-os quase que diariamente e não aceitar o novo, podem representar formas de organização diante das mudanças que a idade avançada impõe. Parecem abraçados a si mesmos, como declarando "ainda tenho a mim". Como ajudá-los? Através da troca afetiva, seja ela como for: eles têm a si mesmos e a família.

REFERÊNCIAS

INSTITUTO BRASILEIRO DE GEOGRAFIA E ESTATÍSTICA (IBGE). *Censos demográficos.* Disponível em: <www.ibge.gov.br/>. Acesso em: 09 jan. 2008.

SPINK, M. J. (Org.). *Práticas discursivas e produção de sentidos no cotidiano*: aproximações teóricas e metodológicas. São Paulo: Cortez, 2004.

WALSH, F. A família no estágio tardio da vida. In: CARTER, B.; MCGOLDRICK, M. *As mudanças no ciclo de vida familiar*: uma estrutura para a terapia familiar: Porto Alegre: Artmed, 2001.

parte IV

Terapias de famílias com problemas específicos

22

Disfunções familiares

Luiz Carlos Osorio

Desde a origem da terapia familiar, evidenciou-se uma preocupação dos estudiosos em sistematizar o que seria a "psicopatologia do grupo familiar". Contudo, esforços para fazê-lo acabaram redundando em equívocas extrapolações da psicopatologia individual, sobretudo por parte dos autores vinculados à teoria psicanalítica afeitos à terminologia com que se procurou identificar as perturbações mentais entendidas como processos intrapsíquicos.

Assim o fez, por exemplo, Richter, psicanalista alemão, que em 1970 escreveu um livro intitulado *A família como paciente* (1974), no qual, embora articulando a teoria psicanalítica com os emergentes aportes da teoria sistêmica, focaliza a família como portadora de transtornos neuróticos similares aos descritos nos indivíduos. Fala-nos ele, então, das neuroses de caráter familiar, metaforicamente identificadas pelas palavras-chave "sanitário" (família com neurose de ansiedade), "fortaleza" (família paranóide) e "teatro" (família histérica).

Mais preocupados com a necessidade de sistematizar os achados clínicos e contar com categorias diagnósticas que permitam referenciar as pesquisas no campo relativamente novo da terapia familiar, os autores da linha sistêmica, conquanto lamentem que a rotulagem diagnóstica tenda a estigmatizar o paciente identificado e, assim, exacerbar os próprios problemas que a terapia pretende ajudar a resolver, não vêem como fugir aos critérios diagnósticos individuais e os consideram ainda vantajosos em relação às categorias diagnósticas sistêmicas apresentadas como alternativas que se revelaram insatisfatórias para categorizar os dados clínicos.

Em contrapartida, é lícito falar-se em uma "psicopatologia" das relações familiares?

Antes de responder a essa questão, deve-se fazer uma breve incursão sobre o conceito e o histórico da psicopatologia como disciplina voltada ao estudo dos transtornos da mente.

Etimologicamente, a expressão *psicopatologia* vem dos étimos gregos *psycho* (mente), *pathos* (doença) e *logos* (saber); assim, corresponderia a um saber sobre as doenças da mente do indivíduo.

A psicopatologia, como disciplina, inicialmente teve apenas uma preocupação descritiva ou fenomenológica, detendo-se na identificação do que corresponderia às funções psíquicas e às alterações delas (sintomas) que identificariam a presença de perturbações mentais. Originalmente esses sintomas agrupavam-se sob a forma de síndromes e, mais adiante, constituíram os quadros psicopatológicos constituintes da nosografia psiquiátrica, surgida a partir dos estudos de Kraepelin ao final do século XIX. Com o avanço dos conhecimentos sobre a intimidade estrutural e funcional da mente e sobre a vida de relação dos seres humanos, procurou-se identificar as causas das perturbações (etiopatogenia), dando origem à nosologia psiquiátrica, já não mais voltada apenas à descrição fenomenológica, e sim à tipificação e ao entendimento dos transtornos mentais.

Com o advento da psicanálise no início do século XIX, uma nova e significativa contribuição foi aportada ao campo da psicopatologia, de tal forma que ela passou a ser adjetivada como "psicodinâmica"; a então cognominada psicopatologia psicodinâmica veio a se constituir em um território à parte na busca dos fatores etiopatogênicos das doenças mentais, cuja complexidade biopsicossocial trouxe, por outro lado, a necessidade de contínua revisão das tentativas de classificá-los segundo padrões que permitissem seu reconhecimento por todos e em toda a parte.

Entrementes, os questionamentos sobre as fronteiras entre o normal e o patológico, sobretudo na faixa etária infanto-juvenil (4), acarretaram a relativização da noção de *estados* psicopatológicos definidos em favor da ideia de *processos* psicopatológicos capazes de apresentar tal gama de variações, co-morbidades e remissões através de intervenções terapêuticas, que já não permitem que sejam aprisionados em rótulos diagnósticos como antes se fazia. Por outro lado, o confronto entre "organicistas" e "psicologistas", além da discussão entre a prevalência etiopatogênica dos conflitos internos ou fatores ambientais, muitas vezes, colocou a psicopatologia no fogo cruzado de ideologias científicas, e elas se chocam antes por questões ligadas à disputa pelo poder entre os que as professam do que por um autêntico propósito de investigar com isenção o que se propõem.

Paralelamente, o desenvolvimento das neurociências e sua interatividade com as demais disciplinas voltadas ao estudo da mente e do comportamento humano evidenciou a necessidade de uma abordagem interdisciplinar para abarcar a complexidade dos processos mentais, proporcionando que fossem estudados sob um enfoque inclusivo, e não excludente das contribuições de distinta natureza.

No entanto, voltemos à questão formulada anteriormente: podemos nos referir a uma "psicopatologia" familiar sem estarmos incidindo em uma indevida extrapolação do termo e em uma impropriedade epistemológica? E nos traria isso algum proveito para considerar o que se passa no sistema familiar e suas vicissitudes, bem como para a escolha de opções para sua abordagem terapêutica? Não nos movem as preocupações do pesquisador, mas tão somente a necessidade de o clínico identificar a extensão e a profundidade do sofrimento do sistema familiar que deve auxiliar a reduzir. Consideremos os transtornos desse sistema não como símiles psicopatológicos da nosografia individual, mas sim como uma dimensão que permite sua abordagem contextualizada na dinâmica interacional intra-sistêmica.

Com tal objetivo em mente, parece-nos mais adequado falar em *disfunções familiares*, o que nos remete ao campo dinâmico das funções que se alteram sem que isso identifique o comprometimento das estruturas subjacentes e aponta para a possibilidade de sua reversão ao estado funcional anterior. Em outras palavras, enquanto não contarmos com a possibilidade de categorizarmos os fenômenos clínicos que se passam no sistema familiar de modo satisfatório para permitir sua qualificação e quantificação estatística para fins de pesquisa, vamos apenas descrevê-los sob a ótica do grau de sofrimento que causam no campo relacional da família e segundo as evidências de suas manifestações na retroalimentação desse sofrimento.

Esquematicamente (Osório e Valle, 2002), é possível fazer a seguinte divisão:

- *Disfunções da estrutura familiar: separação do casal e cisões intra e intergeracionais*
- *Disfunções dos vínculos familiares: rigidez ou lassidão*

- *Disfunções da identidade do grupo familiar: famílias aglutinadas* (enmashed) *e dispersas* (disengaged)
- *Disfunções do comportamento intrafamiliar: violência, abandonos, abusos sexuais*

O DIVÓRCIO COMO DISFUNÇÃO DO SISTEMA FAMILIAR

Em virtude da crescente incidência dos casos de divórcio em nosso meio e da correspondente adaptação social a tais circunstâncias, já há quem o considere como uma transição familiar normativa. Seria, então, equivalente a outras tantas crises no ciclo de vida familiar para as quais já existem ritos de passagem facilitadores da continuação do fluxo desse ciclo e as quais não se constituem necessariamente em *disfunções,* no sentido de acarretarem desvios do padrão de "normalidade" ou de motivarem sua resolução ao longo do processo vital do sistema familiar.

Nesse sentido, para que um divórcio seja disfuncional, é preciso que as etapas de seu ciclo não se sucedam dentro do previsto em uma transição familiar normativa ou que o grau de sofrimento imposto aos cônjuges e aos filhos impeça significativamente e ao longo do tempo a execução de suas outras tarefas desenvolvimentais da existência.

Uma separação não se consuma formalmente enquanto os cônjuges não resolvem as questões pendentes relativas à partilha de bens e à guarda dos filhos (se for o caso) e emocionalmente, em muitas circunstâncias, nem mesmo após isso. Diz a sabedoria popular que só se deixa um velho amor por um novo, mas ainda em situações em que ambos os cônjuges refizeram suas vidas afetivas com novos parceiros, os laços mantidos com os (as) ex-companheiros (as) podem ser tão persistentes, que ficam a ameaçar a estabilidade dessas novas relações por muito tempo. Quando ocorre de apenas um dos cônjuges recasar-se, permanecendo o outro só e ressentido ou muito envolvido com as tarefas de uma monoparentalidade assumida, então há todos os ingredientes para que se estabeleça um divórcio disfuncional, como, por exemplo, na situação a seguir descrita:

> Romeu e Julieta estão separados há 11 anos. Ficaram 7 anos casados e tiveram dois filhos, Orestes e Electra, respectivamente com 7 e 3 anos de idade quando o casal separou-se. Romeu, três anos após sua separação, passou a viver com Isolda, que era solteira e que tem 10 anos menos que Romeu. Dessa segunda ligação, Romeu não tem filhos, sendo Isolda estéril. Julieta, com quem inicialmente ficou a guarda dos filhos, não refez sua vida afetiva, não tem namorados e, ao que parece, tampouco se relacionou sexualmente com outros homens, dizendo ter se dedicado apenas à vida doméstica e aos cuidados com os filhos, desde que Romeu saiu de casa. Atualmente Orestes, com 17 anos, vive com o pai e com Isolda, enquanto Electra permanece vivendo com a mãe.

Romeu e Isolda procuram atendimento devido à seguinte situação atual:

> Electra, agora com 14 anos, que sempre fora muito apegada à mãe e hostil ao pai após a separação do casal, tem manifestado desejo de vir morar com o pai e com Isolda por causa de desentendimentos com a mãe após ter-lhe relatado que teve relações sexuais com o namorado e que fuma maconha (segundo Electra, a mãe a agrediu fisicamente na ocasião). Estabeleceu-se um impasse, pois Isolda diz que está disposta a receber Electra em sua casa, desde que Romeu pare de dar pensão alimentícia para Julieta, bem como de sair para almoçar com ela, como fez ao longo dos últimos anos, a fim de tratarem de problemas com os filhos. Isolda diz que está farta da atenção que Romeu dá à ex-es-

posa, e ele alega que, embora não tenha qualquer afeto por Julieta, sente que precisa protegê-la para se redimir da culpa de tê-la deixado tão despreparada para cuidar dos filhos e de si própria, já que ela era filha única, muito mimada, e havia sido criada "à moda antiga", ou seja, ser dona de casa e mãe apenas. Isolda ainda relata que os ex-cônjuges até hoje não resolveram pendências da partilha, relativas à venda de um imóvel de propriedade do casal, em aquisição por ocasião da separação, e que já sugeriu a Romeu que ele deixe sua parte do imóvel com Julieta em troca da liberação de pagar-lhe pensão alimentar. Porém, tanto ele como Julieta não concordam com essa solução, o que os mantém "unidos pela briga" (expressão usada por Isolda).

CISÕES INTRAGERACIONAIS

Sob essa denominação, agrupamos aquelas situações de conflitos entre irmãos (como aqueles decorrentes de disputas por heranças) ou subsistemas dentro de uma mesma geração (como os irmãos que após formarem casais rompem seu relacionamento por desavenças ou incompatibilidades entre cunhados ou concunhados).

CISÕES INTERGERACIONAIS

São as decorrentes de conflitos entre diferentes gerações, sendo mais frequentes as cisões entre duas gerações sucessivas – pais e filhos – em função de escolhas afetivas ou profissionais por parte deles, contrariando a vontade daqueles ou desacordos no exercício de atividades compartilhadas.

DISFUNÇÕES NOS VÍNCULOS FAMILIARES

Neste grupo estão as *famílias rígidas* e as *famílias lassas*, ou seja, famílias cujos laços interativos não permitam outras modalidades de vínculo que não os determinados por certa estereotipia defensiva, e famílias cujos vínculos são frouxos demais para capacitarem a rede familiar a exercer sua função de suporte desenvolvimental para os membros da família.

Seguem-se duas situações clínicas para ilustrar como são entendidas cada uma delas.

Situação 1: família rígida

A família Diamante é de classe média, sendo ambos os cônjuges profissionais liberais, e os filhos, Jade, com 21 anos, e Topázio, com 19, são estudantes universitários.

Topázio comparece como o paciente identificado, que não estuda, dorme durante o dia, leva vida boêmia e preocupa os pais com suas atitudes irresponsáveis. Já Jade é o seu oposto: responsável, estudioso, compenetrado, tem namorada, é caseiro e critica o irmão por sua imaturidade e dispersão.

A mãe é quem aparenta comandar a família e também quem procura conduzir a sessão, enquanto o pai limita-se a alguns apartes em que evidencia suas preferências manifestas pelo filho mais velho e sua submissão à mulher.

Quando, em determinada sessão, é referida uma mudança no comportamento de Topázio, aflora simultaneamente o conflito subjacente na relação do casal, acompanhado de uma atitude preocupada e conciliadora de Jade. Na semana subsequente a essa sessão, Topázio tem uma "recaída", e, na reunião seguinte com a família, retomam-se as críticas dos pais e irmãos a ele, em uma tentativa de manter a homeostasia do sistema à custa da persistência dos sintomas do paciente identificado e da escotomização dos conflitos do casal.

A mãe segue em seu papel de líder do grupo familiar e vítima assumida da conduta do filho e do marido, queixando-se de que está sobrecarregada com os cuidados que dedica a todos sem deles receber retribuição; o pai adota a postura do submetido ressentido, com críticas veladas (ou nem tanto) à mulher por querer dirigi-los; Jade é o fiel da balança familiar, procurando manter os pratos em equilíbrio e evitando a desestruturação do casal ou a descompensação do irmão; Topázio segue em seu papel de "problema oficial" da família, como sua forma de assegurar que nada se altere no equilíbrio, ainda que instável, do sistema. Esses papéis são mantidos rigidamente, e há uma resistência compartilhada por todos a que se introduzam mudanças que no sentir coletivo podem desencadear outras formas de expressar o sofrimento do sistema familiar (conflito dos pais) mais ameaçadoras para sua manutenção.

Situação 2: família lassa

Rubi e Esmeralda estão em crise conjugal e vêm à consulta por insistência de uma amiga de Esmeralda que é psicóloga. Vivem juntos há dois anos e tem uma filha de 6 meses, fruto de uma gravidez não-planejada e ocorrida após a primeira relação sexual que tiveram, pouco tempo após se conhecerem. Rubi tem atualmente 23 anos e Esmeralda, 19.

Quando se conheceram, Rubi, que não concluíra o ensino médio, estava desempregado, vivendo em uma pensão e recebendo ajuda financeira de um tio paterno a quem o pai o recomendara quando se transferira do interior para a capital para nela tentar a vida. Seus pais vivem em uma pequena cidade do meio rural onde são proprietários de uma casa comercial. Tem uma irmã mais moça, que Rubi não sabe onde está no momento, nem sabe informar qual a idade dela.

Esmeralda, por sua vez, ainda vivia na casa da mãe quando conheceu Rubi e engravidou. Havia concluído o ensino médio, mas não fizera vestibular por não saber o que queria cursar. É a filha do meio de três irmãos: Jaspe, com 21 anos, estudante de contabilidade; Gema, de 14, concluindo o ensino fundamental. Seus pais são separados, e ela não vê o pai desde os 13 anos. Não sabe onde está, nem se casou de novo.

Atualmente Rubi e Esmeralda vivem em dependências anexas a uma casa do patrão de Esmeralda, em cuja loja ela trabalha. Rubi continua sem emprego fixo, mas tem obtido razoável sucesso como *free-lancer* de uma empresa de propaganda. Clara, sua filha, fica aos cuidados da esposa do patrão de Esmeralda enquanto ela trabalha.

À entrevista, Rubi e Esmeralda mostram-se distantes e afirmam não terem qualquer contato sexual há meses. Dizem não sentir qualquer atração um pelo outro, e a relação com a filha também parece ser fria e descompromissada. Esmeralda diz sentir-se aliviada por não ter que cuidar dela todo o tempo, e Rubi diz não sentir qualquer prazer no contato com a filha, a quem eventualmente pega no colo "só para ajudar". Esmeralda acha que Rubi tem outra mulher, mas ele nega. Ambos mostram-se céticos quanto ao futuro de sua relação; entretanto, também não evidenciam o propósito de separar-se, o que acarretaria, além das dificuldades financeiras resultantes, a possibilidade de terem que abandonar a atual moradia, pois D. Pérola, a esposa do patrão de Esmeralda, condiciona o auxílio que presta à continuação da relação de ambos. Rubi e Esmeralda não chegaram a formalizar sua relação através de um casamento civil ou religioso, recebendo atualmente pressões de D. Pérola para fazê-lo. D. Pérola é católica praticante e ofereceu-se, com o marido, para apadrinhá-los se quisessem casar-se e batizar a criança.

Rubi não vê os pais desde que saiu de casa, e Esmeralda tem escassos contatos com a mãe, que até hoje a rejeita pela forma como engravidou. Tem raros contatos com a irmã, a quem encontra ocasionalmente quando esta sai da escola e passa pela rua onde está localizada a loja em que trabalha Esmeralda. Soube por ela que o irmão saiu de casa para morar com um colega.

DISFUNÇÕES DA IDENTIDADE FAMILIAR

Foi Minuchin (1982) quem, ao estudar e descrever as fronteiras interpessoais no grupo familiar, descreveu as modalidades de *famílias aglutinadas* (enmashed) *e dispersas* (disengaged) como dois pólos opostos no eixo das relações intra-sistêmicas.

A *família aglutinada* desenvolve um sistema voltado para si mesmo, no qual as identidades pessoais acham-se fusionadas, as pautas de inclusão são exacerbadas, e a autonomia é desencorajada. Já a *família dispersa* apresenta-se como um sistema de escassa coesão, com exacerbação das pautas de exclusão e com o desenvolvimento de uma pseudo-autonomia por parte de seus membros pela negação da interdependência pessoal. Vejamos nos seguintes relatos clínicos como tais características se apresentam:

Situação 1: família aglutinada

Amália e Gama procuram ajuda por um motivo aparentemente irrelevante: vão se casar, e Amália nega-se a justapor o sobrenome do futuro marido ao seu, alegando que este é um costume ultrapassado e que só lhe trará incômodos, pois terá que alterar todos os seus documentos, além de prejudicar a imagem profissional que vem criando baseada no sobrenome paterno. Gama, por sua vez, alega que tal atitude magoará profunda e desnecessariamente sua família, muito ciosa da manutenção dos laços intrafamiliares através de tudo que os identifique, sobretudo o fato de portarem todos o mesmo sobrenome.

No relato de sua história como casal, Amália relata que logo que conheceu Gama ele a levou para conhecer sua família, na qual se sentiu tratada de modo particularmente carinhoso e "como se já fosse da família". Em pouco tempo, já tinha seu próprio lugar à mesa nos almoços dominicais, e tanto os pais de Gama como seu irmão e irmãs menores mostravam-se muito solícitos e disponíveis, sempre atentos à satisfação de qualquer desejo ou necessidade expressa por Amália. Mas isso que nas fases iniciais do namoro encantava Amália agora parecia aborrecê-la.

Gama fala que sua família sempre foi muito unida e recorda que no ano em que prestou vestibular ninguém foi para a casa de veraneio, como costumavam fazer todos os anos, para acompanhá-lo na cidade enquanto durasse o período das provas. Também lembra que seu pai deixou de fazer um curso no exterior, que lhe permitiria galgar um importante degrau em sua carreira, porque isso lhe exigiria afastar-se por quatro meses de seus familiares.

Amália diz-se assustada com o que ouviu dias atrás: seus sogros fazendo planos de acompanhar o casal na lua-de-mel que pretendiam proporcionar-lhes na Flórida, para que os outros filhos tivessem a oportunidade de conhecer a Disney World; poderiam, então, alugar uma "van" e viajar todos juntos.

Em determinado momento, Amália recorda, divertida e espantada, uma cena familiar que presenciou: sua sogra tomava chá em uma fria tarde de inverno e subitamente encalorada dirigiu-se a seu filho menor e tirou-lhe o suéter que este vestia alegando que ele ia acabar suando com tanta roupa, como se não houvesse limites precisos entre suas sensações térmicas e as do garoto.

Situação 2: família dispersa

Alona, por insistência de uma amiga psicóloga, procura um terapeuta familiar para o qual relata a seguinte história: é filha única de um casal de bem-sucedidos profissionais que sempre pautaram sua vida por um culto extremado à individualidade e criaram a filha sob o primado da máxima doméstica de que "cada um é responsável por sua vida e deve procurar ser o mais auto-suficiente possível". Assim, quando Alona, que é solteira, engravidou há algum tempo, conforme os princípios em que fora educada, não quis revelar a namorado seu estado. Ao contar aos pais o ocorrido, dizendo que estava pensando em fazer um aborto, eles lhe disseram que fizesse o que achava melhor para si e que a apoiariam em qualquer decisão que tomasse. Como sentisse necessidade de compartilhar com alguém sua ansiedade e suas dúvidas com relação à decisão a tomar, procurou a amiga que, conhecendo as características da família nuclear de Alona, achou que ela deveria procurar alguém que pudesse intervir no sistema familiar.

Os pais de Alona, sem maiores dificuldades, aceitaram ao convite do terapeuta para participarem de uma reunião familiar. Nessa oportunidade, narraram que, como eram muito apegados a suas respectivas famílias de origem e achavam que isso não só impedia seu crescimento pessoal, como também poderia vir a interferir na relação do casal, decidiram, após o casamento, que, como casal, não manteriam relações estreitas com as famílias originárias, mas cada um daria toda a liberdade ao outro para estar com elas como indivíduos. Também decidiram que desde cedo Alona seria estimulada a independizar-se deles para não padecer das inibições e entraves que achavam que haviam sofrido em seus respectivos núcleos familiares, assim como não dividiriam com ela suas preocupações pessoais nem a sobrecarregariam com as dificuldades porventura existentes em sua relação conjugal. Entendem que esta era a maneira de expressar seu amor por Alona, mas admitem que talvez tenham experimentado um gradativo afastamento uns dos outros, embora sentissem profunda afeição mútua.

Alona não recorda de fazerem refeições juntos em casa, pois os horários de atividades profissionais dos pais e os de sua escola não permitiam tais encontros, seja no almoço, seja no jantar. Esporadicamente acompanhava-os em visita a casas de amigos ou a algum restaurante nos domingos. Seus avós nunca os visitavam e não se lembra de uma oportunidade em que os avós paternos e maternos tenham se encontrado. Seus aniversários eram geralmente comemorados em algum clube, e suas férias ou eram passadas na casa de amigas ou com apenas um dos pais na casa dos respectivos avós.

Tanto o pai quanto a mãe de Alona dizem ter aprendido a não contar com o outro para resolver tanto os problemas no trabalho como os domésticos, sendo as decisões tomadas individualmente sempre respeitadas pelo outro. Por outro lado, admitem que seguem recorrendo a suas famílias de origem na busca de conselhos para seus assuntos "privados".

DISFUNÇÕES DO COMPORTAMENTO INTRAFAMILIAR: VIOLÊNCIA, ABUSO SEXUAL, ABANDONO

O movimento contemporâneo em prol dos direitos da mulher e, mais recentemente, dos direitos das crianças, dos adolescentes e dos idosos advém da constatação e crescente preocupação da sociedade com atos de violência física, mental ou moral cometidos no seio das famílias.

Considerando-se a família como um sistema social, tais transtornos inserem-se na rubrica das disfunções de conduta ou comportamento intrafamiliar. No entanto, a vitimação de um membro da família por outro não nos parece esgotar-se na compreensão psicanalítica das motivações inconscientes ou das ações retroalimentadoras a que alude a abordagem sistêmica, situando-se no "mais além" das questões sociais, econômicas e culturais, e mesmo nas raízes ontofilogenéticas da espécie.

A violência no seio da família sempre existiu, geralmente praticada contra mulheres, crianças e idosos, parcelas vulneráveis dos núcleos familiares. Sendo a família o grupo primordial, é nela que se encontram as primeiras manifestações de violência entre os seres humanos, e tais práticas foram universais e presentes ao longo de toda a história da humanidade.

Breve histórico da violência intrafamiliar

O mais antigo código de leis sociais que se conhece – o código de Hamurábi, rei babilônico que unificou os povos da Mesopotamia cerca de 1700 a.C. – consta de 252 artigos, dos quais 64 são consagrados a regular as relações familiares. Não obstante a essa preocupação de legislar sobre as relações no âmbito da família, o regime era abertamente patriarcal e dava ao homem poder absoluto sobre mulher e filhos, permitindo repudiar a mulher se essa não lhe desse filhos e obrigando-a a criar filhos de uma concubina fecundada. Outra não é a situação entre os antigos assírios: o marido tinha direito de vida ou morte sobre as mulheres, direito esse que se exercia mesmo após seu desaparecimento, pois as esposas deveriam ficar à disposição de seus irmãos celibatários.

Os hindus, por sua vez, introduziram o costume do 'sati' (a incineração da viúva após a morte do esposo), prática tão enraizada em sua cultura, que só desapareceu no século passado.

Já na Grécia clássica, as esposas eram inteiramente submetidas aos maridos, em geral bem mais velhos do que elas. Privadas de direitos políticos ou jurídicos, as mulheres viviam praticamente reclusas nos gineceus, dos quais só se afastavam na companhia de escravos.

Na Roma antiga, as mulheres, embora sendo socialmente respeitadas em sua condição de mãe de família e gozando de uma relativa autonomia remanescente da época pré-patriarcal, ao se casarem, estavam inteiramente sujeitas à autoridade não de seu esposo, mas do sogro, enquanto ele fosse vivo. Com relação à descendência, a autoridade do *pater familias* sobre os filhos prevalecia mesmo sobre a própria autoridade do Estado e durava até a morte do pai, que não só podia punir seu filho, como também lhe infringir a pena capital, ou transformá-lo em escravo. Seria possível fazê-lo trabalhar para outros e reter seu salário ou até mesmo vendê-lo como escravo – se assim o quisesse, ou se ele houvesse cometido qualquer ato ilícito, doando-o a pessoa lesada. Também tinha o direito de abandonar ou matar os recém-nascidos. Assim como os imperadores decidiam se os gladiadores vencidos iam viver ou morrer, o pai de família arbitrava o direito dos filhos à vida. Não é de surpreender, portanto, a grande incidência de parricídios entre os antigos romanos, pois a situação de um adulto com pai vivo era bastante precária e infantilizante.

Entre os primitivos chineses, embora o chefe de família pudesse infringir castigos corporais muito severos tanto às crianças como aos escravos, ao contrário dos romanos, não dispunha ele do direito de vida e morte sobre seus descendentes.

Na América, os povos pré-colombianos, assim como no Oriente Médio os cananeus, imolavam crianças no altar de seus sacrifícios, seja para aplacar a cólera dos deuses, seja para assegurar boas colheitas.

Na Europa medieval, obcecados pela preservação da fidelidade conjugal que assegurava a filiação legítima e a pureza da linhagem, os senhores feudais tinham a necessidade de exercer um obsessivo controle sobre a vida de suas esposas, mormente quando se ausentavam por longos períodos de tempo a serviço das obrigações de guerra, instituindo os "cintos de castidade" como forma de assegurar a inconteste paternidade de seus descendentes.

Por outro lado, o desenvolvimento da doutrina cristã, apresentando a castidade e a obediência incondicional dos filhos aos pais como atributos louváveis "aos olhos do Senhor", institucionalizou os castigos corporais quando tais preceitos eram desrespeitados no seio da família.

Violência na família contemporânea

Basta um rápido olhar às manchetes dos jornais para encontrarmos evidências cotidianas da violência praticada no seio das famílias. Eis alguns exemplos:

> "Pai espanca filha de 7 dias que está internada com fratura no fêmur e hematomas pelo corpo"
>
> "Operário mata ex-mulher, com a mesma arma atira contra a própria cabeça e já caído recebe dois tiros do irmão desta"
>
> "Mãe abandona filho recém-nascido, lançando-o ainda com vida ao esgoto"
>
> "Duas meninas de 10 e 11 anos estupradas pelo próprio pai"

E assim sucedem-se as notícias de violências praticadas no seio da família, que – pasmem! – chegam a ocupar nas páginas policiais mais espaço do que outros crimes ocorridos no espaço público das cidades. E não se limitam apenas às populações marginais ou de menor renda: no Brasil, assim como em outros países, o estupro de menores é prática encontrada em lares abastados (quando não praticado em escolas por professores e religiosos).

Mais da metade dos casos de violência contra crianças ocorre em seus lares e é praticada pelos próprios pais: segundo estatísticas veiculadas pela imprensa nacional na virada do século, 15% dos 65 milhões de menores com menos de 19 anos são vítimas de abusos sexuais, e cerca de 18 mil crianças são espancadas por dia no Brasil, sendo que dessas 100 vem a falecer pelos maus-tratos. Isso só para nos determos à violência contra crianças e adolescentes, já que as estatísticas são menos explícitas quanto à violência cometida contra os idosos, a outra faixa etária mais vulnerável à violência doméstica.

Por outro lado, dessa magna violência que macula o recôndito dos lares, nos quais, como seria de se esperar, estaria o reduto de máxima proteção contra as ameaças à integridade física e psicológica vigentes na sociedade contemporânea, já muitos têm se ocupado, e, com as denúncias que se multiplicam, há uma crescente conscientização de que há que se criar mecanismos para controlá-la, o que se evidencia pelo surgimento e pela expansão dos órgãos em defesa da mulher e das crianças. Há, no entanto, que se mencionar formas menos explícitas, mais sutis, mas nem por isso menos nocivas e comprometedoras do bem-estar familiar.

Tais formas de violência, menos conhecidas e identificáveis, que permeiam o cotidiano existencial no seio das famílias têm sua versão prototípica na situação de "duplo vínculo", descrita por Bateson.

Esta perversão comunicacional identificada por Bateson (1956) em suas pesquisas sobre fatores determinantes da esquizofrenia veio constituir-se no marco fundador das contribuições da teoria da comunicação humana à terapia familiar.

Bateson sugere que a esquizofrenia é, em essência, o resultado de uma interação familiar em que ocorrem não propriamente experiências traumáticas específicas, mas padrões sequenciais característicos que levam a experiências vivenciais nas quais o impasse, a ambivalência e a confusão mental são a consequência de mensagens comunicacionais contraditórias e impossíveis de serem logicamente obedecidas.

Isto ocorre acompanhando a descrição de Bateson do que é necessário para que se estabeleça uma situação de *duplo vínculo*[1]:

> Primeiramente, são necessárias duas ou mais pessoas, das quais uma é designada como a "vítima", sejam elas, por hipótese, a criança potencialmente esquizofrênica (vítima) e seus pais. Em seguida, o estabelecimento de uma experiência repetida, na qual existe uma instrução negativa primária – por exemplo, "não faça isso senão te castigarei" – e, a seguir, uma instrução secundária que contradiz a anterior, nem sempre transmitida por mensagens verbais, mas por meios não-verbais (gestos, tom de voz, atitudes) e que corresponde, no exemplo sugerido, a algo como ou "não me vejas como repressor" ou "não penses que estou querendo te submeter" ou ainda "é por amor que te castigarei". Finalmente, uma terceira instrução negativa que proíbe a vítima de escapar do campo relacional, como, por exemplo, "não podes te afastar de mim porque necessitas de mim para tua sobrevivência". Essa instrução final pode não ser explicitada, mas estar implícita no contexto da situação vivencial em questão.

Uma passagem extraída de minha experiência clínica como psiquiatra de crianças poderá auxiliar a ilustrar mais claramente o que seja uma situação de duplo vínculo ou aprisionamento: a mãe de um menino trazido à avaliação psiquiátrica, previamente instruída de como proceder para facilitar minha entrevista com o menino, posta-se à porta do consultório com o menino à sua frente e, enquanto diz "vai, meu filho, vai com o doutor, não tenhas medo; ali na sala tem brinquedos de que vais gostar", apoia suas mãos nos ombros do filho e o retém junto a si, crispando os dedos sob suas clavículas para dar força ao gesto. O menino, para obedecê-la e acompanhar-me até a sala de entrevistas, terá que forçosamente desvencilhar-se daquele abraço "a tergo" da mãe e, por seu turno, para obedecer ao que a linguagem não-verbal da mãe lhe comanda, não poderá atender à sua instrução verbal de me acompanhar, isto é, está "aprisionado" em uma situação de duplo vínculo da qual, por outro lado, não pode escapar pelas contingências do contexto em que está, ou seja, o da consulta psiquiátrica a que veio.

As mensagens contraditórias ou paradoxais que povoam o universo relacional entre pais e filhos, consubstanciadas na máxima "faça o que eu digo, mas não o que eu faço", são manifestações emblemáticas dessa violência implícita em certas "bem intencionadas" atitudes domésticas. Como um pai tabagista que faz uso sistemático de bebidas alcoólicas, ou uma mãe que reiteradamente toma pílulas para dormir ou reduzir o apetite podem condenar e reprimir o filho ou a filha que usam drogas? Que autoridade moral tem para tal?

Há pais que, a pretexto de dar aos filhos a liberdade que não tiveram, deixam de proporcionar-lhes o conhecimento dos necessários limites que se impõem à convivência social e, assim, deixam de ser pais "repressores" para serem pais "abandonadores" ou "negligentes", forma disfarçada de violência.

Talvez uma das formas mais insidiosas e encobertas da manifestação de violência no seio das famílias de épocas mais recentes tenha sido a forma como os pais sacrificam os filhos no altar de suas expec-

---

[1] Entende-se que "duplo aprisionamento" traduziria melhor em português o "doble bind" original de Bateson, mas a expressão "duplo vínculo" já se consagrou pelo uso, após sua passagem pelo espanhol "doble vínculo". Por isso, será mantida inalterada neste texto, limitando-nos a fazer esta observação para enfatizar que a situação descrita caracteriza-se é pelo "aprisionamento", e não pelo "vínculo" no sentido usualmente tomado para tal termo em nossa língua.

tativas: desde a exigência para que realizem matrimônios de conveniência até a determinação da escolha profissional para atender a desígnios paternos. Condicionar o destino dos filhos à realização vicariante de desejos não-satisfeitos dos pais é indubitavelmente uma forma de violência a que muitos pais inadvertidamente submetem seus filhos.

No entanto, a essas modalidades sub-reptícias de violência praticadas pelos pais na atualidade correspondem, na ótica do padrão *feedback* do paradigma sistêmico, a atitude "filiocrática" dos adolescentes contemporâneos que, manipulando com requintes de crueldade a culpabilidade dos pais pelo abandono aos filhos de que se sentem autores, os recriminam ou cobram recompensas materiais na voragem de seus pendores consumistas alimentados pela cultura vigente. Esses pais, por sua vez, também se vêem aprisionados a um duplo vínculo atroz: se abandonam os filhos para trabalhar mais e proporcionar-lhes os bens materiais que reivindicam, são por eles condenados, e, se não o fazem, igualmente o são, por privá-los daquilo que julgam merecer por parte dos pais.

Para não ficarmos restritos ao que acontece nessa pequena parcela da população que tem acesso às benesses da sociedade de consumo, lembremos que idênticos mecanismos ocorrem nas camadas marginalizadas pela miséria: ao abandono, maus-tratos, abusos sexuais praticados pelos pais, os filhos reagem com a fuga de casa, o que os transforma em "meninos de rua", delinquentes e, muitas vezes, algozes dos que lhe deram vida bastarda. Recorde-se que a maior parte dos "meninos de rua" dos grandes núcleos urbanos brasileiros não são órfãos, e sim crianças foragidas de lares onde sofrem toda sorte de agressões por parte dos adultos.

Igualmente, já que se abordou predominantemente a violência praticada no sub-sistema pais e filhos, é preciso que se enfatize ter ela seu protótipo em que é habitualmente cometida entre os cônjuges sob a égide do sentimento de posse que inferniza seus relacionamentos.

Enfim, podemos afirmar, com certa e justificada convicção, que é nos lares que se origina a violência nossa de cada dia.

REFERÊNCIAS

BATESON, G. Towards a theory of schizophrenia. *Behavioral Science*, v.1, p. 251-264, 1956.

HOUAISS, A. *Dicionário da língua portuguesa*. Rio de Janeiro: Objetiva, 2001.

MINUCHIN, S. *Famílias*: funcionamento & tratamento. Porto Alegre: Artmed, 1982.

OSORIO, L. C. *Evolução psíquica da criança e do adolescente*. Porto Alegre: Movimento, 1981.

OSORIO, L. C.; VALLE, M. E. P. do. *Terapia de famílias*: novas tendências. Porto Alegre: Artmed, 2002.

RICHTER, H. E. *The family as a patient*. New York: Farrar, Straus & Giroux, 1974.

23

Famílias e transtornos alimentares

Adriana Mattos Fráguas

INTRODUÇÃO

A incidência e a prevalência de transtornos alimentares, particularmente a anorexia e a bulimia nervosa, têm crescido nas últimas décadas, atingido principalmente adolescentes e mulheres jovens (Santos et al., 1998). Os prejuízos são grandes e incluem aspectos emocionais, físicos e sociais. As famílias passam a ser vítimas de intenso sofrimento.

Motivo de grande preocupação, o tema tem mobilizado clínicos, pesquisadores, profissionais de saúde e terapeutas de família a investigar e compreender melhor seus fatores etiológicos e a complexidade de suas manifestações, e a buscar alternativas de intervenções mais eficazes e abrangentes.

Quando se pensa em transtornos alimentares e nas pessoas que procuram ajuda terapêutica com esse diagnóstico, a prática clínica traz-nos a imagem de pessoas que vivem experiências silenciosas e solitárias de intenso sofrimento e segredo. Encontramo-nos com meninas lindas, muito frágeis, com baixa auto-estima e muita vulnerabilidade a situações de estresse, silenciosas e solitárias em sua dor, que geralmente permanece em segredo. Apresentam percepção pobre de si mesmas e sentem-se muito inseguras de seus afetos e de sua atuação no mundo. Experimentam a sensação de que não conseguem atender às expectativas da família e das pessoas que as cercam, gerando sentimento de grande impotência e falta de competência. São escravas de ideais inatingíveis de beleza, buscando padrões inalcançáveis.

Encontramo-nos também com famílias aniquiladas, vivendo momentos de muita dor e sentimentos de impotência, incompetência e frustração.

DOENÇAS DO MUNDO MODERNO?

Embora a anorexia e a bulimia sejam temas presentes em nosso cotidiano, existem evidências de que esses transtornos há muito já acompanham a espécie humana. Os primeiros relatos de prováveis quadros de anorexia nervosa datam da Idade Média, segundo as descrições do modo de vida das santas e beatas da Igreja Católica e suas práticas de ascetismo. É grande o número de mulheres beatificadas pela Igreja que fizeram do jejum auto-imposto uma prática comum em suas vidas (Bucaretchi, 2003). Segundo a autora, recorria-se ao jejum para purificar-se e aproximar-se de Deus e, em alguns casos, para não aceitar casamentos arranjados por seus pais. Iniciava-se um ritual de jejum e autoflagelação que levava à morte.

Se formos um pouco mais à frente no tempo e observarmos as pinturas, os quadros, as esculturas e os trabalhos artísticos do Renascimento, encontraremos registros mostrando seres humanos em suas formas físicas arredondadas, simbolizando beleza, saúde e felicidade. A alimentação era valorizada, comer em abundância e apresentar formas redondas era sinônimo de poder e *status* social diferenciado. É curioso observarmos a transformação dos ideais de beleza na história, assumindo diversos significados, chegando aos dias de hoje, quando vemos refletidos nos padrões atuais de beleza a busca por um corpo magro.

Quanto à bulimia, ainda que uma ou outra referência a comportamentos bulímicos apareça na Antiguidade, a tentativa de compreendê-los é relativamente moderna. A bulimia, como diagnóstico diferenciado, só foi reconhecida em 1980, na terceira edição do Manual de Diagnóstico e Estatística (DSM-III) de transtornos mentais, dos Estados Unidos.

Alimentando a anorexia e a bulimia

A perseguição aos ideais de beleza divulgados pela mídia, atualmente representados por um corpo magro e esguio, atrelados a um padrão universal que se constitui como símbolo da mulher feminina e moderna, pode trazer prejuízos, levando determinados casos até a morte. É a tirania da magreza, aliando o conceito de felicidade ao de ter um corpo perfeito: "Ser feliz é ser magro" – o corpo sonhado é, ao mesmo o tempo, o corpo que dá prazer, aprisiona e pode levar à morte.

As mulheres, principais vítimas desse processo, vivem hoje um paradoxo: saíram de casa, têm experiências de liberdade longe dos afazeres domésticos, estão no mercado de trabalho, conquistam posições e realizam-se; porém, ao mesmo tempo, estão reféns de seus próprios corpos, perseguindo ideais de beleza e buscas incessantes por fórmulas mágicas de emagrecimento, acompanhadas de promessas de eterna juventude, passando por experiências de verdadeiros "rituais de tortura" nas academias, com vivências de fracassos e frustrações constantes e a sensação de não conseguirem jamais atingir seus objetivos. O corpo perfeito passa a ser o ideal, sufocando as singularidades e as formas alternativas de ser e pensar o corpo, as diversas culturas e etnias.

A mídia é a grande responsável pela construção e pela veiculação desses padrões e estereótipos corporais universais. Em uma pesquisa realizada por Mirela Berger (2006), a comunicação revelou-se um dos principais pilares do fenômeno atual de culto ao corpo. Em tal estudo, 96% das entrevistadas relataram que a mídia interfere no processo de culto ao corpo.

ANOREXIA E BULIMIA: O QUE SÃO?

Ambos são considerados transtornos de origem e manutenção multifatorial, envolvendo aspectos sociais, psicológicos, familiares e biológicos.

Anorexia

A anorexia é considerada uma síndrome que afeta geralmente as mulheres adolescentes, mas também pré-púberes, algumas mulheres mais velhas e, em menor escala, os homens. É caracterizada por perda de peso auto-induzida por meio de restrição alimentar e/ou uso de laxantes e diuréticos, provocação de vômitos ou excesso de exercício físico, medo de gordura e amenorreia na mulher, perda de interesse sexual no homem.

Os pacientes quase sempre relatam sentir-se muito bem; raramente recorrem à ajuda e, em sua maioria, são levados pela família a buscar auxílio, pois negam seu estado precário, minimizando os sintomas, questionando e opondo-se ao tratamento. Têm facilidade para mascarar ou dissimular a desnutrição. A identificação da anorexia, algumas vezes, torna-se difícil, pelo menos no início, pois aparece de forma insidiosa, em sequência de alguma dieta alimentar, seguida de perda de peso e aumento da atividade física, acompanhada de sensação de bem-estar. O sinal vermelho é aceso quando a recusa em se alimentar é mais acentuada e quando aparecem alguns sinais na pele ou amenorreia, o que nem sempre é percebido, de imediato, pela família.

Pode-se observar nas mulheres ou em adolescentes com anorexia comportamento com características obsessivo-compulsivas e traços acentuados de perfeccionismo. A auto-imagem é bastante empobrecida, marcada por perturbações de humor, apresentando, com certa frequência, episódios de depressão. Algumas afirmam que adoram ser magras e sofrem por ter que comer; apesar de internações frequentes, não conseguem imaginar-se bonitas se não forem magras. O sintoma da anorexia, no sistema familiar, pode significar a dificuldade vivida pela família em um momento de diferenciação, crescimento e promoção da autonomia e individuação. Um sinal dolorido que denuncia a não-possibilidade de caminhar na direção da exogamia. Podemos pensar em relações intrafamiliares, permeadas por extrema exigência com relação à aparência física, sucesso, sem espaço para diferenças e singularidades.

Segundo o DSM-IV-TR (Artmed, 2002), para a realização do diagnóstico de anorexia nervosa, os quatro itens a seguir devem estar presentes:

1. recusa em manter o peso corporal igual ou acima do mínomo normal adequado à idade e à altura;
2. medo intenso de ganhar peso ou se tornar obeso;
3. percepção e experiência distorcidas de peso corporal, tamanho e forma;
4. comprometimento endócrino manifesto por ausência de, pelo menos, três ciclos menstruais consecutivos.

As atividades dirigidas a evitar ganho de peso, quando ocorrem, quase sempre incluem repúdio à alimentação, vômito auto-induzido, exercício físicos excessivos e *mix* de laxantes e diuréticos. Episódios de ataque à comida podem ocorrer são chamados *binge* (usa-se em inglês o termo *binge eating*, sem tradução para o português).

Bulimia

A bulimia (palavra originada do grego *bous*/boi; e *limos*/fome, ou seja, fome de boi, apetite insaciável) é caracterizada por períodos de restrição alimentar, com episódios de grande ingestão (*binge-eating*), seguidos por vômitos auto-induzidos e/ou uso de laxantes ou diuréticos, acompanhados de sensação de prazer/desprazer.

Segundo o DSM-IV-TR (2002), para diagnosticar-se bulimia, é necessário que os quatro itens estejam presentes:

1. episódios recorrentes de ingestão rápida de grande quantidade de comida em um curto espaço de tempo (*binge*);
2. sentimento de falta de controle sobre a conduta alimentar (compulsão);
3. ações para prevenir aumento de peso: vômito induzido, uso de laxantes e diuréticos;
4. preocupação persistente com corpo e peso.

Outras manifestações podem estar presentes, como transtorno de humor, particularmente depressão e comportamento impulsivo, com ingestão de drogas e auto-mutilação.

As manifestações físicas da bulimia, a princípio, são menos dramáticas do que nos casos de anorexia, uma vez que o peso é mantido em níveis normais.

É comum encontrarmos irregularidades na menstruação, lesões nos dentes e na pele da mão dominante, principalmente no início, pois, com o tempo, a indução ao vômito fica mais fácil. Entretanto, o vômito auto-induzido pode gerar complicações clínicas sérias, como distúrbios gastrintestinais, sangramento da mucosa e risco de parada cardíaca por desequilíbrio eletrolítico. É presente também o risco de suicídio. As complicações médicas ocorrem em um terço das pacientes com bulimia.

Alguns casos de bulimia podem ser identificados pelos dentistas, principalmente nos casos de vômitos sucessivos, em função da perda de esmalte dos dentes.

O exercício físico, também oferecido como uma possibilidade para se alcançar o ideal de beleza, gera respostas diferentes nos gêneros feminino e masculino. Os homens escolhem com mais frequência os esportes, visando às possibilidades de diversão e melhora de saúde. A mulher, por sua vez, escolhe os exercícios físicos com a principal finalidade de perder peso, muitas vezes, em uma proporção obsessiva.

Uma peculiaridade que distingue a bulimia da anorexia é o segredo. Enquanto a anorexia pode ser notada por alguém próximo, a bulimia permanece no segredo. No momento em que pedem ajuda, geralmente a doença já existe há algum tempo.

Interessante e alarmante também é identificar alguns casos de contágio social do sintoma de *binge*, frequente em grupos de amigas muito próximas, podendo até ser considerado como um comportamento socialmente imitado. O grupo adquire e cultua, em nome do corpo perfeito, episódios de ataques à comida, frequentemente seguidos por restrições, que podem ser laxantes, diuréticos e/ou vômitos.

Incidência da anorexia e bulimia

A incidência dos transtornos alimentares varia de acordo com a metodologia usada para investigar os dados. Os índices são particularmente influenciados por fatores como idade, *status* socioeconômico e grupo étnico.

A presença da anorexia nervosa varia de 0,08 a 9,1 por 100 mil na população como um todo. A prevalência em alguns grupos específicos é maior que na população como um todo, por exemplo, em grupos de jovens e em certas profissões que utilizam e colocam o corpo mais em evidência, como dançarinas e modelos. A proporção entre homens e mulheres varia de 1:10 (Lask e Bryan-Waugh, 1992). Estudos apontam a incidência em pessoas cada vez mais jovens, e a média de idade das meninas com anorexia caiu de 12-14 anos para 7-8 anos, atingindo todos os níveis socioeconômicos, o que antes se restringia às classes mais privilegiadas. A diferença entre os gêneros diminuiu, apesar de ser ainda mais significativa nas mulheres (90%) (Hospital de Clínicas/SP).

A bulimia incide em 10 para cada 100 mil da população em geral (Hoek,1991). Os homens com bulimia representam 4% desse total. A prevalência é maior em grupos de mulheres jovens, principalmente entre a população estudantil, com ocorrências que variam de 4 a 19 (Hoek, 1991).

Estudos epidemiológicos vêm demonstrando aumento da incidência desses transtornos (Hsu, 1996) concomitante à evolução do padrão de beleza feminino, em direção ao corpo cada vez mais magro. Os resultados apontam também maior prevalência em países ocidentais e, com maior frequência, em mulheres jovens, de camadas sociais mais elevadas, fortalecendo a relação dos transtornos alimentares com fatores socioculturais.

CONTEXTO FAMILIAR E TRANSTORNOS ALIMENTARES

Em uma revisão na literatura, encontramos, nas últimas décadas, diversos estudos investigando e avaliando a interferência dos padrões familiares e o sintoma da anorexia e bulimia. Embora os resultados das pesquisas nos convidem a interpretações lineares e causais, esses estudos trouxeram contribuições valiosas, e é curioso considerarmos a importância das relações familiares na etiologia e na manutenção dos transtornos alimentares, relatada nos referidos estudos.

Como ilustração, podemos observar as referências que apontam o contexto familiar como um fator que favorece ao aparecimento e compromete a manutenção do sintoma, mas não pode necessariamente ser considerado o causador dos transtornos alimentares (HSU, 1990; Bryan-Waugh e Lask, 1995). A anorexia, segundo outro autor (Dare, 1985), seria considerada uma proteção à dificuldade em atender às mudanças necessárias ao crescimento e à evolução da família.

Em outros estudos, encontramos ainda famílias descritas como apresentando forte ênfase na aparência física, necessidade de aceitação e preocupação com a reputação familiar e as conquistas pessoais. A vida e a dieta alimentar seriam direcionadas para atender aos padrões de sucesso (Berghold, 2002). Uma outra referência apresenta as famílias como tendo dificuldades em promover autonomia, gerando indivíduos inseguros e ansiosos, com poucos recursos para negociar as diferenças e responder às demandas inerentes às distintas fases do ciclo de vida (Latzer et al., 2002; Lane, 2002).

Independentemente da leitura ou da interpretação dos resultados dessas pesquisas, é relevante considerarmos a importância das relações familiares e a necessidade de um olhar diferenciado que considere essas relações quando pensamos em uma atuação clínica facilitadora para situações de dor e sofrimento.

Um dos primeiros estudos significativos que muito contribuiu para a compreensão do funcionamento das famílias com pessoas com anorexia foi realizado por Salvador Minuchin e seus colaboradores no início dos anos de 1970. Realizaram uma pesquisa qualitativa, partindo da observação clínica, e concluíram que tais famílias funcionavam segundo um padrão interacional que se repetia, e o sintoma tinha importante função na evitação do conflito subjacente e na manutenção do equilíbrio familiar. Minuchin nomeou-as de "famílias psicossomáticas", isto é, famílias que apresentam algumas das seguintes características, segundo o autor:

1. *Aglutinação*. A relação entre os membros da família é descrita por muita proximidade e intensidade, fronteiras interpessoais pouco definidas e difusas com relação à autonomia. São famílias reconhecidas como sensíveis a perturbações do meio, e as mudanças repercutem em todo o sistema. O subsistema parental apresenta-se normalmente confuso, com definições pouco claras e sem coerência, com metas distintas com relação aos filhos e dificuldades para negociar as diferenças.
2. *Superproteção*. Muita preocupação com o bem-estar dos outros membros da família. A interação familiar é permeada por situações de cuidado e proteção. A superproteção geralmente compromete o processo de autonomia, dificultando a individuação.
3. *Rigidez*. São famílias descritas como apresentando pouca flexibilidade, com repertório limitado de respostas diante das demandas do meio, inerentes às fases do ciclo vital.
4. *Falta de resolução de conflito*. Os indivíduos dessas famílias são reconhecidos como tendo dificuldades para negociar as diferenças. Os problemas ficam sem solução, consistindo uma ameaça, que, vez por outra, ativa os circuitos de evitação de conflitos. Segundo o autor, é

frequente essas famílias negarem a existência de qualquer problema. Minuchin e seus colaboradores propõem uma abordagem estrutural de intervenção, ou seja, o terapeuta intervém no sentido de alterar os padrões de funcionamento familiar que contribuem para manter o quadro sintomático, trabalhando com as hierarquias e as fronteiras entre os subsistemas, promovendo a autonomia dos membros da família.

Outra autora que muito contribuiu para a compreensão desses transtornos em um enfoque psicodinâmico foi Hilde Bruch (1973, 1978), a qual identificou um padrão inadequado de relação interpessoal nas famílias de suas pacientes e considerou a anorexia e a bulimia como transtornos fundamentalmente da imagem corporal. Relacionou a dificuldade que a pessoa com anorexia tem em identificar sensações físicas, particularmente a fome, a um processo anterior de aprendizagem, pertinente à relação entre mãe e criança, na qual a mãe cuidadora antecipa-se na alimentação ao desejo da criança, ou seja, alimenta antes que a criança sinta fome. A ênfase fixa-se na necessidade dos pais, e não no desejo da criança. Descreve as jovens adolescentes com anorexia como se fossem pássaros presos em jaula de ouro, querendo sobrevoar e "decolar" por conta própria, mas a sensação de não conseguir atender às expectativas dos pais, aliada à falta de autonomia, faz com que o fracasso seja vivido como certo. O trabalho terapêutico sugerido por Bruch enfatiza essas questões psicodinâmicas; porém, aponta a necessidade de um trabalho com a família, a fim de cuidar da interação e das experiências familiares, oferecendo apoio e alívio da ansiedade. Essa autora aponta para a importância da observação das relações afetivas dentro do grupo familiar.

Mara S. Palazzoli, psicanalista e terapeuta familiar italiana, trabalhou com famílias de jovens com anorexia e descreveu essas famílias como apresentando sistemas rígidos, homeostáticos, governados por regras secretas e pouca flexibilidade, visando a atender às demandas evolutivas. A doença, segundo ela, emerge quando o sistema é provocado pelo desafio das mudanças, intra ou extrafamiliares. A entrada da criança na adolescência é um período frequentemente associado ao aparecimento da anorexia. Nessas famílias, denominadas pela autora como disfuncionais, é comum observarmos o que chamou de triangulação com o filho sintomático, isto é, o sintoma da anorexia funcionando como proteção a prováveis conflitos no par marital. A proposta de intervenção consistia em provocar o sintoma, prescrevendo intervenções estratégicas e paradoxais, buscando alterar os padrões interacionais.

Já no modelo dos terapeutas considerados pós-Milão, influenciados pelos trabalhos de Gregory Bateson, que considerava a importância da comunicação e o aprendizado, a ênfase terapêutica consistia mais em formular perguntas que facilitassem as diferentes conexões, e a intervenção consistia nas próprias perguntas.

O grupo do Mental Research Institute (MRI) considera que os sintomas são decorrentes de interações disfuncionais, e a maneira como a família lida com os problemas, bem como as tentativas de solução, contribuem para a manutenção do sintoma. O foco do terapeuta, em sua proposta de intervenção breve, consiste em investigar quais os padrões que se repetem e contribuem para manter o sintoma, e através de tarefas e propostas estratégicas, busca alterar esses padrões relacionais. As trocas afetivas familiares são novamente valorizadas.

Chegamos agora a autores dos quais me aproximo e me sinto confortável quando penso na minha atuação clínica como terapeuta familiar e formadora no Sistemas Humanos. Refiro-me à responsabilidade em desenvolver um espaço relacional livre e facilitador, que promova a criação de contextos conversacionais, geradores de diálogos.

Gostaria de começar citando Michael White, terapeuta familiar australiano, que considera que nós, seres humanos, na medida em que vivemos, interpretamos ativamente as experiências e atribuímos significados às experiências vividas.

Observa que as famílias, quando chegam pedindo ajuda, apresentam suas descrições saturadas pelo problema, isto é, os acontecimentos negativos e as dificuldades não-solucionadas vão permeando as narrativas com as quais descrevem suas vidas, transformando-as em histórias de fracasso e impossibilidades. Assim sendo, a tarefa do terapeuta consiste em gerar contextos conversacionais facilitadores que propiciem criar histórias originais, construindo novas narrativas. Para tal, propõe uma abordagem terapêutica nomeada de "externalização do problema", a qual consiste em convidar as pessoas a coisificar e, às vezes, a personificar os problemas que as oprimem, os quais, nesse processo, convertem-se em uma entidade separada, externa à pessoa ou à relação da qual fazem parte. No contexto dialógico estabelecido, as conversações vão constituindo-se nas relações entre as pessoas e entre elas e o sintoma, e pontuando o quanto cada um interfere no outro. Novas narrativas vão surgindo, e novas descrições libertadoras vão sendo construídas.

Outro autor que se aproxima de M. White em sua prática clínica e em algumas construções teóricas é David Epston, da Nova Zelândia, que desenvolve, ao longo dos últimos 15 anos, um trabalho com pessoas com sintoma de anorexia e bulimia. Convida-as a pensar em algo que não pensaram até aquele momento, em uma proposta que consiste em criar contextos facilitadores através de perguntas que as levam a refletir. Valorizando o conhecimento e a experiência de quem possui o sintoma, personifica-o, propondo conversações externalizadoras, construindo, através de perguntas originais, a relação entre a pessoa e o sintoma, colocando a anorexia/bulimia como influência externa e devolvendo aos indivíduos a possibilidade de lutar contra algo que rouba suas identidades e os mantém reféns.

Família

Ao pensarmos na definição de família na visão relacional sistêmica, podemos considerar um grupo de pessoas que interagem, são interdependentes e formam uma unidade afetiva e emocional, social e econômica, com regras, crenças e mitos compartilhados. É o lócus das primeiras experiências relacionais e a matriz de transmissão de cultura e valores do macrocosmo onde está inserida.

Em seu processo de desenvolvimento, é esperado que a família, como um sistema, mantenha sua identidade através de suas histórias e promova as mudanças e o crescimento necessário às diferentes etapas do ciclo vital. O sintoma de anorexia e bulimia estampa a paralisia do processo evolutivo familiar, oferecendo ameaças à sua identidade. Podemos pensar em um "transtorno" que ilumina as dificuldades relacionais vividas pela família, ao negociar as diferenças e continuar crescendo na direção da exogamia, momento de diferenciação, significativo no processo de desenvolvimento. Os depoimentos das famílias que apresentam pessoas com esses sintomas vêm carregados de sentimentos de frustração e impotência. As histórias narradas traduzem-se em histórias de fracasso, culpa e desesperança. As jovens geralmente são descritas e apresentadas como "normais", boas filhas, caprichosas e cuidadosas consigo mesmas, mas com certos traços de perfeccionismo e muitas exigências com relação à aparência. A preocupação com dietas e aparência física é presente e bem marcante em muitas dessas famílias. Muitas vezes, as mães também perseguem pesos e formas ideais, frequentam academias e convivem com o fantasma da gordura rondando seu cotidiano. Ao considerarmos mudança como a criação dialógica de novas narrativas, pensamos no terapeuta como facilitador do processo de transformação e da possibilidade de diferenciação. Estar junto a essas famílias, nesse momento de dor e vulnerabilidade, é construir contextos colaborativos facilitadores para emergir recursos que promovam autonomia, que possam atribuir novos significados ao que é "cuidar", transformando superproteção em acolhimento e respeito às individualidades, facilitando a independência. Significa desenvolver um espaço relacional livre e facilitador para que o novo possa emergir e transformar as narrativas, impregnadas de culpabilidade, em novas narrativas, que signifiquem crescimento.

CONSIDERAÇÕES FINAIS

Precisamos pensar nos perigos a que estamos expostos na modernidade, presos cada vez mais a padrões que pregam a diminuição das diferenças, a tirania da igualdade. Corremos o risco de perdermos nossas digitais, traços que nos identificam, ao tentarmos, através de cirurgias plásticas ou outros procedimentos, aplicados sem necessidade, anular as marcas do tempo e diminuir sinais genéticos e étnicos, que caracterizam e diferenciam. São processos que ameaçam as individualidades, aprisionando as pessoas a corpos sem identidade, sem lugar para as diferenças, que nos tornam únicos e singulares.

Deve-se considerar a complexidade que envolve os transtornos alimentares, a seriedade com que esses sintomas e suas diversas interrelações necessitam ser cuidados, reforçando a necessidade de equipe multidisciplinar, formando um sistema terapêutico coerente, com padrões de comunicação funcionais e fronteiras claras, em um processo de co-construção que possibilite devolver nos indivíduos a autoria de suas vidas e a responsabilidade por seus destinos.

REFERÊNCIAS

BÓ, D. E. B.; BARBOSA, R. Anorexia, bulimia e família: uma experiência com trabalho em grupo. *Jornal Brasileiro de Psiquiatria*, Rio de Janeiro, v.12, p. 533-537, 1999.

BRUCH, H. *Eating disorders:* obesity, anorexia nervosa and the person within. New York: Basic Books, 1973.

_____. *The Golden Cage:* the enigma of anorexia nervosa. Cambridge: Harvard University, 1978.

BRYANT-WAUGH, R.; LASK, B. Eating disorders: an overview. *Journal Of Family Therapy*, London, v.17, p. 13-30, 1995.

BUCARETCHI, H. A. *Anorexia e bulimia nervosa:* uma visão multidisciplinar. São Paulo: Casa do Psicólogo, 2003.

BUSSE, S. R. *Anorexia, bulimia e obesidade.* São Paulo: Manole, 2004.

COTTRELL, D.; BOSTON, P. Practioner review: the effectiveness of systemic family therapy for children and adolescents. *Journal of Child Psychology and Psychiatry*, v.43, n.5, p.573-586, 2002.

CROWTHER, J. H. et al. The role of familial factors in bulimia nervosa. *Eating Disorders*, v.10, n. 2, p. 141-151, 2002.

HERSCOVICI, R. C.; BAY, L. *Anorexia nervosa y bulimia:* amenazas a la autonomía. Buenos Aires: Paidós, 2004.

MAISEL, R.; EPSTON, D.; BORDEN, A. *Biting the hand that starves you:* inspire resistance to anorexia/bulimia. New York: W. W. Norton, 2004.

MELLO FILHO, J.; BURD, M. (Org.). *Doença e família.* São Paulo: Casa do Psicólogo, 2004.

MINUCHIN, S.; ROSMAN, B. L.; BAKER, L. *Psychosomatic families:* anorexia nervosa in context. Cambridge: Harvard University, 1978.

RUSSELL, G. F. M. et al. *An evaluation of family therapy in anorexia nervosa and bulimia nervosa*. Archives of General Psychiatry, v.44, p.1047-1056, 1987.

SOUZA L. V.; SANTOS M. A. A família e os transtornos alimentares. *Medicina (Ribeirão Preto)*, v.39, n.3, p. 403-409, 2006.

WHITE, M. *Guias para uma terapia familiar sistêmica*. Barcelona: Gedisa, 1994.

WHITE, M.; EPSTON, D. *Médios narrativos para fines terapêuticos*. Barcelona: Paidós, 1993.

24

Famílias e psicoses

Marcos Naime Pontes

INTRODUÇÃO E HISTÓRICO

Em saúde mental, muito se tem feito sobre psicose e, desde meados do século XX até agora, a família tem sido muito estudada, pois cada vez mais vem sendo considerada um local propício para uma intervenção segura e eficiente no tratamento de quadros psicóticos, sejam eles de que natureza for.

A psicose, termo utilizado desde o final de século XIX, atualmente não mais pertence ao CID-X e ao DSM-IV, devido à evolução dos critérios diagnósticos e dos estudos mais atuais. Essa denominação é usada em interlocuções clínicas e discussões técnicas de casos de maior gravidade, situação de risco, fuga da realidade, perda do controle ou, muitas vezes, é usado para nomear uma estrutura ou sinais, como defeito esquizofrênico, entre outras possibilidades.

A terapia de família, com as suas múltiplas raízes no século XX, já fez muitas intersecções com os conhecimentos relacionados aos quadros psicóticos, desde os precursores da terapia familiar, "os grandes notáveis", como Whitaker (1990), cujo início de sua prática e cuja evolução de seus pensamentos foram em um hospital psiquiátrico, passando pelos estudos do grupo de Palo Alto e a comunicação entre pacientes esquizofrênicos e suas famílias (Bateson, 1986). Nessa evolução histórica, encontram-se Palazzoli (1991) na Itália e a importante contribuição de seu grupo às intervenções propostas às famílias, com suas prescrições paradoxais.

Ainda na Itália, há as observações de Andolfi (1989) e do grupo de Roma, que trazem para a terapia familiar os conceitos da trigeracionalidade e que afirmam sempre estar ela envolvida nos casos de psicose. Minuchin (1995) descreve brilhantemente os limites e a hierarquia dentro da família, e sua importância dificilmente deixa de ser notada. Moisés Groissman (2003) desenvolve, no Rio de Janeiro, um modelo estruturado de terapia familiar, muito eficaz em redução de sintomas e na ajuda a famílias com quadros psicóticos.

Estes pensadores não poderiam deixar de ser citados pela enorme importância no universo da terapia familiar e estão comigo em minha prática, ajudando na construção do contexto de terapia de família.

Mony Elkäim (1990) e a ressonância por ele descrita para o encontro com qualquer família ou paciente é, em meu entender, um instrumento riquíssimo, pois traz, de forma compreensiva e clara, a possibilidade da conexão entre o ser do terapeuta, que inclui sua história e sua vivência, e o caso atendido. Esse contato empático com a dor dos indivíduos das famílias com psicóticos parece-me fundamental ser encontrado.

Tom Andersen (1991), com seu modelo de múltiplas vozes e visões, consolidado com a equipe reflexiva, abre-me a possibilidade de ouvir a pluralidade dentro de uma família e dos contextos em que ela está inserida, o que ajuda na redefinição dos sintomas e em novas possibilidades de ativação de recursos de saúde da família e da pessoa acometida pela psicose.

Michael White (1990), com suas descrições dos patamares, da busca pela exteriorização do problema e principalmente da posição de menor poder do terapeuta, o que confronta diretamente a autoridade dentro da terapia, auxilia na busca por novos lugares para os indivíduos que necessitam encontrar, para si mesmos e para os grupos a que pertencem, um lugar de potência e de criatividade e que, juntamente com o terapeuta, podem ir ao encontro dos recursos internos e relacionais para as mudanças necessárias para o tratamento.

Ouvi de D. Alba, uma paciente de um grupo multifamília (para familiares de pessoas que se tratam no CAPS Largo 13):

> Ser mãe é ser doação. Acompanhei, através do tratamento do meu filho de 52 anos, que teve um primeiro surto psicótico há 35 anos, a evolução da psiquiatria. Naquele tempo, os pacientes recebiam choques – elétricos e de insulina –, e ele melhorava. Meu filho teve a vida dele: trabalhou, casou-se, teve filhos, depois se separou e voltou para casa. Hoje só fuma, nem mesmo TV ele vê. Houve um tempo em que o remédio era uma coisa obrigatória, e um médico chegou a me dizer para dar de qualquer modo, eu colocava e na comida. Depois vi na TV que o mesmo remédio fazia mal para cabeça. Uma vez um médico perguntou sobre o que eu sentia ao ver meu filho fazendo tratamentos: eu sinto que doei uma cobaia. A psiquiatria aprendeu, e hoje posso ajudar minha filha que faz tratamento aqui deste jeito.

Este relato se coaduna com meu desejo de ampliar os conhecimentos destas duas áreas e sua junção ser tão bem-sucedida.

CRENÇA E ESPERANÇA

Tratar famílias que apresentem pessoas com quadros psicóticos é pensar em redes, que vão definindo-se com uma diversidade ampliada conforme a capacidade da família em questão e a necessidade de ela adequar-se ao tratamento e contribuir com ele. Penso que o respeito ao tempo da família e dos indivíduos é essencial. Também é necessário às crenças da família e do terapeuta, o qual precisa, ao mesmo tempo, checar sua validade como apropriar-se delas, para que o contato com sua própria história e com sua criatividade possa ajudar os indivíduos na família a desenvolver seus próprios recursos.

Cabe ao terapeuta, com seu modo de pensar e agir, checar crenças compartilhadas, e, entre as conhecidas por mim, a esperança é a de que a família e os indivíduos que a compõem tenham uma infinita capacidade de adaptação a situações e a contextos que propiciam o aparecimento de outras formas de funcionamento, sejam elas mais criativas ou mais engessadas, reguladas pelo contexto, pelo lugar que cada um ocupa e pelas necessidades do momento pelo qual a família passa.

Esta crença também deve ser checada, de tempos em tempos, para que o próprio terapeuta tenha liberdade de ação e para que não fique paralisado diante de momentos de impasse entre sua sabedoria e a dos pacientes. Lembro que ela deve propiciar ao contexto terapêutico maior liberdade e mais possibilidades de serem evidenciados os recursos da família, em oposição a uma postura de arrogância pelo conhecimento ou pelo desejo de o terapeuta ser mais eficiente, ou mesmo pela postura de um dos membros da família em se colocar em uma posição hierarquicamente superior aos outros. Acredito que as certezas, nesses casos, podem, de alguma forma, enrijecer mais o sistema, impedindo ou diminuindo as chances de aparecer a criatividade e a esperança, pois, em casos de maior gravidade, as soluções para os indivíduos ainda são desconhecidas, e também o são para os terapeutas. Para estes, mesmo que possuam uma bagagem de conhecimento, de experiências e de resoluções, é necessário, segundo outra crença minha, que estejam abertos para o desconhecido, para o inédito. Isto é o que chamo *esperança*.

À PROCURA DE CAMINHOS

Nas práticas realizadas no CAPS do Largo 13, uma experiência muito interessante é a triagem coletiva, uma vez por semana, que, de modo geral, consegue abarcar a demanda por atendimento. Além dela, há também as triagens realizadas caso por caso, para os que não concordam com a coletiva. Espera-se também garantir que não haja longa espera para o atendimento, cujo limite é de 12 famílias por grupo. Assim é o multifamília, com resultados surpreendentemente bons, de onde trago uma diversidade de vozes de cada indivíduo que procura ali conforto diante de seu sofrimento psíquico.

De um modo geral, quem começa a falar é quem procura o serviço para seu tratamento, e, na tentativa de fazer um contrato terapêutico, realizamos também um apanhado sobre as crenças dos indivíduos e de seus acompanhantes a respeito do que está acontecendo e do sofrimento que os faz buscar uma transformação. Assim, já está sugerido que são necessários um desejo, que nasce e é construído a cada encontro, em busca de uma transformação, e uma crença pelos recursos e pelo comprometimento no processo, tudo isso alimentado pelos envolvidos no sistema terapêutico. É muito interessante que, a partir dessas crenças, o que se pode construir com tais famílias é de grande valia para o início do tratamento da crise apresentada e da preparação para o encontro de outras formas de tratamento, caso surjam outras necessidades e outros problemas em todos os participantes do grupo.

O exemplo seguinte é uma forma de apresentar um grupo com pessoas da mesma família discutindo problemas diversos, mas com o algo em comum: uma crise em saúde mental. São grupos muito heterogêneos que, na sua grande maioria, podem ampliar as discussões, incluindo, de forma eficiente, algumas crenças que levam à transformação de uma doença em possibilidades.

Em se tratando de um quadro agudo de psicose, a busca por uma solução rápida e de menor desconforto é primordial. Porém, o que se verifica é que a vivência dos quadros que envolvem, de algum modo, uma loucura imensa deixa uma infinidade de dúvidas, de novas crenças ou mesmo de arrogantes certezas prévias, enquanto a dor vai expressando-se cada vez mais intensamente, formando-se também uma maior intensidade de sintomas que metaforicamente a representam. Pode chegar-se mesmo a um afunilamento se não houver para essas pessoas formas de expressar e de compartilhar suas experiências, suas suposições e teorias formuladas a partir dos lugares que ocupam. De alguma maneira, mesmo sem intervenção, é claro que os quadros psicóticos levam os indivíduos a questionar-se, o que pode abrir o caminho a ser trilhado. Acredito que uma saída eficaz para tais crises é a possibilidade de compartilhar e reescrever histórias, nas quais o olhar do outro é fundamental.

Nesses grupos e nos atendimentos de famílias em que um ou mais de um indivíduo tenha sido acometido por um quadro psicótico, não é raro que as discussões girem em torno dos sintomas. Essa porta de entrada para o terapeuta na família é muito interessante, pois lhe permite trilhar junto a uma área de interesse afim as muitas possibilidades de reconhecer o conjunto de recursos que a família apresenta e como cada um se apropria deles ou como fica paralisado diante do momento vivido.

É muito comum que a pessoa acometida pelo quadro em questão seja ela própria confundida com uma doença – falar no sintoma pode ajudar-nos a diferenciar o sujeito do que o está acometendo, como nos diz M. White e D. Epston (1993), fazendo assim o que eles chamam *exteriorização do problema*.

A redistribuição dos sintomas visa a diminuir a distância entre o patológico e o saudável, auxiliando a aproximação do terapeuta com a família e a empatia entre ambos, pois, muitas vezes, a dor vem encoberta pelas faces da loucura, que é mais agressiva, raivosa e arrogante, afastando a ajuda que eles vêm procurar, o que é, de certa forma, compreensível, considerando-se que as pessoas envolvidas estão vivendo de modo a ter um estreitamento da consciência, isto é, estão em posições solidificadas, ao longo do tempo.

O CICLO VITAL

Em uma conversa sobre os mortos daqueles que estavam em um grupo, D. Alba, citada anteriormente, contou-nos sobre seu marido, morto há 25 anos devido a alcoolismo, diabetes, hipertensão e outras complicações. Disse que ele foi o salvador de sua família, pois ela se juntara na juventude a um homem com quem teve quatro filhos. Abandonada enquanto eram pequenos, ela os deixou em um "internato" e foi trabalhar para sustentá-los. Ao conhecê-lo, casaram-se, ganhou uma casa, tiveram mais dois filhos, e ela pôde cuidar de todos: dele, que já era doente, de sua sogra e até mesmo de outras pessoas da família dele portadoras de necessidades, que moraram nessa casa que lhe deixou. Hoje ela busca o tratamento de uma filha de 32 anos, que, na maioria do tempo, cobra-lhe dinheiro e a garantia que D. Alba sustente namorado dela, as contas de telefone, como se ela devesse ainda ao marido.

Gosto deste exemplo para mostrar como um contrato feito pelo casal é herdado pelos filhos, e um deles faz cobranças no lugar do pai. Com pequena consciência de que seus atos tinham uma relação com o contrato feito entre seus pais, a filha melhora muito e relata que, na mesma semana, fora convidada pela mãe a sair de casa, o que nunca havia acontecido e o que para ela era um peso.

Peggy Papp (2002) escreveu sobre o ciclo vital na família, e muitos autores trazem a psicose como uma possibilidade de um sintoma que paralisa a família em um determinado tempo, provavelmente um tempo importante para todas aquelas pessoas envolvidas no processo. Muitos sinais vêm ao encontro dessas ideias, que nos auxiliam muito no cuidado com as famílias, pois nos trazem, por si só, a possibilidade de ajudar as pessoas a encontrar, no tempo presente, uma forma que as faça sentirem-se tão importantes, ou mais, do que no tempo em que se encontram "mergulhados" na situação. Muito recentemente, atendi a uma família que veio à procura de ajuda para que pudesse conversar melhor e lidar com os problemas de uma mulher de 34 anos, com diagnóstico de transtorno afetivo bipolar, em uma crise de mania grave. Ela morava com sua mãe de 78 anos e era vizinha da irmã mais velha, com o marido e o filho de 3 anos. As crises de E. começaram, segundo o relato das três mulheres, há 14 anos, logo após a morte de seu pai, um homem muito bom, afetivo, provedor, sério, que em todos os campos da vida se dava muito bem. Sua mulher conta o quanto viveu apaixonada por ele durante todos os anos, e as filhas, cada qual de seu modo, relatam seu fabuloso contato com ele. E. era a mais ligada ao pai e, com sua morte, entristeceu muito, trancou a faculdade, não conseguia lidar com dinheiro e, de certa forma, obrigou a irmã mais velha a tomar este lugar na casa. Poucos meses depois, ela teve uma primeira crise de mania, muito difícil de conter. Foi internada e saiu melhor, mas vinha apresentando esse quadro anualmente.

Durante os primeiros atendimentos, falamos muito sobre os sintomas de E. e como todos da família estavam em torno desses sintomas: a mãe cozinhava para todos, dava conselhos para a filha mais nova. A irmã e seu marido, ambos de profissão na área da saúde, ficavam às voltas de novas orientações terapêuticas, mesmo sem esperança de transformação. Buscavam um psiquiatra após outro, nunca satisfeitos com a medicação utilizada nem com os terapeutas de E. Conheciam uma gama enorme de tratamentos alternativos, de religiões e de práticas para ajudá-la; porém, lhes faltava ainda qualquer forma de esperança para todos eles. A irmã mais velha era quem provia a maior parte dos recursos financeiros de todos da casa.

Enfim, começamos a falar no pai, o qual, em todas as conversas e em todos os momentos, estava presente. Tornou-se uma figura que era trazida em todas as comparações de saúde e de doença, de capacidade e de impossibilidade de qualquer um diante dos acontecimentos dos últimos anos. Também contavam que estavam sempre resolvendo pendências deixadas por ele, pela empresa, que outrora fora fonte de sustento, mas que hoje se tornara fonte de problemas contínuos para mãe e filhas. Essa aproximação das lembranças e das muitas histórias por elas relatadas ressegurou a família. Também ao se ouvirem todas foram percebendo o quanto durante todo esse tempo cada uma tinha resolvido e como podiam escolher posicionar-se em relação a toda a herança deixada por este homem tão amado. Conforme fomos aproximando-nos de tais lembranças, ao pai e esposo foi encontrado um lugar um pouco melhor, a fim de ele não desaparecer, e elas poderem, cada uma a seu modo, encontrar um jeito melhor de viver hoje.

E. não deixou a faculdade, como era seu costume, nos últimos anos, formou-se e terminou um curso voltado à religião que estava fazendo. Ficou com o mesmo médico que havia procurado durante a última crise e que a família estava prestes a deixar novamente, o que deu a ele um tempo necessário para um tratamento medicamentoso bastante adequado às necessidades de E. Finalmente, as competências dessa família e do sistema terapêutico puderam aparecer e ter lugar. Assim, a família fortaleceu-se. O marido da irmã mais velha veio a mostrar-se mais presente, com o tempo, aproximando-se e tendo seu lugar de competência também assegurado, encontrando-se em uma posição mais confortável dentro da família, menos periférico, respondendo a uma de suas queixas principais que era o sentimento de ser invadido e desqualificado. A irmã mais velha conta sentir-se um pouco menos sobrecarregada, consegue conversar com E. de um lugar menos elevado, mas ainda tem dificuldades de colocar-se no lugar da irmã; em contrapartida, sente diminuir a distância entre elas. Muitas vezes, vi E. posicionar-se e ser ouvida, o que de início era quase impossível. A mãe começou a reconhecer, nela mesma e nas filhas, a competência que antes era atributo único do marido.

Nesse exemplo, entre as várias possibilidades de intervenção, foi enfatizada esta, o que fez sentido pra família e foi muito útil para uma distribuição de novos lugares ainda não conhecidos. Testaram muito duramente para mantê-los, mas ficaram bem, ainda que o estranhamento fosse grande. A terapia ainda não terminou, mas considero um bom exemplo para ilustrar o que chamei *paralisia do ciclo vital da família*. Se pensarmos em mitos familiares, com nos diz Minuchin (1995), que paralisam o tempo, eu poderia dizer que esta família tinha o mito de que o único homem bom do mundo era o pai e este estava morto.

CONTINÊNCIA PARA A INFINITA DOR

Quando falamos em psicose, falamos em dor, cujas formas de suportá-la estão intimamente ligadas ao tratamento; dor esta que chamo infinita, porque, em grande parte, não consegui definir, com clareza, nem seu início nem seu fim. É possível supor que venha de outras gerações e são passadas para e por nós como um legado, e, até mesmo quando sabemos sua origem, o importante é como nós nos posicionamos em relação a ela.

As dores que vão sendo levadas por gerações sem nenhuma reflexão a seu respeito, sem nenhum questionamento compartilhado sobre elas, podem traçar linhas que permeiam as relações e as construções de indivíduos e de famílias. Esse significado construído pode ser útil para que os indivíduos se posicionem diante dele, mudando seu comportamento para aspectos mais satisfatórios. Vê-se nessas atitudes uma possibilidade de suportá-las em melhores condições, pois podem permear nossos sentimentos e atos. Seriam elas, de alguma forma, um dos motores de nossa vida?

Assim como a continência para esta dor se faz essencial para a vida, talvez nesse sentido se comprove que o homem seja o bicho do amor, pois é nele, nas relações, que construímos a continência necessária para a dor infinita, o que na psicose aparece com tanto colorido que pode ferir a todos, indiscriminadamente, ou apenas aqueles mais envolvidos, mais próximos. Os ferimentos podem ser de todas as formas de comunicação, de modo tão eficiente, que as pessoas com tal quadro dificilmente passam despercebidas. Esse colorido que aparece e que comunica muito profundamente, que toca na alma, ilumina os pontos pouco vistos de cada um de nós. Por minha prática de formador e de terapeuta, é muito importante o conhecimento de si mesmo para que, ao lançar-se na construção de relações fortes, para aguentar esta dor, é necessário suportar aquilo que passa pela pessoa do terapeuta, o que dá maior consistência à teia fiada conjuntamente, exigindo muito maior comprometimento.

EM BUSCA DO SAGRADO

Sandra Fedullo Colombo (2000) diz-nos,

> Gostaria de abrir uma trilha entre a possibilidade do encontro humano no processo terapêutico, a linguagem natural da criança e o estímulo ao desenvolvimento de recursos que possibilitem aos terapeutas de família transitar no universo das famílias com as crianças.

Do mesmo modo que Dante, quando se faz acompanhar de Virgílio aos infernos e ao purgatório, eu me valho desses autores que me acompanham pelas entranhas das famílias, pelo sofrimento, pela evolução e pela glória, na tentativa de abrir trilhas entre a possibilidade do encontro humano no processo terapêutico, a linguagem nua de todos os pertencentes às famílias e o estímulo ao desenvolvimento de recursos que possibilitem aos terapeutas de família transitar no universo das famílias com pacientes acometidos de psicose.

REFERÊNCIAS

ANDERSEN, T. *Processos reflexivos*. Rio de Janeiro: Noos/ITF, 1991.

ANDOLFI, M. *Por trás da máscara familiar*. Porto Alegre: Artmed, 1989.

BATESON, G. *Mente e natureza*: a unidade necessária. Rio de Janeiro: Francisco Alves, 1986.

COLOMBO, S. F. Em busca do sagrado. In: CRUZ, H. M. (Org.). *Papai, mamãe, você e eu?* São Paulo: Casa do Psicólogo, 2000.

ALIGHIERI, D. *A divina comédia*. Porto Alegre: L&PM Pocket, 2004.

ELKAÏM, M. *Se você me ama, não me ame:* : abordagem sistêmica em psicoterapia familiar e conjugal. Campinas: Papirus,1990.

GROISMAN, M. *Histórias dramáticas*. Rio de Janeiro: Rosa dos Tempos, 2003.

MINUCHIN, S. *A cura da família*. Porto Alegre: Artmed, 1995.

PALAZZOLI, M. S. et al. *Pardoja y contraparadoja*: un nuevo modelo en terapia de la família de transacción esquizofrenica, grupos y Instituiciones, Buenos Aires: Paidós, 1988.

PAPP, P. (Org.). *Casais em perigo*. Porto Alegre: Artmed, 2002.

WHITAKER, C.; BUMBERRY, W. *Dançando com a família*. Porto Alegre: Artmed, 1990.

WHITE, M.; EPSTON, D. *Médios narrativos para fines terapêuticos*. Barcelona: Paidós, 1993.

25

Famílias, adolescência e drogadição

Flávio Lôbo Guimarães
Liana Fortunato Costa
Luciana Monteiro Pessina
Maria Fátima Olivier Sudbrack

A PERSPECTIVA SISTÊMICA NA COMPREENSÃO DA DROGADIÇÃO NA ADOLESCÊNCIA

A complexidade do fenômeno da drogadição e o fato de suas consequências atingirem um grande número de pessoas – não só os usuários, mas também familiares, amigos, colegas de escola e trabalho, membros da comunidade e da sociedade – fazem com que muitas e variadas vozes demandem soluções para o problema. Entre essas vozes, estão as pressões políticas para que se reprima o tráfico de drogas. A sociedade também clama pela redução da violência que o tráfico produz. A comunidade luta para que seus jovens não se envolvam com a droga. Os traficantes trabalham para que os usuários continuem a usá-la e até incrementem seu uso. Entre os pares, o usuário é instado a seguir as regras do grupo. Dentro da família, o desejo é o de que o membro usuário deixe de causar problemas. É com essa miríade de demandas que os terapeutas se defrontam quando acolhem uma família com um adolescente em uso indevido de drogas. Compreender a drogadição de adolescentes na perspectiva sistêmica e em sua complexidade implica um novo paradigma, na medida em que se coloca uma nova visão do caos familiar apresentado ao terapeuta quando a família busca ajuda.

Em nossa visão, a conduta do adolescente reflete mais que suas características de personalidade, seus anseios e conflitos pessoais (Costa, Guimarães, Pessina e Sudbrack, 2006). As perspectivas que adotamos nos possibilitam ir além de hipóteses explicativas restritas à esfera individual, acolhendo explicações que se caracterizam pela inclusão de pessoas, relacionamentos, contextos de vida, visões de mundo e compreensões acerca de problemas. Permitem-nos igualmente dialogar com autores de outras abordagens que têm contribuído para ampliar a compreensão do fenômeno.

Desde os anos 1970, vários autores contribuíram para esta temática. Bucher (1992, 2007), psicanalista e psicólogo suíço radicado no Brasil, que muito contribuiu para o estudo do tema, e o psiquiatra e psicanalista francês Olivenstein (1990) afirmam que sempre houve consumo de substâncias entorpecentes na história da humanidade, e a droga "sempre existiu em todos os tempos e todos os lugares" (Olivenstein, 1990, p. 14). Há um consenso, na perspectiva dos autores, de que a droga não pode ser estudada, ou não se pode buscar uma intervenção sobre o usuário fora do contexto social e do familiar. Para Olivenstein

(1983), a passagem de uma condição de fusão com a mãe para a possibilidade de constituição de um ego separado é uma etapa crucial do processo de descoberta de si e possível independência da figura materna. A experiência da drogadição pode estar ligada a essa passagem.

Alguns autores correlacionam o que se passa dentro da família com o sistema social mais abrangente. Entre eles, Kalina, Kovadloff e Korin (1976) compreendem que a disputa interna de poder e a adoção de papéis adulterados na família do drogadito são reverberações de processos sociológicos mais amplos que condicionam a história familiar. Para Bucher (1992), a discussão sobre o fenômeno da drogadição deve ser conduzida à luz de outros fenômenos sociais, como a incapacidade de se entrar em contato com crises individuais e/ou sociais, a significação da transgressão como linguagem social, ou ainda a resolução de processos existenciais que encontram nas condutas e nos rituais de uso de drogas sua forma de expressão, diante das angústias e das características relacionais da modernidade.

Olivenstein (1990) teve uma contribuição decisiva para a discussão da drogadição como uma equação em que elementos diferentes interagem em situações específicas. O autor descreveu o que hoje consideramos a clássica trilogia da toxicomania, defendendo que abordá-la implica sempre considerar "o encontro de um produto, com um indivíduo em um momento sociocultural" (p. 14). A droga existe, com ou sem seu usuário, e oferece diferentes efeitos; o usuário reage de diversas formas a seu uso, conforme sua ideologia, seu lugar de pertencimento, sua história pessoal e seu momento sociocultural; e o momento social e histórico no qual a substância é consumida condiciona reações diferentes por parte dos usuários, de acordo com sua vulnerabilidade social. Portanto, temos aspectos que vão do individual ao social e que pertencem a circunstâncias particulares e coletivas, e isso se traduz na dimensão complexa do fenômeno.

François-Xavier Colle (1996), psicólogo e terapeuta familiar francês, representa um avanço importante na perspectiva sistêmica e complexa da drogadição, através de uma nova definição de dependência que inclui seis níveis:

1. Dependência dos efeitos: o consumo de uma ou várias substâncias combinadas resulta em uma diversidade de padrões de consumo.
2. Dependência das relações afetivas: em torno do usuário, há pelo menos uma pessoa co-dependente.
3. Dependência do fornecedor: diz respeito às pessoas envolvidas no sistema de distribuição da droga – traficantes, revendedores, médicos ou farmacêuticos que trabalham com substâncias lícitas ou ilícitas.
4. Dependência do provedor: de quem financia a compra da droga, ou seja, pessoas que possibilitam ao usuário adquirir a substância.
5. Dependência dos pares de consumo: pessoas que compartilham informações, o acesso e o uso da droga; aqueles que pertencem à "cultura das drogas".
6. Dependência de crenças: envolve a dimensão do significado da droga em sua vida – diz respeito à crença sobre a eficácia da dependência da droga (e do provedor).

A abordagem sistêmica da drogadição nos conduz a uma análise que extrapola a leitura do sintoma no contexto familiar, abrangendo aspectos mais amplos: institucionais e sociais. Trata-se de uma contribuição muito útil para a compreensão do fenômeno das drogas no cenário brasileiro, onde se configura uma trama complexa, envolvendo sobremaneira questões econômicas e sociais. Nesse sentido, os estudos da antropologia e da sociologia têm contribuído para uma visão transdisciplinar e política da questão, destacando-se as pesquisas de Alba Zaluar, antropóloga renomada pelos seus trabalhos junto às favelas no Rio de Janeiro (Zaluar, 2004), que desenvolve o conceito de integração perversa, referindo-se às pressões econômicas e sociais vividas pela juventude pobre brasileira, que é atraída pelo mundo do tráfico de drogas na busca de uma ilusória inclusão.

As políticas de prevenção do uso indevido de drogas também avançaram, na medida em que foi possível assimilar a perspectiva sistêmica na conceituação da educação para a saúde como novo modelo que se coloca para substituir o modelo do medo e da pedagogia do terror. Diversos projetos realizados em parceria com o Ministério da Saúde, com a Secretaria Nacional Antidrogas e com a Vara da Infância e da Juventude do Distrito Federal permitiram construir um novo paradigma de abordagem da drogadição de adolescentes em diferentes contextos, com base na metodologia da psicologia comunitária e das redes sociais. Destaca-se a importância da mudança na visão do adolescente usuário de drogas, o qual deixa de ser visto ou como delinquente ou como doente para ser reconhecido como um sujeito de demandas cujo atendimento deverá passar pela promoção de sua saúde integral (Sudbrack, 2001, 2002).

Neste capítulo, serão discutidos conceitos importantes na abordagem da drogadição na adolescência. Esses conceitos norteiam nossa prática nos mais diferentes contextos: clínica, comunidade, escola, saúde, justiça. Embora aprofundar cada um desses contextos fuja ao escopo deste trabalho, acreditamos que o que será exposto, a partir de uma perspectiva clínica, constitui um instrumental bastante útil que o leitor poderá adaptar a seu contexto de atuação.

CICLO DE VIDA, PARADIGMA FAMILIAR E FUNÇÃO DO SINTOMA

A visão da família como um sistema movendo-se através do tempo (Carter e McGoldrick, 1995) traz a noção de processo para nosso campo de análise. As fases da vida de uma pessoa, desde a primeira infância, passando pela adolescência até a maturidade, influenciam e são influenciadas pelas fases do ciclo de vida familiar. Segundo Falceto (1996), a crise da adolescência não diz respeito a uma crise no desenvolvimento de um indivíduo, mas a uma confluência de crises, envolvendo vários elementos do sistema familiar.

O conceito de mito familiar, ou seja, tudo aquilo que a família acredita que é, nos ajuda a compreender essas crises. O mito familiar "... é a crença mostrada em características, especificidades do grupo" (Neuburger, 1999, p. 15). É como a "personalidade" de uma família. Um conjunto de histórias, descrições, hábitos, rituais, valores e simbolismos que dão à família identidade e que a singularizam, diferenciando-a do mundo exterior.

O mito nos remete a outro conceito fundamental, o de paradigma familiar: a crença que a família possui sobre seu próprio funcionamento e que lhe permite dar solução a suas questões (Fried-Schnitman e Fuks, 1993). Podemos dizer que a família tem um *modus operandis* de resolução de conflitos e acredita que, "fazendo daquele jeito, dá certo". O paradigma é aprendido com a geração anterior e também com o contexto em que a família está inserida – aspectos culturais, históricos, sociais e econômicos. Esses autores ressaltam que o paradigma tem "prazo de validade", ou seja, tem uma utilidade que é histórica, servindo por um determinado tempo da dinâmica familiar. A *crise* ocorre quando a família perde a crença em seu paradigma. O modelo deixa de ser eficaz na solução dos problemas. Essas crises são ligadas ao efeito da passagem do tempo sobre cada um dos membros e sobre a família como um todo, isto é, as crises estão correlacionadas ao ciclo de vida familiar.

Um exemplo

Uma família que possui filhos pequenos não pode seguir funcionando da mesma forma à medida que esses filhos vão crescendo, desenvolvendo habilidades, ampliando seu contato com o mundo e ganhando cada vez mais autonomia em relação ao sistema familiar. A família S. tem o costume de utilizar o castigo físico para disciplinar os filhos desde que eles eram pequenos. Palmadas acompanhadas de repreensões verbais são a receita para que as crianças respeitem as regras, voltando para casa no horário combinado. A partir de um certo momento, o filho adolescente passa a chegar tarde em casa, ignorando as advertências da mãe e até rindo de suas broncas e tapas. A mãe se zanga e aumenta a força dos golpes. O que observamos é o tipo de solução: o mesmo remédio em maior dose. No entanto, isso não tem o efeito esperado. Ao contrário, o adolescente reage aos tapas de forma agressiva e ameaça "partir para cima" da mãe, o que gera grande surpresa para todos em casa. Quando o pai chega, a mãe relata o acontecido, e o pai, muito surpreso e zangado com a ousadia do filho, dá uma surra nele. A dose extra do remédio denota a crença da família de que "fazendo daquele jeito, dá certo". É o paradigma familiar que tem sido aplicado até então. Contudo, a partir desse momento, os pais observam que o adolescente, mesmo após uma surra, não deixa de chegar tarde em casa. Pelo contrário, some com os amigos sem aparentemente se importar com o castigo que terá ao regressar. Os pais ficam confusos e sem saber como proceder com seu filho. O que faziam antes passa a não mais funcionar. Está instalada a crise no paradigma familiar.

Muitos autores da terapia familiar correlacionam a drogadição com o ciclo de vida familiar (Fishman, 1989; Stanton e Todd, 1988; Sudbrack, 1992; Penso e Sudbrack, 2004). Isso significa que o abuso de drogas por parte de um adolescente deve ser visto em termos de seu processo de crescimento, de experimentação, de auto-afirmação, ampliação de sua rede de relações e afastamento de sua família de origem (Stanton e Todd, 1988).

É importante ressaltar que muitas famílias passarão pela crise do paradigma sem que isso leve necessariamente ao surgimento de patologias ou sintomas no comportamento de algum membro ou na dinâmica familiar. Na maioria das vezes, o adolescente é o primeiro a mudar, e seu comportamento é como dizer: "Ei, vocês não estão vendo que estou mudando?" Muitas famílias respondem fazendo adaptações em sua dinâmica. É como se o sistema respondesse ao adolescente: "Ah, estamos vendo suas mudanças. Então a gente vai mudar também." Contudo, há casos em que as famílias não conseguem responder dessa forma, pois existem entraves que as impedem de mudar.

Uma nova visão do drama vivido por essas famílias é trazida pela literatura em terapia familiar que aponta, inclusive, a denominação de famílias caóticas (Ausloos, 1995). Constatamos que, na vivência das famílias, aparecem situações que elas próprias definem como um *caos familiar*: os pais perderam o controle do filho, o filho perdeu o controle sobre seu uso de drogas, as pessoas sentem-se muito perdidas e sem saber onde vai acabar isso tudo. Essas famílias vivem a descoberta de que o filho usa drogas, e, de repente, todos estão mergulhados em um túnel caótico, sem qualquer perspectiva de saída, como nos disse um pai: "O mundo desabou para mim". A comunicação na família fica completamente afetada: ninguém mais se entende. A imprevisibilidade dos fatos torna-se assustadora, e as mães desabafam:

> Não tenho mais certeza de nada! Desconheço meu filho! Onde foi que eu

errei? Não espero mais nada, apenas que ele retorne vivo para casa.

É visível o desequilíbrio causado no sistema familiar. As estruturas antigas já não servem mais:

> Do que adiantou tudo o que fizemos por ele? Eu nunca pensei que teria um filho marginal... O que vão dizer de nossa família com um filho internado nessas condições?

Consideramos que o uso indevido de drogas pode ser concebido então como um sintoma, como a comunicação ou expressão da crise. Desse modo, o comportamento desviante de um adolescente possui uma *função* dentro do sistema familiar (Stanton e Todd, 1988; Sudbrack, 1992; Bucher, 1992). Para Ausloos (1977), o sintoma pode ser visto como uma tentativa de o sistema mostrar uma mudança sem que, de fato, nenhuma mudança ocorra. É um sinal de advertência de que não há soluções nas modalidades habituais de interação que o sistema apresenta. É preciso que algo novo se produza. O sintoma, portanto, aponta para a necessidade de mudança, e esse é seu aspecto positivo. O problema é que esse sinal de advertência possui uma consequência bastante negativa. Ele é marcado pela intensificação do comportamento sintomático do adolescente, ou seja, suas condutas marginais e de abuso de drogas. À medida que essa via de expressão da crise se intensifica, a atenção da família desvia-se da crise no paradigma para o comportamento sintomático do adolescente. O sintoma transforma-se no único problema. E a solução passa a ser conter o comportamento do adolescente. Nesses casos, o comportamento do adolescente torna-se um *mecanismo homeostático*. Paradoxalmente, um sinal que era de advertência acerca da necessidade de mudança passa a ser justamente o fator da não-mudança.

O sintoma refere-se a algo que o jovem *faz fora porque não pode expressar dentro* (Ausloos, 1981). Sendo assim, esse sintoma-comunicação desaparecerá conforme seu significado for decodificado e expresso em palavras. Temos dado especial ênfase ao aspecto simbólico da passagem ao ato, buscando seu significado na dinâmica familiar. Os sintomas caracterizados pela passagem ao ato na adolescência resgatam, em especial, a função paterna, frequentemente fragilizada nessas famílias (Sudbrack, 1987). Esse último conceito será aprofundado mais adiante.

PROCESSO DE INDIVIDUAÇÃO E PSEUDO-INDIVIDUAÇÃO

O processo de ganho de autonomia em relação ao sistema familiar é um fenômeno crucial no período da adolescência. Está relacionado ao que a psiquiatra e psicanalista Margareth Mahler (1993) denominou processo de separação-individuação em seus estudos sobre o desenvolvimento infantil.

Diferenciamos individuação do que normalmente se define como individualização. Em relação ao período da adolescência, a individualização é o processo de busca de sua própria identidade e transcorre na intimidade do adolescente. Já o processo de individuação ocorre com a separação emocional que o adolescente faz em relação às figuras de maior influência sobre ele até então, que são seus genitores. A perspectiva sistêmica sublinha a dimensão essencialmente relacional do processo de individuação. Quem se separa, separa-se de algo ou alguém. Tornar-se autônomo pressupõe a existência de um vínculo de dependência. E mais ainda: só é possível deixar um contexto ao qual já se pertenceu. Esse processo é vivido pela família como um todo, às vezes com grande sofrimento, que pode estar relacionado à dificuldade de o sistema realizar as mudanças

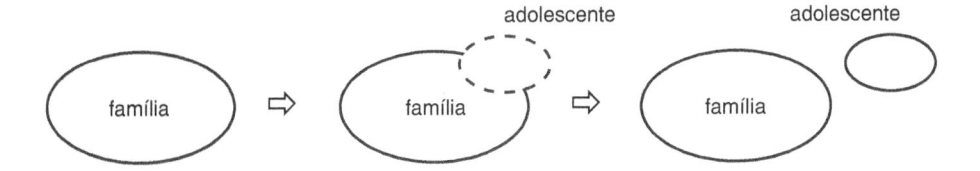

Figura 25.1

que a individuação requer (Marcelli e Braconnier, 1989).

Fishman (1989) propõe que a abordagem aos problemas dos adolescentes seja feita inicialmente a partir da família, porque as questões de identidade e separação em relação aos pais estão extremamente sensíveis. Essa visão está em consonância com a de Stanton e Todd (1988), que apresentam um modelo conceitual e um modelo terapêutico bastante úteis para o tratamento de famílias de adolescentes. Esses autores reconhecem três etapas distintas no que se refere ao abuso de drogas. A primeira diz respeito ao uso de drogas legais, principalmente o álcool, e pode ser compreendida como um fenômeno social. A segunda implica o uso de maconha e é marcada pela grande influência dos grupos de pares. Já a terceira etapa envolve o uso de outras drogas ilegais e é a fase que está intimamente ligada a questões familiares, principalmente às relações entre pais e adolescentes.

A análise de casos clínicos de famílias de usuários de drogas permitiu que Stanton e colaboradores (1988) percebessem padrões de comportamentos comuns a boa parte delas. Percebe-se a manutenção de estreitos laços entre o jovem em uso indevido de drogas e sua família. Ele se encontra intimamente envolvido com as questões familiares, apesar de aparentes distanciamento e independência. Segundo Penso (2003), é frequente uma relação muito próxima entre mãe e filho, enquanto a relação pai-filho mantém-se marcada por um maior distanciamento. Stanton e colaboradores (1988) observaram, em muitos casos, uma relação conflituosa com o pai, descrita como bastante negativa por parte do filho. É interessante ressaltar, porém, que em uma pequena porcentagem de casos esses autores encontraram uma relação simbiótica na díade pai-filho.

Assim, de acordo com os autores, a drogadição pode ser considerada como parte de um processo cíclico, que envolve três ou mais indivíduos, normalmente o adolescente em situação de uso de drogas e seus pais. Essa relação triangular possui uma função homeostática: reduzir a ansiedade do sistema quando esta alcança níveis muito elevados.

Um exemplo

Isso pode ser ilustrado pela situação clássica de quando o casal entra em conflito, fazendo emergir uma crise conjugal ou uma ameaça de divórcio. O aumento da tensão em casa repercute no estado emocional do adolescente, que se ativa, chamando a atenção sobre si através do abuso de drogas, da delinquência, da agressividade. O comportamento do jovem tem, assim, efeito imediato sobre os pais, que esquecem temporariamente suas diferenças conjugais e passam ao papel de pais excessivamente apegados.

O importante papel de seu comportamento na dinâmica familiar coloca o jovem em uma posição muito difícil. De um lado, há uma cobrança para que ele cresça e se torne um indivíduo responsável; de outro, há uma pressão para que ele nunca saia de dentro do núcleo familiar e seja sempre o filhinho que necessita constantemente da atenção e da preocupação dos pais (Guimarães, Costa e Lima, 2002).

A droga apresenta-se, portanto, como uma solução paradoxal para esse dilema do jovem simbiótico e sua família, pois repentinamente introduz entre eles uma fronteira, uma diferença, um abismo. Arranca o filho do colo da mãe, que passa a não reconhecê-lo: "Mas esse não é o meu filho!". Esse distanciamento permite ao jovem buscar sua independência, deixar a família, relacionar-se com seu grupo de pares. Trata-se, porém, de uma falsa independência, pois não apenas o jovem falha em desenvolver autonomia – estudar, trabalhar, relacionar-se de maneira íntima e estável – como também seus pais voltam seus olhos para ele e se envolvem profundamente com sua vida pessoal. É o que Stanton e Todd (1988) denominam pseudo-individuação, outro conceito central em nossa abordagem.

MARGEM, DESVIO E FUNÇÃO PATERNA

As pessoas estão habituadas a correlacionar o termo "marginal" com criminoso, fora-da-lei. Neste capítulo, sob a influência das contribuições de Jacques Selosse (1997), adotamos uma outra compreensão do termo. De acordo com o autor, as marginalidades juvenis podem ser consideradas como condutas de exploração que utilizam um espaço de transição e negociação para efetuar as ligações e as religações próprias da adolescência. O tempo de margem constitui um rito de passagem no qual a separação e a reintegração vão marcar as etapas significativas.

O conceito de margem remete-nos a uma imagem topológica. A Figura 25.2 ilustra a importante função da margem, que é indicar um limite, a fronteira entre o que está sob a influência da regra, da norma, e o espaço onde não há referências.

Aquilo que se espera de um indivíduo é expresso pela regra, que é a referência de conduta. A regra limita a liberdade individual, mas possibilita o convívio social. Fora da regra, existe o campo entre as margens, propício à experimentação, à criatividade e ao risco. Fora das margens, está o que é desviante, o que não adota a regra como referência. Ressaltamos aqui a importância da cultura na delimitação desses espaços. Em algumas sociedades, goza-se de maior liberdade de auto-expressão, pois o espaço entre as margens é mais amplo. Em outras, o mínimo afastamento da regra pode ser considerado uma transgressão, um desvio (Figura 25.3). Analogamente, em diferentes famílias, as subculturas propiciam maior ou menor grau de flexibilidade em relação à regra.

Na adolescência, é comum a exploração do espaço entre as margens. O adolescente questiona as regras familiares. Elas servem para ele? Ele se encaixa no modo de vida da família? É capaz de viver de acordo com o que a sociedade espera dele? Esses questionamentos ocorrem sob a forma de comportamentos peculiares: ele adquire hábitos extravagantes, adota ideologias, busca informações, cultura e produtos identificados com o seu momento. Essa

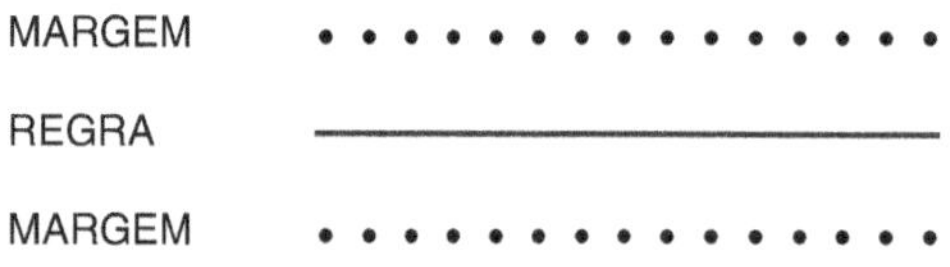

```
MARGEM   . . . . . . . . . . . . . . . .         . . . . . .              . . . . . .
REGRA    _____         _____        _____        ......
                                                                       ......
MARGEM   . . . . . . . . . . . . . . . .         . . . . . .              
                                                                       . . . . . .
```

Figura 25.2    **Figura 25.3**

exploração é marcada pela volatilidade. As pessoas que convivem com o adolescente ficam perplexas com isso. Em um dia, pode criticar enfaticamente o fumo e a bebida. Em outro, pode ser visto fumando ou bebendo em seu grupo de pares.

Em nossa concepção, o contato com drogas pode ser compreendido como uma experiência de margem. Através do uso, o adolescente explora um novo universo, se distancia do convencional. Passa a frequentar novos grupos, compactua com o ilícito, corre riscos, experimenta sensações estranhas e estados alterados de consciência.

A experiência da margem constitui um processo fundamental na construção da identidade; no entanto, não se dá sem contradições, antagonismos e duplicidades. Estar próximo à margem é também fator gerador de angústia para o adolescente. Uma saída bem-sucedida dessa situação diz respeito à elaboração da angústia. O fracasso dessa saída impossibilita a construção da identidade social e pessoal e resulta no que se denomina desvio (Selosse, 1997). O desvio caracteriza-se por uma ausência de limites, de referências. Os jovens não têm figuras com as quais possam se identificar e estabelecer vínculos suficientemente flexíveis que facilitem uma conduta exploratória.

A dificuldade dos desviantes é justamente em relação à negociação com a regra, com a lei. Esses sujeitos não a percebem como algo que protege, mas como algo que priva, submete. Por isso a descartam, negam seus interditos, desafiam-na. É interessante notar, no entanto, que há um aspecto paradoxal na transgressão: quanto mais ela se exerce, mais ela mobiliza a lei (Sudbrack, 1987, 1992).

"A lei se estabelece a partir da filiação do sujeito a ela" (Araújo, 2006, p.30). Para que isso ocorra, a função paterna é fundamental para a interiorização das regras morais, fundamentais para o convívio social. Compreendemos a função paterna em sua dimensão profunda e estruturante do sujeito, extrapolando a figura do pai biológico e apresentando pelo menos quatro níveis paralelos constitutivos da paternidade: a paternidade biológica (o pai de sangue), o pai legal (do registro patronímico, do Nome), a paternidade social (o educador, o provedor, o responsável) e a paternidade simbólica (a lei introjetada – o interdito) (Sudbrack, 1992, 2003).

As características da drogadição como sintoma remetem o jovem e sua família a uma instituição da lei e de referência simbólica à função paterna: o contexto da justiça. Nesse processo paradoxal, a transgressão remete à busca da lei, em um movimento que denominamos *da falta do pai à busca da lei* (Sudbrack, 1987). Entendemos, assim, que os comportamentos delinquentes entre os jovens *são sintomas de uma doença que consiste em procurar um terceiro através de seus atos*.

Perceber o afastamento do jovem para a margem constitui uma experiência muito angustiante para sua família. Reações diversas são observadas e estão relacionadas à forma como a família lida com a regra e com as margens. É nesse momento que o grau de rigidez ou flexibilidade do sistema se manifestará. Como é tratado um adolescente em uso indevido de drogas por sua família? É repreendido, tolhido em seu consumo de substâncias? Esse consumo é tolerado de maneira permissiva? O jovem é renegado pela família e rotulado como diferente? É fundamental considerar que a qualidade dos vínculos familiares é fator decisivo na possibilidade de viver a experiência da margem sem pender ou tombar para o desvio (Sudbrack, 2003).

Ressaltamos que o que vai definir o desviante é o significado atribuído pelas pessoas ao ato cometido por ele, o valor que a sociedade atribui ao ato. Assim, o próprio sistema de controle é que confere a identidade de desviante. O adolescente está em busca de uma identidade, de uma referência, mesmo quando comete atos de transgressão. A punição, então, pode significar tanto uma recolocação do delinquente na sociedade como uma ruptura. Percebemos o papel fundamental da sociedade na determinação dos desvios e desviantes. Não é o que o sujeito é ou tem que o caracteriza como desviante, mas a representação que a sociedade faz dele e de seus atos (Selosse, 1997). Essas questões estão estreitamente ligadas ao processo de individuação, ao tema do pertencimento do jovem à sua família (Minuchin, 1982) e à forma como o adolescente usuário é visto em seu contexto sociofamiliar.

PROCESSO DE ROTULAÇÃO E CONSTRUÇÃO DE SIGNIFICADOS

É praticamente impossível se falar em uso de drogas, marginalidade, desvio e conflito com a lei sem se tocar na questão do estigma. Aliás, não é preciso ir tão longe para que se evidencie a marca do estigma dentro do contexto da clínica de adolescentes. O imaginário social acerca da adolescência cultiva visões estereotipadas. Ser adolescente é, muitas vezes, ser visto sob lentes que o reduzem a um rótulo. Com frequência, a necessidade do adolescente de pertencer a grupos ou tribos em seu processo de construção de identidade acaba por contribuir para esses estereótipos. Cenários como o da música eletrônica, do rock'n'roll, do reggae sempre foram associados a drogas. Tribos como *clubbers*, *skatistas* e metaleiros atraem olhares desconfiados e preconceituosos, olhares que refletem preocupações legítimas e dignas de nota, mas que também apontam para dificuldades em se lidar com o novo, com o diferente; enfim, com o que está nas margens.

Em muitas famílias que buscam atendimento, essa é a visão que prevalece. O adolescente usuário de drogas, como vimos, encontra-se, muitas vezes, envolvido em uma dinâmica relacional que produz um bode expiatório: o maconheiro, o drogado, o marginal. Os próprios terapeutas estão impregnados dos significados desses rótulos e precisam se conscientizar disso quando se propõem a trabalhar com essa clientela, pois o contexto terapêutico ironicamente pode deter-se apenas no comportamento marginal do adolescente na família, contribuindo para sua estigmatização dentro da própria terapia (McNamee, 1998). Boscolo, Cecchin, Hoffman e Penn (1993, p. 49) salientam que "uma vez que um rótulo é aceito, todos os comportamentos subsequentes passam a ser vinculados a este rótulo". Pierre Segond, terapeuta de famílias francês, chama a atenção para o processo de "designação familiar precoce", quando um filho reconhecido como diferente pelos pais acaba sendo tratado por eles de forma especial, o que contribui para ampliar as diferenças, incorrendo em "uma espiral invisível de designação repetitiva e patológica" (apud Sudbrack, 1992, p. 449).

O que os autores antes citados ressaltam é que a maneira como a família vê e descreve o adolescente influencia sua forma de se relacionar com ele. Isso nos leva a dar maior atenção ao conteúdo das descrições feitas no contexto terapêutico. O construtivismo e o construcionismo social têm uma grande contribuição a dar a esse respeito. Apesar de possuírem distinções entre si, ambas as perspectivas têm uma base comum quando enfocam o papel construtivo do conhecimento e da linguagem, confrontando noções modernas de objetividade, realidade e representação da linguagem (Fried-Schnitman e Fuks, 1996).

Epston, White e Murray (1998) enfatizam a dimensão interpretativa dos relatos, na medida em que, ao narrarmos uma história, ressaltamos alguns aspectos e negligenciamos outros. É por isso que, no contexto da clínica de adolescentes, a família geralmente chega com um discurso do tipo:

> O problema é que esse garoto, desde pequeno, vive dando problema para a gente, não quer saber de estudar, não obedece a ninguém, não respeita... (Guimarães, 2001)

Gergen e Kaye (1998) apontam o risco que o terapeuta corre quando aceita a história do cliente como a verdade. Se assim for, suas possibilidades no processo terapêutico estarão circunscritas àquela narrativa, o que pode representar uma limitação. Em nossa prática terapêutica, procuramos reconhecer e possibilitar o surgimento de novas narrativas acerca do adolescente e dos problemas (Guimarães, 2001, 2002).

Grandesso (2000, p. 199) define a narrativa como

> a organização por meio do discurso, por meio de termos, símbolos ou metáforas, de um fluxo de experiência vivida, em uma sequência temporal significativa.

As narrativas surgem no intercâmbio social e constituem uma espécie de moeda de negociação dos significados atribuídos à experiência (Guimarães, 2001). Para White (1997), a narrativa constitui a principal base de onde as pessoas partem para formular julgamentos e concepções acerca de suas vidas. Nesse sentido, as histórias modelam a vida das pessoas, conferindo-lhes uma estrutura coerente e constante.

Em nossa experiência, o problema surge quando as narrativas reduzem o adolescente a seu uso de drogas ou a seu ato infracional. Muito comuns no contexto de famílias de adolescentes com problemas, essas narrativas limitam a visão das pessoas e não oferecem ao adolescente nenhuma outra possibilidade de reconhecimento.

Goolishian (1991, citado por Selekman, 1996) chama a atenção para a linguagem do déficit, que constrói descrições em função do que falta, do negativo, do ruim. Quando essas se tornam dominantes, nem os sinais de mudança são reconhecidos. Às vezes, condutas que demonstram responsabilidade, aproximação ou obediência podem ser vistas com desconfiança ou até interpretadas de forma negativa (como cinismo ou interesse, por exemplo), perpetuando a narrativa já estabelecida e mantendo a organização do sistema familiar.

Pensamos o contexto da terapia como um espaço para a relativização dessas descrições acerca do adolescente, um espaço de ampliação de possibilidades. Epston, White e Murray (1998), em sua prática, visam a separar vidas de histórias empobrecedoras. No entanto, não se obtém essa relativização através da desqualificação do discurso da família, mesmo que este pareça limitado, excessivamente culpabilizante. É necessário acolher a família em sua complexidade, com suas diferenças de opiniões, posições e visões, oferecendo um contexto de inclusão, em que todas as vozes sejam ouvidas. Ausloos (1996, p. 35) vem em nosso auxílio:

> (...) Não temos de pedir à família que mude sua epistemologia. Pelo contrário, é aceitando a sua que podemos ter uma oportunidade de levá-la a partilhar a nossa.

Mas como conseguir a relativização de narrativas estigmatizantes, favorecendo o surgimento de outros discursos, outras visões por parte dos membros do sistema familiar? Uma nova leitura do caos familiar e do caos que representa a própria adolescência, na perspectiva da complexidade, nos conduz a uma nova face do adolescente trazido pela família como doente ou delinquente: passamos a reconhecê-lo como sujeito transformador e a enxergar o uso de drogas como sintoma-comunicação da necessidade de mudanças (Sudbrack, 2003). A grande sabedoria do terapeuta de famílias coloca-se na possibilidade de compor com o caos, e não buscar eliminá-lo ou controlá-lo a qualquer custo.

TRABALHANDO COM FAMÍLIAS

Um trabalho de terapia se inicia com uma demanda. Colle (1996) reflete sobre a demanda que envolve a clínica da drogadição: sua presença ou ausência, a forma como ela se expressa, como se traveste e quem é seu porta-voz. Para esse autor, nesse contexto, não encontramos um simples pedido de intervenção. As demandas representam diferentes interesses e pessoas associadas ao usuário de drogas e devem ser analisadas em suas particularidades, pois podem interferir nos objetivos e no delineamento do tratamento. Essa análise é fundamental para se distinguirem as motivações individuais do usuário das pressões externas, seja para a interrupção, seja para a continuidade do uso. Para facilitar, apontamos quatro aspectos a serem considerados na interpretação da demanda:

1. *Pedido útil*. O pedido de ajuda sempre decorre do desejo de mudança? Pode ser cômodo que o indivíduo peça ajuda em um dado momento, como, por exemplo, em uma situação de abstinência por dificuldade em obter a droga.
2. *Pressão judicial*. No Brasil, o Estatuto da Criança e do Adolescente (Brasil, 2001) prevê, entre as medidas de proteção de que trata o Artigo 101, a "requisição de tratamento médico psicológico ou psiquiátrico, em regime hospitalar ou ambulatorial" e a "inclusão em programa oficial ou comunitário de auxílio, orientação e tratamento a alcoólatras e toxicômanos". Nesses casos, a demanda se configura como uma "aceitação voluntária" para um atendimento terapêutico "sob obrigação". Quais são as implicações desse tipo de demanda para o tratamento? A análise da demanda advinda da pressão judicial tem que ser cuidadosamente estudada, pois está em curso a experiência da Justiça Terapêutica (Silva, 2002), que pode ser compreendida como um conjunto de medidas que visam a aumentar a possibilidade de que infratores usuários e dependentes de drogas sejam encaminhados a tratamento.
3. *Demanda familiar*. É possível que o indivíduo se sinta compelido por sua família a pedir ajuda. Esse pedido não traduz sua motivação, mas sim seus laços de dependência. Não é que ele peça pela família, mas ele apenas "pede" o que a família está pedindo.
4. *Demanda institucional*. É comum que o pedido de ajuda venha de instituições às quais o jovem está ligado, como escolas, ambiente de trabalho ou associações de assistência comunitária. Essas demandas não necessariamente representam soluções terapêuticas e podem representar, na verdade, uma certa imposição, o que contribui para o rompimento dos poucos vínculos sociais que o sujeito possui, agravando seu processo de exclusão social.

Às contribuições de Colle, acrescentamos a visão sistêmica de Neuburger (1984), que propõe que a demanda por tratamento compõe-se de três elementos: sintoma, sofrimento e alegação (pedido). Ela é devidamente formulada quando todos os elementos são expressos pelo mesmo indivíduo.

Um exemplo

O senhor J. (45 anos) começa a notar as consequências de seu uso prolongado de álcool: cirrose, desemprego, dívidas, divórcio, afastamento de amigos e familiares. Vivenciando o sofrimento decorrente dessas situações, o senhor J. conclui: "Eu tenho que admitir que não consigo controlar a bebida (sintoma). Isso está prejudicando muito minha vida. Sinto-me solitário, fracassado e incapaz (sofrimento). Preciso de ajuda para superar esse problema (pedido)".

Quando não é esse o caso, dizemos que os elementos da demanda encontram-se dispersos, ou seja, não são expressos por um mesmo indivíduo. Na clínica de adolescentes, a dispersão é comum, pois

> a possibilidade de um sujeito expressar sua demanda é consequência de seu processo de individuação, sendo que tal expressão poderá realizar-se espontaneamente no grupo familiar ou ser favorecido por uma terapia. (Sudbrack e Doneda, 1992, p. 471)

Um exemplo

Na primeira sessão de terapia familiar, D. (16 anos) é descrito por sua mãe como "um anjo". Esta, no entanto, relata que seu filho apresenta uso excessivo de ecstasy e álcool (sintoma). D. não se mostra preocupado com isso, não vê problema em usar drogas, nem concorda que a terapia seja o caso. Suas únicas preocupações são a tristeza da mãe e a recente perda do poder aquisitivo e status da família. D. quer voltar a morar na cidade de seu pai. Mas a mãe conta que lá ele se envolveu pesadamente com as drogas e com o tráfico (sintoma). A mãe conta que está muito aflita (sofrimento) pela situação do adolescente, inclusive devido aos episódios de agressividade de D. (sintoma), quando ele quebra coisas em casa. A tia materna, também madrinha de D., sai em busca de terapia (pedido), propondo-se inclusive a custeá-la.

Dizemos que a terapia familiar é um contexto privilegiado de intervenção, na medida em que é capaz de acolher a família e trabalhar com ela a partir dessa dispersão. Sudbrack e Doneda (1992, p. 473) propõem que o trabalho do acolhimento tem por objetivos

> (...) obter uma visão sistêmica da situação; recuperar a circularidade do sintoma, identificando-se o ciclo repetitivo de interações que promove sua manifestação; desenvolver, junto ao adolescente, a possibilidade de expressão de uma demanda própria, ou seja, que se torne sujeito de um pedido de mudança; mobilizar os recursos existentes na rede familiar, investigar os pontos de apoio possíveis; inserir a família como aliada ao "desejo de mudar do jovem", compromissada com o êxito da intervenção e incluída no processo de mudança.

Quando a família chega ao contexto de tratamento, o adolescente é o paciente identificado (PI), e os olhares dirigem-se para ele. É o adolescente que possibilita a chegada da família à terapia.

No início, configura-se comumente uma situação em que:

1. a família acha que o adolescente é o problema e precisa de tratamento, solicitando ao profissional que "dê um jeito nesse menino";
2. o adolescente não admite que tenha um problema e não se dispõe a aderir a um tratamento, escamoteando informações sobre sua real situação e, por vezes, acusando a família de exagero, incompreensão, excessiva rigidez;
3. o profissional tem uma visão própria, que conecta todos esses elementos, mas está em um dilema.

Se concordar com o adolescente que ele não é o problema, coloca-se em rota de colisão com a família, correndo os riscos de "mandá-la embora" e de "liberar" o adolescente para continuar em seu curso desviante. Se concordar com a família que o adolescente é o problema, além de ter dificuldades para acolher e fazer uma aliança terapêutica com ele, ainda dá seu aval para que a família sinta-se desobrigada de seu papel na solução do problema.

Partimos do pressuposto de que o adolescente, de forma geral, protagoniza questões – como uso de drogas, transgressão, iniciação sexual – que se conectam com a história e com a vida dos adultos da família. Para a família de um adolescente em uso indevido de drogas, admitir essas conexões pode ser muito ameaçador. Como propõe Sudbrack (2005), o tratamento da demanda coloca-se como a especificidade do tratamento das dependências químicas, em especial quando abordamos a drogadição de adolescentes. Trata-se de uma fase inicial em todo o atendimento de famílias com filhos adolescentes com problemas pelo uso de drogas e diz respeito à construção da possibilidade de a família vir a estabelecer as conexões existentes entre o sintoma (o uso indevido de drogas) e a crise do paradigma familiar; entre a crise do adolescente e outras crises no ciclo de vida familiar. Isso implica deixar de enxergar o adolescente como "o problema" para poder conversar sobre as mudanças necessárias em direção a um novo paradigma. Assim, torna-se possível a redefinição da posição do adolescente na família: antes bode expiatório, reintegra-se à família como um de seus membros legítimos, participante dos problemas e das soluções.

Dito de outra maneira, é necessário construir um projeto terapêutico que contemple as perspectivas do adolescente, da família e dos terapeutas. Para isso, é preciso que a família tolere, ainda que temporariamente, a inclusão de um membro com um comportamento considerado inaceitável e que o torna o paciente identificado (PI). Isso significa que o terapeuta e a família devem ser coniventes com o uso de drogas do adolescente? Não. O que defendemos é a acolhida do adolescente, como parte do sistema, e não como um estranho. Para isso, é necessário distinguir o jovem de seu comportamento inaceitável. Não concordar com o uso de drogas por parte do adolescente não significa rejeitá-lo como filho (Bezerra e Linhares, 1999).

A partir da garantia de pertencimento do adolescente no sistema terapêutico, a questão da droga pode ser discutida sem que isso implique a "abertura de um abismo" que o separe da família. Nesse momento, estamos desafiando a solução empregada pelo sistema, que é usar o tema drogas para separar o adolescente de sua família, uma vez que essa forma de separação, como vimos, representa uma pseudo-individuação.

A discussão acerca da droga e de seu uso constitui um passo inicial para que essa e outras questões possam ser tratadas em um clima de intimidade. Para que isso ocorra, é necessário que sejam incentivados os discursos auto-referentes, baseados na experiência de cada um. Com isso, evita-se o predomínio do discurso moralista, que acaba por gerar distanciamento entre a família e o adolescente. Buscamos uma conversação que explicite como cada um, em sua história, procurou lidar com a regra e como aprendeu a negociar com a lei de forma a garantir sua liberdade, ao mesmo tempo em que assegurou para si próprio uma condição de proteção e pertencimento.

Esse tipo de conversação é caracterizado pela abertura de espaços para processos identificatórios e pela passagem de um discurso em que pais culpam o adolescente para uma conversa em que todos se expressam sobre seus sentimentos acerca de seus fracassos e dificuldades de relacionamento. Favorecendo uma atmosfera impregnada de afetividade, o terapeuta facilita o diálogo entre os membros da família. Quando estes se expressam em termos de seus sentimentos, permitem aos outros entrar em contato com algo a que antes não tinham acesso. O que se processa nesses momentos são redefinições nos padrões relacionais e nas descrições acerca dos problemas, favorecendo a emergência de novas possibilidades (Diamond e Liddle, 1999).

É importante ressaltar que a opção pelo tom afetivo na conversação não representa a adoção de uma postura permissiva. Selosse (1997) atribui à relação social uma oportunidade de encontro com a regra. A reaproximação entre o adolescente e seus pais constitui o primeiro passo para que o adolescente transforme sua forma de se relacionar com a lei, percebendo-a não somente como aquela que priva e submete. A busca do adolescente por limites e referências nos sensibiliza para a importância de investirmos na competência dos pais no processo terapêutico. O fortalecimento da autoridade parental constitui um dos caminhos para possibilitar um contato do adolescente com uma lei protetora e estruturante da realidade.

No contexto judicial, nota-se também a importância da manutenção do lugar da lei na relação terapêutica. Essa questão se apresenta como um desafio para o profissional, em geral habituado a uma horizontalização da relação com seu cliente. O desafio consiste na coexistência entre uma relação de troca, de encontro, de um lado, e uma relação de autoridade, que remete a um limite, a uma referência, de outro. Conferimos especial importância à intervenção educativa e mesmo terapêutica junto a adolescentes autores de infração, no contexto judiciário (Sudbrack, 1992). Acreditamos que isso seja possível na medida em que esse lugar da lei não represente somente sua dimensão que pune, que limita a liberdade individual, mas também a dimensão que protege, acolhe e possibilita o convívio social.

CONSIDERAÇÕES FINAIS

Ao longo deste capítulo, procuramos discutir os desafios trazidos à família pela adolescência dos filhos, em especial no que diz respeito à complexidade do fenômeno da drogadição. O uso de substâncias entorpecentes, apesar de presente na história humana, em todas as culturas, assume na sociedade atual uma complexidade sem precedentes, com múltiplos níveis de dependência e diversas implicações em termos de saúde, de educação, de política, de justiça.

Examinamos como a passagem do tempo tem efeitos sobre a família e como a adolescência dos filhos põe em crise o paradigma familiar, requerendo adaptações e mudanças. O comportamento do adolescente explora as margens e questiona as regras, na busca da construção de sua identidade e no seu processo de individuação. Para algumas famílias, em função de sua história e dinâmica relacional, a crise do paradigma traz muito sofrimento quando há dificuldades em realizar as mudanças necessárias ao novo momento do ciclo de vida. Nessas famílias, o uso indevido de drogas por parte do adolescente tem uma inserção paradoxal: por um lado, sinaliza a necessidade de mudança; por outro, contribui para a não-mudança.

Vimos que, quando famílias com adolescentes em uso indevido de drogas buscam ajuda, os profissionais encontram-se frente a um desafio em decorrência da dispersão da demanda e do caráter paradoxal do sintoma. Pensamos que o caminho para a construção conjunta de uma demanda viável passa pela multiplicidade de posições, perspectivas e experiências. A conversação entre as diversas vozes dentro do sistema terapêutico pode permitir a construção de novos significados para o problema enfrentado, ampliando a compreensão não só da situação vivida, mas também das necessidades e recursos da família.

Durante o tratamento, o que buscamos é tornar possível à família identificar e ativar seus próprios recursos para cuidar do adolescente em risco. Mas, para isso, é necessário que a família transforme sua visão sobre si própria: de vítima a co-participante, de culpada a co-responsável, de impotente a competente. É necessário também propiciar a construção de outras narrativas sobre o adolescente, que incluam o potencial transformador de seu comportamento, superando a rotulação e a estigmatização. É igualmente imprescindível que o contexto terapêutico favoreça a renegociação do adolescente com a lei, de modo a resgatar sua dimensão protetora.

Acreditamos que a abordagem apresentada nos fornece instrumentos para ajudarmos a família a construir um paradigma mais adequado à fase do ciclo de vida, face ao fenômeno da drogadição. Permite-nos também enfrentar os desafios (e os perigos) de navegar com a família nas ondas da complexidade e da incerteza, rumo a formas mais eficazes de se relacionar, proteger os filhos e propiciar o desenvolvimento de seus membros.

REFERÊNCIAS

ARAÚJO, S. M. B. *Pai, aproxima de mim esse cálice*: significação de juízes e promotores sobre a função paterna no contexto da justiça. 2006. Tese (Doutorado em Psicologia) – Instituto de Psicologia, Universidade de Brasília, Brasília, 2006.

AUSLOOS, G. Adolescence, délinquance et famille. *Annales de Vaucresson*, Paris, n. 14, 1976/1977.

_____. Approche systémique et thérapie familiale. In: MARGINALITÉ, système et famille: l'approche systemique en travail social. Vaucresson: CRIV, 1981.

AUSLOOS, G.; SEGOND, P. *A competência das famílias*: tempo, caos, processo. 1. ed. Lisboa: Climepsi, 1996. p. 171.

BEZERRA, V. C.; LINHARES, A. C. B. A família, o adolescente e o uso de drogas. In: SCHOR, N.; MOTA, M. S. F. T.; CASTELO BRANCO, V. *Cadernos juventude, saúde e desenvolvimento*. Brasília: Ministério da Saúde, 1999. p. 184-196.

BOSCOLO, L. et al. *A terapia familiar sistêmica de Milão*. Porto Alegre: Artmed, 1993. p. 342.

BUCHER, R. A ética da prevenção. *Psicologia: Teoria e Pesquisa*, Brasília, v. 23, p. 117-123, 2007. Número especial.

_____. *Drogas e drogadição no Brasil*. Porto Alegre: Artmed, 1992. p. 323.

BRASIL. Lei n. 8.069, de 13 de julho de 1990, Lei n. 8.242, de 12 de outubro de 1991. *Estatuto da criança e do adolescente*. 3. ed. Brasília: Câmara dos Deputados, Coordenação de Publicações, 2001. p. 92.

CARTER, B. et al. *As mudanças no ciclo de vida familiar*: uma estrutura para a terapia familiar. 2. ed. Porto Alegre : Artmed, 1995. p. 510.

COLLE, F.-X. *Toxicomanies, systèmes et familles*: où les drogues rencontrent les émotions. Paris: Érès, 1996. p. 262.

COSTA, L. F. et al. Evaluación familiar: una propuesta de intervención junto a adolescentes en conflicto con la ley. *Sistemas Familiares y Otros Sistemas Humanos*, Buenos Aires, v.22, p.5-15, 2006.

DIAMOND, G. S.; LIDDLE, H. A. Transforming negative parent-adolescent interactions: from impasse to dialogue. *Family Process*, New York, v.38, n.1, p. 5-26, 1999.

EPSTON, D.; WHITE, M.; MURRAY, K. Proposta de uma terapia de reautoria : revisão da vida de Rose e comentário. In: MCNAMEE, S.; GERGEN, K. J. *A terapia como construção social*. Porto Alegre: Artmed, 1998. p.117-139.

FALCETO, O. G. Famílias com adolescentes: uma confluência de crises. In: PRADO, L. C. *Famílias e terapeutas*: construindo caminhos. Porto Alegre: Artmed, 1996. p. 151-171.

FISHMAN, H. C. *Tratamiento de adolescentes con problemas*: un enfoque de terapia familiar. Buenos Aires: Paidós, 1989.

FRIED-SCHNITMAN, D.; FUKS, S. I. Metáforas da mudança: terapia e processo. In: FRIED-SCHNITMAN, D. *Novos paradigmas, cultura e subjetividade*. Porto Alegre: Artmed, 1996. p. 244-253.

_____. Paradigma y crisis: entre el riesgo y la posibilidad. *Sistemas Familiares*, Buenos Aires, v. 9, n. 3, p. 33-44, dez. 1993.

GERGEN, K. J.; KAYE, J. Além da narrativa na negociação do sentido terapêutico. In: MCNAMEE, S.; GERGEN, K. J. *A terapia como construção social*. Porto Alegre: Artmed, 1998. p. 201-222.

GRANDESSO, M. A. *Sobre a reconstrução do significado*: uma análise epistemológica e hermenêutica da prática clínica. São Paulo: Casa do Psicólogo, 2000.

GUIMARÃES, F. L. *"O problema é que esse garoto, desde pequeno..."* : construções narrativas acerca do adolescente no contexto de terapia familiar. 2001. Dissertação (Mestrado em Psicologia) – Instituto de Psicologia, Universidade de Brasília, Brasília, 2001.

GUIMARÃES, F. L.; COSTA, L. F. Clínica psicológica do adolescente: do sistema à abordagem narrativista. *Paidéia*, São Paulo, v.12, n. 24, p. 163-174, 2002.

GUIMARÃES, F. L.; COSTA, L. F.; LIMA, M. I. S. Terapia familiar em contexto de adolescência e drogadição. *Inter-Ação Revista da Faculdade de Educação*, Goiânia, v.27, n. 1, p. 75-97, jan./jun. 2002.

KALINA, E.; KOVADLOFF, S.; KORIN, S. A família do drogadicto. In: KALINA, E.; KOVADLOFF, S.

Drogadicção: indivíduo, família e sociedade. Rio de Janeiro: F. Alves, 1976. p. 45-53.

MAHLER, M. S. *O nascimento psicológico da criança:* simbiose e individuação. Porto Alegre: Artmed, 1993.

MARCELLI, D.; BRACONNIER, A. *Manual de psicopatologia do adolescente.* Porto Alegre: Artmed, 1989. p. 429.

MCNAMEE, S.; GERGEN, K. J. *A terapia como construção social.* Porto Alegre: Artmed, 1998. p. 201-222.

MINUCHIN, S. *Famílias:* funcionamento e tratamento. Porto Alegre: Artmed, 1982. p. 238.

NEUBURGER, R. *L´autre demande:* psychanalyse et thérapie familiale systémique. Paris: ESF, 1984.

NEUBURGER, R. *O mito familiar.* São Paulo: Summus, 1999.

OLIVENSTEIN, C. (Dir.). *A vida do toxicômano.* Rio de Janeiro: Zahar, 1983. p. 119. Seminario do Hospital Marmottan.

OLIVENSTEIN, C. et al. *A clínica do toxicômano:* a falta da falta. Porto Alegre: Artmed, 1990. p. 138.

PENSO, M. A. *Dinâmicas familiares e construções identitárias de adolescentes envolvidos em atos infracionais e com drogas.* 2003. Tese (Doutorado em Psicologia) – Instituto de Psicologia, Universidade de Brasília, Brasília, 2003.

PENSO, M. A.; SUDBRACK, M. F. O. Envolvimento em atos infracionais e com drogas como possibilidade para lidar com o papel do filho parental. *Psicologia USP,* São Paulo, v. 15, p. 29-54, 2004.

SELEKMAN, M. D. *Abrir caminos para el cambio:* soluciones de terapia breve para adolescentes con problemas. Barcelona: Gedisa, 1996. p. 187.

SELOSSE, J. *Adolescence, violences et déviances (1952-1995).* Organizadores: Jacques Pain e Loick M. Villerbu. Vigneux: Matrice, 1997.

SILVA, R. O. *Justiça terapêutica:* um programa judicial de atenção ao infrator usuário e ao dependente químico. Porto Alegre: Associação Nacional de Justiça Terapêutica, 2004. Disponível em <http://www.anjt.org.br/index.php?id=99&n=86>. Acesso em: 29 abr. 2008.

STANTON, M. D.; TODD, T. C. El modelo terapéutico. In: STANTON, M. D.; TODD, T. C. *Terapia familiar del abuso y adicción a las drogas.* Buenos Aires: Gedisa, 1988. p. 101-133.

STANTON, M. D. et al. Un modelo conceptual. In: STANTON, M. D.; TODD, T.C. *Terapia familiar del abuso y adicción a las drogas.* Buenos Aires: Gedisa, 1988. p. 25-42.

SUDBRACK, M. F. O. Da falta do pai à busca da lei: o significado da passagem ao ato delinquente no contexto familiar e institucional. *Psicologia: Teoria e Pesquisa,* Brasília, v. 8, p. 447-457, 1992. Suplemento.

_____. *La dimension familiale dans la délinquance des jeunes.* 1987. Tese (Doutorado em Psicologia) – Universitè du Paris-Nord, Paris, 1987.

SUDBRACK, M. F. O.; DONEDA, D. Terapia familiar e adolescência: a contribuição da abordagem sistêmica para a construção de uma estratégia de acolhimento a jovens toxicômanos. *Psicologia:* Teoria e Pesquisa, Brasília, v. 8 p. 469-474, 1992. Suplemento.

SUDBRACK, M. F. O. et al. *Adolescentes e drogas no contexto da justiça.* Brasília: Plano, 2003.

SUDBRACK, M. F. O. et al. *Diga SIM à vida:* curso de prevenção do uso de drogas. Brasília: Presidência da República, Casa Militar, Secretaria Nacional Antidrogas, 2001/2002.

SUDBRACK, M. F. O. et al. Terapia familiar e drogadição na adolescência: o tratamento da demanda. In: CONFERÊNCIA INTERNACIONAL DE REDUÇÃO DE RISCOS, 9., 1998, São Paulo. *Anais...* São Paulo, 1998.

WHITE, M. *Guías para una terapia familiar sistémica.* Barcelona: Gedisa, 1997.

ZALUAR, A. *Integração perversa:* pobreza e tráfico de drogas. 1. ed. Rio de Janeiro: FGV, 2004. p. 440.

26

Famílias e situações de ofensa sexual

Maria Cristina Milanez Werner

Papá, faz tossir a baleia – disse a criança, confiante.

(Henri Michaux)

INTRODUÇÃO

A ofensa sexual na família contra crianças e adolescentes é, antes de tudo, uma traição. Ofensor é aquele que rompeu com todas as expectativas de proteção, confiança, aconchego, cuidados, trato, deveres e fidelidade aos seus no grupo familiar. A pessoa que trai, que ofende sexualmente crianças e adolescentes a quem, pelos costumes ou pelas leis, deveria proteger, trai a si mesma, trai o parceiro, trai o dependente, trai os co-laterais. A traição a si mesma ocorre porque, ao inverter o lugar de cuidador para o de ofensor, a pessoa que ofende coloca em risco seu próprio projeto familiar, um sonho de família unida (apesar das mazelas cotidianas), um desejo de parceria e de imanência, anterior a esse desejo sexual que a fez desviar de um alvo adequado e esperado para um inadequado e proibido. A traição ao parceiro (se existir) no casal ocorre porque este foi trocado por um outro, do mesmo gênero ou não, mas certamente mais novo, jovem, de pele infantil ou púbere, a quem a pessoa ofensora coloca no lugar do parceiro e passa a praticar jogos sexuais e a transpor para a realidade fantasias desconhecidas pelo companheiro. A traição ao dependente, seja criança, seja adolescente, na família nuclear é, sem dúvida, a mais grave, porque é a traição da inocência, da confiança, da expectativa de proteção: aquele em quem o dependente depositava esperanças de ajuda e trato adequado, em ação paradoxal, ilude, trai, molesta, agride e violenta; produz marcas profundas, algumas indeléveis. A traição aos co-laterais (família de origem e extensa) acontece porque a pessoa que ofende deflagra um sentimento de "família desestruturada, doente e pervertida", que contamina a todos que tomam ciência dos fatos ocorridos. Muitas vezes, estes sentimentos são tão fortes, que geram cisões no grupo familiar, no intuito de isolar o perigo, "a banda pobre", para evitar danos psíquicos e sociais nos demais membros. Portanto, em deflagração de um caso de ofensa sexual, toda família deve ser encaminhada à terapia, e não somente a criança ou o adolescente ofendido sexualmente. Traremos algumas reflexões a este respeito, fruto das experiências empíricas, de atendimentos clínicos ao longo dos últimos 20 anos e da prática como perita judicial nos últimos 10 anos, atuando junto a crianças e adolescentes, e às suas famílias ofensoras.

REDEFINIDO NOMENCLATURAS VISANDO À MUDANÇA DE MENTALIDADE

Substituindo a palavra *abuso* sexual por *ofensa* sexual

Quando estudamos o fenômeno da *ofensa sexual nas famílias* geralmente encontramos a palavra *abuso sexual*, empregada com sentido de ofensa sexual. Acredito que, se continuarmos a utilizar esse termo, estaremos cronificando uma mazela social e afetiva, além de ratificar uma visão machista e sexista de que homens têm direitos de uso sobre o corpo de mulheres e de crianças, fato inaceitável na sociedade e na cultura atuais. Na busca por definir a palavra "abuso", *usar em excesso* é o que se repete em todos os dicionários pesquisados. Também no senso comum, quando falamos em abusar de algo, compreendemos que é ir além em algo permitido ou esperado. Assim, em "abusou da comida" compreende-se que alguém comeu (fato lícito, correto), mas comeu em excesso. Outrossim, em "abusou da bebida" compreende-se que alguém bebeu (fato social e aceitável em comemorações), mas em excesso. Poderíamos fornecer mais exemplos com "abusou da velocidade ao guiar o carro", "abusou do tempo na palestra", "abusou dos pedidos", etc. Em todos eles, verificaríamos que abusar ou usar em excesso refere-se sempre a algo que é ou lícito ou necessário ou primordial ou aceito socialmente ou esperado ou tolerado; enfim, algo que, se extrapolado, parte de algo permitido, aceito. Portanto, o emprego do vernáculo "abuso" está correto. No trabalho com álcool e drogas, por exemplo, é corrente o emprego das palavras *uso*, *abuso* e *dependência* para trabalhar as gradações de perdas na vida do usuário advindas do uso, do uso em excesso ou da total dependência da substância psicoativa eleita.

Se abusar é "usar em excesso", com a ofensa sexual esse pensamento não é suportável, porque a pessoa que abusa não tem o direito sequer a usar sexualmente, quem dirá a usar em excesso. Diferentemente de quem usa comida, álcool, dinheiro, velocidade, tempo, pedidos, etc., que pode usar todos estes itens e, de tempos em tempos, até abusar deles em ocasiões específicas, quem pratica atos libidinosos com crianças e adolescentes não pode nem fazê-los, muito menos em excesso. Quando afirmamos que um pai "abusou sexualmente de sua filha" não podemos admitir que ele usou a filha sexualmente e que seu erro foi usá-la em excesso. Seu erro foi primário: usá-la, porque ele não tem essa prerrogativa. Se continuarmos a empregar o termo *abuso* sexual, estaremos metacomunicando que "usar sexualmente pode, o que não pode é abusar", o que pode gerar frases danosas como "estupra, mas não mata", "foi só uma vez", "mas nem teve introdução", "mas ela ainda é moça, não rompeu nem o cabaço", frases que costumo ouvir no dia-a-dia do atendimento clínico.

Preconizo o uso da expressão *ofensa sexual* em lugar de abuso sexual. Ofensa é um termo mais apropriado. Em primeiro lugar, como vimos, a palavra *abuso* libera o uso, apesar de recriminar o excesso, enquanto a palavra *ofensa* nada nos transmite sobre autorização para usar, não usar ou usar excessivamente. Em segundo lugar, a palavra "ofensa" já traz em si a noção da dor (e não de um simples uso). Ofensa remete-nos à "lesão; injúria; ultraje; agravo; desconsideração; menosprezo". Ao trocarmos a ideia de *uso* por *dor* começamos a entrar na ambiência da ofensa, que sempre é carregada de muito pesar por fato tão danoso a todos: à criança ou ao adolescente (ofendido); a pessoa praticante do ato (ofensor) e a pessoa mais diretamente ligada à vítima que não foi capaz de impedir que a ofensa acontecesse (facilitador ou negligente). Apesar das peculiaridades nas formas de pesar de cada um dos vértices deste triângulo familiar perverso, há uma conexão entre as dores, e seu tratamento está interligado.

A dor do ofendido é facilmente entendida: seu corpo foi violado, com lesões físicas mais ou menos agressivas, mas com lesões psicológicas sempre profundas. A fronteira entre as gerações – entre pessoas que, pela lei ou pelos costumes, não poderiam ter contato sexual e tiveram – é rompida, independentemente da dimensão física ou numérica dos atos. Não se pode quantificar o sofrimento pela quebra da confiança, da segurança, do respeito, do cuidar. Ainda não foi criado um "dorômetro" para quantificar a dor de quem sofre uma ofensa; quantificá-la pela extensão física é um dos maiores enganos que um terapeuta pode fazer. Quando atuo como profissional perita em ofensa sexual (Werner, 2004a, 2004b, 2004c), no trabalho voltado para a Justiça visando à responsabilização penal (prisão) e civil (perda do poder familiar) do ofensor, essa gradação nos interessa para o enquadramento legal no Código Penal Brasileiro: atentado violento ao pudor (artigo 214) ou estupro (artigo 213). No entanto, quando a prática fica restrita à área clínica (Werner, 2006a, 2006b, 2007), o que se deve levar em consideração é que adentramos em uma situação de alargamento de fronteiras. Mesmo que a atuação do ofensor tenha ocorrido uma única vez ou que tenha sido uma situação de masturbação, e não de coito, o trauma da perda da confiança é o mesmo.

A dor do ofensor, ao contrário, não é assim tão visível, e esta é a terceira razão para que substituamos "abuso" por "ofensa". Ser visto como abusador traz uma marca muito mais forte do que ser referido como ofensor. A sociedade tem tendência a rotular as pessoas com termos pejorativos em situação de doenças mentais, psíquicas ou emocionais. Assim, o esquizofrênico vira "o louco"; o dependente químico torna-se "o bêbado" ou "o maconheiro", e o abusador, especialmente quando pedófilo, é visto como "tarado", "pervertido". Por mais difícil que seja, é preciso olhar o ofensor como alguém doente emocionalmente, que precisa de ajuda e que talvez sofra dificuldade com seu autocontrole, que não funciona adequadamente a ponto de conseguir impedi-lo de partir para o *acting-out*, para atuação direta com seu objeto de desejo, incestuoso e proibitivo. Seu centro regulatório de comportamento não funciona como deveria, e será necessária a construção de alguns mecanismos regulatórios de conduta para que o ofensor possa, de novo, vir a conviver com o ofendido. Enquanto essa construção de novas estruturas afetivo-cognitivas não ocorre (a terapia em grupo, com outros ofensores, tem se mostrado útil nesta aquisição, nos casos de incesto) é necessário que ofensor e ofendido fiquem distantes fisicamente um do outro.

A dor do facilitador ou do negligente é perceptível, mas, como, em um primeiro momento, as sensações iniciais são variáveis, a percepção de sua dor pode ou não existir. Em alguns casos, a descrença sobre o fato e a total incapacidade em perceber sua participação (mesmo que passiva) impedem o contato com a dor, uma vez que não há assunção de culpa no sentido da co-responsabilidade pela ocorrência da ofensa sexual. Porém, em outras situações, a raiva, a indignação violenta e a revolta com o incesto são, muitas vezes, seguidas de sentimentos de menos valia, pela percepção, por parte da pessoa negligente ou facilitadora, de ter sido incapaz de perceber tais fatos mais precocemente, a fim de impedi-los ou de fazer cessar tais danos às figuras dependentes, que também lhes são caras na família. Nesses casos, a dor é bem maior do que quando o fato é negado, não-creditado, não-acolhido.

Substituindo *maus-tratos* por *violência contra crianças e adolescentes*

Quando estudamos o fenômeno da *violência contra crianças e adolescentes* geralmente encontramos a palavra *maus-tratos* empregada com sentido de discriminar os quatro principais tipos de violência contra crianças: maus-tratos psicológicos, maus-tratos físicos, negligência e abuso sexual. Acredito que, se continuarmos a utilizar tal termo, abriremos espaço para a compreensão errônea do verbo tratar. Vamos às definições da palavra *tratar* em alguns dicionários. Em Silveira, entre vários significados, destacamos "travar relações, medicar, curar, cuidar, combinar, dedicar-se, sustentar, alimentar, acolher, receber". Em Ferreira, também achamos "nutrir, ocupar-se". Em Koogan e Houaiss, consta ainda "receber, hospedar; pactuar, ajustar-se". Os significados se complementam e trazem a ideia do cuidar adequado, com atenção, com zelo. Se tratar é cuidar, medicar, curar, é óbvio que não se pode permitir, entender ou suportar o medicar mal, o curar errado, o cuidar ruim. Por isso, não existe *bons-tratos* em oposição a *maus-tratos*, porque trato é cuidado, só pode ser bom e só deve ser aceito e compreendido assim. Não há negociação nesse termo; não é possível curar mal, por exemplo, porque se há cura, foi bom; se não houve melhora, então não houve cura, e o problema persiste; não existe cura ruim, só existe cura, assim como não existe alguém "meio honesto", "meio ético" ou uma mulher "ligeiramente grávida". Certos vernáculos não aceitam gradações. Qualquer coisa que não seja boa e adequada não pode ser chamada de trato e precisa ser nomeada de forma distinta, porque, senão, encerra uma incoerência em si mesma. Assim, qualquer ação com crianças e adolescentes deve ser feita sempre com cuidado, carinho, atenção e dedicação, o que deve ser chamada de *trato*, enquanto toda aquela que é feita com raiva, desleixo, descaso e agressão não deve ser referida como trato, mesmo que seja descrita como *maus-tratos*, pela incoerência que as palavras *maus* (ruins) e *trato* (cuidar) encerram entre si. Tais ações são expressões de *violência contra crianças e adolescentes* e assim devem ser nomeadas.

Nomear atitudes de agressão verbal, de castigos físicos, de omissão no cuidar ou de ofensa sexual como *tratos ruins* ou *maus-tratos* é minimizar os danos, que podem ser extremamente dolorosos, física e psiquicamente, e que podem percorrer gerações. Ao nomearmos estas mesmas atitudes nefastas como violência contra crianças e adolescentes (independentemente de ser a violência psicológica, a violência física, a negligência ou a ofensa sexual), estaremos cientes do caráter pernicioso da ação e do constrangimento que crianças e adolescentes passam pelo emprego da raiva, da força, do autoritarismo, do abuso de poder, por parte daqueles que deveriam cuidar, na acepção mais ampla do vernáculo.

A VERTICALIDADE NAS FAMÍLIAS COM OFENSA SEXUAL: A TRANSMISSÃO TRANSGERACIONAL

A constatação de situações transgeracionais de ofensa sexual nas famílias reforça a necessidade da mudança da monenclatura, a fim de que comecemos um novo discurso verbal na esperança de que ele influencie práticas sociais diversas das que hoje temos em relação ao incesto.

Em muitas famílias atendidas de classe popular no ambulatório do GEAL/UFF (Grupo Transdisciplinar de Estudos em Álcool e outras Drogas, da Universidade Federal Fluminense), em parceria e com apoio do IPHEM (Instituto de Pesquisas Heloisa Marinho), ou as de classe média ou alta, em consultório particular, constata-se que o fenômeno *ofensa sexual* nas famílias atendidas não era, em grande parte, recente. Parece haver uma autorização velada para que a ofensa sexual contra crianças e adolescentes se perpetue de geração em geração. É necessário que essa "jurisprudência" familiar seja apagada, e não mais escrita. Nesses casos, é necessário que a terapia de família se estenda até quantas gerações se fizerem necessárias, mobilizando a vinda em consultório não só do triângulo perverso ofensor/ofendido/negligente, como também da família nuclear, de origem e extensa, de acordo com o desenrolar das sessões.

Os fenômenos transgeracionais foram estudados particularmente por Murray Bowen (1978) e Ivan Boszormeny-Nagy (1973), que nos mostraram quão poderosas podem ser as forças familiares movidas pelas memórias multigeracionais. O caso clínico a seguir exemplifica o fenômeno transgeracional.

Caso clínico A

Adolescente vítima de ofensa sexual: Mãe de adolescente de 12 anos procura o GEAL/UFF por orientação do Conselho Tutelar de uma cidade vizinha a Niterói, devido à denúncia por ela perpetrada contra um tio-paterno, o qual tentou bolinar sexualmente sua filha, sobrinha-neta dele. A mãe chegou muito nervosa e transtornada ao atendimento, exibindo um comportamento que sugeria haver algo ainda mais denso nos bastidores da família. Ao começarmos a montar o genograma de sua filha, a mãe revive seu próprio drama familiar: ela foi ofendida sexualmente pelo pai, dos 8 aos 18 anos, juntamente com suas outras duas irmãs mais jovens. Aquela oportunidade de atendimento foi catártica para ela, no sentido de poder permiti-la elaborar emocionalmente os fatos que haviam acontecido há 23 anos (na ocasião ela estava com 31 anos). Foi dada uma ressignificação (uma conotação positiva) ao episódio da filha, visto como importante para a revelação dos segredos da família e da fratria. Como o assunto começou a ser ventilado na família nuclear, de origem e extensa, providências começaram a ser tomadas na casa a fim de evitar a revitimização da adolescente – esta foi morar temporariamente com uma tia em outra cidade próxima – a avó também revelou ter sido ofendida sexualmente pelo padrasto após morte de sua mãe, quando passou a morar sozinha com ele. Nesse caso, vemos três gerações de ofensores sexuais: um bisavô, era padrasto da avó; um tio-avô paterno, ofensor da adolescente; e um avô paterno, pai da mãe e das tias da adolescente, que foram igualmente ofendidas. Também percebemos três gerações de mulheres ofendidas: a avó materna; a mãe e as tias maternas; e a adolescente referida. O trabalho do terapeuta familiar em casos semelhantes a este é o de trabalhar junto à família o desmantelamento dessa "tradição" de homens violarem as mulheres da família. Nesse caso específico, havia um "motivo" em comum: tanto o bisavô, padrasto da avó materna, como o tio-avô paterno, que ofendeu a adolescente, ambos estavam "sem mulher": o primeiro estava viúvo e o segundo, separado. Em vez de procurar parceiras na sociedade, decidiram, esses senhores, resolver suas carências sexuais e afetivas com as mulheres jovens da família, como se este lhes fosse um direito inalienável, com o gasto discurso de que "era apenas um carinho de tio com sua sobrinha; não há maldade nisso".

Genograma

Genograma A
Data: Junho de 2003

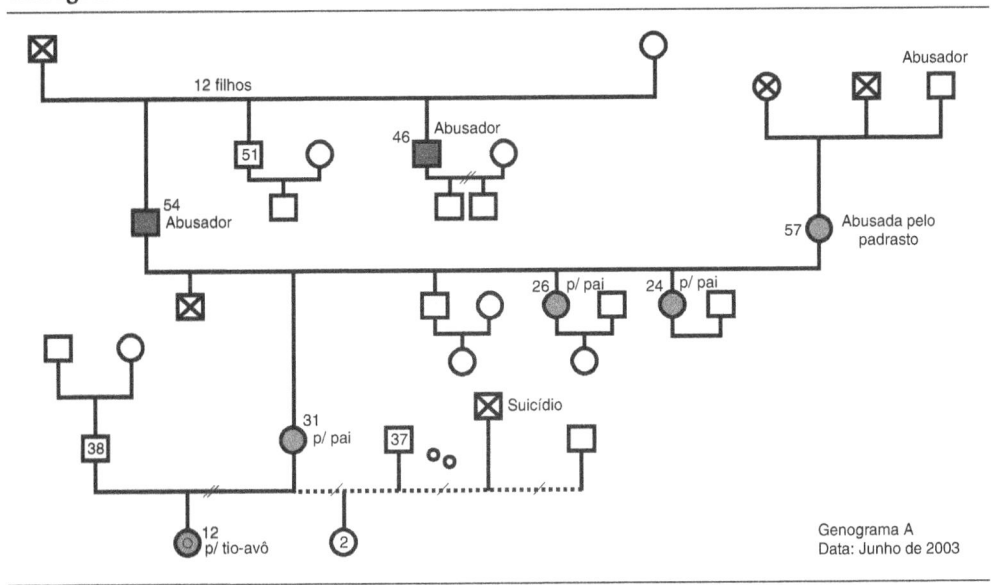

A HORIZONTALIDADE NAS FAMÍLIAS COM OFENSA SEXUAL: A TRIANGULAÇÃO PERVERSA

A constatação de situações incestuosas de ofensa sexual nas famílias também reforça a necessidade da mudança da nomenclatura a fim de que fique mais visível a violência intrafamiliar e as dores causadas a todos os envolvidos. Um caso de ofensa sexual reverbera em todos que dele participem ou tomem conhecimento. Não é possível ficar imune a uma revelação de ofensa sexual. No filme "Sobre Meninos e Lobos", a ofensa extrafamiliar modificou as rotas de vida dos três garotos, amigos na ocasião em que um deles foi ofendido por uma figura religiosa: um tornou-se policial, combatendo crimes; outro virou bandido, envolvendo-se com o submundo das drogas; e o ofendido tornou-se justiceiro, saindo à noite para salvar vítimas de violência. Cada um, a seu modo, lidou com a perda da inocência e da traição da confiança, agravada, nesse caso, pela origem do ofensor (um religioso, pertencente ao alto escalão da hierarquia da Igreja Católica), pois comprometeu outra instituição forte, além da família, em nossa sociedade, a Igreja, gerando mais uma perda: a da crença religiosa.

Nas muitas famílias que atendemos no ambulatório do GEAL/UFF/IPHEM ou nas demais no consultório particular, pudemos constatar que o fenômeno *ofensa sexual* na família precisa não de dois atores (ofensor e ofendido), mas de um terceiro: o facilitador. Esses três elementos formam um triângulo, figura bastante estudada na terapia de família, especialmente através de Murray Bowen (1971). Todavia, esse triângulo, por suas especificidades, forma um triângulo perverso, descrito por Jay Haley (1967), citado por Miermont (1994), que escreve que os triângulos perversos apresentam um disfuncionamento específico e são empregados para

> qualificar as relações em certas famílias nas quais a hierarquia e a divisão de poder são confusas, provocando inversões de posições em relação às fronteiras intergeracionais. (p. 573)

Sempre que estivermos diante de uma denúncia de uma ofensa sexual, estaremos necessariamente diante também de outra forma de violência contra crianças e adolescente: a negligência. A figura do negligente, aquele que fecha o triângulo – que é a menor unidade emocional em uma família – também é uma figura triste: ela não foi capaz de impedir a ofensa sexual, quer porque não suspeitou, quer porque não preveniu o ofendido, quer porque não acreditou nos indícios que seus sentidos captavam. De fato, admitir que o homem que se escolheu para companheiro prefere praticar atos sexuais com seus próprios filhos, sobrinhos ou netos é uma constatação extremamente dura e devastadora para qualquer pessoa. Parece irreal demais. Assim, enquanto os fatos não forem gritantes demais, o ofensor e o ofendido formarão o bloco dos *insiders*, enquanto a figura do facilitador/negligente assume a extremidade desse triângulo perverso como o *outsider* da história. Quando, porém, acontece a revelação da ofensa sexual e sua devida crença e seu acolhimento, as posições dentro do triângulo se invertem: ofendido e facilitador tornam-se os *insiders*, e o ofensor assume o outro vértice do triângulo perverso, como o *outsider*.

Caso clínico B

Criança e adolescentes vítima de ofensa sexual: Família procurou atendimento no GEAL/UFF por encaminhamento do Juizado e da Promotoria da Infância e Juventude, de cidade vizinha a Niterói, em função do flagrante de uso e porte de maconha pelo filho de 15 anos. A família foi encaminhada ao Ambulatório de Terapia de Família e Sexualidade porque a mãe do adolescente relatou que o mesmo fora ofendido sexualmente pelo padrasto, assim como suas outras duas irmãs, sendo uma enteada e a outra filha biológica. No decorrer das sessões, foi revelado que outra filha biológica, a mais velha, do casamento anterior do pai, também fora ofendida por ele. Este é um caso clássico de reincidência familiar de incesto, com um "ofensor serial" pedófilo e com forte presença de violência doméstica por problemas ligados ao álcool e problemas de comportamento por parte do ofensor. Havia dois focos sistêmicos: uso de álcool, por parte do pai/padrasto, e de droga, por parte do adolescente referido, e a ofensa sexual praticada pelo pai/padrasto – e quatro pacientes identificados. Optamos por focar as questões sexuais e delegar as relativas ao uso de álcool e droga às assistentes sociais e aos conselheiros químicos que trabalhavam no atendimento de dependência química. Iniciamos a abordagem familiar, focando, inicialmente, a irmã do adolescente referido, de 13 anos, grávida de quatro meses, a fim de trabalhar elaborações na área da sexualidade e maternidade que se avizinhava. Em seguida, foi trabalhada a fratria (o adolescente, a adolescente grávida e a irmã de 9 anos). O passo seguinte foi trabalhar a dor da mãe (ela não soube perceber a ofensa sexual que migrou de seu filho mais velho até sua filha mais nova). Quando enfim deu-se conta do que ocorria à noite, em sua casa, quando surpreendeu o companheiro ofendendo sexualmente sua própria filha, de 9 anos, utilizando para intimidá-la e para manter o silêncio uma "peixeira" (tradicional faca nordestina), colada a seu pescoço, enquanto mantinha relações sexuais com a criança. A mãe relata que rapidamente percebeu que esses episódios já deviam acontecer há muito tempo. Optou por fingir que não viu a cena e, na manhã seguinte, fugiu de casa com os quatro filhos, inclusive o mais novo, um menino de 5 anos, que provavelmente seria a próxima vítima do pai, se a mãe não tivesse quebrado o elo perverso da ofensa sexual, rompendo com seu papel passivo e negligente, e assumido papel ativo e protetor em relação aos seus quatro filhos.

Genograma

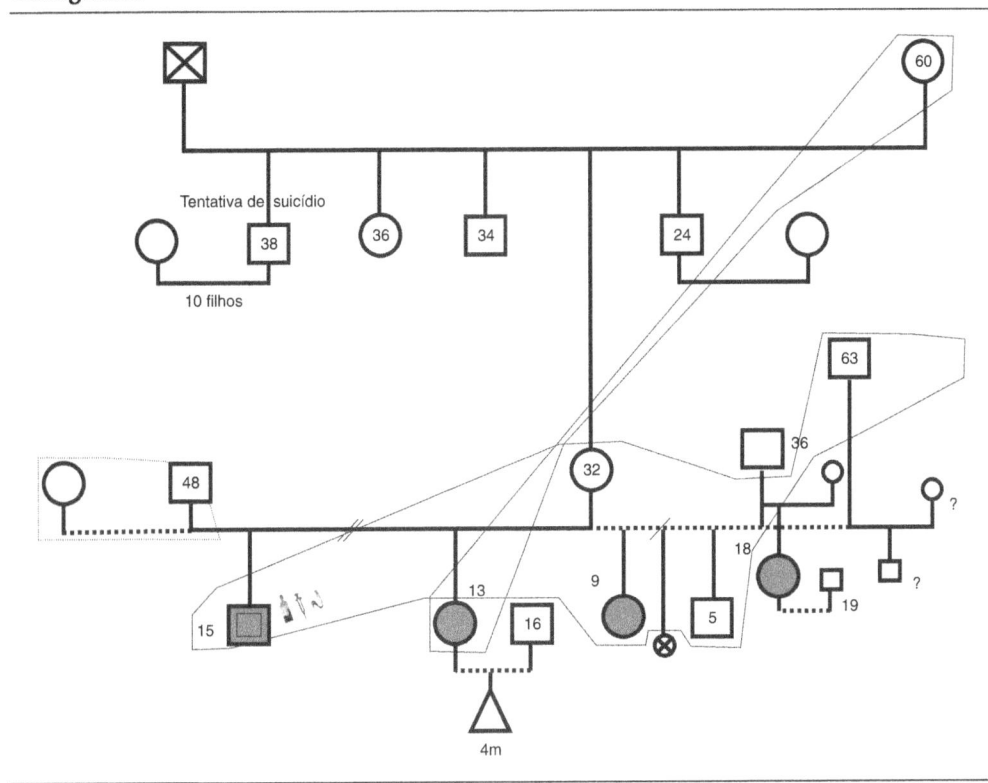

OUTRAS QUESTÕES RELEVANTES SOBRE OFENSA SEXUAL NA FAMÍLIA, NA ESCOLA, NA JUSTIÇA E NA TERAPIA FAMILIAR

Não podemos esquecer que a ofensa sexual, além de ser um problema na e para a família, é uma questão de saúde física e mental, pois requer tratamentos e cuidados. Devemos, outrossim, considerá-la também como um problema de saúde pública, para que esse fenômeno possa gerar políticas públicas que visem a programas de prevenção de ofensas sexuais, bem como de atendimento, em rede governamental, dos casos já identificados. Ofensa sexual também é uma questão de Justiça, que deve trabalhar sempre "no melhor interesse da criança", segundo o ordenamento jurídico brasileiro, visando à proteção da infância e da adolescência, e coibindo todas as formas de violência. Além disso, Tribunais de Justiça e Ministério Público devem solicitar e apoiar o papel dos peritos e das equipes técnicas dos juizados e das promotorias da infância e juventude nos estudos psicossociais para elaboração de laudos periciais, além de acelerar processos de responsabilização civil e penal de ofensores, assim como de reparação de danos aos ofendidos.

Na terapia familiar, é importante que seja trabalhada a criança e o adolescente (para não adoecerem) e a família (para não repetir o fato, seja horizontalmente, gerando novos ofendidos, seja verticalmente, permitindo o surgimento de novos ofensores). É necessário não mais respeitar a "sagrada família", cercada de muros que preservam tanto a privacidade adequada quanto a nefasta, a fim de poder romper o silêncio que impede a ajuda à criança e ao adolescente ofendido. Muitas vezes, porém, outros adultos da família ou da escola que percebem que algo vai mal nos bastidores familiares, mesmo querendo romper o pacto de silêncio e vir ao encontro da criança ofendida, não sabem ou não conseguem fazê-lo. Nossa proposta é romper o pacto de silêncio da família através da rede de apoio social. Nesse aspecto, os centros de referência de apoio às vítimas e familiares de ofensa sexual, existentes em muitas cidades brasileiras, podem ser úteis nessa tarefa. Toda a população está exposta, mas as classes populares estão um pouco mais, devido à violência estrutural em que vivem, que geram condições de vida adversas. As espoliações por elas sofridas criam um ambiente mais propício à violação de Direitos, à falta de proteção, à negligência e à facilitação da ofensa sexual. Não é a pobreza a causa, mas sim a falta de políticas públicas adequadas e eficientes.

A escola pode ser também um bom espaço para a percepção, para a revelação e para o encaminhamento para a rede de atenção e de serviços. A escola não deve ser um espaço de duplicação da violência contra a criança (vitimização secundária). Muitas vezes, os professores se sentem incomodados e despreparados para lidar com a hipersexualidade, explicitada pela criança ou pelo adolescente que foi ofendido sexualmente. De fato, falar sobre sexualidade e lidar com as expressões advindas de sua prática requer treinamento específico, em cursos de orientação sexual voltada para educadores. A criança ofendida se destaca na escola pelo sofrimento, pela angústia e pela solidão, já que, muitas vezes, não consegue mais confiar em nenhum adulto, considerando-se que aqueles mais significativos – os agentes socializatórios, por natureza, o pai e a mãe (ou as figuras que estão em seu lugar, como padrastos e madrastas) – não foram capazes de cuidar adequadamente dela, seja porque foram agressores, seja porque foram negligentes. O professor precisa demonstrar segurança ao lidar com a criança ofendida; ser capaz de encaminhá-la para a notificação e para os atendimentos da rede, além de cuidar para que os outros alunos não saibam, a fim de evitar o processo de vitimização secundária e o *bullying*. É, sem dúvida, uma árdua tarefa, um desafio, pois os professores precisarão lidar com a angústia que sentem ao discutir e lidar com o tema. Há ainda sensação de impotência e sentimentos de descrenças nos órgãos de defesa dos direitos da criança. Uma segunda proposta deve, então, ser feita: a escola atuar e ser vista também como provedora de processos de educação social junto às famílias, resgatando o saber popular e trazendo novos conteúdos e informações sobre educação sexual. Um bom auxílio é ter nas pautas escolares e nas grades curriculares esse tema, trabalhado junto com os temas transversais.

Portanto, para atender às demandas de prevenção, revelação, tratamento e responsabilização, é necessário haver uma rede de especialistas nas áreas da Saúde (médicos, psicólogos, terapeutas de família, assistente sociais, enfermeiros), da justiça (desembargadores, juízes, procuradores, promotores, técnicos judiciários) e da escola (professores, diretores, inspetores, orientadores pedagógicos, supervisores). É importante que essas áreas trabalhem interligadas cada vez mais. Com uma rede de especialistas forte, alicerçada em políticas públicas adequadas, será possível impedir novos casos de ofensas sexuais contra crianças e adolescentes, na família e na sociedade brasileira.

REFERÊNCIAS

BOSZORMENYI-NAGY, I.; FRAMO, J. *Terapia familiar intensiva*: aspectos teóricos y practicos. 1. ed. México, D.F.: Trillas, 1976.

BOWEN, M. Schizophenia as a multi-generational phenomenon. In: BERGER, M. (Ed.). *Beyond the double bind*: communication and family systems: theories and techniques with schizophrenics. New York: Brunner-Mazel, 1978.

BUENO, F. S. *Dicionário escolar da língua portuguesa*. 9. ed. Rio de Janeiro: FENAME, 1975.

FERREIRA, A. B. H. *Minidicionário da língua portuguesa*. 3. ed. Rio de Janeiro: Nova Fronteira, 1993.

KOOGAN, A. (Dir.). *Enciclopédia e dicionário ilustrado*. 4. ed. Rio de Janeiro: Seifer, 2000.

MIERMONT, J.; MOLINA-LOZA, C. A. *Dicionário de terapias familiares*: teorias e práticas. Porto Alegre: Artmed, 1994.

WERNER, J.; WERNER, M. C. M. Direito de família e psiquiatria forense da criança e do adolescente. In: TABORDA, J. G. V.; CHALUB, M.; ABDALLA FILHO, E. *Psiquiatria forense*. Porto Alegre: Artmed, 2004a. p. 77-91.

_____ . Perícias em direito de família. In: TABORDA, J. G. V.; CHALUB, M.; ABDALLA FILHO, E. *Psiquiatria forense*. Porto Alegre: Artmed, 2004b. p. 191-219.

WERNER, M. C. M. Perícias em direito de família: perícia em abuso sexual de crianças e adolescentes. In: EISENSTEIN, E.; LIDCH, V. (Coord.). *Abusos e proteção de crianças e adolescentes*. Rio de Janeiro, 2004c. v. 1. p.75-79. Apostila de curso.

WERNER, M. C. M. Terapia familiar no abuso sexual. In: ASSOCIAÇÃO DE TERAPIA DE FAMÍLIA DO RIO DE JANEIRO (ATF-RIO). *Diversidades e abordagens na família brasileira*: ciclo vital, sexualidade e diferentes atuações do terapeuta de família/organização. Rio de Janeiro: Booklink, 2006. p.118-127.

WERNER, M. C. M. Terapia familiar no abuso sexual. In: EISENSTEIN, E.; LIDCH, V. (Coord.). *Abusos e proteção de crianças e adolescentes*. Rio de Janeiro, 2006. v. 2. p.19-22. Apostila de curso.

WERNER, M. C. M. *Família & direito*: reflexões terapêuticas e jurídicas sobre a infância e a adolescência. Rio de Janeiro: Booklink, 2007.

WIKIPEDIA. *Enciclopédia virtual*. Disponível em: www.wikipedia.org.

Famílias e situações de luto

Daniela Reis e Silva

Vivemos em um período de grande preocupação com o futuro da família por meio das mudanças sociais e culturais sofridas ao longo do tempo, assistindo à emergência de múltiplos modelos familiares a partir de inúmeros processos como divórcio, recasamentos, casamentos homossexuais, violência, uso de drogas, entre tantos outros fenômenos.

Para nós, terapeutas familiares, estas mudanças trazem questionamentos a respeito de como trabalhar com as famílias para que se mantenham em meio à fragmentação de valores e diversidade de modelos, para que aprendam a lidar com os lutos diários e constantes que experimentam, inclusive com o luto da família idealizada.

E por que falar em luto em um livro para terapeutas familiares? Porque as perdas são intrínsecas ao processo de constituição e manutenção das famílias ao longo de seu ciclo vital; portanto, este é um tema complexo e abrangente em todos os âmbitos da terapia familiar.

Quando atendemos uma família, percebemos que estamos imbricados no conceito de perda, pois, ao longo de sua existência, os indivíduos e suas famílias passaram, passam ou passarão por perdas naturais, aquelas inerentes a seu processo de desenvolvimento.

É também um tema instigante em nosso momento atual, quando as perdas parecem ficar cada vez mais frequentes e próximas ao sermos bombardeados com notícias diárias de grandes catástrofes, guerras e atentados terroristas. Em nossa realidade brasileira, vivemos inúmeras situações amedrontadoras, como o aumento e a banalização da violência, incluindo o crescente número de homicídios; o aumento de acidentes automobilísticos fatais; os ainda recentes devastadores acidentes envolvendo aeronaves civis; enchentes, secas, incêndios, deslizamentos e outros acontecimentos envolvendo o meio ambiente; o aumento do índice de suicídios, especialmente entre adolescentes; pessoas desaparecidas; enfim, inúmeras tragédias que provocam perdas não-naturais nas famílias. Assistimos atônitos a todas essas cenas nos meios de comunicação de massa e na vida real.

Por outro lado, o avanço da medicina prolongou a expectativa de vida humana com diagnósticos cada vez mais precoces e tratamentos especializados, tornando-nos habituados à institucionalização da morte, levando-a para longe das famílias, transformando-a em tabu para a sociedade moderna ocidental. A morte, que outrora fora encarada com mais naturalidade (Ariés, 2003), permitindo que a família vivesse um processo de luto validado socialmente, marcado no tempo e nos hábitos, passou a ter significado de fracasso na contemporaneidade, como se morrer fosse desumano ou não-natural (Franco, 2007).

Considerando este paradoxo que vivemos em relação à morte, algumas pesquisas apontam para a relação direta entre o processo de luto e os processos de adoecimento físico e psíquico, indicando a relevância do trabalho adequado com o luto no campo da saúde mental (Bromberg, 2000; Parkes, 1998). Portanto, abordar esse tema na terapia familiar tornou-se crucial, possibilitando à família falar sobre o assunto e buscar saídas coerentes com sua realidade, para que possa adaptar-se às perdas e construir um significado para ela, respeitando as diferenças individuais.

Como a maioria dos profissionais de saúde mental foi treinada a enxergar a patologia, os sintomas, o que dá problema ou o que não funciona, tornou-se importante abordar a gama de acontecimentos considerados naturais e esperados pelos quais passa uma família após uma perda.

A partir de minha experiência clínica como terapeuta familiar, norteada por conceitos da terapia familiar sistêmica e do paradigma sistêmico (Vasconcellos, 2002) e da terapia do luto (Worden, 1998; Bromberg, 2000; Walsh e McGoldrick, 1998), espero fornecer elementos básicos que possibilitem aos terapeutas de família compreender e contextualizar o impacto da perda na família e seu funcionamento diante do luto; avaliar a capacidade de a família desenvolver soluções diante das dificuldades; orientar quanto a possíveis intervenções.

O PROCESSO DO LUTO: DO INDIVÍDUO À FAMÍLIA

Para Bowlby (1997), o luto é uma resposta ao rompimento de um vínculo significativo para o indivíduo, ideia ampliada por Parkes (1998) quando afirma que o processo do luto é uma resposta natural e esperada após uma perda simbólica ou concreta importante. Para este último autor, o processo pode ser eliciado em decorrência de morte, afastamento, perda de capacidades físicas ou psicológicas, perda do ambiente conhecido, experiências que envolvem mudanças e que exigem da pessoa uma reorganização interna ou externa, promovendo novas formas de lidar com as situações que se apresentam.

As perdas podem acontecer em qualquer etapa do ciclo de vida familiar, afetando a todos os integrantes da família, cada um à sua maneira. Quando falamos no luto na família, é fundamental que se pense no indivíduo e no todo, pois nem sempre há consonância entre os processos de luto vividos pelos membros da família individualmente. Cada elemento da família pode apresentar as fases e as manifestações do luto em tempos diferentes, podendo haver sobreposição das mesmas em um mesmo indivíduo ou em outros elementos do sistema.

Em relação às reações individuais à perda, existem duas classificações importantes de serem mencionadas para se pensar na questão da família. Parkes (1998) propõe uma classificação do luto relacionada à temporalidade do surgimento das reações à perda sem, no entanto, quantificar o tempo. Define como luto crônico o prolongamento indefinido das reações de luto. Como luto adiado refere-se ao processo de luto em pessoas que apresentam reações tardias de luto, aparentando viver normalmente após a perda (semelhante a um processo de negação). Classifica como luto inibido o processo em pessoas que não esboçam qualquer reação ao longo do tempo. A distinção entre essas duas categorias só poderá ser feita na temporalidade, uma vez que as reações podem aparecer a qualquer momento. Rando (1998) propõe o uso do termo luto complicado, relacionado com o tempo desde a morte e a existência de algum comprometimento, distorção ou fracasso de uma ou mais tarefas ou etapas do processo de luto.

Os autores que se preocuparam com a classificação dos processos de luto e suas manifestações concordam com a existência de um "luto normal", como reação natural à perda, dividindo-o em fases, como forma facilitadora de avaliar a condição da pessoa enlutada, realizada em duas vertentes: intensidade e duração dos fenômenos. De acordo com Bromberg (2000), há uma variação entre 3 a 5 fases, que são importantes de serem conhecidas como forma de mapear as reações esperadas, citando Bowlby (1997) e Parkes (1986) em especial, incluindo ampla discussão sobre os fatores de risco e proteção para um bom percurso no luto.

É fundamental reconhecer e respeitar as reações naturais às perdas presentes no processo de luto, muitas vezes classificadas como "sintomas", tais como choque ou torpor, medo, raiva, ansiedade, somatização, insônia, falta de concentração, atenção ou memória, falta de apetite, tristeza profunda, pensamentos intrusivos, sensação de presença da pessoa, entre outros, que podem aparecer sobrepostos simultaneamente ou em curto intervalo de tempo. Essas reações podem ser vistas em mais de um integrante da família, em maior ou menor intensidade, não sendo incomum que cada um assuma uma postura complementar, de modo que a família apresente todas as reações.

O retrato que se faz das famílias em situações de perda é de famílias problemáticas e fragilizadas. O uso dessa lente negativa faz com que suas forças e potenciais passem despercebidos e desvalorizados. Sabemos que as famílias, mesmo aquelas com problemas anteriores à perda, emergem mais fortes após trauma e sofrimento, embora com a presença de alguns nichos de fragilidade. Contudo, com vitalidade e diversidade para enfrentar os desafios da vida, as mudanças sociais e culturais e diferentes estruturas familiares permitem que não haja a preocupação de estabelecimento de modelo único de luto "normal" e, da mesma maneira que temos falado em funcionalidade das famílias, podemos também falar na funcionalidade do luto.

O processo de luto familiar considerado saudável, normal ou funcional existe. O que não significa que ele seja isento de problemas e dificuldades. Todas as famílias passam por um período de turbulência após uma perda, por ser um período de constantes crises frente à necessidade de se adaptar à nova realidade.

Silva (em fase de elaboração) usa o termo luto disfuncional para se referir ao processo de luto na família que não segue um curso adequado no sentido de adaptação às novas tarefas e à nova realidade, que deve considerar o fator tempo. Considerando o sintoma como expressão do contexto familiar, quando algum membro da família apresenta algum tipo de luto individual como os descritos anteriormente, podemos inferir que a família como um todo ainda não elaborou a perda, havendo uma cristalização do sintoma. Essa definição encontra-se em estudo e inclui a abordagem da resiliência familiar, tal como proposta por Walsh (2005).

Bowen (1998) amplia a descrição do impacto da perda real ou ameaçada na família explorando o conceito de onda de choque emocional como uma rede de eventos subsequentes que podem acontecer nos próximos meses ou anos em qualquer parte do subsistema familiar extenso. Difere das reações de luto esperadas indicando a existência de uma rede de dependência emocional entre os membros da família, que é velada e negada, não permitindo qualquer conexão entre os eventos vitais sérios que ocorrem e a perda. Suas reações podem incluir qualquer problema humano, desde doenças físicas, transtornos emocionais e disfunções sociais, dos mais simples aos mais complexos. Daí a importância de avaliar rotineiramente a onda de choque durante a anamnese familiar para que se possa tratar essa sequência de eventos como fatos interligados.

Há uma grande discussão em relação ao tempo de duração do processo de luto, não havendo uma consonância entre os autores, tampouco pesquisas significativas a esse respeito. Na prática, sabemos que o luto não tem tempo certo para durar.

O primeiro ano permite que as famílias passem por experiências marcadas e marcantes em relação à perda, considerado por muitos enlutados como o "pior ano". É neste período que acontecem as primeiras reações de aniversário que podem se suceder por vários anos (Bowlby, 1997). Essas reações englobam sintomas nas áreas mental, somática ou social, no período anterior ao aniversário da morte de algum ente querido, podendo acontecer na data ou pouco tempo depois. Também podem surgir nas coincidências de datas de aniversário, quando se completa a idade da pessoa que morreu, datas comemorativas em que a ausência da pessoa é marcadamente sentida. Nesses períodos, processos autodestrutivos podem ser eliciados, incrementando possíveis ideações suicidas, o que nos leva a ter uma atenção maior aos enlutados.

Utilizando o parâmetro fornecido por Carter e McGoldrick (2001), podemos considerar que uma família leva aproximadamente dois anos para absorver o impacto de uma mudança no ciclo vital nos processos funcionais e, quando fazemos um paralelo com o processo de luto na família, poderíamos inferir que o prazo fosse similar, dependendo de uma série de fatores, incluindo o modo de funcionamento familiar anterior à perda. Porém, a nova organização familiar após uma perda requer tempo e, considerando o processo do luto familiar como suporte das variações do luto individual, percebo que muitas famílias demoram um período maior do que dois anos para conseguir um novo funcionamento adequado.

As tarefas de processo do luto funcional envolvem a nova organização do sistema familiar a partir da perda, que referendei em trabalho anterior (Silva, no prelo) e que incluem reconhecimento e aceitação da nova realidade, elaboração das emoções advindas da perda, ajuste ao ambiente modificado e às novas tarefas exigidas, permissão para que todos os membros da família continuem a vida.

Embora todas estas tarefas demandem tempo para que a família consiga esta nova organização, mesmo que não-funcional, entre os autores da área há um questionamento a respeito da duração do processo de luto como um todo. Nesse sentido, concordo com Walsh e McGoldrick (1998), quando afirmam que tal organização não significa aceitação definitiva e completa da perda, mas a possibilidade de colocá-la em perspectiva de modo a seguir adiante. Como o significado que se dá à perda é transformado ao longo do ciclo vital, à medida que é vivenciado e integrado com as experiências vitais, inclusive de novas perdas, podemos concluir que o luto não tem fim.

O processo de luto pode ser mais difícil nas fases de transição do ciclo vital e requer atenção quando se dá dois anos antes ou dois anos depois do nascimento de uma criança. É comum que essa criança seja depositária de expectativas de reparação da perda, substituta da pessoa que morreu, ou mesmo que tenha como função permanente mobilizar a família. A ela são atribuídos significados conscientes e inconscientes, compartilhados ou não por todos os membros da família, tais como o "salvador", o "incômodo", o "substituto", o "herdeiro", entre outros. Por outro lado, a família pode se voltar de tal forma para o sofrimento e para a dor de maneira a subestimar a importância deste nascimento ou mesmo não encontrar forças para cuidar da criança de maneira adequada, momentos em que há rompimentos e formação de novos vínculos (Bowlby, 1997), causando uma sobrecarga no sistema.

LUTO AO LONGO DO CICLO VITAL

Ao longo do ciclo vital, a família experimenta mudanças naturais que geram perdas normativas em cada etapa, inerentes a seu processo de surgimento, crescimento e desenvolvimento, inclusive a morte, sobre a qual falaremos mais amiúde a seguir.

Cada mudança de etapa no ciclo de vida de uma família gera uma necessidade de adaptação; portanto, de transformação nas relações entre seus membros a partir das tarefas a serem cumpridas em cada estágio de desenvolvimento. Esse movimento das perdas naturais permite que a família mantenha sua continuidade e o crescimento de seus integrantes ao mesmo tempo. Contudo, na transição entre as etapas, a família experimenta processos de luto pelos afastamentos, pelos realinhamentos, pelas mudanças de papéis, pelas novas exigências e tarefas, ou seja, pelas dificuldades que podem levar à disfuncionalidade na família, manifesta das mais diferentes maneiras (Carter e McGoldrick, 2001).

Quando um novo casal surge, os filhos passam a ser marido e mulher, assumindo uma nova unidade familiar, deixando de ser apenas filhos. Surgem dificuldades em deixar a casa dos pais e assumir as novas tarefas, muitas vezes, por enredamento excessivo com a família de origem em lealdades invisíveis, que se referem à existência de expectativas diante das quais todos da família assumem determinados compromissos com conexões firmes entre gerações passadas e futuras (Borzormenyi-Nagy e Spark, 1994). Com o nascimento do primeiro filho, marido e mulher dividem agora as tarefas dos novos papéis de pai e mãe, distanciando-se cada vez mais da posição de filhos. Assim, sucessivamente, as fases desenrolam-se em uma dança de papéis e funções, podendo ter maior ou menor dificuldade. Ao mesmo tempo em que indica crescimento, o desenrolar do ciclo vital aponta para perdas em relação às etapas anteriores. Podemos aqui citar como exemplo a dificuldade de uma criança e de sua família no momento de deixar de usar a chupeta, a mamadeira ou as fraldas, ou mesmo o início da vida escolar.

Na adolescência, é comum vermos o luto pelo corpo de infância perdido, conflitos com as novas regras e possibilidades, saída de casa para estudar, ida para a faculdade, entre outros fenômenos que ativam também o subsistema parental. É também nessa etapa em que podem aparecer os primeiros processos de luto pelo rompimento de vínculos com amigos e as primeiras relações afetivas.

Um exemplo bem discutido e estudado na terapia familiar é a síndrome do ninho vazio, que acontece com a saída dos filhos de casa, fazendo com que os pais tenham que olhar novamente para si como marido e mulher e encontrar novos objetivos de vida, ao mesmo tempo em que precisam buscar uma nova forma de relacionamento com os próprios pais.

A aposentadoria também elicia processos de luto com a perda do trabalho, dos amigos, da rotina. Nesse período já é esperado o adoecimento dos pais e a necessidade de cuidar deles. No envelhecimento, há a possibilidade de adoecimento físico e a perda de capacidades inerentes à maturidade. A proximidade de completar idades significativas socialmente, por exemplo, os 70 anos, traz à tona uma reflexão sobre a vida até essa etapa e pode gerar falta de perspectiva para o futuro, sendo necessário um grande redirecionamento de objetivos de vida. Nesta fase última é bem provável que a pessoa possa ter vivenciado morte de integrantes da família de origem e da família atual.

A sociedade, muitas vezes, não percebe a importância dessas perdas, às vezes, consideradas menores, que, mesmo naturais, podem trazer muito sofrimento para a família, dependendo da história transgeracional, especialmente nas dificuldades apresentadas na transição das etapas.

Em paralelo às perdas naturais e normativas do ciclo vital, a família em algumas ocasiões é obrigada a enfrentar perdas significativas, não-naturais, que surgem inesperadamente, algumas não-reconhecidas como tal em suas consequências.

A migração, por exemplo, é um processo complexo que envolve inúmeras perdas, mesmo quando ocorre após uma decisão consonante por parte de todos da família, visando a um futuro melhor. A família muda de casa, cidade e até de país, deixando para trás uma história e muitos vínculos, amigos, escolas, emprego, muitas vezes até a família de origem, o que pode dar margem a alguns conflitos de intensidades variadas. Quando isso ocorre, a família ou um de seus integrantes pode agir diante da nova situação como sendo transitória, não criando novos laços e desenvolvendo uma rede subterrânea de raivas e mágoas submersas em saudade.

Outro exemplo é o processo de divórcio, que gera uma cascata de perdas também nem sempre reconhecidas pela dissolução do vínculo matrimonial e a dificuldade de redistribuição dos papéis, especialmente quando há a presença de filhos. Estes facilmente se tornam alvo de disputas e, muitas vezes, são apontados como os portadores dos sintomas que denunciam a não-adaptação à perda da família original ou à perda da família idealizada. A primeira faz referência à família intacta com todos os seus integrantes, e a segunda diz respeito à família presente no imaginário de nossa sociedade ocidental, incluindo crenças religiosas importantes que afirmam que o casamento é para sempre.

O luto no processo do divórcio envolve também o preconceito ainda vigente em nossos tempos em relação ao término do casamento e às pressões intrafamiliares advindas das famílias de origem dos ex-cônjuges, incluindo as dificuldades de adaptação à mudança de papéis e funções, à possível mudança de residência e às perdas financeiras inerentes a frequentes mudanças de nível socioeconômico. Esse luto é também eliciado quando há novos relacionamentos afetivos e a constituição de novas famílias.

De alguma maneira podemos dizer que também existe um processo de luto nas situações de violência por perda da crença no mundo presumido, perda da integridade física, mudanças drásticas de vida, entre inúmeras outras consequências. Muitas vezes, o desdobramento do luto por violência pode ser semelhante às complicações do luto não-reconhecido, que, segundo Caselatto (2005), ocorre quando não há possibilidade de expressão simbólica e concreta das emoções por falta da validação social diante de uma perda, somada à ausência de rituais. Para a autora, as experiências dolorosas não-compartilhadas com a rede social podem tornar-se fatores de risco para o adoecimento físico, psicológico e social.

No entanto, sem dúvida, a morte costuma ser apontada como a maior de todas as perdas e, talvez, a mais temida, por ser considerada uma etapa final, irreversível e inevitável. Apesar dela, as famílias continuam a existir, em um movimento contínuo, de geração em geração.

A VIDA APÓS A MORTE: A FAMÍLIA CONTINUA

A morte é o principal assunto tabu na dificuldade de comunicação intrafamiliar (Bowen, 1998). Nessas ocasiões, a maior parte das famílias estabelece um pacto do silêncio a respeito da perda com receio de suscitar ou acentuar a emoção do outro e de trazer mais sofrimento, lembrar a ausência, entre outros impedimentos.

O impacto da perda gera na família mudanças imediatas e a longo prazo, bem como mudanças significativas em seu mundo presumido, iniciadas com uma etapa de privação. No momento inicial há uma interrupção da vida cotidiana, e a família precisa aprender que ela nunca mais será a mesma.

Questões de ordem prática relacionadas aos rituais funerários são prioridade em um primeiro momento e geram processos decisórios difíceis por parte de todos os envolvidos, tais como a maneira de dar a notícia da perda à família e aos amigos, o contato com os serviços funerários, a escolha da roupa que será usada no funeral, as providências necessárias para o velório e o sepultamento, contas a pagar, organização de documentos importantes, trabalhos interrompidos, entre muitos outros detalhes que precisam ser cuidadosamente pensados.

Por ser um período de grande fragilidade para a família, alguns conflitos podem via à tona, envolvendo, inclusive, questões financeiras. A existência de testamento ou seguros, a distribuição das tarefas, a insegurança financeira gerada e algumas outras perdas secundárias podem dificultar a adaptação, podendo suscitar verdadeiros dilemas nas famílias, especialmente quando há desejos individuais muito diferentes. Não é incomum encontrarmos famílias que brigam por herança muitos anos após a morte de algum de seus integrantes, ou que tenham se afastado após a perda, pois mágoas e diferenças podem reaparecer ou se acentuar nesse período. Mas também podemos encontrar famílias que se unem diante da dor, fortalecendo laços de afeto e de convivência que antes se encontravam fragilizados.

Há a perda da pessoa e as perdas secundárias, não só as concretas, como também aquelas relacionadas aos integrantes que, em função da ausência e da tristeza, jamais serão os mesmos, precisando desenvolver novas habilidades. É esperado que haja um período em que a manutenção do controle e o sentimento de segurança da família fiquem abalados, incluindo o medo de novas perdas, necessidade de uma proximidade maior uns dos outros e comportamentos compatíveis com a presença de ansiedade intensa.

A família sente-se insegura sobre o que fazer com os objetos pessoais, e há uma cobrança por parte da sociedade para que se livrem dessas coisas como se fosse uma maneira de se livrar da dor da ausência ou mesmo da saudade, como se fosse possível simplesmente esquecer a existência daquela pessoa e o que aconteceu. Nem sempre há consonância entre os membros da família sobre o que fazer com os pertences, e o ritmo individual deve ser respeitado até que se chegue a um consenso. Algumas famílias optam por se desfazer deles imediatamente após o enterro; outras mantém o armário, o quarto ou até mesmo a casa da mesma maneira por até alguns anos. Não há padrão nem receita de como deve ser, pois é preciso respeitar o ritmo da família em seu processo de luto. A ausência da pessoa já é tão difícil de ser suportada, que algumas famílias precisam manter as coisas como estão por um tempo maior, como uma maneira de estreitar a conexão com a pessoa. Observo que, à medida que esse processo se desdobra, as mudanças acontecem gradativamente, e as lembranças importantes para a família vão sendo mantidas, ao mesmo tempo em que os espaços são modificados.

Especialmente em perdas precoces e trágicas pode haver uma tendência a não voltar para a casa onde aconteceu a tragédia, como forma de se livrar das lembranças, decisão às vezes imposta pela família ampliada. Nesse primeiro momento, há tanta fragilidade que a família pode aceitar conselhos e diretrizes impostos por pessoas de sua confiança que sempre têm as melhores intenções, mas que facilitam o surgimento de mais rupturas, acentuando as perdas secundárias. Há o tempo certo para cada tarefa dentro do processo de elaboração do luto, que é único, e precisa ser construído pela família.

Por exemplo, um casal que perdeu seu único filho pode resistir em desfazer o quarto do adolescente com receio de perder as lembranças. Coisas aparentemente simples, como o cheiro, o jeito de arrumar a cama, a bagunça tão combatida em outros tempos, a disposição do material escolar, tudo se transforma em um modo de manter uma presença concreta, ao mesmo tempo em que marca saudade. Cada família encontra seu próprio meio de lidar com a perda e com as mudanças que ela provoca.

A rede de apoio, constituída por família extensa, amigos, profissionais de saúde, comunidade, inclusive no âmbito da espiritualidade ou da religiosidade, podem ser muito úteis ao longo de todo o processo. Porém, muitas pessoas, da própria família ou do círculo de amizades que a família espera que estivessem a seu lado, não conseguem se aproximar, por não saber o que fazer ou dizer, e se afastam. Outras, de quem não se esperava nada, aparecem e são companhias incansáveis. Essa rede de apoio precisa estar sintonizada com a família e ter sensibilidade suficiente de maneira a não atrapalhar o processo de luto com tentativas como visitas e telefonemas intermináveis falando sobre a vida normal ou evitando falar sobre a perda; exigências de retomar a rotina; frases de conotação religiosa, pois muitos enlutados entram em conflito com sua própria crença religiosa; obrigatoriedade de frequentar algum ritual religioso; conselhos em relação a como se sentir ou como se comportar diante do pesar e do luto; oferecer possibilidade de substituição, como viajar, voltar ao trabalho, ter outro filho, adotar uma criança; oferecer material para leitura ou tratamentos das mais variadas formas de maneira intrusiva; enfim, qualquer tentativa para evitar o sofrimento.

É difícil conciliar os ritmos individuais de luto e da família como um todo, e parece haver uma espécie de rodízio entre eles, sendo interessante observar o funcionamento de cada subsistema na tentativa de proteger o outro do sofrimento. Assim, pais escondem seus sentimentos evitando chorar na frente dos filhos, ou o contrário. Quando o pai está muito entristecido, é consolado pela mãe e pelos filhos. Quando a mãe está muito entristecida, é o pai e os outros filhos que a consolam. Quando é o filho que fica triste, os pais fortalecem-se para que ele fique bem. Por isso, há uma tendência de sofrer isoladamente, sem que haja uma comunicação direta a respeito da ausência. Há diferença entre o luto parental e o luto fraterno, bem como diferenças entre os padrões femininos e masculinos de enfrentamento, sobre os quais falarei mais adiante.

Parece que alguns elementos da família assumem a responsabilidade de manter a vitalidade, indicando que há um futuro, que a vida não pode parar. Essa função pode ser exercida pelos filhos quando, em um primeiro momento, tentam levar uma vida muito parecida como a que tinham antes, muitas vezes, gerando dúvidas em relação a estarem sentindo a perda. Existem relatos sobre idas ao cinema ou a festas, ou mesmo retorno imediato ao trabalho, logo após o enterro, talvez como um desejo enorme de que nada tivesse mudado ou como uma tentativa de manutenção de algum controle. Parece que cada um assume um papel, embora seja frequente haver um rodízio entre a família: o que chora, o que é rebelde, o que não quer falar sobre o assunto, o que se desespera, o que mantém a calma, o que decide. Ao mesmo tempo em que alternam esses papéis, parece que as fases do luto individual são vividas por cada um deles, cada um em seu ritmo, da maneira como descrita na literatura (Bowen, 1997; Parkes, 1998).

Neste processo de adaptação à nova realidade, muitas variações do processo de luto individual e familiar podem acontecer, pois depende da forma como aconteceu a morte, a idade da pessoa que morreu, as pendências com o morto, a etapa do ciclo de vida em que a família se encontra, a existência de conflitos anteriores, a existência de uma rede efetiva de apoio formal ou informal, a existência de perdas anteriores e como a família adaptou-se a elas, a história transgeracional de perdas.

Esta mistura de estilos enriquece o processo familiar que tem ritmos bem peculiares. Não existe certo ou errado, pois cada família elabora o luto à sua maneira, permitindo que cada um decida o que funciona para si, sem crítica ou julgamento. Tavares (2001) afirma que é a decisão de recuperar a própria saúde que faz toda a diferença no processo. Parece haver um ponto de corte, no qual há a decisão pela vida. Para a autora, o processo do luto pode ser uma oportunidade para olharmos a vida com menos ilusão, dispostos a encontrar nela um propósito.

Este ponto de corte não se dá de maneira linear em relação a todos os membros e parece ser muito importante para aqueles que aparentam uma fragilidade maior. A reparação (Quental e D'Oliveira, 2003; apud Loés, 2008) pode ser muito importante nesse processo de resgate e preservação da saúde e surge a partir da demanda das famílias de "se fazer alguma coisa", especialmente em perdas precoces e trágicas, que envolvam culpa ou sensação de que a morte poderia ter sido evitada. Consiste em ações práticas, individuais ou coletivas, que possam evitar novas perdas, de maneira geral, apoiada por todas as pessoas da família. Algumas famílias ou seus integrantes individualmente envolvem-se em projetos sociais e em trabalhos educativos, buscando possibilitar a prevenção daquele tipo de perda ou dar apoio a pessoas em situação semelhante, ou simplesmente cuidando de outras pessoas, o que as faz dar um valor diferente à vida.

O significado atribuído ao tempo também é relativo, pois ele pode ser encarado como o melhor remédio ou o pior veneno. Durante a fase inicial de choque, há a esperança de que o tempo ajudará a curar as feridas surgidas com a dor. Nos primeiros meses, enquanto a perda vai se tornando concreta e real por meio da ausência da pessoa querida, o tempo torna-se um veneno pela saudade que carrega. Famílias com mais tempo de perda relatam que o sofrimento vai amenizando ao longo dos anos enquanto a saudade aumenta, indicando haver uma transformação na qualidade dos sentimentos em relação à ausência e indicando que a perda sempre será lembrada. Nesse aspecto, o processo de luto parece depender da maneira como a família relaciona-se com o mundo, de suas crenças em relação a ele e do apoio recebido.

É claro que é difícil superar uma perda inesperada, prolongada ou perdas múltiplas, e uma dinâmica adaptativa que funciona em um período da vida pode não funcionar em outro. Insistimos em comparar as perdas, os sentimentos e as dificuldades para superá-las. Por isso, é importante que os enlutados saibam que sua perda é única, incomparável e incomensurável. No processo de adaptação à nova realidade, muitas variações do processo de luto individual e familiar podem acontecer, pois depende da forma como aconteceu a morte, a idade da pessoa que morreu, as pendências com o morto, a etapa do ciclo de vida em que a família se encontra, a existência de conflitos anteriores, a existência de uma rede efetiva de apoio formal ou informal, a existência de perdas anteriores e como a família adaptou-se a elas, a história transgeracional de perdas.

À família cabe a tarefa de cuidar de todos os seus membros ao mesmo tempo em que lhes prove autonomia. Portanto, a morte precoce de um deles, muitas vezes, pode ser interpretada como uma falha básica desse cuidado, gerando culpas incessantes e desencadeando processos dolorosos entre os subsistemas, inclusive de possíveis acusações mútuas.

Em minha experiência clínica, aprendi que é preciso dar atenção especial à morte precoce na família, a qual interrompe a ordem natural do ciclo vital, capaz de gerar intenso processo de luto. Isso traz uma instabilidade maior ao sistema por essa mudança repentina em seu curso e por suas consequências, possibilitando uma maior disfuncionalidade no processo de luto; portanto, uma maior probabilidade de adoecimento posterior. Assim, é importante tecer algumas considerações a respeito das perdas precoces na família.

PERDA DE FILHOS

A perda de filhos é considerada socialmente a "pior" perda, por inverter a ordem do ciclo vital. Quando acontece a perda de um filho ainda criança ou adolescente, pode surgir, por parte dos pais, um sentimento de culpa intenso, como se não tivesse protegido o filho em qualquer tipo de morte, por adoecimento ou por acidente.

Quando se trata de filho único, os pais experimentam sentimentos relacionados ao fim da descendência, podendo não ter motivação para recuperar-se e uma maior dificuldade em enfrentar a perda, comparando-se aos pais que têm outros filhos. Em contrapartida, quando os pais têm outros filhos para cuidar, sofrem com a necessidade de ter que cuidar deles quando não há energia nos momentos de muito sofrimento. Alguns filhos sentem-se abandonados pela mãe ou mesmo pelo pai quando absolutamente imersos em sua dor. Porém, os filhos sobreviventes podem funcionar como o ponto de corte e contribuir para a decisão pela saúde, conforme mencionado anteriormente, o que nem sempre acontece em curto período de tempo.

É importante avaliar o luto no sistema parental, pois parece haver diferenças de enfrentamento envolvendo questões de gênero e o luto. Para Tavares (2001), cabe às mulheres serem as portadoras da dor emocional proveniente da perda, carregando também a dor dos homens, que costumam evitar a dor. À mulher é permitido e até esperado que expresse as emoções intensamente. Do homem é exigido manter a calma, cuidar da mulher e dos filhos sobreviventes, não chorar. Parece haver uma espécie de pacto de silêncio, com grande dificuldade de conversar sobre a perda, sobre a ausência e sobre a saudade, com o receio de que o outro fique ainda mais triste. Ao contrário, o casal sente-se bastante aliviado quando o silêncio é rompido, o que possibilita falar sobre o que estão vivendo. Porém, é sabido que tal dinâmica fica bastante complicada quando, antes da perda, já havia conflitos matrimoniais intensos, o que pode acentuar as diferenças ao longo do processo de luto.

É preciso também dar importância ao sistema parental quando os pais estão separados, inclusive quando há pouco convívio do progenitor que não mora com o filho, pois geralmente há preconceito em relação aos sentimentos dele. É como se o pai ou a mãe que convive com o filho tivesse mais direito de se enlutar do que o outro. A culpa em cada um deles parece funcionar de maneira diferente, mas ainda carece de estudos mais aprofundados.

Geralmente é o homem quem assume as tarefas mais difíceis, como reconhecimento e liberação do corpo e as providências práticas do funeral, o que pode gerar problemas mais tarde, pois precisa encontrar energia onde não tem. À mulher, cabe escolher a roupa que o filho vestirá. À partir desses primeiros momentos já parece haver uma diferença de gênero, quando a mulher assume uma postura "mais frágil", com choro e desespero. Do homem, com frequência, é esperado que se mantenha no controle de suas emoções por herança sociocultural.

As mães revoltam-se com os pais que parecem ter estilos diferentes de enfrentamento, que também costumam ter dificuldade em aceitar o estilo feminino do sofrimento, exigindo da companheira coisas que ela ainda não se sente apta a realizar. O homem tenta retornar às suas atividades habituais e à rotina da casa mais rapidamente do que a mulher, tentando ser o esteio, a "fortaleza". Uma diferença marcante que aparece é na volta ao trabalho. Os pais geralmente voltam ao trabalho mais cedo e buscam na ocupação profissional uma maneira de "esquecer" a dor. Muitos se dedicam ao trabalho para não ver o sofrimento da esposa. Assim, perpetua-se a ideia de que os homens sentem menos a perda de um filho do que as mulheres. Para nossa sociedade, ainda há um mito de que o instinto materno torna a mulher mais vulnerável na hora da perda.

Em meu trabalho com famílias enlutadas, encanto-me em descobrir a variedade e a intensidade do sentimento dos pais, homens e mulheres indistintamente, aflorando diante de uma dor que não tem nome: perder um filho. É preciso saber conversar com sinceridade e disponibilidade a respeito da perda, e abrir brechas para que se possa descobrir o quanto todos sofrem, cada um à sua maneira, e o quanto se preocupam uns com os outros. Mesmo aqueles que aparentemente nada sentem, quando se permitem entrar em contato com a dor, dão os mais belos depoimentos e buscam as mais criativas saídas.

Para os pais, a presença dos amigos do filho falecido pode ser boa ou ruim, dependendo da relação anterior que tinham com eles. Se os amigos "exigem" o suporte é ruim, pois, muitas vezes, os pais estão tão envolvidos com sua dor, que não conseguem acolher o amigo do filho. É preciso respeitar os limites de cada um quando ainda precisam de muitos cuidados. Por outro lado, há alguns relatos da emoção positiva e confortante dos pais e irmãos nas missas de aniversário ou em alguns eventos para os quais são convidados e dos quais aceitam participar. A família percebe como o filho ausente ainda é importante e querido por tantas pessoas. Ao mesmo tempo em que se confortam com o abraço do amigo, este acentua a falta e a imaginação de como o filho estaria agora, o que estaria fazendo. Muitos acabam vendo a realização do futuro que estaria destinado ao filho por meio do crescimento dos amigos e seus feitos, como formaturas, casamentos, o que nem sempre indica uma facilidade de participarem de eventos sociais, especialmente nos primeiros meses após a perda.

O luto dos pais pode estar diretamente ligado ao sistema mais amplo e ao apoio que encontra na família de origem, na família nuclear e nos amigos. O respaldo da espiritualidade e as crenças sobre vida e morte também influenciam o curso do luto parental. O relacionamento anterior com o filho, as pendências, a existência de conflitos e os constantes questionamentos do que poderiam ter feito para evitar a perda, os terríveis "ses" ("Se eu tivesse feito isso... se eu tivesse feito aquilo"), são verdadeiros venenos para o luto parental.

Um outro tipo de perda de filhos que tem sido estudada por profissionais do luto, mas ainda permanecem como não-reconhecidas por nossa sociedade, são as perdas ao longo da gestação e as perdas perinatais, que ocorrem no período imediatamente anterior ou posterior ao nascimento de uma criança. O período de aquisição de filhos é uma época muito delicada na vida de uma família, e as intercorrências advindas neste período merecem maior atenção por parte dos profissionais que trabalham com famílias.

Quando um bebê nasce, a expectativa de alegria pela chegada de uma nova vida é brutalmente interrompida quando há necessidade de internação na Unidade de Tratamento Intensivo Neonatal (UTIN). Milanez (1998) criou a expressão colo vazio para a privação concreta e real que a mãe sofre ao ter seu filho internado na UTIN, associada à falta simbólica pelo fruto da espera ao longo dos meses de gestação. Considero que essa expressão também pode ser aplicada diante da morte do bebê ainda na barriga e às perdas perinatais. Este é um dos momentos mais difíceis para trabalhar pelo paradoxo da expectativa de vida sendo confrontada com a possibilidade e com a realidade da morte.

É comum haver um segredo em relação ao óbito, e muitas mães são impedidas de ver a criança pela própria família ou pela equipe médica. Há dificuldade em comunicar o fato a outros irmãos. Muitas vezes, o bebê que nasce morto é retirado rápido demais do contato com a mãe que raramente participa dos rituais funerários em função de seu próprio estado de saúde. Ter contato com o corpo do filho, por mais difícil que seja, bem como decidir o que será feito com o que foi preparado para o bebê até o momento, pode facilitar a elaboração do luto parental da família como um todo. O natimorto deve ser percebido como um evento real para toda a família; ignorar essa morte pode transformá-la em uma memória fantasmagórica.

Na família, o impacto de abortos naturais ou provocados também pode ser devastador. Causam profundos sentimentos de perda, principalmente na mãe. Muitas vezes, ela pode fantasiar que gerou um "bebê com defeito", precisando superar a insegurança e o medo para tentar uma próxima gravidez. É inútil fingir que nada aconteceu, aspecto comum às famílias, que costumam negar a perda: a mãe tem que passar pelo processo de despedida e aprender a lidar com a falta do bebê.

Complementando o conceito de luto não-reconhecido mencionado anteriormente, alguns componentes de sua dinâmica podem gerar adoecimento familiar grave, tais como a falta de apoio social, o silêncio, a solidão, a tristeza e a dor. Nas perdas perinatais, o luto tem sido mais estudado em relação à mulher, a quem o meio social impede de expor seus sentimentos com dizeres como "você terá outro filho", "Deus sabe o que faz", "não fique triste porque ele tinha malformação", "evitou viver algo pior mais adiante". É difícil não ter memórias para compartilhar, muitas vezes, restritas ao enxoval do bebê ou ao quarto inacabado. Quando há a internação na UTIN, os pais são os únicos que conhecem o bebê e sua rotina. Há uma terrível sensação de estarem sozinhos pelo desconhecimento de outras pessoas que passaram por isso.

Em gestações posteriores, pode haver aumento de ansiedade, além da sobreposição do luto pelo filho perdido com a necessidade de desenvolvimento do vínculo com o novo bebê. Os pais ficam enlutados não somente pela morte de seu filho, mas também por perder seus sonhos e suas esperanças em relação ao futuro da criança.

Tenho atendido pais enlutados após vários anos de uma perda perinatal que buscam ajuda para os mais diversos problemas, seja com eles mesmos, seja com seus filhos, sem fazer conexão da disfunção com a perda. À medida que o trabalho se desenvolve, muitas vezes, apenas com a possibilidade de falar sobre o assunto abertamente, as conexões surgem, e os múltiplo lutos podem ser elaborados, trazendo novo significado para a perda e possibilitando um novo caminhar para a família como um todo.

É também importante destacarmos como luto não-reconhecido o processo que envolve as reações por não poder gerar um filho, presentes na inseminação artificial e na fertilização "in vitro". A decisão de iniciar esses procedimentos ocorre após tentativas de gerar um filho por meios naturais, nem sempre com a concordância equilibrada dos cônjuges, pois pode haver conflitos em relação ao que fazer. Os procedimentos realizados, além de dispendiosos financeiramente, são dolorosos para a mulher que vive um período conturbado envolvida com médicos, exames e até cirurgias. É comum um dos cônjuges estar mais envolvido com as tentativas do que o outro e haver conflitos da mais variada natureza, incluindo os religiosos. A cada inseminação artificial ou implantação de embriões malsucedida, existe um sofrimento e uma grande expectativa em relação aos frutos esperados. As gestações múltiplas e as frequentes perdas geram cuidados excessivos. Vive-se o luto pela falência do corpo, pela feminilidade e masculinidade, tal como esperados religiosa e socialmente.

Muitas vezes, a adoção de crianças também envolve processos de luto não-reconhecido quando ocorre após as tentativas de gerar biologicamente um filho ou mesmo após a perda de bebês e filhos maiores. As crianças adotadas podem experimentar fantasias de abandono, corroboradas por nossa sociedade em relação aos pais que entregam seus filhos para adoção. Múltiplas perdas e necessidades de adaptação, geralmente envolvendo polêmicas e segredos, às vezes geram disfunções familiares. Cabe aqui dizer que, mesmo envolvendo lutos múltiplos, nem todas as crianças adotadas tornam-se crianças problemáticas.

O nascimento de uma criança portadora de alguma síndrome de qualquer natureza também envolve o luto não-reconhecido, gerando sérias implicações no contexto familiar, do choque inicial frente ao diagnóstico e sua negação por período variável de tempo. No convívio familiar, afloram as limitações características da síndrome e o luto pelo filho idealizado, pelas tarefas que ele não consegue realizar, trazendo para os pais possíveis sentimentos de rejeição e negligência. O longo processo de adaptação envolve superar o sentimento de perda da criança que haviam esperado. Quando acontece a morte acidental ou morte pelo próprio curso da doença de um filho com limitações, alguns conflitos iniciais podem ser revividos, pois é comum a presença de sentimentos ambivalentes durante seu crescimento. De acordo com o grau de dependência entre os pais e o filho, maior será o enlutamento. Em casos se síndromes que envolvem o prognóstico da morte, os pais vivenciam também o luto antecipatório, muitas vezes associado ao luto não-reconhecido.

FAMÍLIA E LUTO NA CRIANÇA E NO ADOLESCENTE

É particularmente difícil o manejo terapêutico do luto em famílias com crianças, especialmente por haver um preconceito envolvendo a fragilidade da criança em relação à morte, no sentido de uma suposta falta de entendimento por parte dela em relação ao que está acontecendo, incluindo o desejo da família de não permitir que a criança sofra. Com isso, as famílias tentam protegê-la da experiência da morte, afastando-as dos acontecimentos reais, o que acaba por dificultar a elaboração de seu luto individual. Muitas vezes, criam-se mentiras e/ou segredos em relação à morte, criando falsas expectativas para a criança, pois falar em morte para a criança, muitas vezes, é admitir a perda para si mesmo.

Algumas dúvidas surgem em relação a como lidar com as crianças e podem ser desconcertantes para os adultos. A criança compreende a morte de acordo com seu desenvolvimento cognitivo. Por isso, é importante dar o máximo de dados possíveis de realidade, na linguagem apropriada a cada idade, respeitando os limites da criança em querer saber sobre o assunto. Na grande maioria das vezes, a criança tem uma curiosidade aguçada a respeito do que está acontecendo e quer participar dos rituais funerários. Esse desejo também deve ser respeitado, cuidando para que um adulto de sua confiança possa ficar a seu lado, protegendo-a de cenas constrangedoras ou assustadoras e estando à disposição para responder perguntas.

Os adultos esperam que a criança reaja como eles mesmos, não permitindo expressões individuais, podendo utilizar a criança como porta-voz da família. Recebo muitos questionamentos em relação à criança gostar ou não do falecido por não apresentar reações de choro ou tristeza intensa. Se a criança é muito pequena, ela está em construção do conceito da morte e, para isso, dependerá diretamente dos adultos cuidadores. Quanto menor ela for, mais cuidado é preciso ter com as palavras escolhidas para dar a notícia, porque a criança ainda não tem a noção de irreversibilidade, podendo achar que a pessoa amada voltará a qualquer momento.

É desejável respeitar o ritmo da criança em relação ao seu luto, sem obrigá-la a falar sobre a perda e os sentimentos advindos dela, fazendo perguntas em demasia, ou evitando falar sobre este assunto quando a criança demonstra interesse em fazê-lo.

É comum as crianças com mais idade evitarem falar sobre o assunto, especialmente com os adultos que parecem mais fragilizados, como uma forma de protegê-los. Há uma união entre o subsistema fraterno no sentido de cuidar dos pais, manifesta de diversas formas, muitas vezes expressa por um pacto de silêncio ou por necessidade de presença constante, paradoxalmente exigindo cuidados intensos, obrigando os adultos a experimentar outros sentimentos que não só relativos à tristeza.

Quando um dos pais morre após uma briga com a criança, há que se ter cuidado em descobrir se foi gerada alguma culpa por parte da criança por ter tido sentimentos ou pensamentos de raiva, expressos ou não, como por exemplo, "quero que você morra!".

Quando a mãe morre deixando filhos pequenos, há uma grande comoção e até desespero por parte do pai, porque geralmente os cuidados com as crianças são atribuídos à mãe. Pode haver uma confusão inicial para se manter a rotina da casa, fazendo-se necessária alguma ajuda externa que pode vir da própria família, de vizinhos, da comunidade. Quando o pai morre, há uma sensação de vazio e de perda de proteção, além de grande preocupação financeira. Muitas vezes, a mulher tem que tomar conta dos negócios de uma hora para outra, o que gera uma série de transtornos.

A morte de um dos pais, ou de ambos, é ocasião bastante propícia para haver interferência intrusiva da família de origem de ambos os lados, inclusive com disputas judiciais pela guarda das crianças. A adaptação aos novos papéis e funções torna-se tarefa hercúlea.

Nessas ocasiões, há uma maior possibilidade de que ocorram múltiplas perdas secundárias inerentes ao processo de luto que podem envolver queda brusca do padrão financeiro da família, mudança de residência ou cidade para ficar mais próximo de outros familiares que possam ajudar no cuidado com as crianças, entre outros. Contudo, se possível, é importante evitar mudanças de escola, de moradia, pois a rotina da criança já mudou muito.

Uma outra configuração delicada para crianças e adolescentes refere-se à perda de irmãos, pois há uma tentativa de proteção mútua, dos pais com os filhos sobreviventes, e o contrário. Por menor que seja a criança, ela percebe a fragilidade dos pais e costuma "cuidar" deles, inclusive no que diz respeito ao pacto de silêncio estabelecido nessas ocasiões como uma tentativa de evitar o sofrimento dos familiares.

Os pais acham que os filhos não sentem a perda porque não falam sobre o assunto, adotando um comportamento de evitação e tentando manter a rotina prévia. Na verdade, com receio de sobrecarregá-los com ainda mais sofrimento, os filhos tentam não chorar, não fraquejar diante dos pais e, por isso, não compartilham seus sentimentos. Os amigos e os primos da mesma idade podem ser seus confidentes. Aqui também parece haver diferença de gênero entre filhos e filhas, especialmente quando eles já são maiores. Na infância e na adolescência, essa diferença parece não sobressair, frente à necessidade de proteção dos pais.

Geralmente os filhos sobreviventes ficam à parte dos acontecimentos, seja em caso de acidentes, seja em doenças prolongadas, fazendo com que existam lacunas que prejudicam o entendimento do que está acontecendo, dando margem a muitas fantasias devastadoras, como o medo de que alguém mais morra, deixando-os em uma relação de dependência maior, exigindo cuidados maiores do que o habitual. Alguns podem assumir a posição de isolamento, fingindo aparentemente que não estão interessados no assunto ou que não se importam com a situação. Em minha experiência, mesmo estes sabiam tudo o que estava se passando.

Pode haver um sentimento de culpa por parte dos irmãos sobreviventes quando havia conflitos constantes ou uma briga eventual, ou com a sensação de que poderiam ter protegido o irmão de alguma maneira. É comum sentirem o desejo de ter morrido no lugar do irmão relacionado a questões de auto-estima. A idealização do irmão que morreu faz com que sintam raiva e cheguem a pensar que quem tem defeitos é quem deveria morrer, ou seja, quem ainda vive. É possível que precisem de ajuda para entender por que os pais demoram tanto a voltar ao funcionamento habitual e a parar de sentir tanta tristeza. Às vezes, aparentam adiar o processo do luto por recusarem a falar sobre a perda, inclusive em processos terapêuticos. Buscam refúgio com os amigos da mesma faixa etária, com quem conseguem conversar sobre o assunto.

O luto na infância e na adolescência requer atenção e cuidados especiais que garantam seu bom desenvolvimento por ser fator de risco para adoecimentos psíquicos futuros (Bromberg, 2000), incluindo a possibilidade de suicídio. É muito comum o início do uso de álcool e drogas ou comportamentos de risco na adolescência após uma perda significativa. Portanto, é imprescindível o conhecimento da dinâmica familiar e do manejo das crianças e adolescentes, compreendendo também as orientações que possam facilitar o luto infantil (Mazorra e Tinoco, 2005)

FAMÍLIA E DOENÇA PROLONGADA

Talvez este seja um dos temas mais conhecidos em função do trabalho desenvolvido por Kübler-Ross (1987) a respeito da vida emocional de pacientes portadores de câncer no processo de morte, suas fantasias, temores, descrenças. Esse trabalho pioneiro abriu portas para que profissionais de saúde do mundo inteiro dedicassem cuidados especiais aos pacientes à beira da morte.

Porém, pouca atenção foi dispensada ao processo do luto antecipatório vivido pelas famílias diante do adoecimento físico de um de seus integrantes antes da iminência da morte, quando experimentam o grande desafio de conviver com a miscelânea de sentimentos de modo a manter a esperança, ao mesmo tempo em que experimentam variados graus de incerteza e preparam-se para a perda pelo curso da doença (Rolland, 1998).

Este preparo tem início desde o momento em que se percebe a morte como inevitável, a partir do diagnóstico confirmado, envolvendo angústia e dor da separação, que se manifestam através de reações emocionais diversas por parte de qualquer um dos familiares que podem vivenciar fases como depressão, raiva, desorganização e reorganização. É uma reação adaptativa que possibilita a antecipação do desligamento afetivo entre eles, facilitando o luto após a morte efetiva (Rolland, 1998).

A falta de controle em relação ao prognóstico, especialmente quando ele envolve a morte precoce, traz um grande impacto, o qual varia de acordo com as experiências de perdas anteriores da família, com o tipo e com a fase evolutiva da doença, gerando um sentimento intenso de impotência frente ao sofrimento iminente. As tarefas de lidar com a perda da saúde, com a perda social e financeira implícitas e com a barreira imposta por segredos envolvendo diagnóstico e prognóstico podem ser dificultadas de acordo com o sistema de crenças, inclusive religiosas, tanto por parte da família quanto da parte da equipe de saúde, balizando seu comportamento diante do temor da morte.

Atualmente convivemos com famílias cujos membros são portadores de AIDS, sofrem com os mais variados tipos de câncer, suas mutilações e seus tratamentos muitas vezes desumanos, as distrofias musculares e outras síndromes congênitas, cujos diagnósticos chegam de maneira inesperada, muitas vezes, dado de maneira descuidada por parte da equipe de saúde, causando devastação na família.

Historicamente, algumas destas doenças tem sido alvo de vergonha e culpa, envolvendo preconceito social e trazendo estigmas difíceis de serem superados para toda a família, inclusive a respeito da causa da doença, o que pode dificultar a adaptação da família à nova realidade. É nestas ocasiões em que a família enfrenta barreiras múltiplas em relação ao segredo que se forma diante do adoecimento e do tabu da morte, o que provoca um entrave na comunicação familiar capaz de gerar sintomas das mais variadas formas.

Há um valor muito grande dado à cura, e é muito difícil quando se chega a um momento em que não há mais nada a fazer para impedir a morte. Infelizmente assistimos a muitas cenas de distanásia, com prolongamento desnecessário da vida de uma pessoa, durante hospitalizações com intermináveis intervenções. É aqui também que vemos um excesso de movimentos relacionados ao fazer mecânico relativo aos cuidados médicos e de enfermagem necessários; há muito o que fazer e não há tempo para ouvir o paciente e a família. Aos que estão morrendo, nega-se a possibilidade de morrer perto de quem se ama.

Neste processo, a família precisa esclarecer dúvidas práticas a respeito da situação na qual está envolvida; compartilhar sentimentos, angústias, medos e dúvidas; planejar o presente e o futuro, de maneira a ter a possibilidade de vivenciar importantes despedidas (Fonseca, 2004).

É de extrema importância dar atenção especial ao membro cuidador principal da família, aquele que centraliza os cuidados em casos de doenças crônicas e incapacitantes, pois seu estado emocional e de saúde (muitas vezes afetado) exerce grande influência sobre os cuidados e sobre o bem-estar do paciente, além de influenciar qualidade de vida de ambos. É comum haver comprometimento do interesse pelo mundo externo e a mobilização de recordações que engendram o sofrimento de perda, tantas vezes crivada de ressentimentos e culpa. Por estar muito envolvido com os cuidados intensos e diários, o cuidador frequentemente não tem chance de viver o luto antecipatório de maneira adequada, podendo desenvolver sintomas específicos de luto posteriormente.

Nas ocasiões em que há a presença de uma doença ativa e progressiva, que ameace a continuidade da vida, é preciso estabelecer um cuidado especial dirigido a pacientes e familiares, promovendo a qualidade de vida por meio da prevenção e do alívio do sofrimento dos sintomas, especialmente da dor, inerente àquela situação, o que inclui o cuidado com as necessidades emocionais, sociais e espirituais de todos os envolvidos. São os chamados cuidados paliativos (OMS, 2002), que valorizam principalmente o cuidar mais do que o tratar, afirmando a vida e considerando a morte como um processo normal, permitindo que ela siga seu curso sem tentativas de apressá-la ou adiá-la. Buscando apoiar os envolvidos com a doença a enfrentá-la, bem como ao processo de luto envolvido em seu curso, este trabalho é semelhante ao que nós, terapeutas familiares, fazemos com as famílias quando paramos de nos preocupar com os sintomas apresentados por seus membros e atentamos para o bom funcionamento do conjunto, estimulando aquilo que de melhor tem dentro de si.

FAMÍLIA E MORTES ACIDENTAIS

Lamentavelmente, o índice de morte na adolescência tem aumentado vertiginosamente, trazendo um constante sentimento de medo por parte dos pais que dificulta o discernimento entre pressentimentos fantasiosos e medo real. Como a adolescência é um período em que existe uma onipotência muito grande, há um excesso de comportamentos de risco, agravados por impulsividade exacerbada, busca de soluções mágicas e menor tolerância à frustração; imprudência, destemor ao perigo, desafio a limites impostos, uso de álcool e drogas convivem lado a lado com as dificuldades dos pais em manejar esses comportamentos. Com isso, cresce o número de adolescentes e jovens envolvidos em acidentes automobilísticos fatais, suicídios e homicídios, trazendo processos de luto bastante peculiares em função do tipo de perda.

Este tipo de morte, por ser repentina, traz bastante dor. Muitas vezes, o corpo fica tão machucado por circunstâncias violentas, que é necessário realizar os rituais funerários com o caixão fechado, o que pode trazer dificuldade para a elaboração posterior do luto.

Em qualquer tipo de perda, quando há conflito intenso na família por abuso de álcool ou drogas, por transtornos psiquiátricos tratados ou não, especialmente se a morte foi consequência suposta desse tipo de problema vivenciado no cotidiano, pode haver uma mistura de sentimentos de raiva e tristeza, uma sensação maior de fracasso por não ter conseguido "impedir" a morte, um processo de culpa intensa, inclusive quando um certo alívio é vivenciado no sentido da cessação do conflito ou do sofrimento impingido por ele.

Em casos de homicídio, a família experimenta a revitimização com o descaso das autoridades que, muitas vezes, não tomam as providências necessárias ou sequer se preocupam com os sentimentos da família. Esta é obrigada a conviver com o preconceito, em silêncio, sempre ladeada de medo de que mais alguma coisa ruim possa acontecer, por meio de temores reais, como, por exemplo, sobreviventes de uma chacina que precisam conviver com a dor da perda, ao mesmo tempo em que buscam proteção por meio até de mudança de residência ou ingresso em programas de proteção à testemunha, necessitando até mudar sua própria identidade. O próprio contato com a polícia e o envolvimento em desgastantes processos criminais em busca de culpados pode gerar ainda mais sofrimento.

Quando acontece um suicídio também há a presença de intensos e dolorosos processos de culpa e de perguntas: por que ele (a) fez isso? Como eu não vi o que estava acontecendo? Muitas perguntas ficarão sem resposta, mesmo quando há uma carta de despedida, pois só a pessoa que morreu é quem poderia, supostamente, completar o quebra-cabeças dos acontecimentos.

Há um contexto histórico, sociológico, cultural, religioso, biológico, psicológico e psiquiátrico que condena o suicídio e sua família em nossa sociedade ocidental, perpetuado constantemente quando tentamos estabelecer causas e consequências para o ato de por fim à própria vida. Os rituais sociais mudaram desde a antiguidade, mas as famílias continuam sendo condenadas e julgadas por um acontecimento sobre o qual elas não têm controle. São definidas como famílias desajustadas, desequilibradas, desestruturadas, disfuncionais, incapazes de dar amor, carinho, cuidado, limite e toda a contenção que uma família provê.

Especialmente nas famílias em que há suicídio de adolescentes, as dificuldades e os problemas enfrentados não são muito diferentes da realidade das demais famílias, havendo um profundo pesar que indica o forte e importante vínculo rompido. Diferentemente do suicídio em adultos, com frequência associado a diagnósticos psiquiátricos, parece haver a presença de impulsividade, desesperança e desespero diante da ausência de comportamentos estranhos que indicassem algum tipo de ideação ou plano suicida, carecendo-se de pesquisas mais significativas para a compreensão do fenômeno.

As decisões urgentes e questões de ordem prática, o contato com família extensa e amigos, o contato com as autoridades e com a imprensa, envolvendo perícia, liberação do corpo, rituais funerários, abertura de inquérito policial e seus desdobramentos com investigação detalhada da família e dos amigos em busca de culpados, por vezes, podem ser palco de cenas desnecessárias de constrangimento, preconceito ou desentendimento, que podem contribuir para um processo de luto disfuncional. Isto parece ser ainda mais verdade quando se trata de uma perda ambígua, ou seja, quando não se sabe se a morte foi consequência de um acidente ou de um desejo real de morrer.

As famílias fazem uso de estratégias para construir o significado da perda, incluindo comparações, caracterizações, questionamentos, referências, discordâncias. Entre os possíveis significados, nem todos positivos, são encontrados a morte como um teste, como um castigo (para uma pessoa em especial ou para a família), como negligência da família ou dos profissionais que o atendiam, como saída para um desespero, como motivo para unir a família, entre muitos outros. A meu ver, especialmente no suicídio, o significado mais difícil se dá para "a morte poderia ter sido evitada".

Em meu trabalho com famílias que enfrentam o luto por suicídio, há uma direção para a construção de um sentido para a perda o mais sistêmico possível, no qual incluo a noção da co-responsabilidade dos acontecimentos, inclusive da pessoa que morreu, realidade negada por um grande número de famílias que buscam a culpa em seus próprios atos não só às vésperas do suicídio como ao longo da convivência. A irreversibilidade também entra em cena para barrar os "ses" que envenenam a relação entre a família e o falecido. Não há nada mais a ser feito, porque o tempo não volta atrás, e é preciso olhar para frente e buscar um novo sentido para a vida, o que não acontece em um curto período de tempo, não devendo ser exigido da família que assuma a postura de que nada aconteceu ou que volte a funcionar adequadamente sem tristeza o mais rápido possível. A complexidade tem um peso grande para a compreensão de que o ato de tirar a própria vida foi determinado por inúmeros fatores, muitos deles até desconhecidos da pessoa e da própria família.

A existência de uma carta de despedida nem sempre traz alívio para a família, podendo até tornar-se um peso, uma vez que pouco explicam sobre os motivos pelos quais a pessoa tirou a própria vida. Os conteúdos das cartas são os mais diversos, desde cartas acusatórias a pedidos de desculpa, mas no imaginário das famílias é frequente a presença da ideia de que a pessoa não gostava o suficiente de sua família ou que não pensou nela por ter cometido o suicídio. O significado que a família atribui a esse tipo de perda está relacionado a crenças religiosas e sociais e à própria história do suicídio na sociedade, ficando ainda forte para a sociedade ocidental o preconceito em relação à pessoa e à sua família.

Independentemente do tipo de perda, o momento da doação de órgãos é muito complexo, tanto para a família do doador quanto para a família do receptor. A família do receptor vive um processo de luto antecipatório por uma doença crônica, em expectativa da morte iminente, cobrindo a pessoa enferma de cuidados especiais, com muitas mudanças de rotina em função dela. Esse processo encontra a dor da família do doador, envolvida na dificuldade da decisão por envolver a questão da morte cerebral e uma questão ética, moral e religiosa em relação ao limite onde começa e termina a vida. Na realidade brasileira, ainda há muitas dificuldades para a realização de transplantes, inviabilizando a doação. Esta pode trazer um significado de continuidade diante da perda iminente, trazendo um grau de conforto para a família ao saber que a morte de seu ente querido fez bem para alguém, podendo ser uma janela de oportunidade para um melhor enfrentamento do luto.

FACILITANDO O LUTO POR MORTE NAS FAMÍLIAS

Há uma especificidade no trabalho com luto que origina uma necessidade de treinamento do profissional para trabalhar com perdas. A complexidade do luto é tão grande, que pode inibir os terapeutas a realizar avaliação e intervenção com as famílias. Esse tema costuma impactar os profissionais, paralisando-os pessoal e profissionalmente, pois trabalhar com o luto do outro nos remete a nossos próprios lutos. O contato com múltiplas perdas ao longo do trabalho com luto faz mudar o mundo presumido do terapeuta.

Para que um terapeuta familiar possa trabalhar com luto é preciso reexaminar seus próprios paradigmas sobre família e morte, de maneira a ter consciência dos padrões culturais, sociais e familiares aos quais está submetido, evitando a fusão com a família atendida. Isto é possível por meio de um trabalho específico relativo à própria história de perdas do terapeuta e os subsequentes processos de luto individual e familiar, o qual pode ser realizado em terapias individuais ou no trabalho com a família de origem do terapeuta durante sua formação. É fundamental também conhecer a fundo suas motivações para esse trabalho, bem como suas limitações.

Este conhecimento pessoal favorece, por parte do terapeuta, aceitação da realidade de cada família e os significados que atribuem à perda, respeitando suas tradições e seus costumes, inclusive no que diz respeito aos rituais, contribuindo para que sua participação no sistema terapêutico seja produtiva e possibilite o movimento da família.

Somos estimulados culturalmente à intolerância ao sofrimento pessoal e, como profissionais, equivocadamente a fornecer conselhos para "melhorar" as pessoas, exigindo que não fraquejem, não chorem, que saiam da cama, que não sintam tristeza ou que não se entreguem. Porém, torna-se fundamental, como terapeutas familiares, facilitar a experiência do sofrimento dos indivíduos e suas famílias, validando esses sentimentos sob o risco de ampliar negativamente os efeitos vivenciados na família.

Confirmando a publicação anterior sobre o tema (Silva, em fase de elaboração), considero que a terapia familiar sistêmica pode contribuir para o trabalho do luto familiar por meio de cinco áreas de atuação: a avaliação sistêmica dos indivíduos e suas famílias; a orientação e o aconselhamento do luto, tal como proposto por Parkes (1998) e Worden (1998); a intervenção terapêutica que pode incluir o sistema familiar amplo, a rede de apoio e o próprio sistema terapêutico; a prevenção, por meio de intervenções que objetivem a redução dos efeitos prejudiciais à saúde física e mental; a formação de profissionais para a atuação no luto.

Há alguns elementos para avaliarmos o grau de dificuldade em lidar com a perda. Por meio deles, é possível uma avaliação que permita saber qual a necessidade de intervenção e prever, com limitações, se haverá maior ou menor dificuldade em lidar com as perdas, o que também depende dos recursos da própria família e sua capacidade de transformar-se em meio às crises. Nessa avaliação, incluo os fatores de risco e proteção para um bom desenvolvimento do luto (Bromberg, 2000), o estudo da família de acordo com Bowen (1998), verificando a configuração familiar antes da perda, a posição funcional da pessoa que morreu, o nível de adaptação geral da família a mudanças, a história anterior de perdas e as adaptações anteriores.

Na avaliação da família em relação ao processo de luto por morte também é importante observar em qual fase do ciclo de vida ocorreu a perda, a forma como ela aconteceu, a idade da pessoa que morreu, a diferença de gênero em relação à forma de enfrentamento, a inserção social, ou seja, se ela tem uma rede de apoio acolhedora, protetora e estruturante que facilite o processo de construção da nova realidade dessa família.

Investigar as perdas da família ao longo do tempo é uma tarefa que pode ser realizada por meio do genograma e da linha do tempo, pois revelam informações significativas e eventos nodais na vida da família, além de possibilitar o reforço da rede de relacionamentos, indicando as dinâmicas intergeracionais, que nem sempre são influências negativas na família. Essas ferramentas têm o potencial de revelar luto intergeracional ainda em andamento, pois, caso não tenha um bom curso, pode trazer consequências sérias para a família. Nessa investigação, podemos utilizar o conceito de roteiro familiar (Bying-Hall, 1998) e possibilitar trazer à tona as regras para morrer e elaborar o luto, codificadas na mitologia e nas lendas familiares sobre as mortes, o que facilitaria ao terapeuta escolher a intervenção junto à família para que ela tenha a chance de reescrever seu roteiro.

A intervenção do terapeuta familiar pode acontecer antes, durante ou depois da morte de alguém da família, e é indispensável o emprego correto das palavras como dado da realidade: usar palavras como morte, morrer, enterrar, velório, caixão; evitar utilizar palavras e expressões evasivas, como falecer, partir, não estar mais neste plano, entre tantas outras. Quanto mais dados de realidade, maior a possibilidade de enfrentamento por parte da família, e estar confortável em conversar sobre o assunto possibilita a abertura de um sistema emocional fechado e proporciona a este sentir-se confortável consigo mesmo.

A intervenção do terapeuta familiar no processo de luto tem como objetivos facilitar a relação entre os membros da família, incentivando o diálogo direto entre eles de maneira a favorecer o apoio mútuo, a comunicação, a tomada de decisões e a prática efetiva nas mudanças necessárias à nova organização da dinâmica familiar. Embora a situação ideal envolva não fazer qualquer tipo de segredo diante da morte, sabemos que isso nem sempre é possível.

A qualquer momento do contato com a família, é preciso se colocar à disposição para responder perguntas que possam favorecer o entendimento do que está acontecendo. E, como nem sempre é possível ter todas as respostas, pode ser de grande valia oferecer-se para buscá-las junto com a família. Em muitas ocasiões, é preciso orientar às famílias em relação a questões práticas e tarefas diárias necessárias de serem cumpridas, o que evita transtornos futuros. Para isso, é preciso estabelecer relações com outros profissionais, construindo um trabalho multidisciplinar que facilita o processo de luto. Esse trabalho pode ser realizado junto à rede de apoio da família, incluindo advogados, médicos e enfermeiros, delegados, legistas, padres, pastores, em uma espécie de "colcha de retalhos", multifacetada, que possa envolver a família e fornecer-lhe cuidado integral.

No período anterior à morte, o trabalho pode ser realizado em atendimentos ambulatoriais e no contexto hospitalar, de caráter público ou privado, focado no processo de luto antecipatório, possibilitando a participação ativa da pessoa doente na nova organização familiar e rompendo a barreira do silêncio. É possível também trabalhar junto às equipes de saúde, não só no que diz respeito àquela família e suas dificuldades com a doença, mas também com o lado do profissional que trabalha com esta dura realidade. Tal tipo de trabalho traz bons resultados no sentido de permitir ao doente e à sua família a sensação de dever cumprido, a não-existência de pendências práticas e emocionais e a possibilidade da despedida.

Ainda incomum, é possível a atuação imediata diante da perda, no momento do acidente, em ambientes como hospitais, capelas funerárias, cemitérios, *settings* terapêuticos não-habituais.

No período posterior à morte, o trabalho consiste em fornecer informações importantes sobre como cada um se sente e as possíveis reações, ficar atento a datas comemorativas, facilitar os rituais e a busca de significado em cada um deles. Geralmente é nessa etapa que muitas famílias procuram ajuda.

Todas as tarefas da família diante do processo de luto dizem respeito à adaptação ou à nova organização do sistema familiar, envolvendo a participação dos membros em todos os rituais funerários e rituais posteriores que possibilitam construir significado de perda para a família; o reconhecimento e a aceitação da nova realidade; a elaboração das emoções oriundas da perda; o ajustamento ao ambiente modificado e às novas tarefas; por fim, mas não menos importante, a permissão para que todos os membros da família continuem a vida.

Diante das dificuldades encontradas na avaliação e ao longo do processo terapêutico quando novas dificuldades podem surgir, utilizo a prescrição de rituais específicos, como visita à sepultura, elaboração de uma carta do não-dito (Caram, 2007), alguma celebração especial no dia do aniversário da pessoa, elaboração de uma carta de despedida para a pessoa que morreu, ou algumas tarefas práticas que possam mudar a rotina integrando a nova realidade, incluindo conversas com pastores ou padres ou o incentivo a conversar com pessoas que passaram por experiência similar. Ao longo das sessões familiares, é possível desenvolver um trabalho com fotografias, diários, sonhos, música, poesia, textos ou mesmo livros que auxiliem o manejo do luto familiar. Outra técnica que surte bom efeito é o trabalho com escultura familiar. A própria construção do genograma também pode ser um recurso interessante para indicar as entradas e saídas da família e fazer fluir energias estagnadas. Nas sessões, também é possível utilizar recursos do psicodrama.

No Brasil, ainda não há a aplicação ampla do conceito de resiliência familiar para a abordagem do luto tal como proposto por Walsh (2005). Essa abordagem oferece ferramentas para a busca das competências e do potencial de cada família no processo ativo de reestruturação e crescimento, por meio da intervenção de terapeutas ou de outras pessoas, até mesmo membros da própria família. De acordo com a autora, os sintomas são avaliados no contexto de eventos de crises passadas, contínuos e ameaçados, seus significados e as reações de enfrentamento da família, e as intervenções terapêuticas estimulam o estabelecimento da confiança compartilhada entre seus membros. Assim, a família percebe que a resolução de seus problemas depende diretamente dos esforços, dos recursos e das competências compartilhados, o que a fortalece para enfrentar futuros desafios. Resiliência familiar é um processo interativo que se desdobra ao longo do tempo, de acordo com os desafios, com as pressões e com os recursos existentes na própria família, em interação consigo mesma e com o mundo.

Independentemente da linha de atuação escolhida pelo terapeuta, o trabalho com o luto familiar busca estimular a competência da família em lidar com a perda, explorando seu potencial de relacionamento entre si e com o mundo exterior. Todas as famílias têm um intrínseco potencial para reparação e crescimento, cuja tarefa é trazê-la para uma realidade possível de ser vivida. Não podemos nos iludir e esperar que atendam a um modelo ou outro, pois a realidade de cada família é que precisa imperar. Assim, cada família construirá seu processo único e incomparável. E se o fizer de maneira ativa, tem chance de desenvolvê-lo melhor.

CONSIDERAÇÕES FINAIS

Vivemos como se não perdêssemos nada. Vivemos como se não fôssemos morrer. O sentimento de luto não é validado e, com muita pressa, exige-se que a família substitua sua "peça defeituosa", com cobranças interminaveis de não sentir, não chorar, buscar substituições impossíveis, sem que tenha permissão de viver todo o processo naturalmente.

É indispensável uma mudança de paradigma em relação às famílias em situações de luto, entendendo as reações inerentes ao processo como naturais, além de se entender que nem todas as famílias que enfrentam uma perda serão prejudicadas, mas desafiadas pela adversidade. Muitas famílias conseguem fortalecer-se após uma perda ou mesmo após múltiplas perdas, e nem todas precisam de intervenções terapêuticas. A possibilidade de viver funcionalmente diante do luto depende diretamente da resiliência familiar, de escolhas positivas conscientes e do esforço na construção de relacionamentos familiares mais fortalecidos.

Até que a família enlutada tenha tido tempo suficiente para avançar em sua recapitulação do passado e em sua reorientação para o futuro, os conselhos fornecidos por terapeutas, familiares, amigos e religiosos podem ser muito mais nocivos do que benéficos. A família necessita de informação, acolhimento e cuidados integrais, muitas vezes, traduzidos simplesmente por estar por perto, disponível, e isso pode fazer toda a diferença.

Como nosso treinamento profissional se dá pelo viés da patologia, é preciso cuidar para não julgarmos as famílias por um único padrão normativo de saúde familiar, transformando as tensões mais prolongadas durante a adaptação à perda como sintomas. Atendendo famílias nas mais diversas situações de luto, pude perceber que suas saídas são as mais diversas e, todas elas, válidas.

Infelizmente, a sociedade, de maneira geral, incluindo os profissionais de saúde, acostumou-se a medicalizar desnecessariamente a dor do luto, atribuindo estados depressivos para pessoas que passaram por perdas importantes, em períodos temporais em que ainda é esperado sentir tristeza, desespero, incompreensão em relação à mudança. Seria mais adequado, nessas ocasiões, substituirmos o diagnóstico de depressão pelo de "tristezão".

A mudança de paradigma diante das perdas e do luto possibilitará um interessante trabalho de prevenção, trazendo para nossa realidade a educação para a morte, incluindo as crianças e os adolescentes de uma maneira mais natural na trama do luto familiar. Além disso, a formação de terapeutas familiares mais bem preparados para trabalhar com o tema, que é intrínseco ao conceito de família, ajudaria na dissolução de disfunções familiares provenientes do luto, ampliando a comunicação, o pertencimento e a autonomia das famílias.

O luto familiar é instigante por sua complexidade e riqueza, mas carece de pesquisas, talvez também pela dificuldade de entrar em contato com o tema por parte dos pesquisadores. Considero dois temas muito importantes a serem investigados: a temporalidade do processo do luto na família e os legados familiares das perdas. Ambos possuem entraves difíceis de serem superados, se a opção for pesquisa com estudos longitudinais. Outros dois aspectos que me despertam curiosidade é a variação do processo de acordo com o tipo de perda e o fenômeno do luto familiar na realidade da família brasileira. Porém, ainda não há uma consciência em relação à prevenção de saúde mental a partir do trabalho adequado do luto, o que dificulta a existência de verbas para o desenvolvimento de pesquisas, tratamento, prevenção e formação de profissionais capacitados.

Como foi descrito no decorrer deste capítulo, existem inúmeras reações esperadas ao longo do processo de luto que não são iguais para todos os membros de uma família ou para todas as famílias. Uma vez que a família sempre é confrontada e desafiada por múltiplas perdas, precisa encontrar múltiplas saídas. Não existe uma receita de bolo a ser aplicada por um terapeuta familiar na resolução do luto, sendo preciso co-construir com a família o processo de um luto funcional que lhe dará o caminho de uma nova vida, possibilitando o investimento em novos objetivos e em novas responsabilidades. Afinal, a família ainda é o melhor recurso para compensar os efeitos negativos do luto.

> "Não se preocupe em 'entender'
> viver ultrapassa todo entendimento."
> (Clarice Lispector)

REFERÊNCIAS

ARIÉS, P. *História da morte no ocidente*. Rio de janeiro: Ediouro, 2003.

BORZORMENYI-NAGY, I.; SPARK, G.M. *Lealtades Invisibles*. Buenos Aires: Amorrortu, 1994.

BOWEN, M. A reação da família à morte. In: WALSH, F.; MCGOLDRICK, M. *Morte na família*: sobrevivendo às perdas. Porto Alegre: Artmed, 1998. p. 105-117.

BOWLBY, J. *Formação e rompimento dos laços afetivos*. 3.ed. São Paulo: Martins Fontes, 1997.

BYNG-HALL, J. Os roteiros familiares e a perda. In: WALSH, F.; MCGOLDRICK, M. *Morte na família*: sobrevivendo às perdas. Porto Alegre: Artmed, 1998. p. 153-165.

BROMBERG, M.H.P.F. *A psicoterapia em situações de luto*. Campinas: Livro Pleno, 2000.

CARAM, C. Comunicação pessoal. Vitória, 2007.

CARTER, B.; MCGOLDRICK, M. *As mudanças no ciclo de vida familiar*: uma estrutura para a terapia familiar. 2. ed. Porto Alegre: Artmed, 2001.

CASELLATO, G. (org.). *Dor silenciosa ou dor silenciada?* Campinas: Livro Pleno, 2005.

FRANCO, M.H.P. Comunicação pessoal, São Paulo, 2007.

FONSECA, J.P. *Luto antecipatório*. Campinas: Editora Livro Pleno, 2004.

KÜBLER-ROSS, E. *Sobre a morte e o morrer*. 3.ed. São Paulo: Martins Fontes, 1987.

LOÉS, T. *Relatório da implantação do Projeto ComViver* – Rio de Janeiro. [s.d.]. Disponível em: <http://www.projetocomviver.org.br/html/port/textos/relatorio.htm>. Acesso em 01/03/2008.

MCGOLDRICK, M. Ecos do passado: ajudando as famílias a fazerem o luto de suas perdas. In: WALSH, F.; MCGOLDRICK, M. *Morte na família*: sobrevivendo às perdas. Porto Alegre: Artmed, 1998. p. 76-104.

MILANEZ, M.C.A. *Do útero materno ao útero mecânico*: estudo sobre o impacto da internação de recém-nascidos prematuros numa Unidade de Terapia Intensiva Neonatal. 1998. 145 f. Dissertação (Mestrado em Psicologia) – Programa de Pós-Graduação em Psicologia, Pontifícia Universidade Católica do Rio de Janeiro, Rio de Janeiro, 1998.

MAZORRA, L.; TINOCO, V. (org.). *Luto na infância*: intervenções psicológicas em diferentes contextos. Campinas: Editora Livro Pleno, 2005.

ORGANIZAÇÃO MUNDIAL DA SAÚDE. *Cuidados paliativos*. 2002. <http://www.who.int/cancer/paliative/definition/en/>. Acesso em: 11/04/2008.

PARKES, C.M. *Luto*: estudos sobre a perda na vida adulta. São Paulo: Summus, 1998.

RANDO, T. *Treatment of complicated mourning*. Illinois: Research Press, 1998.

ROLLAND, J.S. Ajudando famílias com perdas antecipadas. In: WALSH, F.; MCGOLDRICK, M. *Morte na família*: sobrevivendo às perdas. Porto Alegre: Artmed, 1998. p. 166-186.

SILVA, D.R. Impacto do Luto na Criança: uma questão para a Terapia Familiar Sistêmica. In: MAZORRA,L.; TINOCO, V. (org.). *Luto na infância*: intervenções psicológicas em diferentes contextos. Campinas: Livro Pleno, 2005.

_____. Luto disfuncional: contribuições e intervenções da terapia familiar sistêmica. In: MACEDO, R. *O estado da arte*. São Paulo: [2008?]. (Em fase de publicação).

TAVARES, G.R. et al. *Do luto à luta*. Belo Horizonte: Casa de Minas, 2001.

VASCONCELLOS, M.J.E. *Pensamento sistêmico*: o novo paradigma da ciência. Campinas: Papirus, 2002.

WALSH. F. *Fortalecendo a resiliência familiar*. São Paulo: Roca, 2005.

WALSH, F.; McGOLDRICK. M. A perda e a família: uma perspectiva sistêmica. In: WALSH, F.; MCGOLDRICK, M. *Morte na família*: sobrevivendo às perdas. Porto Alegre: Artmed, 1998. p. 27-55.

WORDEN, J. W. *Terapia do luto*: um manual para o profissional de saúde mental. 2.ed. Porto Alegre: Artmed,1998.

parte V

Peculiaridades das terapias de casais

28

O casamento e as relações extraconjugais

Luiz Carlos Prado

Por ser um assunto muito controverso, que toca nas crenças mais profundas dos seres humanos sobre os relacionamentos amorosos, é sempre um desafio instigante abordar as relações extraconjugais, as quais estão no cerne de muitos conflitos conjugais e de problemas familiares, sendo fundamental que os terapeutas que trabalhem com casais e com famílias, ou mesmo com indivíduos adultos envolvidos em relacionamentos amorosos, possam compreendê-las o melhor possível. Muitos segredos familiares têm em seu cerne algum relacionamento extraconjugal, pela carga imensa de passionalidade, bem como pelas implicações morais ou religiosas que envolvem esse tema. Apesar das apreciações negativas e carregadas de preconceitos, relações extraconjugais ocorrem com uma frequência impressionante: mesmo com a imprecisão das pesquisas sobre o assunto, por sua natureza íntima e, muitas vezes, secreta, sabe-se que mais de 50% dos indivíduos casados (60% dos homens e quase 50% das mulheres, segundo pesquisa da antropóloga Miriam Goldenberg, 2006) se envolvem, em algum momento da vida, com alguma outra pessoa fora do casamento. Essas relações, no entanto, podem ser de natureza muito diferente e cumprir objetivos diversos, desde os transitórios encontros voltados apenas para o prazer sexual ocasional até os casos amorosos longos e profundamente envolventes.

Em capítulo do livro *Amor e violência nos casais e nas famílias*, examinei os casos extraconjugais duradouros, definidos como *relações entre duas pessoas casadas (ou vivendo uma união estável) ou entre uma pessoa casada e outra solteira, divorciada ou viúva, entre as quais exista um vínculo amoroso importante por sua duração ou intensidade* (Prado e Zanonato, 2004, p.12). Referi-me à duração ou intensidade significativas na medida em que essas relações podem construir-se em um convívio continuado por um tempo significativo ou em um breve tempo carregado de muita intensidade. Nesse trabalho, as relações extraconjugais foram examinadas a partir da perspectiva da função que poderiam estar cumprindo no contexto dos casamentos de um ou de ambos os amantes. O termo "amante" foi usado em seu sentido mais nobre – aqueles que se amam – na medida em que essas relações extraconjugais são nutridas pela paixão, pelo amor ou por ambos.

A paixão costuma estar presente na fase inicial dos relacionamentos, sendo caracterizada por sentimentos e vivências emocionais muito intensos, acompanhados de uma visão idealizada do objeto amoroso, mas tem uma duração limitada. O amor caracteriza-se por ser um sentimento mais duradouro, menos passional e mais realista, que tem como base uma profunda amizade, companheirismo, intimidade, admiração e respeito pela individualidade do outro, além do envolvimento carinhoso e sexual.

As relações extraconjugais frutificam nos espaços dos desencontros, dos conflitos, dos distanciamentos ou das insatisfações conjugais e perduram em função da incapacidade de os cônjuges enfrentarem suas dificuldades e resolverem seus relacionamentos por meio do diálogo construtivo. Quando não há comunicação adequada entre marido e mulher, os casamentos podem tornar-se mornos e desvitalizados, determinando profundas insatisfações em um ou em ambos parceiros, os quais, muitas vezes, mantêm a relação por razões morais ou religiosas, para "proteger os filhos" ou o patrimônio, ou simplesmente por incapacidade para enfrentar a dor da separação ou as perdas que ela necessariamente acarreta.

Naquele trabalho, estabeleci seis diferentes possibilidades para os casos extraconjugais em relação aos casamentos de um ou de ambos os cônjuges participantes da relação.

Algumas relações extraconjugais contribuem para a estabilidade dos casamentos – são aqueles relacionamentos extraconjugais que têm como função evitar o divórcio, funcionando como um fator de equilíbrio homeostático para os sistemas conjugais de um ou ambos os parceiros do caso. Podem ter uma longa duração, e alguns desses casos perduram até o adoecimento ou mesmo a morte de um dos parceiros, além de não costumar ser objeto de busca de tratamento, a não ser quando se instala alguma crise que desequilibre o sistema. Esses relacionamentos extraconjugais ajudam os indivíduos a sobreviverem a seus casamentos frustrantes e insatisfatórios, sem terem necessidade de enfrentar seus conflitos ou as dores de uma separação. No filme *A pele do desejo*, encontramos um belo exemplo desse tipo de situação.

Outros casos amorosos caracterizam-se como momentos de amor que podem enriquecer a vida de pessoas casadas. Esses são relacionamentos extraconjugais que acontecem em alguma etapa da vida de um indivíduo casado, trazendo-lhe uma vivência enriquecedora de muita intensidade. Quando mantidos no espaço privativo, podem ter um efeito bastante positivo para o homem ou para a mulher, sem necessariamente levar a uma crise conjugal. Mas também contém um elemento de risco para a relação, pois podem acarretar fortes emoções quando descobertos. Um belo exemplo desse tipo de caso encontramos no filme *As pontes de Madison*, em que os personagens de Clint Eastwood e Meryl Streep vivem uma intensa relação amorosa por apenas quatro dias, mas que vai marcar a vida inteira de cada um deles. Essas são relações construtivas que enriquecem a vida de quem as vivencia.

Outros relacionamentos, no entanto, trilham um caminho oposto: são relações que se desenvolvem em contextos muito complicados e que deixam um rastro de destrutividade em sua passagem. Esses são casos carregados de passionalidade agressiva e doentia, que determina intensos conflitos, muito sofrimento e dor. São eles que fundamentam muitas das crenças negativas sobre os casos extraconjugais e que estão na base de todos os preconceitos que permeiam esse assunto, sendo ilustrados no cinema em importantes obras, como *Atração fatal* e *Infidelidade*. Nesses filmes, vamos encontrar os ingredientes fundamentais desse tipo de relacionamento – violência conjugal, ameaças de toda ordem, comportamentos destrutivos e mesmo crimes passionais.

Alguns relacionamentos extraconjugais acabam cumprindo uma função importante para os casamentos: desencadeiam uma crise conjugal que pode oferecer, como toda crise, uma oportunidade de crescimento. Isso acontece quando se rompe o segredo que costuma cercar essas relações, fazendo com que sejam expostas as mazelas das relações conjugais – as mágoas, os ressentimentos e as profundas insatisfações de cada cônjuge. Em um bom desenvolvimento, quando existe uma base de amor ainda preservada, essas crises podem levar a uma revisão do relacionamento, determinando uma melhora na qualidade da vida amorosa do casal.

Não raro vamos encontrar situações em que a generosidade supera a paixão extraconjugal, levando o cônjuge envolvido a renunciar ao caso para proteger o casamento ou para não magoar algum dos envolvidos na situação: o parceiro do caso, seu cônjuge ou algum filho. O clássico *Casablanca* ilustra muito bem essa situação, quando o charmoso Rick (Hunfrey Bogart) renuncia à sua amada Ilse (a bela Ingrid Bergman), para proteger seu marido, líder da resistência ao nazismo, no difícil contexto da Segunda Guerra Mundial. Em um filme mais recente, *Proposta indecente*, a crise desencadeada pelo relacionamento extraconjugal dos personagens vividos por Demmi Moore e Robert Redford também acaba em uma renúncia em prol da continuidade do casamento, após a dolorosa vivência de perda e o crescimento pessoal do marido.

> A generosidade e a capacidade de renúncia não são muito comuns nos seres humanos apaixonados, que tendem a ser mais centrados em seus próprios interesses, mas pode estar presente em algumas situações. (Prado e Zanonato, 2004, p.27-8)

Finalmente, um outro caminho possível é o relacionamento extraconjugal desembocar em uma nova relação, após um ou ambos os cônjuges enfrentarem as dores e complicações do encerramento de seus casamentos. Nesses casos, as relações extraconjugais tornam-se tão envolventes, que determinam o desejo de seu aprofundamento e de sua continuidade em um novo relacionamento. Para que se tenha sucesso nesse caminho, é fundamental que haja uma separação bem elaborada dos casamentos anteriores, para que os fantasmas dos relacionamentos passados não venham atormentar o novo casal. Mas essas transições sempre implicam o enfrentamento com alguns dilemas e necessariamente muitas vivências dolorosas.

> Afinal, nestas encruzilhadas da vida se define o destino de várias pessoas – filhos de um lado, família de origem de cada um, de outro. Todos sofrem algum tipo de mudança em suas relações quando os casamentos são rompidos e novos casamentos são construídos. (Prado e Zanonato, 2004, p.30)

INFIEL, DE INGMAR BERGMAN (*)

Um bom exemplo de uma relação extraconjugal mostrando vários aspectos de sua complexidade encontra-se no filme *Infiel*, de Ingmar Bergman. Esse filme conta a história da profunda e tumultuada relação amorosa entre David e Mariana, casada com Markus, maestro com uma brilhante carreira internacional. Markus e Mariana tinham uma filha de 9 anos, sendo David um bom amigo do casal e padrinho de sua filha. Assim Mariana define David:

> David tinha problemas no casamento, era talentoso, imprevisível, gentil, atencioso quando queria ser, cruel e brutal quando encurralado.

Em um momento especial da vida desses personagens, David havia sido deixado por sua esposa e entrara em uma fase depressiva, passando a beber em demasia. Certo dia, encontrando-se com Mariana na saída de seu trabalho, iniciam um diálogo

---

* *Infiel*. Suécia, 2000. Roteiro de Ingmar Bergman. Direção de Liv Ulman.

em que David fala sobre seu momento, pedindo para conversarem mais sobre o assunto.

David: *Estava esperando você.*
Mariana: *Você está bem? Parece péssimo!*
David: *Eu não estou bêbado. Estou sentindo dor.*
Mariana: *Precisa de um médico?*
David: *Não é esse tipo de dor.*
Mariana: *Que tal irmos comer em algum lugar? Quer ir à minha casa conversar? Markus está fora...*
David: *Adoraria!*

Nesse encontro surpreendem-se com a eclosão de um intenso envolvimento amoroso. No final dessa conversa, quando já estão com sono e preparam-se para encerrar a conversa, Mariana escuta David murmurar:

> "Você quer dormir comigo?"
> "David, querido... Não vê que não daria certo? Se estiver se sentindo triste e sozinho, eu seguro sua mão."

David termina a noite dormindo na cama de Mariana, sendo apenas consolado por ela. Deitada a seu lado, Mariana pensou que a escuridão o entristecera e estendeu-lhe a mão. Adormeceram como se sempre tivessem dormido juntos. Desde então passaram a desejar cada vez mais um ao outro.

Assim Mariana descreve seus sentimentos:

> "Não sei explicar o que aconteceu. Mas foi algo palpável, que ficaria comigo para sempre, dentro do meu corpo. Para ser dramática eu poderia dizer que nunca senti nada parecido. A questão era: deveria guardar tudo aquilo para mim mesma? O caso com David foi inesperado. Não posso citar um motivo. Que loucura me possuiu?"

Construíram então uma oportunidade para ficarem alguns dias juntos em Paris, aproveitando uma ausência de Markus. O que se segue é muito característico das relações apaixonadas: profundo envolvimento, paixão intensa, incluindo uma crise de ciúme em relação ao passado amoroso de Mariana, inocentemente relatado a David, que lhe despertou uma violência incontrolável, sob o efeito facilitador da bebida ingerida durante o jantar daquela noite. Mariana narra no filme esse momento difícil:

> "David fazia perguntas estranhas e diretas. Nós ríamos juntos. Eu contava coisas ousadas. Mais tarde, após o jantar, tínhamos bebido mais que o normal, e foi um inferno.... David me deu medo. Seu ciúme era irracional. Senti tanto medo que vomitei. Achei que ele ia me bater, mas ele não o fez."

Mariana retrai-se, assustada, tenta sair da relação, mas a paixão derrota suas melhores intenções: retomam o relacionamento através de encontros regulares no apartamento de David, nas tardes em que Mariana podia sair mais cedo dos ensaios da peça teatral para a qual estava se preparando.

> "Às vezes eu sentia a consciência pesada (reflete Mariana). Talvez não fosse consciência pesada, mas apenas dor. Não conseguia lidar com o que estava acontecendo. E o pior é que eu sabia que estava errada, uma pessoa tomando espaço dentro da outra... É inexorável, assustador... O processo não pode ser interrompido. É quase biológico."

Vê-se, nesse relato, a profunda angústia interior dessa mulher, ao mesmo tempo apaixonada e consciente da situação complicada em que se envolvera. Apesar de suas culpas e ansiedades, viviam momentos felizes juntos:

> "Apesar dos problemas, foi uma época doce. Eu tinha dois homens. Foi mais fácil que pensei: se tivesse me-

nos ansiedades morais teria sido excelente".

Em uma dessas tardes, essa paz foi interrompida por batidas na porta: era Markus quem vinha ao encontro do casal de amantes. Inicialmente calmo diante de David e Mariana desnudos, enrolados apenas em um lençol, Markus vai sendo tomado por uma fúria intensa – grita e ofende de várias formas sua mulher e seu melhor amigo, pelos quais se sentiu duplamente traído. Ali se inicia o processo que vai, aos poucos, destruir com a vida desses personagens, de modo muito semelhante a como acontece em muitas situações na vida real. São contextos como esse que acabam desencadeando muitos dos crimes passionais.

Markus pede o divórcio, e David e Mariana passam a viverem juntos, mas atormentados por profundos sentimentos de culpa. "Naquele momento percebi que a vida de Isabelle tinha dado uma virada imprevisível – e era tudo minha culpa", refletiu Mariana. Markus, ressentido, pede a guarda da filha, iniciando em um processo tumultuado e sofrido, como costumam ser a maior parte dos litígios judiciais. Quando esse litígio está perto de uma solução, propõe um encontro com Mariana para fazer-lhe uma proposta de acordo. Após forte discussão com David, Mariana aceita encontrar-se com o ex-marido, que lhe propõe dormir com ele uma noite mais em troca da guarda da filha. Mariana aceita, com muito sofrimento, voltando para casa arrasada. Logo David percebe o que acontecera naquela noite, eclodindo intenso conflito entre eles, que deixou profundas marcas na relação.

David descreve esse momento:

> "Mariana implorava-me para que parasse, invocando nosso filho, mas eu não parei, continuei a atormentá-la. Mariana não se defendeu. Eu sabia que a abandonara quando mais precisava de mim. Queria poder ser condenado a algum castigo que expurgasse minha culpa. É como uma sentença de morte da qual nunca vou escapar."

Na sequência desse episódio, o casal de amantes se afasta, feridos e magoados profundamente.

> David e eu tentamos reatar a amizade, mas a alegria havia desaparecido. Nossa única afinidade era o sofrimento. Sofríamos pelo que havíamos perdido. Tornou-se uma amizade entre condenados. Sem consultar David, eu fiz um aborto.

Certas ações são como a explosão de uma ponte: tornam difícil o retorno. Com o ato desesperado de abortar, destruía-se a relação de forma inexorável.

Markus não cumpriu sua promessa, como seria esperado, pois seu objetivo já havia se cumprido – a vingança. O processo judicial seguiu adiante e terminou com uma decisão em favor de Mariana. Deprimido e solitário, Markus propõe à própria filha um pacto de morte – que ela no final não aceita – e acaba suicidando-se. Sabemos que todo suicídio é também um homicídio: esse homem orgulhoso, que se sentira profundamente traído, exercitou sua pior vingança matando-se, causando um profundo sofrimento à sua mulher, à sua filha e a seu melhor amigo. No final do filme, revela-se que também Markus sempre tivera uma amante, desde antes de seu casamento. Mesmo assim, não conseguiu perdoar sua mulher pela infidelidade.

Algum tempo depois, Mariana veio a falecer em um episódio obscuro, por afogamento. David permaneceu sozinho, assombrado pelos fantasmas de suas lembranças.

RADIOGRAFIA DAS RELAÇÕES EXTRACONJUGAIS

Assim como podemos fazer uma espécie de radiografia dos casamentos (Prado, 2002), também é importante que possamos examinar as relações amorosas extraconjugais avaliando suas qualidades intrínsecas. Apesar de terem em comum com os casamentos o fato de serem ambas relações amorosas, a natureza das relações extraconjugais lhes confere algumas peculiaridades que devemos conhecer e saber avaliar. Essa avaliação é importante, mais do que tudo, para que possamos distinguir o quanto há de saudável ou disfuncional e destrutivo nos casos amorosos que aparecem em nossos consultórios ou nas clínicas onde trabalhamos. Como vimos na primeira parte desse capítulo, apesar dos preconceitos e das avaliações moralistas de que são frequentemente objeto, nem sempre relações extraconjugais são um problema, podendo, em muitos casos, ser uma solução sadia para um ou ambos cônjuges envolvidos em casamentos insatisfatórios.

Serão examinados alguns pontos que podem ser importantes para definirmos se uma relação extraconjugal é saudável ou disfuncional:

As motivações da relação

O modo como se inicia

A maneira como um casal inicia um romance diz muito sobre o modo de ser e de agir dos parceiros: inícios muito complicados geralmente resultam em relacionamentos tempestuosos. No filme *Infiel*, vemos um exemplo disso: o relacionamento inicia-se intempestivamente, em um momento em que David está depressivo e solitário, além de estar bebendo em excesso. Mariana, por sua vez, também se sentia um tanto sozinha, pois seu marido Markus vivia uma fase de grande sucesso, viajando com frequência por vários países, deixando espaços vazios que acabaram sendo ocupados por David. Na noite em que se inicia o relacionamento extraconjugal, Mariana buscava consolar e apoiar o amigo, mas acabou envolvendo-se amorosamente com ele. Sua desproteção e solidão despertaram um desejo de cuidá-lo, que se transformou imediatamente em intensa paixão.

Assim, a observação do modo como uma relação inicia-se é um elemento importante para a avaliação de sua qualidade: quando um relacionamento começa de um modo abrupto, intempestivo, carregado de passionalidade, provavelmente será mais complicado.

Que lacunas de cada parceiro a relação preenche?

Por trás dos vazios e das ausências de um ou outro dos cônjuges, podem-se encontrar também muita mágoa e muito ressentimento, o que acaba de algum modo marcando os relacionamentos extraconjugais nos quais se envolvem. Muitas vezes, essas lacunas são profundos vazios interiores, sejam oriundos de relacionamentos com os pais ou cuidadores na infância, sejam de relações amorosas mais recentes. As lacunas que a relação entre David e Mariana vieram preencher eram, em parte, dos casamentos de cada um, mas David, pelo menos, refere-se a desconfianças de toda sua vida, que sempre atrapalharam suas relações.

No início de seu caso, David se descreve para Mariana da seguinte forma:

> "Eu sempre estrago tudo para mim e para os outros. Às vezes, penso que há algo de errado comigo. Talvez precise de terapia". (Após receber um beijo, segue falando.) "Isso é muito sério. A minha vida inteira foi um desastre. Às vezes me pergunto por que estou vivo... E ainda por cima sou desconfiado, suspeito de todo mundo. Provavelmente porque sou inseguro".

Os relacionamentos extraconjugais que se iniciam buscando preencher necessidades mais saudáveis, no entanto, podem ter melhores chances de serem mais construtivos e contribuírem para o crescimento dos parceiros.

O objeto da escolha amorosa

Alguns tipos de escolha de parceiro para o relacionamento extraconjugal podem ser importantes preditores de dificuldades para a relação. Parceiros amorosos muito próximos – um melhor amigo ou amiga do casal, ou um familiar (cunhado, padrasto) – multiplicam as dificuldades. Isso é o que acontece com David, muito amigo de Markus e Mariana: quando soube do relacionamento entre eles, Markus sentiu-se profundamente traído por ambos, o que intensificou seu ódio e seu desejo de vingança.

Muitas vezes, presenciamos relacionamentos extraconjugais em que o parceiro do caso é uma pessoa bastante perturbada, sendo portador de algum transtorno mental grave ou de uma personalidade muito problemática – *borderline*, narcisista ou mesmo anti-social. Algumas são pessoas bastante envolventes, que, por suas grandes dificuldades em estabelecerem relacionamentos amorosos qualificados, na medida em que priorizam seu próprio prazer ou seus objetivos pessoais, acabam por causar grandes sofrimentos a seus parceiros.

Casos amorosos iniciados em um contexto de prostituição, envolvendo pagamento pela companhia amorosa, aumentam o risco de uma relação enlouquecedora, pois pessoas que utilizam seu corpo para obter benefícios materiais terão mais dificuldades em lidar com as complexas exigências desses relacionamentos. Relações profissionais especiais, como aquelas entre terapeutas e seus pacientes, também podem trazer uma ampliação de dificuldades. Um exemplo disso encontramos no filme *Jornada da alma*, que conta a história da relação entre o psicanalista Jung e uma de suas pacientes, mostrando os profundos sentimentos de culpa que marcaram aquela relação.

O modo como se dá a união

Dentro de nossa visão sistêmica e complexa dos indivíduos, pensamos que cada relação pode se dar a partir de um tipo diferente de encaixe, como aqueles de um quebra-cabeça. Na maior parte dos casos, as relações amorosas são tentativas sempre renovadas de mudança, que se articulam por diferentes pontos e seguem por caminhos diversos em busca de melhor equilíbrio e qualidade de vida. Os encaixes de cada relacionamento são, em geral, diferentes, possibilitando formas diversas de vivências amorosas, como são infindáveis as possibilidades de composições de um caleidoscópio, mesmo a partir de uns poucos elementos.

São muito diferentes as oportunidades de escolha de pessoas bem-sucedidas e bem-relacionadas, vivendo em grandes centros, viajando e comunicando-se em diversos círculos, que as oportunidades de pessoas com menos recursos pessoais que vivem em comunidades menores e mais fechadas.

Assim, a ligação de dois indivíduos em uma relação extraconjugal pode se dar pelos melhores ou pelos mais doentios aspectos de cada parceiro. Avaliar se a relação elicia os aspectos mais generosos, amorosos e construtivos ou se traz à tona o lado mais egocêntrico e desrespeitoso de cada um é tarefa fundamental no atendimento de indivíduos ou casais envolvidos em relações extraconjugais.

A qualidade da relação

Para realizarmos essa avaliação devemos seguir um modelo muito semelhante ao modo como se podem avaliar as relações de casal em geral. No entanto, deve-se ter em vista as especiais circunstâncias de uma relação extraconjugal – em especial seus aspectos transgressor e clandestino, com frequência causadores de culpa, em maior ou menor medida.

De modo muito semelhante ao que fazemos em uma radiografia do casamento (Prado, 2002), devemos observar os aspectos essenciais dos vínculos, tanto do caso amoroso quanto dos casamentos implicados, examinando os seguintes aspectos:

- A amizade e o companheirismo entre o casal – pesquisas demonstram que as boas relações de casal estão baseadas nesses dois aspectos (Gottmann, 2000).
- A presença de respeito e admiração mútuos – que são também aspectos essenciais de uma boa relação. Quando encontramos manifestações de desrespeito e desvalorização do parceiro de caso, estamos diante de relações pouco qualificadas e fadadas ao insucesso.
- A capacidade de ouvir um ao outro com o coração, de expressar sentimentos e compartilhar ideias – que são elementos fundamentais de uma relação qualificada. Quando estão presentes entre os parceiros de caso, mas não entre os cônjuges, são um importante indicativo de que o novo relacionamento é mais saudável.
- O equilíbrio de valor entre os parceiros deve estar presente, mesmo que através de diferentes qualidades. Relações desequilibradas nesse sentido são mais disfuncionais, como, por exemplo, quando um cônjuge envolve-se com algum profissional do sexo: geralmente há algo de desvalia na escolha de alguém que foi conhecido em uma relação envolvendo pagamento monetário.
- A existência de afinidades de valores e crenças fundamentais sobre os vários aspectos da vida – uma relação qualificada implica afinidade de valores, o que pode ser um bom indicativo para a avaliação da qualidade da relação extraconjugal. Muitas vezes, não há uma boa afinidade de valores entre os cônjuges, podendo haver uma maior afinidade entre os parceiros de caso.
- A capacidade de apoio mútuo em momentos de dificuldades emocionais e de ajuda em atividades ou projetos de vida – nos casamentos disfuncionais, muitas vezes, há um descuido desses aspectos, que podem ser buscados nos relacionamentos extraconjugais. Mas também podemos ver muitas situações em que os parceiros de caso são bons companheiros apenas para a diversão, não se envolvendo em nada com as necessidades de cuidado de cada um, as quais podem estar sendo bem supridas no casamento. Essas são situações difíceis de avaliar e de ajudar na decisão quanto ao melhor caminho a seguir, pois cada tipo de relação pode estar atendendo diferentes e importantes necessidades dos indivíduos envolvidos.
- A qualidade do carinho e do sexo, em seus diversos aspectos – desejo, performance e prazer orgástico: esse é um dos temas mais comuns de insatisfação nas relações amorosas, em especial as de longo tempo. Muitos casais deixam que a relação sexual e mesmo o carinho tornem-se rotineiros e pouco gratificantes, por vezes até ausentes. As relações extraconjugais encontram nessa lacuna um importante espaço, pois, com frequência, são mais satisfatórias nesses aspectos. Sexo e carinho necessitam de uma permanente atenção nas relações; portanto, essa é uma área dos casamentos que necessita ser muito bem cuidada. Nosso cérebro é programado para a busca constante de novos prazeres, pois somente assim se sente estimulado. Essa estimulação pode ser exercitada pelo casal na própria sexua-

lidade, através da exploração conjunta de variações interessantes ou da criação de espaços diferenciados de romance e envolvimento afetivo, mas também pode ser obtida por outros caminhos – fazendo coisas novas juntos, viajando para lugares desconhecidos, explorando novas atividades, mantendo um clima de desafios e de criatividade. Quando os cônjuges não mantêm uma atenção constante com o relacionamento, o interesse mútuo tende a diminuir ou mesmo se extinguir, criando-se espaço para novos relacionamentos.

- O humor da relação – quanto melhor, mais fácil. O humor instável, a irritabilidade constante ou mesmo o humor depressivo, próprios de certos transtornos como a distimia ou a bipolaridade, podem determinar um clima de permanente tensão entre os cônjuges. É uma observação bem conhecida de que os indivíduos tendem a descarregar seu mau humor com mais frequência na intimidade da vida conjugal e familiar, pois é exatamente onde se sentem mais seguros. Com frequência, não percebem que, mesmo havendo muito amor e compreensão por parte do parceiro, a continuidade desse procedimento pode desgastar a relação, levando à insatisfação ou gerando ressentimentos. Ao contrário, as relações extraconjugais, por serem vividas nos espaços possíveis em função de sua própria natureza clandestina, não ficam sobrecarregadas por essas tensões. Para o amante, o indivíduo tende a mostrar seus lados mais positivos e melhor humorados, deixando para o cônjuge sua irritação e seu mau humor. Quando o(a) parceiro(a) de caso tem um humor melhor que o do cônjuge – nos casos em que este é distímico ou bipolar, por exemplo – esse fator funciona como um grande estímulo para a relação extraconjugal, na medida em que sua qualidade fica muito mais satisfatória.
- A aceitação mútua e o respeito pela individualidade de cada um são fatores fundamentais nas relações amorosas. Quando encontramos alguma dificuldade nessa área, isso sempre é motivo de muita insatisfação na relação. A intolerância com algum aspecto pessoal – aparência física, tipo de trabalho, algum gosto artístico ou interesse pessoal em esporte ou lazer – bem como com alguma relação pessoal significativa, como filhos de casamentos anteriores, pais ou outros familiares, costuma determinar intensos conflitos conjugais. Respeito e tolerância com as peculiaridades do outro e com suas relações significativas são fatores fundamentais em uma relação qualificada. Ao examinarmos uma relação extraconjugal, devemos observar se ela contempla adequadamente ou não essa questão, pois esses são fatores de bom ou mau prognóstico quanto ao futuro da relação. Novamente aqui a questão da convivência privada e secreta pode impedir que esses aspectos apareçam com clareza, pois pode não haver convívio com os familiares, nem mesmo contato com muitos dos hábitos e gostos pessoais de cada um. Por outro lado, há relações extraconjugais em que o convívio é bastante amplo, muitas vezes, incluindo alguns familiares, amigos e atividades de lazer e/ou de trabalho. Nesses casos, pode-se também avaliar o quanto há de aceitação e respeito pelo outro nesses vários aspectos do convívio.
- A comunicação entre o casal, em especial sua capacidade de resolver problemas e negociar diferenças – área fundamental em todas as relações amorosas. Saber resolver questões através do diálogo construtivo, mesmo quando cada um tem uma visão diferente de

alguma questão, é uma habilidade fundamental em qualquer relação. Nos casos amorosos também podemos observar a natureza da comunicação dos parceiros: como enfrentam suas diferenças, como discutem e solucionam as questões de sua relação, e compará-la com o modo como cada um faz isso em seus casamentos. Não é incomum que, ao longo do casamento, tenham sido criados barreiras e silêncios, áreas de conflitos mal-resolvidos ou de questões não-conversadas. A própria existência de uma relação extraconjugal já cria, ela mesma, uma área de incomunicabilidade e segredo entre os cônjuges, aprofundando ainda mais as dificuldades na comunicação. Devemos ter presente que não são os casos extraconjugais que criam essas dificuldades, em geral elas preexistem, sendo parte da motivação que leva os indivíduos a buscarem novos parceiros amorosos. Nas relações extraconjugais em geral, há menos segredos, pois ambos parceiros têm conhecimento de todo o contexto de vida em que estão inseridos, o que torna a comunicação mais fácil e aberta. Mas em muitos casos isso não é assim, havendo também entre os parceiros um jogo de falsidade e de pouca franqueza, visando a proteger-se de cobranças ou expectativas com relação a um possível maior compromisso um com o outro, o que é um indício de disfuncionalidade na relação.

- A capacidade de respeitar os espaços do parceiro de caso junto a seus filhos, quando existirem, a seus demais familiares e amigos, às atividades profissionais e mesmo às demandas dos casamentos, quando ainda não estiverem encerrados. Manifestações de ciúme intenso em relação a alguns desses elementos do sistema e a presença de tentativas de interferência ou mesmo de impedimento do convívio com os filhos do casamento ou com os demais familiares, tudo isso pode ser um sinal claro de que a relação extraconjugal não terá um bom desenvolvimento.

Crenças a respeito de casamentos, separações e relações extraconjugais

Nesse item, devemos avaliar como cada um dos parceiros de caso entende esses temas, a partir de suas vivências familiares e demais influências que tenha tido na vida, como as religiosas e culturais. Sabemos o quanto são influentes as crenças que os seres humanos carregam dentro de si, muitas delas desde sua infância, construídas por influência de seus cuidadores, ou mesmo aquelas que se constroem a partir de algumas experiências negativas em relacionamentos anteriores.

As crenças de cada indivíduo vão ser determinantes no quanto de culpa poderá haver nesse tipo de relacionamento. Pensamentos como *meu pai traiu minha mãe e eu me preparei para jamais repetir o que ele fez* podem aumentar muito o grau de sofrimento e de culpa no contexto de uma relação extraconjugal. Crenças que são mais positivas, como pensar que o amor deve prevalecer acima de tudo, independentemente da forma como acontece, ou que se deve valorizar o direito de cada pessoa buscar uma melhor qualidade de vida favorecem a compreensão e a tolerância com os relacionamentos extraconjugais. Isso vale tanto para os parceiros de um caso como para os cônjuges não-participantes, que terão reações mais ou menos intensas conforme suas crenças sejam mais positivas ou negativas a respeito do assunto.

Todo relacionamento extraconjugal, quando chega ao conhecimento do cônjuge não-envolvido, acarreta muitos sentimentos de tristeza, raiva e mesmo revolta. Mas tudo isso fica muito intensificado quando a pessoa tem crenças muito negativas a respeito do tema, que lhe amplificam a revolta e a dor. Na mesma situação, um outro indivíduo reagirá com menos intensidade, caso tenha um entendimento mais positivo.

A presença ou não de "golpes baixos"

Definimos aqui como "golpes baixos" as tentativas de controle da relação através da utilização de recursos desleais ou violentos, cuja presença é um indicativo forte de mau prognóstico da relação. Entre esses comportamentos, podemos encontrar:

- Ameaças de quebra da privacidade da relação sem o consentimento do outro, através da revelação para algum dos cônjuges envolvidos ou para qualquer outra pessoa significativa – seja algum familiar, amigo próximo ou pessoa importante do ambiente de trabalho.
- Ameaças de suicídio ou qualquer outro ato autodestrutivo podem estar sendo utilizadas, em especial nos momentos em que o parceiro questione a continuidade do caso amoroso. Essa é uma das formas mais violentas de tentativa de controle de uma relação, despertando sempre um misto de sentimentos de impotência, medo, raiva, tristeza e angústia, que podem vir acompanhados de uma profunda indignação e dor.
- Ameaças ou atos de violência física ou psíquica contra o parceiro ou cônjuge são também atitudes profundamente danosas às relações, gerando muito ressentimento e ampliando os conflitos entre os parceiros. Como toda violência que se manifesta em relacionamentos amorosos, também nas relações extraconjugais este será um indício de incapacidade de resolução de problemas através do diálogo e/ou de alguma disfunção importante na interação, ou mesmo de alguma patologia em algum dos cônjuges.
- A utilização de recursos escusos, tais como telefonemas, cartas ou *e-mails* anônimos, que coloquem em risco o casamento de algum dos parceiros, visando a criar situações de rompimento, sem sua concordância. Essa situação ocorre com relativa frequência nesse tipo de relacionamento: sempre quando acontece, caracteriza relações disfuncionais, pois a lealdade entre os parceiros estará sendo rompida. Essas atitudes constituem-se em uma forma abusiva e desleal de pressionar o(a) parceiro(a) de caso a tomar uma decisão, encerrar seu casamento e assumir completamente sua relação.
- Finalmente, todas as diferentes formas de pressão ou chantagem afetiva que possam estressar o(a) parceiro(a), desrespeitando sua vontade ou tentando apressar o tempo necessário para a tomada de alguma resolução em relação a seu casamento, são um indicativo de problema na relação extraconjugal, piorando seu prognóstico para o futuro. Pessoas que se dispõem a ter um caso com alguém comprometido em outra relação devem ter capacidade de entender que essa é uma situação especial, não cabendo qualquer ação que pressione de forma desleal o outro a sair do relacionamento anterior. Isso até pode acontecer, e acontece em um certo número de casos, mas deverá sempre ser no tempo e da forma que o parceiro casado entenda que seja mais adequado. Em um caso que acompanhei, a pressão aconteceu no sentido oposto: um homem casado estimulou sua parceira de caso a buscar terapia de casal a fim de evitar sua separação, para que a relação extraconjugal continuasse equilibrada. Nesse caso, a saída unilateral do casamento foi vivenciada como uma

grave ameaça ao equilíbrio do relacionamento extraconjugal, o que levou a esse tipo inusitado de pressão.

Capacidade de lidar com separações e perdas

Em meu trabalho clínico e mesmo em situações de vida que chegam a meu conhecimento, tenho observado que as pessoas se revelam realmente através do modo como lidam com as separações e com as perdas. Portanto, avaliar esse aspecto pode ser decisivo no sentido de identificar possíveis problemas na relação entre os parceiros de um caso. Algumas questões podem nos ajudar na avaliação do modo como cada parceiro de caso lida com separações e perdas:

- Guardaram muitas mágoas, ressentimentos ou desejos vingativos em função de vivências de perda ou separação no passado, ou houve elaboração adequada desses lutos?
- Após alguma separação, houve rupturas profundas com o outro ou com seus próximos, familiares ou amigos, ou mantiveram-se laços de respeito, amizade ou, no mínimo, uma convivência pacífica?
- Algum dos parceiros deprimiu-se muito, tornou-se inimigo, violento, procurou denegrir ou vingar-se, ou pôde separar-se de um modo amistoso e respeitoso de seus *ex* (namorados, noivos, amantes ou cônjuges)?
- Conseguem lidar bem com os rituais familiares – feriadões, viagens, festas, férias – que sempre determinam momentos de dificuldades para parceiros de um caso amoroso quando um ou ambos ainda estão casados, ou cria-se uma crise na relação nesses momentos, evidenciando uma constante dificuldade em aceitar esse aspecto do relacionamento extraconjugal?
- Foi mantida uma relação respeitosa, mesmo quando tenha se sentido abandonado, traído ou não-amado?

Cada uma destas perguntas pode esclarecer um pouco melhor a maneira como os indivíduos participantes de um caso lidam com separações e perdas. A capacidade de se separar de um modo civilizado e amistoso, mantendo o respeito pelo outro, mesmo quando imerso na dor e na tristeza da perda, é um indicativo positivo em qualquer tipo de relação amorosa, pois pressupõe equilíbrio e maturidade no lidar com essas situações da vida, sempre tão difíceis de enfrentar.

Capacidade de perdão e reparação

Devemos também avaliar, nos indivíduos envolvidos em uma relação extraconjugal, a capacidade de saber perdoar eventuais ações que lhes tenham feito sofrer ou causado algum dano, bem como a capacidade de reparar as próprias ações que possam ter resultado em sofrimento ou prejuízo a pessoas de suas relações. Ser capaz de perdoar e de reparar é algo fundamental para bons relacionamentos amorosos, mais ainda para os parceiros de um caso, que com frequência causam algum tipo de sofrimento um ao outro, em virtude das circunstâncias de segredo e clandestinidade da relação. Com muita frequência, os parceiros envolvidos em uma relação extraconjugal necessitam aceitar ausências em momentos importantes e conviver com elas quando necessitam e não podem contar um com o outro, em virtude dos muitos compromissos sociais ou familiares que os envolvem. Saber lidar com tudo isso, perdoando quando necessário ou reparando quando foram causadores do sofrimento, é decisivo para um bom relacionamento entre os parceiros.

Alguns indivíduos, no entanto, respondem com atos vingativos às atitudes que lhes causam sofrimento, buscando machucar ou mesmo destruir algo de quem lhes cause alguma dor, prejuízo afetivo ou material. Essa postura vingativa pode constituir-se de atitudes desrespeitosas ou mesmo violentas em relação ao parceiro ou a seus familiares. A vingança, em suas formas mais cruéis, está na base de muitos crimes, como podemos observar em muitas relações que terminaram em tragédias passionais. Encontramos exemplos disso todos os dias, noticiados em jornais ou tv, ou mesmo em obras clássicas, como *Medeia*, tragédia grega de Eurípedes, cuja protagonista que dá nome à obra, abandonada por Jasão, mata sua rival e seus próprios filhos, em um gesto de extrema loucura e vingança.

A gama de possibilidades de comportamentos entre esses dois extremos – capacidade de perdão ou reparação ou atitudes vingativas e violentas – vai determinar diferentes potenciais positivos ou negativos para os parceiros de um caso amoroso, pois, com certeza, terão de enfrentar situações causadoras de algum tipo de sofrimento psíquico em um relacionamento extraconjugal. Além disso, não é incomum que venham a ser objeto de retaliações por parte de algum dos cônjuges, de seus familiares ou de amigos, devendo ser capazes de compreender essas circunstâncias e lidar maduramente com elas.

O filme *Infiel*, que resumimos anteriormente, ilustra com clareza como a incapacidade de perdoar e atitudes vingativas podem causar estragos imensos na vida de todos, inclusive dos filhos de um ou outro dos envolvidos nesse tipo de contexto relacional.

O controle impulsivo: a capacidade de lidar com a raiva e os ciúmes

Devemos examinar a intensidade dos sentimentos de raiva e ciúme que cada parceiro vivencia e como lidam com esses sentimentos. Relações extraconjugais põem à prova a capacidade de os parceiros lidarem com frustrações quando são expostos às restrições causadas pelos períodos de férias, finais de semana, viagens ou festas familiares, ou quando o parceiro casado necessita ausentar-se do relacionamento extraconjugal. Devemos verificar com atenção se algum dos parceiros reage com autodestrutividade ou violência em relação ao outro nessas situações – manifestações de descontrole impulsivo nesses momentos são um indicativo forte de complicações na relação, pelo sofrimento que causam tais comportamentos. Relações que apresentam episódios frequentes de descontrole impulsivo de um ou ambos os parceiros têm um prognóstico bastante negativo, pois a tendência é que as frustrações, a raiva e a agressividade aumentem com o passar do tempo.

A presença de ciúme intenso é um fator importante a ser avaliado, pois esse tipo de relacionamento exige uma grande capacidade de tolerância com a proximidade do parceiro em relação a outras pessoas (cônjuges, pais, sogros, cunhados e filhos). Indivíduos que não conseguem tolerar o convívio do parceiro com as pessoas que já faziam parte de sua vida antes de iniciarem o relacionamento extraconjugal e passam a manifestar cada vez mais ciúme e possessividade acabam tornando a relação muito difícil e conflituosa.

Em alguns casos, podemos encontrar o *ciúme retroativo*, forma especial de ciúme em relação às vivências passadas da pessoa amada, que tem um grande potencial destrutivo. A exigência imatura e doentia de uma exclusividade no presente e no passado acarreta constantes crises na relação, muitas delas acompanhadas de violência física ou psicológica.

Esse é um elemento importante no diagnóstico de relações extraconjugais altamente negativas e enlouquecedoras – na relação de David e Mariana se fez presente de modo muito intenso, gerando momentos de grave conflito e atitudes de violência. Presenciamos isso no filme *Infiel*, na cena em que Mariana contou algumas histórias de seu passado para David, que inicialmente estimulou-a a falar e mais tarde mostrou-se transtornado pelo ciúme, tornando-se agressivo e violento. Seu ciúme intenso e sua violência aparecem novamente após o episódio em que Mariana esteve uma noite com o ex-marido na tentativa de obter dele um acordo em relação à guarda da filha, que depois não foi cumprido. Manifestações de ciúme intenso e *ciúme retroativo*, quando presentes, indicam estarmos diante de uma relação que dificilmente poderá ter um desenvolvimento positivo.

Presença de doença psiquiátrica em um dos parceiros

A presença de transtornos de humor depressivo ou bipolar, abuso de álcool ou drogas ou transtornos de personalidade (por exemplo, *borderline* ou anti-social) acarretam importantes complicações aos relacionamentos extraconjugais, como também acontece nos demais tipos de relacionamento amoroso. Como vimos anteriormente, o bom humor é um fator essencial de equilíbrio nos relacionamentos amorosos, pois contribui para um clima leve e agradável nos momentos de convívio. Quando um ou ambos os parceiros de caso têm um transtorno depressivo, em especial uma distimia, caracterizada por um constante estado de humor leve ou moderadamente depressivo, o clima do relacionamento pode ser afetado. Esse tipo de transtorno acarreta um constante mau humor, uma visão mais pessimista da vida e uma menor disposição para muitas atividades que o parceiro gostaria de realizar, inclusive para o relacionamento social e mesmo sexual, dificultando bastante a relação amorosa. Quando há manifestações do espectro bipolar, as dificuldades podem ainda ser mais amplas, pois nas fases eufóricas da bipolaridade os indivíduos costumam apresentar uma série de manifestações que têm profundas repercussões nas relações, como realizar gastos excessivos, tornarem-se facilmente irritáveis ou mesmo agressivos ou ainda apresentar uma gama de comportamentos excessivos na vida social e mesmo sexual.

O abuso de álcool e/ou de drogas é um outro tipo de transtorno que interfere profundamente nos relacionamentos de casais e, por conseguinte, nas relações extraconjugais. Indivíduos que abusam de álcool, com mais frequência, têm comportamentos desrespeitosos em relação a seus parceiros, podendo chegar a atitudes de descontrole ou até mesmo de violência física. O abuso de drogas traz ainda consigo todas as questões legais que sua condição ilícita pode acarretar, além dos transtornos próprios de cada tipo de droga. Cabe que avaliemos a gravidade do envolvimento com essas substâncias psicoativas e, em especial, as consequências relacionais que acarreta.

A presença de transtornos graves de personalidade em algum dos parceiros de caso também deve ser considerada com muita atenção. Pessoas que têm personalidades complicadas, como *borderlines*, narcisistas e anti-sociais, costumam ter relações tumultuadas e acarretarem muito sofrimento a seus parceiros por suas características – os *borderlines*, por sua grande instabilidade, os narcisistas por sua incapacidade de amar o outro e os anti-sociais por características como seu grande egocentrismo e sua natural tendência a tirar vantagem de tudo a qualquer custo. A presença de qualquer desses transtornos de personalidade em um ou ambos os parceiros de um caso apontam no sentido de grandes dificuldades para a continuidade da relação.

Resumindo: relacionamentos extraconjugais, por exigirem maior capacidade de tolerância às frustrações e muita compreensão em relação a uma série de situações da vida do parceiro – com sua mulher, com sua família, com seu trabalho e com seus amigos – são um desafio imenso para quem seja portador de algum desses transtornos mentais, levando-os a criarem muitos problemas, sendo a presença desses transtornos um outro indicativo importante de disfuncionalidade nas relações.

Capacidade de reconhecimento da responsabilidade de cada um com a relação

Relações são como sociedades: cada parceiro é responsável por sua parte nela. Os indivíduos que não assumem sua parte de responsabilidade nas relações tendem a sempre culpar o outro por qualquer problema que ocorra, o que geralmente é de muito mau prognóstico, sendo um indicativo de disfuncionalidade nos casos amorosos.

Relações extraconjugais, com frequência, envolvem questões complexas de responsabilidade, seja em relação aos próprios parceiros de caso, seja em relação a cônjuges, filhos ou demais familiares, amigos e contexto social em que vivem. Quando há um senso compartilhado de responsabilidade pela relação, torna-se mais fácil o enfrentamento com qualquer dificuldade, em especial as decorrentes de separações, rupturas ou perdas significativas.

Como conclusão desse capítulo, gostaria de reafirmar o que penso sobre esse tema, com o qual os terapeutas individuais, de casais e famílias são chamados a lidar cada vez mais: devemos deixar de lado nossos preconceitos e nossas crenças negativas para podermos ajudar, com isenção e competência, os indivíduos e casais envolvidos em relacionamentos extraconjugais. Essas relações são um dos mais complexos desafios da vida humana, devendo ser muito bem avaliadas pelos terapeutas chamados a intervir. Aconteceu-me já inúmeras vezes, e certamente acontece em muitos casos, que o indivíduo ou casal esteja compartilhando sua história pela primeira vez – a natureza clandestina desses relacionamentos faz com que as pessoas fiquem muito sozinhas, não podendo discutir a questão com seus familiares ou nem mesmo com seus melhores amigos, tornando-se o terapeuta a primeira pessoa com quem repartem seu segredo. Acolher com profundo respeito essas revelações e trabalhar com muito cuidado, ajudando essas pessoas a fazerem uma avaliação profunda e completa de seus relacionamentos e a tomarem a decisão mais adequada a respeito deles, eis nosso maior desafio como terapeutas, porque, na verdade, estamos sempre tratando do tema mais delicado e complexo da vida humana – as relações amorosas em sua maravilhosa diversidade, nas quais os seres humanos expressam todos as suas múltiplas facetas.

REFERÊNCIAS

GOLDENBERG, M. *Infiel*: notas de uma antropóloga. Rio de Janeiro: Record, 2006.

GOTTMAN, J.; SILVER, N. *Sete princípios para o casamento dar certo*. Rio de Janeiro: Objetiva, 2000.

PRADO, L. C. *O ser terapeuta*. Porto Alegre: Do autor, 2002.

PRADO, L. C.; ZANONATO, A. Relações extraconjugais: problema ou solução. In: PRADO, L. C. *Amor & violência nos casais e nas famílias*. Porto Alegre: Do autor, 2004.

29

A separação como resultado da difícil arte de negociar

Rosana Galina

Abordar a separação de duas pessoas pelo desgaste relacional, pela famosa incompatibilidade de gênios ou pelo triste "Já não amo mais você" é algo que já foi feito; já se escreveu e pesquisou muito sobre isso. Pensei, então, em algumas queixas que ouço no consultório:

> "De repente, não o conheço mais! Você está distante, diferente!"
> "Nós nos pegamos por picuinhas, são coisas tão pequenas que me irritam... que parecem bobagem..."
> "A gente foi sempre um, mas agora, ela está tão distante!"

A partir disso, comecei a fazer, como diria Bateson, a distinção entre as diferentes formas de separação, considerando sempre que essas distinções estão tão interligadas, que fica difícil delinear contornos mais definidos.

Por meio da análise dos casais que atendo, observei que a separação talvez mais sofrida, aquela que faz que um dos cônjuges normalmente se perceba cada vez mais distante do outro, daquele que, antes, era uma parte de si mesmo. Essa sensação de solidão, identificada por muitos cônjuges como traição na relação, explicita-se na hora em que as escolhas não mais convergem, em que o tempo parece passar em um "tempo" completamente diferente para cada um. É a separação de ideais, de projetos antes comuns.

Partindo de algumas referências de minha clínica e usando conceitos que fui construindo a partir da vivência desse contexto, começarei abordando a separação mais decantada atualmente:

SEPARAÇÃO QUE TEM A LEGALIZAÇÃO JUDICIAL COMO OBJETIVO FINAL

A separação que leva o casal e a família até o poder judiciário pode acontecer de modo litigioso ou consensual. Essa separação traz para o consultório diferentes combinações conjugais, das quais escolho duas, marcadas pelo contraste de expectativas:

Casais que querem se separar, mas que não querem se desgastar

Este é o tipo de separação muito saudável, e a terapia de casais ajuda muito a identificar *como se separar*, como manter a relação parental com os filhos descontaminada do desgaste da relação conjugal. O casal busca desenvolver uma distinção clara em ralação aos diferentes papéis que, nesse momento, reorganizam-se, para que seus papéis de pai e mãe (que são eternos) não sejam comprometidos pela dissolução daqueles de marido e mulher. No contexto terapêutico, casais em processo de separação são auxiliados pela possibilidade de se ouvirem, de ampliarem o questionamento quanto ao cotidiano da família e de se prepararem para o novo momento de vida. É comum a presença, em algumas sessões, dos filhos e, até mesmo, de animais de estimação, para que se planeje como a família vai viver separada, podendo usufruir do que, anteriormente, pertenceu ao casal. Como exemplo, há o caso de um músico, casado com uma musicista (eles têm um casal de gêmeos): ele é compositor e toca oboé; ela é pós-doutorada em música, dá aula em cursos de graduação e pós-graduação e é especialista em alguns autores musicais. Esse casal não precisou de advogado para se separar. Efetivou a separação no contexto terapêutico, estabelecendo acordos quanto à pensão, guarda compartilhada, visitas dos filhos ao pai – que fixaria residência em um lugar de fácil acesso para eles – e divisão dos bens imóveis e móveis, como louças, para o começo da montagem da casa do pai, CDs e DVDs, quadros e fotos da família. Tudo foi lembrado com muito cuidado e respeito por ambos. A decisão de se separar deveu-se ao sentimento do marido de não sentir mais desejo pela mulher e de terem se tornado "um casal de irmãos" e grandes amigos, uma afirmação, entretanto, que não era compartilhada pela esposa, que continuava amando-o. Porém, essa falta de sintonia foi aproveitada no contexto terapêutico para se pensar o que acontecia com ela e com a relação, enquanto o marido foi se distanciando e ela não percebeu. Como estava a vida sexual do casal? Como compartilhavam o cotidiano? Que momentos a dois tinham? Eram interessantes esses momentos? Essas questões auxiliavam na redefinição do lugar de cada um porque ajudavam-nos a refletir sobre que fizeram, se ele deu sinais de sua insatisfação, e como se investiu para mudar o momento que viviam, e se ela estava tão distante a ponto de não perceber nada.

Casais que estão profundamente desgastados, mas não enfrentam a separação por questões econômicas, transformando o casamento em um inferno diário, no qual fica profundamente comprometido o crescimento individual

Nesse tipo de relação há uma profunda desconfiança: o tempo todo, um cuida do que o outro possa vir a fazer. Nesses casos, a parceria do terapeuta do casal com um advogado que possa participar das sessões em momentos de dúvidas ou no caso de uso indevido de algumas afirmações permite que o contexto terapêutico seja mais bem aproveitado, ao se fazer distinções e se elucidarem questões. Para exemplificar, há o caso de um casal que tem a separação total de bens assinada no pacto antenupcial do contrato conjugal. O marido é rico, e a esposa parou de trabalhar quando engravidou. O casamento foi feito sem que a esposa fosse esclarecida quanto ao pacto e, com o tempo, ela foi se sentindo prejudicada e traída. O marido tem o controle da situação financeira da família e não investe em nada do que é dela. Por exemplo, ele passou um imóvel para o nome dela, mas não investiu em sua manutenção, ocasionando deterioração. A esposa pede para ser revisto o encanamento e o piso, ser refeita a pintura, e o marido se recusa a pagar por isso, apesar dos 24 anos de uso diário do imóvel, o qual será "o que a alimentará no dia em que ele morrer". Ele mantém o controle da esposa, dando-lhe uma mesada de R$ 1.500,00, e ela não consegue sair do *lugar de espera* para resolver essa situação e não pensa em nada que possa tirá-la desse lugar, só quer que ele faça justiça. O tempo vai passando, e ela vai ficando cada vez mais na dependência de o marido resolver o que, na verdade, deveria vir da parte dela: tomar uma atitude mais assertiva em relação à própria vida. Nas questões familiares, ambos fazem uma diferença muito grande entre os dois filhos dele e o filho de ambos, o que provocou uma cisão na família, que é sempre duas. Os critérios para a qualidade dos relacionamentos na família são completamente díspares: é incompreensível, para a esposa, a diferença que o marido faz entre seus três filhos; para ele, é incompreensível o quanto ela se compara com a filha de seu primeiro casamento e o quanto ela não lhe oferece companheirismo e atenção. Apesar de tudo isso ser profundamente perverso, ele não propõe a separação, nem ela a pede. Ela não investe na relação por se sentir muito prejudicada; ele não investe por sentir que ela não está interessada na relação, somente no dinheiro. Os dois sofrem, mas não crescem, buscando critérios e definições que irão ajudá-los na separação (sempre esteve presente, mas nunca foi explícita ou assumida).

As duas vivências referem-se coincidentemente a famílias com filhos. Por outro lado, os casais sem filhos, muitas vezes, usam os bens materiais na disputa ou no controle do outro, assim como fazem com as crianças e os adolescentes que se transformam em moeda de troca, quando um cônjuge quer importunar o outro, o que é muito triste e desgastante para todos.

Outra questão importante é que nem sempre a separação implica o fim do litígio e a liberação dos parceiros para retomar seu caminho e buscar novas oportunidades. Os ex-parceiros, apesar de separados, podem seguir tendo ainda como foco o outro, de uma forma aprisionadora: o casamento legal acabou, mas os dois (ou apenas um deles) podem continuar casados, mantendo uma ligação, sendo o litígio o mobilizador vincular.

A SEPARAÇÃO SENTIDA E VIVIDA COM A MUDANÇA DO CONTRATO CONJUGAL

Nessa abordagem estão os casais com as mais diferentes configurações. Por exemplo, há os casais mais jovens, com idades entre 25 e 30 anos, que se despedem de uma fase de romantismo e ardor sexual para entrar na rotina do cotidiano (frase muito usada por eles) e um é surpreendido pela distância que o outro, de repente, impõe-lhe. É comum encontrar jovens que passam a cobrar do outro a atenção do tempo de namoro, a tranquilidade de seus encontros e o ardor com que faziam amor. Esses jovens chegam ao consultório com a queixa de que não conseguem mais ficar casados, mas, comumente, um dos dois não aceita a separação; mais frequentemente, é o cônjuge que se queixa de ter ficado só. Ele afirma esperar que o outro volte a ser o que era antes do casamento (fica subentendida uma chantagem para a mudança). São casais que começam discutindo em seu dia-a-dia e que vão se distanciando até não mais se conhecerem. Vão se perdendo do que era comum e não se reconhecem na hora das queixas. Ouço com alguma constância as frases: "Não sei do que você fala!", "Não entendo o que você precisa!" "Não consigo enxergar o que você diz!". Considerando essas questões, é interessante o terapeuta provocar reflexões que permitam a cada um assumir a própria mudança. Ninguém é artífice do outro. É possível esperar a mudança do outro, mas nunca calcar a própria vida na expectativa dessa mudança.

Incluem-se, também, nessa distinção, os casais mais velhos que estão na faixa etária dos 50 e 60 anos e que passam por mudanças significativas em seu ciclo vital individual, coincidente com o ciclo de vida familiar, fato que potencializa os momentos de sofrimento. Casais nessa condição focam-se em seu envelhecimento, na saída dos filhos da complementaridade de pais cuidadores; focam-se na aposentadoria e ainda na falta de projetos futuros. Como exemplo, o relato de um casal que teve durante 30 anos papéis claros na administração da família. A esposa, uma mulher bonita, expansiva e otimista, sempre ficou em casa, administrando as dificuldades da rotina e, para se distrair e ter uns trocados, tinha uma atividade que consistia em fazer enfeites para seus conhecidos ou amigos de escola dos filhos. O marido, profissional da área administrativa, sempre foi o provedor da família e trabalhava muito: ficava até tarde na firma, participava de encontros sociais de trabalho, viajava e desenvolvia seus projetos profissionais que se mesclavam aos sociais, sem incluir a esposa ou compartilhá-los com ela. Mas, a certa altura da vida, houve então uma mudança: ele se aposentou, e ela se transformou em uma mulher de negócios bem-sucedida. O que, antes, para ela, era um lazer que trazia algum retorno econômico se transformou em uma grande empresa administrada por ela e pelo filho mais velho. Essa mulher foi premiada por seus projetos sociais e comunitários e passou a viajar e a participar de reuniões socioprofissionais, lembrando muito as reuniões do marido. Ela menciona que o marido pode acompanhá-la, mas ele sempre quer ficar em casa: "Ele não gosta de viajar, não quer mudar!" "Eu quero aproveitar a vida! Quanto tempo ainda tenho para sair e viajar do jeito que gosto?". O marido quer a esposa por perto, quer fazer RPG com ela, quer almoçar junto, quer ficar mais em casa, mas ela acaba afirmando sentir que ambos não têm mais nada em comum. Diz, ainda, que ele está defasado e que ela se sente profundamente infeliz com suas cobranças e com a passividade com a qual ele atualmente olha a vida, que contrasta com seu jeito otimista e intenso, apontando essa diferença como o principal motivo que os distancia.

Há também um outro casal nessa mesma faixa etária, com uma longa história de companheirismo e parceria. Ambos viajavam, faziam trilhas, jogavam, praticavam esportes radicais e sempre, na intimidade, abriam mão de escolhas pessoais que poderiam prejudicar o espaço conjugal. Construíram um baú de créditos. Quando ela resolve colocar explicitamente o que quer, acabando por criar uma diferença entre os dois que nunca havia aparecido, ele se sente profundamente traído e abre o *baú de créditos*, e o casal passa a fazer um inventário passado que não lhes permite chegar no hoje e a assumir as diferenças. Há algo a ser administrado em um momento em que o companheirismo e a parceria são movimentos esperados por ambos.

Uso a expressão "baú de créditos" como metáfora para ilustrar movimento do casal que começa a desenrolar uma série de cobranças ("baú" porque é um lugar sem atualização, no qual o velho tem características de novo, em um profundo processo de desatualização). É o ontem guardado esperando o momento de cobrança.

Nestes relatos, a separação não é desejada: é uma saída para o desespero da solidão que cada um percebe ao delinear espaços individuais em uma conjugalidade que não permitia que esses espaços aparecessem de forma clara e satisfatória; viviam um todo, mas, em determinado momento, tornou-se necessário focalizar as partes.

Esta é uma forma de separação muito sofrida, "de mim para comigo". É a percepção de perdas que são minhas e que foram construídas pela importância que o outro tinha em minha vida. O foco do casal sai do *todo – nós* para recair sobre as *partes – eu-tu*, o que, paradoxalmente, poderia ser interessante para o crescimento conjugal, uma vez que os espaços individuais sendo satisfatoriamente desenvolvidos tendem a enriquecer o espaço relacional, e não o ameaçar (é a busca pelo espaço individual). Essa questão permeia todas as separações: olhar para a vida e ver que deixei de fazer tantas coisas, sendo o encontro com o empobrecimento do espaço individual.

No contexto terapêutico, o trabalho para ressignificar o abandono sentido por investimento em projetos comuns é sempre muito interessante e enriquecedor. Parece paradoxal, mas só é possível haver um projeto comum quando cada um sabe no que de fato *pode* e *quer* investir.

Espaço individual

É um espaço desenvolvido a partir do autoconhecimento, no qual o investimento pessoal alicerça projetos que enriquecem o cotidiano, ao mesmo tempo em que acontece o enriquecimento pessoal. Cabe nele a busca do lazer, a formação de grupos sociais, a busca de uma profissão, o desenvolvimento da intelectualidade, a descoberta da gratificação de estar só, o prazer de estar em casa. O importante é assumir seu processo de escolha e considerar *as perdas como parte desse processo*, e não *como uma concessão ao cônjuge*. No espaço individual, é importante reconhecer o quanto se quer investir no desenvolvimento de cada um dos papéis: homem/mulher, profissão, pai/mãe, entre outros.

Bowen apresenta em sua proposta de entendimento da família a importância da diferenciação do *self*. Diz ele que

> não considera a terapia concluída quando o problema que a trouxe à consulta está sintomaticamente resolvido. A ação terapêutica deverá ser continuada até que cada membro da família adquira um *self* com autonomia e maturidade (Sampaio, 1885, p. 46).

Além disso, Winnicott fala em desenvolvimento do *self* como uma atribuição da vida inteira.

Para melhor definir o conceito de *self*, entendo-o como "O organizador e integrador das vivências ao longo de toda a existência do ser" (Galina, 2005, p. 45). Sem a diferenciação do *self*, fica bastante comprometida a utilização dessas vivências para o crescimento individual, dentro ou fora da relação. Se o outro é uma mistura de mim mesmo, como posso desenvolver o que quero e aquilo em que acredito? Ainda, como fazer isso se coloco no outro os fracassos e os sucessos de qualquer investida? A sequência coerente desse modo de estar na vida oferece como possibilidade a expectativa de que o outro me faça feliz. É comum, no contexto terapêutico, ouvir a queixa: "Nós sempre fomos felizes... Por que você quer mudar tudo agora?". Ela vem apoiada em uma relação que não se atualizava em termos de expectativas individuais. Uma frase do marido como "Você nem gosta mais de andar de moto!" vem acompanhada de sofrimento e sentimento de solidão e traição, enquanto a esposa diz que "só gostaria de poder usar sapatinhos que gosto e me vestir de um jeito que também gosto mais! A moto me impede!". Cada cônjuge fala a partir de um espaço individual completamente diferente: ele não atualizou a posição da esposa, e ela, por sua vez, não o colocou a par de sua mudança.

Há ainda, casais que não percebem o outro como um ser individual, mas sim como um prolongamento de si mesmo. Para ilustrar, lembro-me do atendimento de uma esposa que era advogada da elite de Belo Horizonte, filha temporã de um casal que se encantou com sua chegada. Ela adorava festas, reuniões sociais e o refinamento que cada contexto podia lhe oferecer. O marido, um jornalista de esquerda, preso político anistiado, detestava toda e qualquer manifestação de luxo. Quando ele fez 50 anos, a esposa preparou uma festa-surpresa na redação do jornal onde ele trabalha, pedindo autorização para levar o bolo na hora do fechamento do jornal, momento em que todos estariam presentes. "Como se não bastasse o bolo coberto de morangos e chocolate, ela contrata um anjo que vai recitar uma poesia que ela havia escrito para ele", queixa-se o marido, que ficou muito bravo, deixando de falar com a esposa durante a semana. Quando chegam para a sessão, ela diz: "Ele é um mal-agradecido, nunca valoriza o que eu faço!", e ele diz: "A festa que você fez era para você! Mas quem fazia aniversário era eu!". Esse diálogo reflete a dificuldade de um conhecer o outro e, explicita o sofrimento de cada um: o dele por não se sentir percebido e o dela por presentear o marido e ele não reconhecer isso. Esta é uma situação típica de atribuição de significados díspares e pessoais, contaminados pelas experiências passadas de cada um, individuais e conjugais, com ambos atribuindo diferentes conotações ao gesto de cada um.

Espaço relacional

O espaço relacional é desenvolvido a partir do autoconhecimento e do conhecimento em relação ao cônjuge e do quanto se quer e pode negociar consigo mesmo e com o outro em prol de um espaço comum, o *espaço relacional*. Costuma-se dizer que é o espaço decorrente de negociações em dois estados: em relação a mim mesmo e em relação ao outro.

Existem diferentes variáveis que ajudam a influenciar a construção do espaço relacional, dentre as quais estão:

Histórias individuais

Ao iniciar uma relação afetiva, cada parte desse todo relacional traz consigo um número imenso de expectativas decorrentes da história vivida em sua família de origem (pais e avós), caracterizando uma série de legados geracionais apreendidos na vivência do cotidiano e no passado, com a força de heranças, de geração a geração. Nessa bagagem que cada um leva de sua vida para a relação conjugal, cabe também o apreendido culturalmente, contextualizando todas as variáveis de um momento social.

Expectativas românticas

No contexto terapêutico, há uma queixa constante quando se fala em investimentos na construção do espaço relacional: é a perda do "jeito como você me tratava!", "do jeito como você me olhava", de "como eu era importante para você!", "como eu sabia das coisas que aconteciam com você." Essa percepção que traz implicada a expectativa de romance é responsável pela afirmação de que "Você não me ama mais", "Você não tem mais interesse por mim", "Há muito tempo ele não me convida sequer para tomar um chopinho!", "Eu quero estar com ele, quero entender qual é meu espaço, porque o trabalho ocupa um espaço considerável na vida dele!", "Ela não me ouve com atenção, chega a me interromper para que eu seja mais objetivo. O que eu sinto se perde", "Ela não ouve o que eu digo, usa o que eu digo para falar sobre ela. O que eu faço se perde".

A distinção entre o espaço individual e o espaço relacional, tem como critério a expectativa de cada um, de como cada cônjuge investe no espaço da relação.

Atrofiamento do espaço individual da mulher

Outro fator interessante para a observação da busca do equilíbrio entre o desenvolvimento do espaço relacional e o espaço individual é o quanto algumas mulheres, ainda hoje, investem na relação com o filho e com as tarefas domésticas e acabam deixando de desenvolver seu papel de mulher. Essa atitude sempre vem acompanhada de uma cobrança ao marido de seu pouco investimento no papel de pai. Para explicitar essa afirmação, as seguintes frases ajudarão:

> Enquanto eu cuidava de nossos filhos, levando para a escola, para o futebol, para o terapeuta, para a casa de amigos, para a festa de final de semana, ele trabalhava, jogava futebol e conversava tomando chope com os amigos". "Eu cuidava do filho dele e ele ficava no trabalho ou na frente da televisão". "Eu fui ficando em casa e ele crescendo profissionalmente. Deixei meu diploma de advogada e passei a ser motorista e acompanhante de fi-

lho... Aos poucos, fui percebendo que ele era um grande pai também para mim. Um pai cerceador e rígido. Fui me distanciando cada vez mais...

Quanto mais a mulher cobra, mais o marido se fecha. Essa dinâmica acaba afastando o casal e o investimento no espaço da relação fica menor. No contexto terapêutico, a ressignificação dessas queixas ajuda cada um a entender o sofrimento do outro. Uma vez que o complemento da queixa da esposa é o marido afirmar que ficou sem esposa e não tem com quem conversar, e que as queixas dela são sempre chatas, além de outras afirmações que atualizam o desgaste de ambos, isso tira a esposa do papel vitimizado para assumir o papel de mulher.

Parceria com o psicodrama

Em meu cotidiano de consultório, para a representação dos espaços individuais e do espaço relacional, valho-me da *espontaneidade como natureza primordial*, como diria Jacob Levy Moreno, utilizando como *objeto intermediário* almofadas de diferentes tamanhos e cores, a fim de concretizar o desenho dos espaços.

O uso de almofadas é um aquecimento específico para que cada um possa, em seu tempo e limite, tomar o lugar destas para dramatizar sensações e dificuldades que, se fossem apenas ditas, não seriam escutadas na mesma intensidade.

Cada vez que um membro do casal se apropria de seu espaço representado pela almofada, o outro pode observar e solicitar a possibilidade de intervir ou alterar o explicitado. Nesse momento, eles são autores e escritores do texto que representam. Esse recurso permite que ambos, e, ao mesmo tempo, cada um, possam ver no concreto o quanto é sofrida, restrita ou desequilibrada a construção do espaço relacional e/ou do desenvolvimento dos espaços individuais. Este é um processo interessante de ressignificação, em que o psicodrama entra como um instrumento que permite concretizar o *sentido* e *vivido*, auxiliando os casais a perceberem as distorções entre o real e o idealizado de cada um. Muitas vezes, os casais ou um membro do casal se surpreende com a própria realidade.

CONSIDERAÇÕES FINAIS

Penso que preciso começar o fim de meu artigo e pude viver nessa construção a complexidade do tema. Para que o final tenha um gosto de quero mais, vou pontuar alguns assuntos que se desdobram a partir da palavra separação. São eles: ciclos vitais individual e familiar, legados familiares, diferenciação do *self*, divórcio e suas diferentes atualizações, teoria do apego, conjugalidade, irmãos de diferentes composições conjugais, perdas e amadurecimento pessoal.

Essas e tantas outras interessantes contribuições para o difícil momento da separação, seja na separação de fato, seja na percepção da necessidade de separação dentro do casamento, surgem para poder mantê-lo.

Separar é a possibilidade de perceber o biombo que me permite contatar com minha intimidade e ter a visão do que está fora; é o despir-me do que trago como veste constante e poder combinar uma nova vestimenta a partir da percepção do que está do outro lado do biombo.

REFERÊNCIAS

CUNHA, A. *Dicionário etimológico da língua portuguesa*. 3. ed. Rio de Janeiro: Lexikon, 1982.

GALINA, R. *Contornos individuais no sistema familiar*. São Paulo: Vetor, 2005.

MICHAELIS: moderno dicionário da língua portuguesa. São Paulo: Melhoramentos, 1998.

SAMPAIO, D.; GAMEIRO, J. *Terapia familiar*. 2. ed. Porto: Afrontamento, 1985.

30

Casais recasados

Luiz Carlos Osorio
Maria Elizabeth Pascual do Valle

Inicialmente temos que conceituar o que entendemos por "casais recasados" e por que estamos usando esse termo em lugar de outros, como "casais reconstruídos" ou "casais reconstituídos". "Reconstruído", em nosso entender, dá a impressão de que algo foi destruído anteriormente e está precisando ser reconstruído, o que não é o caso, pois a nova relação pode ser expressão de algo não-construído anteriormente pelos cônjuges de casamentos anteriores. Também não nos parece que "reconstituído" seja um bom termo por razões similares. E aí ficamos com o termo "recasado" por analogia ao sentido etimológico de "resistência", que quer dizer "existir de novo". Um "recasamento" é isso: um novo casamento, que se predispõe a ser diferente dos anteriores que tenham existido na vida de um ou de ambos os cônjuges.

Essa observação já nos conduz às razões para o fracasso de muitos recasamentos: a compulsão a repetir um padrão de relacionamento que já se evidenciou inadequado em casamento ou casamentos anteriores por parte de um ou ambos os "recasados". Quando se coloca no outro a responsabilidade de fazer o casamento ser diferente geralmente a tendência é repetir-se um padrão relacional que já mostrou ser disfuncional em um casamento anterior, e aí, por mais que se "recase", sempre se estará repetindo um tipo de comportamento que leva os casamentos a não darem certo.

Quando falamos em "recasamentos", não estamos falando apenas em casais com novos parceiros, pois, na verdade, temos que estar sempre recasando ainda que com o mesmo parceiro (a), ou seja, dispostos a revisar e alterar nossos padrões relacionais para um processo de ajustamento que não se interrompe nunca.

No entanto, o que entendemos por casamento hoje em dia: é decidir morar junto apenas? Ou são duas pessoas com projetos compartilhados e compatíveis que estabelecem um pacto de cuidados mútuos, uma relação sexual contínua e estável, um compromisso de lealdade um com o outro?

Já não se considera atualmente casamento como um momento formal de contrato cível ou religioso, mas um acordo em que entram todos esses elementos mencionados e que nem sempre ocorrem simultaneamente, pois vão se constituindo ao longo de um processo que faz com que as pessoas, quando se dão conta, já estão casadas ou recasadas.

Seria necessário acrescentar ao que já foi dito que, muitas vezes, o que inaugura um casamento (ou recasamento) é o fato de os cônjuges se assumirem como casal diante dos amigos e da sociedade, o que muitos fazem realizando uma discreta cerimônia ou até mesmo um simples jantar de confraternização com familiares e amigos para chancelar a união.

Temos que considerar dois tipos de recasamentos: o sem filhos e o com filhos de casamentos anteriores. No recasamento sem filhos, com o passar do tempo, geralmente há uma completa desvinculação em relação ao cônjuge anterior; já no recasamento com filhos, tem que se levar em conta certo aprisionamento ao cônjuge anterior em função dos filhos em comum, o que, por vezes, se estende por toda uma vida. Isso cria uma série de dificuldades a serem negociadas com o novo cônjuge para que essa situação não interfira demasiadamente na relação do novo casal.

É significativamente diferente também a situação de cônjuges que se recasam tendo, de casamentos anteriores, filhos pequenos ou filhos já adolescentes. Os adolescentes têm mais dificuldades e resistências para aceitar os recasamentos. Muitas vezes, tentam colocar uma cunha na relação do novo casal e em outras manipulam e fazem chantagens emocionais com seus pais biológicos para conquistar certas vantagens. As crianças bem pequenas, ao contrário, adaptam-se à nova situação com maior facilidade do que os adultos supõem.

Também há que se mencionar a questão da lealdade dos filhos em relação ao pai ou à mãe biológicos e a resistência deles em aceitar a autoridade do novo marido da mãe ou da nova mulher do pai e, consequentemente, a necessária delimitação de fronteiras e definição de funções do novo cônjuge em relação aos filhos que não são seus. Isso, sem dúvida, é extremamente importante para assegurar a viabilidade dos recasamentos.

Pensamos que a autoridade na casa deve ser exercida pelo novo cônjuge e é bom que ele assuma esse papel com firmeza. Entretanto, é claro que há decisões em relação aos filhos que devem ser tomadas pelos pais biológicos.

Decidir a escola em que vão colocar os filhos, o que fazer diante de graves problemas de saúde que apresentem ou a conduta em relação a um adolescente que está usando drogas são situações que exigem levar-se em conta quem está mais afetivamente comprometido com os filhos. Um pai ou uma mãe sempre ausentes carecem de autoridade moral para manifestar-se nessas ocasiões, enquanto cônjuges que dividem cuidados com crianças ou adolescentes, mesmo que não sejam seus filhos biológicos, adquirem condições para compartilhar tais decisões.

De qualquer modo há que se levar em conta os direitos assegurados pela lei ao pai biológico, lei essa que, muitas vezes, lamentavelmente, desconsidera os desejos e as necessidades dos próprios filhos e pouco leva em conta a "paternidade ou maternidade afetiva" assumida pelo novo cônjuge.

Outra questão a considerar é a da "guarda compartilhada", cada vez mais exercida pelo comum acordo dos pais, mesmo sem ter sido referendada pela lei ainda. E, nesse caso, qual seria o papel do novo cônjuge em relação aos filhos do casal separado? Uma guarda compartilhada, bem estabelecida e administrada deve permitir ao novo cônjuge exercer seu papel junto às crianças que vivem com ele sob mesmo teto, no mesmo lar. Se os pais optaram pela guarda compartilhada foi em função dos interesses da criança e, em princípio, nada farão que possa prejudicá-la, como impedir ou dificultar o relacionamento dela com o novo cônjuge.

Temos constatado em nossa práxis com casais recasados que, muitas vezes, o entendimento feito entre os pais biológicos por ocasião da separação sofre rupturas quando entra em cena o novo cônjuge. Frequentemente o pai ou a mãe biológico sentem-se enciumados da relação dos filhos com esse "estranho ou estranha no ninho" e passam a exercer uma presença "virtual" que antes não era exercida, interferindo no clima do novo lar onde vivem seus filhos. Na situação de viúvos que se recasam, percebe-se a presença do cônjuge falecido como um "fantasma" que, gradativamente, faz menos "aparições", mas quando essa figura biológica está viva é como se esse "fantasma" estivesse permanentemente materializado, assombrando a vida do novo casal.

Por aí já se deduz quão importante é a escolha do pai ou da mãe de nossos filhos, pois essa é uma escolha que é para sempre e tanto pode perturbar uma nova relação conjugal como interferir significativamente no desenvolvimento emocional dos filhos.

Outro tópico a se referir é o mito do filho de pais separados, que já não são exceção em nosso meio sociocultural. Como parte desse mito há a crença, que é menos frequente do que se pensa, de que os filhos desejam ou querem resgatar o casamento dos pais biológicos. Temos observado que os filhos, quando se dão conta de que os pais vivem melhor separados do que juntos, não gostariam que eles retrocedessem e apoiam seus recasamentos. Até se tranquilizam e sentem-se aliviados, à medida que não ficam se julgando responsáveis pela infelicidade dos pais.

Uma situação que acaba por comprometer seriamente a vida do novo casal é aquela em que pais ou mães dos filhos de casamentos anteriores vêem-se compelidos a funcionar como "algodão entre cristais" na relação entre seus filhos e o novo cônjuge, ou esse fica "pisando em ovos" na relação com seus "enteados" ou "enteadas". A propósito, falta uma denominação adequada para nos referirmos ao grau de parentesco criado entre pais ou mães "substitutos" e seus "filhos ou filhas não-biológicos".

Há uma observação sobre a relação dos pais separados com filhos de casamentos anteriores que queremos aqui fazer: quando ambos tiveram filhos de casamentos anteriores fica mais fácil lidarem com essas questões relativas aos filhos de um dos cônjuges que moram na mesma casa, até porque os filhos que não residem junto geralmente se fazem presentes também em visitas de fins de semana ou nas férias. Os "meus" e os "seus" é uma situação mais fácil de manejar do que quando só existem os "meus" ou os "seus". Se já é difícil a relação de recém-casados, imagine se um deles traz filhos de outra relação, mesmo porque, muitas vezes, nesses casos, o cônjuge que não tem filhos quer tê-los na nova relação, o que pode não ser o desejo daquele que os tem.

Os meus, os seus... e agora os nossos! A entrada em cena desses últimos pode desequilibrar a relação de cada cônjuge com os filhos do outro pelas prioridades dadas aos filhos biológicos da nova relação. Se podem ocorrer sentimentos de inveja dos demais em relação aos filhos do casal que tem pai e mãe juntos, também o contrário pode acontecer: os filhos anteriores do casal têm duas casas e podem ir para a do outro progenitor sempre que seja necessário ou queiram.

Por maturidade adquirida entendo o deixar-se de querer transformar os outros e ser mais complacente com as dificuldades inerentes à situação.

Como se vê, complexidade é o que não falta à condição de casais recasados, mas pensamos que, por terem vivido experiências anteriores não bem-sucedidas como casais, isso predispõe a uma maior compreensão e tolerância em relação às dificuldades normalmente existentes na vida conjugal, desde que, é claro, tenham apreendido com tais experiências, o que pressupõe certa maturidade para não se ingressar em um recasamento com a ingenuidade e com o despreparo com que supostamente se casou pela primeira vez. E essa maturidade implica necessariamente o deixar de querer "transformar" o novo cônjuge para adaptar-se a suas expectativas e ser tolerante com as dificuldades inerentes a um recasamento, sobretudo quando se tem filhos de casamentos anteriores.

Há que considerar-se, sobretudo, que em um recasamento cada cônjuge recebe o outro com um "kit completo" proveniente de suas experiências anteriores, no qual estão incluídos não só os filhos oriundos de casamentos anteriores, mas também toda a rede sociofamiliar constituída até então, com os respectivos pais, ex-cônjuges, amigos, colegas, etc.

Tanto no que diz respeito ao casal como aos filhos de casamentos prévios, é importante a noção de que, para o sucesso da nova relação, é preciso que sejam respeitadas as individualidades de cada cônjuge, bem como levar-se em conta que a relação de cada um com seus filhos biológicos possui uma área interacional que lhe é própria e igualmente precisa ser respeitada, e não "invadida" pelo outro cônjuge, o que procuramos representar graficamente na Figura 30.1.

Recasamentos simbiotizados, em que não se contemplam os espaços individuais e não se respeitam as vivências de cada qual no âmbito de seu "kit relacional" de origem, tendem a ser empobrecedores e fadados a novos rompimentos.

Para um recasamento, cada participante traz experiências de vida, expectativas não-cumpridas e projetos individuais a espera de serem retomados e desenvolvidos. Isso que dizer que, mais do que a esperada e tradicional visão de que deva haver uma *divisão* de tarefas ou aspirações compartilhadas, o fundamental é a *potencialização* que cada um poderá proporcionar à sua realização pessoal e à do outro.

Para encerrar essas considerações, um comentário sobre uma das maiores ameaças que pairam sobre os casais recasados: a repetição na nova relação dos padrões relacionais que levaram o casamento anterior ao fracasso. Exemplifiquemos: uma pessoa que apresenta ciúme, talvez doentio, em relação a seu primeiro cônjuge e que, em sucessivos recasamentos, repete com diferentes pessoas a mesma situação de ciúme exagerado, tem que revisar sua posição, questionar-se sobre sua participação no que ocorre, pois não consegue ver o outro como ele realmente é, e sim sempre conforme uma percepção distorcida, que faz com que, de certa forma, embora mudando de parceiros, está sempre se relacionando com a mesma pessoa, ou buscando, nas novas relações, pessoas que se parecem muito com os parceiros anteriores e que, por sua conduta, tendem a despertar tal ciúme.

Figura 30.1
Fonte: Ilustração Alan Heinen.

Quando casais recasados procuram ajuda? E que modalidades de atendimento podemos proporcionar-lhes?

LABORATÓRIOS DE RELAÇÕES FAMILIARES

As novas configurações familiares e os novos modelos de constituição de casais os levam a enfrentar situações para as quais não há referências na geração anterior, e, habitualmente, eles se mostram inseguros e despreparados para lidar com situações perturbadoras e, por vezes, até mesmo insólitas, entre elas, a mencionada necessidade de conviver com filhos de casamentos anteriores, além do contexto das novas pautas relacionais entre as gerações, em que filhos reivindicam direitos e confrontam os pais de uma maneira sem precedentes no passado.

Pela impossibilidade de os casais que reconstroem suas famílias em novos relacionamentos afetivos recorrerem aos modelos das gerações anteriores para pautarem seu comportamento familiar, uma vez que esta é uma experiência não-vivenciada pelos pais ou avós, carecem eles de referenciais que lhes permitam incorporar formas consensuais de lidar com as novas configurações vinculares emergentes nessas recomposições familiares.

Para preencher esta lacuna, que obviamente afeta o desempenho e o bem-estar dos casais em suas reconstruções familiares, propomos uma atividade que denominamos "laboratório de relações humanas na família" e que visa primordialmente a abrir um espaço para repensar as vicissitudes desses novos agrupamentos familiares que estão se tornando cada vez mais frequentes e gradativamente mais diferenciados e polimorfos.

A denominação "laboratório" privilegia o caráter experimental da abordagem proposta, na qual, respeitando-se a natureza empírica do processo, haja espaço para a pesquisa de soluções alternativas a partir do intercâmbio de experiências e informações entre os participantes do laboratório.

A quem coordena o laboratório caberia motivar seus participantes a questionarem antes de buscarem respostas prontas e de conviverem com as dúvidas que permeiam todo o encontro com o desconhecido, estimulando-os a romperem com os estereótipos de um conhecimento que se mostra ultrapassado e antioperativo quando o tentamos aplicar a modalidades de convívio familiar sem precedentes.

O laboratório, tal qual as situações familiares que são nele habitualmente exploradas, não se referencia nos modelos preexistentes, pois não pertence nem ao campo terapêutico nem ao pedagógico. Portanto, o laboratório é uma nova proposta de abordagem grupal que, embora possa ter aspectos terapêuticos ou pedagógicos, não se enquadra em nenhuma dessas categorias operativas.

O laboratório, no curso de seu processo, procura não só ativar a criatividade dos participantes para que encontrem novos paradigmas de convívio familiar, como também busca igualmente ativar-se para criar sua própria e original categoria operativa.

O laboratório poderá se apresentar sob distintas modalidades funcionais, entre as quais mencionaremos três que consideramos prototípicas:

1. encontros semanais com grupos constituídos de três ou quatro casais que estejam reconstruindo famílias;
2. encontros semanais ou quinzenais com membros de uma família em processo de reconstrução;
3. encontros de fins de semana com pais e filhos de diferentes famílias reconstruídas ou em reconstrução.

O objetivo precípuo do laboratório é propiciar a seus participantes um espaço de reflexão conjunta sobre as interações familiares e suas vicissitudes no contexto dessas novas estruturas familiares.

Além da discussão livre em relação a situações aportadas pelos participantes, eventualmente são utilizados (conforme demanda feita pelos próprios participantes) recursos audiovisuais para ilustrar determinada situação a ser melhor explorada e compreendida (por exemplo, a exibição e posterior discussão conjunta de filmes em vídeo com temática relacionada com questões suscitadas em encontros anteriores), bem como leituras compartilhadas de textos técnicos ou ficcionais que ampliem o universo cognitivo dos participantes em relação às vivências familiares. Na modalidade ampliada do laboratório – os encontros de fim de semana com membros de várias famílias em situação similar – poder-se-á convidar um especialista em determinado setor vinculado a temática do laboratório, como, por exemplo, um advogado da área de direito de família para esclarecer dúvidas dos cônjuges e de seus filhos sobre aspectos legais que regulam (ou deixaram de fazê-lo) sua atual situação familiar face às anteriores. Tais profissionais poderão vir a participar da experiência do laboratório também na condição de pesquisadores, para nele colherem subsídios para posterior aprimoramento da tarefa jurídica na análise dos direitos e deveres no âmbito familiar.

Enfim, o laboratório é um instrumento de aprendizagem para todos que nele se incluem, seja na condição de coordenadores, de membros participantes, seja de eventuais colaboradores.

Considerando-se que em um certo sentido as famílias hoje de uma forma ou de outra estão tendo que se reciclarem face às profundas transformações nos valores morais e na práxis interativa da sociedade contemporânea, não seria de todo indevida a afirmação de que as famílias, em geral, estão em reconstrução e o laboratório, como categoria operacional, seria um espaço privilegiado para analisar, compreender e propor soluções alternativas para as questões existenciais das famílias de hoje.

TERAPIA DE CASAIS

Para alguns casais recasados que participaram da modalidade antes referida e desejavam continuar em atendimento para resolver situações conflituosas que não se esgotaram no espaço reflexivo dos laboratórios e outros tantos que foram referidos diretamente para nós para um processo terapêutico, o atendimento proposto é o que se convencionou denominar "terapia de casais" e que abordamos segundo um modelo interdisciplinar, construído a partir de nossos referenciais teórico-práticos, com os conhecimentos oriundos da psicanálise, do psicodrama, da teoria sistêmica e da comunicação humana, dos grupos operativos, além de alguns elementos cognitivo-comportamentais.

Sucintamente abordaremos quando e como trabalhamos como casal com casais.

QUANDO TRABALHAMOS JUNTOS?

Quando o casal já chega com a solicitação de ser atendido por nós em co-terapia ou quando no atendimento de um casal um de nós sente a necessidade de outro olhar para instrumentar maneiras de abordar situações que nos parecem mais complexas ou quando entendemos que a diversidade dos gêneros dos terapeutas possa ampliar nossa compreensão e nosso acolhimento do casal em terapia, nessas circunstâncias, trabalhamos juntos.

Como comunicamos ao casal a intenção de incluir o outro como co-terapeuta?

Partindo do pressuposto de que devemos sempre ser verdadeiros em nossa atividade como terapeutas, tratamos de comunicar da maneira mais simples e direta possível o porquê dessa iniciativa, seja ela motivada pelo desejo de introduzir o olhar do outro gênero para entender as questões que nos trazem relacionadas com as diferenças entre o sentir masculino e/ou feminino, seja pela necessidade que estamos sentindo de obter ajuda para melhor compreender o que está se passando em sua relação e permitir que se processem mudanças no enfoque terapêutico.

Observe-se que, quando propomos atender um casal em co-terapia, não o oneramos com mais custos pela hora da sessão, por entender que essa é uma opção nossa, e não uma demanda original do casal.

QUAIS SÃO NOSSOS PROPÓSITOS COMO TERAPEUTAS DE CASAIS?

Colocando em destaque as palavras que nos parecem pontuar nossa busca como terapeutas de casais, poderíamos dizer que nosso objetivo inicial é auscultar o casal, no sentido em que esse termo é usado em clínica médica, ou seja, escutar atentamente sons internos, porque, em nossa prática, quando atendemos casais, estamos metaforicamente auscultando seus corações, tentando entender suas emoções, ou seja, entrando em contato com sua intimidade. Para trabalhar com algo tão delicado, precisamos, por outra parte, ser extremamente cuidadosos e aguçar nossa percepção, como um clínico quando ausculta o coração de um paciente.

Em seguida, diríamos que visamos a catalisar durante o processo terapêutico a maior transparência possível entre os membros do casal. Tratamos de ser igualmente espontâneos nas atitudes e nas intervenções que fazemos e, sempre que possível, buscamos surpreendê-los ao não nos conduzirmos segundo o que esperam da cartilha de terapeutas.

Como nossa cultura estimula no processo educacional as conotações negativas, e isso acaba sendo responsável por muitas das condutas que levam a uma diminuição da auto-estima nas interações do casal, tratamos de apontar-lhes a importância das conotações positivas para modificar o clima de mútuas acusações e recriminações que pautam a comunicação do casal.

Em um contexto de confiança, indispensável em qualquer terapia, buscamos desestabilizar os estereótipos criados pelo casal ao longo de sua relação, estimulando os cônjuges a reinventarem outras modalidades de se comportar em sua vida cotidiana como casal.

Nesta mesma linha, pautamos nosso trabalho pela busca da desculpabilização, pois essa só leva a um sofrimento desnecessário, sem construir nada de positivo no relacionamento.

Entendendo que a função terapêutica inclui aspectos pedagógicos, nos propomos a ensinar aos casais a se comunicarem melhor, corrigindo mal-entendidos, estimulando-os a pensar de distinta maneira do que costumam fazer, formulando hipóteses desafiadoras que os levem a ressignificar suas maneiras habituais de se comportarem um com o outro. Por outro lado, somos muito cuidadosos em não impor aos membros do casal nossas visões de mundo ou de como supomos possam eles redirecionar suas vidas, pois a eles e só a eles cabem as decisões quanto a isso.

Convidamos os casais a um olhar prospectivo sobre sua relação, em que possam avaliar não só os objetivos compartilhados que têm, mas se seus objetivos pessoais são compatíveis, pois uma parceria satisfatória não pode se obter a custa do sacrifício de uma das partes para atender aos desejos do outro. É óbvio que o tempero de tudo isso é o amor e o prazer da convivência.

É importante ainda mencionarmos que o humor está sempre presente no clima das sessões. Achamos que ele não só descontrai, como também é essencial para o fluir da sessão, assim como é um ingrediente indispensável para suavizar as vicissitudes da vida em geral e em especial a conjugal. Podemos dizer também que nos divertimos durante o trabalho com casais e, com isso, os autorizamos a se divertir também e não estereotipar a sessão como uma arena aonde vieram apenas para se defrontar e expor conflitos, ressentimentos e hostilidades.

Embora sem nos propormos a nos oferecer como modelo de casal para os casais que atendemos, pensamos que, de uma forma ou de outra, eles registram a maneira como nos relacionamos durante seu atendimento, o que por si só acaba se constituindo em um elemento terapêutico. Isso ocorre na medida em que lhes transmitimos as possibilidades de um vínculo de cumplicidade, de respeito mútuo, com baixo índice de competitividade. Além disso, mesmo quando divergimos, o fazemos de um modo que evidencie o direito a ter opiniões diferentes, sem perder a consideração um pelo outro, sempre tendo por objetivo maior o empenho em auxiliar o casal em sua busca por uma melhor qualidade de vida.

E NÓS COMO CASAL? COMO FICAMOS?

É óbvio que, ao auscultarmos casais, também nos auscultamos, e constatamos que, muitas vezes, fica claro nos outros aquilo que não queremos olhar em nós. Ao vivenciarmos com nossos pacientes situações das mais adversas possíveis, isso nos faz refletir sobre nossa relação. Não é raro o atendimento de casais fazer emergir pontos nevrálgicos nossos, nos convidando a refletir sobre eles. Para nós, ao costumeiro e já banalizado "discutir a relação" acrescenta-se o "discutir a atuação como terapeutas". E isso nos conduz ao estabelecimento das fronteiras entre nossa vida como casal e a profissional como terapeutas de casais, que se interpenetram e, muitas vezes, não têm limites precisos, mas das quais precisamos estar sempre bem cientes para não contaminar com nossas angústias e com nossos conflitos o campo relacional do casal que atendemos. Cremos que este é nosso maior desafio e vamos contar-lhes nossa maior dificuldade, ou seja, quando entramos em uma sessão com lixos psíquicos (Valle e Osorio) ainda não reciclados, ou seja, em momentos que estamos em conflitos. Como seria estar junto com outro casal em conflito necessitando de nossa ajuda? Pensamos que, ao entrar o novo casal em nossa comunicação, isso já desfoca de nossa área de conflito e nos liga no que, a nosso ver, temos de melhor, que é nossa parceria como co-terapeutas, em que nos entregamos ao casal que nos procura, focamos seus problemas, buscamos ferrenhamente uma forma de ajudá-los, nos envolvemos com suas dificuldades e com seu sofrimento. Enfim, nos encontramos com a admiração que temos um pelo outro e, ao término da sessão, sempre saímos de outra forma.

Finalmente, consideramos que o reiterado exercício em vivenciarmos o modo como nos comportamos como "casal de co-terapeutas" também traz reflexos positivos para nossa própria relação de casal.

REFERÊNCIAS

OSORIO, L. C. *Casais e famílias*: uma visão contemporânea. Porto Alegre: Artmed, 2002.

OSORIO, L. C.; VALLE, M. E. P. do. *Terapia de famílias*: novas tendências. Porto Alegre: Artmed, 2002.

VALLE, M. E. P. do.; OSORIO, L. C. *Alquimia íntima*. Porto Alegre: Literalis, 2004.

_____ . "Um casal atendendo casais". In: COLOMBO, S. F. (Org.). *Gritos e sussurros*: interseções e ressonâncias : trabalhando com casais. São Paulo: Vetor, 2006.

31

Casais homossexuais

Reges Chagas Gomes

INTRODUÇÃO

Instâncias diversas estão intrincadas no reconhecimento da união entre pessoas do mesmo sexo, do aspecto jurídico, psicológico (intrapsíquico e inter-relacional), familiar, parâmetro religioso e, claro, até o social e cultural.

Várias áreas do conhecimento são instigadas a debater e discutir a conjugalidade e a parentalidade das relações homossexuais, como antropologia, sociologia, psicologia, direito, teologia, filosofia, entre outras. A produção literária sobre a temática hoje tem se tornado cada vez mais evidenciada, resultando em uma bibliografia específica.

Por essa razão, será feito um corte dentro das inúmeras facetas nas quais seria possível fazer uma leitura da homossexualidade. Mas, mesmo fazendo esse corte, é necessário, em primeiro lugar, repensar uma série de pré-conceitos, redefinindo-os e ampliando-os por meio de questões para as quais ainda não há respostas, mas que estão sendo entendidas, pouco a pouco, a partir de clientes.

Para tanto, se a homossexualidade for tratada, de forma estanque, ou como uma questão genital ou como uma questão de identidade sexual ou como uma questão de orientação sexual provavelmente a enxergaremos sob uma ótica linear, tradicional, a qual nos impedirá de ter um entendimento de sentimentos, comportamentos, relacionamentos e aspectos culturais que envolvem os indivíduos diretamente implicados com o próprio tema.

O enfoque do capítulo enfatizará os aspectos relacionais da própria conjugalidade homossexual. Ao se fazer esse corte, não se está desconsiderando as demais vertentes dentro da ótica psicológica, nem mesmo das demais áreas da ciência.

O olhar aqui encontra-se pautado na visão sistêmica, a qual busca entender o ser humano em sua vivência relacional.

Nesta leitura, não há regras ou modelos rígidos que configurem tal temática, pois só se entende a complexidade que a questão impõe quando se abre mão de pré-conceitos e foca-se a dinâmica afetiva em si.

Outro fator é que o olhar ao se desenvolver o trabalho estará baseado na perspectiva de que a homossexualidade é mais uma forma de expressão afetiva que os indivíduos podem vivenciar, baseada na preferência por um tipo de relacionamento afetivo associado com a afinidade sexual, e não focado sob o ângulo da priorização da atividade sexual em si.

Tentar-se-á, ainda, não deixar que a homofobia cultural, profissional e/ou pessoal, que tanto se faz presente, direta ou indiretamente dissimulada, venha a interferir nas reflexões. Coloco a homofobia em questão: é ingênuo e mítico acreditar que estamos isentos dela já que fomos e somos criados dentro de um padrão machista de pensar. Isso é tão forte e tão presente, que mesmo os indivíduos homossexuais tendem a reforçar essa vivência repetindo o padrão social vigente.

O maior desafio (ou obstáculo) que temos pela frente será o de ultrapassar a lógica de minimizar a questão sob o ângulo da sexualidade.

O núcleo de tal discussão está na valorização de sentimentos e afetos das pessoas entre si, ampliando a dimensão do casamento para além de aspectos biológicos.

REPENSANDO E REDEFININDO PRÉ-CONCEITOS

Será demonstrada, a partir do esquema a seguir, a lógica básica de nosso trabalho.

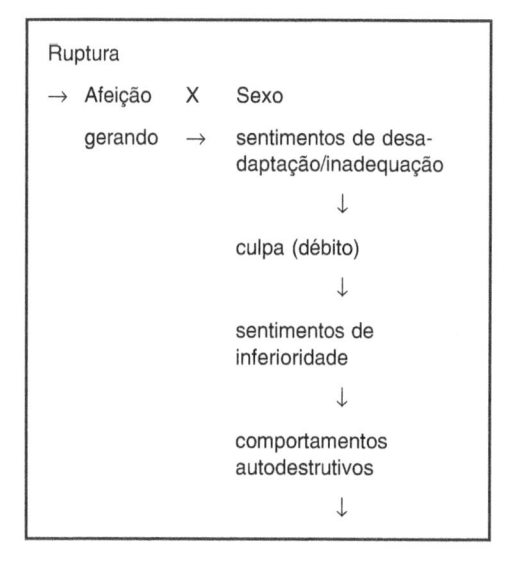

```
Ruptura
→ Afeição      X    Sexo
   gerando    →    sentimentos de desa-
                    daptação/inadequação
                         ↓
                    culpa (débito)
                         ↓
                    sentimentos de
                    inferioridade
                         ↓
                    comportamentos
                    autodestrutivos
                         ↓
```

O esquema adotado como ponto de partida de questionamentos estará enfocando a homossexualidade e, por conseguinte, os casais homossexuais, mas pode e deve ser ampliado para a heterossexualidade ou, melhor ainda, para o ser humano, pois o foco encontra-se na ambigüidade humana de sincronizar ou não afeto e sexo.

DE ONDE VEM A RUPUTRA

Há uma incongruência milenar e cultural que interfere diretamente na questão de gênero (masculino *versus* feminino; ser homem *versus* ser mulher).

Quem já não escutou queixas de mulheres de que só se faz sexo se houver vivências afetivas gratificantes no cotidiano, ou ainda as falas de homens de que se deve separar "as coisas": sexo faz parte, é necessário, e não dá para misturar. Assim, o ser humano, influenciado por lógicas muito arraigadas, continua construindo para si mesmo uma constante insatisfação e uma constante carência, por não conseguir conciliar sexo e afeto, e, consequentemente, ter uma real vivência amorosa de intimidade e cumplicidade, ou seja, a verdadeira entrega.

Fomos treinados culturalmente a agradar ao outro como prova de estar amando e de ser amado. Agradando ao outro estamos demonstrando a nossa real afeição; porém, muitas vezes, ao agradar a alguém não estamos em consonância com nosso verdadeiro desejo. Nesse caso, amamos o outro, e não a nós mesmos, pois tememos a perda, a rejeição, a solidão, além de corrermos o risco de sermos rotulados de egoístas.

Assim, gera-se internamente um sentimento de inadequação e desadaptação em relação aos próprios desejos. Construímos para nós um sentimento de dívida com aquilo que desejamos e passamos a questionar o merecimento de esperar ou não que o outro faça por mim aquilo que eu já fiz por ele. Passamos a criar expectativas de que o outro venha a descobrir o que desejo, sem que necessite expor, pois assim terei a certeza de que sou amado, alimentando um ciclo de distorções dos padrões comunicacionais. Toda essa dinâmica gerará um sentimento de inferioridade e de consequente ansiedade, insegurança, angústia e distanciamento emocional.

O círculo vicioso continua a se desenvolver quando se busca compensar essas carências através de processos imediatos que tragam a sensação de alívio: os padrões compulsivos ou ainda a construção de inúmeros sintomas físicos, muitas vezes autodestrutivos, na tentativa de chamar a atenção e de ser cuidado. Tudo isso porque ficamos sempre na espera de que o outro nos satisfaça. A partir dessa engrenagem inconsciente, deslocamos as queixas para a área afetiva ou sexual.

É necessário salientar ainda que o próprio circuito repetitivo se retroalimenta, mantendo uma sensação de aprisionamento e de confusão. Por que estou enfatizando toda essa "loucura humana"? Porque todos nós vivemos isso quando não conseguimos culpar, qualquer que seja a orientação sexual. E qual é a relação com a homossexualidade? É que a ruptura entre afeto e sexo na vivência homossexual, em especial na dinâmica conjugal, tende à fixação no pólo da sexualidade, sendo que, em essência, é uma busca afetiva.

Verifica-se tal fato com a constante troca de parceiros, em uma busca contínua e incessante, baseada sempre em queixas de insatisfação que, a cada momento, são explicadas por uma justificativa diferenciada, como, por exemplo, diferença no âmbito sexual, diferença intelectual, de objetivos de vida, de dependências familiares, e assim por diante. Inconscientemente, no movimento de troca constante de parceiros, enfatiza-se, de um lado, a sexualidade, o que mantém a lógica social e cultural de entender a homossexualidade vinculada somente à questão sexual; por outro lado, são reforçadas internamente as carências por não se conseguir uma vivência afetiva satisfatória.

Onde se encontra a raiz deste paradoxo: quero ser amado, busco e não consigo. Especificamente na questão da homossexualidade, encontra-se na falta de uma verdadeira auto-aceitação, ou melhor, aceitação de sua diferente escolha afetiva.

Vale ressaltar que vivenciar a prática sexual não se traduz em aceitação de sua própria homossexualidade. Essa lógica faz com que muitas pessoas tenham a crença, inclusive os próprios indivíduos homossexuais, de que a questão de sua orientação sexual é resolvida e de que não apresenta conflitos, pois vivem as permissões da prática sexual efetiva.

Antes, porém, de entrar especificamente na dinâmica conjugal homossexual, é necessário expor o conceito de casamento em que se está baseando. Primeiramente, casamento é um processo de amadurecimento pessoal, ou melhor, "é um modelo adulto de intimidade" e "a partir do indivíduo evoluir para a relação" (Whitaker, 1990). Acrescentaria a questão da cumplicidade.

Mas o que seria cumplicidade? É o processo de aceitação das diferenças que os indivíduos aprendem a desenvolver na relação. Para que possamos aceitar a diferença do outro, precisamos, em primeiro lugar, aceitar que somos diferentes. No entanto, às vezes, é difícil acolhermos nossa própria diferença, pois para isso necessitamos desenvolver uma auto-estima equilibrada, para que não venhamos a nos sentir inadequados e desajustados. Ao desenvolvermos esse processo, lidaremos com os limites pessoais e, consequentemente, com os relacionais. Ser diferente, dar essa permissão, não ajustar através da anulação dos desejos e ainda amar ao outro seguindo a própria lógica implicaria ser adulto emocionalmente. Para se conseguir esse crescimento, com certeza, é necessário vivenciá-lo através de um longo processo de aprendizado, no qual acertos e erros acontecerão, até que se possa verdadeiramente tê-lo assimilado e internalizado.

A partir desta lógica, temos a crença de que ninguém venha se casar, com um pequeno período de tempo, pois, além de ser uma vivência de permissão pessoal, é também relacional. Para que isso ocorra, é preciso que haja mudanças de paradigmas que demandam tempo e principalmente disponibilidade para sincronizar desejo e permissão de viver, além, é claro, o interesse dos indivíduos de crescerem através da troca afetiva amorosa e sexual, ou seja, independentemente de ritos, legalidade, de valores morais e religiosos, promoverem seu crescimento "no ato de compartilhar".

Todos nós, de imediato, quando começamos a nos relacionar, formamos um par relacional, o qual podemos conduzir a um processo de construção de cumplicidade e, então, sentirmos que estamos realmente "casados" no que tange ao aspecto de entrega.

A igualdade e a diferença são pólos complementares que fazem parte desse processo de crescimento conjugal, mas quando na vivência relacional um desses pólos estiver hiperatuante, provavelmente se dá início ao aparecimento de disfuncionalidades que adoecerão a relação.

A partir dessas considerações iniciais que buscam ressignificar a questão da homossexualidade no contexto dos arranjos afetivos, serão apresentados alguns eixos norteadores para a prática terapêutica com casais homossexuais.

TERAPIA COM CASAIS HOMOSSEXUAIS

Com o intuito de dar visibilidade aos temas clínicos com que lidamos a partir da prática com casais homossexuais, destacamos alguns mais recorrentes que servirão para nortear as reflexões deste capítulo.

1. Sentimentos de solidão e isolamento, com a reafirmação de guetos.
2. A invisibilidade das relações.
3. Ausência de referência em modelos de papéis no relacionamento.
4. Padrões compulsivos, como o abuso de substâncias lícitas ou ilícitas (ou qualquer outro anestesiador).
5. Extrema confiança no sexo como forma de garantia da relação afetiva (tendência à generalização dos sentimentos).
6. Administração dos limites pessoais: individuação.
7. Construção de projetos em comum: disponibilidade para a utilização dos recursos do casal.
8. Assuntos sexuais a serem resolvidos com antigos parceiros.
9. Questão de poder: cuidado para que ocorra uma verdadeira complementaridade.
10. Relação com as famílias de origem e com os filhos.

O objetivo ao especificar alguns temas clínicos que se deve enfatizar no trabalho com os casais homossexuais é auxiliar os profissionais a nortear sua intervenção terapêutica, para que não fique focada nos problemas relativos à sexualidade que podem estar presentes em qualquer relação conjugal, independentemente da orientação sexual de seus membros.

Estes aspectos que salientamos não são os únicos a serem enfocados, mas estão presentes de forma significativa na maioria dos casais que atendemos. Outro fator importante a ressaltar é que todos estes aspectos que afloram de forma intensa na dinâmica conjugal homossexual são interdependentes e, para que possamos melhor compreendê-los, manteremos uma visão mais globalizada, baseada nos conceitos básicos anteriormente descritos.

A AUSÊNCIA DE MODELOS

Partiremos do eixo temático "ausência de modelos de papéis no relacionamento" como o desencadeador dos demais, sem mensurar grau de importância.

Os casais homossexuais têm como modelo e referência de casamento a relação de seus pais, de outros casais heterossexuais, ou seja, o padrão relacional cultural e social em que estão inseridos. A postura de reclusão defensiva diante dos preconceitos e da discriminação social sempre prevaleceu e fortaleceu a invisibilidade da dinâmica conjugal homossexual, implicando a ausência de referências de casais homossexuais mais estáveis e a consequente falta de oportunidades de trocas de experiências intergeracionais.

Então, ao se espelhar no modelo de dinâmica conjugal heterossexual e suas vivências características (criação de filhos, planejamento de investimentos materiais e financeiros, padrões de dependência afetiva e econômica, etc.), os casais homossexuais carecem de encontrar ou mesmo construir novas alternativas de sustentação de suas relações afetivas, para que não fixem e se restrinjam ao aspecto da sexualidade.

Por falta de referenciais, tendem a repetir o padrão vigente, ou acabam enfocando suas relações muito na sexualidade, construindo e mantendo um "vazio", uma insatisfação que não facilita a troca afetiva e a relação em si. Consequentemente, a busca torna-se constante, e, muitas vezes, ocorrerá uma acentuada troca de parceiros, chegando mesmo a uma promiscuidade e a um padrão de infidelidade também significativo.

OS PROJETOS EM COMUM

A falta de construção de projetos em comum é outro grande empecilho que os casais homossexuais vivenciam, favorecendo a manutenção de relações instáveis.

Analisando os ciclos de vida familiar presentes nas dinâmicas familiares heterossexuais, que aqui não são característicos, entende-se um pouco mais a situação. Por exemplo, um casal heterossexual, na trajetória da sua constituição familiar, desdobra-se para o nascimento de filhos e o consequente desenvolvimento deles, gerando uma série de movimentos relacionais e sociais. O planejamento da construção de uma base material e econômica que dê sustentação à família, até mesmo o planejamento de lazer, e o trânsito social impõem a este casal uma necessidade de harmonia e de estabelecimento de acordos que naturalmente aumentam a responsabilidade pela relação.

No contexto conjugal homossexual, estas referências de padrões em muito não correspondem às suas necessidades, e tudo isso faz com que as dinâmicas relacionais tornem-se bastante diferenciadas, carecendo de uma base de sustentação que permita a construção de projetos em comum.

Hoje estamos vivendo, em vários países, uma série de transformações que envolvem diretamente a dinâmica conjugal homossexual, como a permissão à adoção de filhos, a inclusão de parceiros como dependentes em planos de assistência médica, a formalização das relações através de contratos de união civil e, ainda, a abertura de comércios específicos para essa clientela, como hotéis, agências de viagens.

Toda essa movimentação social ocorre porque já não dá mais para negar ou manter o "faz-de-conta" diante da realidade. Nesse contexto de transformações, a busca de garantias visa a permitir a igualdade diante das necessidades humanas inerentes às trocas afetivas.

É claro que, ainda nada dá-se de modo natural: mesmo quando as conquistas se efetivam, inseguranças e incertezas continuam e são maiores do que as próprias conquistas, pois todo o processo é lento no aspecto da absorção social. Verifica-se tal fato na manutenção dos preconceitos, insistindo-se nas estereotipias acerca da homossexualidade.

A verdadeira possibilidade de uma real mudança será a própria auto-aceitação dos indivíduos homossexuais a partir de uma reestruturação interior em que a autopermissão para viver sem culpa, vergonha, sentimento de inferioridade e de desadaptação fará com que o aspecto social absorva a realidade da vivência da dinâmica conjugal homossexual.

A INVISIBILIDADE

Outra temática que permeia as dinâmicas conjugais homossexuais é o enclausuramento em guetos, o que não facilita um sentimento de pertencimento; ao contrário, favorece o sentimento de inadequação e desadaptação social.

Esse isolamento, por um lado, é mantido com a lógica defensiva diante das possíveis agressões sociais, através da exposição de uma série de pré-conceitos. Por outro lado, verificamos que muitos casais isolam-se literalmente devido a uma não-resolutividade e aceitação da própria homossexualidade. Além disso, não podemos deixar de destacar uma outra vertente relativa aos preconceitos vividos entre os próprios indivíduos homossexuais.

A expressão da orientação homossexual apresenta uma série de variantes que cria diferentes identidades: a dos homossexuais, dos bissexuais, dos transexuais, dos travestis, e assim por diante, e, na relação entre eles, verifica-se a repetição de um padrão internalizado que gera rivalidades, competições, desconsiderações, reforçando também a homofobia social e caracterizando um contexto de homossexuais homofóbicos. Baseado no medo de ser confundido e identificado de acordo com as estereotipias sociais, reforçam-se os preconceitos e mantém-se uma fragmentação acentuada, apesar das similaridades em seus sentimentos e em suas vivências cotidianas.

OS PADRÕES COMPULSIVOS: OS ANESTÉSICOS

A não-auto-aceitação que gera isolamento, o sentimento de solidão, a invisibilidade, tudo isso contribui para a tendência significativa do uso de substâncias lícitas ou ilícitas entre indivíduos homossexuais. Pode-se destacar principalmente o álcool, mas, na realidade, ao se ampliar um pouco mais, verifica-se que existe um padrão compulsivo como forma anestesiadora e compensadora para aliviar as ansiedades. Padrões compulsivos (sexo, fixação no aspecto corporal/estético, consumo, trabalho, etc.) são estratégias inconscientes ou até mesmo conscientes utilizadas para atenuar angústias próprias da vivência homossexual.

O PERIGO DA SIMETRIA

A questão de gênero é outro fator a ser destacado como eixo temático.

Nossa cultura patriarcal internalizada estimula subjetivamente que o vivenciar de cuidados afetivos e o lidar com sentimentos e emoções estão vinculado ao feminino, e o que se refere à racionalidade, ao econômico e à competição tem uma ligação direta, consciente ou inconscientemente, ao masculino.

Na realidade, a construção de papéis e funções encontra-se culturalmente inserida em uma construção social que estabelece aos gêneros um significado. Aos homens e às mulheres são atribuídos, de forma quase ditatorial, condutas e sentimentos os quais se espera que venham a ser cumpridos e vividos, promovendo-se um aprisionamento nessas estereotipias.

Toda essa limitação faz com que a ligação entre dois homens ou duas mulheres venha a ser um tanto mais delicada, pois, se esses dois homens ou essas duas mulheres seguirem tal lógica, ocorrerá a possibilidade de estabelecer uma competição na vivência dos papéis preestabelecidos, e, como consequência, a relação será vivida insatisfatoriamente, com baixo nível de complementaridade e de crescimento para os indivíduos.

A simetria biológica e a simetria de desejos, que não comprometem a relação em si, pode ser frustrada se outras simetrias (como as de funções) estiverem presentes, comprometendo a saúde da relação.

Como reflexão paralela a essa temática clínica da simetria, não se pode deixar de mencionar que todos os conceitos diretamente envolvidos com a questão do casamento estão em profunda transformação.

As novas configurações familiares (a busca de relações baseadas no prazer e não mais somente nos princípios morais e religiosos; o despojamento do sacramento do casamento, através da frequente vivência de união livre, de concubinatos, de acordos pré-matrimoniais; a opção de não gerar filhos; o aborto; a permissão a inúmeros divórcios; a redefinição dos papéis do que é ser mulher e homem hoje) são estímulos cada vez maiores para uma individuação e, assim, fazem com que não só a dinâmica conjugal heterossexual seja afetada, mas também a dos casais homossexuais. Aos padrões relacionais em transformação, associa-se a questão da busca de uma aceitação social de seus direitos, tendo em vista a permissão de suas necessidades sociais e afetivas.

FILHOS, PARCEIROS E FAMÍLIAS DE ORIGEM

Há outras vertentes clínicas presentes na dinâmica conjugal homossexual: quando um dos parceiros vem a assumir sua orientação sexual tardiamente (o que alguns autores classificam como homossexualidade tardia) e quando tem filhos de relações heterossexuais vivenciadas anteriormente.

Os filhos e a relação entre pais e filhos também interferem direta ou indiretamente na dinâmica conjugal. Sentimentos dos filhos em relação aos pais nesta vivência são de ansiedade, angústia, vergonha, culpa, ambivalência entre amor e ódio, o que contribui para a introjeção de um sentimento de inferioridade acompanhado de negação. Tais sentimentos deixam os filhos confusos; por isso, muitas vezes, buscam fugir de uma aproximação por pressões internas e pela pressão social em si. Com isso, os respectivos pai ou mãe sentem-se também divididos. Alguns que por muito tempo abriram mão de seus desejos por adequação social e por aprovação agora não se disponibilizam a outros "sacrifícios" e, consequentemente, afastam-se, não conduzindo satisfatoriamente a questão que pode vir a gerar um sentimento de dúvida que interferirá em sua nova proposta vivencial relacional.

Outros pais também, muitas vezes, apresentam os mesmos sentimentos apresentados pelos filhos, quando ainda não trabalharam sua real auto-aceitação. Tal perspectiva gerará frustração na relação de sua vivência parental, a qual também apresentará uma ressonância em sua relação conjugal.

E o parceiro inserido nesta dinâmica? Quais são seus sentimentos? Que disponibilidade terá de deixar ou não aproximar os filhos de seus companheiros? Como lidar com isso?

Estes parceiros também apresentaram os mesmos sentimentos conflitivos e ambíguos; por isso, há necessidade de se incluir esta temática clínica.

Como foi salientada a relação entre pais homossexuais e seus filhos, entre parceiros e filhos do respectivo companheiro, não se pode deixar de mencionar a relação das famílias de origem na aceitação ou não da vivência relacional de seus filhos.

A aceitação das famílias de origem está permeada por questões culturais e pela frustração de um desejo acalentado e não-realizado. Todos os pais almejam que seus filhos realizem um sonho básico, que venham a ser felizes e consigam concretizar projetos talvez, muitas vezes, não-concluídos por eles mesmos e que venham a crescer em todos os demais aspectos como indivíduos. Assim, quando se deparam com a orientação sexual diferenciada de seu filho, a primeira reação será a de negar, pois uma série de medos e sentimentos de culpa emergirão, aliados a uma sensação de frustração. Ao buscarmos o significado da palavra frustração, entendemos um pouco mais tais sentimentos:

> Estado daquele que, pela ausência de um objeto ou por um obstáculo externo ou interno, é privado da satisfação de um desejo (falta) ou de uma necessidade. (Laplanche, 1986)

Nessa circunstância, surge a ambivalência de aceitar e não aceitar; de amar e odiar; de querer a felicidade do filho e de ter medo de que tal não venha a ocorrer, pois escolheu um caminho de difícil aceitação social; de sentir frustração em relação à possibilidade de sua não-perpetuação biológica; da não-realização de seus sonhos de "filhos perfeitos", "famílias perfeitas", "casamentos perfeitos", etc. Esses conflitos, associados a um sentimento de culpa – "o que eu deixei de fazer"; "onde não previne contra tal possibilidade"; "onde eu errei"; "o que não consegui fazer certo", entre outros – dificultam a real aceitação da situação, pois primeiro necessitariam realizar sua própria auto-aceitação e, consequente, muitas vezes, autoperdoar-se diante de seus projetos e sonhos não-concretizados e não-resolvidos.

A introjeção de um sentimento de fracasso em sua vivência como pais, tanto pessoal quanto socialmente, emerge, já que não estão atendendo às expectativas do ideal, do que é padrão masculino e feminino preestabelecidos.

Para os pais (homens) de filhos homossexuais masculinos, diante da lógica cultural machista e patriarcal em que estamos inseridos e que ainda se faz operante em nosso cotidiano, seria assumir o fracasso como referência de masculinidade esperada socialmente.

A partir disso, a maioria dos casais homossexuais relacionam-se com suas respectivas famílias de origem seguindo duas lógicas:

- a primeira seria a de um distanciamento nem tanto físico, mas do que João Silvério Trevisan (in Caldas, 1997), chamou de *conspiração de silêncio*, baseada na hipocrisia, na dissimulação, tudo de forma indireta e, como ele diz, às vezes "com requintes de crueldade".
- a segunda pode ser de um "extremo envolvimento", no qual algum dos parceiros, ainda não-resolvidos em sua própria auto-aceitação, sente-se culpado por não corresponder às expectativas de seus pais e acaba por adotar um papel, por exemplo, de ser um mantenedor financeiro, como forma de criar uma aceitação. Isso, na realidade, não ocorre, pois, de forma também dissimulada, esse pagamento é e não é aceito ao mesmo tempo. O indivíduo só será acolhido enquanto em todos os outros aspectos ele estiver correspondendo às expectativas familiares, mas quando por qualquer motivo, houver um desacordo, o preconceito aparecerá através de posturas agressivas tanto diretas como indiretas.

Se conectarmos tudo isso à invisibilidade das relações, ou melhor, das complexas questões relativas à homossexualidade, entenderemos que é mais fácil manter uma postura de fantasma – em que tudo parece real, mas não é concreto – do que ter que encarar enfrentamentos e uma realidade de rejeição e de não-pertencimento.

Estas posturas mantidas pelo próprio casal homossexual e suas respectivas famílias auxiliam na invisibilidade defensiva utilizada por ambas partes.

CONSIDERAÇÕES FINAIS

A aventura de viver "o casal" nos dias de hoje é um grande desafio tanto para os heterossexuais quanto (e principalmente) para os homossexuais.

Neste contexto de grandes ressignificações e transformações, a emergência de novos arranjos familiares nos convida a colocar ênfase às relações homossexuais que ganham visibilidade e que nos desafiam clinicamente.

Das discussões apresentadas talvez uma, em especial, devesse ganhar destaque na prática terapêutica: mudar o foco da percepção da homossexualidade que se apresenta nas mais diferentes e complexas circunstâncias, saindo da restrita visão sexual e percebendo-a sob a ótica da (des)construção e (re)construção de relações afetivas.

Para além de estereotipias e dos preconceitos arraigados, mas em direção à consolidação de mudanças sociais, culturais e políticas na perspectiva da liberdade e da dignidade humana, a homossexualidade, em especial no contexto familiar, deve ser tomada como mais uma questão complexa que bate às portas de nossos consultórios.

Vivemos um tempo de (in)certezas, e, nesse sentido, a abordagem clínica e terapêutica das questões relacionadas à homossexualidade deve ser pautada pelo exercício de revisão de posições internalizadas inscritas no corpo, na fala, no olhar, na escuta de cada um de nós.

Sobretudo, devemos focar as transformações da lógica do profissional que estará trabalhando com as novas configurações afetivas.

Portanto, tudo que salientamos só se efetivará por meio de uma revisão da homofobia que resiste e insiste, impossibilitando um verdadeiro acolhimento e entendimento da vivência afetiva homossexual.

REFERÊNCIAS

ABBOT, D.; FARMER, E. *Adeus, maridos*: mulheres que escolheram mulheres. São Paulo: Summus, 1998.

ANDOLF, M. (Org.). *A crise do casal*: uma perspectiva sistêmico-relacional. Porto Alegre: Artmed, 2002.

ANTON, I. C *A escolha do cônjuge*: um entendimento sistêmico e psicodinâmico. Porto Alegre: Artmed, 1998.

BADINTER, E. *XY*: sobre a identidade masculina. Rio de Janeiro: Nova Fronteira, 1993.

BAGAROZZI, A. D.; ANDERSON, S. A. A. *Mitos personales*: matrimoniales y familiars. Buenos Aires: Paidós, [1996?].

BELL, P. A.; WEINBERG, S. M. *Homossexualidades*: informe Kinsey. Madrid: Debate, 1978.

CALDAS, D. (Org.). *Homens*. São Paulo: SENAC, 1997.

COSTA, G. P. *A cena conjugal*. Porto Alegre: Artmed, 2000.

_____. *Dinâmica das relações conjugais*. Porto Alegre: Artmed, 1992.

CUSCHNIR, L. *Homens sem máscaras*: paixões e segredos dos homens. Rio de Janeiro: Campus, 2002.

CUSCHNIR, L.; MARDEGAN JR., E. *Homens e suas máscaras*. 4. ed. Rio de Janeiro: Campus, 2001.

DATTILIO, F. M. *Terapia cognitiva com casais*. Porto Alegre: Artmed, 1995.

FOGEL, G. I. *Psicologia masculina*: nova perspectivas psicanalíticas. Porto Alegre: Artmed, 1989.

FOUCAULT, M. *História da sexualidade*. Rio de Janeiro: Graal, 1985. v. 3: O cuidado de si.

GRAÑA, R. B. *Homossexualidade*: formulações psicanalíticas. Porto Alegre: Artmed, 1998.

HARDIN, K. N. *Auto estima para homossexuais*: um guia para amor próprio. São Paulo: Summus, 2000.

KATZ, J. N. *A invenção da heterossexualidade*. Rio de Janeiro: Ediouro, 1996.

KERNBERG, O. F. *Psicopatologia das relações amorosas*. Porto Alegre: Artmed, 1995.

LAPLANCHE, J.; PONTAIS, J. B. *Vocabulário da psicanálise*. 9. ed. São Paulo: Martins Fontes, 1986.

NOVA PERSPECTIVA SISTÊMICA. Rio de Janeiro: Instituto de Terapia de família do Rio de Janeiro, v. 5, 1997.

NOVA PERSPECTIVA SISTÊMICA. Rio de Janeiro: Instituto de Terapia de família do Rio de Janeiro, v. 10, 1997.

OSÓRIO, L. C. *Família hoje*. Porto Alegre: Artmed, 1996.

OSÓRIO, L. C.; VALLE, M. E. *Terapia de famílias*: novas tendências. Porto Alegre: Artmed, 2002.

PEGGY, P. *Casais em perigo*: novas diretrizes para terapeutas. Porto Alegre: Artmed, 2002.

PUGET, J.; BERENSTEIN I. *Psicanálise do casal*. Porto Alegre: Artmed, 1993.

ROUDINESCO, E. *A família em desordem*. Rio de Janeiro: J. Zahar, 2003.

SALOMON, P. *A sagrada loucura dos casais*. 11. ed. São Paulo: Cultrix, 2000.

TURKENICZ, A. *A aventura do casal*. Porto Alegre: Artmed, 1995.

WHITAKER, C. A.; BUMBERRY, W. M. *Dançando com a família*. Porto Alegre: Artmed, 1990.

parte VI

A formação do terapeuta de famílias

32

O papel do terapeuta em terapia familiar

Sandra Fedullo Colombo

UMA ÉTICA RELACIONAL

Quais crenças envolvem o lugar do terapeuta? O que cada um de nós pensa e, ainda mais importante, como vivencia o "ser terapeuta"? Qual o lugar que, como terapeuta, colocamo-nos na relação com o outro? Qual ideologia permeia nossas relações? Definimo-nos como profissionais que tratam pessoas doentes? Como profissionais que fazem intervenções para curar e modificar a vida das pessoas ou, além da vida, para modificar as próprias pessoas? Acreditamos preponderamente na relação entre iguais com diferentes saberes ou no saber de um sobre o outro? O saber técnico, do especialista sobre o humano? Ou seria o profissional "além do humano" sobre o humano?

Deve-se refletir sobre a construção do lugar de cada um nas relações humanas, sejam profissionais ou pessoais, pois esse lugar reflete a ética com que vivemos: perceberemos se o outro é legitimado por nós como semelhante em sua humanidade e diferente em sua singularidade, ou se nossa ética relacional é construída sobre a crença de que alguns são melhores do que outros e de que sabemos sobre o outro mais do que ele mesmo.

Andersen (1991); White e Epston (1993) são nossos companheiros nessas reflexões: a proposta da "equipe reflexiva" de Tom e "a externalização do problema" de Michael e David são instrumentos que nasceram desse paradigma de respeito mútuo e de relações horizontais, e não de técnicas a serem simplesmente utilizadas. Quando alunos e colegas solicitam o aprendizado de técnicas para o processo terapêutico, tenho a maior dificuldade em atendê-los, já que acredito profundamente que o grande desafio é refletirmos sobre o lugar do terapeuta e de seus pacientes na relação humana e terapêutica: a discussão sobre o equilíbrio dos saberes e, dessa forma, do poder entre essas pessoas.

O cerne da questão da formação do terapeuta está na reflexão sobre o lugar em que ele se posiciona nas relações e aquele lugar que oferece ao outro, e não somente no capital científico e teórico-técnico.

O caminho do desenvolvimento do "ser terapeuta" passa pela condição de sentir-se pertencente à história humana e de, ao legitimar a própria existência, confirmar a existência do outro.

O lugar que postulo para nós, terapeutas, é extremamente exigente, pois nos convida a uma integridade crescente como seres humanos, que são chamados por outros seres humanos a fazer uma viagem de ampliação das possibilidades do viver. Somos convidados e convidamos para um encontro humano construtor de um espaço de reflexões que mobilize a criatividade para viver e transformar as dores que nos paralisam e nos pactuam com o não-existir.

Chamo a esse incrível processo de "Em busca do Sagrado" (2000). A noção do sagrado está no território do emocional, afetivo, relacional, além de ser a expansão da individuação, fecundada pela construção do significado da própria existência junto à existência e à singularidade do outro.

Essa caminhada abre espaço para as vozes internas de cada pessoa envolvida no processo e na validação de cada uma, além de cuidar para que elas trabalhem dialogicamente entre si, ampliando o campo das possibilidades. Não podemos pensar em vozes sem pensar em escuta, pois de outra forma ocorreria a impossibilidade da transformação gerada pelo encontro. O encontro humano, ampliador de possibilidades, é fruto da coreografia entre as vozes internas, externas e a escuta especial, que dá lugar a si e ao outro, construindo a ética relacional baseada na cooperação e no respeito, em vez de competição e exclusão.

Esse lugar que proponho ao terapeuta liberta-o do poder sobre o outro e da terrível posição de saber mais do outro que ele mesmo (para mim parece um alívio), mas traz uma complexidade (para mim muito bem-vinda) em que a responsabilidade do caminho a ser construído pertence a todos os envolvidos, com seus diferentes saberes e compromissos.

Gostaria de citar um texto de Humberto Maturana, muito inspirador, denominado "Amar e Brincar" (2004) que aponta a importância do caldo cultural em que cada um de nós nasceu, pois cada grupo humano recebe um novo ser, oferecendo um berço ideológico que o constituirá em sua identidade. É nesse sistema de valores que seremos alimentados e construiremos nosso jeito de estar no mundo e de constituir nossas relações. Em outras palavras, aprenderemos uma ética relacional, na qual qualificaremos preponderantemente a relação entre iguais ou a relação de domínio de alguns sobre outros.

O autor aponta as diferenças da ética das relações em três estruturas sociais distintas: as sociedades patriarcais, as sociedades matriarcais e as sociedades que denominou matrísticas. Nas sociedades patriarcais e matriarcais o poder está concentrado nas mãos do patriarca ou da matriarca, e a eles pertencem todos os outros seres vivos que estejam em seu território, que são vistos como objetos, e não como sujeitos, autores de seu destino. As forças são dirigidas à competição, para que surja o mais forte, o melhor.

Nas sociedades matrísticas o poder está distribuído entre os diversos seres, incluindo a natureza, em uma interação sistêmica. O poder surge da orquestração de todas as forças em direção à cooperação, à reciprocidade e ao desenvolvimento.

Bateson (1985), em seu livro *Pasos hacia a una ecologia de la mente*, aborda essas preocupações e propõe uma ética relacional ecológica, em que o lugar da mente não é individual, mas expandido, e a pele não é a fronteira que cria a unidade de observação, em que a mente individual é um subsistema social e planetário.

Essa proposta modifica o lugar de cada um no mundo, saindo da situação de sermos unidades independentes, e a sobrevivência como um processo individual, para a noção de interdependência da vida em todas as suas expressões, de Gaia, como um todo, até cada pequeno ser humano.

Nosso desafio, então, é transformar o que pensamos e as nossas ações, para que reflitam esse novo lugar de sermos autores co-responsáveis da realidade que observamos.

A ética relacional é construída em um arcabouço de ideias, realizada nas ações cotidianas, fruto das distinções que fazemos.

Bateson considera que ao entrarmos em contato com diferentes informações fazemos um certo número de distinções, as quais ele aponta como diferenças: ideias surgidas naquela relação que se transformam em novas informações (a esse processo denomina "a diferença que faz diferença"). Propõe um outro lugar para o indivíduo, onde sua mente não esteja isolada em suas ideias, mas em constante processo de apontar diferenças acordadas na relação, e, ao oferecê-las nesse contexto, faça parte da coreografia expandida da construção da realidade, em que todos estão interdependentes.

Marisa Japur (2007) escreveu um artigo em que coincidentemente faz uma ponte entre o construcionismo social, Gergen e Bateson, discutindo o caráter relacional da produção de sentido e a concepção do desenvolvimento do *self* no encontro humano:

> O self constitui as maneiras mais ou menos estáveis de contarmos a nós mesmos e aos outros aquilo que somos. Compreendo então o caráter relacional da produção de sentido na linguagem: esse contar sobre nós mesmos não significa expressarmos algo que já somos, mas sim enunciar possibilidades de nós, cujos sentidos serão relacionalmente construídos. (p.15)

Ou seja, no construcionismo social, a presença do outro não é considerada uma experiência exterior, mas co-autoria na construção de si mesmo.

Compartilho com ela a crença de que, ao narrarmos nossas histórias e ouvirmos nossos diferentes interlocutores, estamos vivendo a construção conjunta de nossas inúmeras possibilidades, tendo a oportunidade de ampliá-las. Traz à tona no artigo "Sobre um eu que também é você" um conceito extremamente útil para mim, que é o de *self* narrativo proposto por Gergen (1994-1998), ao afirmar que o *self* não é uma propriedade somente do indivíduo, mas também dos relacionamentos, sendo o resultado "das várias possibilidades de nos contarmos aos outros e a nós mesmos em nossas interações" (Japur, 2007, p. 14).

As oficinas que idealizei são espaços relacionais privilegiados para o estímulo dessa co-autoria, para a construção desse eu que é você também, com a atmosfera de legitimidade abrindo espaço para contarmos e escutarmos sobre nós. Nessa dança dialógica de pensarmos em nosso percurso na vida interdependente do outro, vive-se uma oportunidade de dar espaço para histórias que nos afetam e que pedem licença para serem revisitadas, agora em um continente relacional que nos instigue, com sua qualificação, parceria e reciprocidade; é ir além em nossa humanidade.

Estimulada pelos autores citados até aqui, é enfatizada a proposta da criação de contextos favorecedores do desenvolvimento de cada ser humano em sua história, considerando-se que a convicção de que nos constituímos na relação interpessoal, mediados pela linguagem, fornece uma visão processual do que é humano, colocando-nos e às nossas relações como narrativas dinâmicas construídas e reconstruídas através do caminhar pela vida nas conversações das quais participamos.

Gerar espaços conversacionais que estimulem e construam narrativas transformadoras em direção aos valores de colaboração e parceria parece-me o lugar mais importante para o terapeuta de família. Além disso, capacidade de criar espaços para que esse profissional possa desenvolver-se dentro dessa ideologia, e não somente falar sobre ela, lembrando que a ética não é separada da ação, parece-me o lugar mais importante para o formador de terapeutas de acordo com essa concepção.

O TERAPEUTA FAMILIAR

O lugar de co-construtor de realidades alternativas convida o terapeuta a apresentar-se em sua integridade como ser humano, com história, preconceitos, experiências e consciência de sua auto-referência, ou seja, com uma posição relativa em seu saber. Convida o terapeuta a refletir sobre seu fazer terapêutico a partir de sua própria existência, seu contexto social, familiar, seu momento no ciclo vital, seus mitos e suas dores.

Coloca em foco e reflexão a ética relacional que desenvolveu em suas histórias de vida e seus modelos afetivos iniciais; discute e revisita sua história e convida-o a rever o equilíbrio dos saberes e dos poderes em seu universo de relações, para que possa construir espaços reflexivos ampliadores, onde todos os envolvidos tenham a possibilidade de expressar sua singularidade e, dessa forma, uma cultura de respeito e reciprocidade.

Acredito que a ampliação dos recursos do viver ocorre dentro de um encontro humano mobilizador: um contexto favorável àquele desenvolvimento, em que, ao revisitar as histórias que constituem nosso ser e nosso lugar no mundo, podemos transformá-las. Esse olhar traz em si mesmo a crença de que as relações podem construir a legitimidade da existência e o desenvolvimento das potencialidades ou, ao contrário, interditá-las.

Na companhia de todos esses autores citados ao longo desse capítulo, acredito que o processo de desenvolvimento dos recursos pessoais, assim como o impedimento deles, repousa na pessoa, nas suas múltiplas relações, nos valores da sociedade mais ampla e na ética relacional a partir da qual construímos cada ação no mundo.

O terapeuta familiar é um profissional que, ao ser chamado para entrar na intimidade de um grupo humano, precisa possuir recursos que suportem o impacto de dividir o espaço de dor, ansiedade, raivas, disputas, lutos e paralisações de todos os envolvidos naquela história, sem patologizar ninguém. Deve também valorizar a voz de cada um, abrindo espaço para as diferenças, ampliando a escuta respeitosa, distinguindo e valorizando os aspectos resilientes daquele grupo, conseguindo colocar-se no lugar de colaborador, e não de salvador.

Busco enfatizar o valor das relações horizontais, e nelas os saberes são colocados à disposição do grupo para que todos fortaleçam sua própria autonomia ao lado do sentimento de pertencimento.

Quando precisamos ocultar nossa vulnerabilidade e emocionalidade também nos distanciamos de nossas vozes internas e, ao nos desconectarmos de nós mesmos, perdemos a condição de sermos íntegros e espontâneos, condição absolutamente necessária para qualquer encontro humano profundo.

Bowen (1979), quando propõe observar uma escala em que de um lado está a intensidade máxima de indiferenciação do eu familiar, com alta presença dos aspectos fusionais, e, no outro extremo, em *continnum* o predomínio da diferenciação do si mesmo e baixa presença fusional, convida seus alunos a revisitar suas famílias de origem para lidar com essas fôrças que constituíam suas histórias Nagy (1983), ao enfatizar a rede de lealdades invisíveis, o livro de débitos e créditos tecido por gerações como forças fusionais, e o foco na percepção das pautas éticas de cada relacionamento, convida-nos também a essas reflexões.

Para que os terapeutas possam peregrinar por esses caminhos de encontro e reciprocidade, eles precisam ser cuidadosos com sua própria humanidade, ser acolhidos em suas histórias e terem a oportunidade de ressignificarem suas experiências, construindo sentido para escolherem ser terapeutas. Consideramos que um dos riscos maiores de nosso trabalho é o processo de "esgotamento" do terapeuta apontado por duas colegas: Gilda Montoro (em conversas que me fizeram pensar) e Rosa Cukier (2002) (em um artigo intitulado "Fadiga do Psicoterapeuta: Estresse Pós-Traumático Secundário").

A contínua exposição a situações de dor, ansiedade e angústia, além do processo constante de conexão com o próprio mundo interno, com suas indagações e dores, constrói um lugar humano privilegiado para a ampliação dos recursos afetivos de tolerância, cooperação e criatividade, mas também amplia os riscos de estresse e organização de respostas defensivas e de evitação dos sentimentos de desconforto tanto em si mesmo quanto de acolhimento ao outro, desconstruindo o espaço de reflexões que se espera no encontro terapêutico.

Não acredito dentro da ética relacional que proponho na possibilidade de falar sobre o outro, mas com o outro. Para tanto, precisamos ouvir nossas vozes internas e desenvolver o diálogo interior e, assim, poder conectar-nos às vozes externas, dando lugar a essa dança dialógica.

Mony Elkaïm (1989) acredita que a libertação do terapeuta é fruto da autorização para integrar tudo que o constitui, que pertence à sua história, ao seu fazer terapêutico. O ponto de partida para a construção mútua da realidade é o encontro de todos os mundos envolvidos, suas intersecções e ressonâncias, o que o profissional instrumentalizará para construir espaços férteis em desenvolvimento.

Quando o terapeuta está autorizado a percorrer esse caminho e, a partir dessa vivência, a ampliar seus recursos como ser humano, caminha em seu processo de individuação ou, como diz Gilberto Safra (2006), no processo de destinar-se, de ser autor de seu destino. Acreditamos que esse olhar será traduzido em sua atuação terapêutica.

Enfatizará a dança entre autonomia e pertencimento, o construir-se dentro da relação humana, existindo com o outro, criando significados e partilhando sentidos, ao mesmo tempo em que enfatizará um lugar singular e de própria autoria de cada pessoa envolvida naquela relação.

Von Foerster, em discurso de abertura do Congresso Internacional de Paris (1990) sobre Sistema e Terapia Familiar, compartilha a ideia de que a posição ética de cada um de nós é concretizada através da escolha epistemológica, afirmando que havia escolhido ser parte do universo, porque essa posição o unia, de forma inseparável, com suas ações, em direção a todos os outros, e essa era a base de seu fundamento ético.

Minha proposta a nós, terapeutas, é a de que, em primeiro lugar, nos apresentemos cada vez mais para nós mesmos, através da consciência da auto-referência, e de que toda distinção e escolha que fizermos seja fruto das ressonâncias acordadas em algum ponto de intersecção com o outro, pertencendo a todos os envolvidos naquele encontro; em segundo lugar, para o outro ou outros parceiros, convidando-os a partilhar, em clima de solidariedade, as histórias que necessitam reescrever para dar continuidade à vida. Esse despojamento do poder sobre o outro sem abrir mão de seu próprio saber e de sua presença na relação é um grande desafio e exige condições especiais do profissional que trabalhará com as forças de fusão e de diferenciação de nossas histórias relacionais, construindo uma ética relacional com os valores descritos anteriormente.

HISTÓRIAS PARA CUIDAR DO CUIDADOR: CONTOS QUE PROCURAM ENCONTRAR UMA HISTÓRIA ALTERNATIVA

Precisamos viver mais com as águas profundas, que escorrem e nos convidam a mergulhar, e menos com os ventos que sopram em várias direções e nos distraem de nós mesmos com seus movimentos.

A essência de minha postura como terapeuta e como formadora de terapeutas de família é a convicção de que o *self* do terapeuta é seu principal instrumento de trabalho, e os outros dois elementos que constituem o tripé são: o desenvolvimento dos recursos para construir um contexto colaborativo e flexível, para mobilizar a própria criatividade e a dos outros, e o aprofundamento da compreensão teórica que envolve seu campo de trabalho.

> Para nós a conversação terapêutica é um encontro sagrado, pois as pessoas chegam a nós com profundo sofrimento e compartilham suas histórias. Essas histórias são como um presente, uma oferenda muito pessoal dada em estado de grande vulnerabilidade.
>
> Buscamos em todo o nosso trabalho, expressões de liberação que reflitam a sacralidade da vida, e incrementem profundamente um autêntico senso de pertencimento. (Waldegrave, 2001, p.31 e 32).

Esses pensamentos lembram meu artigo:

> O encontro das famílias com os terapeutas sentados ao redor de um ponto de conversação funciona como um caldeirão de emoções e afetos sendo aquecidos, às vezes fervidos, mas sempre um lugar assegurado e protegido, um ventre fértil para abrigar as novas possibilidades de nascimento, um caldeirão no qual se apurou as forças da vida e da morte, em um caldo forte que alimentará cada indivíduo do sistema terapêutico em sua jornada como filhos, pais, alunos, formadores, etc. Pesquisando novamente Bolen (1994), descobri que os gregos tinham um nome para expressar tudo isso que descrevi: Temenos, lugar sagrado onde a confiabilidade de poder existir, como uma expressão única, está assegurada. (2000, p. 179)

Assim, mais uma vez postulo a impossibilidade de dissociarmos quem somos do que fazemos, e a construção do espaço reflexivo dependerá da possibilidade de o terapeuta convidar seus clientes a penetrar o espaço sagrado do existir consigo mesmo e com o outro.

As oficinas propostas por mim têm o desejo de penetrar nessas águas profundas, mobilizando as forças de diferenciação frente aos aspectos fusionais das lealdades familiares – ou talvez com outra metáfora – cozinhar no caldeirão que apura as força da vida e da morte, fortalecendo o caldo do existir em si mesmo e com o outro.

O pressuposto das oficinas é construir um espaço reflexivo, lúdico e ritualístico, em que as memórias individuais das histórias familiares sejam convidadas a serem revisitadas, e novos significados sejam construídos em uma outra configuração grupal do aqui e agora, com a força da presença de todos.

Acredito na importância fundamental para o ser humano de dar testemunho e testemunhar, em função de nossa necessidade de dar nome e significado às nossas experiências, como um processo de construir nossa coerência histórica, individual e grupal. Acredito também na função libertadora e vital do testemunho como um lugar onde é possível ampliar o tecido de experiências do que nos constitui. Como Andersen, em uma entrevista publicada na revista Processos Reflexivos (1991, p. 52), nos conta:

> Para mim, falar é uma forma de criar. Eu testemunho a criação deles mesmos, e isso é muito sério. Ser uma testemunha é muito sério, muito solene, às vezes parece sagrado, como quando alguém é batizado.
>
> Quando as pessoas falam e escutam suas palavras, ficam emociona-

das, e eu tento dizer algo que mantenha esse momento, essa emoção aflorando.

Nas oficinas citadas a seguir, procurei trabalhar criando espaços onde pudéssemos tecer juntos novos significados para nossas histórias pessoais, para que os terapeutas de família ampliassem sua flexibilidade, fortalecessem seus aspectos libertadores dos conflitos fusionais, junto com o respeito a suas heranças ancestrais e sua coragem de penetrar no terreno humano sagrado.

JUNTANDO E SEPARANDO: UM LONGO CAMINHO PELA VIDA

Esse trabalho baseou-se em um convite para percorrer a própria história, revisitando as memórias ligadas ao pertencimento e à separação.

A partir de minha experiência clínica e de formadora, percebi em diferentes momentos que meus clientes ficavam paralisados buscando não entrar em contato com separações e perdas.

Percebi vários colegas tendo dificuldades de acompanhar a morte ou a separação nas famílias e nos casais que atendiam, e o impacto emocional que gerava a construção de novas famílias, de segundos casamentos, sem patologizar o processo de elaboração das perdas e transformações.

Procurei favorecer os contextos de reflexão e visita às histórias de separações, mortes e perdas da família de cada um, para que puséssemos foco na resiliência e na esperança.

Como todo observador faz parte do observado, como a construção da realidade é sempre auto-referente em minha concepção, esse trabalho criado por mim na década de 90 foi fruto da intersecção de minhas histórias de vida: separação do primeiro casamento, vivência da própria dor e a dos filhos, realização de um segundo casamento e a complexidade dessa família, tão bem denominada de binuclear por Constance Ahron (Kaslow, 1987 p. 281), com os desafios e com as dificuldades que sentia em meus clientes, alunos e colegas.

Essa oficina, realizei-a algumas vezes, em diferentes cidades brasileiras, sempre a pedido de profissionais que haviam ouvido a experiência vivida por algum colega, o que mostrava para mim o sentido que tinha serem cuidados em suas histórias, para que pudessem fortalecer seus contornos individuais e flexibilizar e aprofundar seus sentimentos de pertencimento, recontando sua vida para si e para os outros, em um ritual de testemunhar e ser testemunha.

Novamente neste trabalho busco a linguagem das imagens para conectar os diversos mundos ali presentes e, assim, nessa intersecção, construir com as ressonâncias acordadas as diferentes possibilidades.

> Penso, como Manguel (2000), na imagem como narrativa, ou melhor, acredito como ele que, ao contemplarmos uma imagem, forma-se uma tensão e uma intimidade entre nós e o objeto, desenvolvendo-se histórias despertadas nesse encontro que contém memórias profundas de um mundo de símbolos e experiências relacionais, ocorrendo um espaço mágico em que o observador, o artista e o objeto tornam-se, naquele instante, um só.
>
> A imagem, nesses momentos, oferece-se como espelho, pois ela desperta um mundo de narrativas sobrepostas, construídas a partir de nossa subjetividade (Colombo, 2006, p. 18).

Nessa oficina ofereço meu genograma, através de fotos muito significativas para minha história, como ponto de partida, abrindo um caminho para partilhar a intimidade, convidando todos a entrar na própria vida, acompanhados pela presença de cada um e estimulados pelas imagens. Proponho um trabalho à flor da pele, um mergulho nas águas profundas, um caldo grosso fervendo de emoções, tendo consciência de que temos um pacto com a cooperação, reciprocidade e consciência de sermos singulares em nossos contornos e semelhantes em nossas necessidades.

As imagens apresentadas foram acompanhando meu ciclo vital: meus pais, gravidez, amamentação, as três gerações, primeiro casamento, gravidez do primeiro filho, da segunda filha, amamentação, divórcio, segundo casamento, minha família binuclear, novos parentescos.

Cada participante, ouvindo suas vozes internas, foi "captado" por uma dessas imagens, guardando-a dentro de si, iniciando o contar de suas próprias histórias. Peço que escrevam em um papel a escolha e expliquem se é uma imagem que desperta sentimentos de juntar-se ou separar-se; em seguida, dividem-se em pequenos grupos de acordo com a escolha da imagem e conversam sobre o que nessa visão remete à própria história, quais lembranças foram despertadas.

Estimulando novamente o silêncio e a introspecção, com o recurso de manter-se em seu próprio mundo, ofereço a possibilidade de continuar a caminhada, agora com imagens de artistas como Frida Kahlo, com seus retratos com Diego Rivera; Sebastião Salgado, com famílias nos acampamentos de sem-terra, ao lado de imagens que fotografei de criações que casais e famílias fizeram no encontro terapêutico, expressando os momentos de luto e elaboração, como a história desenhada por uma família quando a mãe morreu repentinamente, ou outra falando do suicídio da mãe através da pintura de mãos pedindo socorro, quando crianças fizeram vulcões, protestando contra o segundo casamento do pai, ou quando dois meninos desenharam tanques de guerra para contar da separação dos pais ou do desenho do lobo agressivo pintado de vermelho, com a sombra em preto, etc. (Figuras 32.1 e 32.2).

Uma vez mais o participante é convidado a dialogar com essas imagens e perceber qual mais o tocou, com o que associa suas histórias de vida, a anotar no papel e a compartilhar com o grupo seus sentimentos e as memórias familiares despertadas.

Finalizando essa etapa, peço para que cada grupo dê um nome para si, que reflita as escolhas feitas e as histórias narradas.

Nesse momento da vivência foi construída uma ponte especial na interseção das histórias da própria vida, com a vida de todos os demais participantes, feita de narrativas singulares que, ao serem compartilhadas, geram um espaço sagrado, onde todos estão conectados através desses testemunhos, aqui e agora.

Não podemos esquecer que o trabalho tem como objetivo ampliar também as reflexões clínicas; dessa forma, a última parte visa a construir com o grupo sua própria autoria na compreensão das separações, divórcios e novos casamentos.

Assim, a partir da reflexão nos pequenos grupos, proponho algumas questões para serem discutidas:

- O divórcio reacende o aprendizado de separar-se, iniciado no nascimento, que acompanha todo o ciclo vital?
- Quais as etapas que podemos descrever no processo divórcio?
- Quais os sentimentos mais comuns entre os adultos e as crianças durante o processo?
- Quais os principais perigos que uma família vive nesse processo?
- Existindo um novo casamento, qual a complexidade que surge?

Meu desejo é que, a partir da flexibilização da própria história, ao vivermos o impacto de contar e ser escutado e de ouvir e testemunhar, possamos, ao entrar em

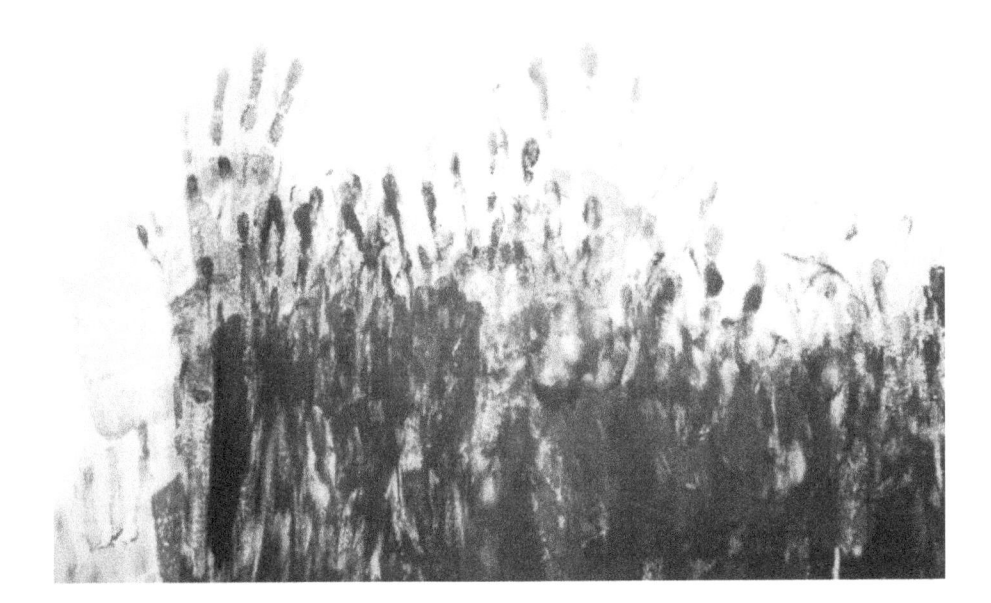

Figura 32.1 Pedindo socorro.

Figura 32.2 Raiva e tristeza.

contacto mais íntimo com nossas dores e com nossos recursos, flexibilizar nossas posições e ampliar a capacidade de escuta da experiência humana de juntar e separar, construindo novos lugares para cada um de nós e para os demais que estão envolvidos.

Nessa oficina temática busco oportunizar aos colegas terapeutas a reflexão sobre a complexidade emocional a que estamos expostos, junto com as famílias, ao viver o processo de divórcio; a construção do conceito de diferenciação entre par conjugal e par parental; as diferentes etapas da elaboração do processo do luto; a dor e o desafio de atravessar os sentimentos de "lealdades divididas"; as competências necessárias para a construção de famílias binucleares, com sua rede de parentesco biológico e social; o perigo da confusão hierárquica através de coalizões intergeracionais; a dor da abdicação parental; disputas judiciais, etc.

Todos esses conceitos são construídos a partir da reflexão e discussão dos pequenos grupos, e, por último, juntando todos os participantes no grande grupo, elaboramos um documento através de desenhos, imagens, diagramas, cartas, colagem ou qualquer outra linguagem escolhida.

PÁSSAROS FERIDOS – VOOS DESCONHECIDOS

Essa oficina encerra um convite para que os meus dois mestres mais queridos, Mony Elkaïm e Tom Andersen, emprestem-nos a sensibilidade para conectar-nos com nossas histórias de partidas e de chegadas, de saudade e desapego, de dor, de vôos, de recomeços.

Lembranças de minha história, com meus pais, avós e filhos despertaram quando Elizabeth do Valle, presidente do VI Congresso Brasileiro de Terapia Familiar, convidou-me para falar sobre os processos migratórios e as mudanças socioeconômicas: me dei conta de que meus filhos e enteados eram fruto desse movimento do século XX, no Pós-Segunda Guerra Mundial. Imediatamente, conectei-me com as histórias humanas fruto de movimentos de desapego, que exigiram esperança e coragem, e percebi que esse é um ponto forte de conexão, a partir do qual construo inúmeras pontes com outros seres humanos.

As palavras-chave que essas reflexões trouxeram foram: vôo – pássaros – desapego – saudade – coragem – feridas.

Assim, imaginei o trabalho que realizei em cinco diferentes ocasiões, três das quais para terapeutas; uma, com clientes, familiares e funcionários de um hospital-dia da rede municipal de São Paulo; e outra, em uma associação particular que congrega executivos expatriados.

Essas oficinas têm como ponto de partida a história de meus filhos, cuja origem envolve avós vindos da Alemanha e Rússia, imediatamente antes da Segunda Guerra, fugindo de perseguições religiosas, da Itália, em busca de novos negócios, no começo do século XX, e de Minas Gerais para São Paulo, em busca de assistência médica; e, de meus enteados, cujo pai e avós vieram no pós-guerra da Itália, fugindo do desemprego e da fome.

Minha família, nas duas últimas gerações, construiu sua história a partir desses movimentos de perdas, separações e renascimento.

Pensando na minha experiência clínica e como formadora, novamente com os genogramas que acompanhei, considerei que essas vivências marcaram todos nós e que essas histórias mereciam ser revisitadas para talvez podermos recontá-las, com mais consciência de nossa resiliência.

Nessa oficina, apresentei várias histórias e imagens de desenraizamento, como

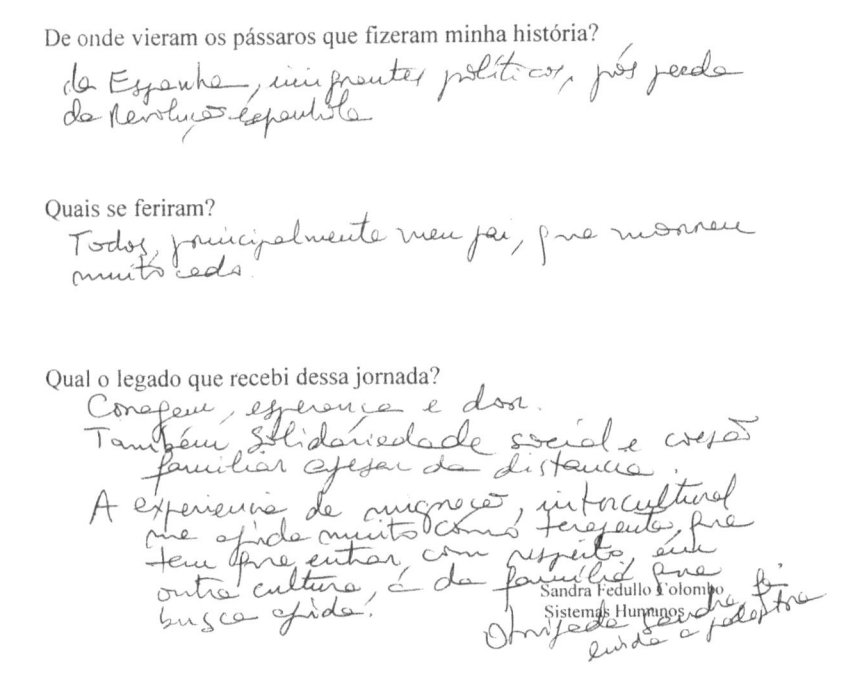

De onde vieram os pássaros que fizeram minha história?

de Espanha, imigrantes políticos, pós perda da Revolução espanhola

Quais se feriram?

Todos, principalmente meu pai, que morreu muito cedo.

Qual o legado que recebi dessa jornada?

*Coragem, esperança e dor.
Também, solidariedade social e crescer familiar apesar da distância.
A experiência de migração, intercultural que apreendi muito como terapeuta, que tem que entrar com respeito em outra cultura, é da família que busca ajuda.*

Sandra Fedullo Colombo
Sistemas Humanos

Figura 32.3 Pássaros feridos.

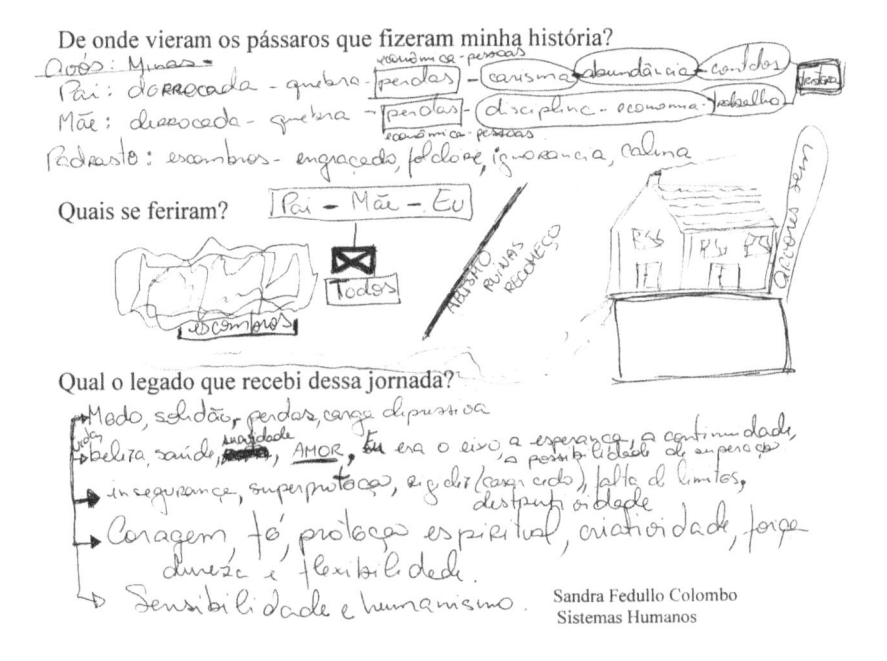

De onde vieram os pássaros que fizeram minha história?

[anotações manuscritas]

Quais se feriram? Pai – Mãe – Eu

Qual o legado que recebi dessa jornada?

[anotações manuscritas]

Sandra Fedullo Colombo
Sistemas Humanos

Figura 32.4 Pássaros feridos.

as fotos, tiradas por internos da antiga Febem, as quais expressavam a perda da liberdade dentro de um contexto de adolescentes de famílias migrantes que viviam na periferia de São Paulo. Há também a história de uma família do sertão de Sergipe que veio para São Paulo e deixou uma filha de 2 anos com os avós maternos. Esse vôo foi muito longo e difícil. Chegando a São Paulo, o casal separou-se, e a mulher ficou sozinha com o filho de 4 anos, trabalhava como doméstica e mandava dinheiro para os pais. Sonhava em ir para o Nordeste ver a filha, porque lá era "paz, carinho, segurança, e aqui só saudade".

Quando a própria mãe morreu, foi buscar a filha e, sozinha, de novo em São Paulo, com duas crianças, sofreu muito, e a filha ficou muito doente. Palavras da mãe:

> "As juntas incharam, ficou em cadeira de rodas", e os médicos disseram que "eu devia voltar para minha terra, mas como lá não tinha tratamento tive que ficar em São Paulo, e eles me mandaram fazer terapia familiar, porque a doença era de grande influência emocional".

Palavras da menina:

> "Eu tenho saudade da vó e da mangueira do quintal. Aqui, só gosto do Birapuera, do parquinho de brincar".

Os legados de coragem, força, determinação e aqueles de dor, derrota e fragilidades são convidados a ser conectados e respeitados, para que possamos enriquecer ainda mais nossa história.

Somos frutos de muitos vôos, de partidas e chegadas, desapego, saudade e coragem. Nessa travessia, entre culturas e regiões diferentes, está presente o medo de perder a própria singularidade. Poder pertencer a dois mundos, dando origem ao terceiro, que é o fruto do encontro dos dois primeiros, e não de sua soma, é o desafio vivido por todos que se deslocaram de seus lugares de origem. A experiência transcultural contém uma provocação ao conhecido, ao acomodado. Olhar uma pessoa fora do contexto de sua experiência, considero uma desconfirmação de sua existência, um processo para empobrecê-la.

Quando somos convidados e autorizados a continuar a construir sentido para as heranças dos vôos de nossa história, caminhamos em nossa legitimidade e temos a oportunidade, talvez, de deixarmos legados mais leves para as próximas gerações.

Peço ao grupo que caminhou até aqui, nessas reflexões, que mergulhe em sua própria história e responda as seguintes perguntas:

- De onde vieram os pássaros que fizeram minha história?
- Quais se feriram?
- Qual o legado que recebi dessa jornada?

O altíssimo nível de emoção que esse trabalho mobilizou em todos os grupos deu-me a certeza da importância desse tema em nossas vidas.

O FIO DE ARIADNE

Para finalizar, vou trazer essa oficina que nasceu de um momento especial de minha vida, quando meus filhos começaram a sair de casa.

Nesse trabalho, faço um convite para viajarmos juntos para dentro de nós e ampliarmos a escuta de nossas vozes internas. Para isso, o clima de respeito, entrega e relaxamento é construído com todo o cuidado.

Peço que deixem os objetos no chão e que tenham mãos, pernas e colo livres, que fechem os olhos. Quando se sentirem

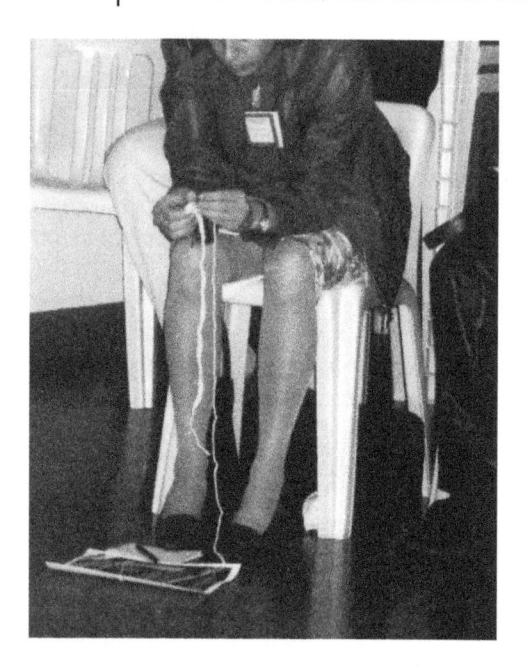

Figura 32.5 O fio de Ariadne.

seguros, pensem qual o significado para cada um dos fios de Ariadne, de forma simples, em uma frase ou palavra. Aos poucos, todos abrem os olhos e procuram andar pela sala e visitar cada uma das 12 imagens selecionadas para nosso trabalho. Sempre em silêncio, não perdendo o contacto consigo mesmo, demoram-se na frente de cada foto, sentindo-as.

Nesta peregrinação, busquem deixar um espaço para aquela que os chamará, que os convidará a entrar, a fazer uma forte conexão e lhes contará uma história. Permitam que ela os capture, entre em suas intimidades.

Quando terminarem essas visitas, procurem seus lugares, sintam seus corações, coloquem suas mãos no peito, para senti-lo pulsar, empurrando seus corpos para a vida. Mantenham suas mãos sobre ele, respirando, e contem uma história para vocês sobre a foto que escolheram. Essa história começa com "era uma vez...".

Aos poucos, quando sentirem que a história foi contada e ouvida por seus corações, procurem mexer-se, dissolver o que está preso no corpo, e ainda, em silêncio, não percam essa linda conexão com seus corações e com suas histórias. Aos poucos, gostaria que olhassem a imagem do labirinto e aceitassem meu convite para viajar nele, tecendo o fio de Ariadne. De olhos fechados, vocês podem iniciar essa viagem, ao mesmo tempo em que tecem o fio, e este será nosso guia para entrar e, depois, para voltarmos sem nos perder.

Agora que cada um entrou em contato com ele, vamos penetrando em nossas memórias e sentindo onde estão os nós que queremos desfazer. Sintam o caminho pela vida, os momentos mais lindos ou mais tristes dos quais precisaram despedir-se para continuar. Tragam essas imagens. Guardem no coração e continuem tecendo um fio forte, que permita entrar em contato com um momento ou com uma pessoa de sua vida, de quem precisam despedir-se, para prosseguir sua caminhada, algum momento ou pessoa de quem é muito custoso abrir mão, mas que o fio de Ariadne os convida a ter confiança e permitir que se vá.

Permaneçam de olhos fechados, tecendo o fio que os trará para fora do labirinto. Guardem a imagem desse momento ou dessa pessoa de quem ainda é difícil abrir mão.

Aos poucos, abram os olhos e verão inúmeras imagens espalhadas pelo chão: são rostos, paisagens, animais, cenas da vida, etc.

Escolham uma e escrevam em seu verso uma carta de despedida para essa pessoa ou para esse momento do qual perceberam que precisam despedir-se. Para finalizar, após terem escrito essa carta, sintam se existe alguma intersecção entre a primeira imagem escolhida e a carta que escreveram. Em pequenos grupos, compartilharemos nossas viagens e, no grande grupo, dividiremos essas experiências.

Propus essa vivência em seis diferentes cidades, sempre envolvendo colegas que me solicitavam esse trabalho e, em todas as ocasiões, os pensamentos que mais surgiram foram: libertação, desfazendo nós, construindo pontes, encontros e despedidas em que há muito tempo não pensava, lágrimas e alegrias das quais não queriam chegar perto, alívio, "preciso continuar, eu estava encalacrada, sinto que agora me despedi de verdade, só agora acho que me despedi de meu ex-marido", "acho que nesse momento consegui entrar em contato com a morte de minha mãe", etc. Ou esta poesia:

> Viajei e fundi-me à luz eterna, deixo meu local de passagem, adeus terra, terna estalagem, não tenho reclamações, só saudade.

Uma frase, guardei em especial, pois ilustra o que penso sobre o cuidar do cuidador: "Só hospeda a dor do outro quem hospeda a própria dor."

O ritual de escrever a carta abre portas profundas de comprometimento, em direção ao que cada um de nós acredita como seu caminho mais verdadeiro e pode, dessa forma, ser construída uma ponte que nos liberta de um lugar na história que nos prende ao passado.

Uma dessas cartas foi-me entregue no final de um desses trabalhos por uma jovem terapeuta que havia escolhido a imagem de uma mulher grávida:

> Enfim acho que chegou a hora... nascer! Sair de um lugar tão gostoso, quentinho, calmo e acolhedor para o de caminhar sozinha. Acredito que tive sempre muito medo, pois estando perto sei que tenho para onde correr, gritar e ser muito bem recebida... mas eu preciso me despedir de ser tão filha, crescer, caminhar com minhas pernas e mudar de lugar... me despedir desse lugar que é tão maravilhoso e assumir outros riscos, mas nunca, nunca me despedir de você que me ensinou a amar e ser amada, construir e reconstruir e principalmente refazer e atravessar...

Um trabalho baseado quase inteiramente na permissão para ouvir as vozes internas, ou seja, no silêncio que dá espaço, faz-me lembrar Guimarães Rosa: "A gente sabe que esses silêncios estão cheios de mais outras músicas" (p. 12).

A ESCUTA

Em 2007, ouvi 32 Terapeutas em uma pesquisa, cujo ponto de partida foi minha curiosidade para saber em que circunstância sentiram o maior desconforto profissional, a que tipo de ajuda recorreram, quais as situações mais comuns de estresse que enfrentaram, quais os recursos que usaram como pessoa e como profissional e se alguém quisesse ajudá-los o que precisaram oferecer.

As respostas mais citadas foram: dificuldades dentro da equipe, representadas por discussões, competições, falta de sintonia, problemas de entendimento com a chefia, sentimentos de ser injustiçados, falta de respeito na equipe, falta de lugar; quando envolvia a clientela, situações de violência contra crianças, violência dentro do casal, câncer na família, sentir-se paralisado diante dos clientes, agressões dentro da sessão, situações de morte, separação e luto, percepção de nossa finitude, assédio sexual, conflitos com agressões físicas na família, o sentimento de rigidez e inflexibilidade, ter auto-exigência muito grande, contato com a dor intensa, com ódios intensos, dificuldades com o dinheiro, etc.

Supervisão e terapia individual foram instrumentos muito citados para enfrentar os desafios profissionais, assim como trabalho corporal, meditação, ajuda espiritual, lazer, leituras, yoga, caminhadas.

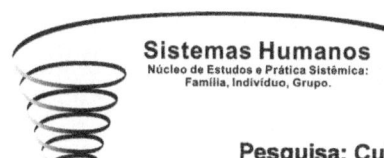

Sistemas Humanos
Núcleo de Estudos e Prática Sistêmica:
Família, Indivíduo, Grupo.

Pesquisa: Cuidando dos Cuidadores

Sandra Fedullo Colombo

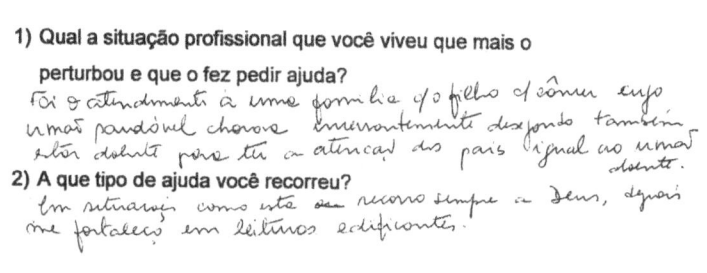

1) Qual a situação profissional que você viveu que mais o perturbou e que o fez pedir ajuda?

2) A que tipo de ajuda você recorreu?

3) Quais situações de stress são mais comuns no seu cotidiano profissional?

4) Quais recursos você usa para se cuidar como pessoa e como profissional?

5) Se alguém quiser cuidar de você o que precisa oferecer?

Rua Indiana, 1.188 – Brooklin – CEP. – 04562-002 – São Paulo – SP
Telefones (11) 5505-8911 – 55065241 - Fax 5505-8911
E-mail: sistemashumanos@sistemashumanos.org
site: www.sistemashumanos.org

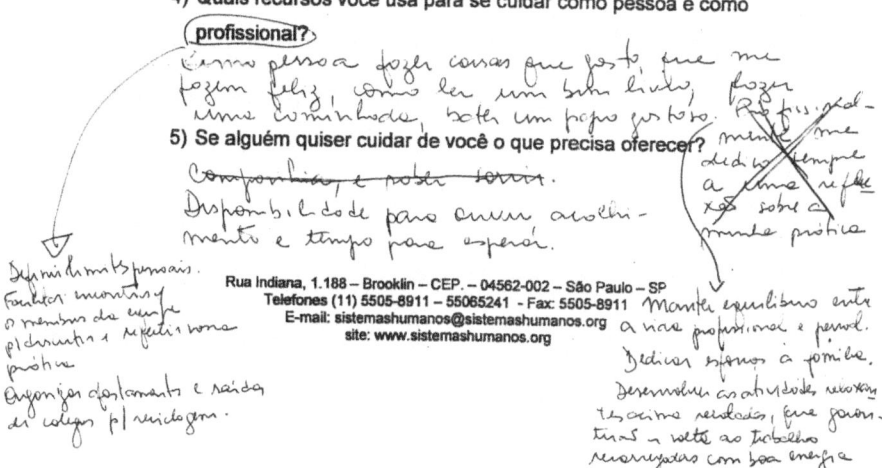

Figura 32.6 Cuidando do cuidador.

Manual de terapia familiar | **459**

Sistemas Humanos
Núcleo de Estudos e Prática Sistêmica:
Família, Indivíduo, Grupo.

Pesquisa: Cuidando dos Cuidadores

Sandra Fedullo Colombo

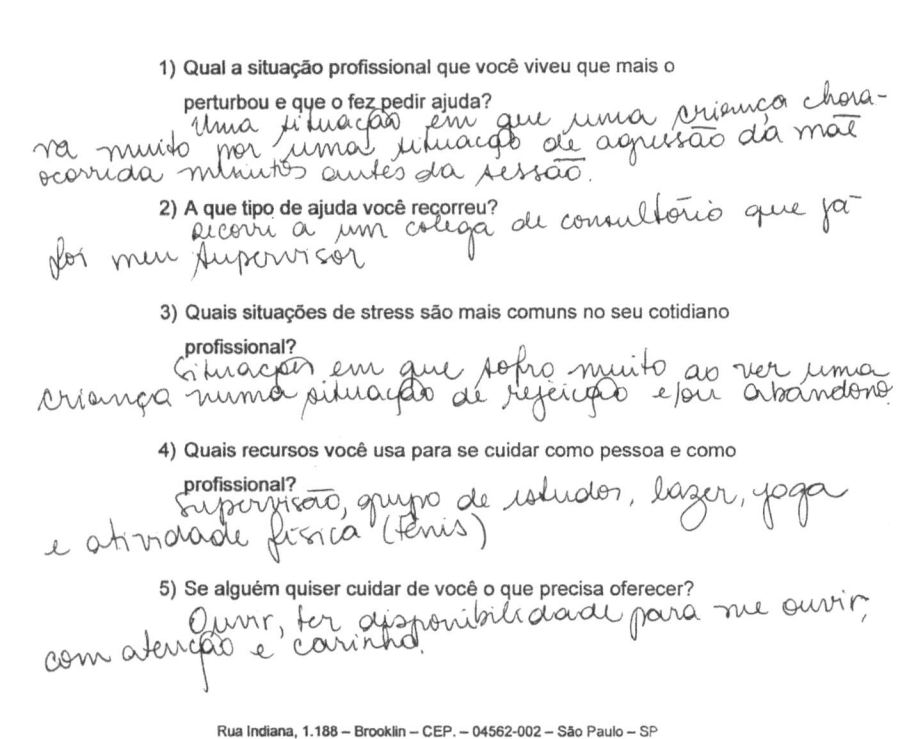

1) Qual a situação profissional que você viveu que mais o perturbou e que o fez pedir ajuda?

Uma situação em que uma criança chorava muito por uma situação de agressão da mãe ocorrida minutos antes da sessão.

2) A que tipo de ajuda você recorreu?

Recorri a um colega de consultório que já foi meu supervisor.

3) Quais situações de stress são mais comuns no seu cotidiano profissional?

Situações em que sofro muito ao ver uma criança numa situação de rejeição e/ou abandono.

4) Quais recursos você usa para se cuidar como pessoa e como profissional?

Supervisão, grupo de estudos, lazer, yoga e atividade física (tênis).

5) Se alguém quiser cuidar de você o que precisa oferecer?

Ouvir, ter disponibilidade para me ouvir, com atenção e carinho.

Rua Indiana, 1.188 – Brooklin – CEP. – 04562-002 – São Paulo – SP
Telefones (11) 5505-8911 – 55065241 - Fax: 5505-8911
E-mail: sistemashumanos@sistemashumanos.org
site: www.sistemashumanos.org

Figura 32.7 Cuidando do cuidador.

As respostas mais encontradas quanto ao que gostariam de receber se alguém fosse oferecer cuidados foi acolhimento, colo, sensibilidade, escuta com atenção, disponibilidade, ombro amigo, aceitação, aconchego, paciência, espaço, chocolate com carinho, honestidade, espaço para sentir e para chorar, disponibilidade para ouvir com atenção e carinho, etc.

Sinto que minhas crenças sobre a necessidade de um espaço para acolher a humanidade do terapeuta foram confirmadas nessas respostas.

Novamente trago Guimarães Rosa (1969, p.53):

> Só se pode viver perto do outro e conhecer outra pessoa sem perigo de ódio se a gente tem amor. Qualquer amor já é um pouquinho de saúde, um descanso na loucura.

PENSANDO E REPENSANDO

Percebo que o cerne do que proponho refere-se ao interjogo entre autonomia e pertencimento, individualidade e comunidade.

Esse é o desafio humano, existir com o outro, construir-se dentro de uma relação humana e ser um, singular e indivisível.

Essa é a discussão do terapeuta de família em sua própria humanidade e seu "objeto" de trabalho, talvez melhor falando, seu "sujeito" de trabalho.

REFERÊNCIAS

ANDERSEN, T. *Processos reflexivos*. Rio de Janeiro: Noos, 1991.

ANDOLFI, M. *A linguagem do encontro terapêutico*. Porto Alegre: Artmed, 1989.

BATESON, G. *Pasos hacia una ecologia de la mente*. Buenos Aires: Planeta, 1985.

BOLEN, J. S. Em busca do Santo Graal. In: _____. *O caminho de Avalon*. Rio de Janeiro: Rosa dos Tempos, 1994.

BOSZORMENYI-NAGY, I.; SPARK, G. M. *Lealtades invisibles*. Buenos Aires: Amorrortu, 1983.

BOWEN, M. *De la família al individuo*: la diferenciacion del si mismo en el sistema família. Barcelona: Paidós, 1979.

CECCHIN, G.; BARBETTA, P.; TOFFANETTI, D. Quem foi mesmo Von Foerster? *Nova Perspectiva Sistêmica*, ano 14, n. 26, p.9-23, nov. 2006.

COLOMBO, S. F. Em busca do sagrado. In: CRUZ, H. M. (Org.). *Papai, mamãe, você e eu?* São Paulo: Casa do Psicólogo, 2000.

_____. O cinema: o que lembro quando penso em Tom Andersen. *Nova Perspectiva Sistêmica*, ano 15, n. 29, p.129-130, nov. 2007.

COLOMBO, S. F. (Org.). *Gritos e sussurros*: interseções e ressonâncias. São Paulo: Vetor, 2006. v. 1, cap. 1.

COLOMBO, S. F. (Org.). *Gritos e sussurros*: interseções e ressonâncias. São Paulo: Vetor, 2006. v. 2, cap. 1.

CUKIER, R. A fadiga do psicoterapeuta: stress pós traumático secundário. *Revista Brasileira de Psicodrama*, São Paulo, v. 10, p.55-67, 2002.

ELKAÏM, M. (Org.). *Formações e práticas em terapia familiar*. Porto Alegre: Artmed, 1989.

GERGEN, K. J. *Realities and relationships*: soundings in social construction. Cambridge: Harvard University, 1994.

GERGEN, K. J.; MCNAMEE, S. *Terapia como construção social*. Porto Alegre: Artmed, 1998.

GRANDESSO, M. *Sobre a reconstrução do significado*: uma análise epistemológica e hermenêutica da prática clínica. São Paulo: Casa do Psicólogo, 2000.

GUIMARÃES, R. J. Grandes sertões: veredas. In: BISSILIAT, M. *Fim de rumo, Terras altas, Urucúia*: ensaio fotográfico. São Paulo: Brunner, 1969.

FOERSTER, H. V. Vision y conocimiento: disfunciones de segundo orden. In: SCHNITMAN, D. F. (Org.). *Nuevos paradigmas*: cultura y subjetividad. Buenos Aires: Paidós, 1994.

JAPUR, M. Sobre um eu que também é você. *Nova Perspectiva Sistêmica*, ano 14, n. 27, p. 9-19, abr. 2007.

KASLOW, F.; SCHWARTZ, L. L. *As dinâmicas do divórcio*: uma perspectiva de ciclo vital. Campinas: Psy, 1995.

MATURANA, H. R.; VARELA, F. *El árbol del conocimento*. Chile: Editorial Universitária, 1986.

MATURANA, H. R.; VERDEN-ZÖLLER, G. *Amar e brincar*: fundamentos esquecidos do humano. São Paulo: Palas Athena, 2004.

SAFRA, G. *Hermenêutica na situação clínica*: o desvelar da singularidade pelo idioma pessoal. São Paulo: Sobornost, 2006.

WALDEGRAVE, C. Just therapy com famílias e comunidades. In: GRANDESSO, M. (Org.). *Terapia e justiça social*: respostas éticas a questões de dor em Terapia. São Paulo: APTF, 2001.

WHITE, M. *Re-authoring lives*: interviews and essays. Adelaide: Dulwich Centre, 1995.

WHITE, M.; EPSTON, D. *Médios narrativos para fines terapêuticos*. Barcelona: Paidós, 1993.

33

A formação do terapeuta de famílias

Cynthia Ladvocat
Maria Beatriz Rios Ricci

INTRODUÇÃO

Para introduzir este capítulo sobre a formação em terapia familiar no Brasil, é importante esclarecer o contexto do qual derivou estas informações.

Acontece no Brasil, com frequência bianual, o Encontro de Formadores, evento sediado e organizado por uma das onze associações regionais de terapia familiar que compõem a Associação Brasileira de Terapia Familiar (ABRATEF).

A ABRATEF tem como finalidade congregar os profissionais de saúde mental e profissões afins que trabalham ou tenham interesse na área da terapia familiar. Essa Associação surgiu do desejo de profissionais que trabalhavam em terapia familiar em tê-la como respaldo no fortalecimento dessa prática profissional. Assim, a partir de encontros científicos sistematizados realizados em São Paulo nos anos de 1982, 1984, 1986 e 1993; na Bahia em 1988, em Minas Gerais em 1990 e em Brasília em 1992, finalmente, no ano de 1994, foi fundada a ABRATEF em São Paulo, durante a realização do I Congresso Brasileiro Terapia Familiar. A ABRATEF tem como objetivo informar sobre as vantagens da terapia familiar; promover publicações e o intercâmbio entre especialistas; colaborar na formação de associações regionais; apoiar a formação de especialistas em terapia familiar dentro do rigor ético e científico; promover o aprimoramento dos associados através da divulgação de estudo e pesquisas científicas, nacionais e internacionais, e do Congresso Brasileiro de Terapia Familiar. A associação nacional tem sua sede itinerante por suas regionais, escolhida a cada dois anos durante a realização do congresso, assegurando, assim, a possibilidade de todas em sediá-la e realizar o congresso brasileiro. Como a ABRATEF, existem associações internacionais, como a American Family Therapy Association (AFTA), a International Family Therapy Association (IFTA) e a European Family Therapy Association (EFTA), entre as que conhecemos. São considerados associados da ABRATEF os profissionais filiados às associações regionais em suas respectivas categorias básicas.

Os terapeutas de família discutem sobre a formação em encontros científicos, congressos, cursos de formação em suas regionais e em espaços que promovem discussão de casos, de supervisão, de grupo de estudos, e também entre grupos de terapeutas de família formalmente organizados em institutos de formação em terapia familiar. Em suma, os terapeutas de família dialogam sobre a formação junto a seus formandos, a seus pares diretos e junto aos terapeutas que se intitulam formadores por assim se reconhecerem entre seus pares.

O principal espaço dentro da associação para a reflexão sobre a formação em terapia familiar no Brasil é o Encontro de Formadores. O evento em si é um momento para esses profissionais trocarem experiências, dúvidas e êxitos na formação do terapeuta de família brasileiro. Ocorreu em 1998 no Rio de Janeiro, em 1999 em Salvador, em 2000 em Curitiba, em 2001 em Florianópolis, em 2002 em Angra dos Reis, em 2003 em Belo Horizonte, em 2005 em Gramado. No último, o VII Encontro de Formadores, em 2007, na cidade de Petrópolis, na serra de Itaipava, estiveram reunidos cerca de 90 terapeutas de família, a fim de trocar experiências sobre a formação, considerando os desafios da diversidade das regionais e da família brasileira.

O grupo que se manifestou interessado reuniu-se para a uma reflexão sobre as experiências diversas da formação em terapia familiar e ainda sobre como reuni-las, uma vez que residem em diferentes regiões no Brasil. Resolveu-se abrir uma conversação virtual com os interessados presentes e, posteriormente, com os outros colegas convidados pelo grupo original.

A listagem de perguntas resultou em uma gama de respostas que organizamos em três eixos: o que é um terapeuta de família; como é a sua formação, como é a organização dessa formação no Brasil; como se apresenta o mercado de trabalho.

O QUE É UM TERAPEUTA DE FAMÍLIA?

Nem todas as perguntas do eixo foram respondidas por todos. Portanto, não é um produto único e pode haver controvérsias. Serão apresentadas as respostas como uma produção baseada em opiniões desse grupo em particular, as quais acreditamos ser expressão de suas experiências na formação do terapeuta de família brasileiro.

Por sua vez, pensamos que essas controvérsias ou diferenças marcantes sobre o terapeuta de família e sobre sua formação podem ser o resultado do movimento do crescimento e do desenvolvimento dessa prática. As notícias de seus primórdios datam da década de 1950, e o início da formação sistematizada no Brasil no final da década de 70 e início da década de 80.

Por ser uma prática, e não uma profissão em termos de regulamentação legal, seu desenvolvimento em âmbito nacional tem sido estudado, orientado, avaliado e modificado segundo o movimento dos próprios terapeutas de família e do resultado do produto de suas experiências, e não por códigos e leis. O exercício profissional é fiscalizado legalmente pelos Conselhos Regionais das profissões de onde migram os profissionais para a formação em terapia familiar, com o objetivo de se tornarem terapeutas familiares. O terapeuta de família é um profissional de nível superior, grande parte das áreas da saúde, social e educação, que, após a graduação, passa por uma formação específica para a atuação focada nas relações familiares. Em sua maioria, a formação é baseada nos princípios teóricos e práticos da teoria sistêmica e possui uma carga horária de prática supervisionada.

O terapeuta de família é diferenciado de um psicoterapeuta segundo sua formação básica, ou seja, em sua graduação em psicologia ou psiquiatria. O psicoterapeuta atua a partir da formação em psicologia, compreende o indivíduo em sua inter-relação em si mesmo, como se dá a relação consciente-inconsciente em seu sistema psíquico. O terapeuta de família pode atuar em diferentes áreas e com diferentes enfoques. Ou ainda, um terapeuta de família procura entender como se dá a inter-relação dos indivíduos pertencentes a um mesmo sistema. Além disso, um profissional que trabalha com família não é necessariamente um terapeuta de família. Vários profissionais em nosso país trabalham com famílias, como os da área da saúde, por exemplo, que realizam visitas domiciliares e atendem suas necessidades sem fazer terapia.

O que diferencia um terapeuta de família é a sua formação específica para trabalhar com famílias tanto em clínica privada quanto em outros espaços profissionais. Uma formação o habilita a compreender as relações dos indivíduos em sua interação familiar. Quanto a haver ou não vocação para o trabalho com a família, ela pode ser entendida pelo interesse do profissional em busca de conhecimentos que ultrapassam a compreensão do indivíduo.

A terapia familiar de abordagem sistêmica não é a única possível e existente: é apenas uma base teórica como tantas outras. Outras abordagens de pensamento se fazem presentes, como a de orientação psicanalítica, cognitiva, psicodramática, gestáltica, etc.

COMO É A FORMAÇÃO?

No segundo eixo sobre a formação terapeuta de família brasileiro, reunimos a grande maioria das questões que variam desde o que é a formação, como ela se dá, por que ela é necessária, até questões sobre seu produto final. Agrupamos essas perguntas em dois eixos secundários: o que é uma formação em terapia familiar; como essa formação é organizada (seleção de candidatos; grade curricular; conclusão do curso).

O que é uma formação em terapia familiar?

Para responder sobre formação, selecionamos as seguintes perguntas: o que é uma formação em terapia de família? Para que uma formação em terapia de família? O que diferencia um curso e uma formação em terapia de família? Onde buscar a formação?

As respostas apresentam que a formação em terapia de família deve necessariamente ter uma base teórica bem sedimentada com a prática supervisionada voltada ao atendimento em contextos diversos. Portanto, deve incluir, além dos seminários teóricos e práticos, exercícios práticos, vivências, dramatização e trabalho sobre a família de origem. Essa formação passa pela possibilidade de o formando alcançar, inicialmente, uma mudança paradigmática na compreensão do conceito de família: entendê-la como um sistema que se encontra em constante mudança nas suas relações e comunicações interacionais e percebê-la como maior que a soma de seus componentes.

A formação é vista como um processo de aprendizagem: de um lado está quem fornece o instrumento para a construção de um novo papel e função profissional, e do outro aquele que está buscando o desenvolvimento do referido papel. No processo de aprendizagem, também compreendido como crescimento profissional, está incluída a necessidade, apesar de não ser possível a obrigatoriedade, de um trabalho pessoal de cunho terapêutico. A supervisão de atendimento de famílias é de preferência presencial, ou seja, o formando atende terapeuticamente a família sob a supervisão de seu formador. Essa situação pode se dar de formas diferenciadas, como, por exemplo, com o uso de salas equipadas com espelho unidirecional ou com circuito interno de televisão. A família tem conhecimento e autoriza o uso desse recurso e, inclusive, em alguns casos, autoriza a gravação das sessões para fins científicos. Outra forma de supervisão é a presença física do supervisor na sala de atendimento e, ainda, a supervisão a partir do relato de caso sem o uso de sala de espelho. As formas de supervisão são diversificadas, sendo em si uma nova aprendizagem que será colorida com a singularidade do aluno.

Um dos resultados do processo de aprendizagem reside no fato do formando apoiar-se em um construto teórico sólido que lhe permita o ato criativo, ou seja, apropriar-se do apreendido e usar esse conhecimento para seu desempenho profissional.

A partir de um contexto onde os formadores são associados da ABRATEF, uma formação em terapia familiar é aquela que segue o Currículo Mínimo aprovado pelo CDC da ABRATEF, que foi construído ao longo de reuniões, discussões e consultas virtuais no fórum de formadores associados à ABRATEF. Aborda questões relacionadas à carga horária, ao conteúdo programático mínimo e, ainda, à inclusão de horas práticas supervisionadas. Esse Currículo Mínimo foi aprovado e encaminhado para a aprovação das regionais a fim de orientá-las na elaboração de seus próprios currículos. Assim, é possível que as regionais da ABRATEF tenham seus programas curriculares diferenciados entre si, porém tendo como base comum a matriz encaminhada pelo CDC.

A formação em terapia familiar é necessária para que se possa atender com proficiência as famílias que necessitam de atendimento. O trabalho de profissionais terapeutas especializados nesse foco de trabalho exige o aprofundamento em várias áreas do conhecimento, o qual nenhum curso universitário sozinho contempla, como as ciências psicológicas, sociais, biológicas e as humanas. Ou seja, a formação passa por um diferencial que vai além do conhecimento científico, pois nela o que é dá maior relevância são os exercícios vivenciais. Nessa prática, o formando viverá a experiência de se ver membro de seu sistema familiar, sentir sua legitimidade, sua força e a lealdade invisível que existe dentro dele em relação à convivência familiar. É necessária, portanto, uma formação específica visando a atender as famílias para se estudar as relações familiares e os métodos de aperfeiçoamento na atuação com famílias, tanto em consultório como em instituições e na área social. Trabalhar com famílias no âmbito terapêutico sem uma formação específica é colocar em risco a integridade da família.

Nas respostas que procuraram discutir a diferença entre um curso e uma formação em terapia familiar, as informações com maior indicência foram: um curso de terapia familiar é compreendido como aquele que informa sobre essa área, não tem a necessidade de apresentar em seu projeto pedagógico preocupações com a formação prática e pessoal de seus alunos. A formação tem tais preocupações em seu projeto pedagógico e, por isso, tem uma carga horária maior. Nos cursos, a informação sobre família é o foco do que se pretende transmitir. Na formação existe uma preocupação que vai além das informações sobre família e técnicas de atendimento: o formador preocupa-se e investe no quanto o aluno, de fato, está podendo aprender e como utiliza seus recursos próprios para tornar-se um terapeuta de família.

Em relação a onde buscar uma formação em terapia familiar, encontramos respostas distintas entre si, mas uma complementa a outra porque umas são mais abrangentes em relação à forma de buscar a formação e as outras, mais específicas, voltadas para a formação entendida como recomendada pela ABRATEF.

Nas respostas que não se referem à ABRATEF, encontramos tendências em relação aos locais e aos formatos dessa formação: cursos oferecidos por instituições privadas, autônomas; cursos oferecidos por universidades reconhecidos pelo MEC. As respostas mais direcionadas para a ABRATEF salientam que a formação pode ser procurada nos cursos reconhecidos por suas regionais. Isso quer dizer que algumas regionais da ABRATEF reconhecem, através de critérios próprios e em consonância com o Currículo Mínimo apresentado pelo CDC, o plano pedagógico dos cursos que se inscrevem para esse fim. Tal situação não acontece, no momento, em todas as regionais. Embora existam regionais que reconhecem o Instituto Formador, a ABRATEF ainda discute a definição de seus critérios.

O profissional que busca uma formação em terapia de família deve avaliar se para ele é importante um curso reconhecido por uma regional e se almeja participar da rede de terapeutas de família da ABRATEF. É importante reforçar que esse reconhecimento encontra-se diretamente relacionado à aceitação de seus pares como tal, uma vez que a prática da terapia familiar no Brasil não é fiscalizada por um conselho profissional específico. É importante ressaltar que o terapeuta de família presta contas de seu exercício profissional junto ao conselho profissional de sua profissão de origem.

Como essa formação é organizada: conteúdo programático, seleção de candidatos e conclusão do curso

Nesse aspecto, reunimos as respostas sobre a maneira como os cursos são organizados, o conteúdo programático, a seleção ou não de candidatos e a conclusão do curso.

Sobre a organização dos cursos, não há um parâmetro único, provavelmente por essa prática ser considerada uma especialização e não uma graduação orientada pelas diretrizes do Ministério da Educação.

Os cursos de formação em terapia familiar são ministrados por profissionais com experiência clínica e didática. As universidades também foram incluídas nessa organização, com a obediência ao regime institucional e com o reconhecimento do curso no MEC.

Sobre o conteúdo programático, foram levantadas algumas questões relacionadas às escolas e às tendências estudadas em uma formação. Quais os critérios para a escolha de uma determinada escola de terapia de família? Depois de aprender sobre as várias escolas em terapia familiar, o terapeuta deve escolher uma delas como referencial teórico?

Os cursos de formação em terapia familiar no Brasil, em sua maioria, apresentam para os alunos os precursores e a evolução da terapia familiar sistêmica. Apresentam também as diferenças de técnicas de intervenção entre um e outro precursor. Essas diferenças e o consequente agrupamento de técnicas de atender famílias são denominadas de escolas ou modelos, sobretudo para facilitar didaticamente sua exposição. Assim, as escolas ou modelos mais estudados são: comportamental, construtivista, contextual, estratégica, estrutural, experiencial, narrativa, psicanalítica e trigeracional.

A escolha do estudo de escolas ou modelos nos cursos encontra-se diretamente relacionado à opção dos formadores que as elegerão por razões pessoais e por identificações com os precursores e com as evoluções a partir deles. É importante salientar que a apresentação de escolas ou modelos não é consenso na formação. Existem cursos que preferem direcionar sua formação na apresentação dos princípios teóricos e epistemológicos na construção de técnicas e práticas específicas do atendimento terapêutico de famílias.

Por sua vez, embora o estudo de escolas ou modelos não seja consensual nos cursos de formação, o estudo dos precursores e das teorias de base dessa prática é fundamental para ajudar no processo de formação do terapeuta iniciante. Ao longo de sua formação, o formando deverá amadurecer, tornar-se coerente em sua atuação com sua bagagem teórico-clínica e desenvolver seu estilo próprio de atuar com as famílias, além de construir sua ideologia como terapeuta de família. Esse processo não ocorre somente no curso de formação, mas é fruto de um caminho de experiência que se estende ao longo de sua atuação profissional como terapeuta de família. São citados como precursores da terapia familiar mais estudados, desde os primórdios da teoria da comunicação, da primeira e segunda cibernética e a evolução do pensamento sistêmico.

Além dos autores estrangeiros, os terapeutas de família brasileiros publicam cada vez mais seus estudos, suas pesquisas e suas experiências clínicas. A área de terapia de família vem crescendo com a contribuição e com as publicações de autores nacionais incluídos, desse modo, na bibliografia indicada nos cursos de formação.

Quanto ao formando escolher as Escolas ou os Modelos para sua atuação como terapeuta de família, as respostas apontam que as escolhas são distinções e auto-referentes, incluindo a visão de mundo de cada um. O poder que o terapeuta considera que deva ter em sua relação com os pacientes, a posição do saber ou do não-saber, a construção de espaço reflexivo, a postura diretiva ou reflexiva, todos são fatores que refletem a visão de mundo de cada um e que direcionam essa definição. Assim, se ocorre uma escolha, ela versa sobre as características subjetivas e pessoais do aluno. Pode também estar baseada na identificação que ele tem com a escola ou com o modelo adotados pelo curso, pelo seu supervisor ou pelo terapeuta pessoal.

Também nesse item sobre a organização da formação abordamos a análise pessoal do formando durante a formação. A terapia pessoal é importante para o desenvolvimento do terapeuta; porém, não existe a exigência formal do trabalho terapêutico. O atendimento de famílias mobiliza intensamente a pessoa do terapeuta, contribuindo para uma tomada de consciência da importância do conhecimento de sua biografia, de seus mandatos, de regras, mitos e lemas familiares, marcas ocultas. O terapeuta não é um observador neutro da família atendida. Por essa razão, são trabalhadas as histórias familiares dos alunos durante a formação no estudo do genograma da família de origem, por exemplo, e ainda no impacto e nas ressonâncias frente ao atendimento das famílias. Para que um terapeuta possa utilizar seus instrumentos pessoais e suas competências, ele deve buscar a compreensão de sua própria história. Essa é uma questão técnica, e não somente emocional: faz parte do desenvolvimento do papel profissional.

Entende-se a constituição de uma turma de formação como um sistema, com todas as questões que caracterizam os grupos humanos. Cada membro traz seus impasses frente às famílias estudadas que serão amplificados em função de suas histórias pessoais e contextualizados na relação com os demais membros do grupo. O terapeuta iniciante tem, nesse contexto, a possibilidade de identificar suas habilidades e suas deficiências, pois todo crescimento pessoal é resultado de auto-reflexão. A função do formador, nesse caso, é identificar e ajudar o mais possível seu aluno a lidar com as situações que aparecem.

É fundamental para o terapeuta de família iniciante que, além dos textos para o conhecimento intelectual, ele tenha a oportunidade de vivenciar possíveis conflitos ou questões para se dar conta de seu sistema familiar atuando por meio dele. No trabalho com a pessoa do terapeuta, percebe que, tendo passado pelo processo, fica muito mais fácil poder ser um facilitador para que a família atendida também o faça.

Seleção de candidatos

O processo seletivo reflete a ideologia do grupo formador. A entrevista de seleção, a análise de currículo profissional e pessoal são consideradas instrumentos valiosos para a avaliação. A entrevista individual deve ser cuidadosa para se conhecer os anseios e a história profissional e pessoal do candidato. A dinâmica de grupo é também um bom instrumento avaliador em que são priorizados os recursos pessoais, a capacidade de refletir, a curiosidade, a flexibilidade e a empatia dos candidatos.

Em relação a quais profissionais receber como candidato para a formação existem orientações diferentes. Uma parte das respostas refere-se aos profissionais de nível superior, oriundos da saúde, das áreas humanas, biomédicas e ciências sociais. Outra parte defende a posição de que a formação é aberta a todos profissionais graduados que manifestem maturidade e passem pelo processo seletivo do curso.

Nesse aspecto é interessante colocar que essa é uma questão que vem sendo discutida entre os associados formadores da ABRATEF: a quem se destina a formação, quem pode fazer uma formação e atuar como terapeuta de família. Essa discussão levou ao resultado sobre quem pode ser terapeuta de família: os graduados em psicologia, medicina, serviço social e de áreas afins, embora não esteja claro quais seriam essas outras categorias profissionais. Por outro lado, os cursos devem ter autonomia nas escolhas e atingir a meta de formar terapeutas de família competentes.

As motivações para uma formação em terapia de família podem ser a motivação para aprender sobre diferentes escolas ou modelos em terapia familiar; a criatividade no trabalho; a busca de qualificação para melhor atender as famílias; a insatisfação com os recursos teóricos e práticos da teoria adotados para o exercício profissional; aprofundamento nessa complexidade de riquezas no universo desse trabalho; busca de recursos que facilitem a compreensão e a resolução das questões demandadas pelas famílias; a descoberta em sua atuação que o trabalho com toda a família é muito eficaz; crença de um melhor entendimento dos próprios conflitos familiares; por fim, conseguir uma titulação de terapeuta de família. Os formadores devem estar atentos para as motivações do candidato para a continuidade do curso que podem ser diferentes das motivações que o levaram a candidatar-se ao curso.

Conclusão do curso: produto da formação

Sobre a conclusão do curso, os formadores buscam alcançar resultados que implicam a formação de um profissional capacitado para o atendimento de famílias e casais. Espera-se que seja um profissional consciente de sua responsabilidade frente a seus pacientes e preparado para enfrentar seus desafios práticos; que seja flexível, criativo e com seus recursos emocionais despertados; capaz de atender uma família com atenção, curiosidade e com abertura para se auto-avaliar como participante do processo.

Ressaltou-se que a mesma formação pode resultar em profissionais muito diferentes tanto no nível prático como teórico ou ético. Foi questionada a possibilidade do efeito multiplicador de uma formação. Na verdade, a formação é um estímulo multiplicador. O terapeuta iniciante, ao ser exposto a novas experiências, a novos pensamentos, tem a possibilidade de se movimentar e ampliar sua rede de reflexões, sua ação no mundo, o que o levará a novas experiências e descobertas. O efeito multiplicador foi um consenso, pois os terapeutas de família levam em seus locais de origem uma visão diferente e inovadora. Cada terapeuta que aplica a abordagem de família provoca um impacto em seu trabalho. Assim, demais profissionais da equipe de trabalho do formando passam a buscar a formação para adquirir essa visão, fato que vem sendo comprovado.

A ORGANIZAÇÃO DA PRÁTICA DA TERAPIA FAMILIAR NO BRASIL

Sobre a organização da prática no Brasil, surgiram as perguntas: como se organiza a prática em terapia de família? Existe uma entidade que agregue os profissionais dessa área? Como ela se organiza e por que ela existe? A prática da terapia de família está baseada em estágios de atendimentos a famílias e casais: isso ocorre nos cursos de formação?

O terapeuta iniciante desenvolve sua prática no curso de formação, atendendo famílias simuladas. Nos estágios mais avançados, atende sob supervisão a famílias encaminhadas por profissionais de outras áreas, por instituições, escolas, por conselhos tutelares ou ainda por demanda espontânea. Esses atendimentos são supervisionados e fazem parte do conteúdo programático do curso. Se o formando não tiver interesse em aplicar o que aprendeu, os resultados de sua formação serão menos eficazes e incompletos.

O formador na condição de supervisor adapta sua técnica de supervisão a seu grupo de formação, assim como adapta sua técnica a cada família que atende. Ele deve estar atendo às singularidades desse exercício, pois cada caso é um caso, cada família é uma família, cada grupo de supervisionandos é um grupo de supervisionandos. Não existem questões similares, nem sintomas predefinidos. O formador coloca a prática no contexto das subjetividades de todos os envolvidos: as famílias e os terapeutas iniciantes.

As modalidades de supervisão variam de atendimento presencial ao uso de salas equipadas com espelho unidirecional ou circuito fechado de televisão, com a permissão da família.

O mercado de trabalho da prática da terapia familiar é amplo e é sempre uma visão estensa de diversas profissões. O terapeuta de família atua em consultório privado, clínicas, serviço público, cursos de formação e área comunitária. Entretanto, a consciência da importância desse profissional está sendo levada de consultórios particulares para empresas familiares, instituições públicas e privadas, hospitais, centros de reabilitação, creches, escolas, empresas em situação social de emergência, organizações não-governamentais, departamentos jurídicos projetos em comunidades, políticas públicas, etc. Ou seja, o mercado para o terapeuta de família é novo e está em desenvolvimento. Alguns colaboradores alertaram para o perigo de a prática ficar desacreditada com o surgimento de profissionais com formação precária, como aconteceu em outras práticas terapêuticas em passado recente.

Sobre a organização dessa prática no Brasil, A ABRATEF é reconhecida como organizadora ou orientadora do exercício profissional em seus diversos contextos.

CONSIDERAÇÕES FINAIS

As responsabilidades legais são prestadas aos conselhos das profissões de origem, porque a ABRATEF, como uma das associações que representa esta prática, tem a finalidade de congregar, e não de fiscalizar a prática da terapia familiar.

Percebemos a responsabilidade da tarefa que nos foi delegada e a confiança de nossos colegas que contribuíram para as questões sobre a formação do terapeuta de família brasileiro. Prestaram valiosas informações sobre como atuam como formadores, supervisores e coordenadores de cursos.

Deve-se ressaltar que as informações que aqui prestamos expressam as opiniões das autoras e colaboradoras desse capítulo e ainda não se encontram sistematizadas. Uma grande parte delas encontra-se em documentos, atas ou regimentos internos das regionais. Foram apresentadas algumas dessas informações porque as consideramos esclarecedoras em relação à formação do terapeuta de família brasileiro e porque consideramos que dúvidas, incômodos ou inquietações suscitadas possam propiciar o desejo de sistematizar tais informações.

34

As questões éticas em terapia familiar

Laurice Levy

INTRODUÇÃO

> Nesse pequeno círculo (família) são criados
> os princípios éticos que mais tarde serão ampliados às relações humanas em geral.
> I Ching, Hexagrama 37
> (Wilhelm, 1988, p. 123)

Como formadores de terapeutas de família, quem sabe não faz parte de nosso trabalho profissional ensinar a nossos formandos algumas noções éticas básicas que, muitas vezes, são absolutamente desconhecidas para eles? Sei da enorme dificuldade que é falar em ética por vários motivos. Mas há, no mínimo, três razões para isso:

- Em primeiro lugar, partimos do pressuposto de que todos os nossos colegas são éticos, e com certeza o são. A questão que colocarei aqui é o que fazer com nossos pacientes que, muitas vezes, vivenciam e nos apresentam situações antiéticas que sofrem ou que praticam em suas vidas diárias? Sei o quanto essa observação já parte de um recorte de nosso olhar. Esse é sempre perspectivista e auto-referenciado, como ensina a pós-modernidade.
- Em segundo lugar, ouvimos todos os dias as pessoas dizerem que é muito difícil saber exatamente o que é ético, uma vez que a ética estaria, ela própria, circunscrita a um determinado lugar, a uma determinada época. Assim, é fácil dizer e perceber que a ética também seria social e historicamente determinada. Quantas vezes aquilo que na história do homem foi considerado antiético hoje não o é? E o inverso também é verdadeiro, assim como o normal e o patológico são também determinados pela cultura.

Todavia, mesmo sabendo disso, cabe indagar se existiria alguma ética passível de ser desvinculada do momento histórico circundante. Quem sabe seria possível esboçar algumas ideias que diriam respeito a qualquer ser humano de qualquer sociedade, independentemente de tempo e lugar? Ou seja, quem sabe vislumbremos pelo menos que *idealmente a ética seria um princípio que não deveria nunca ter um fim*?

- Outro fato da maior importância para que se evite discutir questões éticas é que normalmente a ética é confundida com norma, regra moral ou religião.

E, com certeza, *nós, terapeutas, por sermos éticos, paradoxalmente*, não nos arvoramos a ficar no lugar do saber, da razão, dos donos da verdade e da ética. Há, portanto, um paradoxo difícil de ser resolvido. Como enfrentar questões que nos pareçam antiéticas na clínica escolhendo ser terapeutas tão éticos a ponto de respeitar o que o paciente traz sem pressupostos, críticas, julgamentos ou rechaço? Melhor dizendo, sem sermos normativos, policialescos ou sem exercermos um patrulhamento ideológico? Existem colegas que estão buscando alternativas para esse impasse.

A ÉTICA PARA ALÉM DE NORMAS, REGRAS, RELIGIÃO OU MORAL

Para tentar encontrar meios de diferenciar os conceitos mencionados, parafraseei o título das oficinas da Comissão de Orientação e Ética (COE) do Conselho Regional de Psicologia, as chamadas Quart´éticas, e transcreverei a seguir alguns depoimentos de terapeutas convidados a falar no Jornal de maio de 2007, intitulado *A Ética como prática*.

> ÉTICA *versus* NORMA: Por incrível que possa parecer para alguns, Fuganti (2007), respondendo à questão "O que fazer para chegar a uma ética *menos* moralizada?" (grifo nosso), diz:
>
> Os psicólogos precisam ter claro que não há uma prática científica que não seja política, uma prática neutra, técnica que não gere efeitos nas vidas das pessoas, das instituições (...) muitos profissionais ou alunos em formação aprendem que o saber das técnicas e das metodologias está isento de implicações, das misturas e das tensões políticas de uma prática. (p.6)

Essa afirmativa lembra o paradoxo colocado por Mony Elkaim (1990) a respeito da utilização da ressonância do terapeuta na condução da terapia. Como ressonância diz respeito ao que reverbera no terapeuta a partir do que é dito ou feito pela família, uma pergunta surge: "Como ser neutro sem poder sê-lo?". Elkaim ensina: aceitando o fato de que não existe neutralidade absoluta e se colocar da forma mais operativa possível para beneficiar a família e também para minimizar o desconforto do terapeuta.

> ÉTICA *versus* MORAL. A palavra ética originalmente referia-se a uma vida em comum. A cultura romana mudou o sentido, criando o morus que significa moral. Ela passou a ter um caráter normativo, enquanto a ética não (Martins, 2007). Seria necessário, na minha opinião, desvincular esses dois conceitos novamente para que não temamos falar em ética.

> ÉTICA *versus* RELIGIÃO: Sabemos o quanto a religião pode ser dogmática. Muitas vezes, ela é semelhante a um partido político preocupado em acabar com todos aqueles que não abraçam sua "fé". Se a ética pode ser resumida a uma simples frase, como *o respeito aos outros*, nenhuma ação que aniquile (física ou psicologicamente) um outro ser humano pode ser considerada ética. Se lembrarmos que em nome da religião absurdos foram (e ainda são) cometidos todos os dias, como poderíamos dizer que esse tipo de religião é ética? Ou que se preocupa com a ética, no sentido que desejamos enfocar aqui?

Entendemos ética de uma forma simples e clara como muitos pensadores: *atitudes éticas seriam atitudes que visam ao cuidado e ao respeito com os outros e consigo mesmo*. Muitas vezes, esse princípio elementar passa absolutamente despercebido. Quem pensaria que o *modus vivendi* atual de vários jovens seria absolutamente antiético consigo mesmos? Quando as grandes empresas multinacionais ou nacionais robotizam seus funcionários visando apenas ao lucro, descartando-os como objetos, eles estariam, por mais normal e admirável que pareça, sendo antiéticos. Sistemicamente, quando homens e mulheres (os próprios funcionários) acreditam fielmente que o único objetivo da vida é buscar ser um vencedor a todo custo, ficando sem comer, dormir, ter prazer ou lazer, esta seria uma atitude antiética, pois vai contra si. Atualmente é comum o caso de jovens executivos com enfartes cada vez mais frequentes e precoces. E os consultórios recebem todos os dias jovens com estresse acentuado, angústia insuportável, sem imaginar que a "naturalização" desse *status quo* poderia estar adoecendo-os. Passam a se identificar com o robô, mesmo que não haja mais o chefe a lhes cobrar a automatização. Muitas vezes, é a "famídia"[1] (Levy, 2006) que lhes cobra isso. Como uma manada, marido, esposa, pais, filhos também admiram e exigem esse sucesso.

Sei que minhas palavras podem parecer antinaturais, haja vista estarem indo no sentido contrário do que reza a contemporaneidade. Por essa razão, gostaria de caminhar na mesma direção do novo Código de Ética do Psicólogo:

> Este código de ética pautou-se pelo princípio geral de aproximar-se mais de um instrumento de reflexão que de um conjunto de normas a serem seguidos pelo psicólogo. (Código de Ética Profissional do Psicólogo. Agosto, 2005, p. 5)

Assim, ciente de que não é fácil adentrar em questões tão amplas e complexas, falarei apenas de exemplos objetivos do cotidiano, de nossa vida de uma forma geral e de algumas famílias as quais sentimos dificuldades de atender para que nossos alunos se dêem conta de que poderão viver situações parecidas em sua vida profissional.

Como é da família que nascem os indivíduos e que são esses que se tornam cidadãos – ricos ou pobres, cultos ou analfabetos, fracos ou poderosos, cidadão comum ou governantes (seja pelo poder financeiro, intelectual, seja eleitos "democraticamente") – acredito que em nosso microuniverso clínico lidamos com todo tipo de pacientes.

Nas clínicas sociais e nos consultórios particulares, como a maioria dos formadores atende, acabamos tendo uma amostra bastante diversificada de nossa sociedade e de todos os seus estratos socioeconômico e cultural.

O I Ching, com sua sabedoria milenar, diz: "A família mostra as leis que vigoram no interior da casa e que, transferidas ao exterior, mantêm a ordem no Estado e no mundo" (Wilhelm, 1988, p. 123). Atualizando essa frase, infelizmente, poderia se dizer que hoje o que vemos é as leis que vigoram no interior da casa, por *não serem éticas*, mantem a desordem no Estado e no mundo.

Se uma família está disfuncional ou desestruturada, isso certamente se refletirá no âmbito social. Não que existam famílias perfeitas ou sem problemas, mas é preciso que fique claro que se está apenas enfocando questões de falta de ética e de limites como se vê em algumas *novas famílias*, nas quais a herança *mal-dita* é passada de pai para filho. Prova disso são as notícias diárias nos jornais:

> *A cara do Brasil.* O episódio de roubo de gabaritos da Escola Americana de Brasília, umas das mais respeitadas e caras da capital, frequentada apenas por filhos de milionários, bem resume o poder das elites e dos políticos no país... entre os envolvidos estariam familiares de políticos e do dono da Gol. (JB, A23, 2008)

O filho diz para o pai: "Pai, já sei qual profissão escolher". O pai pergun-

---

[1] Termo cunhado por mim para falar da retroalimentação entre a mídia e a família para valores, mitos e crenças que são veiculados todos os dias para o bem e para o mal. Ver *Quando o amor não pode ser compartilhado. Quando ele deve ser apenas sussurrado: Amor, "famídia" e preconceito*, p. 65 a 94. Em: Gritos e Sussurros, Fedullo Colombo (org.), 2006.

ta: "qual é, meu filho?" O filho responde: "Vou ser ladrão". O pai, tranquilo e impassível, pergunta: "na esfera pública ou privada?" (JB, B3, 2007)

Muitos certamente pensarão tratar-se de uma piada. Infelizmente é sério e verdadeiro. Percebemos claramente através do noticiário dos jornais que mais uma vez o I Ching estaria certo, nem que seja pela via de seu contrário. Senão vejamos: "Quando a família está em ordem, todos os relacionamentos sociais da humanidade também estão em ordem". (idem) Como certamente a humanidade não está em ordem, cabe se perguntar se a família está em ordem, em qualquer classe social, atualmente?

Não são apenas as elites e os políticos que se beneficiam da desordem e da impunidade. Sistemicamente, todos são atingidos: os mais fracos, a população de rua, os menores abandonados, todos também debocham da lei e transformam nossa cidade em um lugar perigoso de se viver: "Não tem problema nenhum. Fico mais seis meses naquele parque de diversões e depois saio numa boa" (Globo, 2006). Com essas palavras, um menor de 16 anos, que estava armado com uma pistola Walter PPK, calibre 380, de fabricação alemã e alto poder de destruição, ironizou os policiais ao ser preso em Ipanema em flagrante delito. Ele já tinha sido detido quatro vezes e, por conhecer o Código Penal, não reagiu à prisão, afirmando que, por ser menor de idade, estava protegido pelo Estatuto da Criança e do Adolescente (ECA), o que, sem dúvida, deveria gerar em nós uma necessidade profunda de reflexão para encontrar saídas mais positivas para todos.

Isso também ocorre quando vemos pais e filhos brincarem *muito naturalmente de tropa de elite...* O filme *Onde os fracos não têm vez*, elogiado pela crítica nacional e internacional, tendo recebido o Oscar de 2008, exibe uma violência gratuita em que a cada minuto do filme um ou dois... ou três homens são mortos, demonstrando como a vida humana perdeu seu valor. Os canais de televisão, para atrair um público maior, informam: *Filmes com mais sangue, mais mortes, mais violência.* A família assiste a eles unida e aparentemente se diverte.

Sem querer tentar explicar (por ser muito difícil) como teríamos chegado a esse ponto, cabe minimamente nos perguntarmos o que fazer com essas famílias que nos procuram *não* para repensar atitudes familiares antiéticas que, muitas vezes, saltam a nossos olhos. Se *a família é a célula que dá origem à sociedade,* o que teria acontecido com essas famílias? É desses homens (pais) e dessas mulheres (mães) que são feitos os Estados e os países. Quem atende há muito tempo sabe da impossibilidade de termos um oásis em nossa clínica, onde questões graves apareçam como pano de fundo ou até mesmo como figura principal em nosso trabalho.

> Uma clínica que não é da vida, uma clínica sem uma crítica da vida, reativa, conservadora, a rigor, não deveria receber o nome de prática clínica. (Fuganti, 2007)

Por isso, serão abordados a seguir a vida no consultório e o consultório na vida.

OS TERAPEUTAS, AS FAMÍLIAS E A ÉTICA: SITUAÇÕES DE DIFÍCIL CONDUÇÃO NA CLÍNICA

Na terapia de família (como em qualquer outra abordagem terapêutica), existem várias correntes, como estratégica, estrutural, psicanalítica, transgeracional, psicodramática, construtivista, integrativa, entre outras. Apesar dos rachas, dos rechaços e das criticas mútuas entre os adeptos de visões diferentes, tenho a convicção e a crença de que, no final das contas, dando o nome que desejarem, todos os terapeutas e todas as terapias têm em mente diminuir a dor, eliminar os sintomas e permitir à família uma qualidade de vida melhor, do jeito que cada um puder, quiser, gostar e se preparar para isso. O discurso e/ou as formas de abordagem utilizadas é que são diferentes.

Por isso, se pensarmos como cientistas, deveríamos também, eticamente falando, não achar que uma abordagem seja melhor que a outra. O importante em ciência é que haja uma coerência interna que dê o arcabouço de sustentação à teoria ou à prática. Por isso, é preciso reconhecer que, às vezes, o que um determinado terapeuta tem para oferecer não é o melhor para dada família especificamente. Mas com outro terapeuta a mesma família poderá se beneficiar. Todos os terapeutas sérios têm algo para oferecer, mas, se a família vai conseguir se beneficiar disso, não está em nosso controle.

Muitas vezes, os terapeutas julgam ter tido uma sessão maravilhosa, mas a família ou some, ou não se lembra de nada, ou fica claro que *aquela* sessão foi *apenas* mais uma sessão, para eles, confirmando o que disse o terapeuta de família Martin Wainstein: "O paciente deseja ser curado daquilo que tem. O terapeuta deseja que o paciente tenha aquilo que ele deseja curar".[2]

Brincadeiras à parte, é claro que todos os terapeutas têm casos de sucessos que poderiam ser relatados. Provavelmente, o terapeuta poderia dizer: "Ah! a família melhorou porque sou um terapeuta tal ou tal...." E citam sua escolha teórica e clínica. Todavia, não creio que seja tão simples assim. Através de trabalhos de pesquisa chegou-se à conclusão de que o fator mais importante para o bom termo de uma terapia é a pessoa do terapeuta. Mais do que técnica ou teoria (Levy, 2000), sabemos hoje o quanto não se pode separar o cientista de sua obra. Assim, também o terapeuta escolhe sua linha teórica a partir de seu olhar e de suas crenças. Entretanto, como o objetivo do capítulo é falar nas dificuldades inerentes ao atendimento de famílias com posturas que nos pareçam antiéticas, não serão abordados agora casos de sucesso. Ao contrário, deve-se indagar o que fazer com famílias "refratárias" a qualquer tipo de ajuda.

O grande mestre Freud (1969), no texto *Sobre o início do tratamento*, nas "Novas Recomendações aos Médicos que Exercem a Psicanálise", de 1913 (p. 163-187), alertou para que não se transformasse a psicanálise em panaceia. Aconselhava inclusive que se fizessem várias entrevistas para evitar cometer erros. Dizia que não se deveria aceitar *todos* os pacientes. Sinalizava a importância de avaliar[3] se aquele paciente iria se beneficiar com a metodologia psicanalítica. Caso contrário, dizia Freud, o terapeuta faria o paciente perder seu tempo e dinheiro, e assim a psicanálise cairia em descrédito. Mas isso ocorreu, de certo modo, apesar de haver 2.500 participantes no Congresso Internacional da IPA (Associação Internacional de Psicanálise) ocorrido no Rio de Janeiro, em julho de 2005. Por outro lado, no Congresso de Psicoterapia em Buenos Aires, em agosto de 2005, havia 4 mil participantes, o que não é sem importância, pois denota que a hegemonia da psicanálise é coisa do passado. No entanto, não creio que seja culpa de Freud e da psicanálise. Na minha opinião, a complexidade do ser humano é incomensurável. Por isso, os profissionais de saúde mental estão sempre procurando novas teorias e técnicas que sejam mais produtivas.

---

[2] Em palestra proferida no VIII Simpósio de Terapia Familiar Sistêmica e V Simpósio Internacional de Terapia de Família Sistêmica. Rio de Janeiro, 2005.

[3] É importante lembrar que para muitos terapeutas da atualidade falar em diagnóstico é uma heresia. Esquecem que etimologicamente diagnose significa "através do saber": saber, conhecer para poder melhor trabalhar, e não para rotular.

E não são somente os profissionais desta área. Surpreendentemente – *ou não* – são os filósofos os mais novos terapeutas. Quem leu *A cura de Shopenhauer*, de Irvin Yalom (2005), sabe sobre o que estou falando. E não é somente ficção. Quem estiver atento, lerá nos noticiários que os filósofos estão atendendo sob o nome de aconselhamento filosófico, filosofia clínica ou filosofia prática. O trabalho de Lou Marinoff, *Mais Platão e menos Prozac* (JB, 2006, A13), mostra essa tendência. Por que tantas e tão variadas formas de tentar ajudar os pacientes *sofredores*? Não seria uma pergunta pertinente? Não parece ser uma aceitação tácita de que nenhuma abordagem (*sozinha*) dá conta de todas as questões do ser humano?

Por mais que tenhamos conhecimento de que o que estamos oferecendo é o que temos de melhor e que é consistente, devemos ser prudentes para não incorrer nos mesmos erros do passado. É importante alertar para o perigo de dizer que a terapia de família é a melhor e única que resolve. Corremos o risco com essa atitude de repetir o que ocorreu com a psicanálise e começarmos a ser atacados. Parece que isso já está acontecendo: em 2005, a Revista Veja, edição 1907, veiculou uma matéria irônica e negativa a respeito da terapia de casal. Na seção "Comportamento", o título de chamada era: *"Separados no divã"* (em uma clara alusão à psicanálise, com desconhecimento completo do que fazemos). O texto dizia:

> Estudos mostram que a terapia de casal pode não ser tão eficaz quanto se pensava. Mesmo quem nunca viveu a experiência conhece algum casal que já...

Isso nos faz pensar, mais uma vez, na filosofia oriental, através do I Ching, cujo Hexagrama 15 tem o nome sugestivo de *Modéstia* e diz: "A lei do céu esvazia o que está pleno e preenche o que está vazio" (Wilhelm, 1988, p. 68).

Felizmente, muitos terapeutas já aprenderam com a experiência os limites de sua prática. Por isso talvez é que as abordagens integrativas estejam ganhando cada vez mais adeptos (Levy, 2000). É consenso entre alguns que seria importante definir qual é o objetivo que se quer alcançar: é tornar consciente o inconsciente? É melhorar o comportamento disfuncional? É encaminhar para medicação?[4] É acabar com os sintomas? É "mudar" a estrutura familiar? É ajudar com a angústia existencial? É "curar" o indivíduo de sua dor? É desenvolver a competência à família? É promover mudanças no sistema? É tratar das relações interpessoais patológicas? É ajudar com a comunicação? É desenvolver a resiliência? É reescrever a história através de narrativas? Dependendo da queixa, haverá uma abordagem específica e melhor para cada caso, o que não impede que, com certas famílias, muito pouco poderia ser feito por qualquer terapeuta de qualquer linha, até porque, se enveredarmos pelas noções de normal e patológico no plano físico, veremos que Canguilhem (1967) já dizia, há muito tempo, em seu capítulo "O normal e o patológico", que as doenças físicas sempre estiveram à frente do homem (cura-dor) apontando para seus limites e para suas possibilidades. A sífilis, a tuberculose (que matava muito no início do século XIX), o câncer (no século XX), a AIDS (no final do século XX e início do XXI) e novas doenças (como o vírus Ébola, por exemplo) que surgem constantemente vivem desafiando os doutores/médicos. Em nossa área não é muito diferente. Quem duvida que os casos que aparecem hoje no

---

[4] Interessante sinalizar que na Argentina os psicólogos e os enfermeiros psiquiátricos também medicam (conforme palestra do terapeuta de família argentino Martin Wainstein no VIII Simpósio de Terapia de Famílias Sistêmica e V Simpósio Internacional de Terapia de Família Sistêmica, Rio de Janeiro, 2005).

consultório são muito diferentes daqueles que Freud descobriu? A histeria, a repressão sexual, os obsessivos que foram tão bem estudados ficam em segundo plano frente às disfunções da contemporaneidade que explicitarei a seguir. E, se mesmo Freud teve retumbantes fracassos, o que dizer dos psicoterapeutas que se deparam com a nova ideologia que algumas famílias adotam e que parece, às vezes, tão desumana?

O que fazer quando o incesto é banalizado e estimulado pela mídia, como em um anúncio de uma loja de roupas, mostrando através do *buraco da fechadura* uma adolescente tirando o sutiã, com a seguinte frase: *mostre para seu pai o que os homens já descobriram há muito tempo?* Quando jovens de 14 anos vestem camisas com o slogan *Fúria.com* e com os dizeres *Cuidem de meus amigos, pois de meus inimigos cuido eu?* Quando a síndrome do pânico (justificada, com certeza) por estarmos vivendo sitiados e em guetos, com medo de atravessar a nossa faixa de Gaza (o túnel Zuzu Angel, no Rio de Janeiro) e em São Paulo, quando o PCC conseguiu decretar estado de sítio como poder paralelo? Quando menores abandonados arrastam uma criança até a morte e deixam transparecer em suas falas que não há muita coisa de estranho nisso? Quando sabemos que estatisticamente se morre mais no Rio de Janeiro do que nas guerras atuais? Além do pavor que ronda a todos devido aos atos terroristas que não escolhem nem cor, nem raça, nem idade?

Infelizmente, todos hão de concordar comigo que nem as universidades nem tampouco os cursos de formação preparam seus alunos para enfrentar situações desse tipo. E não podemos (nem deveríamos) negar que elas existam. Cientes desses fatos e de muito outros horrores diários, reais e verdadeiros, penso que não deveríamos fazer como alguns psicanalistas mais ortodoxos, durante a Segunda Guerra Mundial, que interpretavam o medo das bombas que estavam caindo como medos internos.

Sabemos também o quanto, às vezes, tratamos para que o mundo dê cabo da vida da pessoa. Isso desde sempre. O famoso caso do Homem dos Ratos, de Freud (1969), belíssimo tratado inigualável (apesar de hoje ter o nome de TOC e haver medicação para isso) da dinâmica da neurose obsessiva, que morreu na guerra: melhorou de seus sintomas, mas... não sobreviveu à violência da sociedade.

Então, sentimos na pele, como cidadãos e terapeutas, todas as transformações que estão ocorrendo em todos os contextos, principalmente familiar, que é o que nos interessa aqui. Desde o final do século passado e início desse século, congressos, jornadas e simpósios da área enfatizam os reflexos das mudanças que reverberam nas famílias que atendemos. Vejamos alguns nomes desses eventos: "As novas configurações familiares", "Novas formas de conjugalidade", "Novas famílias", etc., entre muitos outros títulos que representam bem a preocupação com os desafios com que nos deparamos diariamente na clínica. Mas não se está falando aqui nas famílias uniparentais, ou com casais do mesmo sexo, ou com vários recasamentos, entre outras. Essas, com certeza, merecem todo o nosso respeito.

O meu questionamento é: como lidar com certas famílias em que aparentemente nosso conhecimento e nossa ideologia de uma co-construção se apresentam inócuos? A nossa postura atual é a de uma não-diretividade no *setting* terapêutico, da devolução da competência à própria família, da condução da terapia de família com um mínimo de influência do terapeuta. Todavia, o que fazer com algumas famílias do século XXI que nos confrontam com questões que ultrapassam o âmbito clínico e adentram em nossa condição de cidadãos?

Quando constatamos que a contemporaneidade, por estar em ritmo acelerado, rodando a uma velocidade vertiginosa arrasta tudo e todos com seus *ditames, regras e normas*? Aparentemente, estamos assistindo a novas *"palavras de ordem"*. Entretanto, há muito pouco tempo, afirmava-se, como Lyotard (Santos, 1980), que a pós-modernidade seria a era do instável, do contraditório, do paradoxal. Ele lembra Nietzsche, que, mesmo em sua época, sob a égide do pensamento racionalista, linear, reducionista, da objetividade e da neutralidade, já ia no caminho inverso do paradigma cartesiano (e apolíneo), defendendo uma vida que deveria fluir sem rotinas, enraizada no presente e aberta ao devir.

Infelizmente, o que se observa é uma "nova normalidade" que, muitas vezes, se choca frontalmente com nossa visão de mundo; portanto, nos coloca em uma posição de perplexidade, por perceber que Tanatos (instinto de morte), muitas vezes, vence Eros (instinto de vida). O que fazer quando a força destrutiva é mais poderosa, constante, contínua, "normal" e comum que a energia construtiva? Daí meu questionamento: como lidar com nossa atual, embasada e democrática epistemologia construtivista frente a situações tidas como "normais" pela família, mas que apontam indubitavelmente para o caminho da destruição e da morte? Se o momento atual trouxe inúmeras satisfações e possibilidade de flexibilidade, co-construção, respeito pelas diferenças e ausência de preconceitos, ele acarreta também grandes preocupações com certos casos, como os que descreverei a seguir.

Estou me referindo especificamente a algumas famílias que nos procuram hoje e nas quais percebemos claramente que a falta de hierarquia, a falta de limites, a aparente "desrepressão" da sexualidade (onde tudo é permitido) apreendida e aprendida através da "famídia", como antes explicado (órgãos de imprensa, filmes, novelas), criam situações inusitadas e, às vezes,... de horror! Hoje os traficantes são os heróis dos jovens e adolescentes. O incesto, a drogadição, a pedofilia, o crime, o sadismo e as perversões são banalizados e até mesmo estimulados. Muitas jovens (modelos ou não) morrem de inanição para obedecer à "nova regra de beleza" que mata a mulher (muitas vezes, menina ainda) para se adequar ao exigido pelo mercado da moda que tem ampla cobertura e aceitação da mídia e da família.

Dito isso, gostaria de continuar indagando: como tratar do mal de nosso tempo, em que o caldo de cultura que nos cerca incita e convida aos crimes, à corrupção, à mentira como moeda corrente e banal que só não a usam os trouxas? Quando os valores estão completamente invertidos? Quando frases como a do Sr. Maluf "roubo, mas faço" passou a ser um mal menor por saber que hoje se rouba 100% das verbas sem aplicar nada para hospitais, escolas, etc.? A Figura 34.1 da ponte da Gautama no Maranhão mostra *que se vai do nada a lugar nenhum* (JB. A3, 2007), com a qual alguns poucos ganharam milhões em detrimento de milhões que ficaram sem nada. Já é redundância falar nos dólares nas cuecas, no escândalo com os cartões de crédito usados abusivamente pelos funcionários do governo federal, na corrupção, nos aeroportos maquiados apenas para o lucro, sem preocupação com a segurança dos aviões, com a vida dos passageiros. Todos nós sofremos de alguma forma com a morte dos passageiros da Gol e da Tam em 2007.

Mesmo quem não conhecia pessoalmente nenhuma das pessoas que estavam nos dois maiores acidentes da aviação brasileira, como é meu caso, ficou e ainda está de luto, pois essa história diz respeito a todos nós. É apenas por acaso (para não dizer por *acidente*) que você, eu, ou algum parente nosso não estava no vôo, simplesmente por ser um desastre anunciado, e não um simples acidente como querem nos fazer crer.

Talvez alguns prefiram acreditar nessa versão, pois é menos dolorosa e daria mais conforto. Afinal, contra a fatalidade nada se pode fazer. Todavia, o que fica claro é que não se trata de causas inevitáveis.

Figura 34.1 A famosa ponte da Gautama no Maranhão, que liga o nada a lugar nenhum, na lista negra.

Muito pelo contrário: são acidentes anunciados, com mortes esperadas e contabilizadas no caderno de perdas e ganhos dos principais interessados que estão nos bastidores, com muito pouca preocupação pelas vidas individualmente. O slogan da companhia de aviação que matou tantas pessoas era *o lucro é o mais importante*.

Finalmente, como tratar de filhos que dizem no consultório que vão matar seus pais (com a maior naturalidade) porque os maltratam muito? Quando o adolescente afirma que é muito melhor ser bandido que polícia? Quando todos sabem que existe a impunidade e que, se por acaso forem presos, um ano depois estarão em liberdade (como de fato aconteceu no caso amplamente divulgado pela imprensa da adolescente Suzane Von Richthofen)? Final e felizmente ela foi julgada e condenada (com seus cúmplices), mas seu dinheiro já comprou uma pena menor (JB, A5, 2007).

Como tratar de um planeta cuja segunda maior fonte de riqueza vem das drogas, cientes de que os fortes e poderosos se beneficiam desses ganhos sabendo de onde vem o dinheiro? *A maconha rende mais que o trigo para os EUA*, diz o título de uma matéria no jornal. Transcrevo parte das declarações feitas pelo relator oficial do governo dos Estados Unidos:

> Os americanos cultivam o equivalente a 75,5 bilhões de maconha por ano... A maconha tornou-se uma parte importante da economia dos EUA, não é possível erradicá-la. Sua contribuição para o crescimento do produto interno bruto é ofuscado por debates sobre drogas. Mas a política pública devia discutir como regular esse mercado que só cresce. Seria um objetivo mais realista. (JB, A11, A12, 2006)

Depois de tudo que foi dito, poderia parecer uma luta inglória tratar de alguém que vive em uma família desestruturada, em um país desestruturado, em um mundo à beira da falência ética, moral, social e econômica.

No entanto, não sou tão pessimista a ponto de achar que não fazemos nada. Fazemos sim, e muito. Caso contrário, mudaríamos de profissão. Mas é preciso, a meu ver, delimitar nosso campo de atuação para podermos ser eficazes e produtivos. É preciso aceitar e entender que sistemicamente o sucesso da terapia também depende da família atendida. Se dermos um alimento que não é desejado, ele não será engolido, nem digerido, nem metabolizado para se tornar fonte de energia e saúde.

Por isso, com certas famílias e com certos pacientes, as possibilidades de melhora podem ser muito pequenas. Suas crenças e seus valores éticos (muitas vezes, antiéticos) podem estar tão arraigados que se tornam mais forte que qualquer tentativa terapêutica. A família deveria ter, nem que fosse minimamente, a consciência de sua disfuncionalidade e desejar algum tipo de mudança, por menor que fosse.

Se o grande ganho da pós-modernidade é a possibilidade de trabalhar em rede com equipes multidisciplinares que auxiliam nos casos mais graves, com aquelas famílias onde tudo "parece normal", teríamos o direito de não tentar compreender tudo. Certa vez um jornalista perguntou a Freud como ele via o nazismo, já que o pai da psicanálise compreendia tudo. Freud respondeu: *"Tout comprendre ce n´est pas tout pardonner"*. Ou seja: não se pode compreender tudo, muito menos perdoar tudo quando estamos frente a atitudes que vão contra a vida: a própria e a dos outros. Dalai Lama (2000), apesar de monge, ensina que a ética não tem relação com religião, pois, para ele, ética é simplesmente o respeito aos outros, independentemente da fé que processemos.

Recordo-me oportunamente de Hannah Arendt (Kristeva, 2002; Arendt, 2006) que falava na "banalização do mal" em 1951. Acredito que, mesmo sendo construtivistas e respeitosos em relação ao modo de ser de qualquer família, fica muito difícil achar natural tudo que ouvimos. Afirmações, como as dos adolescentes (de 12, 13, 14 ou 15 anos) e/ou suas famílias que "é natural" beber para relaxar, fumar, cheirar, se drogar para se divertir, "pois todos fazem isso" e é, portanto, "normal", deveria nos espantar. Em minha opinião, infelizmente, para algumas famílias e para seus filhos adolescentes, essa é a nova regra e a nova ordem, camuflada por trás de uma pseudoliberação e aceitação incondicional de tudo que aparece sob risco de ser tachados de preconceituosos.

BUSCANDO AJUDA NO CÓDIGO DE ÉTICA PARA SOLUÇÕES DE IMPASSE

Talvez agora seja pertinente citar o novo Código de Ética dos Psicólogos. Todavia, antes que alguém diga que não é psicólogo, apresso-me em esclarecer que as colocações a seguir falam em Direitos Humanos e, sendo assim, dizem respeito a qualquer terapeuta, seja médico, psiquiatra, assistente social, psicopedagogo, psicólogo, seja qualquer outra formação universitária, simplesmente porque todos nós somos, antes de tudo, cidadãos, além de profissionais.

Felizmente, o Conselho Federal de Psicologia vem se preocupando com ocorrências graves na clínica. Por isso, debateu o tema da ética de 2003 a 2005 para elaborar o Novo Código de Ética Profissional do Psicólogo, sob a resolução CFP no 010/05.

> ... é o reflexo de uma necessidade, sentida pela categoria e por suas entidades representativas, de atender à evolução do contexto institucional-legal do país, marcadamente a partir da promulgação da denominada Constituição Cidadã, em 1988, e das legislações dela decorrentes. (Código de Ética Profissional do Psicólogo, agosto, 2005, p. 5)

Entre as responsabilidades do psicólogo (e também do terapeuta familiar, enquanto não criamos um código próprio para a terapia de família), lemos em seu Artigo Primeiro:

> a) Conhecer, divulgar, cumprir e fazer cumprir este Código.

Sabendo, através de larga experiência, que poucos alunos lêem o(s) Código(s) e, por conseguinte, desconhecem alguns pontos fundamentais que poderiam auxiliá-los em situações éticas complicadas, considero importante reproduzir alguns itens, os quais provavelmente outros códigos deverão repetir de uma forma ou de outra:

> ... procuram fomentar a auto-reflexão exigida de cada indivíduo acerca de sua práxis, de modo a responsabilizá-lo, pessoal e coletivamente, por ações e suas consequências no exercício profissional... (Código de Ética Profissional do Psicólogo, agosto, 2005, p. 5)
>
> b) Abrir espaço para a discussão, pelo psicólogo, dos limites e da interseção relativos aos direitos individuais e coletivos (idem, p. 6).

Entre seus princípios fundamentais, destaco:

1. O psicólogo baseará seu trabalho no respeito e na promoção da liberdade, dignidade, igualdade e da integridade do ser humano, apoiado nos valores que embasam a Declaração Universal dos Direitos Humanos (idem, p. 7).
2. O psicólogo trabalhará visando a promover a saúde e a qualidade de vida das pessoas e das coletividades e contribuirá para a eliminação de quaisquer formas de negligência, discriminação, exploração, violência, crueldade e opressão (idem, p. 7)

Talvez seja utópico tratar de todas as injustiças existentes no mundo; todavia, como no caso de crianças parentalizadas,[5] por exemplo (Levy, 2006, p. 75-88), a compreensão de que possa existir uma violência camuflada pode ajudar a família a "fazer diferente".

Daí meu questionamento: seríamos realmente tão impotentes assim como pensamos, ou podemos ter alguma atitude que demonstre pelo menos não sermos coniventes?

Entre as responsabilidades do psicólogo (e de qualquer profissional da saúde) encontramos claramente o Artigo Segundo, que diz:

> É vedado:
> a) praticar ou ser conivente com quaisquer atos que caracterizem negligência, discriminação, exploração, violência, crueldade ou opressão (idem, p. 9).

A aceitação pura e simples de atos aviltantes não nos tornaria cúmplices, sem querer, talvez pelo próprio desconhecimento de que não fazer nada é um ato político, e não uma ação neutra? Afinal, mesmo que não nos interessemos pela política, ela se interessa por nós... Fuganti (2007) confirma e repete toda a atual visão paradigmática de que

> praticar uma profissão é intervir socialmente. É agir micropoliticamente. Não há ação individual subjetiva que não tenha implicações direta ou indiretamente sociais e coletivas. (p. 6)

Não seria importante que os formandos soubessem que não são obrigados a aceitar atitudes claramente antiéticas em seus consultórios?

---

[5] Crianças Parentalizadas – Crianças Co-Responsáveis? Desconstruindo Dogmas e Relativizando Conceitos. In: Pensando Famílias. Domus Centro de Terapia de Casal e Família. Vol. 10, nº 1, Porto Alegre, junho 2006.

> PARÁGRAFO ÚNICO. Existindo incompatibilidade, cabe ao psicólogo recusar-se a prestar serviços e, se pertinente, apresentar denúncia ao órgão competente. (idem, p. 11)

O(s) Código(s) de Ética pede que estejamos atentos a todas as formas de abusos, principalmente com criança.

> Art. 13. No atendimento à criança, ao adolescente ou ao interdito, deve ser comunicado aos responsáveis o estritamente essencial para se promoverem medidas em seu benefício. (idem, p. 13)

Normalmente a regra que os alunos melhor aprendem, lembram e praticam é a do sigilo, mas desconhecem completamente o acréscimo do Artigo 10, que surgiu para tentar dar conta exatamente das situações difíceis e aparentemente paradoxais:

> Art. 9 É dever do psicólogo respeitar o sigilo profissional a fim de proteger, por meio da confidencialidade, a intimidade de pessoas, grupos ou organizações a que tenha acesso no exercício profissional. (idem, p. 13)
>
> Art. 10 Nas situações em que se configure conflito entre as exigências decorrentes do disposto no Artigo 9 e as afirmações dos princípios fundamentais deste código, excetuando-se os casos previstos em lei, o psicólogo poderá decidir pela quebra de sigilo, baseando sua decisão na busca do menor prejuízo. (idem, p. 13)
>
> PARÁGRAFO ÚNICO. Em caso de quebra de sigilo previsto no caput deste artigo, o psicólogo deverá restringir-se a prestar as informações estritamente necessárias. (idem, p. 13)

Finalmente, o Artigo 17 me permitiu falar nesse tema, da ética, apesar de estar tocando em questões controversas e pisando em terreno difícil e movediço.

> Artigo 17 Caberá aos psicólogos docentes ou supervisores esclarecer, informar, orientar e exigir dos estudantes a observância de princípios e normas contidas neste código. (idem, p. 14)

CONSIDERAÇÕES FINAIS

Ao ser convidada para a mesa de abertura do VIII Simpósio de Terapia de Família Sistêmica e V Simpósio Internacional de Terapia de Família Sistêmica no Rio de Janeiro, em 2005, cujo tema era *O que se chama cura em terapia de Familia?*, busquei refletir a respeito das diferentes demandas que surgem na clínica, questionando o alcance, as possibilidades e os limites de nossa prática. Utilizando o mote do encontro e a controvertida palavra "cura",[6] terminei dizendo que *tudo cura e nada cura*, pois são infinitas as possibilidades combinatórias para o sucesso ou fracasso das terapias (Levy, 2005), contanto que a família tenha recursos internos que lhe permitam receber e aproveitar o que temos para oferecer.

Essa constatação nos faria desistir da onipotência do "cura-dor", seja da área da psicologia, seja da medicina. Os fracassos é que fazem cair por terra o manto de Deus que, às vezes, alguns terapeutas, por descuido ou desconhecimento, gostam de vestir.

Por outro lado, se como terapeutas e cidadãos nos calarmos, aceitando a "naturalização" das novas regras, estaríamos deixando de refletir minimante sobre nos-

---

[6] "Mudar, Curar ou Criar? Possibilidades em Psicoterapia". In: Terapia Familiar no Brasil – Estado da Arte. Uma década depois, Rosa Maria Maceda (org.). Realização ABRATEF. Em fase de elaboração. Nesse trabalho falo nos terapeutas estratégicos que utilizam a palavra "cura" diferentemente de outras abordagens familiares (entre os quais eu me incluo) que aboliram de seu vocabulário essa palavra.

sa inserção no mundo. Concordo novamente com Hannah Arendt "No vazio do pensamento que se inscreve o mal" (Kristeva, 2002; Arendt, 2006). A renomada filósofa ensinava que a reflexão é uma primeira forma de ação. Penso que, com o binômio pensar-agir, podemos não compactuar com tudo que aparece; ao contrário, deveríamos indignar-nos frente à perversão e à distorção de valores toda vez que ela se apresenta em nossos consultórios, por mais que isso desagrade à família. Afinal, aprendemos com a dura experiência que é *com o silêncio dos bons que os maus encontram terreno fértil para se desenvolver* (como já dizia um jornalista alemão, acompanhando a ascensão do nazismo).

Para Aristóteles, a justiça é a virtude ética mais importante (Pensadores, 1979, p. 122): seria o ponto médio entre o ganho e a perda. A indignação (Pensadores, 1978, p. 27) também seria uma virtude. Por isso, independentemente de norma, regra, moral ou religião, deveríamos indignar-nos todas as vezes que presenciamos ou somos informados de injustiças (que poderiam ser utilizadas como sinônimo de atitudes antiéticas, algumas vezes) e agir quando estiver ao nosso alcance.

Finalmente, gostaria de me dirigir aos alunos que poderiam estar se perguntando: como ser um terapeuta familiar? Tentando responder objetivamente, eu sugeriria: devem escolher a abordagem que mais se afina com seu jeito de ser. Fazer supervisão e submeter-se à terapia individual (e de família, se possível), já que não podemos esquecer que herdamos nossa maneira de funcionar como adultos e a teoria que preferimos em nossas próprias histórias familiares. Felizmente, existem modelos para todos os tipos de terapeutas. Em seguida, estudar muito. Aprofundar-se com seriedade e amor pela profissão que escolheu. E, claro, não esquecer a autonomia e a responsabilidade de suas escolhas. Como ensinou Von Foester (1990), falando no papel do observador (o terapeuta, por exemplo) e fazendo uma releitura de Kant, *ele havia visto claramente que sem autonomia não poderia existir nele* (o observador) *nem responsabilidade, nem consequentemente ética*. Portanto, nossas escolhas apontarão sempre para nossa ética, seja ela qual for.

REFERÊNCIAS

ARENDT, H. *As origens do totalitarismo*. São Paulo: Companhia das Letras, 2006

ARISTÓTELES. São Paulo: Abril Cultural, 1978. (Coleção Os pensadores, v. 1)

ARISTÓTELES. São Paulo: Abril Cultural, 1979. (Coleção Os pensadores, v. 2)

CANGUILHEM, G. *La connaissance de la vie*. 2. ed. Paris: Vrin, 1967.

CONSELHO FEDERAL DE PSICOLOGIA. *Código de ética profissional do psicólogo*. Brasília, 2005.

DALAI LAMA. *Uma ética para o novo milênio*. Rio de Janeiro: Sextante, 2000.

ELKAIM, M. *Se você me ama, não me ame*: abordagem sistêmica em psicoterapia familiar e conjugal. São Paulo. Papirus, 1990.

FREUD, S. Notas sobre um caso de neurose obsessiva: o homem dos ratos. In: _____ . *Edição standard brasileira das obras psicológicas completa de Sigmund Freud*. Rio de Janeiro: Imago, 1969. v. 10, p.200-202.

_____ . Sobre o início do tratamento; Novas recomendações aos médicos que exercem a psicanálise. In: _____ . *Edição standard brasileira das obras psicológicas completa de Sigmund Freud*. Rio de Janeiro: Imago, 1969. v. 12, p. 163-187.

FUGANTI, L. A ética como prática. *Jornal do CRP-RJ*, ano 4, n. 14, maio 2007.

KRISTEVA, J. *O gênio feminino*: a vida, a loucura, as palavras: Hannah Arendt. Rio de Janeiro: Rocco, 2002.

LEVY, L. *A(s) família(s) e o(s) terapeuta(s)*: século XXI. Disponível em: <http://www.abratef.org.br/artigos_detalhe.php?id_artigo=10>. Acesso em: 25 out. 2005.

_____ . Crianças parentalizadas: crianças co-responsáveis? Desconstruindo dogmas e relativizando conceitos. *Pensando Famílias*, Porto Alegre, v. 10, n. 1, p. 75-88, jun. 2006.

_____. *Integrando diferenças:* possíveis caminhos da vivência terapêutica. São Paulo: Ágora, 2000.

_____. Mudar, curar ou criar? Possibilidades em psicoterapia. In: MACEDO, R. M. (Org.). *Terapia familiar no Brasil*: estado da arte: uma década depois. Realização ABRATEF. No prelo.

_____. Quando o amor não pode ser compartilhado... Quando ele deve ser apenas sussurrado: amor, preconceito e "famídia". In: COLOMBO, S. F. (Org.). *Gritos e sussurros:* interseções e ressonâncias: trabalhando com casais. São Paulo: Vetor, 2006.

MARTINS, A. A ética como prática. *Jornal do CRP-RJ*, ano 4, n. 14, maio 2007.

SANTOS, J. F. *O que é pós-moderno*. São Paulo: Brasiliense, 1980.

VON FOESTER, H. In: ELKAIM, M. *Se você me ama, não me ame:* abordagem sistêmica em psicoterapia familiar e conjugal. São Paulo: Papirus, 1990.

WILHELM, R. *I Ching:* o livro das mutações. São Paulo: Pensamento, 1980.

YALOM, I. D. *A cura de Schopenhauer*. Rio de Janeiro: Ediouro, 2005.

Índice

A

Abandono 55, 69, 137, 189, 238, 241, 278, 282, 286, 291-294, 296-297, 299-301, 303-307, 309-310, 329-333, 388, 420
Abordagem sistêmica da drogadição 351-352
Abordagens colaborativas 111-112
Abordagens narrativas 112-115
Abordagens pós-modernas 110
Abstrações seletivas 171
Adoção 30-31, 116, 136, 209, 286-311, 351, 362, 387-388, 435
   terapia de famílias com filhos adotivos 286-311
      crianças abandonadas. em situação de risco ou em instituições 291-294
      fracasso na adoção 299-302
      história da adoção no Brasil 286-290
      infertilidade e desejo de ter filhos 290-291
      psicanálise, apego e vínculo mãe-bebê 294-295
      psicanálise, apego e vínculo na adoção 295-296
      revelação da adoção e das origens da criança 297-299
      romance familiar da criança adotiva 296-297
Adolescência, terapia de famílias com 263-272
   levantamento e circulação de sintomas e situações 270-271
   novos encaminhamentos 271-272
   pais, famílias e adolescentes 263-265
   princípios e relações sistêmicas 265-269
   recepção da família 270-271
   redefinições e definições de objetivos 270-271
   sessões de pais 271
   sessões familiares 271
      trabalho com objetivos de aprendizagens familiares 271
   sessões individuais do adolescente 271
   terapia relacional sistêmica 269-270
   trabalho com vinculação 270-271
Adolescentes. Ver Adolescência, terapia de famílias com
Afeto e diálogo 27, 33-34, 36
Ansiedade básica comum 124
Aparelho psíquico grupal 122
Aprendizado 38, 142, 170-172, 178-179, 190, 201, 203, 208, 220, 224, 259, 339, 433, 443, 450
Aquecimento 144, 230, 422
Átomo familiar 146
Atos de fala 255
Atribuição causal 166

B

Bebês, terapia de famílias com 235-245
   casos clínicos 239-244
      autismo em família 239-240
      chegada do bebê e crise paranóide 241-242
      chegada do bebê e infidelidade 240-241
      competição com a irmã 240
      enteado que queria mudar de nome 243
      quem cuida do filho da dançarina? 243-244
      terror infantil revivido 242-243
   demografia das famílias 235
   influências sociais e culturais 238
   pesquisa do bairro Vila Jardim (Porto Alegre, RS) 235-236
   problemas mais frequentes e tratamento 238-239
Binarismos 82,
Brasil, terapia familiar no. Ver Terapia familiar

C

Casais homossexuais 431-439
   ausência de modelos 434-435
   filhos, parceiros e famílias de origem 437-438
   invisibilidade 436
   padrões compulsivos 436
   perigo da simetria 436-437
   projetos em comum 435-436
Casamento e relações extraconjugais 401-415
   "radiografia" das relações extraconjugais 405-415
      capacidade de lidar com separações e perdas 412
      capacidade de perdão e reparação 412-413
      capacidade de reconhecimento da responsabilidade individual 415
      controle impulsivo 413-414
      crenças sobre casamentos, separações e relações extraconjugais 410-411
      modo como se dá a união 407
      motivações 406-407
      doença psiquiátrica em um dos parceiros 414-415
      presença ou não de "golpes baixos" 411-412
      qualidade da relação 407-410
Casamentos anteriores, terapia de famílias com filhos de. Ver Filhos de casamentos anteriores, terapia de família com
Catarse de integração 145
Cenário 144-145, 209, 212, 255, 278, 280, 295, 351
Cenas resolutivas 145
Cerimônia de definição 114
Cibernética e terapia familiar 92, 105-110, 115, 150-161, 187-188, 194, 467
Cibernética da cibernética 152, 157-160
Cibernética de primeira ordem 107, 108, 158
Cibernética de segunda ordem 105, 109-110, 157, 158, 160

Ciclo vital da família brasileira 25-36, 215, 275, 280, 325, 352-354, 362, 377, 418
   conceito 25
   família "mutante" 28-29
   família contemporânea 34-36
   família no Brasil 30-34
      como lócus de promoção de saúde 32
      como lócus de proteção social 31-32
      lócus de agressão e destruição 32
      segundo o estado 30-31
   história 25-28
   retrato do Brasil recente 29-30
Classe média 25-27, 33, 36, 66, 238, 326, 370
Colo vazio 386
Compartilhar 38, 39, 41, 47, 49, 83, 137, 144-145, 158, 187, 198, 201, 220, 229, 231, 260, 266, 310, 316-317, 329, 345, 387, 391, 408, 424, 434, 450
Comunidade e família 38-46
   comunidade e redes sociais 42-46
      função materna e função paterna 43-45
      mãe, bebê e creche 43
   contação de histórias 39-40
      contexto 40
      descobrindo histórias 39
      mitos urbanos 39-40
      encontro de histórias 40-42
Concretização do problema 146
Configurações familiares 30, 119-137, 427, 437, 476
Conjugalidades 65, 74-87, 242, 275-277, 279, 419, 431, 476
   interculturais e relações de gênero 74-87
      características dos relacionamentos 76-77
      formação de vínculos afetivos e fronteiras geográficas 75-76
      mulheres brasileiras casadas com estrangeiros, pesquisa 77-78
         resultados 78-87
            aspectos negativos do relacionamento 83-85
            aspectos positivos do relacionamento 82-83
            características percebidas no(a) companheiro(a) 80-82
            considerações para a clínica 86-87
            encontro entre os casais 78
            razões para constituição da família 78-80
            recomendações a outros casais 85-86
Consciente – inconsciente 121-122, 124, 126, 132-133, 147, 237, 301-302, 379, 436, 463, 475
Construção de significados 110, 358-359
Contexto dramático 142-146, 148
Contexto grupal 144, 147
Contexto social 56, 57, 67, 95, 121, 143, 350, 415, 446
Conversas terapêuticas 250, 259
Creches 46, 209, 237, 469
Crenças centrais 165-166, 176-177
Crenças de desamor 166
Crenças de desamparo 166
Crenças de desvalorização 166
Crenças distorcidas 166, 176-177
Crenças equilibradas 166
Crenças intermediárias 165, 176
Criançastrianguladas239
Crianças pequenas, terapia d famílias com 247-261
   auditório e biblioteca 255-256
   balcão interativo 248-249
   brinquedoteca 249-250, 258-261
   diferenças diferentes demais 251-255

   espaço da terapia 251-255
   personagens e suas vozes 251
   falas em "adultês" 250-251
   outros espaços: a cozinha 256-258
Crise 48-49, 87, 108-109, 131, 133, 155-156, 165, 170, 182, 198, 201-206, 241, 245, 265, 268, 275, 304, 308, 318, 327, 345-347, 352-355, 362-363, 402-404, 412
Critérios para avaliação 130
Cuidados paliativos 391

D

Depositário (depositante), depositado 121, 129, 303
Depressão pós-parto 190, 237, 244-245
Desenho da família 131
Desvio 356-358
Diferenças 47, 55, 67, 75, 78, 83, 86-87, 98, 115, 133, 137, 146, 147, 213, 220, 229, 283, 320, 336, 338, 340-341, 358, 377, 382, 409, 410, 419, 429, 433, 445-446, 463, 477
Diferenciação 55, 56, 82, 93, 141, 282, 336, 340, 341, 420, 446, 447, 448, 452
Diferenciação do *self* 93, 420
Dimensões inter, intra e transubjetivas 119, 122
Diretor-protagonista-ego auxiliar 144, 145
Disfunções familiares 323-333
   cisões intergeracionais 326
   cisões intrageracionais 326
   comportamento intrafamiliar disfuncional 329-333
      histórico da violência intrafamiliar 330-331
      violência na família contemporânea 331-333
      violência, abuso sexual, abandono 329-333
   divórcio 325-326
   identidade familiar disfuncional 328-329
      família aglutinada 328
      família dispersa 328-329
   vínculos familiares disfuncionais 326-328
      famílias lassas 327-328
      famílias rígidas 326-327
Dramatização 140, 142-145, 147, 464
Dramatização de sintomas 145
Dramatização para apresentação e questionamento do status sociométrico 145-146
Drogadição 350-364, 477
   e adolescência e famílias 350-364
      ciclo de vida, paradigma familiar e função do sintoma 352-354
      margem, desvio e função paterna 356-358
      perspectiva sistêmica 350-352
      processo de individuação e pseudo-individuação 354-356
      processo de rotulação e construção de significados 358-359
      trabalho com famílias 359-363
Drogadito. *Ver também* Drogadição
Drogas. 34, 40, 44, 189, 200, 226, 332, 336, 367, 371, 376, 390, 392, 414, 424, 478. *Ver também* Drogadição
Duplo 145, 296
Duplo vínculo 92, 126, 153, 331-333

E

Educação e terapia familiar 208-216
   educação no novo milênio 212-213
   família e contexto pós-moderno 209-210
   família, escola e aprendizagem 210-212
   instituição escolar 209
   profissional novo paradigmático 213-214

rede (família, escola, terapeutas) e co-construção da aprendizagem 214-215
Emoções 38, 41, 55, 68, 81, 122, 132, 135, 145, 164-165, 170, 180, 191, 196, 212, 214, 253-254, 267, 293, 297, 301, 379, 381, 385, 396, 402, 429, 436, 448, 450
Enfoque cognitivo-comportamental na terapia de casais 164-183
   avaliação das crenças dos casais 166
   avaliação do casal 166-167
   crenças no modelo cognitivo 165-166
   entrevistas individuais 168-169
   estrutura da terapia 181-183
   mudança de comportamentos 177-181
      dificuldades comuns em comunicação 179-181
      solução de problemas 181
      tarefas comportamentais 177-178
      treinamento da comunicação e solução de problemas 178-179
   primeira sessão conjunta 167-168
   processo terapêutico 170-177
      definição do foco de trabalho 170
      importância da família de origem 177
      pensamentos automáticos, identificação 172-174
      questionamento socrático 175-176
      reenquadramento da percepção cognitiva 174-175
      trabalho cognitivo 170-172
      uso da seta descendente 176
   sessão conjunta final da avaliação 169-170
Enfrentamento 156, 193-194, 197, 199, 200-202, 204-205, 207, 225-226, 315, 383, 385, 394-396, 403, 415
Enquadramento negativo 174, 175
Entrevistas conjuntas 131, 168
Epistemologia 99, 104, 115-116, 150, 152, 157-161, 208, 359, 477
Epistemologia construtivista 115, 158, 477
Epistemologia sistêmica de primeira ordem 161
Escultura 146, 396
Esforços colaborativos 198, 203
Espelho 145
Espontaneidade 55, 64, 94, 140-141, 143, 148-149, 220, 422
Esquemas 165, 166, 177
Esquemas iniciais desadaptativos 165
Estereótipos culturais 81
Estratégias preventivas 205-207
Ética em terapia familiar 470-482
   Código de Ética e solução de impasses 479-481
   situações de difícil condução 473-479
Etnia 47, 74-75, 113, 335
Eventos estressores 193, 199
Expectativas futuras 200, 20
Expectativas irrealistas ou exigentes 166
Experiências compartilhadas 207, 215
Explicação tendenciosa 174
Externalização 114, 195, 250, 258, 340, 443

F

Falante – ouvinte 179
Família adolescente 26
Família brasileira, ciclo vital. Ver Ciclo vital da família brasileira
Família contemporânea 34-36
Família idealizada 376, 381
Família "mutante" 28-29
Família reconstituída 275, 280, 282-283

Fantasia básica comum 124
Fantasmas transgeracionais 125
Fase de aquisição do ciclo vital da família 26-27, 35-36, 66
Fase madura do ciclo vital da família 26, 28, 35

Fase última do ciclo vital da família 26, 28, 30, 35, 67, 380
Fatores de risco – fatores de proteção 193, 378, 394
Filho único 36, 242-243, 385
Filhos de casamentos anteriores, terapia de família com 273-284
   considerações clínicas 281-283
   gênese das famílias reconstituídas 275-279
   processo de recomposição familiar 279-281
Filhos, perda 385-388
Formação do casal 237
Função paterna 43-45, 354, 356-358

G

Generalização 166, 171, 434
Gênero 58-72, 74-87
   conjugalidades interuclturais e relações de 74-87
   questões na terapia 58-72
      e família 61-62
      e feminismo 59-61
      e terapia de família e casal 62-70
         atitudes dos homens e das mulheres 68-70
         consciente de desigualdade 68
         equilibrada 69-70
         polarizada 68
         tradicional 68
         transição 68-69
   sugestões para aplicação 70-72
Genograma 63, 64, 71, 128, 131, 177, 199, 215, 241, 292, 298, 299, 302, 305, 306, 308, 370-371, 373, 395-396, 449, 452, 467
Giro linguístico 248
Gravidez não-desejada 239, 307, 327
Grupos de pressupostos básicos 121

H

Hipergeneralização 171
Homeostase familiar 108, 154

I

Identidades 48, 74-75, 81, 86, 112, 114, 260, 265, 328, 340, 436
Identificação projetiva 124
Idosos, terapia de famílias com 312-320
   necessidade de internação em instituições 317
   questões de gênero 315-317
      casais de idosos 316
      separação de casais idosos 316-317
   terapia e diálogos francos 317-319
Ilusão grupal 122
Imigração e famílias 47-57
   atendimento 50
      atendimento familiar 52-55
      contextualização do atendimento 49-50
      continuidade do atendimento 55-56
      histórico 50-52
      queixa 50
      questões de gênero e imigração 52
Inferência arbitrária 171
Intercâmbio cultural 83,
Interlocuções clínicas 254, 343
Interpolação de resistência 146
Intervenções pais-bebê 239
Inversão de papéis 145

J

Jogos de linguagem 255-256, 259

Jogos dramáticos diversos 146
Just therapy 115

L

Legados familiares 397,
Leitura de mente 172
Linha de tempo familiar 199
Luto e famílias 376-398
    ciclo vital e luto durante 379-381
    doença prolongada 390-391
    em famílias com crianças e adolescentes 388-390
    facilitação do luto 394-396
    luto adiado 377
    luto antecipatório 388, 390-391, 393, 395
    luto complicado 377
    Luto crônico 377
    luto disfuncional 378, 393
    luto não-reconhecido 381, 387-388
    luto pelo filho idealizado 388
    luto por suicídio 392-394
    mortes acidentais 391-394
    perda de filhos 385-388
    processo do luto 377-377-379
    vida da família após a morte 381-385

M

Mãe suficientemente boa 122, 294
Magnificação ou minimização 171
Mapas narrativos 115,
Margem 356-358
Maternidade e trabalho 238
Matriz de identidade e papel 141
Matriz vincular 124
Mentalidade grupal 121
Metáforas teóricas 105, 109, 110
Micropráticas transformativas 112-113
Mito familiar 352
Modelo circular 125
Morfoestase 108
Morfogênese 108
Mudança de primeira ordem 108

N

Narrativa 71, 95, 101, 105-106, 109, 112-115, 158, 195-196, 198, 201, 219, 256, 296, 314-315, 359, 449, 466
Narrativas familiares 198, 211, 215
Neurociências e terapia familiar 184-192
    cérebro, mente ou psicossomático 187-189
    importância do estudo das neurociências 189-190
    processo terapêutico e neurociências 190-191
Normalizar forças familiares 200-201
Novo paradigma da ciência 156, 158, 159, 161

O

Objeto transicional 122
Ofensa sexual, famílias e situações de 366-374
    escola e ofensa sexual 374
    justiça e ofensa sexual 373
    redefinição de nomenclaturas 367-369
        substituição da palavra *abuso* por *ofensa sexual* 367-369
        substituição de *maus-tratos* por *violência contra crianças e adolescentes* 369
    transmissão transgeracional 369-371
    triangulação perversa 371-373

Onda de choque emocional 378
Outro real externo 123, 128

P

Padrões de funcionamento 168, 267-268, 272, 339
Padrões organizacionais – padrões comunicacionais 194, 196
Pais 263-272
Papel do terapeuta 70, 116, 155, 197-205, 443-460
Paradigma familiar 352-354, 362-363
Paradigma pós-moderno 195, 254
Parentalidade 26, 36, 242, 275, 277-279, 281, 289, 296, 431
Pensamento sistêmico novo- paradigmático 156, 161
Pensamentos automáticos 165, 169, 171-176
Pensamentos dicotômicos ou polarizados 171-172
Pensamentos disfuncionais 171, 173
Perdas e amadurecimento
Personalização 171
Perspectiva ecológica 91, 194
Perspectiva pós-moderna 105, 117
Perspectiva transgeracional 125, 283
Platéia 145
Poder 38, 41, 58, 60-61, 67-69, 72, 82, 95, 115, 127, 133, 135, 137, 156, 184, 192, 237, 274, 288-289, 306, 313-314, 319, 324, 330, 335, 344, 351, 368-369, 434, 443-444, 447, 467, 472
Pós-modernidade 67, 110, 113, 116, 139, 209, 470, 477, 479
Práticas sistêmicas novo-paradigmáticas 161
Pré-história vincular 125
Pressupostos sistêmicos – pressupostos construtivistas 160-161
Primeira cibernética 107, 155, 160
Primogênito 235, 237, 240-241
Princípios básicos para fortalecer a resiliência relacional 199
Processo de individuação 354-356
Processos familiares protetores 202
Psicanálise das configurações familiares 119-137
    experiência do NESME 134-136
    sistema terapêutico 127-134
        compreensão da família e aliança terapêutica 131-132
        entrevistas preliminares 130-131
        etapas do processo 129-130
        questionamento 133
        redefinição de papéis e negociações 133
        término 133-134
        transferência e sintoma 132-133
    trabalho com vínculos familiares 122-127
        comunicação 125-127
            axiomas básicos 125-127
        vínculo 123-125
Psicodrama 101, 132, 136, 139-149, 396, 422, 428, 464, 473
    pensamento moreniano 140-142
    sociodrama, metodologia 142-148
Psiconeuroimunologia 205
Psicoses 343-348
    ciclo vital 346-347
    crença e esperança 344-345
    histórico 343-344
Psicoterapia familiar breve centrada na relação com o bebê 240
Puericultura 237

Q

Questionamento circular 95, 128, 132
Questionamento reflexivo 105,
Questionamento socrático 175

R

Reações de aniversário 379
Realidade imaginária dos grupos 122
Realidade suplementar 145
Reautoria 114, 115
Recasamentos 28, 30, 164, 376, 423-426, 476
  casal de terapeutas na terapia de casais
  laboratório de relações familiares 427-428
  terapia de casais 428
Reciprocidade 125, 146, 444-446, 450
Recomposição familiar 276, 279-282
Reconstrução narrativa 114
Rede de suporte 205
Rede social 36, 47-48, 50, 202-205, 208, 231, 236, 261, 277, 381
Reenquadramento de percepção 174-175
Referência da família em todas as fases do ciclo vital 33
Relação de objetivo
Relação mãe-bebê 122, 124, 236, 242, 245
Relação pai-bebê 236, 245
Relacionamentos interculturais 74-87
Relações de objetos parciais 123
Reparação no luto 384, 396
Resiliência 193-207
  crenças e papel do terapeuta 197-205
  estratégias preventivas de atendimento familiar 205-207
  healing 196-197
Resiliência familiar 193-207, 224, 378, 396-397
Responsabilidade compartida 272
Retroalimentação negativa 107-109, 154-155, 159
Retroalimentação Positiva 107-108, 155, 159
Revelação da adoção 289, 297-299, 305-306
Rotulação ou classificação incorreta 172
Rótulo 358-359

S

Segunda cibernética 108, 155-156, 158, 160, 467
Sentido da vida 207
Separação conjugal 275, 315, 416-422
  legalização judicial como objetivo final 416-418
  separação sentida e vivida 422
    espaço individual 420-421
    espaço relacional 421-422
      atrofiamento do espaço individual da mulher 421-422
      expectativas românticas 421
      histórias individuais 421
      parceria com o psicodrama 422
Sistemas de crenças 95, 107, 166, 194, 196-197, 274, 390
Sistemas linguísticos 109, 111, 249
Sociodinâmica 140
Sociodrama 139-140, 142-149
Sociodrama familiar 139, 142-149
Sociometria 140, 148
Socionomia 140, 143, 148

T

Teatro recíproco 142
Tele 141
Teoria da autopoise 109, 151, 157, 160-161, 209
Teoria e prática da terapia familiar, desenvolvimento 104-117
  abordagens colaborativas 111-112
  abordagens críticas e pós-modernas 115
  abordagens estrutural e estratégica pós-modernas 115-116
  abordagens narrativas 112-115
    micropráticas transformativas 112-113
    terapia narrativa de Michael White 113-115
  abordagens pós-modernas 110-111, 116-117
  cibernética de segunda ordem 109-110
  teoria sistêmica e cibernética 107-109
Teoria geral dos sistemas 105, 106, 128, 152, 153, 189
Teoria sistêmica 48, 91, 92, 95, 101, 107-109, 125, 126, 136, 151-152, 160, 186-188, 193, 196, 303, 323, 428, 463
Teoria sistêmica e cibernética 107-109
Teoria sistêmica novo-paradigmática 161
Terapeuta 443-460, 462-469
  papel na terapia familiar 443-460
    cuidados com o cuidador 447-460
    ética relacional 443-445
  formação do 462-469
    definições sobre formação 464-466
    organização da formação 466-468
    organização da prática no Brasil 468-469
Terapia cognitivo-comportamental. *Ver* Enfoque cognitivo-comportamental na terapia de casais
Terapia familiar
  colaborativa 105, 111, 111-112
  comunitária 218-231
  de famílias com crianças 247-261
  desenvolvimentos: teorias e práticas 104-117
  narrativa 95, 105, 112-115
  no Brasil 91-103
    movimento no Brasil 96-97
    pioneiros no mundo 91-96
    primeiros encontros 97-103
  relacional sistêmica 269-270
  sistêmica 67, 97, 107-110, 150, 160, 161, 164, 187, 188, 194, 199, 204, 248, 377, 394, 466, 474
  sistêmica com abordagem na resiliência familiar 199
Teste de previsões 175
Toxicomania. *Ver* Drogadição
Transtornos alimentares 334-341
  anorexia, definições 335-336
  bulimia, definições 336-337
  contexto familiar 337-341
  ideais e padrões de beleza 335
  incidência da anorexia e bulimia 337
Tratamento de demanda 359-363
Tríade adotiva 286, 297, 303-304, 306, 308

V

Vida pré-adotiva 289, 296, 298, 302, 305
Vinculo 26, 29, 32, 34, 40, 42-43, 53, 60, 61, 74-76, 78, 92, 94, 119-137, 140-143, 145, 148, 153, 189, 205-206, 210, 221, 224, 226-227, 231, 268, 276-277, 279-280, 283, 287-296, 301-304, 306-310, 324, 326-328, 331-333, 354, 357, 360, 377, 379-381, 387, 392, 401, 408, 430
Vínculos de amor (L) 123
Vínculos de conhecimento (K) 123
Vínculos de ódio (H) 123
Visão em túnel 172
Vulnerabilidade 42, 242, 277, 280, 334, 341, 351, 446, 448
Vulnerabilidade biológica 242

Z

Zona amarela – zona azul – zona vermelha 180